Die Hauptverhandlung im Strafverfahren

Von
Dr. iur. Frank Schellenberg
Richter am Oberlandesgericht

2., völlig überarbeitete und erweiterte Auflage

Carl Heymanns Verlag KG · Köln · Berlin · Bonn · München

Die Deutsche Bibliothek – CIP-Einheitsaufnahme

Schellenberg, Frank
Die Hauptverhandlung im Strafverfahren / von Frank Schellenberg. – 2., völlig überarb. u. erw. Aufl. – Köln ; Berlin ; Bonn ; München : Heymanns, 2000

ISBN 3-452-24677-9

Das Werk ist urheberrechtlich geschützt. Die dadurch begründeten Rechte, insbesondere die der Übersetzung, des Nachdrucks, der Entnahme von Abbildungen, der Funksendung, der Wiedergabe auf photomechanischem oder ähnlichem Wege und der Speicherung in Datenverarbeitungsanlagen, bleiben vorbehalten.

© Carl Heymanns Verlag KG · Köln · Berlin · Bonn · München 2000

50926 Köln

E-Mail: service@heymanns.com

http://www.heymanns.com

ISBN 3-452-24677-9

Gesamtherstellung: Grafik + Druck GmbH, München

Gedruckt auf säurefreiem und alterungsbeständigem Papier

Vorwort

Seit dem Erscheinen der ersten Auflage im Jahre 1996 haben sich einige gesetzliche Regelungen verändert, andere und zudem sehr bedeutsame Regelungen – wie diejenigen nach dem Opferschutzgesetz oder über die so genannte Hauptverhandlungshaft – sind hinzugetreten. Außerdem hat die obergerichtliche Rechtsprechung wichtige neue Entscheidungen zum Recht der Hauptverhandlung beigetragen. Die nun vorliegende zweite Auflage hat all dem Rechnung zu tragen. Das Werk wurde daher vollständig durchgesehen und aktualisiert, vielfältig überarbeitet und in zahlreichen Teilen verbessert und ergänzt. Erweitert wurde es um einen dritten Teil, der die Besonderheiten der Hauptverhandlung im jugendgerichtlichen Verfahren, im beschleunigten Verfahren, im Strafbefehlsverfahren, im Privatklageverfahren und im Bußgeldverfahren jeweils zusammengefasst darstellt.

Im Verzeichnis »Literatur« werden nur mehr die selbstständigen Standardwerke bibliographisch aufgeführt, da es den Bedürfnissen der Praxis genügen dürfte, die übrigen Quellen jeweils in den Fußnoten nachgewiesen zu finden.

Ich bedanke mich für zahlreiche wertvolle Anregungen, die mir nach dem Erscheinen der ersten Auflage zuteil wurden und die ich gerne aufgegriffen habe. Besonderer Dank gilt *Ute Sehlbach-Schellenberg*, die die Arbeit an der zweiten Auflage nicht nur mit der Geduld der Ehefrau, sondern zugleich mit dem kritischen Sachverstand einer erfahrenen Staatsanwältin begleitet hat.

Im Juli 2000   *Der Verfasser*

Inhaltsübersicht

Vorwort V
Abkürzungen XV
Literatur XIX

Erster Teil: Die Vorbereitung der Hauptverhandlung 1

Einleitung 1

I. *Vorüberlegungen* 2

II. *Terminsbestimmung und Ladungen* 17

III *Terminsnachrichten* 27

IV. *Weitere Maßnahmen* 29

V. *Zwischen Ladungsverfügung und Termin* 37

Zweiter Teil: Die Hauptverhandlung 45

Einleitung 45

I. *Allgemeine Fragen* 46

II. *Vor Aufruf der Sache* 64

III *Hauptverhandlung* 67
    1. Aufruf 67
    2. Präsenzfeststellung 67
    3. Fortführung der Hauptverhandlung 83
    4. Vernehmung des Angeklagten zur Person 85
    5. Verlesung des Anklagesatzes 87
    6. Belehrung des Angeklagten 88
    7. Vernehmung des Angeklagten zur Sache 90
    8. Vernehmung von Zeugen 103
    9. Verlesung von Zeugenangaben 130
    10. Vorführung von Videoaufzeichnungen 133

Inhaltsübersicht

    11. Vernehmung von Sachverständigen 134
    12. Sachverständige Zeugen 139
    13. Augenschein 140
    14. Urkundsbeweis 142
    15. Beweisantragsrecht 146
    16. Hinweise des Gerichts 169
    17. Nachtragsanklage 175
    18. Ablehnung von Verfahrensbeteiligten 176
    19. Verfahrenseinstellungen 197
    20. Unterbrechung, Aussetzung, Abtrennung 215
    21. Anordnung der Untersuchungshaft 222
    22. Störungen der Hauptverhandlung 225
    23. Verfahrensabsprachen 235
    24. Schluss der Beweisaufnahme 243
    25. Schlussvorträge, letztes Wort, Wiedereintritt 246
    26. Urteilsberatung 255
    27. Urteilsverkündung 263
    28. Weitere Entscheidungen 268
    29. Rechtsmittelbelehrungen 272
    30. Weitere Belehrungen 275
    31. Schluss der Verhandlung, Rechtsmittelverzicht und -einlegung 276

Dritter Teil: Sonderformen 279

I.   *Verfahren nach dem Jugendgerichtsgesetz* 280

II.   *Beschleunigtes Verfahren* 285

III   *Strafbefehlsverfahren* 291

IV.   *Privatklageverfahren* 293

V.   *Gerichtliches Bußgeldverfahren* 297

Stichwortregister 309

Inhalt

Vorwort V
Abkürzungen XV
Literatur XIX

Erster Teil: Die Vorbereitung der Hauptverhandlung 1

Einleitung 1

I. *Vorüberlegungen* 2
    1. Hauptverfahren 2
    2. Untersuchungshaft 2
    3. Nebenkläger 4
    4. Notwendige Verteidigung 5
    5. Pflichtverteidiger neben Wahlverteidiger 7
    6. Einziehungsbeteiligung 8
    7. Opferschutzrechte 8
    8. Verfahrensarten 10
    9. Beschleunigungsgrundsatz 12
    10. Kommissarische Vernehmungen 13
    11. Kommissarische Augenscheinseinnahmen 13
    12. Zeitplanung 13
    13. Verfahrenseinstellung 15

II. *Terminsbestimmung und Ladungen* 17
    1. Terminsbestimmung 17
    2. Ladung des Angeklagten 17
    3. Ladung des Verteidigers 20
    4. Beiziehung eines Dolmetschers 20
    5. Ladung eines Sachverständigen 22
    6. Ladung der Zeugen 22
    7. Ladung des Nebenklägers 25
    8. Ladung von Einziehungsbeteiligten 26

III. *Terminsnachrichten* 27

Inhalt

IV. *Weitere Maßnahmen*	29
1. Vorführungsanordnung	29
2. Beschaffung der Beweismittel	29
3. Ermittlung der Vorstrafen	30
4. Gesamtstrafenbildung	30
5. Weitere Aktenanforderungen	31
6. Einlass- und Zugangsfragen	31
7. Sicherheitsvorkehrungen	31
8. Sitzungsvorbereitung des Staatsanwalts	32
9. Sitzungsvorbereitung des Verteidigers	34
V. *Zwischen Ladungsverfügung und Termin*	37
1. Rücklauf und Kontrolle der Ladungen	37
2. Unerreichbarkeit des Angeklagten	38
3. Vorläufige Einstellung und Fahndungsmaßnahmen	38
4. Anträge auf Verlegung und Entpflichtung	39
5. Beweisantragsrecht vor der Hauptverhandlung	43
Zweiter Teil: Die Hauptverhandlung	**45**
Einleitung	45
I. *Allgemeine Fragen*	46
1. Verhandlungsleitung	46
2. Befragungen	48
3. Vorhalte	52
4. Kreuzverhör	54
5. Erklärungen zur Beweisaufnahme	54
6. Allgemeine Grundsätze der Beweisaufnahme	55
7. Hauptverhandlungsprotokoll	59
8. Äußere Gestaltung der Hauptverhandlung	60
9. Gerichtssprache und Sprachgebrauch	61
10. Ton-, Bild- und Filmaufnahmen	62
II. *Vor Aufruf der Sache*	64
1. Aushang – Zugang	64
2. Öffentlichkeit	65
3. Anwesenheit der Richter/Schöffen	65
4. Protokollführer	66
III. *Hauptverhandlung*	67
1. Aufruf	67

Inhalt

- 2. Präsenzfeststellung 67
  - 2.1. Ausbleiben des Angeklagten 68
  - 2.2. Ausbleiben des Verteidigers 74
  - 2.3. Ausbleiben von Zeugen 76
  - 2.4. Ausbleiben eines Sachverständigen 80
  - 2.5. Ausbleiben des Staatsanwalts 80
  - 2.6. Ausbleiben des Dolmetschers 81
  - 2.7. Ausbleiben des Nebenklägers 82
  - 2.8. Ausbleiben weiterer Beteiligter 82
- 3. Fortführung der Hauptverhandlung 83
  - 3.1. Belehrung der Zeugen, Abtreten 83
  - 3.2. Abtreten weiterer Beteiligter 84
  - 3.3. Anwesenheit des Nebenklägers 84
- 4. Vernehmung des Angeklagten zur Person 85
- 5. Verlesung des Anklagesatzes 87
- 6. Belehrung des Angeklagten 88
- 7. Vernehmung des Angeklagten zur Sache 90
  - 7.1. Aussageverhalten – Verteidigungsstrategie 90
  - 7.2. Verfahrensrechtliche Wirkungen 93
  - 7.3. Der aussagebereite Angeklagte 93
  - 7.4. Verteidigererklärung zur Sache 97
  - 7.5. Der schweigende Angeklagte 98
  - 7.6. Ausschluss der Öffentlichkeit 101
- 8. Vernehmung von Zeugen 103
  - 8.1. Zeugenbeistand 104
  - 8.2. Zeugenbelehrung 104
  - 8.3. Befragung zur Person 104
  - 8.4. Unterrichtung 106
  - 8.5. Zeugnisverweigerungsrechte 107
  - 8.6. Bericht und Verhör 113
  - 8.7. Auskunftsverweigerungsrechte 114
  - 8.8. Unberechtigte Weigerung 116
  - 8.9. Entfernung des Angeklagten 118
  - 8.10. Ausschluss der Öffentlichkeit 119
  - 8.11. Zeugenvereidigung 120
  - 8.12. Entlassung der Zeugen 124
  - 8.13. Videovernehmungen 126
- 9. Verlesung von Zeugenangaben 130
  - 9.1. Verlesung richterlicher Protokolle 131
  - 9.2. Verfahrensfragen 132
- 10. Vorführung von Videoaufzeichnungen 133
- 11. Vernehmung von Sachverständigen 134
  - 11.1. Anknüpfungs-, Zusatz- und Befundtatsachen 135
  - 11.2. Anwesenheits- und Fragerechte 136
  - 11.3. Sachverständigenbelehrung 137
  - 11.4. Angaben zur Person 137
  - 11.5. Mündliches Gutachten 137
  - 11.6. Vereidigungsfragen 138
  - 11.7. Befragung – Entlassung 139

Inhalt

- 12. Sachverständige Zeugen 139
- 13. Augenschein 140
- 14. Urkundsbeweis 142
  - 14.1. Grenzen des Urkundsbeweises 142
  - 14.2. Strafprozessualer Urkundsbegriff 143
  - 14.3. Verlesung 144
  - 14.4. Selbstleseverfahren 144
  - 14.5. Bericht des Vorsitzenden 145
  - 14.6. Ärzteerklärungen und Gutachten 146
- 15. Beweisantragsrecht 146
  - 15.1. Beweisantrag 149
  - 15.2. Verfahrensrechtliche Fragen 154
  - 15.3. Bedingte Beweisanträge 155
  - 15.4. Zurückweisung von Beweisanträgen 157
  - 15.5. »Verspäteter« Beweisantrag 169
- 16. Hinweise des Gerichts 169
  - 16.1. Förmlicher Hinweis 171
  - 16.2. Veränderung der Tatsachengrundlage 173
  - 16.3. Aussetzung nach Veränderungen 174
  - 16.4. Aussetzung aus sonstigen Gründen 174
- 17. Nachtragsanklage 175
- 18. Ablehnung von Verfahrensbeteiligten 176
  - 18.1. Richterablehnung 178
  - 18.2. Selbstanzeige 190
  - 18.3. »Ablehnung« von Staatsanwälten 192
  - 18.4. Ablehnung von Sachverständigen 193
  - 18.5. Störungen im Verteidigungsverhältnis 195
- 19. Verfahrenseinstellungen 197
  - 19.1. Einstellung wegen Geringfügigkeit – § 153 StPO 199
  - 19.2. Einstellung gegen Auflagen – § 153a StPO 203
  - 19.3. Einstellung bei Mehrfachtätern – § 154 StPO 209
  - 19.4. Beschränkung der Strafverfolgung – § 154a StPO 213
- 20. Unterbrechung, Aussetzung, Abtrennung 215
  - 20.1. Unterbrechung der Hauptverhandlung 215
  - 20.2. Fristen, Fortsetzungstermin, Anordnung(en) des Vorsitzenden ... 216
  - 20.3. Aussetzung der Hauptverhandlung 219
  - 20.4. Abtrennung 221
- 21. Anordnung der Untersuchungshaft 222
- 22. Störungen der Hauptverhandlung 225
  - 22.1. Versagung des Zutritts 226
  - 22.2. Ordnung in der Sitzung 227
  - 22.3. Entfernung des Störers, Ordnungshaft 228
  - 22.4. Ungebühr, Ordnungsmittel 231
  - 22.5. Vollstreckung 233
  - 22.6. Straftaten in der Sitzung 233
- 23. Verfahrensabsprachen 235
  - 23.1. Befunde 235
  - 23.2. Terminologie, gesetzlich vorgesehener Konsens 237

Inhalt

- 23.3. Grenzen legaler Absprachen 238
- 24. Schluss der Beweisaufnahme 243
  - 24.1. Ausschöpfung der Beweismittel 243
  - 24.2. »Verspätete« Beweisanträge 243
  - 24.3. Weitere Beweisanträge 244
  - 24.4. Präsente oder gestellte Beweispersonen 244
  - 24.5. Letzte Anträge 245
  - 24.6. Vorbereitung der Schlussvorträge 246
- 25. Schlussvorträge, letztes Wort, Wiedereintritt 246
  - 25.1. Berechtigte 247
  - 25.2. Gelegenheit und Reihenfolge 247
  - 25.3. Pflicht des Staatsanwalts 248
  - 25.4. Äußere und inhaltliche Gestaltung 249
  - 25.5. Missbrauch 251
  - 25.6. Dolmetschertätigkeit während der Schlussvorträge 252
  - 25.7. Erwiderungsrecht 252
  - 25.8. Ergänzende Befragung des Angeklagten 253
  - 25.9. Letztes Wort 253
  - 25.10. Wiedereintritt 254
- 26. Urteilsberatung 255
  - 26.1. Geheime Beratung 256
  - 26.2. Ununterbrochene Anwesenheit 257
  - 26.3. Beratungsleitung 257
  - 26.4. Niederlegung des Tenors 262
  - 26.5. Niederlegung weiterer Entscheidungen 262
- 27. Urteilsverkündung 263
  - 27.1. Verlesung des Tenors 263
  - 27.2. Mitteilung der Urteilsgründe 264
  - 27.3. Schluss der Begründung 268
- 28. Weitere Entscheidungen 268
  - 28.1. Bewährungsbeschlüsse 268
  - 28.2. Haftentscheidung 269
  - 28.3. Untersuchungshaft und Rechtskraft des Urteils 271
  - 28.4. Haftbefehl nach § 230 Abs. 2 StPO 272
  - 28.5. Vorläufige Entziehung der Fahrerlaubnis 272
- 29. Rechtsmittelbelehrungen 272
  - 29.1. Berufung und/oder Revision 273
  - 29.2. Revision 274
  - 29.3. Rechtsbeschwerde 274
  - 29.4. Sofortige Beschwerde 275
- 30. Weitere Belehrungen 275
- 31. Schluss der Verhandlung, Rechtsmittelverzicht und -einlegung 276

Dritter Teil: Sonderformen 279

I. *Verfahren nach dem Jugendgerichtsgesetz* 280
  1. Vorüberlegungen und Vorbereitungen 280
  2. Jugendgerichtliche Hauptverhandlung 281

Inhalt

II. Beschleunigtes Verfahren	285
1. Vorüberlegungen und Vorbereitungen	285
2. Hauptverhandlungshaft	286
3. Hauptverhandlung im beschleunigten Verfahren	289
III. Strafbefehlsverfahren	291
1. Vorüberlegungen	291
2. Hauptverhandlung im Strafbefehlsverfahren	291
IV. Privatklageverfahren	293
1. Vorüberlegungen	293
2. Hauptverhandlung im Privatklageverfahren	294
V. Gerichtliches Bußgeldverfahren	297
1. Vorüberlegungen und Vorbereitungen	297
2. Hauptverhandlung im Bußgeldverfahren	304

Stichwortregister 309

Abkürzungen

a.A.	anderer Ansicht
a.a.O.	am angegebenen Ort
a.E.	am Ende
a.M.	andere(r) Meinung
Abs.	Absatz
AG	Amtsgericht
Alt.	Alternative
AO	Abgabenordnung
arg.e	argumentume
AWG	Außenwirtschaftsgesetz
BayObLG	Bayerisches Oberstes Landgericht
BayVBl.	Bayerisches Verwaltungsblätter
BGH	Bundesgerichtshof
BGHSt	Entscheidungen des Bundesgerichtshofs in Strafsachen
BGHZ	Entscheidungen des Bundesgerichtshofs in Zivilsachen
BRAO	Bundesrechtsanwaltsordnung
BRRG	Beamtenrechtsrahmengesetz
BtMG	Betäubungsmittelgesetz
BVerfG	Bundesverfassungsgericht
BZRG	Bundeszentralregistergesetz
DRiG	Deutsches Richtergesetz
DRiZ	Deutsche Richterzeitung
EGMR	Europäischer Gerichtshof für Menschenrechte
EGStGB	Einführungsgesetz zum Strafgesetzbuch
Einl.	Einleitung
EMRK	Europäische Konvention zum Schutze der Menschenrechte und Grundfreiheiten
etc.	et cetera
EuGRZ	Europäische Grundrechte (Zeitschrift)
GA	Goltdammer's Archiv für Strafrecht
gem.	gemäß
ggf.	gegebenenfalls
GVG	Gerichtsverfassungsgesetz
h.M.	herrschende Meinung
Hs.	Halbsatz
i.d.R.	in der Regel
i.E.	im Ergebnis
i.e.S.	im eigentlichen/engerem Sinn
i.H.	im Hinblick
i.S.	im Sinne
i.V.m.	in Verbindung mit
JGG	Jugendgerichtsgesetz

Abkürzungen

JR	Juristische Rundschau
JZ	Juristische Zeitung
KK	Karlsruher Kommentar zur Strafprozeßordnung, 4. Auflage 1999, zitiert mit Bearbeiter
Kl./Meyer-Goßner	Strafprozeßordnung, 44. Aufl. 1999
KMR	Kleinknecht/Müller/Reitberger, Kommentar zur Strafprozeßordnung, zitiert mit Bearbeiter
KUG	Gesetz betr. das Urheberrecht an Werken der bildenden Künste und der Fotografie
LG	Landgericht
LR	Löwe/Rosenberg, Die Strafprozeßordnung und das Gerichtsverfassungsgesetz, Großkommentar, 24. Aufl. 1984 ff., zitiert mit Bearbeiter
m.E.	meines Erachtens
m.w.N.	mit weiteren Nachweisen
MDR	Monatszeitschrift für Deutsches Recht
MOG	Gesetz zur Durchführung der gemeinsamen Marktorganisationen
NJW	Neue Juristische Wochenzeitschrift
Nr.	Nummer
NStZ	Neue Zeitung für Strafrecht
o.ä.	oder ähnlich
o.Ä.	oder Ähnliches
o.g.	oben genannte(r)
OLG	Oberlandgericht
OWiG	Gesetz über Ordnungswidrigkeiten
Rdnr.	Randnummer
RGSt	Entscheidungen des Reichsgerichts in Strafsachen
RiStBV	Richtlinien für das Strafverfahren und das Bußgeldverfahren
RiVASt	Richtlinien für den Verkehr mit dem Ausland in strafrechtlichen Angelegenheiten
Rpfl.	Der Deutsche Rechtspfleger (Zeitschrift)
RpflG	Rechtspflegergesetz
S.	Satz/Seite
s.a.	siehe auch
SchSch	Schönke/Schröder, Strafgesetzbuch, 25. Aufl. 1997
sog.	so genannte
StGB	Strafgesetzbuch
StPO	Strafprozeßordnung
str.	strittig
StrEG	Gesetz über die Entschädigung für Strafverfolgungsmaßnahmen
StV	Strafverteidiger (Zeitschrift)
StVG	Straßenverkehrsgesetz
u.a.	unter anderem
u.Ä.	und Ähnliches
u.s.w.	und so weiter
u.U.	unter Umständen
u.v.a.	und viele(s) andere
u.v.m.	und viele(s) mehr
u.w.m.	und weitere(s) mehr
vergl.	vergleiche
Vorb.	Vorbemerkung

Abkürzungen

VRS	Verkehrsrechtssammlung
WiStrG	Wirtschaftsstrafgesetz
z.B.	zum Beispiel
z.H.	zu Händen
ZRP	Zeitschrift für Rechtspolitik
ZSEG	Gesetz über die Entschädigung von Zeugen und Sachverständigen

Literatur

Burhoff, Detlef	Handbuch für die strafrechtliche Hauptverhandlung, 3. Auflage 1999
Eisenberg, Ulrich	Jugendgerichtsgesetz, 8. Auflage 2000; Kriminologie, 4. Auflage 1995
Göhler, Erich	Gesetz über Ordnungswidrigkeiten, 12. Auflage 1998
Hentschel, Peter	Straßenverkehrsrecht, 35. Auflage 1999
Karlsruher Kommentar	Kommentar zur Strafprozessordnung, 4. Auflage 1999
Katholnigg, Oskar	Strafgerichtsverfassungsrecht, 3. Auflage 1999
Kleinknecht/ Meyer-Goßner	Strafprozessordnung, 44. Auflage 1999
KMR	Kleinknecht/Müller/Reitberger (Begr.), Kommentar zur Strafprozessordnung, Hrsg. von Heintschel-Heinegg, Bernd v. und Stöckel, Heinz
Krause, Dietmar	Die Revision im Strafverfahren, 4. Auflage 1995
Löwe/Rosenberg	Die Strafprozessordnung und das Gerichtsverfassungsgesetz, 24. Auflage 1984 ff
Ostendorf, Heribert	Jugendgerichtsgesetz, 4. Auflage 1997
Ostendorf, Heribert	Das Jugendstrafverfahren, 1998
Schönke/Schröder	Strafgesetzbuch, 25. Auflage 1997
Schlothauer/Wieder	Untersuchungshaft, 2. Auflage 1995
Schlüchter	Das Strafverfahren, 2. Auflage 1983
Tröndle/Fischer	Strafgesetzbuch, 49. Auflage 1999

Erster Teil: Die Vorbereitung der Hauptverhandlung

Einleitung

Eine Hauptverhandlung sachgerecht durchzuführen, erfordert sorgfältige Vorbereitung. Die Vorbereitung erschöpft sich nicht in Aktenstudium und rechtlicher Durchdringung des Prozessstoffes. Das Gericht muss umfassende und möglichst konkrete Vorstellungen von dem anstehenden Termin entwickeln und die entsprechenden rechtlichen und tatsächlichen Voraussetzungen schaffen. Die übrigen Verfahrensbeteiligten treffen ihre Vorbereitungen je nach der Stellung, die sie im Verfahren haben. Für sie ist es von besonderer Bedeutung, mit Aktionen des Gerichts vertraut zu sein und seine Reaktionen absehen zu können.

I. Vorüberlegungen

1. Hauptverfahren

Der oder die Vorsitzende hat festzustellen, ob die Voraussetzungen für die Anberaumung eines Hauptverhandlungstermins vorliegen. Das ist im Anklageverfahren in der Regel nach *Eröffnung des Hauptverfahrens*[1] der Fall.

Das Beschleunigungsgebot (Art. 6 Abs. 1 S. 1 EMRK) verlangt einen möglichst raschen Termin. Sachgerechte Ausnahmen von dieser Regel liegen z.B. vor, wenn eine kommissarische Angeklagten- oder Zeugenvernehmung beschlossen wird oder unter den Voraussetzungen des § 205 StPO.

Im *beschleunigten Verfahren* wird die Hauptverhandlung sofort durchgeführt oder binnen kurzer Frist anberaumt (§ 418 StPO).

2. Untersuchungshaft

Über die Anordnung oder die *Fortdauer von Untersuchungshaft* oder einstweiliger Unterbringung ist bereits mit Erlass des Eröffnungsbeschlusses (also nicht im beschleunigten Verfahren[2]) zu entscheiden (§ 207 Abs. 4 StPO). Ist die Fortdauerentscheidung versehentlich unterblieben (gelegentlich dauert die Freiheitsentziehung ohne ausdrückliche Fortdauerentscheidung an), so ist sie nachzuholen. Die Fortdauerentscheidung ist nur erforderlich, wenn aufgrund eines Haft- oder Unterbringungsbefehls die Freiheitsentziehung tatsächlich vollzogen wird[3].

Über die Anordnung oder Fortdauer der Untersuchungshaft nach § 207 Abs. 4 StPO entscheidet das Gericht in der für den Eröffnungsbeschluss maßgeblichen

---

[1] Im Strafbefehlsverfahren und im gerichtlichen Bußgeldverfahren wird grundsätzlich Termin bestimmt nach zulässigem Einspruch (§ 411 Abs. 1 S. 2 StPO) beziehungsweise Vorlage der Akten bei Gericht (§ 71 OWiG), sofern dort nicht im Beschlussverfahren nach § 72 OWiG entschieden werden soll.

[2] Zur so genannten Hauptverhandlungshaft, die auf die Durchführung eines beschleunigten Verfahrens ausgerichtet ist (§ 127 b StPO), vergl. unten S. 286

[3] Vergl. Kl./Meyer-Goßner § 207 Rdnr. 10. Die abweichende Meinung von LR-Rieß § 207 Rdnr. 24 überzeugt nicht: es muss nicht über die Fortdauer von Haft entschieden werden, solange Es Haft nicht gibt. Existiert ein Haftbefehl, der außer Vollzug gesetzt ist, gibt es ebenfalls keinen Handlungsbedarf: Hier bleibt bis auf weiteres über Anklageerhebung, Zwischenverfahren, Eröffnungsbeschluss bis zu Hauptverhandlung alles im seitherigen Stand. Im Übrigen ist der Gegenstand der Fortdauerentscheidung identisch mit dem der Haftprüfung nach § 117 StPO, die ebenfalls nur stattfindet, wenn Haft vollzogen wird.

2. Untersuchungshaft

Besetzung, also das Schöffengericht und die Strafkammer ohne die Schöffen, das Oberlandesgericht mit fünf Berufsrichtern (§ 122 Abs. 2 GVG)[4].

Die Entscheidung über Haft oder einstweilige Unterbringung nach § 207 Abs. 4 StPO ist mit dem Rechtsmittel der einfachen Beschwerde (§ 304 StPO) anfechtbar, daher zu begründen (§ 34 StPO). Eine Bezugnahme auf den bereits bestehenden Haft- oder Unterbringungsbefehl ist dabei zulässig[5].

Häufig decken sich vorangegangene Untersuchungshaftbefehle und aktuelle Anklageschrift nicht. Vor allem Beschränkungen des Anklagestoffes gegenüber dem Haftbefehl, aber auch das Hinzutreten weiterer Anklagepunkte sowie Änderungen im Bereich der rechtlichen Würdigung sind insofern praktisch relevant. Der Haftbefehl ist daher im Rahmen der Fortdauerentscheidung (§ 207 Abs. 4 StPO) von Amts wegen *ggf. zu ergänzen* oder (empfehlenswert aus Gründen der Klarheit) unter Aufhebung des alten Haftbefehls neu zu fassen[6]. Er muss aus sich heraus verständlich sein, sodass eine Bezugnahme auf Aktenteile, etwa die Anklageschrift, nur genügt, wenn diese dem Haftbefehl (und auch den Mehrfertigungen!) als Anlage beigefügt werden[7]. Der Angeschuldigte muss regelmäßig (vergl. § 33 Abs. 3 StPO) Gelegenheit zur Stellungnahme erhalten. Es bietet sich an, ihm diese Möglichkeit mit der Übersendung der Anklageschrift gem. § 201 StPO zu eröffnen. Dabei wird dem Angeschuldigten in der Regel durch gleichzeitige Mitteilung des entsprechenden staatsanwaltschaftlichen Antrags deutlich, dass auch über die Fortdauer der Freiheitsentziehung entschieden werden soll. Anderenfalls ist ein besonderer Hinweis erforderlich. Der Ergänzungsbeschluss oder der Haftbefehl in neuer Fassung ist dem Angeklagten durch Übersendung einer Ausfertigung unverzüglich bekannt zu geben (§ 114a StPO). Die förmliche Zustellung ist nicht vorgeschrieben.

In Haftsachen sollte der Vorsitzende[8] ferner u.U. an die rechtzeitige Einschaltung von *Gerichtshelfern, Jugendgerichtshilfe*[9] u.ä. denken, die für die Frage der Haftfortdauer, aber auch für die Vorbereitung von Entlassungssituationen wichtige Hilfestellung bieten können[10]. Die Aufhebung oder Außervollzugsetzung von Haftbefehlen kann durch begleitende Maßnahmen solcher Hilfseinrichtungen gerade in Zweifelsfällen maßgeblich gefördert werden. Insbesondere

---

4 Die Frage nach der Gerichtsbesetzung für Haftfragen im Verlauf der Hauptverhandlung stellt sich hier – weil die Hauptverhandlung noch nicht begonnen hat – nicht; für die Besetzung während der Hauptverhandlung siehe unten 223.
5 Vergl. KK-Treier § 207 Rdnr. 4. *Beispiel:* »Die Fortdauer der Untersuchungshaft wird aus den fortbestehenden Gründen des Haftbefehls vom ... angeordnet.«
6 Vergl. Kl./Meyer-Goßner § 114 Rdnr. 18.
7 Instruktiv: OLG Celle StV 1998, 385.
8 Es ist allerdings keineswegs allein Sache des Vorsitzenden, Hilfsorganisationen oder -personen dieser Art einzuschalten. Die Staatsanwaltschaft bleibt in jeder Lage des Verfahrens verpflichtet, die Haftfrage im Auge zu behalten (Nr. 54 RiStBV). Sie muss daher ggf. auch selbst aktiv werden, wenn durch begleitende Arbeit von Hilfsstellen oder -personen Umstände geschaffen werden können, die die Entlassung rechtfertigen können. Dass der Verteidiger mit den entsprechenden Organisationen oder Personen zusammenarbeiten sollte, wenn dadurch die Haftfrage aus seiner Sicht günstig zu beeinflussen wäre, versteht sich von selbst.
9 Eingehend Laubenthal, Jugendgerichtshilfe im Strafverfahren, 1993, S. 149 ff.
10 Zu den sonstigen Tätigkeiten von Gerichtshilfe etc. vergl. Eisenberg, Kriminologie § 30.

I. Vorüberlegungen

lässt es sich so möglicherweise verhindern, dass sozial wenig gefestigte Beschuldigte praktisch in unmittelbarer Folge der Haftentlassung wieder Straftaten begehen, etwa weil sie kein Geld, keine Unterkunft und keinerlei sonstige Unterstützung haben.

3. Nebenkläger

In jeder Lage des Verfahrens ist der *Anschluss als Nebenkläger* zulässig (§ 395 Abs. 4 StPO). Bei der Terminbestimmung empfiehlt es sich daher, noch einmal zu prüfen, ob eine Anschlusserklärung und eine Entscheidung über die Berechtigung zum Anschluss vorliegen (§ 396 Abs. 2 StPO)[11].

Unter den Voraussetzungen des § 397a Abs. 1 StPO ist dem Nebenkläger auf seinen Antrag ein Rechtsanwalt als *Beistand* zu bestellen, ohne dass dies von Bewilligung von Prozesskostenhilfe abhängig wäre[12]. Diese Möglichkeit bezieht sich auf die in § 395 Abs. 1 Nr. 1a und Nr. 2 StPO genannten Delikte gegen die sexuelle Selbstbestimmung und auf Delikte nach §§ 211, 212 StGB.

Wenn die Voraussetzung für die Beiordnung eines Beistands nach § 397a Abs. 1 StPO) nicht vorliegen (und nur dann[13]) kann der Nebenkläger *Prozesskostenhilfe* für die Hinzuziehung eines Rechtsanwalts beantragen (§ 397a Abs. 2 und 3 StPO). Voraussetzung hierfür ist unter anderem, dass der Nebenkläger eine Erklärung über seine wirtschaftlichen Verhältnisse auf amtlichem Vordruck und entsprechende Belege zur Glaubhaftmachung vorlegt (§ 117 Abs. 2 und 4 ZPO). Mangelt es daran, so hindert dies den Verfahrensfortgang selbst dann nicht (§ 398 Abs. 1 StPO), wenn das Gericht aufgrund seiner Fürsorgepflicht eine Frist für das Nachreichen der Unterlagen setzt. In solchen Fällen bleibt der Antrag auf Prozesskostenhilfe zunächst bis zum Zeitpunkt seiner Entscheidungsreife unbeschieden. Das Erkenntnisverfahren wird unterdessen weiter betrieben, u.U. bis zu seinem rechtskräftigen Abschluss. Auf Antrag des Anschlussberechtigten kann bei Eilbedürftigkeit die einstweilige Bestellung eines Rechtsanwalts zum Beistand angeordnet werden, wenn die Bewilligung der Prozesskostenhilfe möglich erscheint, eine rechtzeitige Entscheidung darüber aber nicht zu erwarten ist (§ 406g Abs. 4 StPO).

---

11 Zwar hat die Entscheidung über die Berechtigung zum Anschluss nur feststellende Bedeutung. Die Nebenklägerstellung wird bereits – bei Vorliegen der übrigen Voraussetzungen – durch die Anschlusserklärung selbst bewirkt. Gleichwohl zeichnen sich erhebliche Probleme ab, wenn eine Entscheidung über einen berechtigten Anschluss versehentlich unterbleibt. Denn es besteht dann die – auch revisionsrechtlich beachtliche – Gefahr, dass die Nebenklage im weiteren Verfahren vollends in Vergessenheit gerät und der Nebenkläger faktisch vom Verfahren ausgeschlossen wird.
12 Die Kosten des Rechtsanwalts fallen nach Maßgabe des § 102 Abs. 2 Satz 1 BRAGO der Staatskasse zur Last.
13 BGH NStZ 2000, 218.

4. Notwendige Verteidigung

Die Frage nach der *Beiordnung eines Pflichtverteidigers* ist im gesamten gerichtlichen Verfahren nach Anklageerhebung zu beachten. Das erkennende Gericht hat die Notwendigkeit der Mitwirkung eines Verteidigers nicht nur auf Antrag, sondern auch (und damit letztlich stets) von Amts wegen zu prüfen (§ 140 StPO) und ggf. sofort einen Verteidiger zu bestellen (§ 141 Abs. 2 StPO)[14].

Die rechtlichen Voraussetzungen der (obligatorischen) Verteidigerbeiordnung sind in § 140 Abs. 1 StPO relativ eindeutig beschrieben.

Zu beachten ist bei § 140 Abs. 1 Nr. 5 StPO, dass auch Strafvollzug als Freigänger sowie stationäre Drogenentzugstherapie nach § 35 BtMG dazu gezählt werden[15]. Nach einer nicht einhelligen, aber wohl zutreffenden Auffassung meint § 140 Abs. 1 Ziff. 5 StPO den Fall, dass der Hauptverhandlung eine *ununterbrochene* Freiheitsentziehung von *mindestens drei Monaten Dauer* vorangeht[16].

Im Bereich des § 140 Abs. 2 StPO hat das Gericht eine Ermessensentscheidung zu treffen. Praktisch wichtigstes Kriterium ist die *Schwere der Tat*. Sie wird nach den zu erwartenden Rechtsfolgen, also in der Regel nach der zu erwartenden Strafe, beurteilt. Hierzu hat die Rechtsprechung bisher keine eindeutige Grenzziehung vorgenommen. Es wird einzelfallbezogen entschieden. Immerhin erkennbar ist eine Tendenz, ab einer (Gesamt-)Straferwartung von mehr als einem Jahr Freiheitsstrafe die Notwendigkeit der Verteidigerbeiordnung zu bejahen[17]. Ich halte allerdings auch diese Grenze für fragwürdig. Zum einen muss sich der Vorsitzende in diesem Zusammenhang immer verdeutlichen, dass er sich im Bereich der – erlaubten – Spekulation auf das Verfahrensergebnis bewegt. Zum anderen kann eine solche Grenze nie mehr als eine grobe Regel darstellen. Denn eine Straferwartung von einem Jahr hat nicht für jeden Angeschuldigten das Gleiche Gewicht. Wird der eine ihr mit professionellem Gleichmut begegnen, so kann sie den anderen in schiere Verzweiflung treiben. Im Zweifel darf und sollte die Grenze von einem Jahr Straferwartung deswegen auch deutlich unterschritten werden[18].

---

14 Der Angeklagte soll allerdings die Gelegenheit haben, binnen einer – kurz zu bemessenden – Frist einen Rechtsanwalt seiner Wahl zu bezeichnen (§ 142 Abs. 1 S. 1 StPO), sofern dies wegen des damit einhergehenden Zeitverlustes zu vertreten ist.

15 Str., vergl. Kl./Meyer-Goßner § 140 Rdnr. 15; die Gegenmeinung kommt allerdings, da sie dann § 140 Abs. 2 StPO anwenden will, zum gleichen Ergebnis.

16 Vergl. Nachweise bei Kl./Meyer-Goßner § 140 Rdnr. 15. Die Gegenmeinung (vergl. KK-Laufhütte § 140 Rdnr. 13), wonach die Gesamtdauer mehrfacher Freiheitsentzuges maßgeblich sein soll, begründet nicht, welche der früheren Freiheitsentziehungen zu der Gesamtdauer zu zählen ist. Ihr ist allerdings zuzugeben, dass es nicht sachgerecht wäre, die Notwendigkeit der Verteidigung etwa bei kürzestfristiger Unterbrechung eines insgesamt mehr als dreimonatigen Freiheitsentzuges zu verneinen. In solchen Fällen hat das Gericht zu prüfen, ob der Angeklagte nicht möglicherweise wegen dieser Umstände im Sinne von § 140 Abs. 2 StPO an der (Selbst-)Verteidigung gehindert war und ihm aus diesem Grund der Verteidiger beigeordnet werden muss.

17 So z.B. LG Hamburg, StV 1992, 371; OLG Hamm StV 1993, 180.

18 Auch mit Blick auf die sonst drohenden revisionsrechtlichen Folgen dürfte es ratsamer sein, im Zweifel eher mit als ohne Verteidiger zu verhandeln.

I. Vorüberlegungen

Unabhängig von der Schwere der Tat soll eine Verteidigerbeiordnung regelmäßig stattfinden, wenn dem *Nebenkläger* oder dem nebenklageberechtigten Verletzten ein Rechtsanwalt beigeordnet worden ist (§§ 140 Abs. 2 i.V.m. 397a, 406g Abs. 3 und 4 StPO).

Im beschleunigten Verfahren muss dem Beschuldigten bereits ein Pflichtverteidiger (falls sich kein Wahlverteidiger meldet) bei einer (Gesamt-)Straferwartung von mindestens 6 Monaten Dauer bestellt werden (§ 418 Abs. 4 StPO). Im Strafbefehlsverfahren wird die Pflichtverteidigerfrage bereits vor Erlass des Strafbefehls beantwortet (§ 408b StPO).

Immer wieder wird unter dem Gesichtspunkt des § 140 Abs. 2 StPO die Pflichtverteidigerbeiordnung *für mittellose, der deutschen Sprache nicht mächtige Angeklagte* beantragt. Manche, aber nicht alle Gerichte lehnen die Beiordnung unter diesem Gesichtspunkt ab[19]. Ich meine, dass hier – wenn nicht noch weitere Umstände hinzukommen – kein ausreichender Grund für eine Verteidigerbeiordnung vorliegt[20]. Das Gericht kann in solchen Fällen dem Angeklagten einen *Dolmetscher* zur Führung der notwendigen Gespräche mit einem (Wahl-)Verteidiger beiordnen. Dadurch schafft es die kostenrechtliche Grundlage für die Bezahlung des Dolmetschers aus der Staatskasse[21], ohne in Gestalt einer Pflichtverteidigung zugleich einen juristischen Sonderstatus für Angeklagte zu begründen, die seiner inhaltlich ansonsten nicht bedürfen[22]. Die Fürsorgepflicht gebietet es in solchen Fällen, den Angeklagten auf die Möglichkeit der Bestellung eines Dolmetschers jedenfalls dann hinzuweisen, wenn ein Antrag auf Pflichtverteidigerbeiordnung zurückgewiesen wird.

Ein Rechtsanwalt ist zur *Übernahme der (Pflicht-)Verteidigung* grundsätzlich verpflichtet (§ 49 BRAO). Er kann sich gegen eine einmal ausgesprochene Beiordnung kaum wirksam wehren. Umso *notwendiger* ist es, ihn vor der Beiordnung *anzuhören*. Zum Ersten muss der Rechtsanwalt terminlich und organisato-

---

19 Vergl. nur Egon Müller, NStZ 1994, 478, der auf kürzestem Raum einander exakt widersprechende Entscheidungen nachweist.
20 Die Gegenmeinung hält die Beiordnung für geboten, weil der Angeklagte sich mit seinem (Wahl-)Verteidiger nicht ausreichend verständigen kann, ihm das Geld für die Inanspruchnahme eines Dolmetschers fehlt und Dolmetscherkostenerstattung nur dem Pflichtverteidiger als Auslagenersatz zusteht. Bei allem Verständnis für diese Zusammenhänge übersieht sie damit, dass das Problem eben nicht der sonst fehlende Verteidiger, sondern der fehlende Dolmetscher ist. Auf dieser Ebene sollte auch die Lösung gefunden werden. Anderenfalls sind auch Friktionen gegenüber zwar deutschsprachigen, aber ebenso mittellosen Angeklagten unvermeidlich. Letzteren, die häufig genug auch (schon deutsch-)sprachlich überfordert sind, wenn sie sich Juristen gegenüber sehen, wird der Pflichtverteidiger dann nämlich zu versagen sein und sie stehen im Vergleich zu nicht deutschsprachigen Schicksalsgenossen wesentlich schlechter da. In diesem Sinne auch OLG Frankfurt/M. StV 1997, 573 ff.
21 So z.B. OLG Stuttgart, StV 1986, 491; KG NStZ 1990, 402 f.
22 Davon unabhängig ist die Frage zu beurteilen, ob der ausländische Angeklagte nicht nur in sprachlicher Hinsicht, sondern darüber hinaus, etwa aufgrund von Bildungsstand oder Zugehörigkeit zu einer ganz anderen (Rechts-)Kultur, des Beistands bedarf, was dann allerdings eine Pflichtverteidigerbeiordnung nahelegt.

risch[23] in der Lage sein, das Mandat zu führen. Zum Zweiten mag es sich um einen Angeschuldigten oder auch um eine Materie handeln, den bzw. in der der Rechtsanwalt nicht verteidigen möchte[24]. Der Vorsitzende sollte derartige Einwände akzeptieren. Denn niemandem ist mit einem Verteidiger gedient, den der Fall nicht interessiert.

5. Pflichtverteidiger neben Wahlverteidiger

Im Fall notwendiger Verteidigung scheitert eine Hauptverhandlung regelmäßig, wenn das Mandat des Wahlverteidigers zu kurzfristig beendet wird oder der Wahlverteidiger sich weigert, die Verteidigung zu führen[25] und kein weiterer (Wahl- oder Pflicht-)Verteidiger vorhanden ist. Dabei ist es für die Bemühungen des Gerichts um eine sachgerechte Verfahrensdurchführung gleichgültig, ob der Wahlverteidiger überraschend erkrankt ist, keinen Honorarvorschuss erhalten oder sonst keine Lust mehr hat oder – was auch vorkommen soll – aus verteidigungsstrategischen Gründen die Aussetzung der Hauptverhandlung erzwingen will. Der immense Aufwand, der mit der Vorbereitung und ggf. bis dahin auch mit der Durchführung der Hauptverhandlung verbunden war, ist jedenfalls frustrierend.

In Fällen, in denen aus bestimmten Gründen sonst ein Scheitern der Hauptverhandlung zu befürchten ist, kann daher neben dem Wahlverteidiger – auch gegen den Willen des Angeklagten und seines Wahlverteidigers (»*Zwangsverteidigung*«) – ein Pflichtverteidiger bestellt werden. Vor allem der Umfang und die Schwierigkeit der Sache dürften hierfür in der Regel ausschlaggebend sein[26]. Aber auch dann, wenn aufgrund konkreter Umstände die Gefahr besteht, dass der Wahlverteidiger seine Aufgabe für die Dauer des Verfahrens nicht wahrnehmen kann oder will, wird die Beiordnung eines Pflichtverteidigers in Betracht kommen[27].

Vor der Beiordnung ist der Angeklagte – wie auch sonst vor einer Verteidigerbeiordnung – zu hören. Gehört werden sollte auch der Wahlverteidiger. Denn es macht wenig Sinn, Verteidiger nebeneinander zu stellen, die aus Gründen, die dem Gericht regelmäßig zuvor nicht bekannt sein werden, nicht bereit oder nicht in der Lage sind, sachgerecht zusammenzuarbeiten. Dass schließt allerdings nicht aus, dass notfalls auch gegen den Widerspruch von Angeklagtem oder Wahlverteidiger gegen die Person des Pflichtverteidigers dessen Beiordnung erfolgen kann.

---

23 Vollkommen sinnlos wäre es, einen Verteidiger beizuordnen, der nicht in der Lage ist, einen unter Beachtung des Beschleunigungsgebots erforderlichen zeitnahen Hauptverhandlungstermin wahrzunehmen.
24 Nicht jeder Rechtsanwalt sieht sich z.B. in der Lage, vorbehaltlos vermeintliche Sexualstraftäter zu verteidigen.
25 Zu den Möglichkeiten, darauf zu reagieren, siehe unten S. 75f., 195.
26 Insofern vielleicht vergleichbar mit Situationen, in denen aufseiten des Gerichts Ergänzungsrichter (§ 192 GVG) zugezogen werden.
27 Vergl. BGHSt 15, 306, sowie Schlüchter S. 114f.

I. Vorüberlegungen

6. Einziehungsbeteiligung

In der Praxis selten relevant, dann jedoch häufig übersehen wird die *Anordnung der Einziehungsbeteiligung* (§ 431 StPO). Unterbleibt sie, hindert das den Verfahrensfortgang bis hin zur rechtskräftigen Entscheidung nicht (vergl. § 431 Abs. 7 StPO), eröffnet dem Beteiligten aber die Möglichkeit des Nachverfahrens (§ 439 StPO).

7. Opferschutzrechte

7.1. Um den Opferschutz zu verstärken, sieht das Gesetz *Informations- und Beteiligungsrechte vor* (§ 406d StPO). Auf diese Rechte und die Befugnis, sich ggf. der öffentlichen Klage als Nebenkläger anzuschließen, soll der Verletzte hingewiesen werden (§ 406h StPO). Zuständig ist die jeweils mit der Sache befaßte Stelle, nach Anklageerhebung also auch das Gericht. Es darf sich nicht darauf verlassen, dass Polizei oder Staatsanwaltschaft bereits belehrt haben, wenn dies nicht in den Akten dokumentiert ist. Im Zweifel sollte das Gericht also eine solche Belehrung vornehmen[28]. Der im politischen und gesetzgeberischen Raum zu Recht betonte Opferschutzgedanke kann sich nur bewähren, wenn die Rechte der Verletzten auch in der Alltags- und Massenarbeit der Gerichte beachtet werden.

7.2. Wenn ersichtlich ist, dass Zeugen ihre Befugnisse bei der Vernehmung nicht selbst wahrnehmen können und ihren schutzwürdigen Interessen auf andere Weise nicht Rechnung getragen werden kann, kann ihnen für die Dauer ihrer Vernehmung ein Rechtsanwalt beigeordnet werden (»*Vernehmungsbeistand*«), wenn sie noch ohne anwaltlichen Beistand sind (§ 68b StPO)[29] und wenn die Staatsanwaltschaft zustimmt.

Zu den von dieser Vorschrift erfassten Zeugen zählen regelmäßig minderjährige sowie ängstliche und gefährdete Zeugen[30].

Die Beiordnung ist von den *Umständen des Einzelfalles* abhängig. Zu diesen Umständen zählt auch die Frage, ob die Interessen des Zeugen auf andere Weise sichergestellt werden können. Hierzu wird argumentiert, dass als vorzugswürdige Alternativen auch der Ausschluss der Öffentlichkeit oder des Angeklagten bei der Vernehmung oder auch eine Videovernehmung in Betracht kämen[31]. Ich halte dies zwar im Grundsatz für zutreffend, meine aber, dass die Beiordnung eines Vernehmungsbeistands regelmäßig – wenn überhaupt – das geringere Übel darstellt gegenüber Einschränkungen strafprozessualer Grundgarantien, die in dem

---

28 Schriftform genügt. Es reicht aus, die unterschiedlichen Möglichkeiten abstrakt (insofern ähnlich den Rechtsmittelbelehrungen) darzulegen, wobei ein Bemühen um inhaltliche Verständlichkeit selbstverständlich sein sollte. Es macht keinen Sinn, die Verletzten, die gesetzlich vorgeschriebene Beteiligungsrechte wahrnehmen dürfen, durch die Art der Belehrung vor der Wahrnehmung dieser Rechte zurückschrecken zu lassen.
29 Zum Zeugenbeistand und zu dessen Befugnissen im Übrigen unten S. 104.
30 KK-Senge § 68b Rdnr. 5.
31 KK-Senge § 68b Rdnr. 6.

7. Opferschutzrechte

Ausschluss der Öffentlichkeit oder des Angeklagten zu sehen sind. Unter Verhältnismäßigkeitsgesichtspunkten dürfte daher die Beiordnung eines Vernehmungsbeistands meist das gebotene Mittel sein[32].

Unter den ansonsten gleichen Voraussetzungen *muss* dieser Beistand beigeordnet werden, wenn die Vernehmung Straftaten nach dem in § 68b Satz 2 StPO genannten Katalog betrifft (Verbrechen, bestimmte Straftaten gegen die sexuelle Selbstbestimmung, bestimmte Banden- und organisierte Kriminalität) und wenn der Zeuge oder die Staatsanwaltschaft die Beiordnung beantragt. Der Zustimmung der Staatsanwaltschaft bedarf es in diesem Fall nicht[33].

Das *Beiordnungsverfahren* entspricht dem der Beiordnung eines Pflichtverteidigers (§ 68 S. 3 StPO)[34].

Die Beiordnung wird für die Vernehmung ausgesprochen, gilt also bis zu deren Beendigung und muss, falls sich später die Notwendigkeit einer erneuten Vernehmung herausstellt, erneuert werden, wenn die übrigen Voraussetzungen weiterhin vorliegen.

Der Vernehmungsbeistand ist zur *Anwesenheit* bei der Vernehmung des betreffenden Zeugen berechtigt, sonst hat er – wie der Zeugenbeistand im Allgemeinen[35] – kein Anwesenheitsrecht. Vom Vernehmungstermin ist der Vernehmungsbeistand zu benachrichtigen[36].

Ob der Vernehmungsbeistand ein *Akteneinsichtsrecht* hat, regelt das Gesetz nicht. Da dem Vernehmungsbeistand die Wahrnehmung der Rechte des betreffenden Zeugen sonst kaum sachgerecht möglich sein dürfte, muss ihm durch (insoweit beschränkbare) Akteneinsicht Aufklärung über die – für seinen Mandanten – maßgeblichen Tatvorwürfe und ggf. über frühere Vernehmungen seines Mandanten gegeben werden[37].

7.3. Das Gericht hat schließlich zu erwägen, ob die Durchführung einer *Videovernehmung* (§ 247a StPO)[38] in Betracht kommt. Es hat zu prüfen, ob im Ermittlungsverfahren (§ 58a StPO) oder in einer vorangegangenen Hauptverhandlung (§ 247a S. 4 StPO) Zeugenaussagen aufgezeichnet wurden und ob diese Aufzeichnungen nach § 255a StPO vorgeführt werden sollen[39], damit die damit verbundenen zeitlichen und technischen Dispositionen rechtzeitig getroffen werden können.

---

32 Ich halte die genannten Alternativen daher für grundsätzlich nachrangig, wobei sie – bei Vorliegen ihrer spezifischen Voraussetzungen – selbstverständlich neben der Bestellung eines Beistands in Betracht kommen.
33 Kl./Meyer-Goßner § 68b Rdnr. 6.
34 Hierzu oben S. 5.
35 Vergl. unten S. 104.
36 Das Gesetz enthält hierzu keine Regelung, sodass jedenfalls eine förmliche Terminladung nicht erforderlich ist. Eine Terminmitteilung halte ich aber für jedenfalls unverzichtbar, weil der Vernehmungsbeistand in Unkenntnis des Vernehmungstermins und damit der Vernehmung seine Aufgabe nicht wahrnehmen kann.
37 Vergl. KK-Senge, § 68b Rdnr. 9.
38 Hierzu unten S. 126.
39 Vergl. unten S. 133.

I. Vorüberlegungen

8. Verfahrensarten

Das Gericht hat sich Klarheit zu verschaffen über die *Verfahrensart*. Im gewöhnlichen Anklageverfahren findet die Hauptverhandlung in *Anwesenheit des Angeklagten* statt (§ 231 Abs. 1 StPO). Bleibt der Angeklagte aus, prüft das Gericht die Anordnung von Zwangsmaßnahmen (§ 230 StPO).

8.1. Unter bestimmten Umständen kann gleichwohl eine *Hauptverhandlung trotz Ausbleibens des Angeklagten* begonnen und durchgeführt werden (§ 232 Abs. 1 StPO). Wesentliches Kriterium ist die begrenzte Rechtsfolgenerwartung (Geldstrafe bis 180 Tagessätze, Verwarnung mit Strafvorbehalt, Fahrverbot u.a. abschließend aufgezählte Sanktionen). Dieses Verfahren setzt zwingend voraus, dass der Angeklagte in der Ladung zum Termin auf diese Möglichkeit hingewiesen worden ist. In geeignet erscheinenden Fällen – aber nur dann[40] – muss ein solcher Hinweis rechtzeitig vom Gericht veranlasst werden[41]. Eine Hauptverhandlung trotz Ausbleibens des Angeklagten i.S. von § 232 StPO ist *nicht* möglich nach *öffentlicher* Ladung des Angeklagten (§ 232 Abs. 2 StPO).

8.2. Einem Antrag des Angeklagten auf *Entbindung von der Pflicht zum Erscheinen in der Hauptverhandlung* kann das Gericht nach seinem Ermessen nachkommen, wenn die übrigen Voraussetzungen dieser Verfahrensart (insbesondere die begrenzte Rechtsfolgenerwartung) vorliegen (§ 233 StPO)[42]. Zwingend erforderlich ist hier[43] eine kommissarische Vernehmung des Angeklagten (§ 233 Abs. 2 StPO). Der beauftragte oder ersuchte Richter hat ein Protokoll über die Vernehmung des Angeklagten zu fertigen, das dann durch Verlesung in die Hauptverhandlung vor dem erkennenden Gericht eingeführt wird[44]. Auch hier ist das Urteil vollständig abzusetzen und zuzustellen, um die Voraussetzungen der formellen Rechtskraft herbeizuführen.

Der Antrag auf Entpflichtung hat besondere Bedeutung im gerichtlichen *Bußgeldverfahren* erlangt, nachdem dort zwar inzwischen eine Anwesenheitspflicht

---

40 Anderenfalls würde sich das Gericht in Fällen, in denen es tatsächlich nur in Anwesenheit zu verhandeln beabsichtigt, widersprüchlich verhalten.
41 Ob das Gericht dann tatsächlich in Abwesenheit verhandelt oder den Termin aussetzt und zum neuen Termin das persönliche Erscheinen (§ 236 StPO) des Angeklagten anordnet, entscheidet es in der Hauptverhandlung nach seinem Ermessen. Gegen die Durchführung eines Abwesenheitsverfahrens sprechen häufig das Bedürfnis des Gerichts, die Sachaufklärung – auch zu seinen persönlichen und wirtschaftlichen Verhältnissen – mit dem Angeklagten zusammen zu betreiben. Praktiker beklagen außerdem, dass sie ein Abwesenheitsurteil, selbst wenn es größte Aussicht auf Rechtskraft hat, stets vollständig absetzen müssen, um als Folge seiner Zustellung die Rechtsmittelfrist in Gang setzen zu können (§§ 323 Abs. 4, 314 Abs. 2 StPO).
42 Vergl. auch RiStBV Nr. 120.
43 Im Gegensatz zur Hauptverhandlung trotz Ausbleibens nach § 232 StPO.
44 Trotz der Entpflichtung hat der Angeklagte ein Recht auf Anwesenheit in der Hauptverhandlung vor dem erkennenden Gericht, er ist daher förmlich zu laden. Anstelle des Hinweises auf die allgemeinen Zwangsmittel (§ 216 Abs. 1 S. 1 StPO) wird ihm mitgeteilt, dass ihm das Erscheinen freisteht.

für den Betroffenen besteht (§ 73 Abs. 1 OWiG), die Bereitschaft der Betroffenen, sich den Verfahren auch persönlich zu stellen, aber nach wie vor gering ist[45].

8.3. Die *Anordnung des persönlichen Erscheinens* (§ 236 StPO) hat nur Bedeutung, soweit eine Verhandlung in Abwesenheit grundsätzlich zulässig wäre.

Die Vorschrift ist erstinstanzlich vor allem relevant im Verfahren nach *Einspruch* gegen einen *Strafbefehl*. Dass das persönliche Erscheinen des Angeklagten angeordnet war, ist allerdings nicht Voraussetzung einer Einspruchsverwerfung bei unentschuldigtem Fernbleiben (§ 412 StPO). Die Anordnung des persönlichen Erscheinens ermöglicht es aber, das Erscheinen des Angeklagten unabhängig davon zu erzwingen (§ 230 StPO), ob ein Verteidiger mit Vertretungsvollmacht gem. § 411 Abs. 2 StPO auftritt. Die Anordnung des persönlichen Erscheinens ist durch Beschluss zu treffen und dem Angeklagten zuzustellen, sinnvollerweise zusammen mit der Terminladung und den Hinweisen auf die Folgen unentschuldigten Fernbleibens (§ 216 Abs. 1 S. 1 StPO).

8.4. Das Gericht wird ferner erwägen, ob im Fall des Ausbleibens des Angeklagten ein *Strafbefehl nach § 408a StPO* ergehen sollte[46] und unter diesem Blickwinkel erneut prüfen, ob ein Pflichtverteidiger beigeordnet werden muss[47]. Einer Belehrung über die Möglichkeit des Übergangs ins Strafbefehlsverfahren bedarf es nicht.

8.5. Nach zulässigem *Einspruch gegen den Strafbefehl* nach § 407 StPO wird ebenfalls Hauptverhandlungstermin bestimmt (§ 411 StPO). Neben den allgemeinen Erwägungen zur Termindisposition empfiehlt es sich hier u.U., das persönliche Erscheinen des Angeklagten nach § 236 StPO anzuordnen, um eine Abwesenheitsverhandlung nach § 411 Abs. 2 StPO, deren Erkenntnisqualitäten begrenzt sind, zu vermeiden. Der Zeitbedarf wird hier auch dadurch beeinflusst, ob der Einspruch umfassend oder beschränkt auf bestimmte Beschwerdepunkte (§ 410 Abs. 2 StPO) eingelegt ist. Die praktisch häufige Beschränkung auf den Rechtsfolgenausspruch hat – sofern sie, was von Amts wegen zu prüfen ist, wirksam ist – in der Regel erhebliche Zeitersparnis zur Folge.

8.6. Hat die Staatsanwaltschaft Antrag auf *Aburteilung im beschleunigten Verfahren* gestellt[48], so wird die Hauptverhandlung sofort durchgeführt oder mit kurzer Frist[49] anberaumt (§ 418 Abs. 1 StPO). Ist das nicht möglich, so hat das Gericht die Aburteilung im beschleunigten Verfahren abzulehnen (§ 419 Abs. 2, 3

---

45 Eingehend dazu unten S. 300.
46 Dazu Schellenberg, NStZ 1994, 570 ff.
47 § 408b StPO: Wenn eine Freiheitsstrafe bis zu einem Jahr Dauer erwogen wird.
48 Hierzu eingehend und in Zusammenhang unten S. 285 ff.
49 Wann eine Frist bis zur Hauptverhandlung im beschleunigten Verfahren (noch) kurz genug ist, vermag ich dem Gesetz nicht zu entnehmen. Ich bezweifle daher, dass es zulässig ist, hier durch Richterrecht abstrakte Fristen zu normieren (so aber OLG Stuttgart, StV 1998, 585 ff.: »allenfalls unwesentlich mehr als zwei Wochen«). Unabhängig davon muss eine Hauptverhandlung im beschleunigten Verfahren gegenüber den üblichen mehrmonatigen Terminvorläufen drastisch kürzer sein, weil die mit einem beschleunigten Verfahren zu verbindenden Vorteile sonst nicht gewahrt werden können, während die Nachteile (als Ergebnis des reduzierten Verfahrensaufwands) aufseiten des Beschuldigten erhalten bleiben.

I. Vorüberlegungen

StPO). Der absehbare Terminaufwand und die dem Gericht gegebene Terminszeit können hier also schon die von der Staatsanwaltschaft intendierte Verfahrensart verhindern. Das beschleunigte Verfahren kann allerdings, wenn Polizei, Staatsanwaltschaft und Gericht ausreichende Erfahrungen gesammelt und Routinen entwickelt haben, ein hervorragendes Instrument zur zeitgerechten Aburteilung kleinerer Straftäter sein, unter Umständen auch Untersuchungshaft vermeiden helfen[50].

9. Beschleunigungsgrundsatz

Generell gilt der *Beschleunigungsgrundsatz*, also das Gebot, Verfahren sobald wie möglich zu erledigen[51]. Eine gravierende Verletzung des Beschleunigungsverbots kann sich strafmildernd für den Angeklagten auswirken[52].

Von besonderer Bedeutung ist der Beschleunigungsgrundsatz in Haftsachen[53] (vergl. §§ 121 ff. StPO sowie Art. 5 Abs. 3 S. 1 EMRK). Das Gericht muss daher mit Blick auf die Haftsachen organisatorische Vorsorge dafür treffen, dass schleunigst verhandelt werden kann, also kurzfristig Verhandlungszeit und Sitzungsraum zur Verfügung stehen. Die regelmäßige Höchstdauer für Untersuchungshaft beträgt 6 Monate (§ 121 StPO). Weil vom Zeitpunkt der Inhaftierung bis zur Anklageerhebung meist schon geraume Zeit vergeht und auch das gerichtliche Zwischenverfahren seine Zeit benötigt, führt dies oft zu erheblichem Zeitdruck bei den Gerichten. Angesichts permanenter Mängel in der personellen und sachlichen Ausstattung der Gerichte wird es den einzelnen Spruchkörpern häufig nicht leicht gemacht, diesen Anforderungen noch zu genügen[54]. Erforderlichenfalls muss ein Gericht auch auf die Ultima Ratio zurückgreifen, andere, bereits

---

50 Die Erfahrung zeigt, dass etwa auswärtige Ladendiebe, gegen die unter den Voraussetzungen des § 113 StPO Untersuchungshaft verhängt werden könnte, im beschleunigten Verfahren mit deutlich geringerem Kosten- und Zeitaufwand, weniger einschneidendem Procedere und gleichwohl einiger Nachdrücklichkeit (Strafe folgt der Tat auf dem Fuße) unverzüglich und mit hoher Aussicht auf Rechtskraft verurteilt werden können. Zu den Chancen, aber auch den Risiken des beschleunigten Verfahrens vergl. auch Loos/Radtke, NStZ 1996, 11 ff.
51 Art. 6 Abs. 1 S. 1 EMRK, Art. 2 Abs. 1 S. 1 GG.
52 BGH NStZ 1997, 75.
53 Sofern der Angeklagte in diesem Verfahren Untersuchungshaft verbüßt. Sitzt er in anderer Sache in Untersuchungs- oder Vollstreckungshaft ein, so ist die Sache nicht von gesteigerter Eilbedürftigkeit. Letzteres gilt auch, wenn die Untersuchungshaft im Anklageverfahren unterbrochen ist zum Zweck der Strafvollstreckung in anderer Sache oder nur sog. Überhaft besteht, der Angeklagte also primär aufgrund eines anderen Verfahrens einsitzt. Fällt die vorgreifliche Haftanordnung hier allerdings weg, so entsteht erneut ein besonderes Eilbedürfnis.
54 Zwei kleine organisatorische Maßnahmen haben sich gleichwohl bewährt: Zum einen kann der Vorsitzende sofort nach Eingang einer neuen Haftsache unter Berücksichtigung des noch ausstehenden Zwischenverfahrens einen Termin für die Sache vorläufig einplanen. Die Sache befindet sich damit im Terminvorlauf, sie muss nicht erst Wochen später in den dann wieder entsprechend weiter gelaufenen Kalender eingefügt werden. Zum Zweiten kann sich das Gericht für Haft- und sonstige Eilsachen regelmäßig Terminzeiten oder -tage freihalten, um in die so entstehenden Freiräume kurzfristig allfällige Eilsachen hineinzunehmen.

terminierte Sachen wieder aufzuheben und auf einen späteren Termin zu verlegen, bevor eine Haftsache unvertretbar verzögert wird[55].

10. Kommissarische Vernehmungen

Der Vorsitzende hat darüber zu befinden, ob eine *kommissarische Zeugen- oder Sachverständigenvernehmung* (§§ 223, 251 Abs. 1 Nr. 2 StPO) stattfinden soll[56]. In diesem Fall beschließt er das sinnvollerweise zunächst und wartet das Ergebnis des Rechtshilfeersuchens ab, bevor er (für sein erkennendes Gericht) den Termin bestimmt. Maßgeblich für die Anordnung einer kommissarischen Vernehmung wird die Frage sein, ob eine unmittelbare Vernehmung des Zeugen (oder Sachverständigen) vor dem erkennenden Gericht überhaupt möglich ist und falls ja, ob sie eine wesentlich bessere Erkenntnisquelle darstellen würde, als es die Verlesung einer Vernehmungsniederschrift in der Hauptverhandlung sein kann. In der Regel ist die unmittelbare Vernehmung bei allen streitigen Fragen das geeignetere Mittel der Wahrheitsfindung[57], sodass die Interessen der betr. Zeugen und Sachverständigen (etwa wegen weiter und umständlicher Anreisewege) im Zweifel zurückstehen müssen.

11. Kommissarische Augenscheinseinnahmen

Grundsätzlich möglich ist die *Anordnung einer kommissarischen Augenscheinseinnahme* (§ 225 StPO) vor der Hauptverhandlung. Die Zweckmäßigkeit dieser Anordnung ist allerdings generell fragwürdig[58], die Praxis wendet die Norm kaum an[59]. Die unmittelbare Augenscheinseinnahme durch das erkennende Gericht in der Hauptverhandlung ist die weitaus bessere Erkenntnishilfe.

12. Zeitplanung

Die konkrete Planung eines Termins richtet sich allein nach dem Einzelfall, sodass hier keine Faustformel für den *Zeitbedarf* aufgestellt werden kann. Bei der individuellen Ermittlung des Zeitbedarfs sollten vorhersehbare Verzögerungen

---

55 Hierdurch entstehen erhebliche Mühen und Arbeiten für die Geschäftsstellen und Kanzleien der Gerichte sowie verständlicher Unmut bei denen, deren naher Termin infolgedessen verschoben wird.
56 Vergl. auch RiStBV Nr. 121.
57 Exemplarische Vorteile: Vermittlung eines persönlichen Eindrucks, Möglichkeit direkter Vorhalte, Entgegnungen u.a.m.
58 Gerade die Augenscheinseinnahme ist erfahrungsgemäß eine außerordentlich bedeutsame Erkenntnisquelle, weil sie dem Gericht zahlreiche Sinneseindrücke verschafft, die durch Verlesung eines Protokolls in der Hauptverhandlung schlechterdings nicht ersetzt werden können.
59 KK-Tolksdorf § 225 Rdnr. 1.

I. Vorüberlegungen

einkalkuliert werden, die z.B. dadurch entstehen, dass polizeiliche Vorführungen erforderlich und sofort durchgeführt werden.

12.1. Dringend zu empfehlen sind *Terminsabsprachen* mit denjenigen Verfahrensbeteiligten, die erfahrungsgemäß nicht ohne weiteres jederzeit zur Verfügung stehen, etwa mit Verteidigern[60], mit Sachverständigen oder mit wichtigen Zeugen, gelegentlich auch mit dem Anklageverfasser, wenn seine Mitwirkung als Sitzungsvertreter der Staatsanwaltschaft gewünscht wird. Der erhöhte Organisationsaufwand erspart späteren Ärger und Aufwand mit Terminsverlegungen, auch für Geschäftsstellen und Schreibdienste[61].

12.2. Wenn es unsicher ist, ob die geschätzte Terminszeit ausreichen wird, sollte das Gericht von vornherein *Zeit für Fortsetzungstermine* einplanen, auf die die Beteiligten frühzeitig hingewiesen werden können. Ggf. sollten auch die Schöffen vorab informiert werden. Sie richten sich erfahrungsgemäß sehr pflichtbewusst auf die Wahrnehmung der ihnen zugewiesenen Sitzungstage ein. Kurzfristig bekannt werdende Fortsetzungszwänge erweisen sich hingegen für viele als äußerst problematisch, sodass die Verfahrensfortsetzung hieran scheitern kann.

12.3. Zur optimalen Terminsvorbereitung gehört der Versuch, keinen der Beteiligten länger zeitlich zu binden, als dies sachlich geboten ist. Hier kann die *Möglichkeit zeitversetzter Ladungstermine* (§ 214 Abs. 2 StPO) sinnvoll genutzt werden. Zeugen sollten daher gestaffelt (einzeln oder in kleinen Gruppen zusammengefasst) geladen werden. Das spart viel Zeit und Geld. Außerdem hilft es, unnötige Geduldsproben zu vermeiden, auf die die Zeugen bestenfalls gleichgültig, häufig aber zu Recht verständnislos und mit sinkender Aussagefreudigkeit reagieren[62]. Eine Ladung nicht zum Verhandlungsbeginn, sondern genau zu dem Zeit-

---

60 Der Angeklagte hat zwar kein Recht auf vorherige Terminsabsprache. Bei der Terminsbestimmung ist jedoch grundsätzlich das Recht des Angeklagten auf einen Verteidiger seiner Wahl zu beachten, sodass zumindest ernsthaft versucht werden muss, den Termin mit dem Wahlverteidiger abzustimmen. OLG Frankfurt/M. StV 1997, 403.

61 Dabei ist es nie ganz vermeidbar, dass das Gericht Verfahrensbeteiligten auch Mühen und Ungelegenheiten bereitet, wenn ein zügiger Termin nicht übereinstimmend vereinbart werden kann. Die Erfordernisse des gerichtlichen Massengeschäfts führen dazu, dass nicht auf jeden Terminswunsch Rücksicht genommen werden kann. Ein ernsthaftes Bemühen, Belastungen für die Verfahrensbeteiligten insofern so gering wie möglich zu halten, ist trotzdem aus unterschiedlichsten Erwägungen (faires Verfahren, prozessuale Fürsorge, nobile officium) regelmäßig geboten.

62 Zeitversetzte Zeugenladungen bringen allerdings auch gewisse Nachteile mit sich. Der Ablauf der Beweisaufnahme wird dadurch stark vorstrukturiert und kann sich spontan ergebenden Veränderungen nur schwer angepasst werden. Der Vorsitzende muss im gleichen Termin mehrfach die Belehrungen durchführen (was natürlich wiederum deren Eindringlichkeit für die konkreter, zeitnaher und individueller angesprochenen Zeugen noch erhöhen kann). Ferner kann der Termin u.U. wegen eines später erwarteten wichtigen Zeugen scheitern, nachdem schon stundenlang andere Beweise erhoben wurden. Besteht solche Gefahr, wird das Gericht möglicherweise auf dem Erscheinen aller Zeugen zu Prozessbeginn bestehen. Die Zeugen werden es dann allerdings als hilfreich empfinden, wenn ihnen nach der Präsenzfeststellung mitgeteilt wird, zu welchem Zeitpunkt ihre Vernehmung geplant ist und falls sie bis dahin wieder entlassen werden. Ihnen wird wenigstens die Zumutung erspart, in der Zwischenzeit stundenlang unmittelbar vor dem Verhandlungssaal ausharren zu müssen.

punkt, in dem die Mitwirkung erforderlich wird, bietet sich auch für Dolmetscher an, die nur für bestimmte Zeugen benötigt werden oder für Sachverständige, die zu einem Thema gehört werden sollen, dessen Erörterung nicht die Teilnahme an der gesamten Beweisaufnahme voraussetzt.

13. Verfahrenseinstellung

Regelmäßig wird sich das Gericht in geeignet erscheinenden Fällen bereits nach Eingang einer Akte die Frage stellen, ob eine Verfahrenseinstellung aus Gründen der Opportunität (§§ 153 ff. StPO, § 47 Abs. 2 OWiG) oder der Diversion (§ 47 JGG) in Betracht kommt[63]. Gelegentlich enthalten die Akten Hinweise darauf, dass die Staatsanwaltschaft oder der Angeschuldigte/Betroffene bzw. sein Verteidiger solche Überlegungen bereits angestellt haben. Dass das Verfahren nun doch zu Gericht gelangt ist, begründet keineswegs regelmäßig die Annahme, dass es auch durchgeführt werden muss. Jedenfalls ist das Gericht nicht gehindert, seine Vorstellungen von einer konsensualen Verfahrenserledigung zu jeder Zeit[64] einzubringen. Dabei kann es sich vor allem anbieten, Fragen eines *Täter-Opfer-Ausgleichs* aufzugreifen[65].

Dabei sollte das Gericht allerdings immer prüfen, ob es im Rahmen von Einstellungsüberlegungen Standpunkte einnimmt, die zu *unerwünschten Festlegungen* führen. So macht es nicht unbedingt Sinn, eine Verfahrenseinstellung gegen eine geringfügige Auflage anzubieten, wenn für den Fall der Durchführung des Verfahrens (nach Aktenlage) eine einschneidende Sanktion geboten wäre[66]. Im Verfahrensverlauf, spätestens im Schlussvortrag der Verteidigung, muss sich das Gericht dann mit hoher Wahrscheinlichkeit fragen bzw. entgegenhalten lassen, dass es zu einem früheren Standpunkt bereit gewesen wäre, dass Verfahren »billig« zu erledigen.

Um hier Friktionen zu *vermeiden*, kann es sachgerecht sein, eine denkbare Verfahrenseinstellung bewusst einer Hauptverhandlung vorzubehalten. In der Hauptverhandlung werden die bisher nur durch die Akten bezeichneten Verfahrensinhalte für das Gericht in der Regel erstmals persönlich erfahrbar, vor allem in der Person des Angeklagten und ggf. (mindestens ebenso wichtig) auch des Verletzten. Die Aktenlage tritt dahinter zurück. Wenn nunmehr eine Verfahrenseinstellung in Betracht gezogen wird, geschieht dies aufgrund einer ganz anderen,

---

63 Dazu instruktiv Ostendorf, Jugendstrafverfahren S. 16 ff.
64 Ausnahme: § 153b Abs. 2 StPO; diese Einstellung ist nur bis zum Beginn der Hauptverhandlung möglich. Dies schadet aber in der Praxis nicht, weil bei entsprechender Sachlage dann wohl auch Einstellungen nach § 153 Abs. 2 StPO oder nach § 153a Abs. 2 StPO erzielbar sein dürften.
65 Etwa: ist die Rechnung inzwischen bezahlt? Ist der Sachschaden ersetzt? Ist eine Entschuldigung ausgesprochen und akzeptiert? Wurde ein Schmerzensgeld gezahlt? Aber auch etwa: Ist der bauordnungswidrige Zustand inzwischen behoben?
66 Ganz abgesehen davon, dass es sich hierbei um den Versuch handeln dürfte, eine sachlich so nicht haltbare Verfahrensbeendigung im Wege eines »Deals« herbeizuführen, vergl. zu Verfahrensabsprachen im Übrigen unten S. 235.

I. Vorüberlegungen

neuen Erkenntnisebene und es fällt – rechtlich wie tatsächlich – leichter, neue und bisher vielleicht nur schwer vertretbare Ansätze zu verfolgen.

Das Gericht ist allerdings nicht gehindert, den Beteiligten seine Bereitschaft, vor oder in der Hauptverhandlung über eine Verfahrenseinstellung zu diskutieren, *konkret mitzuteilen*. Auch hier sollten unnötige Festlegungen unterbleiben. Es gibt aber einige Fallkonstellationen, die ohnehin einstellungsträchtig sind[67]. Hier kann es sachdienlich sein, seitens des Gerichts ganz klare Vorstellungen zu entwickeln, was die Voraussetzung einer Verfahrenseinstellung sein sollten und diese Vorstellungen auch den Verfahrensbeteiligten mitzuteilen[68]. Damit besteht insbesondere für den Angeklagten und den Verteidiger die Möglichkeit, spätestens in der Hauptverhandlung nachzuweisen, dass den Vorstellungen des Gerichts insoweit inzwischen Rechnung getragen wurde oder – was dann mindestens ebenso wichtig ist – warum dies gerade nicht der Fall ist.

---

[67] Beispiele: Der Unterhaltspflichtverletzer nimmt die Zahlungen verlässlich wieder auf, der Täter des § 266a StGB entrichtet die nicht abgeführten Arbeitnehmeranteile, der des Eingehungsbetrugs Verdächtige macht den Schaden wieder gut.

[68] Beispiel einer entsprechenden Mitteilung an den Angeklagten, den Verteidiger und die Staatsanwaltschaft: »Das Gericht weist darauf hin, dass es – unbeschadet der Auffassung der Staatsanwaltschaft zu dieser Frage – bei derzeitiger Sachlage der Frage einer Verfahrenseinstellung nicht näherzutreten beabsichtigt, solange der Angeschuldigte die titulierte Kaufpreisforderung des Zeugen XY nicht beglichen hat.«

II. Terminsbestimmung und Ladungen

1. Terminsbestimmung

Nach dem Ergebnis der Vorüberlegungen richtet sich die eigentliche Vorbereitung der Hauptverhandlung. Der Vorsitzende bestimmt den *Termin zur Hauptverhandlung* (§ 213 StPO), legt also Datum und Beginn der Hauptverhandlung fest[1] und ordnet die erforderlichen Ladungen an. Eine Beschwerde gegen die Terminsbestimmung ist unzulässig[2].

2. Ladung des Angeklagten

Die *Ladung des Angeklagten* muss neben der Mitteilung von Terminszeit, Terminsort[3] und Verfahrensgegenstand auch die notwendigen Belehrungen für den Fall des Nichterscheinens enthalten.

2.1. Im Regelfall des *Anwesenheitsverfahrens* nach der StPO gegen einen in Freiheit befindlichen Angeklagten wird der Angeklagte auf die Folgen unentschuldigten Fernbleibens (§ 230 Abs. 2 StPO) hingewiesen (§ 216 Abs. 1 StPO). Befindet sich der Angeklagte nicht auf freiem Fuß, wird er durch Bekanntmachung des Termins mit der Anfrage, ob und welche Anträge er zu seiner Verteidigung für die Hauptverhandlung zu stellen hat (§ 216 Abs. 2 StPO), geladen. Kommt in Betracht, trotz etwaigen Fernbleibens in Abwesenheit zu entscheiden, müssen Hinweise nach § 232 I StPO ergehen. Im *Strafbefehlsverfahren* ist auf die Möglichkeit der Einspruchsverwerfung nach § 412 StPO hinzuweisen[4] und ggf. der Beschluss über die Anordnung des persönlichen Erscheinens des Angeklagten (§ 236 StPO) hinzuzufügen. Im *beschleunigten Verfahren* ist eine Ladung des Beschuldigten ganz entbehrlich, wenn er sich freiwillig zur Hauptverhandlung stellt oder dem Gericht zur Hauptverhandlung vorgeführt wird (§ 418 Abs. 2 StPO).

---

1 Vergl. auch RiStBV Nr. 116 f.
2 Str., wie hier Kl./Meyer-Goßner § 213 Rdnr. 8; dies gilt m.E. ausnahmslos. Die Gegenmeinung (KMR-Paulus § 213 Rdnr. 17 ff., OLG München NStZ 1994, 451), die die Beschwerde demgegenüber unter besonderen Umständen für statthaft erachtet, ist inkonsequent, weil sie für »besondere Fälle« inhaltlicher Bedenken (etwa vermuteter rechtsfehlerhafter Ermessensausübung des Vorsitzenden) Statthaftigkeit der Beschwerde konstatiert und damit die Trennung von Zulässigkeits- und Begründetheitsfragen ohne Not aufgibt.
3 Hinweise auf Besonderheiten im geplanten Terminsablauf, etwa geplante Vernehmungen von Zeugen außerhalb des Gerichts, Augenscheinseinnahmen am Tatort, Fortsetzungstermine u.a.m. sind hierbei in der Regel angebracht.
4 OLG Köln NJW 1969, 246.

II. Terminsbestimmung und Ladungen

Anderenfalls wird ihm mit der Ladung der Tatvorwurf mitgeteilt (§ 418 Abs. 3 StPO)[5]. Weil als Folgen des unentschuldigten Fernbleibens grundsätzlich auch hier die Zwangsmittel des § 230 Abs. 2 StPO (Vorführung oder Haftbefehl) in Betracht kommen[6], muss darauf auch im beschleunigten Verfahren hingewiesen werden. Im *Bußgeldverfahren* ist der Betroffene im Regelfall auf die Verwerfung des Einspruchs bei unentschuldigtem Fernbleiben (§ 74 Abs. 2 OWiG) hinzuweisen. Der Anordnung des persönlichen Erscheinens bedarf es hier insoweit als Folge der gesetzlichen Anwesenheitspflicht (§ 73 Abs. 1 OWiG) nicht mehr.

2.2. Der Vorsitzende hat für die *Unterrichtung des Angeklagten* über die zur Hauptverhandlung geladenen Zeugen und Sachverständigen zu sorgen (§ 222 Abs. 1 S. 1 StPO). Regelmäßig geschieht dies zusammen mit der Ladung[7]. Zugleich sollten auch die gegenständlichen Beweismittel (Urkunden, Augenscheinsobjekte) mitgeteilt werden. Bezugnahmen auf die Anklageschrift reichen aus, wenn die *Beweismittel* dort konkret bezeichnet sind. Nichtbeachtung der Unterrichtungspflicht begründet die Gefahr eines berechtigten Aussetzungsantrags (§ 246 Abs. 2 StPO, § 73 Abs. 3 OWiG).

Schließlich ist bei erstinstanzlichen Verfahren vor Land- oder Oberlandesgerichten die *Gerichtsbesetzung* mitzuteilen (§ 222a StPO)[8].

2.3. Die *Ladungsfrist* für Angeklagte beträgt grundsätzlich eine Woche zwischen der Ladungszustellung und dem Tag der Hauptverhandlung (§ 217 Abs. 1 StPO), im beschleunigten Verfahren 24 Stunden (§ 418 Abs. 2 S. 3 StPO). Bei der Berechnung der Wochenfrist sind der Zustellungstag und der Tag (des Beginns) der Hauptverhandlung nicht mitzurechnen[9], Sonn- und Feiertage werden hingegen mitgezählt[10].

2.4. In der Regel ist eine *förmliche Ladung des Angeklagten* erforderlich[11], deren Bewirkung durch die entsprechende Zustellungsurkunde (§§ 190 ff. ZPO) dokumentiert wird. Ersatzzustellungen sind möglich, tatsächliche Terminsunkenntnis des Angeklagten ist nach förmlicher Ladung unschädlich[12].

2.5. Die *Ladung des Angeklagten über den Verteidiger* setzt das Vorliegen einer ausdrücklichen Ladungszustellungsvollmacht voraus (§ 145a Abs. 2 S. 1 StPO).

---

5 Ggf. erfolgt dies der Einfachheit halber durch Übermittlung der Antragsschrift.
6 Vergl. LR-Rieß § 212a Rdnr. 26.
7 Vergl. RiStBV Nr. 118.
8 Und zwar dem Angeklagten, dem Verteidiger, der Staatsanwaltschaft, dem Nebenkläger und dessen Rechtsanwalt, den Einziehungs- und Verfallsbeteiligten, Kl./Meyer-Goßner § 222a Rdnr. 11 ff.
9 *Beispiel*: erfolgt die Ladungszustellung an einem Montag, so ist die Frist gerade noch gewahrt, wenn die Hauptverhandlung am Mittwoch der darauf folgenden Woche beginnt.
10 § 43 Abs. 2 StPO gilt hier nach allgemeiner Meinung nicht (vergl. Kl./Meyer-Goßner § 217 Rdnr. 2.
11 Weil sie die Mitteilung einer Entscheidung (Terminierung) enthält und die Ladungsfrist in Lauf setzt, KMR-Paulus § 216 Rdnr. 5; BGH NStZ 1990, 226.
12 Auch formlose Ladungen sind nicht unwirksam, setzen aber immer den Nachweis voraus, dass der Angeklagte positive Kenntnis erstens vom Termin, zweitens aber auch – als Voraussetzung für die Anordnung von Zwangsmaßnahmen – von den Folgen unentschuldigten Fernbleibens genommen hat.

2. Ladung des Angeklagten

Eine allgemeine Vollmacht zur Entgegennahme von Zustellungen aller Art oder die Tatsache, dass ein Verteidiger als Pflichtverteidiger beigeordnet ist, genügt nicht[13]. Die Ladung über den Verteidiger ersetzt die unmittelbare Ladung des Angeklagten, an den daher auch keine weiteren Mitteilungen ergehen müssen[14].

Der Angeklagte kann auf Einhaltung von Förmlichkeiten und Fristen der Ladungszustellung verzichten[15].

2.6. Die *öffentliche Zustellung von Terminsladungen* hat in erster Instanz praktisch kaum Bedeutung[16]. Sie ist zwar generell zulässig, aber nur dann, wenn zu einem früheren Hauptverhandlungstermin ordentlich geladen worden war (§ 40 Abs. 2 S. 1 StPO). Damit kommt sie in Betracht, wenn eine erste Hauptverhandlung, zu der der Angeklagte ordnungsgemäß geladen wurde, aus irgendeinem Grund nicht durchgeführt und für die zweite eine Ladung auf gewöhnliche Weise nicht bewirkt werden kann. Selbst wo das der Fall ist, bleiben wiederum nur wenige Konstellationen, vom Instrument der öffentlichen Ladung Gebrauch zu machen. Denn nach öffentlicher Ladung ist fast sicher davon auszugehen, dass der Angeklagte nicht erscheinen wird. In seiner Abwesenheit findet jedoch grundsätzlich keine Hauptverhandlung statt (§ 230 Abs. 1 StPO). Auch die Möglichkeit der Hauptverhandlung trotz Ausbleibens ist nicht gegeben, weil das Gesetz gerade dies nach öffentlicher Ladung des Angeklagten untersagt (§ 232 Abs. 2 StPO). Es verbleiben die Möglichkeiten, Zwangsmittel nach § 230 Abs. 2 StPO zu ergreifen, einen Strafbefehl nach § 408a StPO zu erlassen oder einen Einspruch gegen einen Strafbefehl oder Bußgeldbescheid zu verwerfen.

2.7. Der Ladung eines sprachunkundigen ausländischen Angeklagten soll eine *Übersetzung* in eine ihm verständliche Sprache beigefügt werden (Nr. 181 II RiStBV). Geschieht dies nicht – wie wohl oft in der Praxis –, so wird die Ladung deswegen nicht unwirksam[17], das Ausbleiben des Angeklagten in der Hauptverhandlung kann jedoch infolgedessen entschuldbar sein[18].

2.8. Für die *Ladung jugendlicher Angeklagter* gelten keine Besonderheiten. Die Ladung ist an den Jugendlichen selbst, nicht an den oder die Erziehungsberech-

---

13 Allerdings kann die ausdrückliche Ladungszustellungsvollmacht durchaus formularmäßig erteilt werden.
14 § 145a Abs. 2 StPO wird in der Regel erst dann bemüht, wenn das Gericht eine unmittelbare Ladung des Angeklagten nicht bewirken kann. Die Chance, dass der Angeklagte aufgrund der Ladung über den Verteidiger tatsächlich im Termin erscheint, ist meist gering. Es besteht dann allerdings die Möglichkeit, Zwangsmaßnahmen (§ 230 Abs. 2 StPO) anzuordnen oder in das Strafbefehlsverfahren (§ 408a StPO) überzugehen.
15 § 217 Abs. 3 StPO, KMR-Paulus § 216 Rdnr. 5.
16 Im Berufungsverfahren kann nach öffentlicher Ladung die Berufung bei Ausbleiben verworfen werden (§ 329 StPO).
17 BVerfG NJW 1983, 2762.
18 KMR-Paulus § 216 Rdnr. 6, 20. M.E. entschuldigt allerdings nicht die mangelnde Übersetzung per se. Dem Angeklagten ist vielmehr vor dem Hintergrund des § 184 GVG abzuverlangen, dass er zu seiner Entlastung dartut, welche Maßnahmen er angesichts der für ihn fremdsprachigen Ladung getroffen hat, um ihren Inhalt zu verstehen, bzw. darlegt, dass und warum es ihm unmöglich war, diesen Inhalt mithilfe von Anverwandten, Bekannten, Sozialarbeitern, Dolmetschern, Arbeitskollegen o.Ä. zu ermitteln.

II. Terminsbestimmung und Ladungen

tigten zu richten[19]. Davon unabhängig sind allerdings Erziehungsberechtigte oder gesetzliche Vertreter zusätzlich zur Hauptverhandlung zu laden (§ 50 Abs. 2 JGG)[20]. Maßgeblich ist mit Rücksicht auf die Volljährigkeitsgrenze insoweit nicht das Alter des Angeklagten zur Tatzeit, sondern im Zeitpunkt der Hauptverhandlung.

3. Ladung des Verteidigers

Die *Ladung des* (Wahl- oder Pflicht-)*Verteidigers* (§ 218 S. 1 StPO) ist ebenfalls förmlich (und in der Regel durch Empfangsbekenntnis dokumentierbar) vorzunehmen, wenn kein Verzicht auf die schriftliche Ladung oder die Einhaltung der Ladungsfrist vorliegt. Ob eine förmliche Verteidigerladung entbehrlich ist, wenn feststeht, dass der Verteidiger aus anderer Quelle sichere Kenntnis von dem Termin hat oder erlangen wird, ist umstritten[21]. Weil in der Regel solch sichere Kenntnis des Verteidigers dazu führt, dass ein Urteil jedenfalls auf einem Verfahrensfehler unter dem Gesichtspunkt der Behinderung der Verteidigung nicht beruhen kann, ist der Streit eher akademisch. Empfehlenswert ist es jedoch, den Verteidiger im Zweifel immer förmlich zu laden.

Auch für den Verteidiger beträgt die *Ladungsfrist* eine Woche (§ 218 S. 2 i.V.m. § 217 Abs. 1 StPO)[22]. Kann die Wochenfrist nicht mehr eingehalten werden, etwa weil der Wahlverteidiger seine Mandatierung zu spät anzeigt, hindert das den Verfahrensfortgang nicht. Der Verteidiger ist dann allerdings auf dem schnellsten Weg (förmlich oder formlos, etwa telefonisch) vom Termin zu benachrichtigen[23]. Mit der Terminsladung sollten dem Verteidiger Hinweise auf Besonderheiten im geplanten Verhandlungsablauf[24] erteilt werden. Die *Mitteilung der Beweismittel* ist regelmäßig (§ 222 StPO), die der *Gerichtsbesetzung* in erstinstanzlichen Sachen vor Land- oder Oberlandesgerichten (§ 222a StPO) erforderlich.

4. Beiziehung eines Dolmetschers

Die *Beiziehung eines Dolmetschers* ist Sache des Gerichts, wenn der Angeklagte[25] der deutschen Sprache nicht mächtig, also nicht in der Lage ist, der Verhandlung zu folgen und sich selbst in deutscher Sprache zu äußern[26] oder wenn dies für ei-

---

19 Schweckendieck NStZ 1990, 170 f.
20 Vergl. Ostendorf JGG § 50 Rdnr. 11.
21 Bejahend z.B. BGH NStZ 1995, 298.
22 Im Fall des beschleunigten Verfahrens m.E. 24 Stunden, wie auch für den Beschuldigten (§ 212a Abs. 3 S. 3 StPO).
23 Kl./Meyer-Goßner § 218 Rdnr. 4.
24 Etwa Zeugenvernehmungen außerhalb des Gerichts, Augenscheinseinnahmen am Tatort, schon geplante Fortsetzungstermine.
25 Unabhängig von seiner Staatsbürgerschaft: Auch Deutsche i.S. des Staatsangehörigkeitsrechts können zu dem betroffenen Personenkreis gehören.
26 Kl./Meyer-Goßner § 185 Rdnr. 4 GVG.

4. Beiziehung eines Dolmetschers

nen anderen Verfahrensbeteiligten (Zeuge, Sachverständiger, Nebenkläger) gilt. Der Vorsitzende hat dies anhand der Gegebenheiten des Einzelfalls zu prüfen und zu entscheiden[27]. Entscheidungshilfe kann im Hinblick auf den Angeklagten oft der Verteidiger geben, dem sich das Problem in der Regel früher stellt. Für Zeugen ergeben sich Hinweise auf deren sprachliche Fähigkeiten meist aus den Akten. Ferner können die mit den Ermittlungen befassten Polizeibeamten (telefonisch genügt und spart viel Zeit) möglicherweise Auskünfte dazu geben. Im Zweifel ist es sachdienlicher, einen Dolmetscher unnötig beigezogen zu haben, als umgekehrt eine Terminsaussetzung zu riskieren, weil sich alsbald nach Aufruf der Sache herausstellen könnte, dass ein Dolmetscher unverzichtbar, aber nicht vorhanden ist[28].

Bei der *Auswahl der Sprache* ist nicht die Nationalsprache des Betreffenden entscheidend. Es kommt gelegentlich vor, dass er gerade diese Sprache nicht beherrscht. Maßgebend ist allein, die Voraussetzung für eine sachgerechte, möglichst optimale sprachliche Kommunikation zu schaffen. Also muss ein Dolmetscher für die (oder eine) Sprache beigezogen werden, in der sich der Betroffene sicher ausdrücken kann[29].

Die fachlichen Qualitäten der Dolmetscher weisen erfahrungsgemäß eine Bandbreite von höchster Professionalität bis zu schierer Unbrauchbarkeit[30] auf. Bei der konkreten Auswahl helfen oft nur persönliche Erfahrungen. Weder die Einschaltung eines großen Dolmetscherbüros[31] noch die Frage nach allgemeiner Vereidigung als Dolmetscher helfen hier entscheidend weiter.

Wird der Dolmetscher nicht für den Angeklagten oder den Nebenkläger benötigt, so sollte er erst auf den Zeitpunkt geladen werden, zu dem das Gericht seiner Mitwirkung bedarf.

---

27 Bei der Beurteilung der sprachlichen Fähigkeiten ist dabei Vorsicht geboten: Sich in einer fremden Sprache halbwegs verständigen zu können, mag im Bereich des Alltags genügen, hat aber nichts damit zu tun, ob man einer strafrechtlichen Hauptverhandlung sprachlich gewachsen ist.
28 Eine weitere Möglichkeit der vorbereitenden Klärung liegt darin, mit den Ladungen schriftlich anzufragen, ob und ggf. für welche Sprache ein Dolmetscher benötigt wird, um diesen dann erforderlichenfalls noch ergänzend beizuziehen.
29 Das festzustellen, ist nicht immer einfach (Kurmanci oder ZaZa? Twi oder Urdu? Dari, Farsi oder Pashto?). Hier empfiehlt sich erneut Rücksprache mit einer vertrauenswürdigen Person, die die fremdsprachige Person kennt (Verteidiger, Verletztenbeistand o.Ä.) oder eine Anfrage bei einem vielsprachigen Dolmetscherbüro. Die dortigen Fachleute sind manchmal schon aufgrund des Namens und des Geburtsortes des Betroffenen in der Lage, auf seine vermutliche Muttersprache zu schließen.
30 Stellt der Vorsitzende fest, dass der erschienene Dolmetscher des Deutschen selbst nicht ausreichend mächtig ist, oder offenbaren sich Verständigungsschwierigkeiten im fremdsprachlichen Bereich, kann die Hauptverhandlung so nicht durchgeführt werden!
31 Diese Büros fungieren häufig offenbar nur als Vermittlungsstelle für freiberufliche Dolmetscher und nehmen auf deren Qualifikation nicht immer Bedacht.

II. Terminsbestimmung und Ladungen

5. Ladung eines Sachverständigen

Auch die *Ladung eines Sachverständigen* hat das Gericht erforderlichenfalls anzuordnen, und zwar wiederum nach Möglichkeit erst für den Zeitpunkt, zu dem der Sachverständige tatsächlich benötigt wird (§ 214 Abs. 2 StPO). Mit der Ladung wird der Sachverständige auf die Folgen (unentschuldigten) Fernbleibens hingewiesen (§ 77 Abs. 1 S. 2 StPO). Eine förmliche Ladungszustellung ist nicht vorgeschrieben[32], eine Ladungsfrist gibt es für Sachverständigenladungen nicht. Soll ein Angehöriger des öffentlichen Dienstes als Sachverständiger gehört werden, ist eine Aussagegenehmigung seines Dienstherrn[33] erforderlich, wenn sich das Gutachten auf Angelegenheiten bezieht, die der Verschwiegenheitspflicht unterliegen[34].

Die *Auswahl* des Sachverständigen obliegt dem Vorsitzenden (§ 73 Abs. 1 S. 1 StPO). Daher hat er sowohl das Fachgebiet als auch die Person des Sachverständigen selbst zu bestimmen. Dabei kann es sich günstig auswirken, die Verfahrensbeteiligten, insbesondere Staatsanwaltschaft, Verteidigung und ggf. Nebenklage, zuvor zu der in Aussicht genommenen Person zu *hören*.

Die Auswahl des Fachgebiets hat sich am *Beweisthema* zu orientieren, für das der besondere Sachverstand benötigt wird. Die Auswahl der Person richtet sich nach der *Zuverlässigkeit*, der *Sachkunde* und der *Verfügbarkeit* des Sachverständigen für das anstehende Hauptverfahren. Insofern ist, leider gerade bei besonders erfahrenen und geschätzten Gutachtern, die Frage der Terminsabstimmung oft von entscheidender Bedeutung. Denn eine Beauftragung macht nur dann Sinn, wenn der infrage kommende Sachverständige auch innerhalb vertretbarer Zeit an einem Hauptverhandlungstermin teilnehmen kann[35].

6. Ladung der Zeugen

Die *Ladung der Zeugen*[36] erfolgt unter Hinweis auf die gesetzlichen Folgen etwaigen (unentschuldigten) Ausbleibens (§§ 48, 51 StPO). Auch Zeugen, die sich nicht auf freiem Fuß befinden, sind zu laden. Die richterliche Anordnung ihrer Vorführung ersetzt eine Ladung nicht[37], denn sie richtet sich allein an die Anstalt,

---

32 In der wohl überwiegenden Praxis werden Sachverständige formlos geladen, wobei allerdings Terminsabsprachen zunehmend wichtiger werden.
33 Vergl. §§ 39 Abs. 3 S. 3 BRRG.
34 KMR-Paulus § 77 Rdnr. 6.
35 Im Einzelfall kann es – gerade unter dem Blickwinkel der Verfahrensbeschleunigung – bei entsprechender Akzeptanz durchaus auch gelingen, auf die Erstellung eines schriftlichen Gutachtens auszuweichen, wenn es zeitgerecht vorliegt, und unter den Voraussetzungen allseitiger Zustimmung dieses Gutachten zu verlesen (§ 251 Abs. 2 S. 1 StPO).
36 Vergl. auch RiStBV Nr. 64.
37 Unzutreffend insofern Kl./Meyer-Goßner § 51 Rdnr. 2 a.E.

6. Ladung der Zeugen

in der die Zeugen einsitzen oder eine Polizeistation, lösen aber für die Zeugen selbst keine Folgen aus[38].

6.1. Eine *Ladungsfrist* für Zeugenladungen gibt es *nicht*. Eine förmliche Ladung (Zustellungsurkunde) ist nicht erforderlich. Bis hin zur fernmündlichen Ladung kann und sollte das Gericht hier unter Zweckmäßigkeitsgesichtspunkten auswählen.

Werden Zeugen schriftlich mittels Zustellungsurkunde geladen, sind für den Fall des unentschuldigten Ausbleibens die Voraussetzungen der Verhängung von Ordnungsgeld etc. regelmäßig leichter festzustellen als nach Ladungen mit einfachem Brief[39]. Die Bereitschaft, einer Ladung tatsächlich auch Folge zu leisten, dürfte von der Art der Ladungszustellung unabhängig sein[40]. Formlose Ladungen bieten den Vorteil geringeren Arbeits- und Kostenaufwands. Geht ein sog. Rückbrief[41] nicht ein, so ist – jedenfalls bis auf weiteres – der Schluss zulässig, dass die Ladung den Empfänger erreicht hat[42]. In diesem Fall kann also nach unentschuldigtem Ausbleiben auch ohne Zustellungsnachweis ein Ordnungsgeldbeschluss nach § 51 StPO ergehen und die polizeiliche Vorführung des Zeugen angeordnet werden.

6.2. Neben den *Belehrungen* für den Fall unentschuldigten Fernbleibens sollten den Zeugen mit der Ladung auch Hinweise auf die generelle Bedeutung der Zeugenpflicht, aber auch auf solch profane Dinge wie Fahrtkostenersatz, Verdienstausfallentschädigung u.a. gegeben werden. Angesichts des Umstands, dass Zeugen als Beweismittel bei aller technisch-funktionellen Unzulänglichkeit für die Justizgewährung unverzichtbar sind, gibt es darüber hinaus zahlreiche Möglichkeiten, ihnen das Erscheinen bei Gericht zu erleichtern[43] und den Aufenthalt angenehmer zu gestalten[44], als dies leider noch häufig[45] der Fall ist. Unnötige Wartezeiten

---

38 Ganz deutlich wird das, wenn der zunächst einsitzende Zeuge vor der Hauptverhandlung entlassen wird: Er ist – wenn nur eine Vorführungsanordnung vorliegt, die dann leerläuft – schlicht nicht geladen.
39 Denn hier liegt immer der Einwand nahe, den Brief nicht erhalten zu haben.
40 Der Standardeinwand nach – wie häufig – förmlich durch Niederlegung zugestellter Ladung: Der Benachrichtigungsschein habe sich nicht im Briefkasten eingefunden.
41 Ladungsschreiben kommt mit Unzustellbarkeitsvermerk zurück zum Gericht.
42 Weil erfahrungsgemäß manche Zeugen förmliche Zustellungen, die durch Niederlegung bewirkt werden, de facto ignorieren und die Sendungen nicht vom Postamt abholen, erhöht möglicherweise eine Ladung durch einfachen Brief sogar die Chance auf Beachtung.
43 So einfache Dinge wie die Beschreibung des Weges zum Gericht einschließlich der Erreichbarkeit mit öffentlichen Verkehrsmitteln für auswärtige Zeugen und die Mitteilung der Durchwahlnummer der – zuständigen und sachkundigen – Geschäftsstelle sollten z.B. selbstverständlich sein.
44 Die Forderung nach einer aktiven Zeugenbetreuung im Gericht (Aufenthaltsraum, gerichtskundiger Ansprechpartner u.v.m.) mag angesichts leerer Justizkassen misstrauisch beäugt werden, solange die Mittel zur Bewältigung des Kernbereichs gerichtlicher Tätigkeit schon nicht ausreichen. Gleichwohl sollte auch in dieser Hinsicht jede Möglichkeit zur Verbesserung der Verhältnisse genutzt werden.
45 Hierbei spielt oft nicht mangelnder guter Wille als vielmehr pure Gedankenlosigkeit eine maßgebliche Rolle. Ich hoffe, dass jeder vernünftige Richter, nachdem er einmal selbst einen gesamten Vormittag als Zeuge auf einem tristen Gerichtsflur wartend vertrödelt hat, um am Ende vielleicht unvernommen und grußlos von einem gleichgültigen Wachtmeister nach

II. Terminsbestimmung und Ladungen

sind meist von vornherein zu minimieren durch zeitversetzte Ladungen (§ 214 Abs. 2 StPO). Je nach Fallgestaltung ist es geboten, einem Zeugen mit der Ladung auch das Thema, zu dem er gehört werden soll, näher mitzuteilen, damit er sich auf die Befragung vorbereiten kann[46].

6.3. Sollen Angehörige des öffentlichen Dienstes zu Umständen befragt werden[47], auf die sich ihre Pflicht zur Amtsverschwiegenheit bezieht[48], hat das Gericht[49] eine *Aussagegenehmigung* des Dienstvorgesetzten[50] einzuholen[51]. Ist zu erwarten, dass diese Aussagegenehmigung erteilt werden wird, kann sie zur Zeitersparnis zugleich mit der Terminsladung angefordert werden. Liegt eine erforderliche Aussagegenehmigung nicht vor, so darf der Zeuge nicht vernommen werden. Anders ist die Sachlage bei den Berufsgeheimnisträgern der §§ 53 f. StPO. Diesen steht es grundsätzlich aus strafprozessualer Sicht frei, von ihrem *Zeugnisverweigerungsrecht* Gebrauch zu machen[52]. Gleichwohl ist es in der Regel sachdienlich, wenn sich das Gericht selbst frühzeitig um entsprechende Entpflichtungserklärungen bemüht[53]. Die Pflicht des Erscheinens besteht im Übrigen unabhängig vom Recht, das Zeugnis zu verweigern[54]. Das Vorliegen eines Zeugnisverweigerungsrechts hindert daher weder die Ladung eines Zeugen noch die Verhängung von Ordnungsmitteln.

6.4. Auch der *sachverständige Zeuge* ist Zeuge (§ 85 StPO) und daher als solcher zu laden.

6.5. *Kinder*[55] werden als Zeugen zu Händen der Erziehungsberechtigten bzw. gesetzlichen Vertreter geladen[56], die sie zur Erfüllung der Zeugenpflicht anzuhalten haben[57]. Weil Ordnungsmittel nicht gegen Kinder verhängt werden dürfen[58],

---

Hause geschickt zu werden, jedenfalls zukünftig alle Gelegenheiten wahrnehmen wird, mit seinen Zeugen besser umzugehen.

46 Entgegen einer gelegentlich zu vernehmenden Auffassung ist dies nicht etwa unzulässig, sondern, soweit sachlich erforderlich, sogar von dem Zeugen zu verlangen, vergl. Krehl NStZ 1991, 417; Kl./Meyer-Goßner § 69 Rdnr. 8. Die so vorbereiteten Zeugen müssen selbstverständlich dann auch auf Befragen mitteilen, dass und wie sie sich Erinnerungshilfen verschafft haben.
47 Vergl. auch RiStBV Nr. 66.
48 Das ist bei Beamten grundsätzlich alles, worüber sie dienstlich Kenntnis erlangen (§ 39 BRRG); das Gleiche gilt für Richter (§§ 46, 71 Abs. 1 DRiG).
49 Also der Vorsitzende, nicht die Zeugen, Kl./Meyer-Goßner § 54 Rdnr. 17.
50 Grundsätzlich der aktuelle, nach Ausscheiden aus dem Dienstverhältnis der letzte Dienstherr, nach Wechsel mit Zustimmung des damaligen Diensthernn, § 39 Abs. 2 BRRG.
51 Das gilt allerdings nicht, wenn – wie z.B. bei Polizeibeamten regelmäßig – eine allgemeine Aussagegenehmigung bei den Generalakten des Gerichts vorliegt.
52 Allerdings nur, solange es besteht: Ist der Zeuge von der entsprechenden Verschwiegenheit seitens des Betroffenen ohnehin entpflichtet, besteht Aussagepflicht.
53 Denn es kann einem Zeugen in der Regel nur schwer vermittelt werden, wenn er geladen wird und erst im Gerichtssaal erfährt, dass er mangels Entpflichtungserklärung noch immer der Verschwiegenheit unterliegt.
54 Kl./Meyer-Goßner § 52 Rdnr. 2.
55 Unter 14 Jahren, § 19 StGB.
56 Schweckendieck NStZ 1990, 171; KK-Senge § 48 Rdnr. 6.
57 Kl./Meyer-Goßner § 48 Rdnr. 7.

entfällt der entsprechende Hinweis auf die Folgen unentschuldigten Fernbleibens in der Ladung[59]. Stattdessen wird darauf hingewiesen, dass einem Erziehungsberechtigten als Begleitperson Entschädigung für Fahrtkosten und Verdienstausfall zusteht (§ 11 S. 2 ZSEG).

Es empfiehlt sich, die *Erziehungsberechtigten* zugleich mit der Ladung des Kindes auch unmittelbar anzuschreiben und zu bitten, das Kind zum Termin zu begleiten. Weitere ergänzende Hinweise an die Eltern (etwa zu § 11 S. 2 ZSEG, aber auch zum Ablauf der Vernehmung) können sinnvoll sein.

Ist es angesichts des Alters eines Minderjährigen ungewiss, ob er genügende Verstandesreife besitzt, die Bedeutung eines ihm gegenüber dem Angeklagten zustehenden *Zeugnisverweigerungsrechts* nach § 52 StPO zu erfassen, so ist der gesetzliche Vertreter ebenfalls zur Hauptverhandlung zu laden, damit er dort seine Entscheidung treffen kann[60]. Wenn dem angeklagten Elternteil zusammen mit dem nicht beschuldigten Elternteil die gesetzliche Vertretung zusteht, sind beide von der Entscheidung über das Zeugnisverweigerungsrecht ausgeschlossen (§ 52 Abs. 2 S. 2 2. Hbs. StPO). Der Vorsitzende muss daher (sofern nicht bereits im Ermittlungs- oder Zwischenverfahren geschehen) die Bestellung eines *Ergänzungspflegers* gem. § 1909 Abs. 1 Satz 1 BGB beantragen.

6.6. *Jugendliche* sind als Zeugen persönlich, also nicht über die Erziehungsberechtigten, zu laden[61]. Eine Mitteilung an die Erziehungsberechtigten ist gleichwohl geboten, um einerseits für das Gericht die Chance zu erhöhen, dass die Ladung nicht unbeachtet bleibt und zugleich den jugendlichen Zeugen davor zu bewahren, mit Ordnungsmitteln überzogen zu werden.

Für die Wahrnehmung des Zeugnisverweigerungsrechts gelten die Darlegungen oben 6.5. entsprechend.

7. Ladung des Nebenklägers

Die *Ladung des Nebenklägers* erfolgt unter Hinweis darauf, dass die Hauptverhandlung durch sein Nichterscheinen nicht gehindert wird.

7.1. Zwischen Zustellung der Ladung und dem Tag der Hauptverhandlung muss eine *Frist* von *mindestens einer Woche* liegen (§ 397 Abs. 1 S. 2 i.V.m. § 385 Abs. 2 StPO)[62]. Die Frist ist unbeachtlich, wenn infolge der Kürze der Zeit eine fristgerechte Ladung des Nebenklägers zum bereits anberaumten Termin nicht mehr möglich ist (§ 398 Abs. 2 StPO). Im Übrigen führt die Nichtbeachtung der La-

---

58 Kl./Meyer-Goßner § 51 Rdnr. 15.
59 Das gilt auch für die Erziehungsberechtigten bzw. die gesetzlichen Vertreter, denn auch ihnen gegenüber können Ordnungsmittel nicht verhängt werden, vergl. Meier JZ 1991, 640.
60 Siehe dazu auch unten S. 109.
61 Schweckendieck NStZ 1990, 170 f.; vergl. Kl./Meyer-Goßner § 48 Rdnr. 7.
62 Tag der Zustellung und Tag (des Beginns) der Hauptverhandlung – wie bei der Ladung des Angeklagten, siehe vorn, zählen nicht mit.

II. Terminsbestimmung und Ladungen

dungsfrist (entsprechend den Erwägungen zum Fristverstoß bei Angeklagtenladungen) nicht zur Unwirksamkeit der Ladung[63].

7.2. Der (nur als solcher) geladene Nebenkläger ist nicht verpflichtet, zu erscheinen. Häufig aber wird der *Nebenkläger zugleich als Zeuge* benötigt. Dann muss er gleichzeitig auch als solcher geladen und über die Folgen unentschuldigten Fernbleibens (als Zeuge) belehrt werden, um erforderlichenfalls sein Erscheinen erzwingen und Ordnungsmittel verhängen zu können.

7.3. Der *Rechtsanwalt des Nebenklägers* als sein Beistand oder Vertreter ist nach einhelliger Auffassung ebenfalls mit Wochenfrist zwischen Tag der Zustellung der Ladung und Beginn der Hauptverhandlung zu laden (§§ 397 Abs. 1 S. 2 i.V.m. §§ 378, 217, 218 Abs. 1 StPO)[64], wobei auch für ihn die Ausnahmevorschrift des § 398 Abs. 2 StPO gilt.

7.4. Um die Fristeinhaltung überwachen zu können, ist regelmäßig für den Nebenkläger und seinen Rechtsanwalt *förmliche Ladungszustellung* (Zustellungsurkunde, Empfangsbekenntnis) erforderlich.

8. Ladung von Einziehungsbeteiligten

Einziehungsbeteiligte[65] und ihre Vertreter (§§ 433 Abs. 1, 434 StPO), *Verfallsbeteiligte*[66] und ihre Vertreter (§ 442 StPO) sowie *die Vertreter juristischer Personen* bzw. Personenvereinigungen (§ 444 StPO) sind ebenfalls entsprechend §§ 217 f. StPO zu laden[67]. Das Gleiche gilt für den Beistand nach § 69 JGG[68].

---

63 Sie begründet aber m.E. das Recht des Nebenklägers bzw. seines Rechtsanwalts, Aussetzung der Verhandlung entsprechend § 217 Abs. 2 StGB zu verlangen. Ich schließe dies aus § 398 Abs. 2 StPO, der gegenstandslos und damit überflüssig wäre, wenn jeder Fristverstoß und damit nicht nur der durch Zeitdruck veranlasste vollkommen folgenlos bleiben sollte und auch aus § 397 Abs. 1 S. 2 i.V.m. § 385 Abs. 2 StPO selbst, in denen das Gesetz bei anderer Sicht der Dinge eine Frist ohne jede Bedeutung bestimmt hätte.
64 Kl./Meyer-Goßner § 378 Rdnr. 5; KK-Senge § 378 Rdnr. 3.
65 Deren persönliches Erscheinen und deren Vorführung kann angeordnet werden, wenn sie unter Hinweis auf diese Möglichkeit geladen wurden, § 433 Abs. 2 StPO.
66 Auch hier kann das persönliche Erscheinen und ggf. die Vorführung angeordnet werden, § 442 StPO i.V.m. § 433 Abs. 2 StPO.
67 KK-Tolksdorf § 218 Rdnr. 1.
68 Ostendorf JGG § 69 Rdnr. 7; Eisenberg JGG § 69 Rdnr. 8.

III. Terminsnachrichten

Eine Reihe weiterer Adressaten wird zum Termin nicht geladen, sondern davon nur benachrichtigt.

1. Die Terminsnachricht an die *Staatsanwaltschaft*[1] enthält eine Unterrichtung über die Beweismittel (§ 222 Abs. 1 StPO) und – in erstinstanzlichen Verfahren vor Land- oder Oberlandesgerichten – die Mitteilung der Gerichtsbesetzung. Auf Besonderheiten der Terminsplanung, etwa bereits vorgesehene Fortsetzungstermine, sollte hingewiesen werden.
2. *Verwaltungsbehörden* erhalten Terminsnachrichten, wenn sie als Nebenbeteiligte am Verfahren beteiligt sind. Das betrifft die Finanzbehörde im *Steuerstrafverfahren* (§ 407 AO), die Verwaltungsbehörde in *Wirtschafts-, Außenwirtschafts-* und *EWG- Marktordnungssachen* (§ 13 Abs. 2 WiStrG 1954; § 38 Abs. 2 AWG; § 38 Abs. 2 MOG), die Verwaltungsbehörde im *Bußgeldverfahren* (§ 76 OWiG), auch nach Übernahme der Verfolgung einer Ordnungswidrigkeit durch die Staatsanwaltschaft (§§ 42, 63 OWiG).
3. Terminsnachricht ist dem *Adhäsionskläger* zu geben (§ 404 Abs. 3 StPO).
4. Auch der *anwaltliche Beistand* des nebenklageberechtigten[2] Verletzten ist vom Termin zu benachrichtigen (arg. e § 406g Abs. 2 StPO)[3].
5. Der nach § 68b StPO beigeordnete *Vernehmungsbeistand* eines Zeugen ist von dem Termin zu benachrichtigen, zu dem sein Mandant im Rahmen der Hauptverhandlung vernommen werden soll[4].
6. Der *Ehegatte* oder der gesetzliche Vertreter des Angeklagten kann auf seinen – nicht des Angeklagten – Antrag als Beistand zugelassen werden und ist sodann vom Hauptverhandlungstermin zu benachrichtigen (§ 149 Abs. StPO).
7. Die *Jugendgerichtshilfe* erhält Terminsnachricht in Verfahren gegen Jugendliche und Heranwachsende (§§ 50 Abs. 3 S. 1, 109 Abs. 1 S. 1 JGG).
8. Gegenüber der *Bewährungshilfe* besteht keine Verpflichtung, Terminsnachricht zu geben. Häufig haben Bewährungshelfer jedoch großes Interesse nicht nur betreffend neue Verfahren bekannter Probanden, sondern auch daran, neue Pro-

---

1 Vergl. auch RiStBV Nr. 117.
2 Der aber keine Anschlusserklärung abgegeben hat, sonst gelten die Regeln für die Nebenklage.
3 KK-Engelhardt § 406g Rdnr. 3.
4 Vergl. vorn S. 8.

III. Terminsnachrichten

banden noch in deren Hauptverhandlung kennen zu lernen, um die Bewährungsaufsicht möglichst optimal anlaufen lassen zu können. In geeigneten Fällen ist eine Terminsnachricht an die Bewährungshilfe also sachgerecht. Sinnvoll ist sie ferner dort, wo erwartet werden kann, dass der Bewährungshelfer unzuverlässige Probanden motiviert, zum Verhandlungstermin zu erscheinen. Schließlich ergibt sich im Verlauf einer Beweisaufnahme mitunter das Bedürfnis, den Bewährungshelfer als Zeugen[5] zu hören, wenn sich etwa Probleme mit der Strafaussetzungsfrage abzeichnen. Ist er als Zuhörer ohnehin anwesend, ergeben sich keine nennenswerten Verzögerungen[6].

9. Den *Schöffen* sollte schließlich eine Nachricht gegeben werden, wenn die Hauptverhandlung voraussichtlich nicht – wie es deren üblicher Vorstellung entspricht – an einem Tag beendet sein wird, sondern Fortsetzungstermine geplant sind.

---

[5] Die Möglichkeit »informatorischer Befragung« besteht natürlich auch. Soweit das Gericht allerdings dadurch Beweise erhebt, die des Strengbeweises bedürfen, sind die Erkenntnisse nur mittelbar zu verwerten, etwa indem der Angeklagte sie sich durch seine Einlassung zu eigen macht. Wo dies nicht gelingt, muss grundsätzlich ordnungsgemäßer Zeugenbeweis stattfinden.

[6] Allerdings wird er einer Aussagegenehmigung bedürfen. Aus Zeitgründen kann versucht werden, diese fernmündlich vom Dienstvorgesetzten, dem die Erfüllung solcher Bitten keine Mühe machen sollte, einzuholen.

IV. Weitere Maßnahmen

1. Vorführungsanordnung

Befindet sich der Angeklagte voraussichtlich am Verhandlungstag in Haft, muss der Vorsitzende eine *Vorführungsanordnung* treffen. Darin teilt er der Justizvollzugsanstalt, in der der Angeklagte einsitzt, den Termin mit und ersucht um Vorführung des Angeklagten. Er kann anordnen, dass diese Vorführung unter Beachtung besonderer Sicherungsmaßnahmen, vor allem Fesselung zum Schutz des Vorführungspersonals oder zur Verhinderung von Fluchtversuchen, durchzuführen ist.

Sitzt der Angeklagte nicht in der für den Gerichtsort zuständigen Justizvollzugsanstalt ein, ersucht der Vorsitzende sie, den Angeklagten rechtzeitig vor dem Termin in die örtliche Justizvollzugsanstalt zu verlegen (»*Verschubung*«). Solche Verlegungen werden in der Regel landes- oder bundesweit organisiert, sodass Sammeltransporte stattfinden, die zum Teil erhebliche Reisezeiten mit sich bringen. Der Vorsitzende muss daher klären, ob ein Sammeltransport noch rechtzeitig durchgeführt werden kann[1]. Falls nicht, ordnet er den Einzeltransport des Angeklagten an. Das hat zur Folge, dass der Angeklagte von der Polizei in Amtshilfe einzeln, direkt und unmittelbar in die Justizvollzugsanstalt des Gerichtsortes verlegt oder sofort in die Hauptverhandlung vorgeführt wird.

2. Beschaffung der Beweismittel

Die *Beschaffung der* als *Beweismittel* in der Hauptverhandlung dienenden Gegenstände hat die Staatsanwaltschaft zu bewirken (§ 214 Abs. 4 S. 1 StPO). Der Vorsitzende muss unabhängig davon sicherzustellen versuchen, dass diese Beweismittel auch tatsächlich in der Hauptverhandlung zur Verfügung stehen und notfalls insofern auch selber tätig werden (§ 214 Abs. 4 S. 2 StPO). Das Gleiche gilt, wenn er weitere, bisher nicht benannte Beweismittel für erforderlich hält (§ 221 StPO).

Bei der Herbeischaffung der gegenständlichen Beweismittel zum Gericht sollten die notwendigen Sicherheitserwägungen angestellt werden. Die Verwahr- und Sicherungsmöglichkeiten für gefährliche oder begehrte Gegenstände (z.B. Waffen, Munition, Drogen, Falschgeld) sind bei den Gerichten meist nicht optimal. Risiken sollten hier nicht unnötig eingegangen werden. Notfalls können die Beweismittel zunächst weiter bei Polizei oder Staatsanwaltschaft unter geeigneterem

---

[1] Einfachstes Mittel: telefonische Rücksprache mit der Justizvollzugsanstalt, in der der Angeklagte einsitzt.

IV. Weitere Maßnahmen

Verschluss gehalten und unter Beachtung entsprechender Sicherheitsvorkehrungen erst unmittelbar zur Beweisaufnahme dem Gericht zugeführt werden.

3. Ermittlung der Vorstrafen

Der Vorsitzende hat den aktuellen Stand der *strafrechtlichen Vorbelastungen des Angeklagten* zu ermitteln. Dazu holt er einen Auszug aus dem vom Generalbundesanwalt in Berlin geführten Bundeszentralregister ein. In Eilfällen erhält er von dort auch telefonische Auskünfte, Online-Anschlüsse per Datenfernübertragung sind in manchen Behörden bereits vorhanden.

Insbesondere bei absehbar fragwürdigen Zeugen kann es angebracht sein, auch über deren strafrechtliche Vorbelastungen Auskunft vom Bundeszentralregister einzuholen. Vorverurteilungen wegen Aussagedelikten, falscher Verdächtigung oder Vortäuschens einer Straftat können auf diese Weise zutage treten oder ausgeschlossen werden, ohne dass das Gericht sich auf die entsprechenden Angaben dieser Zeugen ungeprüft verlassen muss.

Sind Vorstrafen des Angeklagten bekannt, die vor dem Hintergrund der Tilgungsvorschriften (§§ 45 ff. BZRG) verwertbar sind[2], so sollte der Vorsitzende die Beiziehung der Verfahrensakten, mindestens aber der Urteile erwägen. Das Gericht wird später u.U. die Vorstrafen als Strafschärfungsgesichtspunkte zu prüfen haben. Allein die Verlesung des Registerauszugs genügt dazu oft nicht. Die tatsächlichen Umstände, die es ermöglichen, eine Vorstrafe als Strafschärfungsgrund zu werten, müssen konkret erarbeitet werden. Will sich das Gericht hierbei nicht allein auf die Angaben des Angeklagten in der Hauptverhandlung verlassen, geschieht dies am einfachsten und sichersten durch Verlesung der zuvor ergangenen Urteile[3].

4. Gesamtstrafenbildung

Beizuziehen sind ferner die *Akten der Verfahren*, in denen Strafen verhängt wurden, die mit der jetzt möglicherweise zu verhängenden zu einer *Gesamtstrafe* (§ 55 StGB) zusammenzufassen wären. Denn die Anwendung des § 55 StGB ist zwingend vorgeschrieben. Sie darf grundsätzlich nicht dem Beschlussverfahren nach § 460 StPO vorbehalten werden[4]. Daher müssen die betreffenden Akten (notfalls nachdrücklich) angefordert werden. Denn allenfalls bei Eintreten unvorhersehbarer Hinderungsgründe, wozu sicher nicht die üblichen Verzögerungen im Bereich von Aktenversendungen zwischen Behörden zählen, wird hier ein revisionsrechtlich relevanter Verfahrensfehler zu vermeiden sein[5].

---

2 Vergl. § 51 ff. BZRG zum (materiellrechtlich wirkenden) Verwertungsverbot; ferner Tröndle/Fischer § 46 Rdnr. 24b.
3 Zu verlesen sind dabei naturgemäß die Bereiche, aus denen jetzt aktuelle Schlüsse gezogen werden sollen. Das wird Tenor und Tatsachenfeststellungen regelmäßig, gelegentlich aber auch weitere Urteilsteile betreffen.
4 SchSch-Stree § 55 Rdnr. 72.
5 Tröndle/Fischer § 55 Rdnr. 7c.

5. Weitere Aktenanforderungen

Ferner kommt die Beiziehung von Akten in Betracht, die – etwa bei Delikten gegen die Rechtspflege – etwaige *Ursprungsverfahren* betreffen, die *Fallakten der Verwaltungsbehörden* z.B. bei Betrügereien zum Nachteil öffentlicher Hände oder im Bereich von Ordnungswidrigkeiten außerhalb des Straßenverkehrsrechts, aber z.B. auch die Akten der *Verfahren, die sich gegen Tatbeteiligte* richten. Letztere geben Aufschluss, ob noch zu hörende Zeugen sich auf ein Auskunfts- oder Zeugnisverweigerungsrecht (noch) berufen können oder welches Ergebnis ein Parallelprozess hatte. Schließlich sollten auch die *Bewährungshefte* früherer Verfahren gegen den Angeklagten[6] in der Hauptverhandlung vorliegen, damit ggf. die abermalige Bewährungsfrage auch vor dem Hintergrund des seitherigen Bewährungsverhaltens erörtert werden kann.

6. Einlass- und Zugangsfragen

Im Einzelfall kann Anlass bestehen, für die anstehende Hauptverhandlung besondere Vorsorge zu treffen. Wird z.B. *gesteigertes öffentliches Interesse* erwartet, das zur Überfüllung der örtlichen Verhandlungssäle führen kann, muss die Vergabe von Einlasskarten o.Ä. geregelt werden[7], wobei auch an die Zulassung von Medienvertretern zu denken ist, denen bei Bedarf eine vertretbare Zahl von Plätzen freigehalten werden sollte.

7. Sicherheitsvorkehrungen

Manche Gerichtsgebäude sind auch heute noch offen und jedermann ohne weiteres zugänglich. Umso sorgfältiger müssen Sicherheitsvorkehrungen geprüft und getroffen werden, wenn ein erhöhtes Risiko in Bezug auf ein bestimmtes Verfahren konkret absehbar ist. Dieses beginnt mit zu erwartenden Störungen der Verhandlung durch Einflüsse von außerhalb des Gerichts über solche in den Gerichtsfluren bis in den Verhandlungssaal hinein und es betrifft sowohl Sachen als auch Personen. Im Einzelfall können durchaus wirksame Maßnahmen getroffen werden, von sorgfältigen und erforderlichenfalls verschärften Einlasskontrollen angefangen über Überwachungsmaßnahmen vor oder im Gerichtsgebäude bis hin zur Präsenz von Sicherheitskräften u.v.m[8]. Dies zu erwägen und das Erforderliche zu veranlassen, ist Sache des Vorsitzenden, u.U. im Zusammenwirken mit dem Hausrechtsinhaber (Behördenleiter). Häufig empfiehlt es sich, hierbei frühzeitig auch Kontakt mit der örtlichen Polizeileitung aufzunehmen. Hier sind die Fachleute zu vermuten, deren Einsatzkräfte im Zweifel ohnehin besondere Maßnahmen in Amtshilfe durchzuführen haben werden, denn die Besetzung der Gerichte mit Wachtmeistern und mitunter auch Angehörigen privater Sicherheits-

---

6 Zumindest soweit die Strafe noch nicht erlassen ist.
7 Eingehend Roxin, Festschrift für Peters, 400.
8 Vergl. Beispiele bei Greiser/Artkämper, Die gestörte Hauptverhandlung, 2. Aufl. 1997.

IV. Weitere Maßnahmen

dienste reicht hierfür in der Regel nicht aus. Die örtliche Polizeieinsatzleitstelle sollte im Übrigen auch dann, wenn die hauseigenen Mittel grundsätzlich ausreichend erscheinen, über eine erhöhte Sicherheitslage informiert werden, damit man dort für einen wider Erwarten doch erforderlich werdenden Einsatzes bei Gericht vorbereitet ist.

8. Sitzungsvorbereitung des Staatsanwalts

Die *Sitzungsvorbereitung des Staatsanwalts* richtet sich nach den Kenntnissen, über die er zu dem anstehenden Fall verfügt. Diese Kenntnisse sind optimal, wenn er selbst die Ermittlungen geführt und die Anklage verfasst hat. Daher besteht bei den sachbearbeitenden Staatsanwälten oft und bei Gericht in der Regel Interesse daran, dass der *Sachbearbeiter* die Sitzung selbst wahrnimmt[9]. Der sachbearbeitende Staatsanwalt wird behördenintern dafür Sorge tragen können, dass er jedenfalls nach Möglichkeit Sachen zugeteilt wird, an denen ihm die eigene Mitwirkung in der Hauptverhandlung besonders wichtig ist. Die für die Sitzungseinteilung der Staatsanwaltschaft Zuständigen versuchen darüber hinaus erfahrungsgemäß auch, von sich aus die Sachbearbeiter für diffizile und einarbeitungsintensive Sitzungen einzuteilen. Schließlich kann auch der Vorsitzende gegenüber dem Leiter der örtlichen Staatsanwaltschaft darauf drängen, dass der Sachbearbeiter zu bestimmten Sitzungen eingeteilt wird.

Trotzdem ist der sachbearbeitende Staatsanwalt als Sitzungsvertreter eher die Ausnahme. Die zahlreichen Sitzungen bei den Spruchkörpern innerhalb eines Landgerichtsbezirks führen oft zu personellen Engpässen, angesichts derer man im Grunde froh ist, überhaupt ausnahmslos die Sitzungswahrnehmung garantieren zu können. Dies hat sich durch die Verlagerung von früheren Zuständigkeiten der Land- zu den Amtsgerichten noch verschärft, weil als Folge der höheren Straferwartungen bei den Strafrichtern dort schwierigere Sachen zu verhandeln sind, für die von vornherein weder Amtsanwälte noch Stationsreferendare in Betracht kommen[10].

In Ausnahmefällen erweist es sich wiederum durchaus als günstig, wenn gerade nicht der sachbearbeitende Staatsanwalt in der Sitzung auftritt. Das kann der Fall sein, wenn er selbst im Zuge der Ermittlungen zu dem Schluss gekommen ist, dem Angeklagten, dem Verteidiger oder einem anderen Verfahrensbeteiligten

---

9 Verteidigern ist daran seltener gelegen. Sie müssen immer damit rechnen, dass der sachbearbeitende Staatsanwalt den Fall besser kennt als jeder andere Staatsanwalt und vielleicht auch das Gericht, sodass die Möglichkeit, sich Informationsdefizite zu Verteidigungszwecken nutzbar zu machen, verringert wird. Sie müssen ferner befürchten, dass er über Hintergrundinformationen verfügt, die über den aktenkundigen Sachstand deutlich hinausweisen. Das befähigt solche Staatsanwälte gelegentlich zu taktischem Vorgehen, zu dem bloße Sitzungsvertreter und das Gericht nicht in der Lage wären.

10 Die Strafrichter könnten hier allerdings leicht dadurch aushelfen, dass sie ihre Sitzungstage entsprechend den fallspezifischen Anforderungen organisieren, sodass Staatsanwälte tatsächlich nur an solchen Tagen erscheinen müssen, an denen Fälle verhandelt werden, die die Mitwirkung eines Volljuristen als Anklagevertreter erfordern.

nicht mehr die notwendige Distanz entgegenzubringen[11] oder wenn er voraussichtlich als Zeuge gehört werden muss[12].

Der *Sitzungsvertreter der Staatsanwaltschaft*, der nicht zugleich Sachbearbeiter ist, muss sich zwangsläufig ganz besonders sorgfältig auf die Hauptverhandlung vorbereiten. Dabei wird er sich zuerst auf die *Sitzungshandakten* stützen. Deren Qualität ist nicht immer befriedigend. Wenn eine Sitzungshandakte nur aus einer Durchschrift der Anklage besteht, kann das nur in wirklich völlig eindeutigen Fällen genügen, in allen anderen ist eine verantwortliche Vorbereitung darauf nicht zu gründen[13]. Belässt es der Staatsanwalt gleichwohl dabei, kann er seiner Aufgabe als gegenüber dem Gericht unabhängiges Organ der Strafrechtspflege nicht nachkommen. Er gibt die eigene Verantwortlichkeit vielmehr an andere, vor allem das Gericht, ab. Dadurch wird das Gericht, besonders der Vorsitzende, in eine beinahe inquisitorische Rolle gedrängt. Da seitens des Angeklagten und des Verteidigers schlechterdings nicht zu erwarten ist, dass sie die belastenden Umstände des Falls akribisch herausarbeiten, ist das Gericht dann insofern auf sich allein gestellt. Das ist eine ganz unnötige Rollenverschiebung, die ein Verfahren in keiner Hinsicht fördert.

Der Sitzungsstaatsanwalt wird also oft nicht umhin kommen, sich durch das *Studium der Hauptakten* auf die Sitzung vorzubereiten. Entschließt er sich dazu, sollte er den Vorsitzenden rechtzeitig bitten, ihm die Akten zugänglich zu machen. Denn gerade in den Tagen unmittelbar vor Hauptverhandlungsbeginn werden die Akten in der Regel im Gericht verstärkt benötigt, nicht zuletzt wegen der dortigen Terminsvorbereitung, aber auch etwa zur Ladungskontrolle, wegen letzter Akteneinsichten durch Verteidiger u.a.m.

Wichtig kann für den Sitzungsstaatsanwalt auch die *Rücksprache mit dem sachbearbeitenden Staatsanwalt* sein. Er erfährt dadurch aus erster Hand Hintergründe und Zusammenhänge, die sich im Allgemeinen aus keiner Akte ergeben. Er kann ein solches Gespräch auch nützen, um die Erwartungen des Sachbearbeiters hinsichtlich des Verfahrensausgangs zu erfragen. Wie er mit dieser Information dann später umzugehen hat, lässt sich nicht verallgemeinern. Eine Bindung an die Vorstellungen des Sachbearbeiters besteht wohl dort, wo der Sitzungsvertreter im hierarchischen Gefüge verbindlich angewiesen wird, wie er sich prozessual zu verhalten habe[14].

Bei der Vorbereitung der Hauptverhandlung sollte der Sitzungsstaatsanwalt ggf. jedoch noch weiter gehen. So verfügt die Staatsanwaltschaft über eine Reihe *ver-*

---

11 Das kann vor allem in emotional belasteten Verfahren schnell eintreten oder dann, wenn sich verhärtete Positionen zwischen Verfahrensbeteiligten andeuten, die eine sachlich fruchtbare Arbeit nachhaltig zu behindern drohen.
12 Hier gibt es dann noch (bei entsprechend wichtigen und aufwendigen Verfahren) die Möglichkeit, mit zwei Sitzungsstaatsanwälten zu arbeiten.
13 Die Schwierigkeit liegt auch darin, die Anforderungen des Falls insofern überhaupt anhand der Sitzungshandakte zu erkennen. Hinter einer dürftigen Anklage wegen Verdachts der Unterhaltspflichtverletzung (§ 170b StPO) können sich schwierigste tatsächliche und rechtliche Fragen verbergen. Ist der Sitzungsstaatsanwalt darauf nicht vorbereitet, kann sich eine solche Sitzung für ihn zum Fiasko entwickeln.
14 Allerdings scheint es nicht etwa die Regel zu sein, dass solche Weisungen von den Dienstvorgesetzten des Sitzungsstaatsanwalts getroffen werden.

IV. Weitere Maßnahmen

fahrenswichtiger Informationen besser oder schneller als das Gericht. Liegen zum Beispiel gesamtstrafenfähige Vorbelastungen vor, so interessiert in der Hauptverhandlung (als Voraussetzung der nachträglichen Gesamtstrafenbildung, § 55 StGB) der Stand der Vollstreckung, über den eine Staatsanwaltschaft als Vollstreckungsbehörde regelmäßig – anders als ein Gericht[15] – genauestens informiert ist. Der Sitzungsstaatsanwalt sollte sich diese Informationen verschaffen und in die Hauptverhandlung mitnehmen. Das Gleiche gilt für Informationen über Ausgang und Verlauf anderer Strafverfahren, soweit sie zum anstehenden Fall in Beziehung stehen. Wird ein Zeuge zu hören sein, der im wesentlichen Bereich die Auskunft verweigern könnte, wenn sein eigenes Verfahren noch nicht abgeschlossen wäre, so ist regelmäßig auf staatsanwaltlicher Ebene die Information am schnellsten zu gewinnen. Soll ein Verfahren aus Opportunitätsgesichtspunkten eingestellt werden, weil der Angeklagte überzeugend zu vermitteln weiß, dass es sich bei seiner Tat um einen einmaligen Fehltritt handele, so verfügt am ehesten ein Vertreter der Staatsanwaltschaft über Informationen darüber, ob und mit welchem Inhalt demgegenüber in der Zwischenzeit weitere Ermittlungsverfahren gegen den Angeklagten geführt werden. Auch das strafrechtliche Schicksal von Mittätern oder Beteiligten, gegen die selbstständige Verfahren geführt wurden, kann am besten auf staatsanwaltlicher Ebene kurz vor dem Termin abgeklärt werden[16].

9. Sitzungsvorbereitung des Verteidigers

Die *Sitzungsvorbereitung des Verteidigers* wird natürlich maßgeblich von der Verteidigungsstrategie bestimmt. Allerdings kann eine solche Strategie scheitern, sodass der Verteidiger gezwungen wird, in laufender Hauptverhandlung umzudisponieren. Auch seine Vorbereitung muss daher stets umfassend sein, Weichenstellungen einkalkulieren und die wesentlichen Möglichkeiten, wie sich das Verfahren entwickeln kann, berücksichtigen[17].

Die *umfassende Aktenkenntnis* ist dabei Ausgangspunkt aller Vorbereitung. Im Gegensatz zum Gericht weiß der Verteidiger nicht immer um den letzten Stand der Akten. Er sollte daher versuchen, nahe vor dem Termin noch einmal Akteneinsicht

---

15 Und auch oft der Angeklagte: Er ist gerade im Bereich von Geldstrafenvollstreckungen häufig höchst unzureichend darüber informiert, was er – ggf. – schon alles gezahlt hat.
16 Mit dieser Aufforderung an den Staatsanwalt, seine Sitzungsvorbereitung zu optimieren, geht keine Freizeichnung der Gerichte einher. Es ist ohne Frage auch Aufgabe des Vorsitzenden, entsprechende Informationen zu beschaffen. In manchen Fällen ist dies aber – weil nun einmal bei der Staatsanwaltschaft die Fäden zusammenlaufen und ihr die Aktenführung für den ganzen Bezirk obliegt – einem Staatsanwalt rascher und bezogen auf den Verhandlungstag aktueller möglich.
17 *Beispiel:* Die Verteidigungsstrategie ist auf Freispruch ausgerichtet und darauf angelegt, die Glaubwürdigkeit der Belastungszeugen intensiv und auch aggressiv infrage zu stellen. Allerdings erweisen sich die Zeugen so vollständig glaubwürdig, dass es dem Verteidiger töricht erscheinen würde, nun an dem Freispruchsziel festzuhalten. Jetzt stellt sich die Aufgabe, Schadensbegrenzung hinsichtlich der Rechtsfolgen zu betreiben. Sind Verteidiger und Angeklagter darauf nicht vorbereitet, vergeben sie sich im Zweifel wichtige Ansätze, zum Beispiel durch Benennung von Leumundszeugen, Konstituierung günstiger persönlicher Verhältnisse des Angeklagten u.a.m.

zu nehmen. Ist die Überlassung der Akten auf sein Büro aus Zeitgründen nicht mehr möglich, sollte er auf Akteneinsicht auf der Geschäftsstelle bestehen. Schließlich kann er sich auch – nach Rücksprache mit dem Vorsitzenden – unmittelbar vor Sitzungsbeginn oder in einer Verhandlungspause Akteneinsicht verschaffen.

Vor dem Hintergrund des Aktenstandes wird der Verteidiger *mit dem Angeklagten die Sitzung* vorbereiten. Dabei ist er grundsätzlich berechtigt, dem Angeklagten Kenntnis vom Akteninhalt zu verschaffen und ihm in diesem Rahmen Ablichtungen oder Abschriften des Akteninhalts auszuhändigen[18].

Die Festlegung der *Verteidigungsstrategie* ist immer Gegenstand von Einzelfallerwägungen und sollte im Zweifel *mit Wissen und Einverständnis des Angeklagten* stattfinden. Anderenfalls kann der Verteidiger in der Hauptverhandlung erhebliche Einbrüche erleben[19]. Gelegentlich wird Verteidigern auch empfohlen, vor dem Termin den *Vorsitzenden und den sachbearbeitenden Staatsanwalt* zu einer *Besprechung* aufzusuchen. Eine derartige Besprechung kann von bloßem Informationsaustausch bis zur Herbeiführung konkreter Verfahrensabsprachen alles zum Inhalt haben. Darin liegen zugleich Chancen und Risiken solcher Besprechungen. Aus Sicht des Verteidigers kann der Versuch, hier aktiv zu werden, in der Regel nicht schaden. Er wird jedoch im Einzelfall zu prüfen haben, ob er bei einem solchen Gespräch verteidigungstaktische Überlegungen weitergibt und damit auf einen Überraschungseffekt verzichtet. Aus Sicht des Vorsitzenden sind Besprechungen, die später im Rahmen von Ablehnungsanträgen fragwürdig werden könnten, grundsätzlich zu vermeiden. Andererseits kann es auch für ihn außerordentlich fruchtbar sein, zu erfahren, wie andere Verfahrensbeteiligte sich den Verlauf der Hauptverhandlung und u.U. deren Ergebnisse vorstellen. Er wird dann aber auch eigene Vorstellungen preisgeben müssen.

Der Verteidiger muss *den Angeklagten* auf die konkrete Verhandlungssituation *einstellen*. Das beginnt bei gerichtsunerfahrenen Angeklagten schon mit der Information über Äußerlichkeiten und Förmlichkeiten der Verhandlung. Der Angeklagte sollte – soweit sie dem Verteidiger bekannt sind – auf Eigenarten und Eigenschaften des Vorsitzenden oder des Sitzungsstaatsanwalts hingewiesen werden. Riskant ist der Versuch, den Angeklagten zu besonders genehm erscheinenden Verhaltensweisen zu veranlassen, wenn sie ihm nicht auch sonst geläufig sind. Aufgesetzte Reue, gespielte Unterwürfigkeit, geheuchelte Entschuldigungen u.ä. werden von den Gerichten oft als solche erkannt und können dem Angeklagten dann keine Sympathien einbringen. Andererseits sollte der Verteidiger dem Angeklagten schon verdeutlichen, dass allgemeingültige Umgangsformen auch Staatsanwälten und Richtern entgegenzubringen sind.

---

18 Kl./Meyer-Goßner § 147 Rdnr. 20 m.w.N. auch zu den Ausnahmen von dieser Regel, etwa dann, wenn nicht Verteidigungsfragen, sondern Publikationsinteressen Anlass zur Übergabe entsprechender Kopien sind.

19 *Beispiel:* Der Verteidiger kündigt dem Vorsitzenden anlässlich einer telefonischen Festlegung des Hauptverhandlungstermins an, die zahlreichen Zeugen würden nicht gebraucht, der Angeklagte werde in der Hauptverhandlung ein umfassendes Geständnis ablegen. Im Termin bestreitet der Angeklagte jedes strafbare Verhalten und weist die Vorstellung, er werde irgend etwas gestehen, weit von sich. Hier sieht der Verteidiger außerordentlich schlecht aus. Er zieht zwangsläufig die Verärgerung des Vorsitzenden auf sich, der sich auf seine Ankündigung verlassen hat und jetzt selbst so dasteht, als sei er nicht in der Lage, einen Termin durch Ladung der notwendigen Zeugen ausreichend vorzubereiten.

IV. Weitere Maßnahmen

Der Verteidiger wird vorbereitende Beweisanträge (§ 219 StPO) nur dann stellen, wenn es der von ihm verfolgten Verteidigungsstrategie nicht schadet, dass sie auf diese Weise vorzeitig bekannt wird. Sonst sollte er entweder die entsprechenden Beweismittel im Termin präsentieren (§§ 220, 245 Abs. 2 StPO) oder erst dann Beweisanträge stellen. Die *Präsentation von Beweismitteln* im Termin hat zweierlei Vorteile. Zum einen dient sie der Verfahrensbeschleunigung, die in der Regel auch im Interesse des Angeklagten liegt. Zum anderen sind Anträge, die sich auf präsente Beweismittel beziehen, gegenüber den allgemeinen Regeln nur eingeschränkt zurückzuweisen (§ 245 Abs. 2 StPO)[20].

Während Gericht und Staatsanwalt ihre Informationen vornehmlich aus Akten beziehen, wird der Verteidiger auch von seinem Mandanten informiert. Häufig ist er nicht zum ersten Mal und auch nicht nur im fraglichen Verfahren für ihn tätig. Daher ist der Verteidiger oft von allen Verfahrensbeteiligten am besten informiert darüber, ob gegen den Angeklagten zurzeit weitere Verfahren geführt werden, ob und mit welchem Ergebnis in einer älteren Sache ein Widerrufsverfahren läuft, ob das Urteil in einer früheren Sache inzwischen rechtskräftig ist, wie fachgerichtliche Parallelverfahren verlaufen sind etc. Will er daraus für den Angeklagten positive Schlüsse herleiten (lassen), sollte er das Gericht in der Hauptverhandlung über solche Umstände fundiert in Kenntnis setzen[21].

Zur Vorbereitung des Termins gehört für den Verteidiger auch in gewissem Umfang die Aufarbeitung und prozessuale Umsetzung von fallspezifischen Umständen und Bedingungen. Wird zum Beispiel die Bewährungsfrage zu stellen sein, so genügt es nicht, den Angeklagten auf Frage bejahen zu lassen, dass er nichts mehr anstellen werde und festen Wohnsitz nehmen, eine Familie gründen und einer geregelten Arbeit nachgehen wolle. Solche Antworten müssen untermauert werden. Dazu kann es dienen, den zukünftigen Wohnungs- und Arbeitgeber als Zeugen präsentieren oder zumindest benennen zu können oder die Verlobte als im Zuhörerraum anwesend bezeichnen zu können. Wer eine Bewährungschance in einer Drogenentzugstherapie sieht, sollte belegen können, dass und welche Schritte er zur Durchführung einer solchen Therapie unternommen hat. Wer mit seiner Bereitschaft, Schadensersatz zu leisten, die Strafe für begangenes Unrecht geringer halten will, sollte den Nachweis führen können, die Zahlungen bereits aufgenommen zu haben. Wer sich darauf berufen will, dass er die begangene Tat bereut, tut gut daran, dem Opfer vor der Hauptverhandlung oder zumindest in deren Verlauf seine Entschuldigung anzubieten. Wer in der Hauptverhandlung eine Einstellung gegen eine Auflage (§ 153a Abs. 2 StPO) erreichen will, muss bereit und in der Lage sein, eine Arbeits- oder Zahlungsauflage zu erfüllen. In solchen und zahlreichen anderen Fällen kann der Verteidiger mit dem Angeklagten eine Fülle positiver Umstände setzen, die dann auch bei dem Gericht weit größere Beachtung finden werden als bloße Absichtsäußerungen.

---

20 Vergl. dazu unten S. 244.
21 *Beispiel:* Kommt für den Verteidiger eine Einstellung nach § 154 Abs. 2 StPO infrage, so sollte er eine Ausfertigung der Anklage oder des Urteils in der anderen Sache vorweisen können. *Oder*: Will er zur günstigen Bemessung der Strafe in einem Verfahren wegen Verdachts der Steuerhinterziehung den Umstand fruchtbar machen, dass das Finanzgericht die zu entrichtenden Summen gegenüber der Anklageschrift geringer bemessen hat, sollte er dessen Urteil in der Hauptverhandlung vorlegen können.

V. Zwischen Ladungsverfügung und Termin

Bis zum Termin fallen weitere Anordnungen und Entscheidungen an, die erneut maßgeblich sein können für den optimalen Verlauf des Verfahrens.

1. Rücklauf und Kontrolle der Ladungen

Nach Ausführung der Termins- und Ladungsverfügung durch Geschäftsstelle und Kanzlei kommt es regelmäßig zu Postrücklauf. Hieraus ergeben sich wichtige Rückschlüsse auf die Notwendigkeit weiterer Maßnahmen. Kommt eine Sendung als unzustellbar zurück, empfiehlt sich eine *Anfrage bei dem Einwohnermeldeamt* des letzten bekannten Wohnsitzes des Adressaten. Manche Einwohnermeldeämter sind im Eilfall auch bereit, telefonische Auskünfte zu erteilen. Bei Ausländern kann auch eine Anfrage bei dem Bundesverwaltungsamt in Köln weiterführen, das das Ausländerzentralregister führt.

Betrifft die *Unzustellbarkeit* den Angeklagten oder von der Verteidigung benannte Zeugen, hilft häufig eine Anfrage bei dem Verteidiger weiter. Bleibt sie erfolglos, ist zu prüfen, ob der Angeklagte über den Verteidiger (§ 145a Abs. 2 StPO) geladen werden kann[1] oder anheim zu stellen, die Zeugen seitens der Verteidigung zu sistieren[2].

Ferner kann die für den letzten bekannten Aufenthaltsort zuständige Polizeistation mit einer *Wohnsitzüberprüfung* beauftragt werden. Wenn sich zeigt, dass die alte Anschrift doch noch zutrifft, wird die Polizei, wenn sie darum vorsorglich ersucht worden ist, die Sendung dem Adressaten bei Antreffen durch Übergabe unmittelbar zustellen. Anderenfalls wird die Polizei in der Regel entweder Anhaltspunkte für die Ermittlung des neuen Aufenthalts gewinnen und ihnen nachgehen oder die Erkenntnis absichern, dass der alte Wohnsitz mit unbekanntem Ziel aufgegeben wurde. Das kann u.U. zur Annahme des Haftgrunds der Flucht oder des Sich-Verborgen-Haltens (§ 112 Abs. 2 S. 1 StPO) berechtigen oder die Unerreichbarkeit begründen.

Ergehen Ladungen formlos, so darf – ohne weiteres – darauf vertraut werden, dass sie den Adressaten erreicht haben, wenn kein Rückbrief zu den Akten gelangt. Sollte eine Ladung mittels förmlicher Zustellung bewirkt werden, gibt die Zustellungsurkunde Auskunft[3] über den Erfolg. Wird durch Niederlegung zuge-

---

1 Voraussetzung: ausdrückliche Vollmacht zur Entgegennahme von Ladungen.
2 §§ 220, 245 Abs. 2 StPO.
3 Diese Auskunft ist erfahrungsgemäß nicht immer zutreffend. Die Postbediensteten halten es z.B. durchaus mitunter für opportun, eine »Ersatzzustellung« in »Geschäftsräumen« vorzunehmen, von denen entweder völlig unklar ist, ob sie als solche noch fungieren oder die die

V. Zwischen Ladungsverfügung und Termin

stellt, empfiehlt sich eine *Anfrage bei der Postfiliale*, ob und von wem die Sendung abgeholt wurde. Eine negative Antwort kann Anlass sein, den Adressaten durch weiteres – formloses – Anschreiben an die Abholung zu erinnern[4] oder sogleich noch einmal eine formlose Ladung zu versenden. Eine positive Antwort zeigt, dass die Chance, der Adressat werde tatsächlich erscheinen, gestiegen ist.

2. Unerreichbarkeit des Angeklagten

Ist die Ladung des *Angeklagten nicht ordnungsgemäß*[5] zu bewirken[6], bleibt zu prüfen, ob auf entsprechenden Antrag der Staatsanwaltschaft ein Strafbefehl nach § 408a StPO[7] erlassen werden kann.

Im Übrigen führt mangelnde Ladbarkeit des Angeklagten regelmäßig zur ergebnislosen Aufhebung des Termins und Abladung bzw. Benachrichtigung der übrigen Beteiligten[8].

3. Vorläufige Einstellung und Fahndungsmaßnahmen

Bleiben die Bemühungen zur Ermittlung des Aufenthalts des Angeklagten[9] erfolglos, darf das Gericht regelmäßig von seiner Abwesenheit ausgehen, das Verfahren *vorläufig einstellen* (§ 205 StPO) und den Termin aufheben[10].

Der Vorsitzende hat daraufhin die nötigen *Fahndungsmaßnahmen* zu ergreifen. Dazu kann der Erlass eines *Untersuchungshaftbefehls* (§ 112 StPO) zählen. Unbekannter Aufenthalt des Angeklagten allein bedeutet jedoch noch keinesfalls, dass die Haftgründe der Flucht oder des Sich-Verborgen-Haltens vorliegen[11]. Beide Haftgründe setzen konkrete Gründe für die Annahme voraus, dass der Angeklagte sich durch sein Verhalten dem Strafverfahren wissentlich zu entziehen versucht[12]. Längere Urlaubsreisen, Verlegungen des Wohnsitzes, bloße Verstöße gegen das Meldegesetz u.v.m. sind per se unverdächtige Umstände, die Uner-

---

   Frage aufwerfen, ob denn der Adressat überhaupt je ein Geschäft geführt hat oder gar derzeit noch führt. Als mittelbare Folge der Privatisierung der Post wird die Verlässlichkeit der Zustellungsurkunden leiden.
4 Möglicherweise mit erneuter unmissverständlicher Belehrung über die Folgen schuldhaften Nichterscheinens in einer Gerichtsverhandlung.
5 Also auf keinem Weg, auch nicht über den Verteidiger gem. § 145a StPO oder durch öffentliche Zustellung.
6 Und vorausgesetzt, es gibt auch sonst keinen vernünftigen Grund anzunehmen, der Angeklagte werde trotzdem zum Termin erscheinen, weil er informell vom Termin Kenntnis erhalten hat.
7 Wichtiger Grund i.S. dieser Norm dann: Abwesenheit, vergl. Schellenberg NStZ 1994, 372.
8 Auch das Verfahren nach § 232 StPO entfällt, denn auch hier wird eine ordnungsgemäße Ladung ausdrücklich vorausgesetzt.
9 Also in der Regel Anfrage beim Einwohnermeldeamt, polizeiliche Wohnsitzüberprüfung, Anfragen bei Verteidiger (oder sonstiger Vertrauensperson).
10 Sofern nicht von mehreren Angeklagten mindestens einer geladen werden konnte, dessen Verfahren ist – soweit dies inhaltlich tunlich erscheint – unter Abtrennung fortzuführen.
11 KMR-Müller § 112 Rdnr. 6.
12 Vergl. Kl./Meyer-Goßner § 112 Rdnr. 12 ff.

reichbarkeit zur Folge haben können, sodass auch hier stets einzelfallbezogen zu prüfen und entscheiden ist.

Üblicherweise wird der Angeklagte, der unbekannten Aufenthalts ist, zur *polizeilichen Fahndung* ausgeschrieben, und zwar mit dem Ziel der Festnahme, wenn ein Haftbefehl vollstreckt werden soll (hier kann dann als weitere Fahndungsmaßnahme auch ein Steckbrief erlassen werden, § 131 StPO), sonst zur Aufenthaltsfeststellung. Ferner kann ein *Suchvermerk* bei dem Bundeszentralregister[13] niedergelegt werden (§§ 27 ff. BZRG). Liegen konkrete Hinweise auf den möglichen Aufenthalt des Angeklagten vor, genügen unter Umständen auch *lokale Fahndungsmaßnahmen*, mit denen die zuständige Polizeistation unmittelbar beauftragt wird.

Der Vorsitzende hat notfalls im Hinblick darauf, dass zu einem späteren Zeitpunkt die Hauptverhandlung durchgeführt werden soll, *Beweise* zu *sichern* (§ 205 S. 2 StPO)[14].

4. Anträge auf Verlegung und Entpflichtung

Einige Zeit nach Versendung der Terminsladungen hat sich der Vorsitzende erfahrungsgemäß mit allfälligen *Anträgen* auf *Verlegung* oder *Entbindung von der Erscheinenspflicht*[15] zu befassen, wenn Beteiligte Verhinderung geltend machen.

4.1. Grundsätzlich haben die Beteiligten *keinen Anspruch auf Verlegung* eines Termins oder Entbindung von der gesetzlichen Pflicht, zum Termin zu erscheinen. Der Vorsitzende entscheidet darüber nach *pflichtgemäßem Ermessen*. Dabei hat er die Interessen nicht nur des Antragstellers, der in solcher Situation erfahrungsgemäß seine Zwangslage beredt und verständnisheischend darzulegen versteht, sondern auch der anderen Verfahrensbeteiligten – vor allem Verletzter – zu berücksichtigen, die möglicherweise unter gleich großen Schwierigkeiten leiden, es aber für selbstverständlich halten, ihre Interessen hintanzustellen. Er hat das Beschleunigungsgebot zu beachten, dessen gesetzliche Konsequenzen für den Bereich der Haftsachen (§ 121 StPO) großzügige Verlegungen in der Regel ohnehin nicht zulassen. Er wird ferner auch die gerichtlichen Dispositionen ins Verhältnis setzen und bedenken, welch erheblichen Aufwand Ab- und Umladungen den nachgeordneten Mitarbeitern in Geschäftsstellen und Kanzleien machen. Er wird schließlich mit Blick auf den eigenen Verhandlungskalender überprüfen, ob es

---

13 Und u.U. zum Ausländerzentralregister des Bundesverwaltungsamts in Köln.
14 Das kann z.B. in Gestalt der richterlichen Vernehmung von Zeugen geschehen, von denen zu befürchten ist, dass sie, etwa aus biologischen Gründen, zu einer möglicherweise sehr viel später stattfindenden Hauptverhandlung nicht mehr zur Verfügung stehen werden.
15 Hier ist nicht der Antrag des Angeklagten nach § 232 StPO gemeint, der, wenn er erst jetzt gestellt wird, allerdings auch wieder erhebliche Verzögerungen mit sich bringt, falls ihm stattgegeben wird. Denn nun wird die kommissarische Vernehmung des Angeklagten notwendig, sodass der bereits anberaumte Hauptverhandlungstermin kaum zu halten ist. Spielt der Vorsitzende gleichwohl mit dem Gedanken, so sollte er vor der Entscheidung mit dem für die kommissarische Vernehmung des Angeklagten zuständigen Rechtshilferichter absprechen, ob dieser bereit und in der Lage ist, eine solche Vernehmung noch rechtzeitig durchzuführen.

V. Zwischen Ladungsverfügung und Termin

vertretbar ist, einem Antragsteller entgegenzukommen mit der notwendigen Folge, dass der Fall vorläufig unerledigt bleibt.

4.2. Der Vorsitzende sollte darauf achten, dass die tatsächlichen Grundlagen der *Verhinderung glaubhaft* sind oder, worauf er im Zweifel zu dringen hat, glaubhaft gemacht werden. Lange geplante Auslandsreisen, dringende geschäftliche Termine, notwendige stationäre Krankenhausaufenthalt u.a.m. lassen sich in aller Regel durch schriftliche Unterlagen leicht belegen; Verteidiger und Sachverständige[16] können Terminskollisionen durch Vorlage der Terminsladungen in der kollidierenden Sache untermauern.

4.3. Davon zu unterscheiden ist die Wertung, ob ein glaubhafter Hinderungsgrund dem Erscheinen wirklich *zwingend* entgegensteht. Auch hier spielen Verhältnismäßigkeitserwägungen die entscheidende Rolle. Ob z.B. der geplante und lange gebuchte Jahresurlaub im Ausland ein beachtlicher Hinderungsgrund ist, wird sich ganz unterschiedlich werten lassen, wenn es in einem Fall um eine Verkehrsbußgeldsache, in einem anderen um ein Kapitalverbrechen geht. Soweit Angeklagten, Betroffenen, Sachverständigen oder Zeugen die Anreise zum Gericht wegen des langen Weges und des damit verbundenen beruflichen oder privaten Aufwands unzumutbar sein könnte, sollten auch die Möglichkeiten der Abwesenheitsverfahren (§§ 233 StPO, 74 OWiG) und der kommissarischen Vernehmung (§ 223 StPO) noch einmal überprüft werden.

4.4. Neigt der Vorsitzende dazu, den Hinderungsgrund zu akzeptieren, stellt sich die Frage, ob der *Termin auch ohne den Verhinderten* stattfinden kann.

Ist der *Angeklagte* verhindert, kommt weder ein Verfahren nach § 232 StPO noch nach § 408a StPO in Betracht, weil beide Vorschriften auf ein eigenmächtiges, d.h. gerade nicht entschuldbares Fernbleiben abstellen[17]. Hier wird eine Verlegung unvermeidlich sein.

Ist ein *Verteidiger* verhindert, so kann grundsätzlich auch ohne ihn verhandelt werden, wenn kein Fall notwendiger Verteidigung (§ 140 StPO) vorliegt. Aber abgesehen davon, dass darin u.U. eine revisionsrechtlich beachtliche Behinderung der Verteidigung (§ 338 Nr. 8 StPO, Art. 6 Abs. 3 Buchst. c EMRK) liegt[18], kann dies auch ein Verstoß gegen den Grundsatz des fairen Verfahrens (Art. 6 Abs. 1 S. 1 EMRK) und gegen die prozessuale Fürsorgepflicht darstellen[19]. Andererseits darf der Vorsitzende im Rahmen der Ermessensausübung berücksichtigen, dass z.B. bereits mehrere vergebliche Terminsversuche stattfanden, nicht zum ersten Mal eine Verhinderung des Verteidigers eingewandt wird, es sich um eine aus bestimmten Gründen eilbedürftige Sache handelt u.ä.

---

16 Wobei der Vorsitzende nicht vorschnell Fehlvorstellungen aufsitzen sollte: Üblicherweise haben vernünftige Verteidiger und Sachverständige kein eigenes Interesse, ein Verfahren durch Berufung auf eigene Verhinderung zu verzögern. Sie beachten bei ihrer Arbeit häufig sehr genau – anders als Behörden – auch betriebswirtschaftliche Gesichtspunkte und verdienen daran, dass Hauptverhandlungen stattfinden. Der Verteidiger, der zugunsten des Angeklagten vorgeschobene eigene Hinderungsgründe reklamiert, ist zumindest unseriös, sehr wahrscheinlich nach § 258 StGB strafbar und repräsentiert keinesfalls das Gros der Anwaltschaft.
17 Kl./Meyer-Goßner § 232 Rdnr. 11; Schellenberg NStZ 1994, 372.
18 Kl./Meyer-Goßner § 338 Rdnr. 58.
19 Vergl. BGH NJW 1992, 849.

4. Anträge auf Verlegung und Entpflichtung

Bei *Zeugen* ergibt möglicherweise eine abermalige Überprüfung, dass der Versuch riskiert werden kann, ohne sie auszukommen oder die Möglichkeit besteht, einen Fortsetzungstermin anzuberaumen, zu dem sie verfügbar sind. Wird ein Zeuge abgeladen, sollte dies den Beteiligten mitgeteilt werden[20].

Bei Verhinderung von *Sachverständigen* besteht mitunter die Möglichkeit, kurzfristig einen anderen zu laden. Das kommt jedoch nur ernsthaft in Betracht, wenn es genügt, dass ein neuer Sachverständiger allein aufgrund der Hauptverhandlung, allenfalls noch zusätzlicher Aktendurchsicht, ein Gutachten erstellen kann. Hat der verhinderte Sachverständige schon fallspezifische Vorarbeiten geleistet, wird es oft weder wirtschaftlich noch zeitlich vertretbar sein, einen anderen Sachverständigen zu bestimmen, der dann mit der Arbeit von vorn beginnen muss.

Nebenkläger und ihre Rechtsanwälte müssen nicht zum Termin erscheinen, ihr Fernbleiben hindert den Verfahrensfortgang rechtlich nicht (§§ 398 Abs. 1, 401 Abs. 2 StPO). Im Einzelfall können es Gesichtspunkte des Täter-Opfer-Ausgleichs oder des Respekts vor dem durch eine Straftat Verletzten oder seinen Angehörigen gleichwohl gebieten, auf ihre Verhinderung Rücksicht zu nehmen.

Die Verhinderung von *Einziehungsbeteiligten*, *Verfallsbeteiligten* und ihren Vertretern steht regelmäßig der Verhandlung in ihrer Abwesenheit nicht entgegen (§§ 436, 442 StPO), zu Verfahren gegen juristische Personen und Personenvereinigungen vergl. § 444 StPO[21].

Die *Anwesenheitspflicht* des Betroffenen im *Bußgeldverfahren* und die Gründe, unter denen er vom Erscheinen entpflichtet werden kann, unterliegen den Besonderheiten des § 73 OWiG[22].

4.5. Weist der Vorsitzende einen Antrag auf Terminsverlegung oder Entpflichtung ab, so hat er diese *Entscheidung schnellstmöglich* – sofern dazu noch Gelegenheit besteht – dem Antragsteller *mitzuteilen*, um ihm Gelegenheit zu geben, sich darauf einzurichten. Tut er das nicht, so besteht u.U. die Gefahr, dass der Betreffende sich darauf berufen kann, er habe dem Schweigen des Gerichts entnommen, dass seinem Begehren nachgegeben worden sei.

Geht der Vorsitzende nach Lage des Falls davon aus, dass der Antragsteller trotz der negativen Bescheidung den Termin nicht wahrnehmen und der Termin letztlich[23] daran scheitern wird, stellt sich die Frage, ob er ihn nicht sogleich aufhebt, um den anderen Beteiligten das Erscheinen zu ersparen. Sowohl bei Angeklagten als auch bei Zeugen sowie bei Verteidigern im Fall notwendiger Verteidigung setzt die Anordnung von Ordnungs- bzw. Zwangsmitteln und Kostenfolgen jedoch voraus, dass das Nichterscheinen (§ 51 Abs. 1 StPO)[24] bzw. das Ausbleiben (§§ 230 Abs. 2, 145 Abs. 1 und 3 StPO)[25] im Termin positiv festgestellt wird, was nach vorsorglicher Aufhebung des Termins folglich nicht möglich ist. Wird mit dem Erscheinen des Antragstellers also nicht ernsthaft gerechnet, soll-

---

20 Arg. e § 222 Abs. 1 StPO.
21 Dazu näher Kl./Meyer-Goßner § 444 Rdnr. 13.
22 Eingehend unten S. 300.
23 Also auch unter Berücksichtigung von Vorführungsmöglichkeiten, Fortsetzungsterminen, § 408a StPO u.a.m.
24 Vergl. Kl./Meyer-Goßner § 51 Rdnr. 5.
25 Vergl. Kl./Meyer-Goßner § 230 Rdnr. 14, § 145 Rdnr. 16 ff.

V. Zwischen Ladungsverfügung und Termin

ten zwar die (übrigen) Zeugen, Sachverständige und Dolmetscher abgeladen werden, der Termin aber bestehen bleiben, damit das Gericht (nicht der Vorsitzende!) im Termin nach Anhörung der Staatsanwaltschaft die entsprechenden Folgen beschließen kann.

Gegen die Ablehnung des Verlegungsantrags findet keine[26], nach anderer Meinung nur ausnahmsweise[27] Beschwerde statt.

4.6. Ob die Hauptverhandlung wie geplant stattfinden kann, ist mitunter auch aus *Verteidigersicht* fraglich.

Rechtsanwälte müssen als Angehörige eines freien Berufsstands auch eigene wirtschaftliche Interessen berücksichtigen. Es begegnet keinen grundsätzlichen Bedenken, wenn sie ihr Auftreten als Wahlverteidiger von dem Eingang eines *Honorarvorschusses* abhängig machen. Geht der Vorschuss nicht ein, so kann der Verteidiger erwägen, das Mandat niederzulegen oder zumindest im Termin nicht aufzutreten. Beides setzt voraus, dass der Mandant über die Folgen einer Nichtzahlung rechtzeitig aufgeklärt worden ist und Gelegenheit hatte, sich darauf einzurichten.

Handelt es sich um einen Fall notwendiger Verteidigung, besteht hinsichtlich des Honoraraspekts grundsätzlich noch die Möglichkeit, die *Beiordnung als Pflichtverteidiger* unter Niederlegung des Wahlmandats zu beantragen. In der Regel wird der Vorsitzende (§ 141 Abs. 4 StPO) sich diesem Begehren nicht widersetzen, zumal er anderenfalls – nämlich in völliger Ermangelung eines Verteidigers – Schwierigkeiten bekommt, den Termin wie geplant durchzuführen. Vorsicht ist in Fällen notwendiger Verteidigung auch im Hinblick auf die mögliche *Kostenfolge nach § 145 Abs. 4 StPO* geboten, die einen ausbleibenden Verteidiger schnell treffen kann[28].

Gerichte empfinden es als zumindest unhöflich, wenn ein Verteidiger einem Termin ohne weiteres fernbleibt. Denn sein Ausbleiben führt in der Regel zunächst dazu, dass das Gericht ergebnislos mit dem Beginn der Hauptverhandlung zuwartet und kostbare Zeit verschwendet. Es ist daher zu empfehlen, dem Vorsitzenden noch rechtzeitig vor Aufruf der Sache eine entsprechende *Nachricht* zukommen zu lassen.

Wenn sich für den Verteidiger *Terminskollisionen* einstellen, muss er sich so rasch wie möglich um deren Lösung bemühen. Erfahrungsgemäß stehen die Vorsitzenden Verlegungsanträgen, die sich auf *Verhinderung eines Verteidigers* beziehen, am offensten gegenüber, wenn diese sogleich nach Ladungszugang unter detaillierter Angabe der hindernden Umstände vorgebracht werden. Dass bei Terminskollisionen die Ladungen der instanzhöheren Gerichte den Vorrang hätten, ist als Prinzip nicht anzuerkennen. Jeder Beteiligte in jeder Instanz kann beanspruchen, dass sein Verfahren nicht unnötig verzögert wird. Eine Vorzugswürdigkeit bestimmter höherer Instanzen ist insofern nicht gegeben. Richtiger dürfte es sein, notfalls unter Beteiligung aller Betroffenen eine Lösung zu versuchen. Zu diesem Zweck sollte der Verteidiger sich auch nicht scheuen, die »konkurrierenden« Vorsitzenden unmittelbar miteinander ins Gespräch zu bringen. Eine Lö-

---

26 So z.B. zutreffend Kl./Meyer-Goßner § 213 Rdnr. 8.
27 KMR-Paulus § 213 Rdnr. 17 ff.; OLG München NStZ 1994, 451.
28 Siehe dazu oben S. 75.

sung kann sich etwa an dem Umfang oder an der Bedeutung der Sache, an gerichtsintern oft ganz unterschiedlichen Terminsvorläufen u.a.m. orientieren.

Stellen sich für den Angeklagten *Terminskollisionen* ein, wird der Verteidiger zunächst zu prüfen haben, welchem Termin der Vorzug zu geben wäre. Dem Hauptverhandlungstermin kommt dabei in aller Regel der Vorrang schon deswegen zu, weil das Risiko, dass Entschuldigungsgründe nicht akzeptiert werden, eine Vorführungsanordnung oder gar Haft nach § 230 Abs. 2 StPO mit sich bringt. Ferner wird es oft gelingen, dem Angeklagten die Vorteile zu verdeutlichen, die es auch für ihn haben kann, die Sache endlich hinter sich zu bringen. Andererseits gibt es wichtige private oder berufliche Gründe, die auch ein Gericht hinnehmen wird, wenn sie rechtzeitig dargelegt und – wenn schon nicht von vornherein, so doch spätestens auf Anforderung des Gerichts – glaubhaft gemacht werden. Bei *längerfristigen Hinderungen* (z.B. stationäre Krankenbehandlungen oder geschäftliche Auslandsaufenthalte) ist zu empfehlen, dem Vorsitzenden zugleich deren Dauer mitzuteilen. Das erspart Rückfragen und Mehrarbeit bei der etwaigen Verlegung des Termins. Der Verteidiger muss dem Angeklagten in jedem Fall verdeutlichen, dass nicht er, sondern der Vorsitzende über eine Verlegung des Termins entscheidet. Dessen Verfügung muss der Angeklagte daher im Zweifel abwarten. Dem Verteidiger ist es natürlich unbenommen, die Verhinderungsfrage vorab mit dem Vorsitzenden zu erörtern, um dessen Standpunkt zu eruieren.

Unmittelbar vor dem Termin wird der Verteidiger manchmal vom Angeklagten darüber informiert, dass er erkrankt sei und deshalb nicht bei Gericht erscheinen wolle oder könne. Solche *Spontanerkrankungen* treten erfahrungsgemäß kurz vor einem lange bekannten Terminstag auf. Der Verteidiger wird unter Umständen einschätzen können, ob der Angeklagte simuliert. Dann sollte er ihn durchaus überreden, doch zum Termin zu erscheinen. Argumente liefert wieder der Hinweis auf die gesetzlichen Folgen unentschuldigten Fernbleibens (§ 230 StPO). In jedem Fall sollte der Verteidiger darauf dringen, dass ihm der Angeklagte ein aussagefähiges ärztliches Attest vorlegt. Denn das Gericht wird darauf im Zweifel seinerseits bestehen. Das Attest sollte Angaben zur Verhandlungs- und Reisefähigkeit des Angeklagten enthalten. Eine Arbeitsunfähigkeitsbescheinigung genügt nicht. Erforderlichenfalls bietet es sich an, den behandelnden Arzt um Ergänzung oder Erläuterung zu bitten. Die Ärzte stehen dem Wunsch nach detaillierten Attesten oft aufgeschlossen gegenüber und lassen sich insofern von juristischer Seite durchaus leiten. Das ärztliche Attest sollte der Verteidiger unverzüglich (etwa durch Fax) dem Gericht übermitteln. So kann er erreichen, dass der Termin sogleich aufgehoben und verlegt wird und spart sich selbst und dem Angeklagten Zeit und Geld.

5. Beweisantragsrecht vor der Hauptverhandlung

Im Zwischenverfahren hatte der Angeklagte das Recht, einzelne Beweiserhebungen zu beantragen (§ 201 Abs. 1 StPO)[29]. Nach Eröffnung des Hauptverfahrens steht

---

[29] Dabei geht es allein um die Frage nach hinreichendem Tatverdacht, sodass ein Beweisantrag auch dann als unerheblich abzulehnen ist, wenn die Erwiesenheit der behaupteten Tatsache die überwiegende Wahrscheinlichkeit der Verurteilung nicht berühren würde.

V. Zwischen Ladungsverfügung und Termin

ihm (und dem Verteidiger) das *Beweisantragsrecht des § 219 StPO* zu. Ein solcher Antrag richtet sich praktisch darauf, die Verfügbarkeit bestimmter Beweismittel in der Hauptverhandlung zu erzielen. Er muss schriftlich oder zu Protokoll der Geschäftsstelle des Gerichts gestellt werden[30]. Er ist nicht fristgebunden.

Zu entscheiden hat der *Vorsitzende*. Er darf die Entscheidung grundsätzlich nicht dem erkennenden Gericht für die Hauptverhandlung vorbehalten oder zuweisen[31]. Inhaltlich muss der Antrag den *Kriterien des § 244 StPO* entsprechen. Eine Ablehnung mit der Maßgabe der Wahrunterstellung kommt allerdings nicht in Betracht[32]. Denn entweder müsste das erkennende Gericht in der späteren Hauptverhandlung an diese Einschätzung gebunden sein, was den unterschiedlichsten Prozessmaximen (Unmittelbarkeit, freie Beweiswürdigung etc.) widerspräche. Oder das Gericht müsste zumindest durch einen Hinweis, dass es die Tatsache eben nicht mehr als erwiesen betrachten wolle, seine Freiheit zurückgewinnen. Das Beweismittel wäre in diesem Fall nicht präsent und das Recht des Angeklagten aus § 219 StPO wertlos.

Der Vorsitzende entscheidet *vor der Hauptverhandlung* und setzt den Angeklagten (und ggf. den Verteidiger) vom Inhalt seiner Entscheidung in Kenntnis. Nur wenn dies aus Zeitgründen[33] nicht möglich ist, darf er ausnahmsweise von der Entscheidung absehen. Dann gebietet es die Fürsorgepflicht – zumindest gegenüber einem nicht anwaltlich beratenen Angeklagten – in der Hauptverhandlung darauf hinzuweisen, dass Gelegenheit besteht, den Antrag erneut zu stellen.

Die Ablehnung des Antrags erfolgt durch begründeten, dem Antragsteller unverzüglich mitzuteilenden[34] Beschluss. Kommt der Vorsitzende dem Antrag nach, ordnet er die Herbeischaffung des Beweismittels an[35]. Davon werden Staatsanwaltschaft, Nebenkläger und Antragsteller benachrichtigt.

Gegen die Ablehnung des Antrags findet ein Rechtsbehelf nicht statt[36]. Geht es ihm um einen Zeugen oder Sachverständigen, kann der Angeklagte allerdings immer noch selbst die Ladung dieser Person betreiben (§ 220 Abs. 1 S. 1 StPO).

---

30 KK-Tolksdorf § 219 Rdnr. 2.
31 BGHSt 1, 286.
32 Kl./Meyer-Goßner § 219 Rdnr. 3 m.w.N.; KK-Tolksdorf § 219 Rdnr. 6.
33 Zu beachten u.U. auch die Frage einer vorherigen Anhörung der Staatsanwaltschaft.
34 Das sollte notfalls auch noch fernmündlich und vorab geschehen, damit sich der Antragsteller darauf einrichten kann, nach § 220 StPO vorzugehen, wenn er es wünscht.
35 Durch Ladung, wenn es sich um Zeugen oder Sachverständige handelt, bei gegenständlichen Beweismitteln durch deren Anforderung. Dabei kann es durchaus erforderlich werden, sich strafprozessualer Zwangsmittel (etwa nach §§ 94 ff., 103 StPO) zu bedienen, wenn sich die Gegenstände noch nicht in amtlichem Gewahrsam befinden.
36 Kl./Meyer-Goßner § 219 Rdnr. 6, 7.

Zweiter Teil: Die Hauptverhandlung

Einleitung

Die Hauptverhandlung ist Mittelpunkt des Erkenntnisverfahrens. Das Gericht hat maßgeblichen Anteil an ihrem Erfolg. Während andere Verfahrensbeteiligte gelegentlich kontraproduktive Strategien wählen, um ein Verfahren in ihrem Sinne zu gestalten[1], wird das Gericht für das Gelingen einer Hauptverhandlung neben dem materiellrechtlichen Ergebnis den Weg dorthin zu bewerten haben. Dieser Weg weist häufig unerwartete Schwierigkeiten auf. Schon die Beachtung aller maßgeblichen Rechtsregeln ist unter den Umständen, unter denen heute die Justizgewährung stattfinden muss, schwierig genug. Die Obergerichte tragen dazu einiges bei, wenn sie fortwährend weitere Feinheiten heraus arbeiten, die die Rechtsanwendung unnötig komplizieren und über das Ziel, prozessordnungsgemäße Rechtsanwendung unter Beachtung allgemein anerkannter Standards herbeizuführen, weit hinaus schreiten. Vor diesem Hintergrund und bei Vermeidung von Verfahrensfehlern noch tragfähige Erkenntnisse über Täter und Taten, Motive, Hintergründe und Folgen u.s.w. zu erarbeiten, setzt vielfältige Kenntnisse, Fähigkeiten und Fertigkeiten voraus. Andererseits ist gerade die grundsätzliche Beherrschung der wesentlichen Regelungen unabdingbar, um den inhaltlichen Ansprüchen zu genügen.

---

1   Nämlich z.B. Obstruktion, Verfahrenssabotage, Teilbereiche der sog. Konfliktverteidigung, Propaganda, Medienzirkus.

I. Allgemeine Fragen

Die Situationen, in denen sich das Gericht im Interesse der Rechtsfindung immer wieder zu bewähren hat, sind vielgestaltig und verdienen es, im Einzelnen betrachtet zu werden. Gleichwohl können einige allgemeine Zusammenhänge, die für die Durchführung einer Hauptverhandlung wesentlich sind, vorangestellt werden.

1. Verhandlungsleitung

Die *Verhandlungsleitung* (§ 238 Abs. 1 StPO) liegt allein[1] in der Zuständigkeit des Vorsitzenden.

1.1. Zur Verhandlungsleitung gehören z.B. die Eröffnung, Durchführung, Unterbrechung und Schließung der Verhandlung, die konkrete Bestimmung des Verfahrensgangs im Rahmen des § 243 StPO und die Verkündung des Urteils[2]. Der Vorsitzende hat zur Leitung der Verhandlung (Sachleitung)[3] *sachleitende Anordnungen,* d.h. Maßnahmen zu treffen, durch die er auf den Ablauf des Verfahrens und auf die Verfahrensbeteiligten einwirkt.

Zur Verhandlungsleitung müsste daher auch die Anordnung der Schriftform für Anträge und Anregungen in Verfahrensfragen (§ 257a StPO) zählen. Der Wortlaut dieser Vorschrift schreibt die Anordnungskompetenz allerdings dem Gericht, also nicht allein dem Vorsitzenden, zu. Der Vorsitzende ist nicht gehindert, Verfahrensbeteiligte vorab zur Schriftform nach § 257a StPO aufzufordern, wenn er davon ausgehen kann, dass das Gericht insgesamt diese Anordnung tragen wird.

1.2. Von den sachleitenden Anordnungen (Verfügungen) des Vorsitzenden sind die *Beschlüsse* zu unterscheiden, die das Gericht, also bei Kollegialgerichten nicht der Vorsitzende allein, im Laufe einer Hauptverhandlung fasst. Ob durch Gerichtsbeschluss zu entscheiden ist oder eine Verfügung des Vorsitzenden genügt, richtet sich nach der konkreten Situation und nach den entsprechenden gesetzlichen Bestimmungen. Zu den praktisch wichtigsten vom Gericht zu fassenden Beschlüssen zählen:

---

1 Und nicht delegierbar, BGH MDR 1953, 53.
2 Vergl. Kl./Meyer-Goßner § 238 Rdnr. 5.
3 Zu dieser heute überwiegend getroffenen begrifflichen Gleichstellung und den abweichenden Meinungen vergl. Kl./Meyer-Goßner § 238 Rdnr. 12; KMR-Paulus § 238 Rdnr. 4 ff.

1. Verhandlungsleitung

a) Die Anordnung von Ordnungsmitteln gegen ausgebliebene Zeugen, § 51 StPO;
b) Die Anordnung von Ordnungsmitteln und Zwangsmaßnahmen gegen Zeugen, die die Aussage grundlos verweigern, § 70 StPO;
c) Die Ablehnung eines Beweisantrags, § 244 Abs. 6 StPO;
d) Die Anordnung einer Videovernehmung, § 247a StPO;
e) Die Anordnung der Protokollverlesung nach § 251 Abs. 1, 2 und 4 StPO;
f) Die Aussetzung (Abbruch) der Hauptverhandlung, § 228 Abs. 1 StPO;
g) Der Erlass eines Vorführungs- oder Haftbefehls gegen ausgebliebene Angeklagte, § 230 Abs. 2 StPO.

1.3. Grundsätzlich kann jede sachleitende Anordnung oder Verfügung des Vorsitzenden *beanstandet* werden (§ 238 Abs. 2 StPO)[4] und damit zu einem Beschluss des Gerichts[5] zwingen. Diese Möglichkeit hat erhebliche revisionsrechtliche Bedeutung, insbesondere aus Sicht der Verteidigung, wenn sie sich mit der Verfahrensrüge z.B. gegen »freie Vorhalte«, unzulässige, weil zu Beweiszwecken erfolgten Verlesungen u.ä. wenden will. Sie hat zur Folge, dass der Revisionsführer Nachweis über das Stattfinden solcher vermeintlichen Verfahrensfehler durch das Protokoll führen kann. Denn der Beschluss nach § 238 Abs. 2 StPO wird protokolliert.

Zur Beanstandung einer Anordnung des Vorsitzenden sind die übrigen *Prozessbeteiligten* (Staatsanwaltschaft, der Angeklagte, sein Verteidiger, der Nebenkläger, sein Rechtsanwalt, aber auch Beisitzer und Schöffen[6]) *berechtigt*, auch

---

4   KMR-Paulus § 238 Rdnr. 10, 41; Kl./Meyer-Goßner § 238 Rdnr. 13; Schlüchter S. 462 f.
5   Das gilt auch für Verhandlungen vor dem Straf-(Einzel-)richter, str., vergl. Kl./Meyer-Goßner § 238 Rdnr. 18: Für die Richtigkeit dieser Auffassung spricht schon die derzeitige Revisionspraxis, denn der Angeklagte (jedenfalls sofern er einen Verteidiger hat) würde Gefahr laufen, das Rügerecht zu verwirken, wenn er das Recht nach § 238 Abs. 2 StPO nicht wahrnähme (Kl./Meyer-Goßner § 238 Rdnr. 22), also muss es ihm auch der Strafrichter einräumen.
6   KMR-Paulus § 238 Rdnr. 45 m.w.N. Den Vertretern der anders lautenden Auffassung halte ich entgegen, dass weder Wortlaut noch systematische Stellung noch Genese des § 238 Abs. 2 StPO irgendjemanden (also auch nicht Mitglieder des Richterkollegiums) davon ausschließen, eine Anordnung des Vorsitzenden zu beanstanden. Hinzu kommt, dass die Sachleitungsbefugnis des Vorsitzenden die Verantwortlichkeit des Gesamtspruchkörpers für den ordnungsgemäßen Ablauf der Verhandlung nicht berührt (BGH MDR 1953, 21). Dazu ist es u.U. geboten, dass Beisitzer oder Schöffen unmittelbar korrigierend eingreifen dürfen, indem sie eine konkrete Sachleitungsmaßnahme beanstanden. Für eher wunderlich halte ich allerdings die Vorstellung, dem Vorsitzenden selbst ein Beanstandungsrecht einräumen zu wollen (KMR-Paulus a.a.O.). Soll er coram publico erst etwas anordnen und dies sodann beanstanden? Dafür besteht keine Notwendigkeit. Hat der Vorsitzende vor Anordnung einer Maßnahme Zweifel an deren Zulässigkeit, mag er sich vorher mit seinem Kollegium beraten. Wenn ihn nach getroffener Anordnung Zweifel an deren Zulässigkeit anfliegen, mag er die Sitzung unterbrechen und nunmehr die Situation im Kollegium beraten. Werden seine Zweifel geteilt, kann er die Anordnung jederzeit rückgängig machen, sofern sie prozessual noch nicht überholt ist.

I. Allgemeine Fragen

wenn sie von der Anordnung nicht selbst betroffen sind[7], im Übrigen nur derjenige, den eine Anordnung (angeblich) beschwert[8].

Mit der Beanstandung muss die *Unzulässigkeit* der sachleitenden Anordnung geltend gemacht werden, bloße Unzweckmäßigkeit reicht nicht aus. Die Unzulässigkeit kann unmittelbar aus gesetzlichen Vorschriften folgen (etwa betr. Beweiserhebungsverbote, Vereidigungsvorschriften), wegen Ermessensfehlgebrauchs vorliegen (etwa wegen unsachgemäßer Zeugenbefragungen oder -belehrungen) oder im Verstoß gegen allgemeine Prozessgrundsätze zu sehen sein (etwa betr. den Amtsermittlungsgrundsatz oder das Fairnessgebot)[9].

Die Beanstandung ist *weder frist-*[10] *noch formgebunden.* Es genügt, wenn der Beanstandende ausdrücklich oder konkludent zu Ausdruck bringt, dass er eine bestimmte Anordnung des Vorsitzenden für unzulässig erachtet und die Frage durch das Gericht entschieden haben möchte[11].

Das Gericht entscheidet nach *Anhörung der Prozessbeteiligten* (§ 33 Abs. 1 StPO) durch Beschluss. Der Beschluss muss grundsätzlich nur dann begründet werden, wenn er den Antrag als unzulässig oder unbegründet verwirft bzw. zurückweist[12], ansonsten tritt er an die Stelle der beanstandeten Anordnung des Vorsitzenden und ersetzt sie.

2. Befragungen

Die Verhandlungsleitung durch den Vorsitzenden umfasst die *Aufnahme der Beweise,* also u.a. die Vernehmung von Angeklagten, Zeugen und Sachverständigen (§ 238 Abs. 1 StPO).

---

7   KMR-Paulus § 238 Rdnr. 45. Soweit angenommen wird, dass auch sie unmittelbar beschwert sein müssen, überzeugt mich das nicht. Am Beispiel der Staatsanwaltschaft wird dies sehr deutlich. Sie hat in einer Hauptverhandlung nicht nur die Aufgabe, ihre eigenen Interessen zu verfolgen, sondern auch – neben dem Verteidiger als Organ der Rechtspflege – den Angeklagten vor einem sach- und gesetzwidrig agierenden Gericht zu schützen. Dem kann nur ein umfassendes Beanstandungsrecht entsprechen.
8   In der Praxis vor allem Zeugen und Sachverständige, gelegentlich Zuhörer u.a.m.
9   KMR-Paulus § 238 Rdnr. 43.
10 Die Anordnung muss allerdings bereits getroffen sein – also keine Beanstandung im Voraus – und darf nicht prozessual überholt sein, etwa durch Abhilfe, KMR-Paulus § 238 Rdnr. 47.
11 Kl./Meyer-Goßner § 238 Rdnr. 16.
12 KK-Tolksdorf § 238 Rdnr. 13; Kl./Meyer-Goßner § 238 Rdnr. 19 m.w.N. Die Gegenmeinung (KMR-Paulus § 238 Rdnr. 50) überzeugt mit dem Hinweis, auch im Fall der Stattgabe müsse das Revisionsgericht schließlich in die Lage versetzt werden, zu prüfen, ob das Tatgericht rechtsirrtumsfrei entschieden habe, nicht generell. Das Argument greift nur (Beruhensfrage), wenn ein anderer Prozessbeteiligter nun seinerseits einen Verfahrensverstoß in eben der Anordnung begründet sieht, die das Gericht auf die ursprüngliche Beanstandung getroffen hat. Da gegen den Beschluss nach § 238 Abs. 2 StPO im Allgemeinen keine Beschwerde stattfindet (§ 305 S. 1; vergl. KK-Tolksdorf § 238 Rdnr. 15), kann in solchen Konstellationen in der Tat ein revisionsrechtlicher Nachteil für diesen anderen Prozessbeteiligten entstehen. Zu empfehlen ist daher, auch den »abhelfenden« Gerichtsbeschluss dann zu begründen, wenn die zuvor erfolgte Anhörung der übrigen Prozessbeteiligten Widerspruch ergeben hatte.

2. Befragungen

2.1. *Anderen Prozessbeteiligten* steht daneben ein eigenes, unmittelbares und umfassendes *Fragerecht* zu (§ 240 Abs. 1 und 2 StPO). Dieses Fragerecht haben Beisitzer und Schöffen, Sitzungsvertreter der Staatsanwaltschaft, Sachverständige, Angeklagte und Verteidiger, Nebenkläger und deren Rechtsanwälte, Erziehungsberechtigte und gesetzliche Vertreter nach § 67 JGG, Ehegatten und gesetzliche Vertreter nach § 149 StPO und Vertreter der Finanzbehörde gem. § 407 Abs. 1 S. 5 AO im Steuerstrafverfahren sowie gerichtlich bestellte Sachverständige nach § 80 Abs. 2 StPO. Nur im Rahmen ihrer Beteiligung steht das Fragerecht ferner den Verfalls- und Einziehungsbeteiligten (§§ 433 Abs. 1, 442 Abs. 1 und 2 S. 1 StPO) und den Vertretern juristischer Personen und Personenvereinigungen (§ 444 Abs. 2 StPO) bzw. deren Prozessbevollmächtigten. *Kein Fragerecht* haben Zeugen oder Verletzte (§§ 406f, 406g StPO) oder ihre anwaltlichen Beistände, Vertreter der Verwaltungsbehörde im gerichtlichen Bußgeldverfahren (§ 76 Abs. 1 S. 4 OWiG)[13] und Mitangeklagte untereinander.

2.2. In der Regel wird der Vorsitzende in Wahrnehmung seiner Sachleitungsbefugnis Fragen erst zulassen, *nachdem* er die betr. Person *vernommen hat*, er kann aber Zwischenfragen gestatten. Besonders bei umfangreichen Prozessstoffen mit unterscheidbaren Einzelthemen bietet es sich an, Vernehmung und Befragungen abschnittsweise durchzuführen.

Die *Reihenfolge der Befragungen* bestimmt der Vorsitzende. Üblich ist wohl, zunächst den Beisitzern und Schöffen, dann der Staatsanwaltschaft, dem Sachverständigen, ggf. der Nebenklage und dann Angeklagten bzw. Verteidigern die Gelegenheit zur Befragung zu geben. Der Vorsitzende ist in der Bestimmung der Reihenfolge frei[14], kann also aus Zweckmäßigkeitsgründen auch eine andere Reihenfolge wählen und z.B. zunächst die Befragung durch den Sachverständigen oder durch den Verteidiger vorziehen, wenn er sich davon Antworten verspricht, die weitere Fragen anderer Beteiligter erübrigen.

2.3. In *Ausübung des Fragerechts* darf der Fragesteller selbstständig und unmittelbar[15] Fragen an den Betreffenden stellen. Weil die Befragung nicht in eine Vernehmung übergehen darf[16], sind präzise Fragen zu stellen, die nach Bedarf allerdings kurz zu erläutern oder mit Vorhalten zu versehen sind und auf das jeweilige Beweisthema beschränkt werden müssen[17]. Wird das Fragerecht ordnungsgemäß ausgeübt, darf der Vorsitzende die Befragung nicht grundlos unterbrechen oder an sich ziehen, Fragen umformulieren o.Ä. Zwar kann es die Fürsorgepflicht gebieten, gelegentlich – insbesondere bei erkennbaren Missverständnissen oder Verständnisschwierigkeiten – helfend einzugreifen. Trotzdem ist hier Zurückhaltung geboten. Die Prozessbeteiligten verfolgen in ihren Befragungen gelegentlich wohlüberlegte, nicht unzulässige Taktiken[18] und es besteht kein vernünftiger

---

13 Vergl. dazu Göhler § 76 Rdnr. 19.
14 BGH NJW 1969, 437.
15 Allerdings grundsätzlich nicht gegenüber Zeugen unter 16 Jahren, § 241a StPO.
16 Sie steht allein dem Vorsitzenden zu.
17 KMR-Paulus § 240 Rdnr. 12.
18 So ist es keineswegs grundsätzlich unzulässig, Zeugen in Widersprüche zu »verwickeln«. Wenn dies zu gelingen scheint und die Zeugen angesichts dessen nicht in der Lage sind, die

I. Allgemeine Fragen

Grund, ihnen hier einen gewissen Spielraum zu versagen. Erlaubt ist dem Vorsitzenden allerdings, Erläuterungen im Hinblick auf Einzelfragen oder Fragenkomplexe zu erbitten, wenn er Zweifel an deren Zulässigkeit hegt.

2.4. *Unzulässige*, d.h. *ungeeignete oder sachfremde*[19] Fragen kann der Vorsitzende im Rahmen der Sachleitung zurückweisen (§ 241 Abs. 2 i.V.m. § 240 Abs. 2 StPO), falls es sich nicht um die Frage eines Beisitzers handelt[20].

Ungeeignet sind zum einen Fragen, die zur Wahrheitsfindung *aus tatsächlichen Gründen* nicht taugen. Wann das der Fall ist, kann nicht generalisierend beschrieben, sondern meist nur anhand des Einzelfalls entschieden werden[21]. In der Praxis wird eine Frage nur selten als zur Wahrheitsfindung untauglich zurückzuweisen sein. Denn ein einigermaßen geschickter Fragesteller wird im Zweifel unwiderleglich behaupten, es gehe ihm um Glaubwürdigkeits- oder Glaubhaftigkeitsaspekte, für deren Herleitung die gestellte Frage nun gerade besonders geeignet sei[22]. Die tatsächliche Ungeeignetheit als Zurückweisungsgrund wird allerdings dort angenommen werden können, wo Wiederholungsfragen zu Umständen gestellt werden, zu denen sich der Befragte bereits klar, erschöpfend und widerspruchsfrei geäußert hat oder wo er Widersprüche auch auf Nachfragen nicht ausgeräumt oder erklärt hat. Denn wo sinnvollerweise zu einem Thema keine weiteren Erklärungen zu erwarten sind, besteht kein berechtigtes Interesse an abermaligen Fragen zum gleichen Gegenstand[23]. Von vornherein *nicht untauglich* sind Glaubwürdigkeitsfragen und Fragen zur Feststellung der Glaubhaftigkeit, zu hypothetischen Umständen oder zu gedanklichen und gefühlsmäßigen Vorgängen (»innere Tatsachen«).

Aus Rechtsgründen ungeeignet sind Fragen, die nicht gestellt werden dürfen, etwa weil ihr Gegenstand nicht dem Zeugen- oder Sachverständigenbeweis zugänglich ist[24] oder weil ihnen ein Beweiserhebungsverbot entgegensteht. Da Straftaten auch und gerade im Gerichtssaal verboten sind, sind ferner Fragen verboten und damit rechtlich ungeeignet, die strafbare Beleidigungen enthalten. *Nicht per se ungeeignet* sind Fragen, die nicht gestellt werden sollen (vergl. §§ 68 S. 2, 68a Abs. 1 und 2 StPO)[25]. Sie müssen allerdings bei Vorliegen der gesetzlichen Voraussetzungen u.U. nicht beantwortet werden, können daher vom Vorsitzenden nach entsprechender Prüfung und nach pflichtgemäßem Ermessen zu-

---

Widersprüche zu erklären, hat dies fraglos Bedeutung für die Beweiswürdigung – wenn auch nicht ausnahmslos negative.
19 Zur Begriffsbildung vergl. KMR-Paulus § 241 Rdnr. 8.
20 Denn § 241 Abs. 2 StPO bezieht sich nicht auf dessen Fragerecht aus § 240 Abs. 1 StPO.
21 Vergl. die eindrucksvolle Aufstellung von KMR-Paulus § 241 Rdnr. 10 f. sowie zu Suggestivfragen eingehend Eisenberg, Kriminologie § 28 Rdnr. 23 ff.
22 Damit bleibt allerdings noch zu prüfen, ob die Frage u.U. als sachfremd zu beanstanden ist.
23 BGHSt 2, 284, 290.
24 Dazu gehören z.B. die beliebten Fragen an Zeugen oder Sachverständige, ob der Angeklagte in Notwehr gehandelt habe, schuldunfähig oder in seiner Schuldfähigkeit erheblich eingeschränkt gewesen sei.
25 Anders KMR-Paulus § 241 Rdnr. 12, der verkennt, dass bei Fragen, die nicht gestellt werden sollen, immer noch ein Entscheidungsspielraum bleibt, den der Vorsitzende im Rahmen der Sachleitung auszufüllen hat.

2. Befragungen

rückgewiesen werden. Ebenfalls nicht rechtlich ungeeignet[26] sind Fragen, die unterhalb der Schwelle strafbarer Beleidigung ehrverletzend oder ungehörig sind[27]. Hier kann die Fürsorgepflicht dem Vorsitzenden dennoch gebieten, auf Mäßigung hinzuwirken.

Sachfremde Fragen sind Fragen, die sich weder direkt noch mittelbar auf verfahrenserhebliche Umstände beziehen[28]. Ist ein Bezug zur Sache zwar unwahrscheinlich, aber doch möglich, ist die Frage zuzulassen. Sachfremd sind ferner Fragen, die prozessfremden Zwecken dienen sollen, also z.B. allein öffentliches Aufsehen erregen oder den Befragten oder Dritte herabsetzen oder kränken sollen.

Der Vorsitzende entscheidet über die *Zurückweisung* von Fragen durch sachleitende Anordnung von Amts wegen[29]. Es steht in seinem Ermessen, vor einer Zurückweisung dem Fragesteller seine Zweifel und Bedenken mitzuteilen, damit dieser Gelegenheit zur Reaktion, ggf. zur Abhilfe hat. Weist der Vorsitzende eine Frage zurück, so hat er seine Anordnung (kurz, aber verständlich) zu begründen, damit der Fragesteller sein weiteres Verhalten inhaltlich darauf einrichten kann[30]. Als Folge ihrer Zurückweisung darf die Frage nicht beantwortet und in der Regel auch später nicht erneut gestellt werden[31]. Wird gleichwohl eine Antwort erteilt, ist sie unverwertbar[32].

2.5. Im Einzelfall kann auch das *gesamte (weitere) Fragerecht gem. § 241 Abs. 2 StPO entzogen* werden, wenn angesichts bisher gestellter Fragen im Zusammenhang der Beweiserhebung kein vernünftiger Zweifel mehr besteht, dass alle weiteren Fragen desselben Fragestellers unzulässig sein werden[33], also ein zumindest objektiver Missbrauch des Fragerechts bevorsteht. Denn ein prozessuales Recht auf Stellung unzulässiger Fragen gibt es nicht[34]. Eine solche Anordnung des Vorsitzenden bedarf allerdings eingehender Begründung, damit dem Fragesteller die Grenzen seines Prozessverhaltens nicht nur tatsächlich spürbar, sondern auch inhaltlich und rechtlich nachvollziehbar werden. Angesichts der Bedeutung, die ein

---

26 Aber möglicherweise sachfremd!
27 Anders wieder KMR-Paulus § 241 Rdnr. 12 a.E., der m.E. nicht ausreichend berücksichtigt, dass es ein gesetzliches Verbot von Ungehörigkeiten, Unfreundlichkeiten und Kränkungen unterhalb der Strafbarkeitsschwelle nicht gibt.
28 BGH NStZ 1984, 134.
29 Anregungen oder als solche zu wertende Anträge der Prozessbeteiligten oder der Befragten sind dabei erforderlichenfalls aufzugreifen.
30 *Beispiel:* »Die Frage wird zurückgewiesen. Der Zeuge hat sie soeben schon zweimal eindeutig und klar beantwortet. Ihre abermalige Wiederholung verspricht kein anderes Ergebnis.« *Oder:* »Die Frage wird zurückgewiesen. Der Zeuge kann nicht beurteilen, ob der Angeklagte bei Tatbegehung schuldfähig war. Dies zu beurteilen, ist dem Gericht, möglicherweise unter Mitwirkung eines Sachverständigen, vorbehalten.«
31 Anderes kann gelten, wenn eine sachfremde, weil unerhebliche Frage im Verlaufe einer Beweisaufnahme dadurch zu Bedeutung kommt, dass das Beweisthema plötzlich einen zuvor nicht gesehenen Bezug zur Sache gewinnt.
32 KMR-Paulus § 241 Rdnr. 24.
33 Kl./Meyer-Goßner § 241 Rdnr. 6 m.w.N.
34 KMR-Paulus § 241 Rdnr. 3 a.E.

I. Allgemeine Fragen

Entzug des gesamten (weiteren) Fragerechts hat, empfehle ich im Übrigen, stets einen Beschluss des Gerichts nach § 242 StPO herbeizuführen[35].

2.6. Gegen die Zurückweisung einer Frage bzw. den Entzug des Fragerechts per sachleitender Anordnung ist die *Anrufung des Gerichts* nach § 238 Abs. 2 StPO statthaft. Der daraufhin (nach Anhörung der Prozessbeteiligten, § 33 Abs. 1 StPO) ergehende – ausführlich zu begründende[36] und zu protokollierende[37] – Beschluss des Gerichts unterliegt sodann im Verlauf der Hauptverhandlung keinem weiteren Rechtsbehelf (§ 305 S. 1 StPO).

2.7. Das Gericht entscheidet schließlich in den verbleibenden Fällen von Zulässigkeitszweifeln gem. § 242 StPO. Diese Vorschrift betrifft *Zweifel an Fragen eines Beisitzers oder des Vorsitzenden*. Dabei ist es gleichgültig, wer die Zweifel vorbringt, auch bei Selbstzweifeln der Berufsrichter ist ein Gerichtsbeschluss herbeizuführen. Weil es sich hierbei um eine Gerichtsentscheidung handelt, sind die übrigen Prozessbeteiligten zuvor anzuhören (§ 33 Abs. 1 StPO). Der Beschluss ist zu begründen und wird protokolliert.

3. Vorhalte

3.1. Vorhalte richten sich in der Regel auf die Feststellung, Erhärtung oder Aufklärung von Widersprüchen oder Zweifeln, die der Befragende in einer Aussage zu erkennen glaubt, weil sie seinem Vorverständnis (aus Aktenkenntnis, bisheriger Beweisaufnahme, privatem Wissen und Erfahrungen o.Ä.) nicht entspricht. Sie geben dem Befragten Gelegenheit, sich dazu zu äußern, seine Angaben zu vervollständigen, zu vertiefen oder zu korrigieren. Von besonderer Bedeutung sind dabei Vorhalte aus früheren Angaben des Befragten oder einer anderen Person. Sie werden häufig aus Vernehmungsniederschriften, Urkunden, Notizen und Aufzeichnungen hergeleitet. Vorhalte sind dabei *immer nur Vernehmungshilfen*. Sie dienen der Gewinnung der Aussage, in deren Rahmen sie erhoben werden. Beweisergebnis ist daher auch nur diese Aussage, nicht der Inhalt des Vorhalts, also grundsätzlich auch nicht der Inhalt einer zum Zweck des Vorhalts verlesenen Urkunde.

3.2. Was er vorhält, woraus er vorhält und wie er den Vorhalt gestaltet, ist grundsätzlich Sache des Fragestellers, solange der Vorhalt nicht unzulässig ist. Die *Unzulässigkeit von Vorhalten* kann aus denselben Gründen folgen, die zur Unzuläs-

---

[35] Vorteil: Das gesamte Gericht entscheidet nach Anhörung aller Prozessbeteiligten, kann die Einschätzung des Vorsitzenden, von dem die Initiative i.d.R. ausgehen wird, geheim beraten, die Entscheidung wird besser abgesichert und der Vorsitzende begibt sich nicht – jedenfalls nicht allein – in die Schußbahn eines Ablehnungsantrags. Der Antrag nach § 238 Abs. 2 StPO wäre – wenn zunächst per Sachleitung entschieden würde ohnehin zu erwarten, sodass auch keine Mehrarbeit entsteht.

[36] *Beispiel:* »Es ergeht folgender Beschluss des Gerichts: Die Frage nach dem bürgerlichen Namen der Vertrauensperson X wird zurückgewiesen. Die Identität des X unterliegt der Amtsverschwiegenheit des Zeugen. Seine Aussagegenehmigung nimmt die Identität des X ausdrücklich aus. Der Zeuge unterliegt insofern also weiterhin der Schweigepflicht.«

[37] Kl./Meyer-Goßner § 241 Rdnr. 21.

sigkeit einer Frage führen (§ 241 Abs. 2 StPO). Denn ein Vorhalt ist aus den o.g. Gründen nichts weiter als die vorausgeschickte Erläuterung einer sich anschließenden Frage.

Ein Vorhalt ist aus *tatsächlichen Gründen ungeeignet* und damit unzulässig, wenn sein Inhalt irrtümlich nicht zutrifft[38] oder gar bewusst unwahr gewählt wird[39]. Aus *Rechtsgründen ungeeignet* und mithin grundsätzlich unzulässig sind Vorhalte, soweit Beweisverwertungsverbote reichen[40]. Ist etwa eine Protokollverlesung nach § 252 StPO unstatthaft, dürfen weder dem Angeklagten noch einem anderen Zeugen die Angaben, die der Angehörige früher gemacht hat, vorgehalten werden[41]. Angaben des Angeklagten, die unter Anwendung verbotener Vernehmungsmethoden erzielt wurden, sind in jedem Fall unverwertbar (§ 136a Abs. 3 S. 2 StPO), dürfen also nicht vorgehalten werden[42]. Das Gleiche gilt für Angaben nicht ordnungsgemäß belehrter Beschuldigter oder Angeklagter (§§ 136 Abs. 1 S. 2, 163a Abs. 4, 243 Abs. 4 StPO), weder ihnen noch den damaligen Verhörspersonen dürfen Inhalte von Angaben vorgehalten werden, die vor der erforderlichen Belehrung gemacht wurden[43]. *Sachfremd* und damit unzulässig sind Vorhalte, die auch im weitesten Sinn nicht der Optimierung der Beweisaufnahme und damit der Wahrheitsfindung dienen, sondern allein aus prozessfremden Gründen gewählt werden, z.B. zur Bloßstellung anderer Personen, in Sonderheit des Befragten.

3.3. *Exkurs:* Die in Details sehr kompliziert geführte Diskussion um *Vorhalte aus Urkunden* und anderen Schriftstücken[44] hat demgegenüber nichts mit der Zulässigkeit der Vorhalte zu tun. Liegen sonstige Unzulässigkeitsgründe (s.o.) nicht vor, kann immer ein Vorhalt durch wörtliche Verlesung oder zusammenfassendes Zitat eines Schriftstücks gemacht werden. Probleme entstehen, wenn es dem Fragesteller nicht (nur) darum geht, eine Optimierung der gegenwärtig gewonnenen Aussage zu erreichen, sondern er (auch) die Inhalte seines Vorhalts auf diese Weise als Beweismittel in die Hauptverhandlung einführen will. Das Bedürfnis dafür ist umso nachvollziehbarer, als es um die vielfältigen Inhalte zahlreicher Schriftstücke gehen mag, also unendliche Lesestunden drohen. Hier erscheint es der Praxis oft als das Einfachste, zahlreiche Schriftstücke irgendwie in der Hauptverhandlung anzusprechen, oft nur oberflächlich zu erörtern und sie als prozessordnungsgemäß eingeführt jedenfalls dann zu behandeln, wenn dieser Verfahrensweise niemand widerspricht. Der vermeintliche Königsweg trügt allerdings. Grundsätzlich gilt auch hier, dass der Vorhalt nur Vernehmungshilfe ist. Nur die

---

38 Z.B. wenn die vermeintlich vorzuhaltende frühere Aussage gerade nicht in einem Gegensatz zur aktuellen steht.
39 Dies wird in der Praxis gelegentlich versucht, um Zeugen zu verunsichern. Hegt der Vorsitzende insofern Verdacht, muss er sich durch Nachfragen der Substanz des Vorhalts versichern.
40 KMR-Paulus § 244 Rdnr. 103 ff.
41 Anders in dem Zusammenhang bei Vorhalten aus richterlichen Vernehmungsprotokollen gegenüber dem jetzt als Zeugen vernommenen Richter, BGHSt 21, 150.
42 BGHSt 11, 340.
43 KMR-Paulus § 244 Rdnr. 106
44 Beeindruckend z.B. die Darstellung von KMR-Paulus § 244 Rdnr. 66 ff.

I. Allgemeine Fragen

Aussage, in deren Rahmen er verwendet wird, wird verwertbarer Gegenstand der Beweisaufnahme. Soll daher der Inhalt des Vorhalts selbst bewiesen werden, sollte grundsätzlich versucht werden, das dafür geeignete Beweismittel zu verwenden, das ist bei Schriftstücken die Verlesung oder das Selbstleseverfahren (§ 249 StPO). Über den Weg des Vorhalts ist der Beweis seines Inhalts nur dann zu führen, wenn der Befragte diesem Inhalt nicht nur zustimmt, sondern ihn auch inhaltlich so bestätigt, dass er als Teil seiner Aussage selbstständigen Beweiswert gewinnt. Dies stößt gerade bei Berufszeugen rasch auf seine Grenzen, wo deren Erinnerungsvermögen endet. Wer sich an nichts Inhaltliches mehr konkret erinnert, kann mit seiner Aussage nichts bestätigen, das über Erfahrungssätze und allgemeine Handlungsgewohnheiten hinausgeht. Auch wo der Befragte eigene Kenntnisse über den Inhalt des Vorgehaltenen gar nicht haben kann, etwa der Angeklagte betreffend Blutentnahmeprotokolle oder Sachverständigengutachten, oder vielfältige Kontenunterlagen in Wirtschaftsstrafsachen, kann er auf Vorhalt bestenfalls erklären, auch er gehe von der Richtigkeit des Vorgehaltenen, des Schriftstücks, des Gutachtens o.Ä. aus. Demgegenüber kann er die Richtigkeit aus eigenem Wissen in aller Regel nicht bestätigen.

3.4. Unzulässige Vorhalte hat der Vorsitzende im Rahmen der Sachleitung *zurückzuweisen* (§ 238 Abs. 1, 241 Abs. 2 StPO). Im Zweifel ist er berechtigt, vom Vorhaltenden Erläuterungen zu verlangen, die die Bedenken gegen die Zulässigkeit des Vorhalts ausräumen. Gegen die Zurückweisungsanordnung findet die Anrufung des Gerichts gem. § 238 Abs. 2 StPO statt. Das Gericht hat darüber durch begründeten und zu protokollierenden Beschluss zu entscheiden. Zweifel an der Zulässigkeit von Vorhalten des Vorsitzenden oder eines Beisitzers hat das Gericht gem. § 242 StPO (ebenfalls durch begründeten und zu protokollierenden Beschluss) zu bescheiden.

4. Kreuzverhör

Das förmliche Kreuzverhör nach § 239 StPO[45] ist für die Praxis ohne Bedeutung. Es wird als zur Wahrheitsfindung in einem auf amtsseitige Ermittlung ausgelegten Verfahren wenig geeignet bezeichnet[46]. Kaum ein Verfahrensbeteiligter hat damit Erfahrungen, es sollte daher unterbleiben.

5. Erklärungen zur Beweisaufnahme

Nach jeder einzelnen Beweiserhebung (Zeugenvernehmung, Augenscheinseinnahme, Urkundenverlesung, Gutachten) und Mitangeklagtenvernehmung hat der Vorsitzende den *Angeklagten* zu *befragen*, ob er dazu etwas zu erklären hat

---

[45] Im Gegensatz zum informellen Kreuzverhör, das entsteht, wenn aus Zweckmäßigkeitsgründen vom üblichen Ablauf der Vernehmungs- und Befragungsreihenfolge abgewichen wird, vergl. Kl./Meyer-Goßner § 239 Rdnr. 2.
[46] KMR-Paulus § 239 Rdnr. 2.

(§ 257 Abs. 1 StPO). Ferner ist der *Staatsanwaltschaft* und dem *Verteidiger*[47] nach jeder einzelnen Beweiserhebung vom Vorsitzenden die *Gelegenheit* zu geben, dazu *Erklärungen* abzugeben (§ 257 Abs. 2 StPO). Darin liegt, auch wenn es sich nur um eine Ordnungsvorschrift handelt, eine nicht zu unterschätzende Möglichkeit, durch Zwischenbetrachtungen und -wertungen auf die Überlegungen des Gerichts und damit auf das weitere Verfahren Einfluss zu nehmen. Die Erklärungen dürfen den Schlussvortrag nicht vorwegnehmen (§ 257 Abs. 3 StPO), müssen sich also auf die unmittelbar vorangegangene Beweiserhebung beziehen. Sie dürfen und sollen in diesem Rahmen durchaus schon kritische Würdigungen enthalten, Unklarheiten und Widersprüche hervorheben o.Ä. Nimmt die Erklärung gleichwohl den Charakter eines Schlussvortrags an, sollte der Vorsitzende darauf hinweisen, dass dies unzulässig ist. Fruchtet das nicht, kann er dem Vortragenden (insofern) durch sachleitende Anordnung das Wort entziehen[48].

6. Allgemeine Grundsätze der Beweisaufnahme

Wesentlicher Teil der Hauptverhandlung ist die *Beweisaufnahme*. Ihren Verlauf bestimmt eine Vielzahl von Faktoren, auf die das Gericht nur teilweise Einfluss nehmen kann, oft genug sind sie nicht vorherzusehen. Je sorgfältiger sich der Vorsitzende auf die Verhandlung vorbereitet, desto besser wird es ihm gelingen, seine Leitungsaufgabe auch dann in Ruhe und mit Übersicht zu erfüllen, wenn sich überraschende Weichenstellungen eröffnen. Die intensive Vorbereitung einer Hauptverhandlung darf dabei nicht verwechselt werden mit Festlegungen in vielleicht noch streitigen Sachfragen. Die Beweisaufnahme kann als Kernstück eines Erkenntnisverfahrens nur dann funktionieren, wenn es dem Vorsitzenden gelingt, ein Höchstmaß an Unvoreingenommenheit zu bewahren. Das setzt zum Beispiel auch die generelle Bereitschaft voraus, sich überraschen zu lassen und sich unerwarteten Konstellationen nicht zu verschließen, auch und gerade nicht, wenn sie vielleicht prozessuale Schwierigkeiten mit sich bringen. *Einige allgemeine Grundsätze* gilt es dabei in jeder Beweisaufnahme zu beachten.

6.1. Im formellen Sinn ist die Sacheinlassung des Angeklagten nicht Teil der Beweisaufnahme, denn diese folgt ihr nach (§ 244 Abs. 1 StPO). Funktionell sind die Angaben des Angeklagten Beweismittel eigener Art und wie jedes andere Beweismittel auf ihren Wert zu prüfen[49]. Das führt z.B. dazu, dass *Geständnisse* in der Hauptverhandlung nicht als einzige Erkenntnisquelle akzeptiert werden dürfen, wenn es Anhaltspunkte für ihre Unrichtigkeit gibt. Die Sacheinlassung des einen Mitangeklagten kann maßgeblich zur Überführung oder Entlastung des anderen beitragen, obwohl Mitangeklagte auch gegenseitig stets Angeklagte bleiben, ihre Angaben also nicht denen von Zeugen gleichzusetzen sind[50].

---

47 Ferner Privat- und Nebenklägern und deren Vertretern sowie Prozessvertretern der Nebenbeteiligten, Kl./Meyer-Goßner § 257 Rdnr. 6.
48 Dagegen aus Sicht des Betroffenen: Antrag gem. § 238 Abs. 2 StPO.
49 KK-Herdegen § 244 Rdnr. 1.
50 Dies hat sich das Gericht bei der Beweiswürdigung zu verdeutlichen: Angeklagten steht die Aussagefreiheit zur Seite (unwahre Angeklagtenaussagen sind nicht schon als solche straf-

I. Allgemeine Fragen

6.2. Gegenstand der Beweisaufnahme ist die *Ermittlung von Tatsachen,* also von konkreten Geschehnissen, Zuständen, Dingen und Umständen und ihren Zusammenhängen, und zwar sowohl äußerer als auch innerer Art[51] und die Feststellung von Erfahrungssätzen, sofern sie nicht allgemeingültig und damit allgemein bekannt sind[52].

Terminologisch wird zwischen Haupttatsachen, Indizien und Hilfstatsachen unterschieden. *Haupttatsachen* sind Tatsachen, die unmittelbar für den Rechtssatz, dessen Anwendung infrage steht, (subsumtions-)erheblich sind[53]. Unter Indizien versteht man mittelbar bedeutsame Tatsachen, aus denen positive oder negative Schlüsse auf Haupttatsachen gezogen werden können[54]. Hilfstatsachen sind Tatsachen, die für die Bewertung eines Beweismittels, also seine Beweiskraft, Bedeutung haben[55]. Im Grundsatz gilt für alle drei Arten der Beweistatsachen, dass sie in der gleichen Weise prozessual erarbeitet werden müssen.

6.3. Das Gericht hat zur Erforschung der Wahrheit die Beweisaufnahme von Amts wegen auf alle Tatsachen und Beweismittel zu erstrecken, die für die Entscheidung von Bedeutung sind (§ 244 Abs. 2 StPO). Die so beschriebene *Aufklärungspflicht* des Gerichts im Hauptverfahren folgt aus dem Untersuchungsgrundsatz, der den gesamten Strafprozess, also auch das Ermittlungsverfahren (§ 160 StPO) und – wenngleich in geringerem Umfang – das Zwischenverfahren (§ 202 StPO) kennzeichnet oder kennzeichnen sollte und auch für die Sonderformen (Verfahren nach JGG, beschleunigtes Verfahren, Privatklageverfahren und gerichtliches Bußgeldverfahren) gilt.

6.3.1. Obwohl die gesetzliche Aufgabenbeschreibung in § 244 Abs. 2 StPO klar und einleuchtend erscheint, rankt sich um die Aufklärungspflicht ein üppiges Geflecht wissenschaftlicher und revisionsgerichtlicher Überlegungen, die gelegentlich seltsame Blüten treiben[56]. Angesichts des Umstands, dass die Aufklärungsrüge oft zu kaum vorhersehbaren Entscheidungen der Revisionsgerichte führt[57], sollte sich der Vorsitzende weniger um die ohnehin schwer überschaubare Kasuistik, sondern um Bewahrung gewisser praktischer Vernunft bemühen. Dazu genügen im Grunde wenige Ausgangsüberlegungen. Zentrales Anliegen des Strafprozesses ist die *Ermittlung der Wahrheit*[58]. Wahrheit ist ein relativer Begriff, absolute Wahrheit gibt es nicht. Denn die Erkenntnisfähigkeit des Menschen ist begrenzt und führt immer nur zu subjektiven Ergebnissen. Für das Gericht potenziert sich dieses Grundproblem dadurch, dass seine Erkenntnisquellen wiederum aus dem bestehen, was ihm andere Menschen als ihre Wahrheiten dar-

---

bar), sie haben oft großes Interesse, sich selbst oder andere von Strafverfolgung verschont zu sehen u.v.m.
51 Vergl. KK-Herdegen § 244 Rdnr. 1.
52 Kl./Meyer-Goßner § 244 Rdnr. 2.
53 Kl./Meyer-Goßner § 244 Rdnr. 3.
54 KK-Herdegen § 244 Rdnr. 4.
55 KK-Herdegen a.a.O.
56 Vergl. die Darstellung bei KK-Herdegen § 244 Rdnr. 18 und 36 ff. mit den dort genannten zahlreichen Nachweisen.
57 KK-Herdegen a.a.O.
58 BVerfGE 57, 275.

6. Allgemeine Grundsätze der Beweisaufnahme

legen. Ein Gericht kann daher auch im günstigsten Fall keine objektive Wahrheit, sondern nur eine Annäherung daran erreichen, und dies auch nur ausschnittsweise. Am Ende muss das Gericht auf einer tragfähigen, nicht nur für das Gericht *verstandesmäßig einsichtigen Grundlage* zu einem Maß an Sicherheit gelangen, das als *persönliche Gewissheit des Gerichts* definiert werden kann, der gegenüber – für das Gericht – vernünftig begründbare Zweifel nicht bestehen[59]. Die Beweisaufnahme ist nichts anderes als Ort und Mittel, sich (und den anderen Beteiligten) die notwendigen Erkenntnismöglichkeiten zu verschaffen.

Die Aufklärung des Sachverhalts ist daher keine lästige Amtspflicht, sondern *selbstverständlicher Inhalt* strafrichterlicher Tätigkeit. Sie ist von bestehendem Vorverständnis des Gerichts nicht zu trennen, sondern beruht zunächst auf ihr. Die Pflicht des Gerichts beginnt dort, wo – und das ist die Regel, nicht die Ausnahme – *die Möglichkeit*[60] einer Änderung der bisherigen Vorstellungen erkennbar wird.

Vor diesem Hintergrund sind *alle verfügbaren Beweismittel* zu nutzen, und zwar grundsätzlich jedenfalls so lange, bis eine zweifelsfreie Erkenntnislage eingetreten ist. Dieser Ansatz führt dazu, dass bei einigermaßen vernünftigen Verfahrensbeteiligten[61] nur selten förmliche Beweisanträge erforderlich werden, denn das Gericht ist selbst am meisten an der Sachaufklärung interessiert.

6.3.2. Das Gesetz stellt nur wenige Beweiserhebungsregeln auf. Dazu gehört als Obersatz, dass nur der *Inbegriff der Hauptverhandlung* (§ 261 StPO) zur gerichtlichen Überzeugungsbildung herangezogen wird. Es darf also nur berücksichtigt werden, was Gegenstand der Hauptverhandlung war. Daher hat sich der Vorsitzende darauf vorzubereiten, dass alle Inhalte in die Hauptverhandlung eingeführt werden, die er für entscheidungserheblich hält.

Ferner gilt der *Grundsatz der persönlichen Vernehmung* (§ 250 StPO), nach dem für ihre Wahrnehmung grundsätzlich die Person selbst zu hören ist, um deren Wahrnehmungen es sich handelt. An ihre Stelle die Verlesung des Protokolls einer früheren Vernehmung oder die Verlesung eines Schriftstücks zu setzen, ist grundsätzlich unzulässig[62]. Das bedeutet allerdings nicht, dass die Erhebung mittelbarer Beweise verboten ist[63] (z.B. durch Vernehmung eines Zeugen vom Hörensagen), hat allerdings zur Folge, dass der Beweiswert dieser Erhebungen besonders sorgfältig zu überprüfen ist[64] (z.B. betreffend die Frage, ob die Bekun-

---

[59] Kl./Meyer-Goßner § 261 Rdnr. 2.
[60] Dabei kommt es wegen der zuvor erläuterten Relativität des richterlichen Erkenntnisses m.E. nicht darauf an, ob man hierbei »auch nur die entfernte Möglichkeit« (vergl. Kl./Meyer-Goßner § 244 Rdnr. 17) zum Maßstab nimmt oder eine »verständige Würdigung der Sachlage« (vergl. KK-Herdegen § 244 Rdnr. 21): Die Begriffe sind austauschbar, weil sie letztlich auf höchst subjektiven, nicht messbaren Einschätzungen beruhen und daher jeder Richter für sich solcher Kriterien beliebig bemühen kann.
[61] Ausgenommen sind sicher die Fälle sog. »Konfliktverteidigung«, die sich auch in der Stellung unsinniger Beweisanträge äußern kann. Hiergegen richtet vernunftorientierte Amtsaufklärung wenig aus.
[62] Vergl. aber die gesetzlichen Ausnahmen der §§ 251 ff. StPO.
[63] BGH NJW 1967, 299.
[64] BVerfGE 57, 293.

I. Allgemeine Fragen

dungen eines mittelbaren Zeugen wirklich tragfähige Schlüsse auf die Grundtatsache zulassen).

Das Gericht ist grundsätzlich *verpflichtet*, die Beweisaufnahme auf *alle* vom Gericht *geladenen und erschienenen* Zeugen und Sachverständigen sowie die vom Gericht herbeigeschafften Beweismittel zu *erstrecken* (§ 245 Abs. 1 S. 1 StPO), es sei denn, die Beweiserhebung ist unzulässig oder Staatsanwalt, Angeklagter und ggf. Verteidiger sind einverstanden, von der weiteren Beweiserhebung abzusehen. Ausnahmen bestehen im beschleunigten Verfahren vor dem Strafrichter (§ 420 Abs. 4 StPO), im vereinfachten Jugendverfahren (§ 78 Abs. 3 JGG), im Privatklageverfahren (§ 384 Abs. 3 StPO), im Strafbefehlsverfahren (§ 411 Abs. 2 S. 2 StPO i.V.m. § 420 Abs. 4 StPO) und im gerichtlichen Bußgeldverfahren (§ 77 Abs. 1 OWiG), wo jeweils allein das pflichtgemäße Ermessen des Gerichts – bei Beachtung der Amtsaufklärungspflicht – maßgeblich ist für den Umfang der Beweisaufnahme.

6.4. Für die Feststellung der schuld- und rechtsfolgenrelevanten Tatsachen verlangt das Gesetz den so genannten *Strengbeweis*[65], also das Beweisverfahren nach den §§ 244 ff. StPO. Für die Feststellung von Prozessvoraussetzungen und sonstigen prozesserheblichen Tatsachen genügt – auch in der Hauptverhandlung – der *Freibeweis*.

Doppelrelevante Tatsachen, die also sowohl für die Schuld- und Rechtsfolgenseite als auch für die prozessuale Seite erheblich sind, müssen im Strengbeweisverfahren erhoben und im Zweifel nach dem dort zu erzielenden Ergebnis entschieden werden[66]. Die Abgrenzung ist im Einzelnen mitunter problematisch, sie wird zudem durch teilweise wenig überzeugende Judikate erschwert[67]. Ausschließlich zum Bereich des Freibeweises gehören etwa Fragen nach der Verhandlungsfähigkeit des Angeklagten, wenn die entsprechenden Tatsachen für die Schuldfähigkeit keine Bedeutung haben[68] oder nach dem Datum eines Strafantrags[69]. Hierzu gehört auch die Frage, ob der Angeklagte ausreichend Deutsch versteht und spricht, um die Erforderlichkeit einer Dolmetscherbeiziehung auszuschließen[70].

Das *Freibeweisverfahren* erlaubt kein richterliches Gutdünken, sondern unterliegt – wie der Strengbeweis auch – der Aufklärungspflicht, dem Grundsatz rechtlichen Gehörs, den Grundsätzen der Beweiswürdigung u.a.m.[71] Nicht anzuwenden sind die Grundsätze der Mündlichkeit, der Unmittelbarkeit und der

---

65 KK-Herdegen § 244 Rdnr. 6; Schlüchter S. 493.
66 BGH StV 1991, 149.
67 Vergl. KK-Herdegen § 244 Rdnr. 6 a.E.
68 Beispielsweise dann, wenn die Verhandlungsfähigkeit aufgrund einer Ursache in Zweifel steht, die jedenfalls nach der angeblichen Tat eingetreten ist.
69 Nicht hingegen die Feststellung des Tatdatums: Sie ist schuld- bzw. rechtsfolgenrelevant und daher strengbeweispflichtig.
70 Strengbeweispflichtig wären die Deutschkenntnisse beispielsweise, wenn ein Aussagedelikt in deutscher Sprache begangen worden sein soll und der Angeklagte sich darauf beruft, in Ermangelung ausreichender Sprachkenntnisse habe er damals gar nicht verstanden, worum es ging.
71 Vergl. Kl./Meyer-Goßner § 244 Rdnr. 6.

Öffentlichkeit[72]. Das Gericht ist nicht auf die formellen Beweismittel der StPO beschränkt, sondern kann alle ihm zugänglichen Erkenntnisquellen nützen[73], vor allem also auch mündliche (telefonische) Auskünfte einholen.

7. Hauptverhandlungsprotokoll

Während die Hauptverhandlung läuft, nimmt der Urkundsbeamte der Geschäftsstelle[74] (§ 153 Abs. 2 GVG) das *Protokoll* auf (§ 271 Abs. 1 S. 1 StPO)[75].

7.1. Der Protokollführer arbeitet dabei grundsätzlich *unabhängig* vom Vorsitzenden[76]. Die weiteren Prozessbeteiligten haben darauf, ob und wie bestimmte Vorgänge protokolliert werden, kaum unmittelbaren[77] Einfluss. Sie haben also nicht etwa das mitunter von ihnen beanspruchte Recht zu beantragen, dass und ggf. in welcher Weise der Protokollführer bestimmte Vorgänge in die Niederschrift aufnimmt. Soweit sie dazu Anregungen geben, kann der Vorsitzende den Urkundsbeamten allerdings anweisen, diesen Anregungen nachzukommen.

7.2. Kommt es auf Feststellung eines (äußeren) Vorgangs in der Hauptverhandlung oder auf den Wortlaut einer Aussage oder Äußerung an, kann der Vorsitzende die *vollständige Niederschreibung* von Amts wegen oder auf Antrag anordnen (§ 273 Abs. 3 StPO). Die Vorgänge müssen nicht zu den wesentlichen Förmlichkeiten gehören[78], aber in der Hauptverhandlung stattfinden[79]. Ein Protokollierungsbedürfnis besteht für den Wortlaut von Aussagen und Äußerungen nicht schon dann, wenn diese inhaltlich entscheidungserheblich sind. Das wörtliche Protokoll ist vielmehr hier nur erforderlich, wenn es auf den genauen Wortlaut ankommt, also insbesondere zukünftig zu befürchtenden unterschiedlichen Deutungsmöglichkeiten vorgebeugt werden soll[80]. Um diesen Fall handelt es sich regelmäßig auch, wenn der Verdacht strafbarer Falschaussagen in der Hauptverhandlung entsteht. Es muss immer damit gerechnet werden, dass ein Missverständnis, auch wenn es nicht vorliegt, später von dem Aussagenden zu seiner Entlastung doch behauptet werden wird. Die wörtliche Protokollierung ist hier[81] ein wichtiges Mittel auch zur Vorbereitung und Erleichterung des Folgeverfah-

---

72 BGHSt 16, 166.
73 BGH NStZ 1984, 134.
74 Vergl. Katholnigg § 153 GVG Rdnr. 2 ff.
75 Die Beziehung eines Protokollführers ist ausnahmsweise verzichtbar im Bußgeldverfahren, § 78 Abs. 5 OWiG.
76 Kl./Meyer-Goßner § 271 Rdnr. 3.
77 Erheblichen Einfluss haben sie allerdings mittelbar, indem sie prozessuale Umstände schaffen oder provozieren, die notwendigerweise protokolliert werden müssen, etwa die Beschlüsse nach § 238 Abs. 2 StPO.
78 Nicht überall beliebtes *Beispiel*: der schlafende Richter. Aber auch: Mimik oder Gestik von Zeugen.
79 Nicht also z.B. während einer Verhandlungspause, vor dem Sitzungssaal o.Ä.
80 Kl./Meyer-Goßner § 273 Rdnr. 22.
81 Insofern wohl auch wegen § 183 GVG erforderlich, vergl.. ferner Nr. 136 RiStBV.

I. Allgemeine Fragen

rens. Ihre etwas umständliche Förmlichkeit[82] bietet dem Aussagenden außerdem eine augenfällige Chance zur Korrektur, falls etwas zu korrigieren ist.

Soweit der Vorsitzende nicht *von Amts wegen* die vollständige Niederschrift anordnet, sind *antragsberechtigt* i.S. von § 273 Abs. 3 StPO Angeklagter, Verteidiger, Sitzungsvertreter der Staatsanwaltschaft, Privatkläger, Nebenbeteiligte (§§ 433 Abs. 1, 444 Abs. 2 StPO), Berufsrichter und Schöffen[83]. Der Antragsteller muss den zu protokollierenden Vorgang genau bezeichnen und sein rechtliches Interesse an der vollständigen Niederschrift darlegen.

Lehnt der Vorsitzende die Anordnung ab, so entscheidet auf Antrag eines der zuvor genannten Beteiligten das Gericht (§ 273 Abs. 3 S. 2 StPO) durch begründeten und zu protokollierenden Beschluss, gegen den eine Beschwerde nicht stattfindet (§ 305 S. 1 StPO).

Ordnet der Vorsitzende *vollständige Niederschrift* an, so sollte er sie dem Protokollführer ins Protokoll diktieren. Die anderen Beteiligten haben kein Recht, hierbei mitzuwirken. Die Niederschrift muss anschließend *verlesen und genehmigt* werden, sodass es sich besonders im Fall einer Aussage (oder eines Aussageteils) ferner empfiehlt, den Aussagenden wie die anderen Beteiligten das Diktat mithören zu lassen und gelegentlich auch Korrekturen im Randbereich zuzulassen. Das erspart in der Regel später längliche Vermerke darüber, wer welche Einwendungen erhoben hat. Nach der (im Protokoll zu vermerkenden) Verlesung der Niederschrift sind *die Beteiligten* (also nicht etwa nur derjenige, dessen Aussage protokolliert wurde) um *Genehmigung* zu ersuchen. Wird sie verweigert, sind ggf. die erhobenen Einwendungen im Protokoll zu vermerken, anderenfalls wird die Genehmigung vermerkt.

8. Äußere Gestaltung der Hauptverhandlung

Gewisse äußere Umstände, die die Hauptverhandlung kennzeichnen, werden, soweit das Gesetz keine (abschließende) Regelungen vorsieht, durch die sachleitenden Anordnungen des Vorsitzenden gesetzt.

Dazu gehört die *Platzzuweisung* im Verhandlungssaal. Sie ist zunächst nach den innenarchitektonischen und funktionalen Vorgaben auszurichten. Außer in Nr. 125 RiStBV finden sich keine weiteren Regelungen. Die Platzzuweisung richtet sich daher vor allem nach Sicherheits- und Zweckmäßigkeitserwägungen. Hierbei sollten kommunikative Gesichtspunkte im Vordergrund stehen, soweit es die Gebote der Sicherheit erlauben. Dem Angeklagten sollte nicht ohne triftigen Grund verwehrt werden, neben anstatt vor oder gar hinter dem Verteidiger zu sitzen. Andererseits sollte der Vorsitzende durchaus darauf achten, dass bei mehreren Angeklagten die Zuordnung zu ihren Verteidigern durch die Sitzordnung optisch leicht erfassbar wird. Dolmetscher bevorzugen regelmäßig einen Platz in

---

82 Auf deren Anlass der Vorsitzende auch dann nachdrücklich hinweisen sollte, wenn er von Amts wegen Wortprotokoll anordnet.
83 Nicht antragsberechtigt z.B. Nebenkläger (-vertreter), weil § 397 StPO nicht auf § 273 StPO verweist (Kl./Meyer-Goßner § 273 Rdnr. 26, a.M. KMR-Müller § 273 Rdnr. 17), auch nicht Zeugen, Zeugenbeistände oder Sachverständige.

unmittelbarer Nähe des nicht Deutschsprachigen. Zeugen sollte für die Vernehmung ein Platz zugewiesen werden, an dem die anderen Prozessbeteiligten sie nicht nur hören, sondern auch zumindest von der Seite sehen können. Denn auch das nonverbale Verhalten, besonders die Mimik, ist ein wichtiger Bestandteil einer Aussage.

Ob jemand vor Gericht *sitzt oder steht*, wenn er angesprochen wird, Erklärungen abgibt, eine Aussage macht o.Ä. ist gesetzlich nirgendwo geregelt. Jedenfalls bei Eintritt des Gerichts zu Sitzungsbeginn[84], bei Vereidigungen und bei Verkündung des Urteilstenors haben sich alle Anwesenden jedoch traditionsgemäß von ihren Sitzen zu erheben (Nr. 124 Abs. 2 S. 2 RiStBV)[85]. Im Übrigen steht es allen Beteiligten frei, wann sie sich setzen oder stellen wollen, sofern sie durch ihr jeweiliges Verhalten weder die Verhandlung als solche noch die Konzentration der Beteiligten stören[86]. Das gilt für die Verlesung der Anklageschrift und für die Schlussvorträge gleichermaßen. Dass Zeugen ein Sitzplatz anzubieten ist, folgt daneben auch aus allgemeinen aussagepsychologischen Zusammenhängen. Der Platz der Zeugen sollte ferner stets mit einem Tisch ausgestattet sein. Gerade dem durchschnittlichen, also unerfahrenen Zeugen gibt dies im tatsächlichen wie im übertragenen Sinn den erforderlichen Halt, bietet Gelegenheit zur Ablage von Taschen, Akten, Armen und Händen und hilft, die ungewohnten Äußerlichkeiten der Vernehmungssituation zugunsten der Konzentration auf die Inhalte schneller zu bewältigen.

9. Gerichtssprache und Sprachgebrauch

Dass die *Gerichtssprache Deutsch* ist (§ 184 GVG) und das Gericht erforderlichenfalls Dolmetscher beiziehen muss (§ 185 GVG, Art. 6 Abs. 3 Buchst. e EMRK), betrifft letztlich nur – allerdings unverzichtbare – technische Voraussetzungen der Kommunikation in der Hauptverhandlung. Ob es dem Gericht gelingt, sich auch verständlich zu machen, richtet sich nach zahlreichen anderen Umständen, die das Gericht nur zum Teil beeinflussen kann. Der Unwilligkeit oder dem Unvermögen mancher Verfahrensbeteiligter wird es manchmal nicht viel entgegenzusetzen haben. Jedenfalls sollte sich der Vorsitzende immer um *inhaltliche Verständlichkeit* bemühen, die nur dann eintreten kann, wenn er sich verständlich ausdrückt. Dabei ist zu beachten, dass juristisches Denken, auch umgangssprachlich formuliert, nicht ohne weiteres allgemein verständlich wird[87].

---

84 Also nicht zwangsläufig bei jedem Wiedereintritt nach einer kurzen Unterbrechung.
85 Kommt ein Anwesender dem nicht nach, kann darin Ungebühr gegenüber dem Gericht nach § 178 GVG zu sehen sein, vergl. dazu unten S. 216.
86 Dabei darf der Vorsitzende allerdings durchaus die üblichen europäischen Gepflogenheiten als gemeinsamen Mindeststandard reklamieren. Das gilt auch für Personen, die möglicherweise in ihren heimatlichen Kulturkreisen ganz andere Verhandlungsformen auszuüben gewohnt sind. Die hier vertretenen liberalen Auffassungen zur äußeren Verhandlungsgestaltung sollen daher z.B. nicht dem Gedanken Vorschub leisten, vielleicht im Stile einer Wandelprozession oder kreisförmig angeordnet im Schneidersitz zu verhandeln.
87 Wer sich seiner selbst hier sicher wähnt, möge einmal überlegen, ob er wohl alle Zusammenhänge aus den juristischen Gebieten, mit denen er seit dem Examen nicht mehr befasst war,

I. Allgemeine Fragen

Verständnis ist aber von vornherein ausgeschlossen, wenn das Gericht sich in Fachausdrücken, verkürzten Insiderwendungen, geschraubten Formulierungen o.Ä. ergeht.

Die Hauptverhandlung ist auch nicht der geeignete Ort, inhaltlichen oder rhetorischen Hobbys nachzugehen. Welch grausame Werkzeuge schließlich *Ironie, Spott, Häme und Zynismus* in den Händen dessen sind, der sie in Gerichtsverhandlungen ungehindert verwenden darf, zeigen fürchterliche Beispiele aus der Justizgeschichte des Dritten Reiches. Selbst rechtsstaatlich insgesamt unbedenkliche Verfahren lassen hier durchaus noch eine ganze Menge Ungehörigkeiten der Vorsitzenden zu. Die Beweisaufnahme hat auch nicht den Zweck, moralische Werturteile über Delinquenten abzugeben oder dem Vorsitzenden ein Forum zur Darstellung seiner Bildung, seines Lebens-, Welt- und Werteverständnisses, seiner intellektuellen Brillianz oder rednerischen Begabung zu bieten. Mag er seine Fähigkeiten auf die Bearbeitung der Sachfragen konzentrieren, so dienen sie wichtigeren Zwecken und werden sein Ansehen gewiss nicht mindern.

10. Ton-, Bild- und Filmaufnahmen

Ton- und Filmaufnahmen aus der Verhandlung zum Zweck der öffentlichen Vorführung oder der *Veröffentlichung* sind unzulässig (§ 169 S. 2 GVG). Obwohl Vertreter der Medien daran beharrlich Kritik üben, lässt das Gesetz nach seinem klaren Wortlaut keine Ausnahmen zu, sodass auch das Gericht keine Ausnahme machen kann[88]. Das Verbot gilt für alle Teile der Hauptverhandlung, also auch Ortstermine und Urteilsverkündungen, nicht aber während Verhandlungspausen[89].

Ton- und Bildberichterstattung aus dem Verhandlungssaal vor *Beginn und nach Ende* der Verhandlung sind nach § 169 GVG nicht unzulässig, können aber nach § 176 GVG im Rahmen der Sitzungspolizei untersagt werden. Der Vorsitzende wird hierbei berechtigte Interessen der Medien zu berücksichtigen haben[90].

Ton- und Filmaufnahmen für *justizinterne Zweck*[91] schließt das Gesetz nicht grundsätzlich aus. Die Möglichkeiten von Videovernehmungen in der Hauptverhandlung (§ 247a StPO) und der Vorführung von Bild-Ton-Aufzeichnungen einer Zeugenvernehmung (§ 255a StPO) haben in den Strafprozess Einzug gehalten[92]. Darüber hinaus wird ein allgemeines praktisches Bedürfnis für solche Aufnahmen nicht vorliegen, was nicht ausschließt, dass es in besonders unübersichtlichen Großverfahren im Einzelfall bestehen mag. Die Diskussion konzentriert

---

    selbst dann auf Anhieb verstünde, wenn sie ihm in einfachen Worten dargebracht würden. Bei diesem Spiel wäre seine Ausgangsposition noch vielfach günstiger als die eines juristisch Ungebildeten vor Gericht.

88 BGHSt 22, 83.
89 BGHSt 23, 123.
90 Vergl. BVerfG NStZ 1993, 89; BVerfG NStZ 1995, 40.
91 Etwa Aufnahmen von Zeugenaussagen oder Schlussvorträgen zur Gedächtnisstütze für die Prozessbeteiligten.
92 Zur Videovernehmung unten S. 126, zur Wiedergabe von Bild-Ton-Aufzeichnungen unten S. 139.

sich im Wesentlichen darauf, ob das Persönlichkeitsrecht der Aufzunehmenden deren Zustimmung verlangt oder nicht[93] und kommt dabei zu unterschiedlichen Ergebnissen[94]. Wer eine Zustimmung grundsätzlich nicht für erforderlich hält, muss jedenfalls die aussagepsychologischen Aspekte mitbedenken. Eine Aufzeichnung[95] verstärkt für ungeübte Redner, denen schon die Situation im Verhandlungssaal erhebliche Probleme bereitet, möglicherweise die Schwierigkeiten betr. die Aussagewilligkeit, die Konzentration, die Unbefangenheit u.ä.[96]. Für Tonbandaufnahmen des Verteidigers und der Staatsanwaltschaft gilt grundsätzlich nichts anderes. Dem jeweils Vortragenden zu gestatten, seinen eigenen Schlussvortrag aufzuzeichnen, dürfte in der Regel allerdings keinen Bedenken begegnen. Ein Anspruch auf Aufzeichnung besteht für die Verfahrensbeteiligten in keinem Fall[97].

Einfache Bildaufnahmen betrifft § 169 GVG nicht. Ihre Zulässigkeit richtet sich daher zunächst nach dem KUG und – vor allem für die Angeklagten – in der Regel nach dem Begriff der »relativen Person der Zeitgeschichte«[98], unter dem man sich, je nach dem Tatverdacht, in dem man steht, sehr schnell wiederfindet. Der Vorsitzende darf allerdings im Rahmen seiner sitzungspolizeilichen Befugnisse (§ 176 GVG) das Fotografieren während der Sitzungen, während kleinerer Pausen und während der Zeit vor und nach der Sitzung, in der die Verfahrensbeteiligten üblicherweise letzte sachbezogene Verrichtungen vornehmen, untersagen.

Die Anfertigung von *Notizen, Zeichnungen und Mitschrieben* ist allen Anwesenden grundsätzlich erlaubt, solange sie durch ihr Verhalten nicht anderen Ordnungsbelangen entgegenwirken (§ 176 GVG).

Außerhalb der Sitzung, insbesondere außerhalb des Sitzungssaals und jenseits der unmittelbar vorgelagerten Räume, ist nicht der Vorsitzende, sondern der Hausrechtsinhaber für die Fragen der Berichterstattung, der Ton- und Bildaufzeichnungen etc. zuständig.

---

93 Für Zeugen OLG Schleswig NStZ 1992, 399.
94 Vergl. Kl./Meyer-Goßner § 169 GVG Rdnr. 13 m.w.N. Das Persönlichkeitsrecht wird letztlich weichen müssen, wenn dies der Wahrheitsfindung dient, so wohl auch i.E. OLG Schleswig NStZ 1992, 399. Die Frage ist, ob die Aufzeichnung einer Aussage ein unabweislich notwendiges Mittel der Wahrheitsfindung (im Allgemeinen oder jedenfalls im Einzelfall) sein kann. Dies werden die Spruchrichter in aller Regel schon deshalb verneinen, weil sie sich ganz überwiegend und traditionell solcher Aufzeichnungen nicht bedienen. Sie würden sich mithin gegen ihre eigene Methode wenden, mit der sie bisher doch angeblich so oft zu zweifelsfreien Wahrheitsfindungen gelangt sind. Jenseits dessen wird sich jedoch jeder Praktiker zuweilen zu erinnern versuchen, was denn nun der Zeuge X gesagt hat, auf welchen Vorhalt er es aussagte, ob er eine fragwürdige Wendung gebraucht hat u.a.m. Wer in solchen Fällen sagen wollte, eine Aufzeichnung könne nicht weiterhelfen, muss Zweifel an der Redlichkeit seines Arguments gelten lassen.
95 Auf die in jedem Fall hingewiesen werden muss!
96 Vergl. Arntzen ZRP 1995, 241 passim, sowie zu Tonbandaufzeichnungen der Schlussvorträge OLG Düsseldorf, NJW 1996, 1360.
97 Kl./Meyer-Goßner § 169 GVG Rdnr. 12 a.E.
98 Vergl. Kl./Meyer-Goßner § 169 GVG Rdnr. 10.

II. Vor Aufruf der Sache

1. Aushang – Zugang

Während der gesamten Dauer der Hauptverhandlung ist es Aufgabe des Vorsitzenden, die *Öffentlichkeit der Hauptverhandlung* zu gewährleisten, soweit diese nicht in gesetzlich zugelassener Weise auszuschließen oder zu beschränken ist[1]. Das beginnt damit, dass Zeit und Ort der Hauptverhandlung bekannt zu machen sind[2]. Wichtiges Hilfsmittel ist dabei der *Aushang vor dem Gerichtssaal,* auf dem diese Daten und ferner das erkennende Gericht in namentlich bezeichneter Besetzung, das Aktenzeichen, der Name des Angeklagten und die Art des Verfahrens (Strafsache, Bußgeldsache etc.) mitgeteilt werden. Er dient nicht allein der Gewährung allgemeiner Öffentlichkeit, sondern hilft auch den Prozessbeteiligten und sonst geladenen Personen bei der Orientierung im Gerichtsgebäude. Unter dem zuletzt genannten Aspekt ist er damit auch für grundsätzlich nicht öffentliche Verhandlungen stets geboten.

Die Bewirkung des Aushangs ist Angelegenheit des Protokollführers. Der Vorsitzende ist ihm gegenüber jedoch insofern *aufsichtspflichtig*. Die grobe Vernachlässigung dieser Pflicht kann zur Revisibilität eines Urteils führen, wenn die Öffentlichkeit aufgrund dessen zu Unrecht ausgeschlossen war (§ 338 Nr. 6 StPO)[3]. Der Vorsitzende hat daher rechtzeitig vor Aufruf der Sache zu überprüfen, ob der Aushang ordnungsgemäß vorhanden ist. Anderenfalls hat er auf sofortige Abhilfe oder Korrektur zu dringen[4]. Vorher sollte er die Hauptverhandlung nicht aufrufen (lassen).

Der Terminsaushang sollte es stets ermöglichen, das Gericht quasi zu verfolgen. Wird die Verhandlung in einen anderen Saal verlegt, so hat ein Aushang am alten auf den neuen Saal und ein Aushang am neuen Saal auf den eigentlichen Termin hinzuweisen. Bei Verlagerung der Hauptverhandlung nach außerhalb, z.B. zu Augenscheinseinnahmen vor Ort, ist entsprechend vorzugehen[5].

Der Vorsitzende hat sich vor Aufruf der Sache ferner zu vergewissern, dass die Zugänge zum Saal geöffnet sind und etwaig *Zugangskontrollen* oder *-beschränkungen* sowie *Sicherheitsmaßnahmen* sachgerecht durchgeführt werden.

Für Medienvertreter können und sollten bei erwartetem hohem Zuschauerandrang Plätze reserviert werden. Finden sich nicht genügend Medienvertreter bei

---

1 Dazu sogleich S. 65.
2 BGH NStZ 1982, 467.
3 BGHSt 22, 301.
4 Zu korrigieren ist ein Terminsaushang m.E. auch dann, wenn er noch auf Verhandlungen hinweist, die bereits abgesetzt sind, sodass niemand als potenzieller Straftäter »ausgehängt« wird, wenn eine Verhandlung gegen ihn nicht (mehr) ansteht.
5 KMR-Paulus vor § 226 Rdnr. 14, vergl. auch Katholnigg § 169 GVG Rdnr. 3.

Sitzungsbeginn ein, müssen die nicht beanspruchten Plätze anderen Interessierten zur Verfügung gestellt werden.

2. Öffentlichkeit

Grundsätzlich sind alle Hauptverhandlungen öffentlich (§ 169 GVG) und die Teilnahme der Öffentlichkeit muss regelmäßig gewährt werden. Nur in Ausnahmefällen kann die Öffentlichkeit aufgrund besonderer Vorschriften (§§ 171a ff. GVG) ausgeschlossen werden.
Eingeschränkt ist der Grundsatz der Öffentlichkeit der Hauptverhandlung in Verfahren nach dem JGG. Wenn (immer auf die Tatzeit bezogen) Jugendliche an dem Verfahren beteiligt sind, wird nach § 48 JGG nicht öffentlich verhandelt (auch wenn außerdem Heranwachsende oder Erwachsene mit angeklagt sind). Sind Heranwachsende beteiligt, ist die Hauptverhandlung im Grundsatz wieder öffentlich, die Öffentlichkeit kann aber im Interesse des Heranwachsenden ausgeschlossen werden (§ 109 Abs. 1 Satz 4 JGG), was dann – soweit das Gericht nichts anderes bestimmt – auch die Urteilsverkündung umfasst[6].

3. Anwesenheit der Richter/Schöffen

Der Vorsitzende hat festzustellen, ob alle *Mitglieder des Gerichts anwesend* sind. Was insofern bei den Berufsrichtern selbstverständlich ist, führt bei den Schöffen gelegentlich zu Problemen. Weil sie in der Regel nur am Jahresanfang von ihren Sitzungstagen benachrichtigt werden (§ 45 Abs. 4 S. 3 GVG) und eine weitere Ladung zu den einzelnen Sitzungen weder erforderlich noch überall üblich ist, kann ein Termin durchaus vergessen oder verwechselt werden.
Ist ein *Schöffe* zu Beginn des Sitzungstages nicht rechtzeitig anwesend, muss als Erstes sein Verbleib geklärt werden. Häufig ist es auf diese Weise dann doch möglich, den Schöffen herbeizuzitieren. Ein Zuwarten ist überdies in jedem Fall sachgerecht. Der zeitliche Aspekt führt dabei zwar zu erheblichem Verdruss, ist aber letztlich nicht entscheidend. Denn mit unvollständigem Gericht kann ohnehin nicht verhandelt werden und in der Regel kostet es weniger Zeit, auf den Verspäteten zu warten (vorausgesetzt er wird jedenfalls erscheinen), als einen Hilfsschöffen beizuziehen. Erscheint der Schöffe allerdings innerhalb angemessener Frist nicht oder ist mit seinem Erscheinen ohnehin nicht mehr zu rechnen, hat der *Vorsitzende* (§§ 56 Abs. 2 S. 1, 77 Abs. 1 GVG) nach Anhörung der Staatsanwaltschaft[7] ein *Ordnungsgeld*[8] festzusetzen und dem Schöffen zugleich die durch sein Fernbleiben verursachten *Kosten* aufzuerlegen.

---

6 BGH NJW 1997, 471.
7 Ohne Anhörung des ausgebliebenen Schöffen: Diese ist zwangsläufig in der Hauptverhandlung nicht möglich. Im Übrigen kann er sich auf den Ordnungsgeldbeschluss hin ausreichend nachträgliches Gehör verschaffen, ferner müsste er bereits bei der Benachrichtigung nach § 45 Abs. 4 S. 3 GVG auf die Folgen unentschuldigten Fernbleibens (§ 56 GVG) hingewiesen worden sein.

II. Vor Aufruf der Sache

Bleibt ein Schöffe zu einem Fortsetzungstermin aus, ist auch kein Ergänzungsschöffe (§ 192 Abs. 2 und 3 GVG) zugeteilt und besteht keine Möglichkeit der Vertagung innerhalb der Unterbrechungsfrist des § 229 StPO (gerechnet ab dem letzten Verhandlungstag in ordnungsgemäßer Besetzung), so ist die Hauptverhandlung gescheitert. Die Kosten, die gegen den ferngebliebenen Schöffen damit festgesetzt werden können, dürften das Ordnungsgeld bei weitem übersteigen.

Bleibt ein Schöffe vor Beginn der (ersten) Sitzung dauerhaft aus, ordnet der Vorsitzende die *Heranziehung eines Hilfsschöffen*[9] an (§ 49 Abs. 3 S. 1 GVG)[10]. Der zuständige Hilfsschöffe ist daraufhin von der Schöffengeschäftsstelle zu bestimmen, der Sitzung zuzuweisen und sofort (telefonisch) aufzufordern, unverzüglich zu erscheinen. Weil es häufig genug misslingt, schon den ersten Hilfsschöffen zu erreichen, muss dieser Versuch manchmal mehrfach wiederholt werden, bis schließlich ein Hilfsschöffe zur Verfügung steht. Das hat weitere erhebliche Verzögerungen zur Folge. Zudem sind die Hilfsschöffen nicht auf den Einsatz vorbereitet, müssen also ihrerseits alles liegen und stehen lassen, um zum Gericht zu eilen.

Ordnet der Vorsitzende die Heranziehung eines Hilfsschöffen an, scheidet der ursprüngliche Schöffe aus. Die Berufung des Hilfsschöffen endet also nicht, wenn der zunächst berufene Schöffe dann doch nachträglich bei Gericht erscheint[11].

Schöffen müssen vor der ersten Dienstleistung während der vierjährigen Amtsperiode *vereidigt* werden (§ 45 Abs. 2 DRiG). Das wird bei dem Gros der Hauptschöffen regelmäßig innerhalb weniger Wochen zu Beginn des ersten Amtsjahres erledigt sein, weil in diesem Zeitraum die ersten Sitzungen stattfinden. Bei Hilfsschöffen hingegen, die wegen des konkreten Bedarfs an Hilfsschöffen oder wegen ihres Platzes auf der Liste nicht frühzeitig herangezogen werden, steht mitunter erst nach geraumer Zeit die erste Dienstleistung an. Der Vorsitzende sollte sich im Zweifel angesichts von Hilfsschöffen versichern, ob der Eid bereits geleistet wurde oder noch abzunehmen ist.

4. Protokollführer

Im Gegensatz zu mündlichen Verhandlungen anderer Gerichtszweige findet die strafgerichtliche Hauptverhandlung in ununterbrochener Gegenwart eines Urkundsbeamten der Geschäftsstelle (*Protokollführer*) statt (§ 226 StPO). Das Gesetz sieht nur im Ermittlungsverfahren (§ 168 S. 2 StPO) und im gerichtlichen Bußgeldverfahren (§ 78 Abs. 5 OWiG) eine Möglichkeit vor, auf seine Mitwirkung zu verzichten. Nicht erforderlich ist, dass es sich im Verlauf einer Hauptverhandlung stets um den gleichen Protokollführer handelt.

---

8   Zwischen 5 DM und 1.000 DM, Art. 6 EGStGB.
9   Falls ein Ergänzungsschöffe zur Verfügung steht, ist dieser zunächst einzusetzen, § 48 Abs. 2 GVG.
10 Zum Zuweisungsverfahren Katholnigg § 49 GVG Rdnr. 4 ff.
11 Kl./Meyer-Goßner § 56 GVG Rdnr. 3.

III. Hauptverhandlung

Der (regelmäßige) Gang einer Hauptverhandlung ist in § 243 StPO vorgeschrieben. Aus Zweckmäßigkeitsgründen kann davon abgewichen werden, wenn die Prozessbeteiligten nicht widersprechen[1]. Wird dem Angeklagten eine Mehrzahl selbstständiger Taten vorgeworfen, darf die Hauptverhandlung – auch ohne Zustimmung der übrigen Beteiligten – auch abschnittsweise entsprechend den Anklagepunkten strukturiert werden (»Punktesache«)[2], wobei dann Punkt für Punkt die Beweisaufnahme durchgeführt wird[3].

1. Aufruf

Die Hauptverhandlung beginnt mit dem *Aufruf der Sache* (§ 243 Abs. 1 S. 1 StPO), den der Vorsitzende anzuordnen hat oder selbst vornimmt.

Nach dem Aufruf, spätestens jedoch vor der Vernehmung des Angeklagten zur Sache[4] ist die Gerichtsbesetzung mitzuteilen, wenn in erster Instanz vor dem Landgericht oder dem Oberlandesgericht verhandelt wird (§ 222a StPO).

2. Präsenzfeststellung

Die *Präsenzfeststellung* dient der Klärung, ob die Personen, deren Anwesenheit erforderlich ist oder die erwartet werden, auch erschienen sind, ob bei deren Ausbleiben eine Hauptverhandlung gleichwohl durchgeführt werden kann und ob gegen die ausgebliebene Person Säumnisfolgen oder Zwangsmittel anzuordnen sind. Daneben prüft der Vorsitzende, ob die sächlichen Beweismittel zur Verfügung stehen oder noch herbeigeschafft werden müssen.

Stellt sich heraus, dass eine Person, deren Anwesenheit erforderlich ist, nicht erschienen ist, so muss das Gericht in der Regel[5] noch eine gewisse Zeit warten,

---

[1] BGH NStZ 1986, 371.
[2] Vergl. Kl./Meyer-Goßner § 243 Rdnr. 2.
[3] Die Anklageschrift wird allerdings auch in diesen Fällen zunächst zusammenhängend verlesen (KK-Treier § 243 Rdnr. 4), weil ansonsten der Inbegriff des gesamten Streitstoffs über die meiste Zeit der Beweisaufnahme nur den aktenkundigen Beteiligten bekannt wäre. Das hindert nicht, sie sodann zum Einstieg in die jeweiligen Einzelfallerörterungen erneut und nun Punkt für Punkt zu zitieren.
[4] BGH MDR 1980, 631.
[5] Ausnahme: Dem Gericht sind Umstände bekannt, die den sicheren Schluss zulassen, der Betreffende werde auch später nicht erscheinen.

III. Hauptverhandlung

bevor es daraus nachteilige Folgen ableitet[6]. Die Beachtung einer *Wartefrist* von mindestens 15 Minuten wird als allgemein erforderlich erachtet. Gibt es Anhaltspunkte für eine kalkulierbare Verspätung, mag es die Fürsorgepflicht gebieten, auch länger zuzuwarten. Das gilt umso mehr, als z.B. unerwartete Verkehrslagen (Wintereinbruch, Vollsperrung der Autobahn o.Ä.) es nahe legen, dass die Verspätung unverschuldet ist. Gegenüber sich verspätenden Verteidigern sollte das Gericht, sofern diese üblicherweise pünktlich sind, nicht zu kleinlich sein. Denn häufig genug müssen die Rechtsanwälte ihre Zeit auf Gerichtsfluren unnütz vertun, weil Gerichte im Terminsverzug sind. Handelt es sich um Einspruchsverfahren in Bußgeld- oder Strafbefehlssachen, ist es zuweilen für das Gericht zwar verlockend, baldmöglichst ein Verwerfungsurteil (§§ 412, 329 StPO, § 74 Abs. 2 S. 1 OWiG) gegen den nicht erschienenen Betroffenen oder Angeklagten zu verkünden. Soweit jedoch Umstände bekannt sind, die eine plötzliche unverschuldete Verhinderung oder Verspätung nahe legen, ist es geboten, die Ausgebliebenen nicht auf die Wiedereinsetzungsmöglichkeit (§§ 44, 45 StPO) zu verweisen, sondern den Termin aufzuheben bzw. eine größere Verspätung zu akzeptieren. Wird der Ausbleibende erst zu einem späteren Zeitpunkt benötigt (z.B. Zeugen, Dolmetscher, Sachverständiger zu begrenztem Fragenkreis), kann mit der Hauptverhandlung – unter Abwägung des Risikos, dass die Person auch später nicht mehr erscheinen wird – natürlich gleichwohl begonnen werden.

2.1. Ausbleiben des Angeklagten

Das Ausbleiben des Angeklagten dürfte der häufigste Grund dafür sein, dass Hauptverhandlungen ausfallen und damit Strafverfahren nicht erledigt werden können. Der dadurch entstehende Schaden ist kaum kalkulierbar. Denn er ließe sich im Grunde nur an dem bemessen, was die Justiz in der vergeblich verplanten Terminszeit sonst alles hätte verhandeln können. Im Grundsatz wird daher zu Recht immer wieder nach Möglichkeiten gesucht, Ausfällen und in ihrer Folge Nichterledigungen der Verfahren wirksam zu begegnen. Als erfolgreiches Instrument hat sich seit seiner Einführung 1993 insofern der Strafbefehl in der Hauptverhandlung (§ 408a StPO) erwiesen.

2.1.1. Bleibt der Angeklagte auch nach Ablauf einer angemessenen Wartezeit aus, sollte – falls nicht schon geschehen – die *Ordnungsmäßigkeit seiner Ladung* noch einmal überprüft werden. Dabei ist für die Folgeüberlegungen zu beachten, dass ein Verstoß gegen die Ladungsfrist (§ 217 Abs. 1 StPO) keine Auswirkung auf die Pflicht des Angeklagten hat, zum Termin zu erscheinen. Er berechtigt den Angeklagten nur, die Aussetzung zu verlangen (§ 217 Abs. 2 StPO). Weil es aber praktisch nicht sinnvoll und rechtlich aus Gründen der Verhältnismäßigkeit fragwürdig wäre, einen Angeklagten polizeilich vorführen oder verhaften zu lassen (§ 230 Abs. 2 StPO), nur damit dieser dann – nach erforderlicher Belehrung – die Aussetzung verlangt, sollten Zwangsmittel bei Nichteinhaltung der Ladungsfrist zumindest zurückhaltend gebraucht werden[7].

---

6   KK-Tolksdorf § 243 Rdnr. 16.
7   Vergl. KK-Tolksdorf § 217 Rdnr. 9.

2. Präsenzfeststellung

Waren der Verhandlung Verlegungsanträge des Angeklagten vorangegangen, muss überprüft werden, ob sie beschieden wurden und ihr Ergebnis (nämlich die Aufrechterhaltung des Termins) dem Angeklagten mitgeteilt worden ist. Anderenfalls stellt sich die Frage, ob zugunsten des Angeklagten von einem Vertrauenstatbestand auszugehen ist, der es verbietet, an das Nichterscheinen negative Folgen zu knüpfen.

Zu prüfen ist, ob *Entschuldigungsgründe* vorliegen. Entscheidend ist dabei, ob der Angeklagte *entschuldigt ist*, nicht aber, ob er Entschuldigungsgründe rechtzeitig und nachvollziehbar dargelegt hat. Das Ausbleiben des Angeklagten ist entschuldigt, wenn ihm bei Abwägung aller Umstände deswegen billigerweise kein Vorwurf gemacht werden kann[8]. Das notwendige Wissen um diese Umstände verschafft sich das Gericht nach pflichtgemäßem Ermessen im Wege des *Freibeweises*[9]. *Krankheit* entschuldigt, auch wenn keine Verhandlungsunfähigkeit gegeben ist, falls sie nach Art und Auswirkungen eine Beteiligung an der Hauptverhandlung unmöglich macht[10]. Zur Glaubhaftmachung kann ein privatärztliches Attest ohne weiteres ausreichen, wenn es inhaltlich aussagekräftig ist[11]. Ist es das nicht, so kann der Vorsitzende (am besten telefonisch) Kontakt mit dem Arzt aufnehmen und um Erläuterung bitten. Die ärztliche Schweigepflicht (§ 53 Abs. 1 Nr. 3 StPO) steht der Anfrage in keinem Fall entgegen, weil der Arzt selber wissen muss, ob er sich auf seine Schweigepflicht berufen will. Im Übrigen kann eine Entbindung von der Schweigepflicht auch konkludent erklärt werden[12], was in solchen Fällen, in denen sich der Angeklagte ja gerade auf den Arzt und damit auf dessen Wissen zu seiner Entschuldigung beruft, nahe liegt. Bleiben trotz der Anhaltspunkte Zweifel, so kann der Vorsitzende die Untersuchung durch den *Amtsärztlichen Dienst* (Gesundheitsamt) anordnen. Die Amtsärzte sind grundsätzlich darauf eingerichtet, auch unverzüglich tätig zu werden, um dem Gericht Klarheit zu verschaffen. Die *Regelung* privater oder beruflicher Angelegenheiten entschuldigt den Angeklagten nur, wenn sie unaufschiebbar[13] und von solcher Bedeutung sind, dass dem Angeklagten das Erscheinen billigerweise nicht zuzumuten ist[14].

2.1.2. Kommt ein *Verfahren trotz Ausbleibens* des Angeklagten (§ 232 StPO) in Betracht[15], so kann die Hauptverhandlung im Übrigen nach den allgemeinen Regeln stattfinden[16]. Das Gericht muss jedoch bei Vorliegen der Voraussetzungen des § 232 StPO nicht zwangsläufig verhandeln, sondern kann davon nach pflicht-

---

8 KK-Tolksdorf § 230 Rdnr. 10.
9 Vergl. KK-Ruß § 329 Rdnr. 9.
10 OLG Düsseldorf NStZ 1984, 331.
11 Das ist regelmäßig nicht der Fall bei bloßen Arbeitsunfähigkeitsbescheinigungen.
12 OLG Karlsruhe NStZ 1994, 141.
13 Die Unaufschiebbarkeit und die Unzumutbarkeit wird natürlich eher zugunsten des Angeklagten beurteilt werden müssen, wenn die Ladungsfrist nicht eingehalten worden ist, denn sie hat ja u.a. den Zweck, dem Angeklagten die Regelung seiner Angelegenheiten mit Blick auf den Termin zu ermöglichen.
14 Kl./Meyer-Goßner § 329 Rdnr. 28.
15 Was u.a. die entsprechenden Hinweise in der Terminsladung voraussetzt.
16 Vergl. Kl./Meyer-Goßner § 232 Rdnr. 14 ff.

III. Hauptverhandlung

gemäßem Ermessen absehen[17]. Infolgedessen stellt sich dann die Frage nach der Anordnung von Zwangsmitteln nach § 230 Abs. 2 StPO oder dem Erlass eines Strafbefehls nach § 408a StPO.

2.1.3. War der Angeklagte von der *Pflicht zum Erscheinen entbunden* (§ 233 StPO), ist sein Ausbleiben grundsätzlich nicht unentschuldigt. Der Entbindungsbeschluss kann jedoch widerrufen werden[18]. Dieser Widerruf führt zur Aussetzung der Hauptverhandlung und deren Neuterminierung. Bei der abermaligen Ladung ist der Angeklagte auf den Widerruf und die Folgen unentschuldigten Fernbleibens hinzuweisen.

2.1.4. In Verfahren nach *Einspruch gegen einen Strafbefehl* führt unentschuldigtes Ausbleiben des Angeklagten zur Verwerfung des Einspruchs (§§ 412 S. 1 i.V.m. 329 Abs. 1 S. 1 StPO), wenn der Angeklagte nicht durch einen erschienenen Verteidiger vertreten wird. Dieser Verteidiger muss mit schriftlicher Vertretungsvollmacht versehen (§§ 412 i.V.m. 411 Abs. 2, 39 Abs. 1 StPO) und zur Vertretung in der Sache bereit sein. Anderenfalls hindert sein Erscheinen die Verwerfung nicht. War das persönliche Erscheinen des Angeklagten angeordnet (§ 236 StPO), kann das Gericht ohne ihn (aber mit dem Verteidiger in Vertretungsvollmacht) verhandeln oder Maßnahmen ergreifen, um die Anwesenheit des Angeklagten zu erzwingen (§§ 412 S. 1 i.V.m. 329 Abs. 4 S. 1, 230 Abs. 2 StPO).

2.1.5. Im gerichtlichen *Bußgeldverfahren* ist der Betroffene zum Erscheinen in der Hauptverhandlung verpflichtet, falls das Gericht ihn nicht davon entpflichtet hat (§ 73 Abs. 1 und 2 OWiG)[19]. Bleibt der ordnungsgemäß geladene Betroffene der Hauptverhandlung fern, ohne von der Pflicht zum Erscheinen entbunden zu sein, so ist der Einspruch ohne Verhandlung zur Sache durch Urteil zu verwerfen (§ 74 Abs. 2 OWiG).

2.1.6. Im *beschleunigten Verfahren* (§ 417 StPO) stehen dem Gericht gegenüber dem unentschuldigt ausbleibenden Beschuldigten die Zwangsmittel des § 230 Abs. 2 StPO grundsätzlich zur Verfügung. Auch ein Haftbefehl kann daher erlassen werden[20]. Näher läge in solchen Fällen allerdings der Erlass eines Strafbefehls nach § 408a StPO, was allerdings dogmatisch nicht zulässig ist, denn § 408a StPO setzt einen Eröffnungsbeschluss voraus[21], an dem es im beschleunigten Verfahren[22] mangelt.

2.1.7. Unter den Voraussetzungen des *§ 408a StPO* kann zur Erledigung des Verfahrens bei unentschuldigtem Ausbleiben des Angeklagten ins *Strafbefehls-*

---

17 Z.B. weil die Sachaufklärung nur in Anwesenheit des Angeklagten sinnvoll erscheint, KK-Tolksdorf § 232 Rdnr. 1.
18 Etwa wenn das Strafmaß wider erstes Erwarten doch höher auszufallen droht.
19 Dazu eingehender im Zusammenhang unten S. 300.
20 Anders m.w.N. Kl./Meyer-Goßner § 212a Rdnr. 9. Die Haftanordnung kann zwar aus Gründen der Verhältnismäßigkeit z.B. bei geringfügigen Tatvorwürfen und sehr kurzer Ladungsfrist u.U. unverhältnismäßig sein, das ist aber kein Spezifikum des beschleunigten Verfahrens.
21 Vergl. Schellenberg NStZ 1994, 371.
22 In diesem Stadium, vergl. aber § 419 Abs. 3 S. 1 StPO, der zu einer späten Eröffnung zwingt und – obschon unter dem Titel »Verbrechensbekämpfungsgesetz« verabschiedet – an den Bedürfnissen der Rechtspraxis vollständig vorbei konstruiert ist.

verfahren übergegangen werden[23]. Bevor der Sitzungsvertreter der Staatsanwaltschaft einen Strafbefehlsantrag stellt, empfiehlt es sich für den Vorsitzenden, dessen möglichen Inhalt zu erörtern. Denn es wäre wenig hilfreich, einen Strafbefehl zu beantragen, den der Vorsitzende (nicht das Gericht, § 408 StPO) nicht erlassen möchte. An dieser Erörterung sollte der anwesende Verteidiger teilhaben. Falls dessen Vorstellungen, vor allem vom Strafmaß, in das Ergebnis einfließen, hat der Strafbefehl wesentlich größere Aussichten, rechtskräftig zu werden. Stellt der Staatsanwalt einen Strafbefehlsantrag nach § 408a StPO und will der Vorsitzende den Strafbefehl erlassen, ist das Verfahren unterbrochen, die Hauptverhandlung wird infolgedessen ausgesetzt. Der Vorsitzende erlässt (ohne Mitwirkung der Schöffen) den Strafbefehl, indem er ihn unterschreibt.

Die Verhängung einer *Freiheitsstrafe* bis zu einem Jahr, deren Vollstreckung zur Bewährung ausgesetzt wird, kann im Strafbefehlsverfahren nur stattfinden, wenn der Angeklagte verteidigt ist (§ 407 Abs. 2 Satz 2 StPO). Hat der ausgebliebene Angeklagte keinen Verteidiger, so bestellt ihm der Vorsitzende einen *Verteidiger* nach § 408b StPO. Bei der Auswahl muss der Angeklagte nicht gehört werden, wohl aber der in Betracht gezogene Rechtsanwalt, denn eine Verpflichtung gegen dessen Willen sollte – wie immer – unterbleiben. Der Rechtsanwalt kann auch nach der Aussetzung der Verhandlung bestellt werden. Spätestens mit dem Erlass des Strafbefehls nach § 408a StPO ist die Bestellung vorzunehmen.

2.1.8. Wenn das Verfahren nach alledem wegen des unentschuldigten Ausbleibens des Angeklagten nicht durchgeführt oder nicht auf andere Weise erledigt werden kann, muss[24] das Gericht (nicht allein der Vorsitzende) nach Anhörung der erschienenen Prozessbeteiligten (vor allem der Staatsanwaltschaft und ggf. des Verteidigers) die *Anordnung von Zwangsmitteln* nach § 230 Abs. 2 StPO prüfen. Das Gericht kann allerdings, etwa wenn vorgebrachte Entschuldigungsgründe noch überprüft werden sollen, die Entscheidung dem Vorsitzenden für einen späteren Zeitpunkt vorbehalten[25].

Aus Gründen der Verhältnismäßigkeit ist als weniger einschneidende Maßnahme die *Vorführungsanordnung* dem Erlass eines Haftbefehls grundsätzlich vorzuziehen. Andererseits ist die Vorführungsanordnung nur sinnvoll, wenn die Durchfüh-

---

23   Dazu eingehend Schellenberg NStZ 1994, 370 ff.
24   Das gilt auch bei Freispruchserwartung, KMR-Paulus § 230 Rdnr. 4. Ob hier allerdings – wenn nach h.M. schon im beschleunigten Verfahren Haft i.d.R. unzulässig ist – eine Haftanordnung jemals verhältnismäßig sein kann, bezweifle ich. M.E. kann in solchen Fällen häufig trotz Ausbleibens (§ 232 StPO) verhandelt und ein Verfahrensabschluss sogleich erreicht werden.
25   Kl./Meyer-Goßner § 230 Rdnr. 24 m.w.N. Der anders lautenden Meinung, wonach jedenfalls zu entscheiden und die Maßnahme nach später eintretenden besseren Erkenntnissen wieder aufzuheben sei (KMR-Paulus § 230 Rdnr. 22), halte ich entgegen, dass es bei § 230 Abs. 2 StPO nicht auf die Rechtzeitigkeit einer Entschuldigungserklärung, sondern um das sachliche Vorliegen von Entschuldigungsgründen geht. Gibt es vernünftige Anhaltspunkte für das Bestehen solcher Gründe, sollen diese aber noch verifiziert werden, wäre das Gericht doch im Zweifel redlicherweise sogar gehindert, die Zwangsmaßnahmen anzuordnen. Warum »unklärbare Zweifel« (KMR-Paulus a.a.O. Rdnr. 20) Zwangsmaßnahmen nach § 230 Abs. 2 StPO hindern sollen, klärbare aber nicht, ist nicht recht einzusehen, zumal die Frage der ›Klärbarkeit‹ in der Kürze der Zeit – was klar sein dürfte – oft nicht klar zu klären ist.

III. Hauptverhandlung

rung der Hauptverhandlung damit auch erreicht werden kann[26]. Damit scheiden Vorführungsanordnungen in der Regel aus, wenn tatsächliche Gründen nahe legen, dass der Angeklagte ohnehin zum beabsichtigten Zugriffszeitpunkt nicht aufgegriffen werden kann, z.B. wegen unklaren Aufenthalts. Wird die Vorführung (durch Gerichtsbeschluss) angeordnet, stellt sich die Frage, ob sie sofort vollstreckt werden soll oder erst zu einem neu anzuberaumenden Termin. Dazu sind die Erfolgsaussichten, der voraussichtliche Zeitbedarf für die Vollstreckung und die dem Gericht zur Verfügung stehende Terminszeit maßgeblich. Soll zu einem neuen Termin vorgeführt werden, ist die Hauptverhandlung mit diesem Ziel auszusetzen und der neue Termin zu bestimmen. Die Vorführungsanordnung kann zeitlich konkretisiert werden. So empfiehlt es sich etwa bei Berufstätigen, mit der Vollstreckung am frühen Morgen des neuen Verhandlungstags zu beginnen (und die Vollstreckungsbeamten insofern anzuweisen), um die Erfolgsaussichten zu erhöhen. Auch ein Vollstreckungsbeginn am Vortag[27] kann zulässig sein, wenn nur das verhindert, dass sich der Angeklagte der Vorführung entzieht[28]. Der Vorführungsbefehl rechtfertigt grundsätzlich auch notwendige weitere Zwangseingriffe wie etwa das Aufbrechen der Wohnungstür des Angeklagten[29], das Betreten und Durchsuchen dieser Wohnung, erforderlichenfalls auch seine Fesselung. Der schriftliche Vorführungsbefehl sollte Personalien des Angeklagten, die ihm zur Last gelegte Tat, den Grund der Anordnung, Zeit und Ort der Vorführung und u.U. Vollstreckungsmodalitäten beinhalten[30]. Ausnahmsweise ist eine fernmündliche Vorführungsanordnung durch den Vorsitzenden dann zulässig, wenn anders das Ziel nicht zu erreichen ist, also vor allem bei der Anordnung sofortiger Vorführung[31].

Der Erlass eines *Haftbefehls* nach § 230 Abs. 2 StPO setzt weder dringenden Tatverdacht noch einen Haftgrund i.S. von §§ 112f StPO voraus, sondern folgt allein aus dem unentschuldigten Fernbleiben trotz ordnungsgemäßer Ladung. Das Gericht beschließt seinen Erlass, ohne ihn konkret formulieren zu müssen. Dies kann dem Vorsitzenden überlassen werden. Zu unterschreiben ist der eigentliche Haftbefehl (dann außerhalb der Hauptverhandlung) von den Berufsrichtern. Ist absehbar, dass der Angeklagte aufgrund gezielter Fahndungsmaßnahmen mit einiger Gewissheit innerhalb absehbarer Zeit verhaftet werden kann, so empfiehlt es sich, sofort oder alsbald einen neuen Termin anzuberaumen und – aus Gründen der Verhältnismäßigkeit[32] – anzuordnen, dass der Haftbefehl erst kurz (etwa wenige Tage[33]) vor dem Termin vollstreckt wird. Dadurch werden unverhältnismäßig lange Haftzeiten vermieden. Lässt die Sachlage das nicht zu, muss die Hauptverhandlung auf unabsehbare Zeit ausgesetzt und nach dem Angeklagten allgemein gefahndet werden[34].

---

26 OLG Düsseldorf NStZ 1990, 296.
27 Frühestens, § 136 S. 2 StPO gilt entsprechend, KMR-Paulus Rdnr. 25.
28 Kl./Meyer-Goßner zu § 135 Rdnr. 4.
29 BGH NStZ 1981, 22.
30 KMR-Paulus § 230 Rdnr. 24.
31 KMR-Paulus § 230 Rdnr. 23.
32 OLG Düsseldorf NStZ 1990, 296.
33 Das eröffnet dem Gericht noch eine gewisse Zeitspanne und Reaktionsmöglichkeit, falls die geplante Verhaftung scheitert.
34 In der Regel: Ausschreibung zur Festnahme, Suchvermerk zum Bundeszentralregister, vergl. ferner Nr. 40 RiStBV.

2. Präsenzfeststellung

Vorführungs- und Haftbefehl sind gerichtliche Entscheidungen, die der *Vollstreckung* bedürfen, können also zu diesem Zweck der Staatsanwaltschaft übergeben werden (§ 36 Abs. 2 StPO). Es dürften allerdings keine Bedenken bestehen, wenn der Vorsitzende aus Gründen der Praktikabilität die Vollstreckung selbst einleitet, in beiden Fällen wird letztlich die Polizei mit konkreten Vollstreckungs- oder Fahndungsmaßnahmen beauftragt.

In dem Moment, in dem der Angeklagte in der Sitzung vorgeführt wird, ist die Vorführungsanordnung gegenstandslos[35]. Will sich der Angeklagte gleichwohl wieder entfernen, kann der Vorsitzende das nach § 231 Abs. 1 S. 2 StPO unterbinden. Der Haftbefehl nach § 230 StPO wirkt dagegen bis zum Schluss der Hauptverhandlung, auch wenn diese mehrere Tage lang dauert[36], danach ist auch er ohne weiteres gegenstandslos.[37]

2.1.9. Verteidiger wissen es naheliegenderweise meist besser als das Gericht, ob mit dem Erscheinen des Angeklagten ernsthaft zu rechnen ist oder nicht. Sie selbst haben oft[38] kein Interesse an Terminen, zu deren Durchführung sie sich zu Gericht begeben, ohne dass diese dann auch stattfinden. Handelt es sich bei dem Mandanten um eine eher unzuverlässige Person, wird der Verteidiger wohl von sich aus versuchen, ihn zum Erscheinen zu bewegen. Der Hinweis auf die wenigen, aber einschneidenden Zwangsmaßnahmen, die dem Gericht in diesem Fall zur Verfügung stehen (§ 230 StPO), kann dabei sehr hilfreich sein.

Erscheint der Angeklagte nicht, begnügen sich die Verteidiger zu häufig damit, zur Kenntnis zu nehmen, was das Gericht nunmehr beschließt. Denn eigentlich gilt es für sie jetzt, vergleichsweise schwer wiegende Maßnahmen (*Vorführung* oder gar einen *Haftbefehl*, § 230 Abs. 2 StPO) zu verhindern. Das ist in jedem Fall eine wichtige Aufgabe. Ansatzpunkte gibt es dabei einige. Oft steht nicht mehr als Routine dahinter, wenn der Vorsitzende angesichts der leeren Anklagebank feststellt, die Ladung sei ordnungsgemäß zugestellt worden, *Entschuldigungsgründe* lägen keine vor. Der Verteidiger sollte ggf. sofortige Akteneinsicht erbitten, um die Ordnungsmäßigkeit der Ladung selbst zu überprüfen. Mitunter ergeben sich Anhaltspunkte für das Gegenteil aus den Akten. Zumindest kann der Verteidiger, wenn er selbst über entsprechende Informationen verfügt, bei dem Gericht Zweifel wecken, indem er sein Wissen mitteilt. So kann eine Ladung zwar durch Ersatzzustellung bewirkt werden (§§ 181 ff. ZPO). Oft ist aber z.B. fraglich, ob der Angeklagte am Ort der Ersatzzustellung tatsächlich eine Wohnung hatte. Das ist bei Meldeanschriften nicht zwangsläufig der Fall. Auch längere Zeit nicht benutzter Wohnraum[39] fällt nicht darunter. Der Verteidiger weiß

---

35 Kl./Meyer-Goßner § 230 Rdnr. 20.
36 Kl./Meyer-Goßner § 230 Rdnr. 23, wobei die abweichende Auffassung von Rupp, NStZ 1990, 577, es wirke § 230 StPO stets nur für einen Verhandlungstag, immerhin zuzugeben ist, dass in Fällen weitergehenden Bedarfs der Erlass eines Haftbefehls gem. § 112 Abs. 2 Ziff. 2 StPO vielleicht näher liegt.
37 Er bedarf daher auch am Sitzungsschluss nicht der Aufhebung, wenngleich diese zur Klarstellung sinnvoll sein kann.
38 Es sei denn, die Verteidigungsstrategie ist auf Zeitgewinn angelegt.
39 Z.B. wegen Verbüßung von Strafhaft oder länger dauernder Auslandsaufenthalte etc., vergl. Kl./Meyer-Goßner § 37 Rdnr. 8 ff.

III. Hauptverhandlung

manchmal auch um besondere persönliche oder familiäre Umstände, die das Erscheinen des Angeklagten möglicherweise verhindert haben. Diese Hintergründe muss er dem Gericht offenbaren und notfalls deutlich machen, dass für Ungehorsamsfolgen nicht entscheidend ist, ob der Angeklagte Entschuldigungsgründe überhaupt oder gar nachvollziehbar dargelegt hat, sondern allein, ob er entschuldigt ist. Kann der Verteidiger hierzu plausible entlastende Möglichkeiten aufzeigen, wird das Gericht Schwierigkeiten haben, gleichwohl eine Zwangsmaßnahme sogleich zu ergreifen. Stattdessen bietet es sich in solcher Situation an, die Entscheidung über Zwangsmaßnahmen vorzubehalten, bis binnen einer zugleich zu bestimmenden Frist Entschuldigungserklärungen des Angeklagten, Atteste oder Bescheinigungen eingegangen sind. Lässt sich das Gericht darauf ein, muss der Verteidiger seinerseits den Angeklagten dazu bewegen, im eigenen Interesse das Erforderliche zu veranlassen oder nachzubessern.

Im Übrigen kann trotz – manchmal auch wegen – der Abwesenheit des Angeklagten auch ein *Meinungsaustausch* darüber stattfinden, ob und auf welche Weise das Verfahren ohne Urteil, etwa durch Einstellung gem. §§ 153 ff. StPO oder durch Strafbefehl (§ 408a StPO) beendet werden kann. Der Verteidiger muss sich bewusst sein, dass Staatsanwalt und Gericht bei den zunehmenden Arbeitspensen der Justiz jeder verlorenen Verhandlungsstunde nachtrauern. Das kann die Bereitschaft der Amtsjuristen zu einer konsensualen Erledigung deutlich erhöhen.

Ordnet das Gericht Zwangsmaßnahmen nach § 230 Abs. 2 StPO an, gerät der Verteidiger oft in einen *Interessenkonflikt*. Ein möglicherweise bestehender Wunsch, den Angeklagten zu warnen, begegnet dem Risiko, sich wegen Strafvereitelung (§ 258 StGB) strafbar zu machen. Andererseits dürfte es keinen Bedenken begegnen, wenn der Verteidiger dem Angeklagten bei nächster Gelegenheit empfiehlt, sich nachträglich zu entschuldigen oder notfalls angesichts eines Haftbefehls auch dem Gericht zu stellen, um eine Lösung außerhalb der Vollstreckung (Aufhebung, Außervollzugsetzung) anzustreben. Schließlich kann der Verteidiger oder der Angeklagte gegen die Anordnung einer Zwangsmaßnahme nach § 230 Abs. 2 StPO jederzeit Beschwerde einlegen.

2.2. Ausbleiben des Verteidigers

Weil die Strafprozessordnung grundsätzlich auch Verfahren ohne Mitwirkung eines Verteidigers zulässt, kann das *Ausbleiben eines Verteidigers* unterschiedliche Folgen für das Verfahren haben. Auch und vielleicht gerade Rechtsanwälten, deren Tagesablauf im Wesentlichen von Gerichtsterminen bestimmt wird, sollten die Gerichte bei Verspätungen nicht unnötig kleinlich begegnen. Oft genügt angesichts augenscheinlicher Verspätung des Verteidigers eine telefonische Nachfrage in seinem Büro zur Beurteilung der Frage, ob und ggf. innerhalb welcher Frist noch mit ihm zu rechnen ist. Gelegentlich können auch Angeklagte dazu Auskunft geben, vor allem dann, wenn sie bereits wissen, dass der Verteidiger (etwa aus Kostengründen) nicht erscheinen wird[40].

---

[40] Wobei die Vorsitzenden in solchen Fällen den Verteidigern für eine entsprechende Nachricht vor Terminsbeginn durchaus auch verbunden sind.

In jedem Fall muss der Verteidiger ordnungsgemäß geladen sein. Die Nichteinhaltung der Ladungsfrist (§§ 218 S. 2, 217 Abs. 2 StPO) berechtigt den Angeklagten, wenn der Verteidiger nicht erschienen ist, seinerseits die Aussetzung der Verhandlung zu verlangen[41]. Darüber ist der Angeklagte zu belehren[42].

2.2.1. Grundsätzlich schadet das Ausbleiben des Verteidigers nicht, wenn *kein Fall notwendiger Verteidigung* (§ 140 StPO) vorliegt (§ 228 Abs. 2 StPO). Gleichwohl gebietet es die Fürsorge für den Angeklagten u.U., wegen Nichterscheinens des Verteidigers die Verhandlung auszusetzen[43], etwa dann, wenn sich der Angeklagte verständigerweise auf die Mitwirkung des Verteidigers verlassen konnte und nun außerstande ist, insofern unvorbereitet seine Verteidigung selbst zu führen[44]. Darüber hat das Gericht von Amts wegen und auf Antrag des Angeklagten zu befinden (s.a. § 265 Abs. 4 StPO). Ob das Ausbleiben des Verteidigers entschuldigt ist oder nicht, spielt insoweit keine Rolle.

2.2.2. Im Fall *notwendiger Verteidigung* kann eine Hauptverhandlung nicht ohne Verteidiger stattfinden.

Bleibt er aus, entfernt er sich zur Unzeit oder weigert er sich, die Verteidigung zu führen, so soll der Vorsitzende sogleich einen anderen Verteidiger bestellen (§ 145 Abs. 1 StPO). Diese Regelung hat allerdings kaum praktische Bedeutung. Zum einen wird meist kein anderer Verteidiger sofort zur Verfügung stehen. Zum anderen würde ein zur Verfügung stehender Verteidiger zur sachgerechten Verteidigung eine gewisse Vorbereitung benötigen, die ihn zur Stellung eines unabweisbaren Aussetzungsantrags (§ 145 Abs. 3 StPO) veranlassen würde. Hier wird also normalerweise die Aussetzung durch das Gericht zu beschließen sein (§ 145 Abs. 1 S. 2 StPO). Das Gleiche gilt, wenn die Notwendigkeit der Beteiligung eines Verteidigers sich erst später ergibt (§§ 145 Abs. 2 i.V.m. 141 Abs. 2 StPO).

Wird im Fall notwendiger Verteidigung eine Aussetzung erforderlich, weil der (Wahl- oder Pflicht-)Verteidiger *schuldhaft ausbleibt*[45], so hat das Gericht (nicht allein der Vorsitzende) ihm durch Beschluss (dem Grunde nach, nicht zur Höhe) die hierdurch verursachten Kosten aufzuerlegen (§ 145 Abs. 4 StPO). Handelt es sich um einen Wahlverteidiger, so setzt dies allerdings voraus, dass sich die Notwendigkeit der Verteidigung zwingend aus ihm bekannten Umständen ergibt. In den Fällen des § 140 Abs. 1 StPO wird dieses Wissen in der Regel durch Anklageschrift oder Eröffnungsbeschluss vermittelt. In den Fällen des § 140 Abs. 2 StPO, der eine Ermessensentscheidung des Vorsitzenden auslöst, bedarf es des konkreten Wissens um die Notwendigkeit der Verteidigung, etwa in Gestalt eines Hinweises des Vorsitzenden[46]. Weigert sich der erschienene Verteidiger, die Verteidigung zu führen oder fortzusetzen, treffen ihn im Fall notwendiger Verteidigung die gleichen Folgen, wenn er die Notwendigkeit kennt.

---

41 OLG Celle NJW 1974, 1258.
42 Kl./Meyer-Goßner § 218 Rdnr. 13.
43 Kl./Meyer-Goßner § 228 Rdnr. 10.
44 Vergl. Kl./Meyer-Goßner § 265 Rdnr. 43 m.w.N.
45 Oder einen der anderen Gründe des § 145 Abs. 1 StPO schuldhaft herbeiführt. Andere Gründe, die in seinem Verhalten liegen und zur Aussetzung führen, sind insoweit ohne Bedeutung.
46 Vergl. Kl./Meyer-Goßner § 145 Rdnr. 19.

III. Hauptverhandlung

Kann die Hauptverhandlung nicht ohne Verteidiger begonnen oder fortgeführt werden, beschließt das Gericht die Aussetzung der Verhandlung. Der Vorsitzende wird – außerhalb der Hauptverhandlung – einen Pflichtverteidiger nach § 141 StPO beiordnen.

2.2.3. Beantragt der erschienene Wahlverteidiger, als *Pflichtverteidiger* beigeordnet zu werden, so kann ein solcher Beschluss, wenn die materiellen Voraussetzungen der notwendigen Verteidigung vorliegen, nach Anhörung des Sitzungsvertreters der Staatsanwaltschaft *durch den Vorsitzenden* auch noch im Verlauf der Verhandlung ergehen. In der Regel wird durch Stellung dieses Antrags das Wahlmandat für den Fall der Beiordnung (zumindest konkludent) niedergelegt. Das wirtschaftliche Unvermögen, einen Wahlverteidiger (weiterhin) zu bezahlen, ist nicht Voraussetzung der Beiordnung eines Pflichtverteidigers[47]. Weist der Vorsitzende den Beiordnungsantrag zurück, steht dem Angeklagten dagegen die Beschwerde zu[48], die den Fortgang der Hauptverhandlung jedoch grundsätzlich nicht hindert (arg. e § 307 Abs. 1 StPO).

2.2.4. Erscheinen im Termin mehrere Verteidiger, so muss der Vorsitzende die *Mandatsverhältnisse* klären, insbesondere das Verbot der Mehrfachverteidigung (§ 146 StPO) ggf. beachten und durchsetzen.

Sofern als Wahlverteidiger eine Person erscheint, die weder ein Rechtsanwalt noch ein Hochschullehrer (§ 138 StPO) und auch kein Referendar unter den Voraussetzungen des § 139 StPO ist, kann das Gericht (nicht allein der Vorsitzende) sie nach § 138 Abs. 2 StPO zulassen[49]. Ein angeklagter Rechtsanwalt oder Rechtslehrer an einer deutschen Hochschule darf sich zwar, wie jedermann, selbst verteidigen, nicht aber sich selbst zum Verteidiger bestellen oder als Verteidiger zugelassen werden[50], bedarf daher im Fall notwendiger Verteidigung einer weiteren Person als Verteidiger.

2.3. Ausbleiben von Zeugen

Neben dem Ausbleiben von Angeklagten ist das *Ausbleiben von Zeugen* in einem beträchtlichen Ausmaß Ursache für die Undurchführbarkeit anberaumter Hauptverhandlungen.

Auch auf Zeugen ist eine vertretbare Zeit zu warten. Mindestens 15 Minuten Wartezeit ist die Regel. Die Wartezeit kann zu dem Versuch genutzt werden, den

---

47 EGMR EuGRZ 1992, 542.
48 Kl./Meyer-Goßner § 141 Rdnr. 10. Die gegenteilige Auffassung, wonach eine Beschwerde gem. § 305 StPO ausgeschlossen und allenfalls ein Antrag nach § 238 Abs. 2 StPO zulässig sei, halte ich nach dem Regelungszweck des § 305 StPO für nicht zutreffend, weil die Beiordnung oder Nichtbeiordnung eines Verteidigers Wirkungen erzeugt, die für das gesamte Verfahren, also nicht nur für die eigentliche Entscheidung, erhebliche Auswirkungen haben. Sie führt allerdings für die Bedürfnisse der Hauptverhandlung meist jedenfalls insofern zu keinem anderen Ergebnis, als auch danach der Verfahrensfortgang nicht gehindert wird.
49 Hierzu dürften z.B. Rechtsbeistände, die nach § 209 BRAO Mitglieder der Anwaltskammer sind, BGHSt 32, 329, ausländische Rechtsanwälte und Angehörige der steuerberatenden Berufe zählen.
50 Kl./Meyer-Goßner § 138 Rdnr. 6.

2. Präsenzfeststellung

betreffenden Zeugen telefonisch an den Termin zu erinnern, wenn ein Versehen wahrscheinlich ist, wie etwa bei Polizeibeamten oder Zeugen, die Angehörige verfahrensbeteiligter oder -interessierter Behörden sind.

Das Nichterscheinen eines Zeugen hindert die Durchführung einer Hauptverhandlung verfahrensrechtlich nicht. Denn das Verfahrensrecht zwingt grundsätzlich[51] nur zur Vernehmung derjenigen vom Gericht vorgeladenen Zeugen, die auch erschienen sind (§ 245 Abs. 1 S. 1 StPO). Es stellt sich mithin die Frage, ob die Hauptverhandlung auch ohne den Zeugen zu einem sinnvollen Ergebnis gebracht werden kann oder ob die Anordnung sofortiger polizeilicher Vorführung Erfolg verspricht. Handelt es sich um Zeugen, die zu weniger wichtigen Fragen gehört werden sollen oder zu Bereichen, für die auch andere Beweismittel zur Verfügung stehen, wird ihre Mitwirkung eher entbehrlich erscheinen. Das Gleiche gilt, wenn die Zeugen zu Taten oder Tatkomplexen gehört werden sollen, die voraussichtlich nach § 154 Abs. 2 StPO oder nach § 154a Abs. 2 StPO behandelt werden können. Erscheint ohnehin eine Einstellung des Verfahrens nach §§ 153 Abs. 2 oder 153a Abs. 2 StPO wahrscheinlich, gilt das Gleiche. Handelt es sich um Belastungszeugen, kann eine Rückfrage bei Angeklagtem oder Verteidiger ergeben, dass die in ihr Zeugnis zu stellenden Umstände ohnehin eingeräumt werden. Umgekehrt kann Rücksprache mit dem Sitzungsvertreter der Staatsanwaltschaft die Bereitschaft ergeben, nahe liegende entlastende Umstände als wahr zu unterstellen. Erst wenn daher unter Ausschöpfung aller Erkenntnisquellen feststeht, dass ein nicht erschienener Zeuge unentbehrlich ist, muss das Gericht über die Vorführung des Zeugen, die Unterbrechung der Hauptverhandlung oder ihre Aussetzung entscheiden.

2.3.1. Unabhängig davon, ob das Ausbleiben eines Zeugen den Gang der Hauptverhandlung hindert oder nicht, sind gegen den Zeugen *Ordnungsmittel* zu verhängen, wenn der Zeuge schuldfähig ist[52], ordnungsgemäß geladen war und sein Ausbleiben nicht genügend und rechtzeitig entschuldigt ist (§ 51 Abs. 1 S. 1, Abs. 2 S. 1 StPO).

Da für Zeugenladungen weder Frist- noch Formvorschriften bestehen, können sie kurzfristig mit allen Mitteln, also z.B. auch mit formlosem Brief, Telefax, fernmündlich, u.U. auch über Dritte, geladen werden. Die Verhängung von Ordnungsmitteln ist in solchen Fällen nur möglich, wenn das Gericht aufgrund aller ihm bekannter Umstände (Freibeweis) der Überzeugung ist, dass dem Zeugen die *Ladung zugegangen* ist. Dann bedarf es bei Nichterscheinen keines förmlichen Nachweises des Ladungszugangs. Bei der Ladung durch formlosen Brief unter einer Privatanschrift, an deren Richtigkeit kein Zweifel besteht, kann das Gericht vom Zugang der Ladung daher beispielsweise ohne weiteres ausgehen, wenn innerhalb der üblichen Postlaufzeiten kein Rückbrief (als unzustellbar etc.) zu den Akten gelangt ist. Die Verhängung von Ordnungsmitteln setzt voraus, dass die Zeugen auf die gesetzlichen *Folgen* des (nicht rechtzeitig und genügend entschuldigten) Ausblei-

---

51 Allerdings können die Verfahrensbeteiligten auf die Vernehmung erschienener Zeugen durchaus verzichten.
52 Kl./Meyer-Goßner § 51 Rdnr. 15.

III. Hauptverhandlung

bens *hingewiesen* wurden (§ 48 StPO). Der Hinweis wird insbesondere bei mündlichen oder fernmündlichen Ladungen gelegentlich versäumt.

Eine Entschuldigung muss *rechtzeitig* vorgebracht werden. Das ist der Fall, wenn sie so frühzeitig eingeht, dass eine Verlegung des Termins und eine Abbestellung der Geladenen noch möglich ist[53]. Nach Aufruf der Sache ist die Rechtzeitigkeit daher nur noch dann problematisch, wenn ein (möglicher) Grund für das Ausbleiben kurzfristig bekannt wird. Das ist allerdings häufig der Fall, da besonders die aussageunwilligen Zeugen oft buchstäblich bis zur letzten Minute warten, bevor sie Entschuldigungen – wenn überhaupt – vorbringen. Erscheinen die Gründe allerdings genügend, sollte ein Ordnungsmittel jedenfalls dann nicht verhängt werden, wenn der Zeuge nachvollziehbarerweise sich nicht eher entschuldigen konnte[54], etwa nach plötzlicher Erkrankung, Unfall o.Ä., auch wenn die Hauptverhandlung nicht mehr verlegt werden konnte. Denn nach § 51 Abs. 2 S. 3 StPO müsste die Anordnung des Ordnungsmittels unter diesen Umständen sofort wieder aufgehoben werden.

Die Entschuldigung muss *genügend* sein, wobei es nicht auf ihre Darlegung, sondern nur darauf ankommt, ob der Zeuge tatsächlich verhindert ist. Auch darüber entscheidet das Gericht im Wege des Freibeweises. Ob ein genügender Grund vorliegt, kann das Gericht auch von sich aus versuchen zu ermitteln, etwa durch Einschaltung des amtsärztlichen Dienstes, der die Reisefähigkeit und Aussagetüchtigkeit eines Zeugen erforderlichenfalls schnell zu untersuchen in der Lage ist. Die oft vorgelegten Arbeitsunfähigkeitsbescheinigungen reichen in der Regel nicht aus, weil sie über die Umstände, die dem Erscheinen bei Gericht und der Aussage entgegenstehen, kein Zeugnis abgeben. Privatärztliche Atteste können, wenn sie nicht hinreichend aussagekräftig sind, Anlass zu unmittelbaren Nachfragen bei den attestierenden Ärzten sein.[55]

Dass einem Zeugen ein Auskunfts- oder Zeugnisverweigerungsrecht (§§ 52, 53, 53a, 55 StPO) zusteht, ändert nichts an seiner Pflicht zu erscheinen, entschuldigt also sein Fernbleiben auch dann nicht, wenn er sich schon vorsorglich darauf berufen hat[56]. Das Gleiche gilt für lange Anreisewege und berufliche oder private Unbequemlichkeiten, zumal die Zeugen solche Gründe meist noch so rechtzeitig vorbringen können, dass sie nicht erst unmittelbar bei Verhandlungsbeginn zutage treten.

Zwingende Folge jedes nicht rechtzeitig oder genügend entschuldigten Fernbleibens ist die Auferlegung der durch das Ausbleiben *entstandenen Kosten* (§ 51 Abs. 1 S. 1 StPO). Das Gericht (nicht allein der Vorsitzende) hat die Kostengrundentscheidung von Amts wegen zu fällen[57]. Es empfiehlt sich, beim Vorliegen ihrer Voraussetzungen stets die Kostenentscheidung (i.d.R. zusammen mit den Ordnungsmitteln) zu erlassen, auch wenn noch nicht feststeht, ob das Ausbleiben tatsächlich zu besonderen Kosten führen wird.

---

53 Kl./Meyer-Goßner § 51 Rdnr. 8.
54 Anders wohl Kl./Meyer-Goßner § 51 Rdnr. 8 f.
55 Vergl. ergänzend vorn S. 69.
56 Kl./Meyer-Goßner § 51 Rdnr. 12 a.E.
57 Für das Betragsverfahren siehe § 464b StPO.

2. Präsenzfeststellung

Liegen die Voraussetzungen ihrer Anordnung vor, so hat das Gericht (nicht allein der Vorsitzende) auch *Ordnungsmittel zwingend* zu verhängen. Das Gesetz sieht keinen Ermessensspielraum und keine Ausnahmen vor[58].

Das Ordnungsgeld ist auf *mindestens 5 DM und höchstens 1.000 DM* zu bemessen (Art. 6 Abs. 1 EGStGB). Auf eine einigermaßen einheitliche Handhabung im Gerichtsbezirk wird dabei von der Praxis Wert gelegt. Andererseits lässt der genannte Rahmen durchaus individuelle Bemessungen zu und sollte, etwa im Hinblick auf den Verschuldensgrad oder auf den wirtschaftlichen Status eines säumigen Zeugen, auch ausgenützt werden[59].

(Nur) für den Fall, dass das Ordnungsgeld nicht beigetrieben werden kann, ist *Ordnungshaft zwischen einem Tag und sechs Wochen* Dauer (Art. 6 Abs. 2 EGStGB) anzuordnen. Obwohl die Anordnung nachgeholt werden kann (Art. 8 Abs. 1 EGStGB), ist es zulässig und empfehlenswert, die Ordnungshaft für den Nichterbringlichkeitsfall sogleich mit dem Ordnungsgeld festzusetzen. Auch dies beschließt das Gericht[60].

2.3.2. Ist die Mitwirkung des nicht erschienenen Zeugen erforderlich, ist seine *zwangsweise Vorführung* zulässig (§§ 51 Abs. 1 S. 2, 135 StPO), aber nicht zwingend vorgeschrieben. Über die Anordnung der Vorführung entscheidet das Gericht (nicht der Vorsitzende allein). Die Anordnung der Vorführung setzt die Besorgnis voraus, der Zeuge werde zu einem neuen Termin ebenfalls nicht erscheinen[61]. Sie kann daher unterbleiben oder später wieder aufgehoben werden, wenn hinreichender Grund zu der Annahme besteht, dass der Zeuge zum nächsten Termin erscheinen wird.

Die *Vorführungsanordnung* ist grundsätzlich *schriftlich* abzufassen. Sie muss den Zeugen ausreichend genau bezeichnen und den Grund der Vorführung sowie Vorführungsort und -zeit bezeichnen. Die Bitte, mit der Vollstreckung zu einem bestimmten, sehr frühen Zeitpunkt am Vorführungstag zu beginnen, kann die Erfolgsaussichten, vor allem bei berufstätigen Zeugen, erhöhen. Solche Modalitäten sind dann auch auf dem Vorführungsbefehl zu vermerken. *Notfalls* – und das dürfte bei Anordnung der sofortigen Vorführung aus laufender Hauptverhandlung die Regel sein – muss auch eine *telefonische Anordnung* des Vorsitzenden ausreichen. Die Vollstreckung ist Sache der Staatsanwaltschaft (§ 36 Abs. 2

---

[58] Das gilt auch für sog. Berufszeugen wie etwa Polizeibeamte, bei denen das Risiko des Terminsversäumnisses ungleich größer ist als bei den Bevölkerungsgruppen, deren Angehörige in ihrem ganzen Leben nur selten vorgeladen werden.

[59] Bei geringem Verschulden soll entsprechend §§ 153 StPO, 47 Abs. 2 OWiG sogar ganz von dem Ordnungsgeld abgesehen werden können, Kl./Meyer-Goßner § 51 Rdnr. 17. Ich halte diese Auffassung für falsch, eben weil das Gesetz keine Ausnahme von der Verhängung des Ordnungsgeldes vorsieht und zumal für eine entsprechende Anwendung der Einstellungsvorschriften vernünftigerweise wohl kaum ein Bedürfnis besteht: Man mag in Fällen geringsten Verschuldens das geringstmögliche Ordnungsgeld verhängen (5 DM werden insofern kaum noch unverhältnismäßig hoch sein).

[60] *Beispiel:* »Gegen den der heutigen Hauptverhandlung trotz ordnungsgemäßer Ladung unentschuldigt ferngebliebenen Zeugen X wird ein Ordnungsgeld in Höhe von ... DM, ersatzweise ... Tage Ordnungshaft, verhängt. Der Zeuge hat die durch sein Fernbleiben entstandenen Kosten zu tragen.«

[61] Kl./Meyer-Goßner § 51 Rdnr. 22.

III. Hauptverhandlung

StPO). Dies hindert den Vorsitzenden allerdings nicht, selbst die Vollstreckung zu organisieren, etwa durch Einschaltung der zuständigen Polizeistation. Bei dem Versuch sofortiger Vorführung dürfte das aus Beschleunigungsgründen ohnehin der gebotene Weg sein.

Der Vorführungsbefehl *berechtigt* die Polizei zum Betreten der Wohnung des Zeugen (nicht eines Dritten), zur Festnahme des Zeugen (auch minderjähriger[62]) und zur Anwendung unmittelbaren Zwangs, etwa zum Aufbrechen seiner Wohnungstür[63]. Die Vorführungsanordnung berechtigt ferner, den Zeugen längstens bis zum Ende des Tages, der dem Beginn der Vorführung folgt, festzuhalten (§ 135 S. 2 StPO), solange er noch als Zeuge benötigt wird.

2.4. Ausbleiben eines Sachverständigen

Wenn ein *Sachverständiger* trotz ordnungsgemäßer Ladung[64] nicht erscheint und sein Fernbleiben nicht rechtzeitig und genügend entschuldigt ist, hat ihm das Gericht (nicht allein der Vorsitzende) die dadurch verursachten Kosten aufzuerlegen und zugleich ein Ordnungsgeld (Art. 6 EGStGB: 5 – 1.000 DM) festzusetzen[65].

Zur Frage der Entschuldigung gelten die gleichen Erwägungen wie im Hinblick auf Zeugen. Im Gegensatz zum Zeugnisverweigerungsrecht lässt ein bestehendes Gutachtenverweigerungsrecht allerdings die Erscheinenspflicht entfallen (§ 77 Abs. 1 S. 1 StPO). Eine zwangsweise Vorführung des säumigen Sachverständigen ist nicht möglich. Das Gericht wird sich daher, falls auch zu einem neuen Termin nicht ernsthaft mit dem Erscheinen des Sachverständigen gerechnet werden kann, mit der Frage zu befassen haben, ob der unzuverlässige Sachverständige nicht sofort gem. § 76 Abs. 1 S. 2 StPO entbunden und ein anderer an seiner Stelle berufen wird[66].

2.5. Ausbleiben des Staatsanwalts

Ohne (ständig anwesenden) Vertreter der *Staatsanwaltschaft* findet eine Hauptverhandlung nicht statt (§ 226 StPO). Erscheint kein Sitzungsvertreter oder weigert sich der erschienene, an der Sitzung teilzunehmen (was gleichzusetzen ist), sollte der Vorsitzende die Gründe dafür festzustellen versuchen und notfalls über die Behördenleitung der Staatsanwaltschaft für eine ordnungsgemäße Verfahren-

---

62 Kl./Meyer-Goßner § 51 Rdnr. 20. Ich bezweifle allerdings die Richtigkeit der dort mitgeteilten Auffassung, wonach bei Kindern eine Vorführung in der Regel unverhältnismäßig und stattdessen eine kommissarische Vernehmung durchzuführen sei. Auch die kommissarische Vernehmung wäre ja nicht so vorzustellen, dass ein Richter ganz ungezwungen in einem Kinderzimmer auftaucht und ein Kind befragt. Denn abgesehen davon, dass die kommissarische Vernehmung gewisse gesetzliche Voraussetzungen hat, die bei Kindern nicht ohne weiteres selbstverständlich vorliegen (§ 223 Abs. 1 StPO), erfordert sie auch die Beachtung von Beteiligungsrechten (§ 224 StPO), was einer formlosen und kindgerechten Vernehmung jedenfalls Grenzen setzt. Vergl. auch Vierhaus NStZ 1994, 271 f.
63 Vergl. BGH NStZ 1981, 22.
64 Die frist- und formgebunden ist, aber jedenfalls zugegangen sein und den Hinweis auf die Folgen unentschuldigten Fernbleibens enthalten muss.
65 Die Verhängung von Ersatzordnungshaft ist nicht zulässig, KMR-Paulus § 77 Rdnr. 14.
66 Kl./Meyer-Goßner § 77 Rdnr. 10 a.E.

steilnahme sorgen. Ist gar kein Staatsanwalt erschienen, empfiehlt sich auch die Überprüfung, ob die Terminsnachricht an die Staatsanwaltschaft angeordnet und bewirkt worden ist.

Ordnungsmittel, Zwangsmaßnahmen oder Kostenentscheidungen sieht das Gesetz in diesem Zusammenhang nicht vor.

2.6. Ausbleiben des Dolmetschers

Bleibt der geladene *Dolmetscher* aus, ist die Durchführung der Hauptverhandlung gefährdet. In Betracht kommt die sofortige Beiziehung eines anderen, wenn dieser innerhalb vertretbarer Zeit im Gerichtssaal zur Verfügung stehen kann. Der Vorsitzende wird, schon um kostbare Terminszeit zu retten, ggf. auch durch persönliches Gespräch mit der betreffenden Person zu klären versuchen, ob nicht doch eine ausreichende Verständigung in deutscher Sprache möglich ist. Dabei darf nicht außer Acht gelassen werden, dass es vor Gericht regelmäßig nicht genügt, sich auf Deutsch einigermaßen fließend zu alltäglichen Inhalten äußern zu können. Der Betreffende muss vielmehr in der Lage sein, auch komplexe und abstrakte Zusammenhänge nicht nur passiv, sondern auch aktiv sprachlich zu bewältigen[67]. Das gilt über die sprachliche Fähigkeit, Verfahrensrechte aktiv wahrzunehmen, bis hin zu dem wichtigen Bereich der erforderlichen Rechtsbelehrungen. Im Zweifel muss die Entscheidung auf Beiziehung eines Dolmetschers lauten (§ 185 GVG, Art. 6 Abs. 3 Buchst. e EMRK). Ein »Verzicht« des Fremdsprachigen ist bedeutungslos[68].

Bei unentschuldigtem Ausbleiben des – form- und fristungebunden zu ladenden – Dolmetschers ist die Verhängung eines Ordnungsgeldes entsprechend § 77 StPO zwar erfahrungsgemäß verlockend, aber mangels gesetzlicher Grundlage nicht zulässig[69]. Auch eine Kostenüberwälzung entsprechend § 77 StPO scheidet damit aus[70].

Ist der Dolmetscher *erschienen*, sollte er u.U. noch ein Vorgespräch mit der betreffenden Person führen, um zu prüfen, ob eine einwandfreie sprachliche Ver-

---

67 Das ist auch in sehr geläufigen Themenbereichen häufig unerwartet schwer. Wer das nicht glauben mag, könnte z.B. als Deutscher mit Schul- und Urlaubskenntnissen im Englischen einmal versuchen, einen durchschnittlichen Verkehrsunfall mitsamt Straßenverlauf, Beschilderung, Geschwindigkeits- und Abstandsschätzungen, Witterungs- und Lichtverhältnissen auf Englisch in einer Qualität zu schildern, die er im Deutschen als selbstverständlich voraussetzen würde. Wahrscheinlich wird er scheitern.
68 Katholnigg § 185 GVG Rdnr. 4.
69 Kl./Meyer-Goßner § 185 GVG Rdnr. 7 m.w.N. Der anders lautenden Auffassung (OLG Koblenz VRS 47, 353) steht entgegen, dass die Verhängung von Ordnungs- oder Zwangsmitteln als staatliche Übelszufügung Strafcharakter hat, mithin einer unmittelbaren Eingriffsgrundlage bedarf und eine entsprechende Anwendung etwa des § 77 StPO eine unzulässige Analogie und ein Verstoß gegen das verfassungsrechtliche Gesetzlichkeitsprinzip (§ 1 StGB, Art. 103 Abs. 1 GG) wäre.
70 Anders wohl Kl./Meyer-Goßner § 185 GVG Rdnr. 7 a.E. Ob die Staatskasse die durch die Dolmetschersäumnis entstandenen (Mehr-)Kosten allerdings im Ergebnis tragen muss, scheint mir als Frage des Kostenfestsetzungs- bzw. des Rückgriffsrechts durchaus einer kritischen Überprüfung wert.

III. Hauptverhandlung

ständigung möglich ist[71]. In einigen Sprachräumen ist das, vor allem für regionale Dialekte und unter Beteiligung von Personen vergleichsweise geringen Bildungsstands, nicht selbstverständlich.

Im Rahmen der Präsenzfeststellung kann auch schon die Frage des Dolmetschereides geklärt werden. Dolmetscher haben (vor Beginn ihrer Tätigkeit in der Verhandlung) treue und gewissenhafte Übertragung zu schwören (§ 189 Abs. 1 S. 1 GVG) oder eine entsprechende Bekräftigung abzugeben (§ 189 Abs. 1 S. 2 GVG), und zwar bezogen auf eine bestimmte Sprache[72]. Ist ein Dolmetscher für eine bestimmte Sprache allgemein vereidigt, genügt es, wenn er sich darauf bezieht (§ 189 Abs. 2 GVG), sofern er in dieser Sprache dolmetschen soll[73]. Für eine andere Sprache ist auch er gem. § 189 Abs. 1 GVG zu vereidigen.

2.7. Ausbleiben des Nebenklägers

Das Ausbleiben des *Nebenklägers* oder seines Rechtsanwalts hindert die Durchführung der Hauptverhandlung nicht. Er ist zur Teilnahme nicht verpflichtet[74], sein persönliches Erscheinen kann nicht angeordnet und nur dann erzwungen werden, wenn der Nebenkläger zugleich als Zeuge (ordnungsgemäß) geladen war[75]. Ist der Nebenkläger nicht zugleich (unentbehrlicher) Zeuge, so kann die Hauptverhandlung also ungeachtet seines Ausbleibens stattfinden. Das Gericht ist allerdings nicht gehindert, aus Fürsorge gegenüber der mit der Nebenklage verbundenen Befugnis, persönliche Genugtuungsinteressen im Verfahren selbst zu verfolgen[76], die Hauptverhandlung auszusetzen, wenn das Ausbleiben des Nebenklägers rechtzeitig und genügend entschuldigt erscheint[77].

2.8. Ausbleiben weiterer Beteiligter

Erscheinen *sonstige Beteiligte* nicht (etwa der Beistand nach § 149 StPO, Einziehungsbeteiligte, § 432 Abs. 1 S. 1 StPO[78], Vertreter juristischer Personen oder Personenvereinigungen, Vertreter von Verwaltungsbehörden im Bußgeldverfahren gem. § 76 OWiG), kann die Hauptverhandlung ohne weiteres stattfinden.

---

71 Im weiteren Verlauf der Dolmetschertätigkeit kann der Vorsitzende im Übrigen selbst sehr wohl einen Eindruck von deren Qualität gewinnen, selbst wenn er die Fremdsprache überhaupt nicht kennt; zu den Anknüpfungsbefunden vergl. Adorno DRiZ 1993, 477.
72 Das kann bei schwachen Dolmetschern problematisch werden, wenn z.B. für Nordafrikaner das zur Verfügung stehende Arabisch nicht ausreicht und auf das Französische ausgewichen wird oder umgekehrt. Hier muss notfalls auch für zwei Sprachen vereidigt werden.
73 Das gilt auch außerhalb des Landgerichtsbezirks, in dem er allgemein vereidigt wurde.
74 RGSt 31, 37.
75 Kl./Meyer-Goßner § 397 Rdnr. 3.
76 BGHSt 28, 272.
77 Notwendige Folge davon wird allerdings sein, dass die Verfahrens-(Mehr-)Kosten zulasten der Staatskasse oder des Angeklagten (Verurteilten) gehen werden. Für die notwendigen Auslagen des Nebenklägers kann aus Billigkeitsgründen gem. § 472 Abs. 1 S. 2 StPO davon abgesehen werden, sie dem Angeklagten aufzuerlegen.
78 Ist das persönliche Erscheinen eines Einziehungsbeteiligten angeordnet worden, so kann im Fall des unentschuldigten Fernbleibens seine polizeiliche Vorführung angeordnet werden, wenn er auf dies Möglichkeit mit der Ladung hingewiesen worden ist, § 433 Abs. 2 StPO.

3. Fortführung der Hauptverhandlung

Wenn die Präsenzfeststellung ergeben hat, dass alle erforderlichen und zu diesem Zeitpunkt geladenen Beteiligten anwesend sind, kann die Hauptverhandlung fortgeführt werden.

3.1. Belehrung der Zeugen, Abtreten

Zeugen müssen nach der Vernehmung des Angeklagten (§ 244 Abs. 1 StPO) einzeln und in Abwesenheit der später zu hörenden Zeugen vernommen werden. Sie müssen den Sitzungssaal (einschließlich Zuhörerraum) daher nach der Präsenzfeststellung regelmäßig[79] wieder *verlassen* (§ 243 Abs. 2 S. 1 StPO). Sind Zeugen zeitlich gestaffelt geladen worden, kommt es gelegentlich vor, dass sie gleichwohl schon zu Verhandlungsbeginn anwesend sind, sich aber als Zeugen noch nicht zu erkennen geben und im Zuhörerraum Platz nehmen, während die Präsenz der anderen festgestellt wird. Im Zweifel sollte der Vorsitzende nachfragen, ob weitere Zeugen bereits anwesend sind.

Sind mehrere Zeugen anwesend, entspricht es überwiegender Praxis, sie gemeinsam über ihre *Pflichten als Zeugen zu belehren* (§ 57 S. 1 StPO). Solche Kollektivbelehrungen haben den prozessökonomischen Vorteil der Zeitersparnis. Sie erschöpfen sich allerdings häufig in Stereotypen, denn viele Richter verwenden jahrelang einen nahezu wortwörtlich gleichen Belehrungstext.

Der *Inhalt der Belehrung* ist in § 57 StPO beschrieben und sehr weitgehend. Soll er vollständig vermittelt werden, besteht die Gefahr der Unverständlichkeit und der Verunsicherung der Zeugen. Weil § 57 StPO nur eine Ordnungsvorschrift zugunsten der Zeugen darstellt und ein Verstoß nicht revisibel ist[80], sollte sich der Vorsitzende erforderlichenfalls durchaus auf das Wesentliche konzentrieren und Kürzungen vornehmen. Unabdingbar dürften Hinweise auf die Wahrheitspflicht und die Strafbarkeit einer eidlichen oder uneidlichen (auch fahrlässigen) Falschaussage und auf die Notwendigkeit sein, nicht nur wahrheitsgemäß, sondern auch vollständig auszusagen[81].

Dabei sollte der Vorsitzende sich bemühen, die Zeugen intellektuell zu erreichen, sie persönlich ansprechen und Formulierungen wählen, deren Sinn sich den Zeugen unmittelbar erschließt. Nicht sehr hilfreich ist es demgegenüber, halblaut und in möglichst großer Geschwindigkeit gegenüber Zeugen aller Herkunft und

---

[79] § 243 Abs. 2 S. 1 StPO ist nur eine Ordnungsvorschrift. Der Vorsitzende kann daher Ausnahmen zulassen. Die Anwesenheit eines Zeugen entgegen § 243 Abs. 2 S. 1 StPO hindert seine anschließende Vernehmung nicht (Kl./Meyer-Goßner § 243 Rdnr. 9), kann aber erhebliche – negative – Folgen für den Beweiswert seiner Angaben haben.

[80] Kl./Meyer-Goßner § 57 Rdnr. 6.

[81] Der gesetzlich vorgeschriebene Hinweis, dass die Zeugen ihre Angaben – von Ausnahmen abgesehen – zu beeiden hätten, entspricht zwar auch heute noch der Gesetzeslage, aber nicht mehr der Praxis, denn dort finden regelmäßig und mit guten Gründen (vergl. Schellenberg NStZ. 1993, 372) gerade keine Zeugenvereidigungen statt. Zeugen daher in jedem Fall und gar noch vor der Vernehmung, vergl. § 57 S. 2 StPO, über die – doch immerhin fragwürdige – Bedeutung des Eides und die Möglichkeit der Wahl zwischen Eid mit und ohne religiöser Beteuerung aufzuklären, wäre vertane Zeit.

III. Hauptverhandlung

Bildungsgrade einen Text herunter zu leiern, den niemand so recht versteht. Eine möglichst individuelle Belehrung erscheint daher vorzugswürdig, wobei auch und gerade der Beziehung des Zeugen zum Beweisthema und zu Verfahrensbeteiligten Rechnung getragen werden sollte[82]. Wenn dies in der Sammelbelehrung aller erschienenen Zeugen nicht darzustellen ist, sollte der Vorsitzende dazu übergehen, jeden Zeugen unmittelbar vor seiner Vernehmung individuell zu belehren. Auch Zeugen, die ihre Rechte und Pflichten kennen, etwa Polizeibeamte oder Juristen, sind zu belehren.

3.2. Abtreten weiterer Beteiligter

Den *Sitzungssaal* (und ggf. auch den Zuhörerraum) *verlassen* müssen ferner Erziehungsberechtigte und gesetzliche Vertreter sowie Rechtsanwälte als *Beistände* von Zeugen[83]. Der Ehegatte eines Angeklagten hat als Beistand (§ 149 StPO) das Recht, an der gesamten Hauptverhandlung teilzunehmen[84]. Soll er allerdings auch als Zeuge vernommen werden, so sollte er sich wie die anderen Zeugen zunächst entfernen. Wenn Personen den Sitzungssaal verlassen müssen, deren Anwesenheit aus anderen Gründen rasch wiederhergestellt werden sollte (etwa bei den zuletzt genannten Beiständen), sollten die betr. Personen so rasch wie möglich vernommen werden, um die Abwesenheitszeiten abzukürzen[85].

3.3. Anwesenheit des Nebenklägers

Ein *Anwesenheitsrecht* hat der *Nebenkläger*, selbst wenn er als Zeuge vernommen werden soll (§ 397 Abs. 1 S. 1 StPO). Das Gleiche gilt für Einziehungsbeteiligte, weil sie insofern den Angeklagten gleich stehen (§ 433 Abs. 1 S. 1 StPO), Angehörige, Erziehungsberechtigte und gesetzliche Vertreter eines Angeklagten im Jugendstrafverfahren (§§ 50 f. JGG) und der Beistand des nebenklageberechtigten Verletzten (§ 406g Abs. 2 S. 1 StPO).

Gegenüber *Nebenklägern*, die zugleich Zeugen sind, scheint sich durchgesetzt zu haben, sie trotz ihres Anwesenheitsrechts zu bitten, bis zur Zeugenvernehmung *außerhalb des Sitzungssaales* abzuwarten. Begründet wird dies oft mit dem Hinweis auf den möglichen höheren Beweiswert einer infolgedessen »unbefangeneren« Zeugenaussage. Diese Überlegungen sind nicht grundsätzlich falsch. Sie sollten indes nicht dazu führen, Nebenkläger automatisch zu einem zeitweisen Anwesenheitsverzicht zu bewegen. Zum einen ist nicht ohne weiteres zu erwar-

---

82 *Beispiel:* Der vehemente Hinweis auf die Mindeststrafe bei Meineid, der – zweifelhafte – Hinweis auf die Regelvereidigung und die weiteren schwer wiegenden Folgen einer Falschaussage dürften z.B. bei dem nach Aktenlage eher glaubwürdigen Opfer einer Straftat deplatziert wirken und geeignet sein, in ihm die Vorstellung zu erwecken, man wolle ihm nicht glauben: Die Opferrolle droht sich zu wiederholen. Demgegenüber kann diese Art der Belehrung bei einem eher dubiosen Alibizeugen durchaus angemessen sein.
83 Kl./Meyer-Goßner § 243 Rdnr. 7.
84 Missverständlich Kl./Meyer-Goßner § 243 Rdnr. 7, der an anderer Stelle (§ 149 Rdnr. 3) zu Recht darauf hinweist, dass das Anwesenheitsrecht (nur) dann eingeschränkt ist, wenn der Beistand zugleich Zeuge ist.
85 BGHSt 4, 205.

ten, dass der Nebenkläger als Zeuge, wenn er den Inhalt seiner Aussage auf die mitgehörten Angaben des Angeklagten einrichtet, dabei unredlich vorgeht und nun falsch aussagt. Zum zweiten schadet es gelegentlich nicht, wenn er die wesentlichen Linien der Verteidigung in Gestalt der Einlassung des Angeklagten vor seiner Aussage kennt. Denn das kann ihm helfen, seinen Bericht sachgerecht zu strukturieren. Schließlich handelt es sich möglicherweise um die erste und einzige Gelegenheit für den Nebenkläger, unmittelbar zu erfahren, wie sich der Täter zu seiner Tat stellt. Darin liegt für die Opfer von Straftaten und ihre Angehörigen mitunter eine nicht zu unterschätzende Chance, die Tat und ihre Folgen weiter aufarbeiten zu können. Der Nebenkläger sollte daher, entgegen einem aktuellen Trend[86], durchaus in der Regel im Verhandlungssaal verbleiben, auch wenn er noch als Zeuge gehört werden soll.

4. Vernehmung des Angeklagten zur Person

Es folgt eine erste *Vernehmung des Angeklagten*, und zwar *zur Person*, nicht – wie der Gesetzeswortlaut vermuten lässt – auch zu seinen (weiteren) persönlichen oder wirtschaftlichen Verhältnissen (§ 243 Abs. 2 S. 2 StPO). Diese erste Vernehmung in der Hauptverhandlung dient nur der *Identitätsfeststellung*[87] durch Befragung nach Namen, Geburtsdaten, Beruf, Anschrift, Familienstand und Staatsangehörigkeit[88]. Denn nur auf diese Angaben bezieht sich grundsätzlich[89] (vergl. § 111 Abs. 1 OWiG) die Aussagepflicht des Angeklagten (die allerdings nicht zwangsweise durchgesetzt werden kann[90]). Die Erörterung derjenigen persönlichen und wirtschaftlichen Verhältnisse, die über die Identitätsfeststellung

---

86 Dieser Trend verwechselt die idealisierende und in sich schon erkenntnistheoretisch fragwürdige Annahme, die beste Aussage sei die eines Unvoreingenommenen, mit dem realen Anspruch, den ein Strafverfahren erfüllen kann. Es entsteht eine gewisse Scham, jemanden später als Zeugen anhören zu sollen, der ja alles, was der Angeklagte gesagt hat, schon weiß, also nicht unvoreingenommen sein kann. Dass der Nebenkläger allerdings je unvoreingenommen gewesen wäre, ist bereits eine Fehlvorstellung. Zu vermuten ist hier eher ein Bestreben des Gerichts, sich selbst als besonders unvoreingenommen darzustellen. Ich halte dies für die unnötige Verbeugung vor der Anklagebank, für die diese keinen Anspruch hat, weil sie nur durch Verzicht des Nebenklägers auf ein prozessuales Recht möglich ist.
87 Kl./Meyer-Goßner § 243 Rdnr. 10 ff. m.w.N., im Ergebnis wie hier unter Postulierung eines »konkret funktionalen« Ansatzes KMR-Paulus § 243 Rdnr. 16 ff.
88 Die Staatsangehörigkeit ist nicht etwa zur Befriedigung bloßer Neugier oder zur Betonung etwaiger Vorbehalte gegenüber Ausländern von Interesse, sondern z.B. als Grundlage für die Erfüllung etwaiger gesetzlicher oder zwischenstaatlicher Mitteilungspflichten.
89 Die Ausnahme bilden Fälle, in denen solche Angaben bereits für die Schuldfrage Bedeutung haben, also zur Sache gehören.
90 Kl./Meyer-Goßner § 136 Rdnr. 5. § 111 OWiG wird übrigens, wenn der Angeklagte zur Person schweigt, oft tatbestandsmäßig gar nicht anwendbar sein, denn das setzt voraus, dass die entsprechenden Daten bisher unbekannt sind, was in aller Regel bei Anklageerhebung nicht der Fall ist: Die Identität steht meist außer Zweifel und wird allenfalls von dem – eher erkennungsdienstlichen als strafprozessualen – Problem der Verwendung von Aliasdaten überschattet.

III. Hauptverhandlung

hinausgehen[91], zählt zur Vernehmung zur Sache (§ 243 Abs. 4 S. 2 StPO)[92]. Sich hierzu zu äußern, steht dem Angeklagten frei und setzt daher eine entsprechende Belehrung (§ 243 Abs. 4 S. 1 StPO) voraus[93].

Weigert sich der Angeklagte, Angaben zu seiner Identität zu machen, kann das Gericht im Wege des *Freibeweises* zu den entsprechenden Erkenntnissen gelangen und dabei z.B. – unter Zugrundelegung des Aktenstandes – davon ausgehen, dass die im Vor- und Zwischenverfahren angenommenen Personalia zutreffen. Das gilt allerdings nur, wenn Gewissheit besteht, dass der Erschienene auch der Angeklagte ist. Bestehen insofern Zweifel[94], sollte der Vorsitzende auf Vorlage eines Personaldokuments mit Lichtbild drängen. Notfalls sind auch Zwangsmaßnahmen zur Identitätsfeststellung (§§ 163b, c StPO) zulässig.

Bei der Identitätsfeststellung ist es nützlich, den Angeklagten möglichst selbst zu Wort kommen zu lassen. Viele Angeklagte, gerade die nicht gerichtserfahrenen, sind auf der Anklagebank verständlicherweise befangen. Es fördert den Beginn der Kommunikation, wenn sie frühzeitig die Gelegenheit erhalten, sich zu einem »unverdächtigen« Thema – eben ihren eigenen Personaldaten – zu äußern. Zugleich kann das Gericht sich einen ersten Eindruck von den sprachlichen und intellektuellen Möglichkeiten sowie der psychischen Befindlichkeit des Angeklagten machen. Hieraus ergeben sich schon früh Hinweise für den weiteren sachdienlichen Umgang mit dem Angeklagten, gelegentlich bis hin zu wichtigen Anhaltspunkten zur Verhandlungsfähigkeit oder der Fähigkeit, sich selbst zu verteidigen (§ 140 Abs. 2 StPO). Dieser vielfältigen Ansätze begäbe sich das Gericht, wenn der Vorsitzende die Identitätsfeststellung auf das Vorlesen der Personaldaten aus der Akte und die Frage beschränken würde, ob das Verlesene richtig ist.

Die Vernehmung zur Person i.S. von § 243 Abs. 1 S. 2 StPO ist maßgeblicher Zeitpunkt für die Ablehnung von Richtern wegen Besorgnis der Befangenheit. Bis zu ihrem Beginn ist die Ablehnung anzubringen für alle vorher eingetretenen und dem Ablehnungsberechtigten bekannten Ablehnungsgründe (§ 25 Abs. 1 S. 1 StPO), danach ist sie insofern verwirkt[95]. Nach dem Beginn der Vernehmung zur Person ist sie nur noch zulässig, wenn die zur Begründung herangezogenen Umstände später eingetreten oder dem Ablehnungsberechtigten später bekannt geworden sind (§ 25 Abs. 2 Ziff. 1 StPO).

---

91 Also z.B. Vorleben, beruflicher und privater Werdegang, Familien-, Einkommens- und Vermögensverhältnisse.
92 Kl./Meyer-Goßner § 243 Rdnr. 12.
93 Sehr deutlich wird dieser Zusammenhang bei Verdacht der Unterhaltspflichtverletzung (§ 170b StGB). Beinahe alle für die Schuldfrage maßgeblichen Umstände betreffen hier persönliche und wirtschaftliche Verhältnisse.
94 Ganz auszuschließen ist es nicht, dass ein Täter, wenn es nur um die Identifizierungsfrage geht, einen anderen zur Verhandlung schickt, der dann notabene als Täter nicht erkannt werden kann. Diese Idee drängt sich möglicherweise gerade gerichtserfahrenen Personen auf, denn diese wissen, dass sich die Erschienenen vor Gericht nur in seltenen Fällen ausweisen müssen.
95 Kl./Meyer-Goßner § 25 Rdnr. 2.

5. Verlesung des Anklagesatzes

Darauf verliest der Vertreter der Staatsanwaltschaft den *Anklagesatz* (§ 243 Abs. 3 S. 1 StPO). Dazu gehören die Tat, die dem Angeklagten zur Last gelegt wird in der abstrakten und konkreten Beschreibung, Zeit und Ort ihrer Begehung und die anzuwendenden Strafvorschriften (§ 200 Abs. 1 S. 1 StPO)[96]. Die Verlesung erfolgt stets als Ganzes[97]. Das gilt auch für lange Anklagen, insbesondere für »Punktesachen«. Zwar wird hier die Beweisaufnahme später Punkt für Punkt durchgeführt werden. Die Verlesung des gesamten Anklagesatzes vor der Sachvernehmung des Angeklagten dient indes der vollständigen *Information der* nicht aktenkundigen *Beteiligten*, etwa der Schöffen, und Dritter, etwa der Öffentlichkeit. Die Verlesung des gesamten Anklagesatzes hindert den Vorsitzenden außerdem nicht, die einzelnen Punkte während der weiteren Beweisaufnahme noch einmal vorzutragen.

Wegen der Informationsfunktion[98] muss die Verlesung des Anklagesatzes darauf angelegt sein, sowohl von den Beteiligten als auch im Zuhörerraum verstanden zu werden. Sollte ein Sitzungsstaatsanwalt daher, wie es manchmal geschieht, den Anklagesatz unverständlich herunterrasseln oder -nuscheln, kann der Vorsitzende ihn bitten, dem abzuhelfen. Auf die Bedürfnisse von Dolmetschern sollte in diesem Zusammenhang ggf. auch Rücksicht genommen werden, etwa hinsichtlich der Sprechgeschwindigkeit.

Der Anklagesatz ist, abgesehen von der Korrektur offensichtlicher Schreib- oder Sprachversehen, grundsätzlich in der *Form der Anklageerhebung*, ohne Ergänzungen und Erläuterungen, zu verlesen. Offensichtlich sind dabei nur Fehler, die sich ohne weiteres aus Tatsachen ergeben, die allen Verfahrensbeteiligten klar zutage liegen und jeden Verdacht einer sachliche Änderung ausschließen[99]. Enthält der Anklagesatz Unklarheiten, so kann entweder der Sitzungsvertreter der Staatsanwaltschaft *zusätzlich* zur Verlesung eine *Erklärung abgeben*[100] oder der Vorsitzende entsprechende Hinweise erteilen, was dann als wesentliche Förmlichkeit der Hauptverhandlung auch in das Protokoll aufgenommen werden muss[101].

---

[96] Warum Umstände wie die Vollstreckung von Untersuchungshaft oder die vorläufige Entziehung der Fahrerlaubnis bei dieser Gelegenheit nicht auch mitgeteilt werden dürfen (LR-Gollwitzer § 243 Rdnr. 51), erschließt sich mir nicht. Sofern dagegen mit dem Umstand argumentiert wird, beide Maßnahmen setzten dringenden Tatverdacht (bzw. dringende Annahme späterer endgültiger Fahrerlaubnisentziehung) voraus und könnten vor allem Schöffen in unvertretbarer Weise beeinflussen, halte ich entgegen, dass die Schöffen in aller Regel sehr früh während einer Hauptverhandlung von diesen Umständen Kenntnis nehmen, die sie ja ohnehin werden kennen lernen müssen.
[97] Bei einer Mehrzahl von Anklagen werden an dieser Stelle alle Anklagesätze vollständig verlesen.
[98] Vergl. BGH NStZ 2000, 214.
[99] Zum vergleichbaren Zusammenhang (Berichtigung der Urteilsformel) vergl. Kl./Meyer-Goßner § 268 Rdnr. 10.
[100] BGH GA 73, 111; BGH NStZ 1984, 133.
[101] Kl./Meyer-Goßner § 243 Rdnr. 18.

III. Hauptverhandlung

Weil die Staatsanwaltschaft eine neue Anklageschrift einreichen muss, wenn der Eröffnungsbeschluss den sachlichen Gegenstand des Verfahrens verändert hat (§ 207 Abs. 3 StPO), wird in solchen Fällen nur der Anklagesatz der neuen Anklage verlesen. Hat das Gericht die Tat im Eröffnungsbeschluss anders gewertet als die Staatsanwaltschaft, muss deren Sitzungsvertreter den Anklagesatz mit der rechtlichen Würdigung des Eröffnungsbeschlusses vortragen, ist aber berechtigt, ggf. seine abweichende Rechtsauffassung zu äußern (§ 243 Abs. 3 S. 2 StPO). Beschränkungen der Strafverfolgung nach § 153a StPO oder Wiedereinbeziehungen zuvor ausgeschiedener Tatteile müssen durch den Staatsanwalt mitgeteilt werden.

Nach Einspruch gegen einen Strafbefehl (bzw. im gerichtlichen Bußgeldverfahren nach Einspruch gegen den Bußgeldbescheid) wird der Inhalt, der dem Anklagesatz entspricht, verlesen; nicht verlesen werden die dort verhängten Rechtsfolgen. Der Hinweis auf den Erlass eines Eröffnungsbeschlusses ist genauso überflüssig wie die ausdrückliche Feststellung, dass gegen einen Strafbefehl (bzw. gegen einen Bußgeldbescheid) rechtzeitig Einspruch eingelegt wurde.

6. Belehrung des Angeklagten

Sodann weist der Vorsitzende[102] den Angeklagten[103] auf dessen *Aussagefreiheit* hin (§ 243 Abs. 4 S. 1 StPO). In entsprechender Weise zu *belehren* sind der Betroffene im Verfahren nach dem OWiG, Einziehungs- und Verfallsbeteiligte (§§ 433 Abs. 1, 442 Abs. 1 und 2 S. 2 StPO), Vertreter juristischer Personen oder Personenvereinigungen (§ 444 Abs. 2 S. 2 StPO[104]. Richtet sich das Verfahren gegen mehrere Angeklagte, genügt ein gemeinsamer Hinweis. Zieht sich die Vernehmung des ersten Angeklagten dann hin, gebietet es die Fairness u.U., an die Aussagefreiheit zu erinnern, bevor der nächste Angeklagte an der Reihe ist.

Der *notwendige Inhalt* besteht allein in dem Hinweis, dass es dem Angeklagten freisteht, sich zur Anklage zu äußern oder nicht zur Sache auszusagen. Weitere Belehrungen sind an dieser Stelle nicht erforderlich. Denn die Aussagefreiheit des Angeklagten ist umfassend und beliebig zugleich. Er allein bestimmt, ob überhaupt und wenn zu welchen Inhalten er sich äußert. Daher bedarf es weiterer Hinweise weder, wenn er durch seine Angaben etwa Angehörige belasten soll-

---

102 So KMR-Paulus § 243 Rdnr. 25, der seine Auffassung, die der gängigen Praxis entspricht, zwar nicht auf den Wortlaut des § 243 Abs. 4 S. 1 StPO, aber auf die Aufgabenzuweisung in § 238 Abs. 1 StPO stützen kann.
103 Wird in Abwesenheit verhandelt und wird der Angeklagte durch einen mit schriftlicher Vertretungsvollmacht versehenen Verteidiger vertreten (234 StPO), so soll eine Belehrungspflicht nicht bestehen (KMR-Paulus § 243 Rdnr. 26). Ich halte diese Auffassung für bedenklich (so wohl auch BayObLG VRS 1964, 135; Kl./Meyer-Goßner § 243 Rdnr. 19), auch wenn zuzugestehen ist, dass ein Rechtsanwalt über die Aussagefreiheit hinreichend informiert sein sollte. Aber immerhin wird er in solchen Fällen als Vertreter in Erklärung und Willen des Angeklagten tätig (BGHSt 9, 356) und vernommen und ist seinerseits insofern nicht gehindert, die Angaben zur Sache zu verweigern. Ich sehe daher keinen Grund, hier von der Belehrung abzusehen.
104 KMR-Paulus § 243 Rdnr. 26.

6. Belehrung des Angeklagten

te[105] noch wenn er sich bisher unbekannte eigene Straftaten einzuräumen anschickt. Es steht ihm ferner frei, wessen und welche Fragen er beantwortet, ob er sich umfassend äußert oder nur zu bestimmten Themen.

Die Belehrung ist Voraussetzung für die Verwertbarkeit der Sachangaben des Angeklagten und setzt dessen Fähigkeit voraus, sie zu verstehen. Ob der Angeklagte dazu in der Lage ist, entscheidet das Gericht (Freibeweis). In der Regel ist diese Fähigkeit nur durch schwer wiegende körperliche und seelische Mängel oder Krankheiten ausgeschlossen[106].

Sagt der Angeklagte zur Sache aus und lügt er dabei, so bleibt er dafür grundsätzlich unbestraft, denn das Gesetz stellt dieses Verhalten nicht unter Strafe[107]. Die Aussagefreiheit des Angeklagten wird infolgedessen oft mit einem »Recht zur Lüge« verwechselt und so bezeichnet. Dies ist in rechtlicher Hinsicht unsinnig und dürfte vor moralischen Kategorien kaum Bestand haben[108], weswegen ich es für zumindest unnötig halte, diese Formel zu benutzen[109].

Die Belehrung ist *in jedem Fall* einer Hauptverhandlung vor der Sachvernehmung erforderlich. Ob der Angeklagte schon im Ermittlungs- oder Zwischenverfahren belehrt wurde (§ 136 Abs. 1 S. 2 StPO), ist insofern gleichgültig. Wird die Hauptverhandlung unterbrochen (§ 229 StPO), bedarf es im Fortsetzungstermin allerdings keiner erneuten Belehrung des Angeklagten. Wird sie hingegen ausgesetzt (§ 228 Abs. 1 StPO), führt dies zu einer neuen Hauptverhandlung mit der Notwendigkeit, den Angeklagten abermals zu belehren.

Der Angeklagte hat das *Recht, sich frei zu entscheiden*, ob und inwieweit er Angaben zur Sache macht, und dabei vom Gericht nicht beeinflusst zu werden. Der Vorsitzende darf daher grundsätzlich keine Empfehlungen abgeben, wie sich der Angeklagte verhalten soll. Andererseits drängt es sich aus Fürsorgegesichtspunkten gelegentlich geradezu auf, den Angeklagten zu einer Aussage zu bewegen, wenn nämlich vernünftigerweise angenommen werden darf, dass er seine Lage dadurch nur verbessern kann[110]. Der Vorsitzende kann sich auf den Standpunkt stellen, hier seien ausnahmsweise ausdrückliche Empfehlungen zulässig[111], begibt sich dann allerdings möglicherweise in die Gefahr eines Ablehnungsantrags wegen Besorgnis der Befangenheit. Jedenfalls zulässig ist es, wenn er den Angeklagten auf die »Zweischneidigkeit« seines Aussageverhaltens hinweist und

---

105 BayObLG NJW 1978, 387.
106 BGH NStZ 1993, 395.
107 Es sei denn, darin liegt zugleich eine neue Straftat wie etwa eine falsche Verdächtigung, § 164 StGB.
108 Ob im Zusammenhang mit der Aussagefreiheit schließlich von einem Schweige»recht« zu sprechen sei oder nicht, ist Gegenstand eher sophistisch anmutender Erwägungen und wohl ganz ohne praktischen Belang.
109 Ihre gedankenlose Verwendung leistet Vorstellungen Vorschub, nach denen jedes Verhalten, das nicht strafbewehrt ist, erlaubt ist. Hier spiegelt sich die Auffassung wider, wonach ein Verbot nichts taugt, wenn es nicht mit einer Sanktion verbunden ist.
110 Häufiges *Beispiel*: Der Angeklagte macht keine Angaben zur Sache, die Beweisaufnahme deutet auf Schuldspruch, das Gericht hält es für möglich, dass aus dem Tatmotiv, das es bei dem Angeklagten allerdings nur vermuten kann, strafmildernde Umstände zu folgern wären und will ihn dazu bewegen, diese mitzuteilen.
111 So wohl z.B. Kl./Meyer-Goßner § 243 Rdnr. 8.

III. Hauptverhandlung

ihm z.B. erklärt, dass entlastende Umstände dem Gericht u.U. verborgen bleiben werden, wenn er sie nicht offenbart[112].

Unterbleibt die Belehrung versehentlich, so sind die Sachangaben des Angeklagten grundsätzlich *nicht verwertbar*[113]. Der Mangel kann zwar nicht eigentlich geheilt werden, denn die Angaben bleiben auch dann unverwertbar, wenn die Belehrung nachgeholt wird. Wenn der Angeklagte allerdings im Zuge der nachgeholten Belehrung auch darauf hingewiesen wird, dass die vorherigen Angaben nicht verwertbar sind (qualifizierte Belehrung[114]), so können wenigstens seine dann folgenden Angaben Gegenstand der Entscheidungsfindung sein[115].

7. Vernehmung des Angeklagten zur Sache

Die *Vernehmung des Angeklagten zur Sache* wird nach dem Sprachgebrauch des Gesetzes (§ 244 Abs. 1 StPO) nicht zur eigentlichen Beweisaufnahme gezählt. Wie im Verfahren nach der StPO im Allgemeinen[116] soll der Angeklagte auch in der Hauptverhandlung nicht Verfahrens-(hier: Beweis-)Objekt sein. Tatsächlich ist vielleicht weniger er selbst[117], umso häufiger aber seine Erklärung zur Sache Beweismittel[118] von überragender Bedeutung[119]. Funktional betrachtet stellt daher die Vernehmung des Angeklagten ein Kernstück der Beweisaufnahme dar. Der Angeklagte und sein Verteidiger können hier durch die Wahl dessen, was der Angeklagte sagt oder nicht sagt, erheblichen Einfluss auf den Verhandlungsverlauf nehmen. Der Vorsitzende wiederum hat an dieser Stelle die Möglichkeit, durch sachgerechte Vernehmung eine ergiebige Aussage des Angeklagten zutage zu fördern und kann bei einigem Geschick und halbwegs kooperativen Verfahrensbeteiligten erheblich zur Verfahrensstraffung beitragen.

7.1. Aussageverhalten – Verteidigungsstrategie

Der Angeklagte wird sein *Aussageverhalten* meist von *verteidigungsstrategischen Überlegungen* bestimmen lassen. Dabei werden gelegentlich die Möglichkeiten, die in konsequenter Verweigerung irgendeiner Aussage zur Sache liegen, unterschätzt. Obwohl sie das nicht beabsichtigen, helfen Angeklagte auch in so genannten strei-

---

112 Kleinknecht JZ 1965, 155.
113 KMR-Paulus § 243 Rdnr. 29 ff.
114 Kl./Meyer-Goßner § 136 Rdnr. 9.
115 Ich stimme im Übrigen der Auffassung zu, dass auch nach nachträglicher »einfacher« Belehrung das, was der Angeklagte daraufhin aussagt, nicht schlechterdings unverwertbar sein muss (Kl./Meyer-Goßner § 139 Rdnr. 9). Das Problem liegt darin, im Einzelfall auszuschließen, dass der Angeklagte meinte, es handele sich nur um eine bloße Förmlichkeit und ihm bleibe vernünftigerweise ohnehin nichts anderes übrig, als seine vorherigen Angaben zu wiederholen.
116 KK-Pfeiffer Einleitung Rdnr. 86.
117 Aber auch dies: etwa in Fällen der Identifikation durch Augenschein.
118 Häufig als Beweismittel sui generis bezeichnet (Kl./Meyer-Goßner § 244 Rdnr. 2).
119 Das liegt zum Beispiel auf der Hand in den Fällen des geständigen Angeklagten, wo häufig die Beweisaufnahme – sollte man sie wegen § 244 Abs. 1 S. 1 StPO anders nennen? – allein aus seiner Vernehmung besteht.

7. Vernehmung des Angeklagten zur Sache

tigen Fällen oft kräftig und verteidigungstaktisch ohne Not an der eigenen Verurteilung mit, indem sie Antworten auf Sachfragen geben, deren Erarbeitung in der Hauptverhandlung dem Gericht allerhöchste Mühe abverlangen würde[120].

Ob der Verteidiger im Einzelfall zur Sacheinlassung rät, kann nicht allgemein entschieden werden. Allerdings können einige *Überlegungsmuster* hilfreich sein.

Das *Aussageverhalten im bisherigen Verfahren* hat beträchtliche Bedeutung für die weitere Verteidigung. Oft muss der Verteidiger feststellen, dass sich der Angeklagte schon im Ermittlungs- oder Zwischenverfahren mit Inhalten eingelassen hat, von denen er jetzt nicht oder nur schwer (z.B. mit dem Risiko erheblichen Glaubwürdigkeitsverlustes) abrücken kann. Dann hat der Verteidiger zunächst zu prüfen, ob diese Inhalte, würde der Angeklagte ab jetzt schweigen, verwertbar wären. Sind sie das nicht – etwa weil die polizeiliche Beschuldigtenvernehmung ohne die erforderliche Belehrung (§ 136 Abs. 1 StPO) vonstatten ging – kann er dem Angeklagten zum Schweigen raten. Des Verteidigers Aufgabe wird es sodann sein zu verhindern, dass das Gericht gegen das Verwertungsverbot verstößt[121]. Ist eine Änderung in der Sachdarstellung in wesentlichen Bereichen unerläßlich, wird dies bei der späteren Beweiswürdigung in der Regel ungünstig wirken, besonders dann, wenn der Wechsel als Reaktion auf die Widerlegung der vorherigen Position gewertet werden kann[122]. Der Verteidiger kann dieses Risiko

---

120 *Beispiel:* Viele Anklagen nach Verkehrsstrafanzeigen und Verfahren wegen Verkehrsordnungswidrigkeiten beruhen auf sog. Halteranfragen (als Beschuldigter/Betroffener wird der geführt, auf den das Tatfahrzeug eingetragen ist). Verweigert der Angeklagte jegliche Sachangabe, muss ihm als Erstes die Haltereigenschaft im Strengbeweis nachgewiesen werden. Dass das Fahrzeug – was leicht zu beweisen wäre – auf ihn zugelassen ist, reicht dazu noch nicht aus. Denn Halter ist derjenige, der das Fahrzeug (grundsätzlich) für eigene Rechnung gebraucht, also die Kosten bestreitet und die Verwendungsnutzungen zieht (BGHZ NJW 1983, 1492). Dies dem Angeklagten nachzuweisen, ist schon wesentlich schwieriger, wenn er dazu selbst nichts sagt. Lässt sich diese (auf zivilrechtlicher Sicht des § 833 BGB beruhende) Frage beweiskräftig bejahen, folgen die weiteren Probleme. Denn die Haltereigenschaft allein noch nicht die Täterschaft. Zwar wäre bei Privatfahrzeugen der Schluss vom Halter auf den Täter möglich, das Gericht muss allerdings andere, nicht ganz entfernt liegende Möglichkeiten berücksichtigen. Das kann es nur anhand weiterer Umstände (z.B.: Beruf, Fahrtzeit von und zur Arbeitsstelle, Verwendung des Kfz zur Berufsausübung, Freizeitverhalten, weitere Fahrerlaubnisinhaber im Haushalt, in der Verwandtschaft, im Bekanntenkreis; vergl. eingehend Jagusch/Hentschel, Straßenverkehrsrecht, Einleitung Rdnr. 96a). Wenn der Angeklagte keinerlei Angaben macht, muss das Gericht hinsichtlich solcher Umstände zwangsläufig ermitteln, um sie ausschließen zu können. Demgegenüber geben die Angeklagten in solchen Fällen oft Sacherklärungen ab, durch die sie letztlich vergleichsweise leicht zu überführen sind. (»Sonst fahren auch noch der X oder der Y, aber andere lass' ich an mein Auto nicht ran.« X und Y sind konkrete Ermittlungsansätze, deren »Ausfall« zum Nachteil des Angeklagten gehen wird; oder: »Das Auto hat eine Person gefahren, die mit mir eng verwandt ist und die ich nicht nennen will«. Auch hier ist durchaus vorstellbar, dass die Ermittlung näherer Verwandter zur Be- statt zur Entlastung des Angeklagten führt).
121 Indem er Fragen rügt, gegen die Verlesung des Vernehmungsprotokolls auch zum Zweck des Vorhalts, vor allem aber gegen die Vernehmung des Vernehmungsbeamten konsequent eintritt und gegen anders gerichtete Anordnungen des Vorsitzenden Gerichtsbeschluss gem. § 238 Abs. 2 StPO beantragt.
122 *Beispiel:* Der Angeklagte hat im Ermittlungsverfahren angegeben, er habe das Tatfahrzeug, mit dem eine Unfallflucht begangen wurde, nicht geführt. Das erweist sich als unhaltbar, sodass er sich nunmehr darauf beruft, er habe das Fahrzeug zwar geführt, den Verkehrsunfall

III. Hauptverhandlung

verringern, wenn er dafür Sorge trägt, dass das Gericht den Grund für den Positionswechsel erfährt[123].

Trotz früherer Sachangaben kann es sich als günstig erweisen, vor Gericht *keine Angaben zur Sache* zu machen. Zum einen wird der Verfahrensaufwand meist deutlich erhöht. Das kann die Bereitschaft von Staatsanwaltschaft und Gericht fördern, über eine konsensuale Verfahrensbeendigung nachzudenken. Andererseits kann das genaue Gegenteil eintreten, wenn sich die übrigen Verfahrensbeteiligten infolge solchen Aussageverhaltens gedrängt fühlen[124]. Ferner muss der Verteidiger bedenken, dass ein Angeklagter, der nichts zur Sache sagt, genau wie der bestreitenden Angeklagte keine sachlichen Umstände mitteilt, die ihn entlasten könnten[125]. Das gilt auch für Strafzumessungsgesichtspunkte[126] sowie für weitere günstige Umstände[127].

Für den schweigenden oder leugnenden Angeklagten ist wichtig, das *Risiko für die Strafzumessung* zutreffend einzuschätzen. Ausgangspunkt ist zunächst, dass sich ein Geständnis, wenn es erheblichen Verfahrensaufwand entbehrlich macht, in aller Regel deutlich strafmildernd auswirkt. Es handelt sich um positives Nachtatverhalten (§ 45 Abs. 2 StGB). Das Nichtvorliegen eines Geständnisses darf hingegen auf keinen Fall zu einer Strafschärfung führen. Trotzdem ist die Gefahr nicht zu verkennen, dass das Gericht dem Angeklagten nicht besonders gewogen ist, wenn es über Umstände mühsam Beweis erheben muss, die der Angeklagte binnen weniger Minuten im Sitzungssaal vollständig klarstellen könnte. Auch hier muss der Verteidiger vorsorgen und dem Gericht notfalls durch Erklärungen in der Verhandlung oder im Schlussvortrag deutlich machen, dass sein Mandant, als er schwieg, nicht mehr oder weniger getan hat, als von einem guten Recht Gebrauch zu machen.

---

aber nicht bemerkt. Das Gericht könnte aus diesem Aussageverhalten auf die grundsätzliche Unglaubwürdigkeit des Angeklagten schließen.
123 *Beispiel:* »Mein Mandant räumt, nachdem er die bereits vernommenen Zeugen gehört hat, ein, dass er der Tatfahrer ist. Er hatte sich im Ermittlungsverfahren spontan und ohne anwaltlichen Rat zu dieser Unwahrheit entschlossen, weil er annahm, die Täterschaft könne ihm nur schwer nachgewiesen werden, wohingegen ihm niemand werde glauben mögen, den Unfall nicht bemerkt zu haben. Aus dem gleichen Grund scheute er bisher auch in der Hauptverhandlung davor zurück, sich zur Fahrereigenschaft zu bekennen.«
124 Beliebt und bedenklich in dem Zusammenhang deren Konter, der Angeklagte solle erst mal etwas zur Sache sagen, bevor er mit Entgegenkommen rechnen dürfe.
125 *Beispiel:* Der einer vorsätzlichen Körperverletzung Angeklagte ist durch Beschimpfungen provoziert worden, dann drohte der Geschädigte, ihm die Leber zu zerschmettern, erst dann griff der Angeklagte ihn tätlich an. Hier muss – wenn der Angeklagte schweigt – der Verteidiger, vor allem durch entsprechende Befragungen der Zeugen, für die Entlastung seines Mandanten sorgen, notfalls wenigstens durch eine Erklärung zur Sache das Gericht auf solche möglichen Entlastungsmomente hinweisen oder gar entsprechende Beweisanträge stellen.
126 *Beispiel:* Der Angeklagte sagt in der gesamten Hauptverhandlung kein Wort von seiner zerrütteten Ehe, deren Zerwürfnisse unmittelbar tatauslösend waren und sein Verhalten in milderem Licht erscheinen lassen.
127 *Beispiel:* Der Angeklagte, der jede üble Nachrede vehement bestreitet, wird eine Ehrenerklärung für das beleidigte Opfer nicht abgeben, wenn darin zugleich eine Art Geständnis gesehen werden könnte.

7. Vernehmung des Angeklagten zur Sache

Auch aus einem *Geständnis des Angeklagten* kann der Verteidiger noch mehr machen als nur eine mehr oder minder ausführliche Bestätigung der Anklagevorwürfe. Das Geständnis hat als solches nicht ohne weiteres Strafmilderungswirkung. So wird geständigen Angeklagten immer wieder vorgehalten, sie hätten ja ohnehin nur gestanden, was ihnen anderenfalls sicher nachgewiesen worden wäre. Im Einzelfall kann diese Argumentation auch durchaus gerechtfertigt sein. Daher muss der Verteidiger stets darauf bedacht sein, den Wert des Geständnisses (etwa geringe Verhandlungszeit, Momente des Täter-Opfer-Ausgleichs, Schonung von Zeugen u.s.w.) zu verdeutlichen. Zugleich sollte er versuchen, neben dem Geständnis, das ja von reinem Kalkül bestimmt sein kann, Einsicht des Angeklagten in das begangene Unrecht und vielleicht sogar Reue im Termin sichtbar werden zu lassen.

7.2. Verfahrensrechtliche Wirkungen

Der *Beginn der Vernehmung* des Angeklagten zur Sache ist *maßgeblicher Zeitpunkt* für den *Einwand der örtlichen Unzuständigkeit* (§ 16 StPO). Das Gericht darf nach Eröffnung des Hauptverfahrens die örtliche Unzuständigkeit nur auf Einwand des Angeklagten aussprechen. Dieser Einwand ist nur bis zum Beginn der Vernehmung des Angeklagten zur Sache möglich (§ 16 S. 3 StPO), er muss vor jeder weiteren Erklärung geltend gemacht werden[128] und ist danach schlechthin unzulässig. Das Gleiche gilt für den *Einwand betr. die (Un-)Zuständigkeit besonderer Strafkammern* (§ 6a StPO) und den *Besetzungseinwand* nach § 222b StPO.

Wurde die *Ladungsfrist* für den Angeklagten oder den Verteidiger *nicht eingehalten*, können beide bis zum Beginn der Vernehmung des Angeklagten zur Sache die Aussetzung der Hauptverhandlung verlangen (§§ 217 Abs. 2, 218 S. 2 StPO). Der Angeklagte ist darauf hinzuweisen (§ 218 Abs. 3 StPO)[129], sinnvollerweise schon zu Beginn der Hauptverhandlung[130], spätestens aber vor Beginn seiner Erklärungen zur Sache.

7.3. Der aussagebereite Angeklagte

Die *Vernehmung des aussagebereiten Angeklagten* zur Sache (§ 243 Abs. 4 S. 2 StPO) ist (allein) Aufgabe des Vorsitzenden (§ 238 Abs. 1 StPO). Sie soll es dem Angeklagten vorweg ermöglichen, die gegen ihn vorliegenden Verdachtsmomente zu beseitigen und die zu seinen Gunsten sprechenden Tatsachen geltend zu machen (§ 136 Abs. 2 StPO), seine Verteidigung zusammenhängend zu führen und das Gericht zu veranlassen, die von ihm vorgebrachten Gesichtspunkten in der Beweisaufnahme zu berücksichtigen[131].

---

[128] KK-Pfeiffer § 6a Rdnr. 7.
[129] Die Norm wird als Ordnungsvorschrift begriffen (BGHSt 24, 146), ein Verstoß ist daher nicht unmittelbar revisionsrelevant.
[130] Denn wird Aussetzung beantragt, muss das Gericht dem stattgeben (Kl./Meyer-Goßner § 217 Rdnr. 7), sodass es aus prozessökonomischen Gründen nahe liegt, die Hauptverhandlung, wenn sie denn schon scheitern soll, möglichst sogleich scheitern zu lassen.
[131] Kl./Meyer-Goßner § 243 Rdnr. 28.

III. Hauptverhandlung

7.3.1. Gegenstand der Vernehmung

Gegenstand der Vernehmung zur Sache ist zum einen die dem Angeklagten zur Last gelegte Tat im prozessualen Sinne[132], also der einheitliche geschichtliche Vorgang, innerhalb dessen der Angeklagte einen Straftatbestand verwirklicht haben soll.

Zum anderen gehören hierher sämtliche rechtsfolgenrelevanten Umstände, also vor allem diejenigen, die die Strafzumessung (§ 46 StGB) betreffen. Allerdings kann die Zurückstellung dieser Themen bis an das Ende der Beweisaufnahme zweckmäßig sein, um für den Fall des Freispruchs oder der Einstellung des Verfahrens überflüssige Erörterungen und unnötige Bloßstellungen des Angeklagten zu vermeiden[133]. Häufig empfiehlt sich diese Zurückstellung auch aus inhaltlichen Gründen. Zum einen drängt die Dramatik einer Hauptverhandlung nach Verlesung der Anklageschrift, sich nun mit dem Vorwurf zu befassen und nicht mit z.B. relativ Uninteressantem wie den persönlichen oder wirtschaftlichen Verhältnissen. Zum anderen folgt mitunter erst aus den Erörterungen zum Schuldvorwurf, in welcher Beziehung und in welchem Umfang die rechtsfolgenrelevanten Umstände einer Erörterung bedürfen. Das gilt besonders für die Feststellung der Vorstrafen, deren Zeitpunkt vom Vorsitzenden bestimmt wird (§ 243 Abs. 4 S. 4 StPO) und die generell so spät wie möglich erfolgen soll, daher in der Regel erst am Ende der Beweisaufnahme stattfindet[134].

7.3.2. Bericht

Dem Angeklagten ist Gelegenheit zu zusammenhängender mündlicher Darstellung seines Verteidigungsvorbringens *(Bericht)* zu geben[135]. Zwar ist das vom Gesetz (anders als bei Zeugenvernehmungen, § 69 Abs. 1 S. 1 StPO) nicht ausdrücklich vorgesehen, sehr oft aber zweckmäßig[136]. Klarstellende Nachfragen und gelegentliche Vorhalte des Vorsitzenden sind zulässig. Allerdings ist hier Zurückhaltung geboten. Denn es liegt auf der Hand, dass mit einer Fülle von sofortigen Nachfragen nicht nur der Zusammenhang des Berichts, sondern auch die Konzentration des Angeklagten erheblich beeinträchtigt werden kann.

Andererseits kann der Angeklagte infolge seiner Aussagefreiheit grundsätzlich nicht gezwungen werden, sich in einem Sinne zu äußern, der vom Gericht als zusammenhängend gewertet wird. Er darf sich also durchaus punktuell äußern oder sich erbitten, nur im Frage-Antwort-Modus vernommen zu werden[137]. In zweiten Fall steht es allerdings wiederum im Ermessen des Vorsitzenden, ob und in-

---

132 BGHSt 32, 216.
133 BGH NStZ 1985, 561. Mit einem sog. Schuldinterlokut hat dies nur mittelbar zu tun, denn eine Aufteilung in abschließende Erörterungen zur Schuldfrage einer- und zur Rechtsfolgenfrage andererseits ist im Gesetz weder vorgesehen noch in der Praxis üblich, m.E. auch nicht zulässig, vergl. Kl./Meyer-Goßner § 258 Rdnr. 17.
134 KMR-Paulus § 243 Rdnr. 59; BGH NStZ 1985, 561.
135 BGHSt 13, 368.
136 Kl./Meyer-Goßner § 136 Rdnr. 17.
137 Vergl. Kl./Meyer-Goßner § 243 Rdnr. 31 und KMR-Paulus § 243 Rdnr. 34, deren vermeintlich divergierende Auffassungen sich unter diesem Blickwinkel kaum unterscheiden.

7. Vernehmung des Angeklagten zur Sache

wieweit er zu solcher Interviewbefragung bereit ist. Bei intellektuell oder kommunikativ minderbegabten Angeklagten bleibt ihm praktisch nichts anderes übrig, wenn sie geistig nicht in der Lage sind, längere Sinnzusammenhänge, wie sie ein Bericht erfordert, darzustellen.

Will sich der Angeklagte äußern, muss er dies grundsätzlich mündlich tun. Die Vorlage einer schriftlichen Erklärung ist nicht zulässig[138], deren Verlesung wird ebenfalls in der Regel[139] als unzulässig erachtet[140].

Viele Angeklagte erklären zunächst, sie bezögen sich auf das, was sie bereits an anderer Stelle, schriftlich oder durch ihren Anwalt, mitgeteilt hätten. Das bringt für das Gericht keine verwertbaren Erkenntnisse. Nur selten verbirgt sich hinter solcher Bezugnahme der – dann natürlich zu respektierende – Wunsch des Angeklagten, in der Hauptverhandlung nicht zur Sache aussagen zu wollen. Wo dies durch Nachfrage ausgeschlossen werden kann, gelingt es in aller Regel, die Angeklagten zu substanziellen Angaben zu bewegen, wenn man sie darauf hinweist, dass nur die in der Hauptverhandlung erörterten Umstände verwertbar sind und nicht jeder der Anwesenden (Sitzungsvertreter der Staatsanwaltschaft, Schöffen, Beisitzer, Öffentlichkeit) die Akten (vollständig) kennt.

7.3.3. Verhör

Danach stellt der Vorsitzende erforderlichenfalls zur besseren Aufklärung und zur Vervollständigung weitere Fragen[141] oder erhebt Vorhalte[142] aus den Akten *(Verhör)*. Vorhalte sind an dieser Stelle üblich und sachgerecht, wenn sie sich auf eigene frühere Angaben des Angeklagten oder sein Verteidigungsverhalten beziehen. Nicht unzulässig, aber auch nicht immer sachgerecht sind Vorhalte aus Bekundungen von Auskunftspersonen, die erst später gehört werden sollen. Denn oft werden von diesen Personen die Ergebnisse des vorbereitenden Verfahrens im Verlaufe der Beweisaufnahme korrigiert[143] oder zumindest relativiert, sodass sich der mit dem Vorhalt bezweckte Aufklärungseffekt erheblich reduzieren kann.

Setzt sich der Angeklagte im Rahmen seiner Angaben (möglicherweise) in *Widerspruch zu früheren Angaben* und lässt sich dies nicht anders (also etwa in Folge einfachen Vorhalts und seine darauf folgenden Einlassungen) klären, so wäre das Gericht nach dem Grundsatz der persönlichen Vernehmung gehalten, nun-

---

138 BGH MDR 1980, 986.
139 Vergl. KMR-Paulus § 243 Rdnr. 35.
140 Kl./Meyer-Goßner § 243 Rdnr. 30. Ich halte dies indes für fragwürdig. Zwar deutet der Begriff Vernehmung zweifelsfrei auf mündliche Äußerungen hin. Damit trifft das Gesetz allerdings noch keine Aussage dazu, ob diese mündliche Erklärung frei gehalten, aus Stichworten und Notizen rekrutiert, auswendig gelernt oder eben abgelesen sein darf oder nicht. Zumindest spricht m.E. nichts dagegen, die Verlesung von vorbereiteten Erklärungen des Angeklagten an dieser Stelle im Einzelfall zuzulassen.
141 Vergl. auch § 69 Abs. 2 StPO.
142 Zu Vorhalten generell vergl. vorn S. 52 ff.
143 KMR-Paulus § 243 Rdnr. 37. Dessen Annahme, Vorhalte dieser Art seien generell unzweckmäßig, widerspreche ich allerdings. Es genügt z.B. häufig, dem Angeklagten zu verdeutlichen, dass demnächst nach Lage der Akten von einem Zeugen eine ganz bestimmte Aussage zu erwarten sei. Angeklagte sind im Allgemeinen gut in der Lage, sich im Voraus zu solchen Inhalten zu stellen.

III. Hauptverhandlung

mehr die damalige Vernehmungsperson zu hören. Zunächst sollte der Vorsitzende aber die gesetzliche Möglichkeit nutzen, zur Feststellung oder Behebung des Widerspruchs den betreffenden Teil des *Protokolls der früheren* (richterlichen oder nicht richterlichen) *Vernehmung* förmlich als Urkunde nach § 254 Abs. 2 StPO zu *verlesen*[144]. Er tut dies kraft Sachleitungsbefugnis, gegen seine Anordnung ist die Anrufung des Gerichts nach § 239 Abs. 2 StPO gegeben.

7.3.4. Fragerechte

Anschließend besteht ein *Fragerecht* für die beisitzenden Richter, den Sitzungsvertreter der Staatsanwaltschaft, den Sachverständigen, Privat- oder Nebenkläger, den Verteidiger und *weitere* (Neben-) *Beteiligte*[145] (§ 240 StPO).

Der Verteidiger kann im Rahmen seiner Befragung Inhalte zur Sprache bringen, die *verteidigungstaktisch* günstig erscheinen, aber weniger geeignet wären, vom Angeklagten ungefragt mitgeteilt zu werden. Erfahrungsgemäß sind viele Angeklagte kaum in der Lage, die – vielleicht nicht eben zahlreichen – positiven Aspekte zur Tat oder zu ihrer eigenen Persönlichkeit mitzuteilen. Zu bestimmten Komplexen mag sich ein Angeklagter u.U., etwa aus Scham oder Unkenntnis der Bedeutung, auch nicht von sich aus äußern. Fragen des Verteidigers können hier weiterhelfen, zumal der Angeklagte ihnen gegenüber weniger misstrauisch sein wird. Der Verteidiger wird daher Fragen zum Lebenswandel, zu positiven Wendungen in der Lebensperspektive, zu familiären Hintergründen und Folgen der Tat u.a.m. stellen, wenn er sich von ihrer Beantwortung Positives verspricht[146]. Andererseits sollte er diese Möglichkeit nicht überschätzen oder überstrapazieren. Derartige taktische Fragen werden vom Gericht fast immer als solche erkannt. Das ist an sich nicht schädlich, solange die zu vermittelnden Inhalte geglaubt werden. Eine zu intensive Nutzung dieser Möglichkeit birgt indes die Gefahr, den Angeklagten als Person unglaubwürdig werden zu lassen[147]. Denn ein reines Abfragen möglichst positiver Umstände, auf das der Angeklagte mit eilfertiger Zustimmung reagiert, kann Befremden und Skepsis wecken.

---

144 Daraufhin wird der Angeklagte allerdings häufig einwenden, selbst wenn jetzt ein Widerspruch zutage getreten sei, beruhe der doch auf einem grundlegenden Missverständnis aufseiten der damaligen Verhörsperson o.Ä., sodass eine Vernehmung dieser Person dann doch nicht immer zu vermeiden ist.
145 Vergl. Kl./Meyer-Goßner § 240 Rdnr. 3.
146 *Beispiel:* »Ist es richtig, dass sich Ihre Frau nach 15 Ehejahren von Ihnen getrennt hat, als die neuerliche Straftat bekannt wurde?« *Oder:* »Stimmt es, dass Ihre Eltern Sie nach der Außervollzugsetzung des Haftbefehls wieder aufgenommen haben und bereit sind, Sie wieder im väterlichen Betrieb anzustellen?« *Oder:* »Trifft es zu, dass Sie wegen Kleptomanie seit Jahren in psychotherapeutischer Behandlung sind? Dass Sie bei Bekanntwerden dieses Umstands Schwierigkeiten am Arbeitsplatz zu befürchten haben? Dass Sie sich in Wirklichkeit nur deswegen der Festnahme gewaltsam zu entziehen suchten, wobei Sie die Tatsache, noch im Besitz der Beute zu sein, völlig vergessen hatten?«
147 *Beispiel*: Der Verteidiger fragt den Angeklagten, der mehrjährige Haftstrafen verbüßt hat, ob die vergangenen sieben Wochen Untersuchungshaft in ihm einen Prozess des Umdenkens, ja eine Läuterung bewirkt hätten. Bestätigt der Angeklagte das ohne weiteres, wird er wohl kaum noch ernst genommen.

7. Vernehmung des Angeklagten zur Sache

Dem Angeklagten steht es frei, ob er Fragen beantwortet und welche. Die unmittelbare Befragung eines Angeklagten durch einen Mitangeklagten ist unzulässig (§ 240 Abs. 2 S. 2 StPO[148]), dessen Verteidiger darf allerdings Fragen stellen, die der Angeklagte jedoch nicht beantworten muss.

7.4. Verteidigererklärung zur Sache

Mitunter gibt der *Verteidiger anstelle des Angeklagten und für ihn* Erklärungen zur Sache ab[149].

Diese Erklärungsform ist oft *verteidigungstaktisch* motiviert. Sie findet sich häufig dort, wo sich nach Auffassung des Verteidigers der Angeklagte durch unbedachte Äußerungen selbst zu überführen droht oder die Anklagevorwürfe dem Grunde nach nicht zu leugnen sind, jedoch zu befürchten ist, der Angeklagte werde sich im Fall eigener Angaben mehr schaden als nützen. Diese anwaltlichen Erklärungen werden daher auch oft mit dem Hinweis versehen, der Angeklagte selbst werde (sonst) keine Angaben machen und auch Fragen nicht oder nur eingeschränkt beantworten.

Solche Sachangaben sind nur dann als *Äußerungen des Angeklagten verwertbar*, wenn der Angeklagte sie sich *zu eigen* macht, sie also bestätigt und zweifelsfrei zu erkennen gibt, dass er sie als eigene verstanden wissen will[150]. Dem BGH genügt es, wenn dies aus einer Erklärung des Angeklagten oder des Verteidigers eindeutig folgt[151].

Macht sich der Angeklagte die Erklärung des Verteidigers zu eigen, bleiben meist noch Fragen offen. Sich dazu zu äußern, bleibt dem Angeklagten wie dem Verteidiger überlassen. Partielles Schweigen kann allerdings u.U. auch nachteilige Folgen für die Beweiswürdigung haben[152]. Darauf hinzuweisen ist dem Vorsit-

---

148 Zur verfassungsrechtlichen Unbedenklichkeit BVerfG NJW 1996, 3408.
149 Gemeint sind hier nicht Erklärungen unter Vertretungsvollmacht im Abwesenheitsverfahren (§ 234 StPO), denn diese sind problemlos dem Angeklagten zuzurechnen, darin liegt ja gerade ihr Sinn.
150 KMR-Paulus § 243 Rdnr. 36.
151 BGH NStZ 1990, 447. Ich habe demgegenüber Zweifel, ob es tatsächlich eine mündliche Äußerung (die § 243 Abs. 4 S. 2 StPO und § 136 Abs. 2 StPO meinen) darstellt, wenn der Angeklagte sich in dieser Situation darauf beschränkt, seinen Verteidiger unwidersprochen das vortragen zu lassen, was dieser vorzutragen für richtig hält und keine weiteren Fragen, noch nicht einmal die, ob das Vorgetragene zutrifft, beantwortet (so aber wohl auch BGH NStZ 1994, 352). Ferner ist unabweisbar, dass die Erklärungen des Verteidigers immer – das ist nicht etwa anrüchig, sondern nicht anders möglich – eine starke Filterwirkung haben. Was der Verteidiger für den Angeklagten erklärt, muss notgedrungen ein stark reduzierter Ausschnitt der Wirklichkeit sein. Schon diese Reduktion macht m.E. eine ausdrückliche Bestätigung durch den Angeklagten aus inhaltlichen Gründen erforderlich (so i.E. auch KMR-Paulus § 243 Rdnr. 36, der diese ausdrückliche Bestätigung sogar als wesentliche Förmlichkeit dem Protokollierungszwang unterworfen sieht). Die Richtigkeit dieser Überlegung wird durch die praktischen Erfahrungen in den Fällen bestätigt, in denen nach der Erklärung des Verteidigers der Angeklagte tatsächlich befragt wurde, ob dessen Erklärung denn auch richtig sei: Nicht selten zeigen die Antworten erhebliche Verwerfungen auf bis hin zum prompten Widerruf.
152 Vergl. Kl./Meyer-Goßner § 261 Rdnr. 17.

III. Hauptverhandlung

zenden nicht versagt, solange er dadurch nicht den Anschein der Befangenheit erweckt.

Ist die Erklärung des Verteidigers dem Angeklagten als Aussage zur Sache zuzurechnen, unterliegt sie der freien Beweiswürdigung. Ein Erfahrungssatz, dass derlei Aussagen von vornherein weniger glaubhaft seien, besteht nicht[153].

7.5. Der schweigende Angeklagte

Wenn der Angeklagte *zu Sachangaben nicht bereit* ist, führt dies in den meisten Fällen zu deutlicher Ausweitung der Beweisaufnahme[154].

7.5.1. Umfang der Beweisaufnahme

Der Vorsitzende muss die *Beweisaufnahme auf die umfassende Klärung aller schuld- und rechtsfolgenrelevanten Fragen* ausrichten. Er muss sie daher auch auf Umstände erstrecken, die vom Angeklagten vernünftigerweise – würde er Angaben zur Sache machen – wahrscheinlich kaum geleugnet würden[155]. Angesichts des damit verbundenen, teilweise unsinnigen Verfahrensaufwands kann es sich in dieser Situation lohnen, Angeklagten und Verteidiger zu befragen, ob nicht wenigstens zu solchen Bereichen Erklärungen abgegeben werden sollen. Bei einigermaßen offener Verhandlungsführung kann hier durchaus ein Konsens erreicht werden[156]. Sehr häufig findet sich Aussagebereitschaft auch zu den persönlichen und wirtschaftlichen[157] Verhältnissen, schon dies kann die Beweisaufnahme deutlich entlasten.

7.5.2. Einführung und Verwertung früherer Angaben

Weitere Fragen folgen aus dem Schweigen des Angeklagten hinsichtlich der *Einführung und Verwertung seiner früheren Angaben* oder Äußerungen.

---

153 BVerfG BayVBl. 1974, 564.
154 In gar nicht so seltenen Fällen könnten die Angeklagten überdies wahrscheinlich überhaupt nicht ohne eigene Angaben überführt werden, wenn sie konsequent, allerdings möglichst von Beginn des Ermittlungsverfahrens an, keine Angaben zur Sache machen würden. Dieser Umstand wird besonders von Verteidigerseite – vielleicht in der wiederum auch nicht verkehrten Vorstellung, man wisse ja nie, wie die Gerichte entscheiden – längst nicht in allen geeigneten Fällen genutzt.
155 *Beispiel:* Derjenige, der vor Gericht als Zeuge unwahr ausgesagt haben soll, wird sich häufig nur darauf stützen, dass seine Aussage – die er als solche überhaupt nicht in Abrede stellen würde – nicht falsch gewesen sei. Schweigt er vollständig, muss als Erstes mühevoll erarbeitet werden, was er überhaupt gesagt hat.
156 Die ohnehin übertriebene richterliche Angst vor Befangenheitsanträgen sollte hierbei – wie immer – keine Rolle spielen. Aus Sicht des durchschnittlich vernünftigen Angeklagten kann es keine Besorgnis erregen, wenn der Vorsitzende unter Darlegung seiner Erwägungen anfragt, ob gewisse Eckdaten des Falles, von denen er nach Aktenlage erwarten kann, dass sie unstreitig sind, nicht doch eingeräumt oder als zutreffend erklärt werden können, um das Verfahren auf die entscheidenden Inhalte zu konzentrieren.
157 Mitunter bewirkt der Hinweis des Gerichts, dass im Bereich der wirtschaftlichen Verhältnisse u.U. auch Schätzungen erforderlich werden und gesetzlich zugelassen sind (§ 40 Abs. 3 StGB), große Aussagefreudigkeit.

7. Vernehmung des Angeklagten zur Sache

Der Verwertung einer ordnungsgemäß zustande gekommenen Aussage steht grundsätzlich nichts entgegen[158]. Die *Protokolle richterlicher Vernehmungen* können zum Zweck der Beweisaufnahme über ein Geständnis verlesen werden (§ 254 Abs. 1 StPO). Die Verlesung ermöglicht dem Gericht die Feststellung, dass der Angeklagte ein Geständnis abgelegt hat, dass es einen bestimmten Inhalt hatte und dass es wahr ist[159], zwingt es jedoch dazu nicht. Der Beweisaufnahme über ein Geständnis dient im Umkehrschluss auch die Verlesung einer nicht geständigen Einlassung zur Feststellung eben des Umstands, dass kein Geständnis abgelegt worden war.

Zu den verlesbaren Protokollen richterlicher Vernehmungen in diesem Sinne zählen neben den im *Ermittlungs- und Zwischenverfahren* gewonnen auch die durch *kommissarische Richter* erarbeiteten[160]. Für verlesbar erachtet werden ferner die Niederschriften aus früheren Hauptverhandlungen selbst dann, wenn sie nur als Inhaltsprotokoll, also nicht vollständig und wörtlich protokolliert, vorliegen[161].

Neben oder anstelle der Verlesung ist es ferner zulässig, den vernehmenden Richter als Zeugen zu hören oder Personen, die bei der Vernehmung anwesend waren.

Aus § 254 StPO folgt (im Umkehrschluss), dass *polizeiliche Protokolle* einer Beschuldigtenvernehmung *nicht zu Zwecken der Beweisaufnahme* über ihren Inhalt verlesen werden dürfen[162]. Verlesen werden dürfen sie allerdings zum Beweis der Tatsache, dass solche Urkunden vorhanden sind[163], was immerhin Indizwert haben kann. Äußert sich der Angeklagte nicht zur Sache[164], so ist es zulässig, den Vernehmungsbeamten[165] als Zeugen zu hören[166] und ihm auch Vorhalte[167] aus dem von ihm angefertigten Protokoll zu machen. Nur das, was daraufhin der aktuellen Erinnerung des Zeugen entspricht, kann verwertet werden[168].

Grundsätzlich muss der richterlichen oder polizeilichen Vernehmung die *Belehrung nach § 136 Abs. 1 S. 2, § 163a Abs. 4 S. 2 StPO* vorangegangen sein, sonst ist weder das richterliche Protokoll noch das Wissen der Vernehmungsperson verwertbar[169]. Das gilt allerdings nicht, wenn der Angeklagte (schon) damals sei-

---

158 BGHSt 22, 171.
159 Kl./Meyer-Goßner § 254 Rdnr. 2.
160 Kl./Meyer-Goßner § 251 Rdnr. 16.
161 BGHSt 24, 183. M.E. stellt sich hier zwar kein Zulässigkeits-, wohl aber ein Wertungsproblem. Wer nicht wörtliche und vollständige, sondern Inhaltsprotokolle verwerten will, wird redlicherweise damit kaum zwingende Schlüsse, sondern bestenfalls Indizien einführen. Denn viel mehr als die Tatsache, dass es ein entsprechendes Protokoll gibt und dass der Protokollführer bestimmte Inhalte niedergelegt hat, wird sich hieraus nicht unmittelbar ergeben.
162 Kl./Meyer-Goßner § 254 Rdnr. 6.
163 BGHSt 3, 149.
164 Oder bestreitet er die Richtigkeit des Protokolls.
165 Oder bei der polizeilichen Vernehmung anwesende weitere Zeugen, etwa Dolmetscher.
166 BGHSt 14, 310.
167 Vergl. zur Handhabung von Vorhalten auch vorn S. 48 ff.
168 BGHSt 14, 310; BGH NStZ 1995, 47.
169 BGH NStZ 1992, 294. Wird dem Beschuldigten eine vorherige Verteidigerbefragung untersagt, kann dies auch zur Unverwertbarkeit führen, BGH NJW 1993, 338.

III. Hauptverhandlung

ne Aussagefreiheit zweifelsfrei kannte[170]. Das hat das Gericht im Freibeweis zu klären. Sind Zweifel hierzu nicht zu beheben, ist davon auszugehen, dass dem Angeklagten das nötige Wissen damals fehlte[171]. Verwertbar sind unter Verstoß gegen die Belehrungspflicht gewonnene Erkenntnisse ferner dann, wenn der verteidigte Angeklagte ihrer Verwertung ausdrücklich zustimmt oder wenn nicht spätestens nach der entsprechenden Beweisaufnahme (§ 257 StPO) er oder sein Verteidiger der Verwertung widersprechen[172].

Die *Erkenntnisse aus sog. informatorischen Befragungen* des (späteren) Angeklagten sind grundsätzlich immer verwertbar[173]. Denn die Belehrungspflicht entsteht erst, wenn die indifferente Informationssammlung in eine Beschuldigtenvernehmung übergeht[174]. Wann dies der Fall ist, richtet sich nach der konkreten Situation im Ermittlungsverfahren, insbesondere der Stärke des Verdachts gegenüber dem Befragten aus der Sicht der Ermittlungsbeamten und der objektiven Umstände, unter denen sie die Befragung durchgeführt haben[175]. Auch (schriftliche oder mündliche) Äußerungen des Angeklagten gegenüber Dritten sind grundsätzlich immer verwertbar[176].

7.5.3. »Verspätete« Sachangaben

Angeklagte, die zunächst keine Angaben zur Sache machen, verlangen gelegentlich im späteren Verlauf der Beweisaufnahme das Wort, um sich nun doch ganz oder teilweise zur Sache zu äußern. Dieses Recht steht ihnen grundsätzlich zu. Denn verzichtet der Angeklagte zunächst auf sein Äußerungsrecht, so ist dies weder unwiderruflich noch als Verwirkung zu werten[177]. Allerdings muss ihm die Gelegenheit zur umfangreichen und zusammenhängenden Sacheinlassung nicht unter allen Umständen sofort eingeräumt werden[178]. Es genügt, wenn die Äußerung unverzüglich ermöglicht wird, also nach Erledigung vorgreiflicher und unaufschiebbarer Verfahrensakte[179]. Hierzu dürfte zum Beispiel die Erhebung von Beweisen zählen, deren Verlust droht oder die Vernehmung von anwesenden

---

170 KK-Tolksdorf § 243 Rdnr. 47a.
171 BGH NStZ 1992, 294. Dass allerdings Zweifel an der Frage, ob ein Polizeibeamter den Hinweis gegeben hat oder nicht, zulasten des Angeklagten gehen sollen (BGH NStZ 1992, 294), empfinde ich als groben Wertungswiderspruch und mithin als unzutreffend (so wohl auch Roxin, JZ 1992, 381).
172 BGH NStZ 1992, 295, wobei der Vorsitzende den Angeklagten, der keinen Verteidiger hat, entsprechend belehren muss. OLG Stuttgart geht mit guten Gründen davon aus, dass der Widerspruch spätestens im Zeitpunkt des § 257 StPO erklärt werden muss, also nach der ersten Vernehmung des Zeugen über die unter Verstoß gegen die Belehrungspflicht erlangten Angaben des Angeklagten (StV 1997, 405).
173 Kl./Meyer-Goßner Einl. Rdnr. 79.
174 BGH NStZ 1992, 295.
175 BGH NStZ 1992, 295.
176 Das gilt auch z.B. für Abschiedsbriefe an das Tatopfer vor einem Suizidversuch, BGH NJW 1995, 269.
177 BGH NStZ 1986, 371.
178 Das Gericht braucht also nicht alles stehen und liegen zu lassen, um nun sofort zu hören, was der jetzt dazu bereite Angeklagte zu äußern wünscht.
179 Vergl. BGH NStZ 1986, 371.

7. Vernehmung des Angeklagten zur Sache

Zeugen, die erst nach geraumer Zeit wieder zur Verfügung stünden und vorher nicht vernommen werden könnten, wenn der Sacheinlassung des Angeklagten Vorrang gegeben würde[180].

7.6. Ausschluss der Öffentlichkeit

Die Vernehmung des Angeklagten zur Sache kann unter bestimmten Voraussetzungen unter *Ausschluss der Öffentlichkeit* stattfinden.

7.6.1. Persönlichkeitsrechte

Zum Schutz der *Persönlichkeitsrechte* eines Angeklagten oder eines anderen Prozessbeteiligten kann die Öffentlichkeit (ganz oder zeitweise) ausgeschlossen werden, wenn und soweit Umstände aus dem persönlichen Lebensbereich zur Sprache kommen würden, deren öffentliche Erörterung schutzwürdige Interessen verletzen würde (§ 171b GVG).

Zum *persönlichen Lebensbereich* gehören z.B. private Eigenschaften und Neigungen, Gesundheitszustand, Sexualsphäre, Umstände aus dem Familienleben, die Schutz vor dem Einblick Dritter verdienen, kurz: Tatsachen, die im Sozialleben üblicherweise nicht gefragt und in der Regel nicht spontan und unbefangen mitgeteilt werden[181]. Deren öffentliche Erörterung verletzt *schutzwürdige Interessen* grundsätzlich[182] dann, wenn sie sich nach objektiven Kriterien nachteilig auswirken kann, vor allem also dann, wenn Ansehensverluste drohen können oder aus der Intimsphäre zu berichten ist, insbesondere aus dem Sexualleben. Überwiegendes Interesse an öffentlicher Erörterung kann den Ausschluss gleichwohl hindern (§ 171b Abs. 1 S. 1 a.E. GVG).

Über den Ausschluss entscheidet das *Gericht* (nicht allein der Vorsitzende) von Amts wegen oder auf Antrag. Liegen die Voraussetzungen des Ausschlusses vor und hat der *Angeklagte oder die betroffene Person ihn beantragt*, so *muss* das Gericht den Ausschluss anordnen (§ 171b Abs. 2 GVG). Im Übrigen steht die Entscheidung, vor der die Beteiligten zu hören sind, im pflichtgemäßen Ermessen des Gerichts. Widerspricht allerdings der Betroffene dem Ausschluss der Öffentlichkeit, so bindet dies das Gericht (§ 171b Abs. 1 S. 2 GVG).

7.6.2. Gefährdung der Sittlichkeit u.a.

Die Öffentlichkeit kann ferner aus den Gründen des § 172 GVG ganz oder zeitweise ausgeschlossen werden.

Während die Gefährdung der Staatssicherheit oder der öffentlichen Ordnung[183] in der Gerichtspraxis selten zu befürchten sein wird, kann eine *Gefähr-*

---

180 Zur vergleichbaren Situation bei § 29 Abs. 2 StPO Kl./Meyer-Goßner § 29 Rdnr. 4.
181 Rieß/Hilger NStZ 1987, 150.
182 Wesentliche Ausnahme: Der Zeuge gibt die Umstände freiwillig und außerhalb des Verfahrens selbst der Öffentlichkeit kund (Kl./Meyer-Goßner § 171b GVG Rdnr. 4).
183 Hierzu soll allerdings z.B. auch die Gefahr für einen Zeugen gehören, nach öffentlicher Vernehmung Opfer von Sachbeschädigungen zu werden (Kl./Meyer-Goßner § 172 GVG Rdnr. 7 a.E.).

III. Hauptverhandlung

dung der Sittlichkeit häufiger z.B. angesichts öffentlicher Erörterung von Praktiken des Kindesmissbrauchs o.Ä. zu befürchten sein. In diesen Fällen ist der Ausschluss der Öffentlichkeit gem. § 172 Nr. 1 GVG auch dann möglich, wenn die Voraussetzungen des Ausschlusses nach § 171b GVG nicht vorliegen.

Die *Gefährdung von Leib, Leben oder Freiheit des Angeklagten* (oder einer anderen Person) kann ebenfalls den Ausschluss der Öffentlichkeit rechtfertigen (§ 172 Nr. 1a GVG), das Gleiche gilt für überwiegend schutzbedürftige persönliche Interessen, die nicht schon § 171b GVG unterfallen (§ 172 Nr. 2 GVG). Schließlich kann die Erörterung strafrechtlich geschützter Privatgeheimnisse den Ausschluss der Öffentlichkeit rechtfertigen (§ 172 Nr. 3 GVG, etwa i.H. auf § 385 AO).

7.6.3. Verfahrensfragen

Über den Ausschluss der Öffentlichkeit ist in nicht öffentlicher Sitzung (sog. *Incidentverfahren*) zu verhandeln, wenn es ein Verfahrensbeteiligter beantragt oder das Gericht dies für angemessen erachtet (§ 174 Abs. 1 S. 1 GVG). Der daraufhin ergehende *Beschluss* ist grundsätzlich *öffentlich zu verkünden*, (auch) wenn die Öffentlichkeit ausgeschlossen wird, es sei denn, seine Verkündung würde erhebliche Störungen der Ordnung befürchten lassen (§ 174 Abs. 1 S. 2 GVG).

Der *Beschluss* des Gerichts ist *zu begründen* (§ 174 Abs. 1 S. 3 GVG)[184]. Dabei genügt die Mitteilung des Ausschließungsgrunds in abstrakter Form, sofern der Beschluss aus sich heraus verständlich ist[185]. Die tatsächlichen Umstände, aus denen sich der Ausschließungsgrund ergibt, müssen dann nicht mitgeteilt werden[186]. Der Beschluss sollte klarstellen, *für welchen Verfahrensteil* der Ausschluss gilt. Dann bedarf es zu gegebener Zeit nur der tatsächlichen Wiederherstellung der Öffentlichkeit, etwa durch Aufruf. Wird die Öffentlichkeit »bis auf weiteres« ausgeschlossen, so bedarf es eines erneuten Gerichtsbeschlusses, wenn sie wiederhergestellt werden soll, und der tatsächlichen Bewirkung der Öffentlichkeit. Ist die Öffentlichkeit wegen Gefährdung der Staatssicherheit, zum Schutz von Persönlichkeitsrechten (§ 171b GVG) oder wegen schutzbedürftiger (sonstiger) privater Interessen (§ 172 Nr. 2 und 2 GVG) ausgeschlossen worden, so kann das Gericht den (verbleibenden) anwesenden Personen durch Beschluss ein *Schweigegebot* betr. die in diesem Verhandlungsteil erlangten Kenntnisse auferlegen (§ 174 Abs. 3 GVG)[187].

Der Beschluss, mit dem das Gericht die Öffentlichkeit ausschließt oder mit dem es den Ausschluss ablehnt, ist *nicht anfechtbar* (§ 305 StPO).

---

184 *Beispiel:* »Die Öffentlichkeit wird für die Vernehmung des Angeklagten zu seinen persönlichen und wirtschaftlichen Verhältnissen ausgeschlossen. Der Angeklagte gehört als Berufsfußballspieler zu den Personen der Zeitgeschichte. Er hat ein berechtigtes Interesse daran, dass seine persönlichen und wirtschaftlichen Verhältnisse nicht mehr als unumgänglich der Öffentlichkeit preisgegeben werden, zumal die ihm vorgeworfene Straftat mit diesen persönlichen Umständen nichts zu tun hat.«
185 Vergl. BGH NJW 1996, 50.
186 BGHSt 30, 212.
187 Vergl. Katholnigg § 174 GVG Rdnr. 6.

8. Vernehmung von Zeugen

Nach der Vernehmung des Angeklagten folgt die Beweisaufnahme im engeren Sinne (§ 244 Abs. 1 StPO), häufig durch *Vernehmung von Zeugen*.

Zeugenaussagen sind zugleich wichtigstes und unsicherstes Beweismittel. Wer sich der Hilfe von Zeugen bedienen muss, erhofft sich klare Entscheidungshilfen. Er verlangt eindeutige Erklärungen aufgrund zuverlässiger Erinnerung. In der Praxis kommt beides selten vor. Das Gericht – wie auch die anderen Verfahrensbeteiligten – sollte sich daher stets vor zu hohen Erwartungen hüten. Die Unzulänglichkeiten des Zeugenbeweises sind dann, wenn der Zeuge aussagewillig, zur Erinnerung fähig und zur Wahrhaftigkeit bereit ist, nie dem Zeugen anzulasten[188]. Gleichwohl führt der Unmut, einer Zeugenaussage nichts Erhellendes abgewinnen zu können, oft zu unangemessenem Umgang mit dem Zeugen. Insbesondere die Amtsjuristen sollten sich gelegentlich verdeutlichen, dass Zeugen – sofern es sich nicht um Berufszeugen[189] handelt – einen breiten Bevölkerungsausschnitt repräsentieren. Sie, die in ihrem Leben vielleicht nur dieses einzige Mal unmittelbar mit einem Gericht zu tun bekommen, tragen ihre Eindrücke in ihre Familien-, Freundes- und Bekanntenkreise weiter.

Wie im Einzelnen mit Zeugen umzugehen ist, richtet sich nach vielfältigen, teilweise höchst subjektiven Kriterien. Die Vernehmung sollte immer darauf ausgerichtet sein, ein Optimum an entscheidungserheblichen Erkenntnissen zu gewinnen. Damit ist nicht nur kriminalistisches Gespür, sondern auch kommunikatives Talent gefragt. In beidem werden Juristen üblicherweise weder ausgebildet noch gefördert. Allein ein Besinnen auf allgemein gültige Umgangsformen kann Zeugen schon den wichtigen Eindruck vermitteln, keiner Unperson gegenüber zu sitzen, sondern einem vernünftigen, gebildeten Angehörigen einer wichtigen rechtsstaatlichen Einrichtung.

Als besonders schwierig erweist sich oft die Vernehmung von geistig retardierten Personen. Der Vorsitzende kann sich Informationen über deren besondere Befindlichkeiten und Bedürfnisse (etwa: Konzentrationsfähigkeit? Belastbarkeit? vermehrtes Bedürfnis nach Pausen?) in einem vorbereitenden Telefongespräch mit einer Betreuungsperson beschaffen. Es ist im Übrigen zulässig, Hilfspersonen zuzuziehen, wenn die Maßnahme nach pflichtgemäßem Ermessen des Gerichts für die Verständigung mit einem solchen Zeugen erforderlich ist[190].

---

188 Einfache Tests sind allgemein bekannt, werden aber zu Recht immer wieder zur Erprobung empfohlen. Man frage sich etwa ernsthaft: Welche Kleidung trug der letzte Gesprächspartner? Hat das Zifferblatt der (analog anzeigenden) Armband-, Küchen-, Wohnzimmer- oder Bürouhr lateinische oder arabische Ziffern? Wie breit und wie lang ist der Sitzungssaal zu schätzen, den man gerade verlassen hat? Wer einwendet, derartige Dinge würden nicht erinnert, weil sie belanglos seien, muss bedenken, dass wir häufig genug Zeugen ebenfalls, mitunter sogar besonders intensiv, zu Umständen befragen, die sie als völlig uninteressant erlebt haben.
189 Hierzu zähle ich vor allem Polizeibeamte.
190 Vergl. BGH NJW 1997, 2335 f.

III. Hauptverhandlung

8.1. Zeugenbeistand

Zeugen sind allgemein berechtigt[191], mit anwaltlichem *Beistand* bzw. im Fall von dessen Beiordnung mit ihrem Vernehmungsbeistand[192] zu erscheinen. Dieser Beistand hat grundsätzlich nicht mehr Rechte als der Zeuge selbst, er muss also beispielsweise bis zu dessen Vernehmung mit ihm vor dem Sitzungssaal warten. Dem allgemeinen Zeugenbeistand steht ein Akteneinsichtsrecht nicht zu[193]. Dem nach § 68b StPO beigeordneten Vernehmungsbeistand ist ein eingeschränktes Akteneinsichtsrecht einzuräumen[194].

Weitergehende Rechte (Akteneinsichtsrecht, § 406e StPO, Beanstandung von Fragen, § 238 Abs. 2 und § 242 StPO, Antrag auf Ausschluss der Öffentlichkeit, § 171b GVG) stehen dem Zeugenbeistand/Vernehmungsbeistand als *Beistand des Verletzten* bei dessen Vernehmung zu (§ 406f Abs. 2 und 3 StPO).

8.2. Zeugenbelehrung

Die *Belehrung der Zeugen* über ihre Pflichten (§ 57 S. 1 StPO) kann kollektiv bereits bei der Präsenzfeststellung erfolgen[195] und ist spätestens vor Beginn der Vernehmung zur Person[196] vorzunehmen[197]. Sie ist Aufgabe des Vorsitzenden. Während der Vernehmung oder wenn eingangs nur eine pauschale Sammelbelehrung aller erschienenen Zeugen stattfand, kann die Belehrung wiederholt und intensiviert werden. Letzteres empfiehlt sich auch, wenn der Eindruck entsteht, dass der Zeuge unwahr aussagt.

8.3. Befragung zur Person

Die Zeugenvernehmung beginnt mit der *Befragung zur Person* (§ 68 Abs. 1 S. 1 StPO). Sie dient zum einen der Identitätsfeststellung, soll aber auch eine verlässliche Grundlage sein, Erkundigungen über den Zeugen anzustellen, die sich auf seine Glaubwürdigkeit beziehen[198].

---

191 BVerfG NJW 1975, 103.
192 Dazu eingehend vorn S. 8.
193 KMR-Paulus Vorb. § 48 Rdnr. 31.
194 KK-Senge § 68b Rdnr. 9. Ausführlicher dazu oben S. 9.
195 Vergl. dazu vorn S. 83.
196 Denn die Wahrheitspflicht erstreckt sich auf die Angaben zur Person.
197 Weil § 57 StPO allgemein als eine nur im Interesse der Zeugen erlassene Ordnungsvorschrift betrachtet wird, kann eine Revision auf eine Verletzung der Belehrungspflicht nicht gestützt werden, Kl./Meyer-Goßner § 57 Rdnr. 6. Ich bezweifle allerdings die Richtigkeit der Ausgangsfeststellung. Denn die Interessen des Zeugen – in dem Zusammenhang die, sich nicht strafbar zu machen – sind in der Beweisaufnahme meist von ganz untergeordneter Bedeutung. Wichtig ist vielmehr die Erforschung der Wahrheit zur Ent- oder Belastung des Angeklagten; nur deswegen soll der Zeuge wahrheitsgemäß aussagen, zur Herbeiführung der wahrheitsgemäßen Aussage vereidigt werden und wissen, dass er bestraft werden kann, wenn er trotzdem lügt.
198 BGH NJW 1986, 1999.

8. Vernehmung von Zeugen

Der Zeuge hat *Vor- und Zunamen, Alter*[199], den derzeitigen Beruf (»Stand und Gewerbe«) und den *Wohnort*[200] anzugeben. Die Frage nach Ehe, Verwandtschaft oder Schwägerschaft mit dem Angeklagten ist nicht gesetzlich vorgeschrieben. Weil bei Vorliegen entsprechender Beziehungen Zeugnis- und Auskunftsverweigerungsrechte (§§ 53, 55 StPO) bestehen und die Handhabung der Vereidigung davon anhängt (§§ 61 Nr. 2, 63 StPO), sollte der Vorsitzende auch danach regelmäßig fragen.

Die Zeugen sollten Gelegenheit haben, ihre Personalien selbst anzugeben. Dass der Vorsitzende Personalia aus den Akten vorliest und die Zeugen befragt, ob das Verlesene richtig sei, birgt tatsächliche Unsicherheiten[201] und ist psychologisch ungeschickt[202].

Zeugen, die *Wahrnehmungen in amtlicher Eigenschaft* gemacht haben (z.B. Polizeibeamte als Zeugen in Bezug auf dienstliche Erkenntnisse), dürfen anstelle des Wohnorts den *Dienstort* angeben (§ 68 Abs. 1 S. 2 StPO), ohne dass dies irgendwelche konkreten Sicherheitsbedenken voraussetzt.

Jeder Zeuge kann in der Hauptverhandlung anstatt des Wohnorts seinen Geschäfts- oder Dienstort oder eine andere ladungsfähige Anschrift angeben, wenn er sich oder andere durch Angabe des Wohnorts in *Gefahr*[203] bringen würde (§ 68 Abs. 2 S. 1 StPO) oder – wenn ihm der Vorsitzende das gestattet – gar keine Angaben zum Wohnort machen (§ 68 Abs. 2 S. 2 StPO). Der Vorsitzende entscheidet darüber nach pflichtgemäßem Ermessen von Amts wegen oder auf Antrag einer Beteiligten oder des Zeugen[204]. Gegen seine Anordnung kann (auch durch den Zeugen) das Gericht gem. § 238 Abs. 2 StPO angerufen werden.

---

199 Genau genommen in Jahren, wobei sich das Gericht in der Regel auch mit der Angabe des Geburtsdatums begnügen wird, zumal erstaunlich viele Menschen ihr aktuelles Alter in Jahren nicht spontan angeben wollen (»Wie alt sind Sie?« »Ich bin am 24.2.57 geboren« oder »Ich werde 50«).
200 Dabei soll allein die Nennung der Gemeinde nicht genügen, sondern die postalische Anschrift erforderlich sein, str., vergl. Kl./Meyer-Goßner § 68 Rdnr. 8. M.E. bedarf dieser Streit keiner grundsätzlichen Entscheidung. Zum einen ist ein Verstoß gegen § 68 StPO (Ordnungsvorschrift) generell nicht revisibel (KK-Pelchen § 68 Rdnr. 12). Zum anderen kann es dem Einzelfall überlassen bleiben, ob dem Gericht und den weiteren Beteiligten die Ortsangabe zusammen mit den weiteren Angaben zur Person genügt oder die Angabe der komplette Anschrift (die in aller Regel ohnehin aktenkundig ist) erforderlich erscheint, um den Zeugen hinreichend zu identifizieren und ggf. ihn betreffende Nachforschungen anzustellen. Das Gericht ist in jedem Fall des § 68 Abs. 1 S. 1 StPO berechtigt, die vollständige Anschrift zu erfragen und sollte es im Zweifel tun, um Unklarheiten vorzubeugen.
201 Menschen vor Gericht hören oft nicht richtig zu, wenn es um Dinge geht, die vermeintlich nur Formalitäten betreffen. Gelegentlich sind z.B. Zeugen zu beobachten, die noch nicht einmal einen Irrtum oder Fehler in ihrer namentlichen Bezeichnung klarstellen, sondern sich zur Vermeidung irgendwelchen vermuteten Ärgers lieber stundenlang falsch anreden lassen.
202 Denn die Möglichkeit, die Fragen zur Person selbst beantworten zu können, bietet vielen Zeugen die Chance, sich in ungewohnter Umgebung ein wenig »freisprechen« zu können.
203 Gemeint ist die Gefahr von Rechtsgutverletzungen, nicht der Schutz vor Belästigungen, Kl./Meyer-Goßner § 68 Rdnr. 12.
204 KMR-Paulus § 68 Rdnr. 16.

III. Hauptverhandlung

Betrifft die *Gefahrenlage Leib, Leben oder Freiheit*, kann dem Zeugen durch Anordnung des Vorsitzenden[205] erlaubt werden, keine Angaben zur Person zu machen oder nur solche über eine frühere Identität. In diesem Fall muss die Feststellung der Personalien durch Unterlagen gewährleistet sein, die bei der Staatsanwaltschaft verwahrt werden (§ 68 Abs. 3 StPO).

Der zu vernehmende Zeuge muss grundsätzlich körperlich anwesend und sichtbar sein, die Vernehmung eines vermummten oder sonst unkenntlich gemachten Zeugen ist unzulässig[206]. Das dürfte auch für den Bereich der Videovernehmungen (§ 247a StPO) gelten[207].

8.4. Unterrichtung

Der Vorsitzende *unterrichtet* den Zeugen über den *Untersuchungsgegenstand* und die *Person des Angeklagten* (§ 69 Abs. 1 S. 2 StPO).

Die Unterrichtung über den Untersuchungsgegenstand soll den Zeugen in die Lage versetzen, überhaupt zu erkennen, um welche Inhalte es geht. Dabei steht die Gewinnung möglichst vieler relevanter Informationen aus dem Wissen des Zeugen für das Gericht im Vordergrund des Interesses. Die Heranführung an das Thema sollte daher behutsam und ohne unnötige Vorwegnahme von Inhalten erfolgen, die vom Zeugen selbst produziert werden können. Obwohl es sich bei § 69 Abs. 1 S. 2 StPO (nur) um eine Ordnungsvorschrift handelt[208], sollte der Zeuge über den Verfahrensgegenstand auch dann unterrichtet werden, wenn zu vermuten ist, dass er davon schon aus anderem Anlass[209] Kenntnis hat[210]. Im Zweifel weiß der Vorsitzende nämlich nicht, welche Vorstellungen der Zeuge vom Verfahrensgegenstand hat[211]. In der Hauptverhandlung handelt es sich nicht zwangsläufig um deckungsgleich dieselben Inhalte wie in früheren Verfahrensstadien. Insbesondere wissen Zeugen in der Regel nicht, inwieweit Verfolgungsbeschränkungen vorgenommen wurden, welche Tatsachen das Gericht als gegeben voraussetzt u.v.m.[212]

Die *Bekanntgabe der Person* des Angeklagten ist vor allem dann wichtig, wenn der Vorsitzende davon ausgehen muss, dass sich Zeugen und Angeklagter nicht kennen, umso mehr noch, wenn sich Opfer und möglicher Täter einer Straftat erst vor Gericht kennen lernen. Sie ist zwingend erforderlich, um den Zeugen zur Mitteilung persönlicher Beziehungen zum Angeklagten zu veranlassen, die Zeug-

---

205 Dagegen ist die Anrufung des Gerichts gem. § 238 Abs. 2 StPO statthaft.
206 Schutzwürdige Interessen können allerdings u.U. durch Ausschluss der Öffentlichkeit oder des Angeklagten gewahrt werden, BGHSt 32, 124, vergl. auch BGH NStZ 1993, 350.
207 Kl./Meyer-Goßner § 247a Rdnr. 1 m.w.N., a.A. KK-Diemer § 247a Rdnr. 14.
208 KMR-Paulus § 69 Rdnr. 16.
209 Etwa, weil er Strafanzeige erstattet hat oder er schon einmal in gleicher Sache vernommen wurde.
210 Anders wohl Kl./Meyer-Goßner § 69 Rdnr. 2.
211 Klassisches und häufiges Beispiel für Fehlvorstellung im Rechtsfolgenbereich, die mit einer geschickten Unterrichtung korrigiert werden können: Der geschädigte Zeuge meint, es gehe um eine Verurteilung zu Schadensersatz und Schmerzensgeld.
212 Auch dem gut informierten Zeugen kann bei der Gelegenheit im Übrigen verdeutlicht werden, warum es ggf. erforderlich ist, ihn zum wiederholten Male zum gleichen Fragenkreis zu vernehmen.

8. Vernehmung von Zeugen

nis- oder Auskunftsverweigerungsrechte begründen können. Daher sollte nach solchen Beziehungen, vor allem Verwandtschaft und Schwägerschaft, regelmäßig gefragt werden (§ 68 Abs. 4 StPO).

8.5. Zeugnisverweigerungsrechte

Zeugnisverweigerungsrechte haben zur Folge, dass ein Zeuge die Angaben zur Sache vollständig verweigern kann.

8.5.1. Persönliche Gründe

Das Recht zur *Zeugnisverweigerung aus persönlichen Gründen* steht dem in § 52 Abs. 1 StPO genannten Personenkreis zu[213].

Ob eines der dort genannten *Angehörigkeitsverhältnisse* vorliegt, hat der Vorsitzende zu erforschen. Dabei ist die Befragung des Zeugen selbst, dessen diesbezügliche Angaben der Wahrheitspflicht unterliegen[214], die Haupterkenntnisquelle. Ein »in dubio pro reo« ist bei der Feststellung der tatsächlichen Voraussetzungen eines Zeugnisverweigerungsrechts nicht zulässig. Will sich das Gericht auf Behauptungen nicht verlassen, kann der Vorsitzende Glaubhaftmachung verlangen, etwa durch Vorlage von Urkunden oder eidliche Versicherungen (§§ 56, 66c, 66d StPO).

Maßgeblich für das Zeugnisverweigerungsrecht des § 52 StPO ist das Vorliegen eines Angehörigenverhältnisses im *Zeitpunkt der Vernehmung*[215]. Für die Ehe[216] gilt die Ausnahme, dass auch geschiedenen Ehegatten ein Zeugnisverweigerungsrecht zusteht (§ 52 Abs. 1 Nr. 2 StPO).

Im Gerichtsalltag ist die Frage nach Ehe oder Verlöbnis rasch zu klären. Werden überraschend Verwandschafts- oder Schwägerschaftsverhältnisse bekannt, macht die Einordnung in die Kategorien des § 52 Abs. 1 Nr. 3 StPO (»verwandt und verschwägert in gerader Linie, in der Seitenlinie bis zum dritten Grad verwandt oder bis zum zweiten Grad verschwägert«) gelegentlich Probleme[217]. Aus Sicht des Angeklagten sind neben *Ehegatten und Verlobten* vor allem *folgende Personen zeugnisverweigerungsberechtigt*:

---

213 Das Zeugnisverweigerungsrecht gilt auch für Angehörige eines Mitangeklagten, endet jedoch, sobald das Verfahren gegen diesen rechtskräftig abgeschlossen ist (BGH NStZ 1992, 195).
214 Zwar ist die verlöbnisstiftende Kraft eines Strafverfahrens gelegentlich forensisch zu beobachten, dann aber wieder auch Verwirrung, Furcht und Schrecken, wenn das Gericht zu erkennen gibt, dass es unter einem Verlöbnis ein von gegenseitigem ernsthaftem Willen getragenes, auf Dauer ausgerichtetes Eheversprechen versteht.
215 Nicht also zur Zeit der Tat oder derjenigen Umstände, zu denen der Zeuge gehört werden soll, Kl./Meyer-Goßner § 52 Rdnr. 4.
216 Voraussetzung: im Inland geschlossen oder nach deutschem Recht als gültig anzuerkennen, Kl./Meyer-Goßner § 52 Rdnr. 4.
217 Mancher Zeuge formuliert nämlich nicht etwa zuvorkommend, er sei zwar verwandt mit dem Angeklagten, jedoch nur in der Seitenlinie vierten Grades, sondern z.B. wie folgt: »Ich bin mit dem Angeklagten verwandt, so um ein paar Ecken. Sagen tut er ja Onkel zu mir. Was meiner Mutter ihr zweiter Mann war, davon mein Bruder, also Stiefbruder oder Halbbruder oder wie man sagt, weil wir nicht den gleichen Vater haben, von dem sein unehelichen Sohn wieder der Sohn, das ist der Angeklagte.«

III. Hauptverhandlung

- Aus dem Kreis der *Verwandten*:
  - seine Eltern, Großeltern, Urgroßeltern u.s.w.;
  - seine Kinder, Enkel, Urenkel u.s.w.;
  - seine Geschwister, seine Neffen und Nichten;
  - seine Onkel und Tanten;

  nicht aber Vettern und Basen, Großneffen und -nichten, Großonkel und -tanten;
- aus dem Kreis der *Verschwägerten*:
  - seine Schwiegereltern, deren Eltern und Großeltern u.s.w.;
  - seine Stiefkinder, -enkel, -urenkel u.s.w.;
  - sein Schwiegersohn und seine Schwiegertochter, Ehegatten seiner Enkelkinder, seiner Urenkelkinder u.s.w.;
  - sein Schwager, seine Schwägerin,

  nicht aber der Ehegatte der Schwester oder des Bruders.

Der *Vorsitzende* hat über das Zeugnisverweigerungsrecht aus persönlichen Gründen in der Hauptverhandlung zu *belehren* (§ 52 Abs. 3 StPO). Die Belehrung erfolgt grundsätzlich vor der Vernehmung des Zeugen zur Sache. Auf die Entschließungsfreiheit des Zeugen darf dabei nicht eingewirkt werden. Der Vorsitzende sollte daher auch diese Belehrung in verständlichem Deutsch vermitteln. Dem Zeuge sollte verdeutlicht werden, dass das Gericht kein bestimmtes Aussageverhalten erwartet bzw. dass sich die Tatsache der Zeugnisverweigerung als solche[218] weder positiv noch negativ für den Angeklagten auswirken kann. Gelegentlich empfiehlt sich der weitere Hinweis, dass dann, wenn eine Aussage zur Sache gemacht wird, die Wahrheitspflicht wie bei anderen Zeugen und grundsätzlich auch die Möglichkeit der strafrechtlichen Verfolgung einer Falschaussage besteht.

Wird die *Belehrung vergessen* oder ihre Notwendigkeit erst im Verlauf der Vernehmung zur Sache erkannt, so droht Unverwertbarkeit[219] der bisher gewonnenen Angaben. Ihr kann dadurch begegnet werden, dass der Vorsitzende den Zeugen jetzt belehrt, darauf hinweist, dass die bisherigen Angaben unverwertbar sind, wenn der Zeuge vom Verweigerungsrecht Gebrauch macht, die Erklärung des (weiter aussagebereiten) Zeugen einholt, dass er davon keinen Gebrauch mache und die *Aussage wiederholt wird*[220]. Auch hierbei darf der Vorsitzende keinen bestimmenden Einfluss auf den Zeugen nehmen.

---

218 Problematisch sind die Fälle, in denen es auf der Hand liegt, dass die Beweissituation sich durch die Entscheidung des Zeugen maßgeblich ändert, zum *Beispiel*: Oft ist die Ehefrau einzige Zeugin einer ihr zugefügten Misshandlung durch den dies bestreitenden Ehemann. Was ist zu erwarten? Sagt sie aus, bestätigt sie ihre früheren belastenden Angaben und wird der Angeklagte daraufhin verurteilt, kann sie sich schon auf die nächsten häuslichen Schläge vorbereiten. Sagt sie nicht aus, gibt es kein weiteres Beweismittel (es sei denn, eine richterliche Vernehmung wäre sicherheitshalber vorangegangen), der Täter wird freigesprochen. Gleichwohl meine ich, dass der Vorsitzende nicht versuchen darf, in dieses Dilemma durch Rat oder Empfehlung zur Frage, ob ausgesagt wird, einzugreifen. Abgesehen davon begibt er sich in erhebliche Gefahr der Besorgnis der Befangenheit, wenn er solchen Einfluss nimmt.
219 BGH NStZ 1990, 25.
220 Die Wiederholung der Aussage ist notwendig (a.A. Kl./Meyer-Goßner § 52 Rdnr. 31), weil nur so sichergestellt ist, dass nicht irgendwelche Dinge, die der Zeuge zuvor gesagt hat, nun aber nicht mehr vergegenwärtigt, durch eine pauschale Genehmigung sanktioniert werden.

8. Vernehmung von Zeugen

Ob der Zeuge das Verweigerungsrecht *nutzt oder nicht,* ist (anders als etwa bei manchen Berufsgeheimnisträgern, § 53 Abs. 2 StPO) *allein seine Entscheidung* und davon unberührt, ob der Angeklagte mit einer Sachaussage einverstanden ist oder nicht. Seine Aussagebereitschaft kann der Zeuge widerrufen, auch noch während der Vernehmung[221]. Dies hat Wirkung für die Zukunft, d.h., die Vernehmung zur Sache ist damit beendet. Was der – ordentlich über das Zeugnisverweigerungsrecht belehrte – Zeuge zuvor in der Hauptverhandlung zur Sache ausgesagt hatte, bleibt allerdings verwertbar[222].

Minderjährige oder unter Betreuung (§ 1896 BGB) stehende Zeugen nehmen das Zeugnisverweigerungsrecht allein wahr, wenn sie von seiner Bedeutung eine genügende Vorstellung haben (§ 52 Abs. 2 S. 1 StPO). Das ist der Fall, wenn sie erkennen können, dass der Angeklagte etwas Unrechtes getan haben könnte, dass ihm hierfür Strafe droht und dass ihre Zeugenaussage möglicherweise zu seiner Bestrafung oder Entlastung beitragen kann[223]. Dies festzustellen, ist Aufgabe des Gerichts, wobei im Zweifel von mangelnder Verstandesreife auszugehen ist[224]. Dann ist zunächst die Entscheidung des (ggf. der) gesetzlichen Vertreter[225] herbeizuführen. Hat ein Erwachsener keinen gesetzlichen Vertreter, muss ein Betreuer gem. § 1896 BGB bestellt werden[226]. Verweigert der Betreuer die Zustimmung, darf der Zeuge nicht vernommen werden. Stimmt er zu, so hat immer noch der Zeuge selbst das Recht auf Zeugnisverweigerung. Ist der gesetzliche Vertreter der Angeklagte, so ist er von der Zustimmung ausgeschlossen (§ 52 Abs. 2 S. 2 StPO), auch hier muss ein Betreuer bestellt werden.

Verweigert ein Zeuge nach § 52 StPO berechtigterweise die Angaben zur Sache, so stellt sich oft die Frage, ob und ggf. wie Angaben, die er vor der Hauptverhandlung gemacht hat, eingeführt und verwertet werden können. Grundsätzlich löst die Zeugnisverweigerung das *Verwertungsverbot des § 252 StPO* aus. Der zeugnisverweigerungsberechtigte Zeuge soll umfassend davor geschützt werden, gegen seinen Willen selbst *zum Beweismittel gegen den Angehörigen* zu werden. Aussagen, die der Zeuge zuvor in Vernehmungen (und vernehmungsähnlichen Situationen) gemacht hat, dürfen danach nicht verlesen oder zum Inhalt von Vorhalten werden. Das gilt unabhängig davon, ob der Zeuge vor der vorangegangenen Vernehmung ordnungsgemäß auf sein Zeugnisverweigerungsrecht, falls es damals schon bestand[227], hingewiesen worden war oder nicht. Das Verwertungsverbot erfasst Aussagen in früheren Verhandlungen, in schriftlichen Erklärungen in polizeilichen Fragebögen bis hin zu informatorischen Angaben ge-

---

Denn dem nachträglich nur genehmigenden Zeugen fehlte bei seinen bisherigen Sachangaben das Bewusstsein, was immer er auch sagen könnte, es doch nicht sagen zu müssen.
221 BGH NStZ 1985, 13.
222 BGH NJW 1988, 716.
223 BGH NJW 1967, 360.
224 BGH NJW 1979, 1722.
225 Also z.B. beider Elternteile, sofern beide gesetzliche Vertreter sind.
226 Dies zu beantragen ist im Hauptverfahren Aufgabe des Vorsitzenden, das Strafgericht ist an die Entscheidung des Betreuungsgerichts (Amtsgericht) gebunden.
227 BGH StV 1988, 92.

III. Hauptverhandlung

genüber Polizeibeamten[228] und Angaben über Zusatztatsachen[229] gegenüber gerichtlich bestellten Sachverständigen.

Demgegenüber *dürfen sog. Spontanäußerungen*, also Äußerungen, die nicht in einer vernehmungsähnlichen Situation, sondern aus freien Stücken getan wurden[230], *eingeführt und verwertet werden*[231]. Zu diesem Zweck sind die Personen als Zeugen zu vernehmen, denen gegenüber die Äußerungen erfolgten[232]. Verwertbar sind auch (durch Verlesen, § 249 StPO) *schriftliche Mitteilungen* oder Erklärungen des Zeugen im anhängigen oder anderen Verfahren[233] oder Briefe an den Angeklagten[234].

Eine wichtige *Ausnahme* vom Verwertungsverbot besteht für *richterliche*[235] *Vernehmungen des Zeugen*[236], *sofern sie ordnungsgemäß* zustande gekommen sind, der Richter den Zeugen also vor allem auf das *Zeugnisverweigerungsrecht hingewiesen*, aber auch die Benachrichtigungserfordernisse (§§ 168c, 224 StPO) erfüllt hatte. Das Ergebnis dieser richterlichen Vernehmung darf *nur durch die Vernehmung des Richters*[237], also weder durch Verlesung der Vernehmungsniederschrift noch die Vernehmung weiterer damals anwesender Personen, ersetzt werden[238]. Erinnert sich der Richter als Zeuge – ggf. unter Vorhalt von Passagen der Vernehmungsniederschrift – nicht mehr, so ist seine Aussage als Beweismittel (insofern) wertlos.

Die Geltendmachung des Zeugnisverweigerungsrechts hindert den Zeugen nicht, die Verwertung seiner bei einer nicht richterlichen Vernehmung gemachten Aussage zu gestatten und damit auf das Verwertungsverbot des § 252 StPO zu verzichten[239].

Solange in der Hauptverhandlung *nicht feststeht*, ob ein Zeuge vom Zeugnisverweigerungsrecht Gebrauch machen wird, dürfen seine früheren Angaben, soweit sie vom Verwertungsverbot des § 252 StPO noch erfasst werden könnten, nicht zum Inhalt von *Vorhalten* gegenüber dem Angeklagten oder anderen Zeugen gemacht werden[240].

---

228 Kl./Meyer-Goßner § 252 Rdnr. 7.
229 Im Gegensatz zu Befundtatsachen, BGHSt 11, 97.
230 Auch etwa gegenüber anderen (Privat-)Zeugen, BGHSt 20, 385.
231 BGH NStZ 1992, 247.
232 Vor diesem Hintergrund sind auch Äußerungen gegenüber Verbindungsleuten der Polizei verwertbar, BGH NStZ 1993, 539.
233 Sofern sie nicht bei einer Vernehmung übergeben wurden, BGHSt 22, 219.
234 Kl./Meyer-Goßner § 252 Rdnr. 9.
235 Also nicht auch staatsanwaltschaftliche Vernehmungen, was sachlich nicht ganz nachzuvollziehen, aber offenbar einhellige Meinung ist.
236 Str., aber in der Rechtsprechung allgemein anerkannt, zahlreiche Nachweise bei KK-Mayr § 252 Rdnr. 22.
237 Ggf. auch von Schöffen.
238 KK-Diemer § 252 Rdnr. 23.
239 BGH NJW 2000, 596.
240 Kl./Meyer-Goßner § 252 Rdnr. 16.

8.5.2. Berufliche Gründe

Das *Zeugnisverweigerungsrecht* aus *beruflichen Gründen* steht den in § 53 Abs. 1 StPO genannten Personen und den in § 53a Abs. 1 StPO genannten Berufshelfern zu. Auf den Kreis dieser Personen ist das Zeugnisverweigerungsrecht beschränkt. Das in der Praxis immer wieder angesprochene »Bankgeheimnis« gibt es z.B. nicht, auch Versicherungsmitarbeitern steht kein Zeugnisverweigerungsrecht zu.

Das Zeugnisverweigerungsrecht ist nicht Spiegelbild der strafbewehrten Geheimhaltungspflichten (etwa § 203 StGB). Die *Entscheidung*, ob er sich der Gefahr von Strafe wegen einer Geheimnisverletzung aussetzt, trifft der *Zeuge eigenverantwortlich*. Nimmt er das Zeugnisverweigerungsrecht nicht wahr, muss das Gericht ihn zur Sache vernehmen, die Aussage ist dann auch verwertbar[241].

Eine *Belehrung* über das Zeugnisverweigerungsrecht nach §§ 53, 53a StPO ist *nicht erforderlich*[242]. Ob ein Zeugnisverweigerungsrecht besteht, hat im Zweifel (Freibeweis) das Gericht zu entscheiden, wenn ein Zeuge unter Berufung darauf keine Angaben machen will.

Die in § 53 Abs. 1 Nr. 1 bis 3b StPO genannten Personen (also die auch in der Praxis verhältnismäßig oft zeugenschaftlich gehörten *Verteidiger, Rechtsanwälte und Steuerberater, Familien- und Drogenberater*) sind *zur Aussage verpflichtet*, wenn sie von der Verschwiegenheitspflicht *entbunden* wurden (§ 53 Abs. 2 StPO). Werden sie nicht entpflichtet, können sie sich gleichwohl zur Aussage bereit finden. Zur Entpflichtung *berechtigt* ist jeder, zu dessen Gunsten die Schweigepflicht besteht[243]. Da es sich um ein höchstpersönliches Recht handelt[244], ist eine Vertretung unzulässig[245]. Nach dem Tod des vom Geheimnis Geschützten sind weder Erben noch Angehörige zur Entpflichtung befähigt. Das führt jedoch nicht zur Unmöglichkeit der Aussage, sondern nur zum Wegfall des § 53 Abs. 2 StPO: Der Zeuge muss nunmehr wieder selbst entscheiden, ob er aussagt oder nicht. Die Entpflichtungserklärung sollte aus Gründen der Klarheit ausdrücklich erfolgen, kann aber auch in schlüssigem Verhalten liegen, etwa in der Benennung als Zeuge[246] durch den geheimnisgeschützten Angeklagten.

Der Zeuge kann vom Zeugnisverweigerungsrecht *ganz oder teilweise Gebrauch* machen. Er kann seine Aussagebereitschaft im Verlauf der Vernehmung *widerrufen*, die bisher gewonnenen Angaben bleiben dann jedoch verwertbar.

---

241 Kl./Meyer-Goßner § 53 Rdnr. 6 m.w.N., str. Die anders lautende Auffassung kann für sich vor allem in Anspruch nehmen, dass eine Aussage, mit der der Zeuge eine Straftat nach § 203 StPO begeht, eine Straftat in der Hauptverhandlung darstellt, die es zu vermeiden gilt. Andererseits geschehen tagtäglich Straftaten im Gerichtssaal, etwa in Gestalt von Falschaussagen, ohne dass die Gerichte den betreffenden Zeugen angesichts des drohenden Unheils den Mund verbieten müssten oder nur dürften.
242 BGH NJW 1991, 2846. Ausnahmsweise soll es die Fürsorgepflicht gebieten, gleichwohl zu belehren, wenn der Zeuge nämlich offenkundig dieses Recht nicht kennt (KK-Senge § 53 Rdnr. 6 m.w.N.). M.E. ist dieser Schutz vor eigener Unkenntnis allenfalls dort erforderlich, wo der Zeuge mit einer Aussage in Gefahr der Strafverfolgung geriete.
243 OLG Hamburg NJW 1962, 691.
244 Kl./Meyer-Goßner § 53 Rdnr. 48.
245 Anderer Meinung z.B. KMR-Paulus § 53 Rdnr. 28.
246 KK-Senge § 53 Rdnr. 50.

III. Hauptverhandlung

Über die Ausübung des Zeugnisverweigerungsrechts der *Berufshelfer* (§ 53a StPO) entscheiden nicht die Berufshelfer selbst, sondern die *Hauptberufsträger* (§ 53a Abs. 1 S. 2 StPO) mit verbindlicher Wirkung für ihre Helfer[247]. Ist der Hauptberufsträger nach § 53 Abs. 2 StPO entpflichtet, so gilt dies auch für die Berufshelfer (§ 53a Abs. 2 StPO).

8.5.3. Übergeordnete Gesichtspunkte

Im Übrigen sieht das Gesetz *keine weiteren Zeugnisverweigerungsrechte* vor. Gleichwohl sind Umstände vorstellbar, unter denen die Weigerung eines Zeugen, Angaben zur Sache zu machen, letztlich hinzunehmen ist. Das kann z.B. der Fall sein, wenn dem Zeugen oder seiner Familie bei wahrheitsgemäßer Aussage Gefahren für Leib oder Leben drohen, denen weder mit verfahrensrechtlichen[248] noch mit praktischen Maßnahmen[249] zu begegnen ist[250]. Das Gericht hat dann allerdings – im Wege des Freibeweises[251] – sehr genau zu prüfen, ob die Gefährdungslage tatsächlich besteht, muss das Gefährdungspotenzial einschätzen, die Möglichkeiten der Abhilfe und auch die Frage prüfen, ob der Zeuge die Gefahren nicht selbst verschuldet hat[252]. All dies ist ins Verhältnis zu setzen zur Aufklärungspflicht und wird wohl nur selten dazu führen, dass ein solches außerordentliches Recht zur Zeugnisverweigerung besteht.

8.5.4. Aussagegenehmigungen

Richter, Beamte und sonstige Angehörige des öffentlichen Dienstes bedürfen für Vernehmungen als Zeugen über dienstliche Wahrnehmungen, auf die sich ihre Verschwiegenheitspflicht bezieht, einer *Aussagegenehmigung* ihres Dienstherrn (§ 54 StPO). Sie zu beschaffen, ist nicht Sache des Zeugen, sondern Aufgabe des Gerichts[253]. Notfalls kann es gelingen, während einer Sitzungsunterbrechung telefonisch eine Aussagegenehmigung des Dienstherrn zu erwirken, wenn deren Erforderlichkeit zu spät bemerkt wurde.

Soweit die Amtsverschwiegenheit reicht[254], entfallen grundsätzlich Aussagepflicht und Aussagebefugnis[255]. Damit besteht insoweit ein *Beweiserhebungsverbot*. Die gleichwohl ohne Genehmigung gewonnene Aussage ist jedoch verwertbar, weil insbesondere der Rechtskreis des Angeklagten von einem Verstoß gegen § 54 StPO nicht berührt wird[256].

---

247 Soweit ein Zeugnisverweigerungsrecht besteht.
248 Etwa Ausschluss der Öffentlichkeit oder des Angeklagten, Videovernehmung nach § 247 a StPO.
249 Verschaffung neuer Identitäten nach Zeugenschutzprogrammen o.Ä.
250 Vergl. BGH NStZ 1993, 350.
251 BGH NStZ 1993, 293.
252 Etwa durch Verstrickung in kriminelle Machenschaften.
253 Vergl. dazu vorn S. 24.
254 Dies entscheidet im Zweifel der Zeuge selbst, KK-Senge § 54 Rdnr. 12.
255 BGH MDR 1952, 659.
256 Kl./Meyer-Goßner § 54 Rdnr. 2, 32.

8. Vernehmung von Zeugen

Liegt eine *Aussagegenehmigung vor*, so muss einerseits das Gericht den Zeugen – im genehmigten Umfang[257] – vernehmen, andererseits muss der Zeuge insoweit auch aussagen.

Wird die *Genehmigung versagt*, so kann es die Aufklärungspflicht gebieten, Gegenvorstellung beim Dienstherrn[258] zu erheben, wenn die Versagung ermessensfehlerhaft erscheint oder nicht hinreichend begründet ist[259]. Ein Anspruch auf Aussetzung des Verfahrens haben die Verfahrensbeteiligten in diesem Fall zwar nicht. Das Gericht wird aber unter dem Gesichtspunkt der Amtsaufklärungspflicht um eine Aussetzung nicht umhin kommen, wenn es die Versagung für fehlerhaft und die Gewinnung der Aussage für notwendig erachtet[260].

8.6. Bericht und Verhör

Die *Vernehmung des Zeugen* zur Sache muss nicht nur aus Zweckmäßigkeitsgründen, sondern aufgrund zwingender gesetzlicher Vorgabe[261] mit einem *Bericht* des Zeugen beginnen (§ 69 Abs. 1 S. 1 StPO). Der Vorsitzende hat ihn dazu zu veranlassen, was in aller Regel auch gelingt. Ist der Zeuge aufgrund situationsbedingter Befangenheit, mangelnder Intelligenz o.Ä. dazu nicht in der Lage, so genügt der Versuch, ihn zu einem Bericht zu bewegen, bevor der Vorsitzende dann – aber erst dann – berechtigt ist, im Frage-Antwort-Schema Auskünfte zu verlangen[262].

Zu Beginn der Sachvernehmung hat der Vorsitzende dem Zeugen den Gegenstand der Untersuchung mitzuteilen (§ 69 Abs. 1 S. 2 StPO), sodass der Zeuge schon dadurch über das Thema informiert wird, über das er berichten soll. Falls davon in seinem Wissen nur ein Teilbereich zu vermuten oder nur (noch) ein Ausschnitt verfahrenserheblich ist, darf der Vorsitzende selbstverständlich dem Zeugen entsprechende Hinweise geben. Dabei muss er es allerdings zu vermeiden suchen, von sich aus Umstände anzusprechen, die erst durch die Aussage des Zeugen eingeführt werden sollen.

Anschließend an den zusammenhängenden Bericht das Zeugen findet – falls notwendig – eine ergänzende Befragung durch den Vorsitzenden (»*Verhör*«) statt (§ 69 Abs. 2 StPO). Im Anschluss daran können die übrigen Prozessbeteiligten ihr Fragerecht ausüben.

Ungeübte Zeugen vor Gericht unterliegen den unterschiedlichsten Einflüssen, wenn sie gehört werden. Der Anlass, der Verfahrensgegenstand, die Anwesenheit des Angeklagten, u.U. des Publikums, die Umgebung, die Förmlichkeit der Verhandlung und der Handelnden u.v.m. können sich auf die Aussagewilligkeit, aber auch auf die Aussagefähigkeit sehr negativ auswirken. Es ist Aufgabe des Vorsitzenden, eine *Vernehmungsatmosphäre* herzustellen, die solche negativen Einflüsse neutralisieren kann. Wortwahl, Inhalt und Form seiner eigenen Kommunikati-

---

[257] Einschränkungen bzw. Teilgenehmigungen sind möglich.
[258] Oder Dienstaufsichtsbeschwerde bei dessen Dienstvorgesetztem.
[259] Kl./Meyer-Goßner § 54 Rdnr. 27 ff.
[260] Vergl. Kl./Meyer-Goßner § 54 Rdnr. 29.
[261] BGHSt 3, 281.
[262] Kl./Meyer-Goßner § 69 Rdnr. 5.

III. Hauptverhandlung

on mit dem Zeugen und anderen Beteiligten können hierbei auch deshalb ausschlaggebend sein, weil sie oft genug das Klima im Gerichtssaal insgesamt prägen. Den Zeugen sollten Erklärungen an die Hand gegeben werden für Zusammenhänge, die ihnen unklar erscheinen[263]. Sie müssen als wichtige Erkenntnisquellen höflich behandelt werden. Nicht sie sind von der Strafjustiz, sondern die Strafjustiz ist von Zeugen abhängig.

Im Rahmen von Zeugenvernehmungen sind *Vorhalte*[264] wichtige *Vernehmungsbehelfe* und damit grundsätzlich zulässig, um die Erinnerung der Zeugen zu fördern, Widersprüche darzulegen, eine Erklärung dafür herzuleiten u.a. mehr. Die Befragenden müssen sich dabei immer im Klaren sein, dass der Vorhalt selbst *keinerlei Beweisqualität* hat, sondern immer nur *das, was der Zeuge daraufhin äußert*. Allerdings kann der Zeuge auf den Vorhalt z.B. bekunden, dass die ihm vorgehaltenen Umstände nach seiner Erinnerung zutreffen, sodass auf diese Weise auch die Umstände selbst Gegenstand der Beweiserhebung werden können. Auf diese Weise lassen sich in der Praxis häufig Angaben von Zeugen aus früheren Vernehmungen einführen: *Dass* sie sich früher wie vorgehalten geäußert haben, wird auf Vorhalt von den Zeugen oft erinnert und bestätigt. Ist dies in der Hauptverhandlung nicht zu erzielen, weil der Zeuge erklärt, sich insofern oder insgesamt nicht mehr erinnern zu können, kann das Gericht im Wege des Urkundenbeweises, also durch Verlesung, *Protokolle richterlicher und nicht richterlicher Vernehmungen* einführen, um das *Gedächtnis des Zeugen zu unterstützen und Widersprüche* aufzudecken (§ 253 StPO).

8.7. Auskunftsverweigerungsrechte

Zeugen, die zur Sachaussage verpflichtet sind, kann u.U. das Recht zustehen, bestimmte Auskünfte zu verweigern. Im Gegensatz zu Zeugnisverweigerungsrechten betreffen *Auskunftsverweigerungsrechte* also grundsätzlich nicht die gesamten Sachangaben, sondern nur bestimmte Ausschnitte.

So muss ein Zeuge auf Fragen nach Tatsachen, die ihn oder einen Angehörigen i.S. von § 52 Abs. 1 StPO *bloßstellen können* oder ihren *persönlichen Lebensbereich* betreffen, nur dann antworten, wenn die Beantwortung zur Wahrheitsfindung unerlässlich erscheint (§ 68a Abs. 1 StPO). Hierdurch sollen und können vor allem Opfer von Sexualstraftaten davor bewahrt werden, Befragungen über ihr Intimleben unterzogen zu werden, die für den aufzuklärenden Fall ohne Bedeutung sind. Der Vorsitzende darf – ohne dass es dann der Entscheidung des Zeugen bedarf, ob er antworten will – entsprechende Fragen von sich aus zurückweisen (§ 241 Abs. 2 StPO). Gegen seine Anordnung ist die Anrufung des Gerichts (§ 238 Abs. 2 StPO) gegeben.

---

263 Dazu kann gehören etwa die Frage, warum eine abermalige Vernehmung erforderlich ist, wenn schon vielerlei Angaben im Ermittlungsverfahren gemacht wurden, warum Beteiligte berechtigt sind, auch kritische und bohrende Fragen zu stellen, warum bestimmte Fragen beantwortet werden müssen u.a.m.
264 Dazu eingehend vorn S. 52.

8. Vernehmung von Zeugen

Nach *Vorstrafen* soll ein Zeuge nur dann gefragt werden, wenn dies zur Beurteilung seiner Glaubwürdigkeit oder für die Frage der Vereidigung (§§ 60 Nr. 2 oder § 61 Nr. 4 StPO) notwendig ist.

Von großer praktischer Bedeutung ist das *Auskunftsverweigerungsrecht nach § 55 StPO*. Nicht nur bei der Befragung (Verhör), sondern auch schon in Rahmen des zusammenhängenden Berichts ist der Zeuge berechtigt, Angaben zu unterlassen, die ihn selbst oder Angehörige i.S. von § 52 Abs. 1 StPO in die *Gefahr der Verfolgung wegen einer Ordnungswidrigkeit oder einer Straftat* brächten. Betrifft die vom Zeugen erwartete Aussage insgesamt nur solche Umstände, etwa wenn er als Tatbeteiligter in Betracht kommt, kann daraus das Recht folgen, die Auskünfte zur Sache insgesamt zu verweigern.

Die Verfolgungsgefahr ist grundsätzlich gegeben, wenn die *Einleitung eines Ermittlungsverfahrens wegen einer früheren Tat*[265] droht[266] oder ein bereits eingeleitetes Verfahren gegen den Zeugen *noch nicht rechtskräftig abgeschlossen ist*. Ob Verfolgungsgefahr in diesem Sinne besteht, entscheidet im Zweifel der Vorsitzende, auf entsprechenden Antrag sodann das Gericht (§ 238 Abs. 2 StPO). Sieht der Vorsitzende bzw. das Gericht die Verfolgungsgefahr nicht, darf der Zeuge die Angaben daraufhin nicht verweigern.

Besteht Verfolgungsgefahr, so muss der *Vorsitzende den Zeugen* über sein Auskunftsverweigerungsrecht *belehren* (§ 55 Abs. 2 StPO)[267]. Zu welchem Zeitpunkt er die Belehrung erteilt, richtet sich nach Zweckmäßigkeitsgesichtspunkten. Sinnvoll erscheint auch hier die Maßgabe, grundsätzlich von einem Zeugen so viel Information wie möglich zu gewinnen. Die Belehrung sollte daher erst bei konkreten Anhaltspunkten, möglichst kurz vor dem Gefahrenpunkt, erfolgen. Anderenfalls besteht die – auch revisionsrechtlich nicht unerhebliche[268] – Gefahr, dass der Zeuge – ohne dass eine Verfolgungsgefahr wirklich besteht – die Auskünfte verweigert und damit ohne Not als Beweismittel zu wesentlichen Umständen ausfällt.

Gegebenenfalls muss der Zeuge auch darauf hingewiesen werden, dass das Auskunftsverweigerungsrecht nicht berechtigt, verfängliche Umstände schlicht zu verschweigen. Denn die *Weigerung,* zu bestimmten Themen Auskünfte zu erteilen, muss der Zeuge *ausdrücklich erklären*[269].

Der Vorsitzende kann von dem Zeugen, der sich auf ein Auskunftsverweigerungsrecht berufen will, die *Glaubhaftmachung des Weigerungsgrundes*, also etwa der die Verfolgungsgefahr oder das Angehörigenverhältnis begründenden Umstände, verlangen (§ 56 StPO).

---

265 Dazu gehört also nicht die Gefahr der Strafverfolgung wegen des Inhalts der jetzigen Aussage!
266 Das setzt die Gefahr voraus, es werde bei wahrheitsgemäßen Angaben ein prozessual ausreichender Anfangsverdacht i.S. von § 152 Abs. 2 StPO begründet, sodass bloße Vermutungen und nur denktheoretische Möglichkeiten nicht genügen (BGH NJW 1994, 2839).
267 Das gilt nur dann nicht, wenn der Zeuge zugleich nach § 52 Abs. 1 StPO zeugnisverweigerungsberechtigt ist, er über das Zeugnisverweigerungsrecht belehrt wurde, er sich zur Aussage bereit erklärt hat und die Verfolgungsgefahr nur den Angeklagten betrifft.
268 Vergl. Kl./Meyer-Goßner § 55 Rdnr. 14.
269 KK-Senge § 55 Rdnr. 12.

III. Hauptverhandlung

Folge einer berechtigten Auskunftsverweigerung ist die *Unzulässigkeit der weiteren Befragung zu diesem Punkt*[270]. Die bisherigen Angaben des Zeugen, auch solche vor der Hauptverhandlung[271], und die Vernehmung von Verhörspersonen sind gegenüber dem Angeklagten beweisverwertbar. Das gilt auch dann, wenn der Zeuge vor der vorangegangenen Äußerung nicht nach § 55 Abs. 2 StPO belehrt worden war[272].

8.8. Unberechtigte Weigerung

Verweigert ein Zeuge Angaben zur Person[273] oder zur Sache ganz oder teilweise, ohne dass dieses Verhalten von einem Zeugnis- oder Auskunftsverweigerungsrecht gedeckt ist, so hat das Gericht dem Zeugen, sofern es sich nicht um eine schuldunfähige Person handelt[274], die dadurch entstandenen *Kosten aufzuerlegen* und entsprechende *Maßregeln* (§ 70 StPO) zu verhängen.

Gegen erkennbar unwahre Angaben bietet § 70 StPO allerdings grundsätzlich keine Handhabe. Darauf kann der Vorsitzende nur durch erneute Belehrung i.S. des § 57 Abs. 1 StPO unter Betonung der strafrechtlichen Folgen einer Falschaussage reagieren. Sagt der Zeuge allerdings unvollständig aus, verschweigt er also bewusst und unberechtigt Angaben zu verfahrenserheblichen Umständen, so stellt dies eine (teilweise) Auskunftsverweigerung dar, die zur Anwendbarkeit des § 70 StPO führt.

Zunächst hat der Vorsitzende den Zeugen nachdrücklich auf die *Grundlosigkeit* der Weigerung und auf die *gesetzlichen Folgen hinzuweisen*, um ihn doch noch zur Aussage zu veranlassen. Dabei kann es sich empfehlen, dem Zeugen nach Darlegung der gesetzlich vorgesehenen Folgen während einer kurzen Verhandlungsunterbrechung Gelegenheit zu geben, sein Verhalten zu überdenken.

Bleibt der Zeuge bei der unberechtigten Weigerung, so werden ihm durch Beschluss des Gerichts (nicht allein des Vorsitzenden) nach Anhörung der Staatsanwaltschaft und der übrigen Beteiligten – insbesondere des Zeugen selbst – *zwingend die Kosten* auferlegt, die durch seine Weigerung entstehen (§ 70 Abs. 1 S. 1 StPO). Es handelt sich um eine Kostengrundentscheidung, deren Erlass unabhän-

---

270 Kl./Meyer-Goßner § 55 Rdnr. 12.
271 Str., wie hier und mit weiteren Nachweisen Kl./Meyer-Goßner § 55 Rdnr. 12. Der anders lautenden Auffassung (z.B. Hanack JZ 1972, 238) steht entgegen, dass § 55 StPO allein dem Schutz des Zeugen dient, dem die Zwickmühle zwischen Wahrheitspflicht einer- und Selbst- oder Angehörigenbelastung andererseits erspart werden soll. Was dieser Zeuge bis zur Wahrnehmung des Auskunftsverweigerungsrechts mitgeteilt hat, betrifft keine schützenswerten Belange des Angeklagten, es sei denn, er selbst sei der betroffene Angehörige. Dann aber steht dem Zeugen ohnehin das umfassende Zeugnisverweigerungsrecht des § 52 StPO mit den weit reichenden und zurückwirkenden Verboten zur Seite, auf das er sich jederzeit berufen kann.
272 Auch das folgt aus der Schutzrichtung des § 55 StPO, vergl. oben Fußn. 262.
273 Str., wie hier OLG Celle StV 1988, 373. Der Streit dürfte ohne große praktische Bedeutung sein. Die Gegenansicht (z.B. Kl./Meyer-Goßner § 70 Rdnr. 1) sieht in diesem Zusammenhang allein § 111 OWiG anwendbar. Das unterliegt Bedenken, weil § 111 OWiG schon tatbestandsmäßig bei Personalangabenverweigerung nicht immer gegeben sein wird und nur eine Sanktions-, nicht aber eine unmittelbare Zwangswirkung entfaltet.
274 Kl./Meyer-Goßner § 70 Rdnr. 3.

8. Vernehmung von Zeugen

gig davon ergeht, ob (Mehr-)Kosten tatsächlich anfallen werden oder nicht[275]. Ebenso *zwingend* hat es ihm zugleich ein *Ordnungsgeld* (zwischen 5 und 1.000 DM, Art. 6 Abs. 1 EGStGB) aufzuerlegen und für den Fall, dass dieses nicht beigetrieben werden kann, *Ordnungshaft* (zwischen 1 und 6 Wochen, Art. 6 Abs. 2 EGStGB) anzuordnen (§ 70 Abs. 1 S. 2 StPO).

Schärfstes Mittel zur Erzwingung einer Aussage ist die zugleich mögliche, aber nicht zwingend vorgeschriebene *Anordnung von Erzwingungs-(Beuge-)haft* (§ 70 Abs. 2 S. 1 StPO). Ob das Gericht die Anordnung von Beugehaft beschließt, liegt in seinem pflichtgemäßen Ermessen. Es entscheidet von Amts wegen nach Anhörung der Beteiligten, eines Antrags bedarf es nicht. Dabei hat das Gericht seine *Aufklärungspflicht* (§ 244 Abs. 2 StPO) zu berücksichtigen, aber auch den *Verhältnismäßigkeitsgrundsatz*. Daher ist die Anordnung von Beugehaft nur zulässig, wenn die Zeugenangaben zur Entscheidungsfindung *unverzichtbar* erscheinen[276] und wenn diese einschneidende freiheitsbeschränkende Maßnahme nicht außer Verhältnis zur Bedeutung des Verfahrens steht[277]. Entschließt sich das Gericht zur Anordnung der Beugehaft, so sollte es diese – wenn nicht dagegen wieder Verhältnismäßigkeitsbedenken im Einzelfall bestehen – sogleich auf das zulässige *Höchstmaß von sechs Wochen* bestimmen[278]. Die Anordnung wird im weiteren Verfahrensverlauf vor Ablauf dieser Frist u.U. aufzuheben sein, vor allem wenn der Zeuge nunmehr seine Weigerung aufgibt[279] oder die Maßregeln in diesem Rechtszug erschöpft sind (§ 70 Abs. 2 StPO).

Während die Vollstreckung von Ordnungsgeld und Ordnungshaft der Staatsanwaltschaft obliegt (§ 36 Abs. 2 S. 1 StPO), wird allgemein das *Gericht* selbst (über § 36 Abs. 2 S. 2 StPO hinausgehend) als *zur Vollstreckung der Beugehaft zuständig* betrachtet[280]. Angesichts des Umstands, dass die Anordnung der Beugehaft mit einfacher Beschwerde anfechtbar ist und diese Beschwerde den Vollzug nicht hemmt (§ 307 Abs. 1 StPO), kann das Gericht einen zu Unrecht aussageunwilligen Zeugen praktisch aus dem Gerichtssaal heraus *unmittelbar zur Beugehaft bringen*, was sicherlich auf den Zeugen beeindruckend wirkt, kennzeichnet es doch eine im Strafverfahren nicht immer zu vermutende Schärfe des Instruments.

---

275 In der konkreten Entscheidungssituation muss sich das Gericht daher z.B. noch nicht damit befassen, ob als Folge der Auskunftsverweigerung der Verfahrensfortgang gehindert werden wird oder nicht, ob Maßregeln zur Erzwingung der Aussage zu verhängen sein werden oder nicht.
276 KMR-Paulus § 70 Rdnr. 16.
277 Deutliches *Beispiel:* unberechtigte Zeugnisverweigerung des Geschädigten im Verfahren wegen einer geringfügigen Verkehrsordnungswidrigkeit.
278 Kl./Meyer-Goßner § 70 Rdnr. 14.
279 Wobei es wiederum dem Ermessen des Gerichts unterliegt, ob es sich auf eine entsprechende Erklärung des Zeugen verlassen will oder – falls es ihm misstraut – innerhalb der angeordneten Höchstdauer der Beugehaft neuen Termin durchführt und ihn erst entlässt, wenn er seine Aussage tatsächlich gemacht hat.
280 BGHSt 36, 155.

III. Hauptverhandlung

8.9. Entfernung des Angeklagten

Unter bestimmten Voraussetzungen[281] darf das Gericht den *Angeklagten* von der Anwesenheit im Verhandlungssaal während der Vernehmung von Zeugen ganz oder zeitweise *ausschließen* (§ 247 StPO).

Das kommt in Betracht, wenn zu *befürchten* ist, dass ein Zeuge in Gegenwart des Angeklagten *nicht die Wahrheit* sagen wird (§ 247 S. 1 StPO), vor allem also in Situationen starker psychischer Beeinträchtigungen des Zeugen angesichts des Angeklagten. Das Gleiche soll gelten, wenn der Zeuge erklärt, er werde in Gegenwart des Angeklagten von einem Zeugnisverweigerungsrecht Gebrauch machen, sei in seiner Abwesenheit aber aussagebereit[282]. Auch zum *Schutz von Kindern und Jugendlichen* als Zeugen vor erheblichen Nachteilen für ihr (körperliches oder seelisches) Wohl (§ 247 S. 2 1. Alt. StPO) oder zum *Schutz erwachsener Zeugen* bei dringender Gefahr schwer wiegender gesundheitlicher Nachteile (§ 247 S. 2 2. Alt. StPO) kann der Angeklagte ausgeschlossen werden.

Das Gericht entscheidet von Amts wegen *nach Anhörung der Beteiligten* durch – stets – zu begründenden *Beschluss,* der ihnen (durch Verlesung oder Mitteilung des wesentlichen Inhalts in freier Rede) zu verkünden ist (§ 35 Abs. 1 StPO). Der Beschluss muss ergeben, für welchen Teil der Hauptverhandlung der Angeklagte sich entfernen muss, aus welchem Grunde er sich entfernen muss und welche konkreten Tatsachen den Ausschließungsgrund stützen[283].

Hat sich der Zeuge daraufhin entfernt, so ist die im Beschluss gekennzeichnete Vernehmung in seiner Abwesenheit durchzuführen. *Spätestens zur Verhandlung über die Vereidigung des Zeugen* (und sodann bei seiner Vereidigung und bei der Erörterung der Frage seiner Entlassung) muss der *Angeklagte grundsätzlich anwesend sein*, es sei denn, er wurde zum Schutz des Zeugen vor Gefährdungen, etwa in Folge einer »Enttarnung« entfernt. Dann kann über die Frage der Vereidigung in Abwesenheit des Zeugen verhandelt werden, die Vereidigung kann wiederum in Abwesenheit des Angeklagten vorgenommen werden[284].

Sobald[285] der Angeklagte wieder anwesend ist, muss ihn der Vorsitzende von dem wesentlichen *Inhalt dessen unterrichten,* was in seiner Abwesenheit ausgesagt wurde (§ 247 S. 4 StPO). Wenn Zeugen ein eigenes Interesse an einer Vernehmung in Abwesenheit äußern, sollten sie daher fairerweise darauf hingewiesen

---

281 Liegen die gesetzlichen Voraussetzungen nicht vor, so ist ein einverständlicher »Ausschluss« des Angeklagten nicht zulässig (BGH NStZ 1993, 450).
282 BGHSt 22, 18.
283 *Beispiel:* »Der Angeklagte wird für die Vernehmung des Zeugen X von der Anwesenheit ausgeschlossen. Es ist zu befürchten, dass der Zeuge X in Anwesenheit des Angeklagten nicht die Wahrheit sagen, insbesondere nicht vollständig aussagen wird. Das soeben verlesene, offenbar vom Angeklagten stammende Schreiben enthält die wörtliche Androhung: ›Wenn ich höre, dass du mich verpfeifst, sind deine Kinder tot‹. Der Zeuge hat soeben erklärt, er nehme diese Drohung ernst und sehe sich nicht in der Lage, in Anwesenheit des Angeklagten auszusagen.«
284 Kl./Meyer-Goßner § 247 Rdnr. 8 ff.
285 Also auch dann, wenn die in Abwesenheit durchgeführte Vernehmung unterbrochen wird, BGH NStZ 1992, 346; BGH NStZ 1992, 501.

werden, dass der Angeklagte vom Inhalt ihrer Angaben erfahren wird[286]. Was er für wesentlich hält und daher dem Angeklagten mitteilt, bestimmt der Vorsitzende *nach eigenem Ermessen*[287].

Dem Angeklagten ist, wenn er die wesentlichen Inhalte erfahren hat, eine *ergänzende Befragung* zu gestatten. Ist der Angeklagte für die gesamte Vernehmung ausgeschlossen, muss der Angeklagte nach Stellung seiner Frage(n) wieder abtreten, bevor der Zeuge sie beantwortet[288], und die Prozedur der Unterrichtung – jetzt über die Antworten – beginnt erneut.

8.10. Ausschluss der Öffentlichkeit

Unter bestimmten Voraussetzungen kann eine *Zeugenvernehmung nicht öffentlich* durchgeführt werden.

Zum Schutz der *Persönlichkeitsrechte* eines Zeugen kann die Öffentlichkeit für seine Vernehmung (ganz oder zeitweise) ausgeschlossen werden, wenn und soweit Umstände aus seinem persönlichen Lebensbereich zur Sprache kommen würden, deren öffentliche Erörterung schutzwürdige Interessen verletzen würde (§ 171b GVG).

Zum *persönlichen Lebensbereich* gehören z.B. private Eigenschaften und Neigungen, Gesundheitszustand, Sexualsphäre, Umstände aus dem Familienleben, die Schutz vor dem Einblick Dritter verdienen, kurz: Tatsachen, die im Sozialleben üblicherweise nicht gefragt und in der Regel nicht spontan und unbefangen mitgeteilt werden[289]. Deren öffentliche Erörterung verletzt *schutzwürdige Interessen* grundsätzlich[290] dann, wenn sie sich nach objektiven Kriterien nachteilig auswirken kann, vor allem also, wenn Ansehensverluste drohen können oder aus der Intimsphäre zu berichten ist, insbesondere aus dem Sexualleben. Überwiegendes Interesse an öffentlicher Erörterung kann den Ausschluss gleichwohl hindern (§ 171b Abs. 1 S. 1 a.E. GVG).

Über den Ausschluss entscheidet das *Gericht* (nicht allein der Vorsitzende) von Amts wegen oder auf Antrag. Liegen die Voraussetzungen des Ausschlusses vor und hat der *Zeuge ihn beantragt*, so muss das Gericht den Ausschluss anordnen (§ 171b Abs. 2 GVG). Im Übrigen steht die Entscheidung, vor der die Beteiligten zu hören sind, im pflichtgemäßen Ermessen des Gerichts. Widerspricht allerdings der Zeuge dem Ausschluss der Öffentlichkeit, so bindet dies das Gericht (§ 171b Abs. 1 S. 2 GVG).

Die Öffentlichkeit kann ferner aus den Gründen des § 172 GVG für eine Zeugenvernehmung ganz oder zeitweise ausgeschlossen werden.

---

286 Dieser Hinweis führt bei manchen Zeugen dann dazu, ihre Bedenken zu überwinden und die Anwesenheit des Angeklagten zu akzeptieren.
287 BGH MDR 1952, 18.
288 BGHSt 22, 289.
289 Rieß/Hilger NStZ 1987, 150.
290 Wesentliche Ausnahme: Der Zeuge gibt die Umstände freiwillig und außerhalb des Verfahrens selbst der Öffentlichkeit kund (Kl./Meyer-Goßner § 171b GVG Rdnr. 4).

III. Hauptverhandlung

Während die Gefährdung der Staatssicherheit oder der öffentlichen Ordnung[291] in der Gerichtspraxis selten zu befürchten sein wird, kann eine *Gefährdung der Sittlichkeit* häufiger, z.B. angesichts öffentlicher Erörterung von Praktiken des Kindesmissbrauchs o.Ä., zu befürchten sein. In diesen Fällen ist der Ausschluss der Öffentlichkeit gem. § 172 Nr. 1 GVG auch dann möglich, wenn die Voraussetzungen des Ausschlusses nach § 171b GVG nicht vorliegen.

Die *Gefährdung von Leib, Leben oder Freiheit eines Zeugen* (oder einer anderen Person) kann ebenfalls den Ausschluss der Öffentlichkeit rechtfertigen (§ 172 Nr. 1a GVG), das Gleiche gilt für überwiegend schutzbedürftige persönliche Interessen, die nicht schon § 171b GVG unterfallen (§ 172 Nr. 2 GVG). Schließlich kann die Erörterung strafrechtlich geschützter Privatgeheimnisse und die Vernehmung eines Zeugen unter sechzehn Jahren unter Ausschluss der Öffentlichkeit erfolgen (§ 172 Nr. 3 und 4 GVG).

Über den Ausschluss der Öffentlichkeit ist in nicht öffentlicher Sitzung (sog. *Incidentverfahren*) zu verhandeln, wenn es ein Verfahrensbeteiligter beantragt oder das Gericht dies für angemessen erachtet (§ 174 Abs. 1 S. 1 GVG). Der daraufhin ergehende *Beschluss* ist grundsätzlich *öffentlich zu verkünden*, (auch) wenn die Öffentlichkeit ausgeschlossen wird, es sei denn, seine Verkündung würde erhebliche Störungen der Ordnung befürchten lassen (§ 174 Abs. 1 S. 2 GVG).

Der *Beschluss* des Gerichts ist *zu begründen* (§ 174 Abs. 1 S. 3 GVG). Dabei genügt die Mitteilung des Ausschließungsgrunds in abstrakter Form, sofern der Beschluss aus sich heraus verständlich ist. Die tatsächlichen Umstände, aus denen sich der Ausschließungsgrund ergibt, müssen dann nicht mitgeteilt werden[292]. Der Beschluss sollte klarstellen, *für welchen Verfahrensteil* der Ausschluss gilt. Dann bedarf es zu gegebener Zeit nur der tatsächlichen Wiederherstellung der Öffentlichkeit, etwa durch Aufruf. Wird die Öffentlichkeit »bis auf weiteres« ausgeschlossen, so bedarf es eines erneuten Gerichtsbeschlusses, wenn sie wiederhergestellt werden soll, und der tatsächlichen Bewirkung der Öffentlichkeit. Ist die Öffentlichkeit wegen Gefährdung der Staatssicherheit, zum Schutz von Persönlichkeitsrechten (§ 171b GVG) oder wegen schutzbedürftiger (sonstiger) privater Interessen (§ 172 Nr. 2 und 2 GVG) ausgeschlossen worden, so kann das Gericht den (verbleibenden) anwesenden Personen durch Beschluss ein *Schweigegebot* betr. die in diesem Verhandlungsteil erlangten Kenntnisse auferlegen (§ 174 Abs. 3 GVG)[293].

Der Beschluss, mit dem das Gericht die Öffentlichkeit ausschließt oder mit dem es den Ausschluss ablehnt, ist *nicht anfechtbar* (§ 305 StPO).

8.11. Zeugenvereidigung

Nach der Vernehmung eines Zeugen stellt sich stets die Frage seiner Vereidigung. Die Strafprozessordnung sieht trotz einiger Kritik und teilweise gegenläufiger

---

291 Hierzu soll allerdings z.B. auch die Gefahr für einen Zeugen gehören, nach öffentlicher Vernehmung Opfer von Sachbeschädigungen zu werden (Kl./Meyer-Goßner § 172 GVG).
292 BGHSt 30, 212.
293 Vergl. Katholnigg § 174 GVG Rdnr. 6.

8. Vernehmung von Zeugen

praktischer Übung[294] noch immer die *regelmäßige Vereidigung eines Zeugen* in der Hauptverhandlung vor (§ 59 StPO).

8.11.1. Eidesverbot, Eidesverweigerung, Absehen von Vereidigung

Das (Erwachsenen-)Strafgericht[295] hat Zeugen – abgesehen vom Privatklageverfahren – *zu vereidigen*, wenn nicht ein *Eidesverbot* (§ 60 StPO) vorliegt, der Zeuge den Eid *zu Recht verweigert* (§ 63 StPO) oder – und hierin liegen die praktisch häufigsten Fälle – wenn § 61 StPO es erlaubt, von der Vereidigung *abzusehen.*

Das Verbot der Vereidigung gilt zum einen für die Zeugen, die am Vernehmungstag *noch nicht sechzehn Jahre alt* sind (*Eidesunmündigkeit*, § 60 Nr. 1 1. Alt. StPO) oder die wegen der in § 60 Nr. 1 StPO weiter genannten Umstände (mangelnde Verstandesreife, psychische Krankheit, geistige oder seelische Behinderung) keine genügenden Vorstellungen vom Wesen und der Bedeutung des Eides haben (*Eidesunfähigkeit*).

Zum anderen ist die Vereidigung von Zeugen verboten, die selbst tat- oder teilnahmeverdächtig sind (§ 60 Nr. 2 StPO). Ein solcher Verdacht muss sich auf ein strafbares Verhalten innerhalb der Grenzen des Verfahrensgegenstandes beziehen, also auf die angeklagte Tat im verfahrensrechtlichen Sinn (§ 264 StPO)[296]. Insofern muss der *Zeuge* verdächtig (oder schon verurteilt) sein, *Täter* oder auch nur im weitesten Sinn[297] *Beteiligter* zu sein[298] oder eine *Begünstigung, Strafvereitelung oder Hehlerei* versucht oder begangen zu haben. In der Praxis spielt hier – neben der Straftatbeteiligung im materiellen Sinn – vor allem der Verdacht der Strafvereitelung eine Rolle. Denn dieser *Verdacht* besteht z.B. schon dann, wenn zu vermuten ist, dass ein Zeuge im polizeilichen Ermittlungsverfahren zugunsten des tatsächlich schuldigen Angeklagten in Strafvereitelungsabsicht falsche Angaben gemacht hat[299]. Der Verdacht muss weder i.S. der StPO hinreichend noch dringend sein, es genügt, wenn *das Gericht* ihn *tatsächlich hegt*. Die diesbezüglichen Einschätzungen anderer Verfahrensbeteiligter sind dabei nicht maßgeblich. Theoretische Möglichkeiten eines Verdachts, den das Gericht tatsächlich nicht hegt, reichen nicht aus[300]. Die Nachholung der Vereidigung ist geboten, wenn der Tat- oder Teilnahmeverdacht später, noch in der Urteilsberatung, entfällt[301].

---

294 Vergl. Schellenberg, NStZ 1993, 372 ff.
295 Zum JGG siehe unten S. 283.
296 Unter (praktisch seltenen) Umständen kann dies zu Teilvereidigungsverboten führen, vergl. Kl./Meyer-Goßner § 60 Rdnr. 26.
297 So besteht ein Vereidigungsverbot z.B. auch bei Fahrlässigkeitstaten, wenn nämlich der Zeuge fahrlässig zur Herbeiführung desselben rechtswidrigen Erfolgs beigetragen hat (BGH NStZ 1983, 516).
298 Kl./Meyer-Goßner § 60 Rdnr. 12.
299 Dass dieser Zeuge nach § 258 Abs. 4 StGB straflos wäre, ändert an dem Vereidigungsverbot nichts (OLG Stuttgart NJW 1978, 713).
300 BGH NJW 1985, 638.
301 BGH NStZ 1995, 244. Diese außerordentlich akademisch anmutende Rechtsprechung verlangt also, dass das Gericht notfalls auch noch aus der Urteilsberatung heraus wieder in die Beweisaufnahme eintritt und die Vereidigungsfrage nach §§ 59, 61 StPO behandelt. Ich halte dies in den praktischen Konsequenzen für grotesk und dogmatisch für nicht geboten.

III. Hauptverhandlung

Über die Nichtvereidigung *entscheidet* nach nahezu allgemeiner Auffassung[302] zunächst der *Vorsitzende* nach pflichtgemäßem Ermessen ohne Anhörung[303] der Beteiligten im Rahmen seiner *Sachleitungsbefugnis*. Er hat den Grund der Nichtvereidigung bekannt zu geben, wobei eine abstrakte Mitteilung genügt. Gegen seine Anordnung ist die Anrufung des Gerichts gem. § 238 Abs. 2 StPO gegeben.

Ein *Eidesverweigerungsrecht*, über das sie der Vorsitzende vor der ansonsten anstehenden Vereidigung zu belehren hat, steht den in § 52 Abs. 1 bezeichneten Angehörigen des Angeklagten[304] zu (§ 63 StPO).

Von der im Übrigen grundsätzlich zwingenden Vereidigung kann unter den Voraussetzungen des § 61 StPO *abgesehen* werden. Das gilt zum einen für eidesmündige, aber noch nicht volljährige Zeugen (§ 61 Nr. 1 StPO), für *Geschädigte* und ihre *Angehörigen* sowie die *Angehörigen des Angeklagten* (§§ 61 Nr. 2 i.V.m. 52 Abs. 1 StPO), für Zeugen, die *keine* Angaben von *wesentlicher Bedeutung* gemacht haben (§ 61 Nr. 3 StPO), für Zeugen, die wegen *Meineids vorbestraft* sind (§ 61 Nr. 4 StPO) und schließlich dann, wenn Staatsanwaltschaft, Verteidiger und Angeklagter (ggf. auch Privatkläger, nicht gefragt demgegenüber z.B. Nebenkläger) auf Vereidigung *verzichten* (§ 61 Nr. 5 StPO).

Der *Verzicht auf die Vereidigung* nach § 61 Nr. 5 StPO hat überragende praktische Bedeutung zur Umgehung der Regelvereidigung. Eide werden infolgedessen nur noch selten abgenommen. Der *Verzicht* auf Vereidigung muss *erklärt* werden, wobei schlüssiges Verhalten genügen soll[305], er ist bedingungsfeindlich und unwiderruflich.

Ob ein Verfahrensbeteiligter auf die Vereidigung eines Zeugen gem. § 61 Nr. 5 StPO *verzichten* mag oder nicht, wird von unterschiedlichen Sichtweisen bestimmt. Hat ein Zeuge wahrscheinlich die Unwahrheit gesagt, wird oft zu seinen Gunsten verzichtet, um ihm im Rahmen des gegen ihn einzuleitenden Verfahrens wenigstens den Meineidsvorwurf (§ 154 StGB) zu ersparen. Staatsanwälte und Richter befürchten gelegentlich auch, sie würden sich anderenfalls im übertragenen Sinn am Meineid beteiligen. Rechtlich lässt sich dieses Argument allerdings nicht hören. Der Eid ist de lege lata Mittel zur Herbeiführung einer wahrheitsgemäßen Aussage, sodass sich grundsätzlich niemand gehindert fühlen muss, dieses Mittel zur Anwendung zu bringen.

Hat der Zeuge wahrscheinlich die Wahrheit gesagt, scheint demgegenüber die Meinung vorzuherrschen, hier sei eine Vereidigung fehl am Platze, weil sie ja ohnehin nicht mehr zu einer Aussageoptimierung führen könne. Diese Argumentation genügt jedoch nicht immer. Einer *differenzierteren Sicht* bedarf die Verzichtsfrage dort, wo die Glaubhaftigkeit einer Aussage von verschiedenen Verfah-

---

302 KK-Senge § 59 Rdnr. 9 f.
303 Warum es einer solchen Anhörung grundsätzlich nicht bedarf, ist übrigens dogmatisch kaum nachvollziehbar: Auch wenn es allein auf den Verdacht des Gerichts ankommt, so ist doch vorstellbar, dass dessen Meinungsbildung durch die Argumente anderer zu beeinflussen ist.
304 Vergl. dazu vorn S. 103.
305 Kl./Meyer-Goßner § 61 Rdnr. 24. Das Verhalten muss aber in jedem Fall einen Erklärungswert betr. die (Nicht-)Vereidigung aufweisen. Das ist zum Beispiel nicht der Fall, wenn ein Verzichtsberechtigter, ohne dass die Vereidigungsfrage angesprochen wurde, der Entlassung des Zeugen (§ 248 StPO) nicht widerspricht.

8. Vernehmung von Zeugen

rensbeteiligten unterschiedlich gewertet wird oder die entsprechende Gefahr besteht. Ob dies der Fall ist, lässt sich regelmäßig schon an den Einzelheiten der jeweiligen Befragung abschätzen. In solcher Situation kann die Frage, ob und welcher Zeuge vereidigt wird, vor allem aus Verteidigersicht mehr als die übliche Routine bedeuten. Grundsätzlich ist der stattgehabte Eid ein gewichtiges Argument desjenigen, der dem Zeugen glauben will[306]. Denn eine formal »stärkere« Aussage als die vereidigte gibt es nicht. Dies kann es günstig erscheinen lassen, auf die Vereidigung eines Zeugen zu verzichten, dessen Aussage später (im Schlussvortrag) in Zweifel gezogen werden soll. Umgekehrt kann es geboten sein, auf i.S. des eigenen Verfahrensziels wichtige Eide nicht zu verzichten. Jedenfalls sollte vermieden werden, dass am Ende nur diejenigen Zeugen vereidigt sind, deren Aussagen dem eigenen Prozessziel im Wege stehen. Ich rate daher, mit dem Verzicht auf Vereidigung nicht unbedacht umzugehen.

Der Vorsitzende (vorab für das Gericht) hat bei Vorliegen der Voraussetzungen des § 61 StPO nach *pflichtgemäßem Ermessen* zu entscheiden, ob er den Eid abnimmt oder nicht. Die Nichtvereidigung hat er im Wege der Sachleitungsbefugnis *anzuordnen* und *mitzuteilen* (abstrakte Angabe des Grundes genügt), warum der Zeuge unvereidigt bleibt. Gegen diese Anordnung ist die Anrufung des Gerichts § 238 Abs. 2 StPO) gegeben.

Ob bei Vorliegen der Voraussetzungen des § 61 StPO *von der Vereidigung abgesehen wird* oder nicht, machen die Gerichte häufig davon abhängig, ob sie die Angaben für glaubhaft halten oder nicht. Erscheinen sie ohnehin glaubhaft, so komme es auf die Beeidigung nicht an[307]. Erscheinen sie unglaubhaft, so bestehen oft Skrupel, den Zeugen gewissermaßen in den Meineid zu treiben. Da der Eid grundsätzlich ein *Mittel der Wahrheitsfindung* sein soll (und gelegentlich sein kann), infolge des Nacheides aber immer nur vor dem Hintergrund einer abgeschlossenen Aussage, muss sich der Vorsitzende in jedem Fall überlegen, ob die Ankündigung, der Zeuge solle nun vereidigt werden, noch zu einer Änderung der Aussage führen könnte. Erscheint dies ausgeschlossen, so wird weder die Drohung mit dem Eid noch dessen Abnahme einen Erkenntniszuwachs bringen und zwar weder bei einer mutmaßlich falschen noch einer wahrscheinlich wahren Aussage. Trotzdem kann nicht für jeden Fall ausgeschlossen werden, dass sich ein mutmaßlicher Lügner angesichts konkret bevorstehender Vereidigung doch noch eines Besseren besinnt. In solchen Fällen nicht nur mit dem Eid zu drohen, sondern ihn auch abzunehmen, erscheint konsequent. Wird der lügende Zeuge daraufhin wegen Verbrechens des Meineids (§ 154 StGB) und nicht nur wegen des Vergehens der uneidlichen Falschaussage (§ 153 StGB) zu verfolgen sein, so ist dies gesetzliche Folge seines vermeidbaren Fehlverhaltens.

Ist der Zeuge in demselben Hauptverfahren *schon einmal* als solcher *vereidigt* worden, kann ihm (vorab der Vorsitzende für) das Gericht die abermalige Vereidigung dadurch ersparen, dass ihm erlaubt wird, sich *auf seinen früheren Eid zu berufen* (§ 67 StPO).

---

306 Man mag vom Eid halten, was man will: Argumentativ lässt es sich jedenfalls immer hören, wenn man seinen Glauben an eine Aussage darauf stützt, dass der Zeuge sie ja sogar beeidigt hat.
307 BGH MDR 1978, 988.

III. Hauptverhandlung

8.11.2. Durchführung der Vereidigung

Vor Abnahme des Eides hat der Vorsitzende, selbst wenn er ihn schon bei der Belehrung nach § 57 S. 2 StPO darauf hingewiesen hat, den Zeugen zu befragen, ob er den *Eid mit oder ohne religiöse Beteuerung* leisten will. Häufig reagieren Zeugen auf diese Fragestellung unsicher und mit Rückfragen[308]. Gleichwohl haben sie selbst, kein anderer und auch nicht das Gericht, darüber zu entscheiden.

Der Vorsitzende hat sodann erforderlichenfalls darauf hinzuwirken, dass sich die Anwesenden von ihren Sitzen *erheben* (Nr. 124 Abs. 2 RiStBV) und dass der Zeuge die *rechte Hand* erhebt (§ 66c Abs. 4 StPO)[309]. Sodann spricht er dem Zeugen die *Eidesnorm* (»Sie schwören ...«) vor, der Zeuge hat darauf mit der *Eidesformel* (»Ich schwöre es«) und ggf. der religiösen Beteuerung (»... so wahr mir Gott helfe«) zu antworten (§ 66c Abs. 1 und Abs. 2 StPO), wobei er auch die Beteuerungsformel einer sonstigen Religions- oder Bekenntnisgemeinschaft anfügen darf (§ 66c Abs. 3 StPO). *Stumme* Zeugen leisten den Eid in der Form des § 66e StPO (schriftlich, hilfsweise mit Dolmetscher).

Lehnt der Zeuge die Eidesleistung (in jeder Form) *ab* und führt er dafür *Glaubens- oder Gewissensgründe* an, so muss er die Wahrheit der Aussage gleichwohl *bekräftigen* (§ 66d StPO). Der Vorsitzende hat ihn darauf hinzuweisen, dass diese Bekräftigung dem Eid gleich steht[310]. Der Vorsitzende hat dem Zeugen die Bekräftigungsnorm (»Sie bekräftigen ...«) vorzusprechen und der Zeuge hat daraufhin mit »Ja« zu antworten (§ 66d Abs. 2 StPO).

8.11.3. Unberechtigte Eidesverweigerung

Unberechtigte *Eidesverweigerung*[311] führt zur Auferlegung der dadurch verursachten Kosten sowie zur Verhängung von Ordnungsgeld und ersatzweise Ordnungshaft (§ 70 Abs. 1 StPO)[312]. Über den Wortlaut des Gesetzes hinaus wird allgemein angenommen, dass in solchen Fällen auch *Beugehaft* (§ 70 Abs. 2 StPO) angeordnet werden darf[313]. Haben auch diese Maßnahmen keinen Erfolg, muss das Gericht die Eidesverweigerung hinnehmen und bei der Beweiswürdigung berücksichtigen.

8.12. Entlassung der Zeugen

Nach Beendigung der Vernehmung und ggf. der Vereidigung eines jeden Zeugen sind die Staatsanwaltschaft und der Angeklagte sowie die übrigen frageberechtig-

---

[308] »Was ist besser?«
[309] Beides sind nicht wesentliche Bestandteile der Vereidigung, dienen aber durch die symbolische Förmlichkeit dazu, die Eidesleistung deutlich aus dem sonstigen Verfahrensgeschehen hervorzuheben und sollten, da der Eid letztlich rituellen Ursprungs ist, auch eingehalten werden.
[310] Das gilt insbesondere für die strafrechtlichen Folgen der falschen eidesgleichen Bekräftigung (§ 155 StPO).
[311] Das gleiche gilt für unberechtigte Verweigerung der Bekräftigung nach § 66d StPO.
[312] Vergl. oben zur unberechtigten Zeugnisverweigerung 8.8.
[313] Kl./Meyer-Goßner § 70 Rdnr. 12.

8. Vernehmung von Zeugen

ten Beteiligten[314] *zu hören,* ob der Zeuge sich entfernen darf (§ 248 StPO)[315]. Erst danach darf der Zeuge entlassen werden.

Im Rahmen der Entlassung kann der Zeuge auf die *Möglichkeit der Entschädigung* nach dem ZSEG hingewiesen werden. In der Regel wird es ferner mindestens die Höflichkeit gebieten, dass der Vorsitzende sich für das Erscheinen des Zeugen und seine Mitwirkung bedankt. Beides ist zwar Bürgerpflicht, aber für viele Zeugen weder selbstverständlich noch besonders angenehm.

Gerichtlich geladene und erschienene Zeugen *müssen* grundsätzlich vernommen werden (§ 245 Abs. 1 S. 1 StPO). Kommt das Gericht im Verlauf einer Beweisaufnahme zur der Auffassung, dass ihre Vernehmung doch nicht notwendig ist, können die Zeugen unvernommen wieder entlassen werden, wenn *Staatsanwaltschaft, Verteidiger* und *Angeklagter* (sowie u.U. Nebenbeteiligte nach §§ 434, 442, 444 StPO[316], nicht aber Nebenkläger[317]) auf ihre Vernehmung *verzichten.*

Ob die Vernehmung eines gerichtlich geladenen und erschienenen Zeugen tatsächlich unterbleiben sollte, richtet sich natürlich zuallererst danach, ob es seiner Aussage zur erforderlichen Aufklärung des Sachverhalts noch bedarf. Sonst kann der Verzicht auf eine Vernehmung des Zeugen sachgerecht sein, vor allem wenn zu vermuten ist, dass ihn die Aussage *physisch oder psychisch sehr belasten* oder in die *Gefahr einer Falschaussage* bringen würde. Andererseits kann z.B. für Opferzeugen die Aussage vor Gericht ein *Teil der Auf- und Verarbeitung erlittenen Unrechts* sein. In bestimmten Fallkonstellationen kann auch die Gefahr bestehen, dass Zeugen den Eindruck gewinnen, selbst vor der Justiz *kein Gehör* zu finden, wenn man sie dann trotz Ladung und Präsenz nicht vernimmt. Ferner werden die Folgen einer Tat ohne die Vernehmung des Geschädigten oft nur unzureichend deutlich. Schließlich können sich Zeugen auch *unangemessen behandelt* fühlen, wenn sie nach pünktlichem Erscheinen stundenlang auf ihre Vernehmung warten mussten, um dann kurzerhand nach Hause geschickt zu werden. Wenn sich das Gericht in solchen Fällen entschließt, die Zeugen nicht zu hören[318], so sollte der *Vorsitzende* (nicht ein Wachtmeister oder Protokollführer) den Zeugen die *Umstände,* die zu ihrer Ladung einer- und zu ihrer Nichtvernehmung andererseits geführt haben, *kurz verdeutlichen,* bevor er sie entlässt[319]. Sachgerecht ist auch oft der Hinweis, dass die Zeugen zwar als solche nicht mehr benötigt werden, es

---

314 Kl./Meyer-Goßner § 248 Rdnr. 3.
315 Ob es sich um eine reine Ordnungsvorschrift (so Kl./Meyer-Goßner § 248 Rdnr. 4 m.w.N.) oder um eine verbindliche Verfahrensvorschrift mit der Gefahr des Revisionsgrundes bei ihrer Nichtbeachtung (so OLG Stuttgart NStZ 1994, 600 m.w.N.) handelt, ist hierbei unerheblich. Denn wenn der Vorsitzende die Beteiligten vor der Entlassung nicht gehört hat, wird er sich späteren Anträgen, die Zeugen erneut zu hören, kaum mit dem Argument widersetzen können, dazu habe bereits ausreichende Gelegenheit bestanden.
316 Vergl. KMR-Paulus § 245 Rdnr. 20.
317 Kl./Meyer-Goßner § 397 Rdnr. 12.
318 Was wiederum aus Zeitgründen für die Verfahrensbeteiligten (und damit auch für den Zeugen, der dann jedenfalls keine weiteren Zeiteinbußen erleidet) und aus Kostengründen für den, der letztlich die Verfahrenskosten wird tragen müssen, sehr sachgerecht sein kann.
319 Zum Beispiel werden es Opferzeugen als befriedigend empfinden, wenn sie erfahren, dass der Angeklagte die Tat im Vorfeld geleugnet oder sich nicht eingelassen hat, nunmehr aber ein Geständnis abgelegt hat. Auch Hinweise darauf, dass das Verfahren eingestellt wurde etc., erscheinen in dieser Situation oft sachdienlich.

III. Hauptverhandlung

ihnen aber erlaubt ist, als Zuhörer am weiteren Verlauf der Verhandlung teilzuhaben.

8.13. Videovernehmungen

§ 247a StPO ermöglicht unter bestimmten Bedingungen die Vernehmung von Zeugen, ohne dass diese im Verhandlungssaal anwesend sind (»*Videovernehmung*«[320]). Dadurch wird der Grundsatz der Unmittelbarkeit der Beweisaufnahme eingeschränkt. Die Bedenken, die u.a. gegen den Beweiswert einer solchen Aussage erhoben worden sind, wurden dadurch, dass das Gesetz diese Vernehmungsart zulässt, nicht ausgeräumt. Praktische Erfahrungen sind (in der Bundesrepublik) im größeren Umfang wohl noch nicht erworben worden. Dass in erster Linie der Opferschutzgedanke durch diese Art der Beweisaufnahme im Einzelfall erheblich gestärkt werden kann, ist unbestreitbar. Ich gehe außerdem davon aus, dass die Videovernehmung gelegentlich den einzigen Weg darstellt, überhaupt die Aussage eines Opferzeugen zu gewinnen[321]. Gleichwohl muss das Gericht immer auch bedenken, dass mit der Unmittelbarkeit auch eine – bei aller möglichen Irrationalität – wichtige Erkenntnisquelle für die Glaubwürdigkeitsfrage wegfallen kann[322].

Das Gesetz verfolgt (u.a.) den Gesichtspunkt des *Opferschutzes* in § 247a S. 1 1. Hbs. StPO. Es ermöglicht ferner die Videovernehmung unter den Voraussetzungen, unter denen eine Protokollverlesung nach § 251 Abs. 2-4 StPO statthaft wäre (§ 247a Satz 1 2. Hbs. StPO). Hiermit verbindet sich weniger der Opferschutzgedanke als der Wunsch, unter bestimmten Bedingungen *Verfahrenserleichterungen* zu schaffen (etwa bei Auslandszeugen).

8.13.1. Zur Nachteilsabwendung

Nach § 247a S. 1 1. Hbs. StPO kommt eine Videovernehmung nur in Betracht, wenn für den Zeugen die dringende Gefahr besteht, einen *schwer wiegenden Nachteil* dadurch zu erleiden, dass er in Gegenwart der in der Hauptverhandlung Anwesenden vernommen wird.

Es muss ein schwer wiegender Nachteil für das körperliche oder seelische Wohl des Zeugen (dringend) zu befürchten sein. Die – durchaus auch gesteigerten – Un-

---

[320] Eine einheitliche Bezeichnung hat sich noch nicht durchgesetzt. Das Gesetz spricht von »Bild-Ton-Aufzeichnungen«, in der Literatur wird auch der Begriff »audiovisuelle Vernehmung« verwendet. Mir scheint der Begriff »Videovernehmung« gleichermaßen zutreffend wie kennzeichnungskräftig.

[321] Opferzeugen sind in seltenen Fällen, dann aber ziemlich offenkundig an der Grenze zur Vernehmungsunfähigkeit. Dass ärztliche Atteste zum Beleg dessen vorgelegt werden, ist keine Seltenheit. Es besteht also im Einzelfall auch die Gefahr, dass ein Zeuge als Beweismittel auf unabsehbare Zeit vollständig ausfällt oder das Gericht in langwierige und nicht zuletzt auch wieder den Opferzeugen belastende Diskussionen über die Frage der Vernehmungsfähigkeit eintreten muss. Dem kann in entsprechenden Fällen schon dadurch begegnet werden, dass rechtzeitig eine Videovernehmung in Betracht gezogen und dies dem Opferzeugen oder seinem Beistand auch mitgeteilt wird.

[322] Dieser Umstand muss später bei der Urteilsfindung und -begründung mit besondere Sorgfalt beachtet werden.

8. Vernehmung von Zeugen

bequemlichkeiten und Aufregungen, die für viele Zeugen ohnehin mit einer Vernehmung verbunden sind, reichen also keineswegs aus. Es müssen *massive Belastungen* oder *Schädigungen* in Rede stehen, vor denen der Zeuge durch die Videovernehmung geschützt werden kann. Dies wird vor allem bei traumatisierten Opferzeugen in Betracht kommen. Wenn es um die psychischen Auswirkungen der drohenden unmittelbaren Vernehmung geht, muss das Gericht im Zweifel auf Vorlage eines ärztlichen Attestes dringen, um Art und Umfang des zu erwartenden Nachteils beurteilen zu können. Es kommt nämlich letztlich nur auf die nachteiligen Wirkungen an, die dem Zeugen drohen. Die Vorstellungen der übrigen Verfahrensbeteiligten davon, wie sie selbst mit der dem Zeugen drohenden Vernehmung in der Hauptverhandlung fertig würden, sind insoweit uninteressant.

Die Gefahr des Nachteils muss *dringend* sein. Der Eintritt des Nachteils muss also aus der Sicht des Gerichts nicht nur zu befürchten, sondern sehr wahrscheinlich[323] sein.

Geht diese Gefahr allerdings allein von der *Anwesenheit des Angeklagten* aus, so kommt die (insoweit nachrangige) Videovernehmung nicht in Betracht, wenn dieser Gefahr durch die *Entfernung des Angeklagten*[324] begegnet werden kann. Geht die Gefahr von der *Öffentlichkeit* (oder Teilen davon) aus, ist ihr durch den *Ausschluss der Öffentlichkeit* (oder der betreffenden Teile der Öffentlichkeit)[325] zu begegnen, und die Zeugenvernehmung muss unmittelbar stattfinden. Soweit eine unmittelbare Zeugenvernehmung dadurch ermöglicht werden kann, müssen notfalls auch Angeklagter und Öffentlichkeit *zugleich* entfernt bzw. ausgeschlossen werden. Schließlich ist auch vorstellbar, dass zusätzlich zu der Anordnung nach § 247a StPO der Angeklagte entfernt oder die Öffentlichkeit ausgeschlossen werden, wenn die jeweiligen Voraussetzungen dieser Maßnahmen zusätzlich vorliegen[326].

8.13.2. Zur Verfahrenserleichterung

Die Durchführung einer Videovernehmung ist ferner unter den Voraussetzungen zulässig, unter denen nach § 251 Abs. 1 Nr. 2-4 StPO auch eine *Protokollverlesung*[327] zulässig wäre[328].

---

323 Enger Burhoff S. 707 Rdnr. 1133a a.E: das Gericht müsse vom Eintritt des Nachteils überzeugt sein. Diese Annahme findet aber weder im Gesetzeswortlaut noch im systematischen Vergleich mit § 247 StPO eine Stütze. Im übrigen unterscheidet das Gesetz auch anderenorts zwischen verschiedenen Verdachts-(Gefahren-)Stufen einer- und Gewissheit andererseits. In der Praxis wird sich die – ja immer auf die Zukunft gerichtete – Auffassung, der Nachteil werde bei unmittelbarer Vernehmung sehr wahrscheinlich eintreten, allerdings immer auch als Überzeugung formulieren lassen.
324 Siehe dazu S. 118.
325 Siehe dazu S. 119.
326 Beispiel: Der Zeuge kann aus psychopathologischen Gründen nicht in der Hauptverhandlung vernommen werden (§ 247a StPO) und es muss ferner angenommen werden, dass er nicht die Wahrheit sagen wird, wenn er weiß, dass der Angeklagte ihn bei der Aussage beobachten kann (§ 247 StPO).
327 Dass der betreffende Zeuge früher schon vernommen wurde, ist nicht erforderlich.
328 Dazu eingehend unten S. 130 ff.

III. Hauptverhandlung

Ob das Gericht zu diesem Mittel greift, unterliegt seinem Ermessen unter dem Blickwinkel der Aufklärungspflicht. Da das Gericht nun über drei abgestufte Instrumente (unmittelbare Zeugenvernehmung, Videovernehmung, Protokollverlesung) verfügt und weil eine mittelbare Videovernehmung (wegen der Möglichkeit von Fragen und Vorhalten zum aktuellen Verfahrensstand) oft (wenn nicht – jedenfalls theoretisch – fast immer) einen besseren Erkenntnisgewinn verspricht, wird es sich regelmäßig mit der Frage befassen, ob es durch eine Protokollverlesung seiner Aufklärungspflicht genügt, wenn eine Videovernehmung möglich wäre.

Die einverständliche Videovernehmung (§ 247a StPO i.V.m. § 251 Abs. 1 Nr. 4 StPO) wirft demgegenüber keine weiteren Anordnungsprobleme auf. Ob die Beteiligten ihr Einverständnis erklären, wird sich danach richten, ob ihnen ein unmittelbarer persönliche Eindruck von dem Zeugen erforderlich erscheint. Das Einverständnis des Zeugen ist nicht erforderlich.

8.13.3. Anordnung und Durchführung

Die Anordnung ergeht durch Gerichtsbeschluss nach Anhörung der Beteiligten. Der Beschluss ist nicht anfechtbar (§ 247a S. 2 StPO) und damit im Grundsatz[329] der revisionsgerichtlichen Kontrolle entzogen (§ 336 S. 2 StPO). Er bedarf daher im anordnenden Teil ausreichender Bestimmtheit, jedoch grundsätzlich keiner Begründung. Dass im Einzelfall gleichwohl eine zumindest kurze Begründung für die Verfahrensbeteiligten sinnvoll sein kann, liegt auf der Hand.

Das Gericht kann die Entscheidung nach § 247a StPO im Hauptverfahren jederzeit treffen. Es ist daher nicht gehindert, dies schon zur Vorbereitung der Hauptverhandlung zu tun, damit der Vorsitzende in die Lage versetzt wird, den betreffenden Zeugen sachgerecht zu laden und die notwendigen technischen Veranlassungen rechtzeitig in die Wege zu leiten. In diesem Fall muss darauf geachtet werden, die Anhörungsrechte der Beteiligten auf schriftlichem Weg zu wahren.

Die konkrete Durchführung einer Videovernehmung zu organisieren, obliegt zunächst dem Vorsitzenden, der insbesondere die Bereitstellung der erforderlichen Simultanübertragungstechnik zu veranlassen hat. Die Verwaltungsabteilungen der Gerichte stellen sich mehr und mehr darauf ein, die entsprechende Technik vorzuhalten. Wo dies noch nicht der Fall ist, kommt eine Entleihe bei Nachbarbehörden (Staatsanwaltschaft, Polizei, sonstige Verwaltungsbehörden) in Betracht. Der Vorsitzende sollte darauf achten, dass ihm mit der Ausrüstung auch der erforderliche technische Sachverstand in Person eines Systembetreuers zu Verfügung steht[330]. Erforderlich ist es, dass die im Sitzungssaal des Gerichts Anwesenden den Zeugen sehen und hören können, denn auch im Bereich der Video-

---

329 Näher Kl./Meyer-Goßner § 247a Rdnr. 13.
330 Selbst wenn bei einem Monitor nur ein Anschlussstecker wackelt: Der Vorsitzende sollte sich – wenn irgend möglich – von vornherein gar nicht mit der technischen Betreuung der Übertragungsanlage befassen, denn er hat in der Hauptverhandlung andere Aufgaben zu erfüllen. Das schließt aber keineswegs aus, dass sich der Vorsitzende (möglichst in Ruhe vor Beginn einer solchen Vernehmung) mit den grundlegenden Funktionsweisen solcher Technik ein wenig vertraut machen sollte. Dabei kann es z.B. schon hilfreich sein, einen »Soundcheck« vorzunehmen, um Funktion und Wirkung der eingesetzten Mikrofone zu testen.

8. Vernehmung von Zeugen

vernehmung ist die Vernehmung eines abgeschirmten oder vermummten Zeugen wohl unzulässig[331]. Soweit die Öffentlichkeit nicht ausgeschlossen ist, sollte im Rahmen der technischen Möglichkeiten auch ein Monitor für den Zuschauerraum einsehbar sein. Dass der Zeuge seinerseits sehen (und nicht nur hören) kann[332], was sich im Sitzungssaal ereignet, dürfte hilfreich sein.

Im Übrigen gelten die allgemeinen Regeln für eine Zeugenvernehmung, insbesondere also zu den Folgen des Nichterscheinens[333], des Beistands[334], der Zeugnisverweigerung[335], des Fragerechts[336] sowie der Vereidigung[337] auch für die Videovernehmung.

8.13.4. Aufzeichnung der Vernehmung

Grundsätzlich wird bei der Videovernehmung nur übertragen, die Aussage des Zeugen wird aber nicht aufgezeichnet. Demgegenüber soll sie aufgezeichnet werden, wenn konkrete Umstände die Annahme begründen, dass der Zeuge in einer weiteren Hauptverhandlung (selbst im Wege der Videovernehmung) nicht mehr vernommen werden kann (§ 247a S. 4 StPO). Dabei ist es unerheblich, ob und warum es zu einer weiteren Hauptverhandlung kommen wird[338], sondern lediglich entscheidend, ob – verfahrenstechnisch gesprochen – der Verlust des Beweismittels droht (zu denken wäre etwa an moribunde Zeugen).

Dass die Aufzeichnung zur Erforschung der Wahrheit erforderlich sein muss, tritt zu dem zuletzt genannten Kriterium hinzu. Allein der Umstand, dass es bei einer komplexen Aussage sinnvoll erscheinen mag, nach Schluss der Vernehmung alles noch einmal in Ruhe anhand einer Aufzeichnung studieren zu können, genügt also nicht.

Das Gericht entscheidet auch hier durch Gerichtsbeschluss[339], der zu begründen ist[340] und seitens des Zeugen (§ 305 Satz 2 StPO) mit den Beschwerden (§ 304 Abs. 2 StPO) angefochten werden kann.

---

331 Kl./Meyer-Goßner § 247a Rdnr. 1 m.w.N., a.A. KK-Diemer § 247a Rdnr. 14 sowie Weider, StV 2000, 48, der mit beachtlichen Argumenten im Hinblick auf sog. »V-Leute« als Minus gegenüber dem gänzlichen Verzicht auf die Vernehmung eines »gesperrten« Zeugen die Videovernehmung unter Bedingungen audiovisueller Tarnung für zulässig erachtet.
332 Es wird allerdings in der Regel (Ausnahme vielleicht: Identifizierungsfragen) kein Grund bestehen, ihn zu zwingen, sich solche Bilder aus dem Verhandlungssaal anzuschauen, wenn er dies nicht möchte.
333 Vorn S. 78 f.
334 Vorn S. 8 f.
335 Vorn S. 107 f.
336 Vorn S. 48 ff.
337 Vorn S. 120 ff.
338 Kl./Meyer-Goßner § 247a Rdnr. 11 m.w.N.
339 Streitig, die hier vertretene Auffassung erscheint aber aus den von Kl./Meyer-Goßner § 247a Rdnr. 12 genannten Gründen vorzugswürdig.
340 Beispiel: »Die Aussage des Zeugen XY ist aufzuzeichnen (§ 247a Satz 4 StPO), weil wegen des hohen Alters und der körperlichen Hinfälligkeit des Zeugen zu befürchten ist, dass er in einer weiteren Hauptverhandlung nicht vernommen werden kann«.

III. Hauptverhandlung

9. Verlesung von Zeugenangaben

Es gilt der Grundsatz der persönlichen Vernehmung von Zeugen durch das erkennende Gericht (§ 250 StPO). Nur unter engen Voraussetzungen darf das Gericht *anstelle der Vernehmung des Zeugen Protokolle* über dessen frühere Vernehmungen oder *Schriftstücke* verlesen, die Äußerungen des Zeugen enthalten.

Die damit mögliche oder u.U. sogar unvermeidliche Durchbrechung des Unmittelbarkeitsgrundsatzes ist weniger verfahrensrechtlich als im Hinblick auf das zu erzielende Beweisergebnis gelegentlich problematisch. Denn solange auf diese Weise entlastende, unstreitige oder für den Angeklagten wertungsneutrale Umstände eingeführt werden sollen, erleidet er keine Nachteile. Sind die Angaben des Zeugen indes belastend, vielleicht sogar die einzig entscheidend belastenden, wird aus der klassischen Beweissituation »Aussage gegen Aussage« hier »Aussage gegen Zitat«. Wer es für entscheidend hält, dass eine Beweiswürdigung auch von subjektiven Momenten bestimmt wird[341], kann sich für eine solche Situation selten vorstellen, dass am Ende gegen den Angeklagten entschieden werden kann[342].

Wenn der Angeklagte einen Verteidiger hat und wenn der *Staatsanwalt, der Angeklagte und der Verteidiger* einverstanden sind, kann die Vernehmung eines Zeugen durch Verlesung der Niederschrift einer *richterlichen oder nicht richterlichen* Vernehmung des Zeugen oder einer *Urkunde*, die eine von ihm stammende Erklärung enthält, ersetzt werden (§ 251 Abs. 2 S. 2 StPO).

Ist der Zeuge *verstorben* oder (trotz ernsthafter Bemühungen des Gerichts[343]) seine *Vernehmung* durch das erkennende Gericht aus tatsächlichen Gründen in absehbarer Zeit *nicht möglich*[344], so kann das Gericht auch ohne Einverständnis

---

341 Wer dies zunächst bestreitet, mag sich selbst überprüfen, welche Gründe er für die Glaubhaftigkeit von Aussagen vorbringt. Setzt sich der Zeuge z.B. in Widersprüche gegenüber früheren Angaben, kann man ihm die Glaubhaftigkeit infolgedessen absprechen. Man kann aber auch behaupten, gerade die Tatsache, dass er trotz aller Widersprüche auf Vorhalte im Kern bei seinen belastenden Angaben blieb, belege gerade die Richtigkeit dieses Aussagekerns. Oder: Hat der Zeuge ein erkennbares Interesse an der Bestrafung des Angeklagten, kann man dies zur Begründung von Zweifeln an der Glaubhaftigkeit heranziehen. Man kann sich aber in gleicher Situation auch darauf berufen, dass der verständlicherweise an der Bestrafung des Angeklagten interessierte Zeuge gleichwohl nicht den Eindruck erweckte, ihn zu Unrecht belasten zu wollen. Oder: Ist der Zeuge wegen Aussagedelikten vorbelastet, wird man dies gegen ihn sprechen lassen können. Oder man kann argumentieren, dass gerade die Tatsache, dass der insofern vorbestrafte Angeklagte trotz des Wissens um die eigene Fragwürdigkeit gleichwohl bei seinen belastenden Angaben blieb, gerade für die Richtigkeit seiner jetzigen Aussage spricht. Die wenigen Beispiele zeigen, dass die Beweiswürdigung tatsächlich trotz aller Verpflichtung zu rationaler Herleitung im Kern frei, d.h. subjektiv ist und wohl auch sein muss.
342 Hinzu kommt, dass Vorhalte und Nachfragen (auch des Angeklagten) in der Hauptverhandlung entfallen.
343 Kl./Meyer-Goßner § 251 Rdnr. 26 ff.
344 Praktisch wohl wichtigster Fall: Der Zeuge ist unbekannten Aufenthalts. Der Aufenthalt ist nicht zu ermitteln, wenn nach dem Zeugen vergeblich gesucht wurde (etwa durch polizeiliche Überprüfungen am letzten gemeldeten oder bekannten Wohnsitz oder bei Angehörigen und Bekannten, durch Ausschreibung zur Aufenthaltsfeststellung) und weitere Ermittlungen keinen Erfolg versprechen (BGH GA 80, 422).

9. Verlesung von Zeugenangaben

der Beteiligten die Verlesung vornehmen und muss es erforderlichenfalls zur Aufklärung des Sachverhalts auch tun.

Im beschleunigten Verfahren (§ 420 StPO) sowie im Strafbefehls- (§ 411 Abs. 2 Satz 2 StPO) und im Bußgeldverfahren (§ 77a Abs. 1 und 2 OWiG) unterliegt die Verlesung von Vernehmungsniederschriften weniger strengen Regeln, hier wie im Privatklageverfahren bestimmt im Übrigen die Amtsaufklärungspflicht des § 244 Abs. 2 den Umfang der Beweisaufnahme[345].

9.1. Verlesung richterlicher Protokolle

Die *Verlesung richterlicher Protokolle* ist ferner in den Fällen des § 251 Abs. 1 StPO zulässig.

Die Möglichkeit der Verlesung setzt in jedem Fall voraus, dass das *Protokoll ordnungsgemäß* errichtet und die Vernehmung ohne wesentliche verfahrensrechtliche Fehler durchgeführt wurde. Unzulässig ist daher die Verlesung nach § 251 Abs. 1 StPO z.B., wenn der vernehmende Richter gegen die Benachrichtigungspflicht des § 168c Abs. 5 StPO verstoßen hat, was in der Praxis vergleichsweise häufig in eiligen und unübersichtlichen Stadien eines Ermittlungsverfahrens geschehen kann, oder wenn das Protokoll nicht von Richter oder Protokollführer unterschrieben ist oder wenn erforderliche Belehrungen unterblieben sind u.a.m.[346].

Es liegt auf der Hand, dass – wenn dies bereits für nicht richterliche Protokolle gilt (§ 251 Abs. 2 S. 2 StPO) – erst Recht das Protokoll der richterlichen Vernehmungen eines Zeugen ohne Einverständnis weiterer Verfahrensbeteiligter verlesen werden darf, wenn dieser *Zeuge verstorben, in Geisteskrankheit*[347] *verfallen oder sein Aufenthalt nicht zu ermitteln ist* (§ 251 Abs. 1 Nr. 1 StPO). Der Aufenthalt ist nicht zu ermitteln, wenn nach dem Zeugen vergeblich gesucht wurde (etwa durch polizeiliche Überprüfungen am letzten gemeldeten oder bekannten Wohnsitz oder bei Angehörigen und Bekannten, durch Ausschreibung zur Aufenthaltsfeststellung) und weitere Ermittlungen keinen Erfolg versprechen[348].

Stehen dem Erscheinen des Zeugen in der Hauptverhandlung für längere Zeit *Krankheit, Gebrechen oder andere* nicht zu beseitigende *Hindernisse* entgegen, so ist die Verlesung des Protokolls seiner richterlichen Vernehmung zulässig (§ 251 Abs. 1 Nr. 2 StPO). Auch hier müssen Möglichkeiten, die Vernehmung trotz Krankheit etc. vor dem erkennenden Gericht durchzuführen, geprüft und verworfen werden, bevor eine Verlesung zulässig ist. So kann z.B. die Vernehmung Kranker und Gebrechlicher u.U. als Teil der Hauptverhandlung in deren Wohnung oder gar am Krankenbett erfolgen. Die Zumutbarkeitsfrage (vergl. § 251 Abs. 1 Nr. 3 StPO) wird hier allerdings mit Blick auf die Umstände, unter denen eine solche »Heimsuchung« Kranker und Gebrechlicher erfolgt, stets sehr genau zu prüfen sein.

---

345 Siehe vorn S. 56 f.
346 Kl./Meyer-Goßner § 251 Rdnr. 18.
347 Derart, dass er zumindest auf absehbare Zeit vernehmungsunfähig ist (Kl./Meyer-Goßner § 251 Rdnr. 5).
348 BGH GA 80, 422.

III. Hauptverhandlung

Unerreichbar ist ein Zeuge, wenn trotz der Möglichkeit, ihn ordnungsgemäß zu laden, eine Vernehmung an seiner dauerhaften Weigerung scheitert, zum Termin zu erscheinen und Zwangsmittel (§§ 51, 135 StPO) nicht greifen, etwa weil der Zeuge im Ausland wohnt[349].

Kann dem Zeugen das Erscheinen in der Hauptverhandlung *wegen großer Entfernung* unter Berücksichtigung der Bedeutung seiner Aussage nicht zugemutet werden, kann ebenfalls eine frühere richterliche Vernehmung verlesen werden (§ 251 Abs. 1 Nr. 3 StPO). Die frühere richterliche Vernehmung wird in vielen Fällen zu diesem Zweck durch *Anordnung einer kommissarischen Zeugenvernehmung* (§ 223 Abs. 2 StPO) herbeigeführt worden sein. Für die Frage der Beweiswürdigung handelt es sich dann um eine vergleichsweise günstige Form des Ersatzes der unmittelbaren Vernehmung. Zum einen hatte das ersuchende Gericht die Möglichkeit, die aus seiner Sicht entscheidenden Fragen in das Ersuchen aufzunehmen und damit sicherzustellen, dass der ersuchte Richter nichts Wesentliches außer Acht lässt. Zum anderen haben Staatsanwaltschaft und Verteidigung das Recht, an der kommissarischen Vernehmung teilzunehmen und ihr Fragerecht auszuüben (§§ 224, 69 StPO).

Ob einem Zeugen trotz großer Entfernung das Erscheinen in der Hauptverhandlung zuzumuten ist, hat das Gericht in der Hauptverhandlung noch einmal zu prüfen. Wohnt der bereits kommissarisch vernommene Zeuge inzwischen im Gerichtsbezirk oder hat er anlässlich der kommissarischen Vernehmung erklärt, interessiert, bereit und in der Lage zu sein, in der Hauptverhandlung zu erscheinen, so findet § 251 Abs. 1 StPO keine Anwendung, der Zeuge ist unmittelbar zu hören. Im Übrigen sind die *Interessen des Zeugen* (etwa die Aussicht, stunden- oder gar tagelang für berufliche oder familiäre Pflichten auszufallen) gegen die *Bedeutung der Sache* und die Wichtigkeit der Aussage abzuwägen[350]. Auch die Überlegung, ob zur Klärung des Sachverhalts ergänzende Fragen notwendig werden können, die sich erst in der Hauptverhandlung stellen, etwa nachdem die Verteidigungspositionen des Angeklagten bekannt sind, kann dafür ausschlaggebend sein, den Zeugen doch (von vornherein oder trotz vorangegangener kommissarischer Vernehmung) in der Hauptverhandlung unmittelbar zu hören.

Schließlich ist die Verlesung eines richterlichen Protokolls auch zulässig, wenn *der Staatsanwalt, der Verteidiger* (soweit vorhanden) und *der Angeklagte* zustimmen (§ 251 Abs. 1 Nr. 4 StPO)[351].

9.2. Verfahrensfragen

Die Verlesung eines Protokolls nach § 251 Abs. 1 und Abs. 2 StPO setzt stets[352] einen entsprechenden *Beschluss des Gerichts* voraus (§ 251 Abs. 4 S. 1 StPO). Der Beschluss ist zu begründen (§ 251 Abs. 4 S. 2 StPO), wobei die ausschließliche Bezugnahme auf den Gesetzeswortlaut der angewandten Norm nur im Fall all-

---

349 BGH NStZ 1993, 294.
350 BGH NStZ 1981, 271.
351 Die Zustimmung des Nebenklägers ist nicht erforderlich (Kl./Meyer-Goßner § 397 Rdnr. 12).
352 Also z.B. auch dann, wenn alle Beteiligten zustimmen (BGH NStZ 1988, 283).

seitigen Einverständnisses (§ 251 Abs. 1 Nr. 4 und Abs. 2 S. 1 StPO) genügt, in den anderen Fällen müssen die tatsächlichen Gründe der Verlesung so genau angegeben werden, dass sie rechtlich nachprüfbar sind[353]. Dazu gehört auch die Angabe, dass die Voraussetzungen, die zur Anordnung einer kommissarischen Vernehmung geführt haben, noch immer vorliegen[354].

Nach Erlass des Beschlusses *verliest* der Vorsitzende das Protokoll (oder die Urkunde), wobei mit Zustimmung der Beteiligten eine Teilverlesung zulässig ist. Sodann *stellt* er *fest*, ob der Zeuge – wenn es sich um eine richterliche Vernehmung gehandelt hat – *vereidigt worden ist oder nicht* (§ 251 Abs. 4 S. 3 StPO). Wenn die (zulässige, aber) unterbliebene Vereidigung dem erkennenden Gericht notwendig erscheint, kann es ihre Nachholung[355] durch Beschluss anordnen (§ 251 Abs. 4 S, 4 StPO).

10. Vorführung von Videoaufzeichnungen

Die Möglichkeit, *audiovisuelle Aufzeichnungen* von *Zeugenaussagen* (nicht: Aussagen eines Angeklagten![356]) in der Hauptverhandlung vorzuführen, sieht § 255a StPO für Aufzeichnungen solcher Aussagen vor, die nach § 58a StPO (ggf. i.V.m. § 168e Satz 4 StPO) oder nach § 247a Satz 4 StPO[357] zustande gekommen sind. Infolge der Vorführung werden die Aufzeichnungen zum *Beweismittel* über den *Aussageinhalt*, nicht etwa nur – wie sonstige Ton- oder Bildaufzeichnungen – zu bloßen Augenscheinsobjekten oder zum Anlass von Vorhalten.

Nach § 255a Abs. 1 StPO ist die Vorführung einer solchen Aufzeichnung zulässig, wenn die *Niederschriften* der (richterlichen oder nichtrichterlichen) Vernehmungen nach §§ 251, 253 StPO *verlesen* werden dürften[358], also vor allem bei *Unerreichbarkeit* des Zeugen und im *Einverständnis* der Beteiligten. Insoweit kann daher auf die Ausführungen zur Protokollverlesung verwiesen werden[359]. Dabei besteht kein Nachrangigkeitsverhältnis zwischen der Vorführung einer Videoaufzeichnung und einer Protokollverlesung. Das Gericht kann daher die Vorführung anordnen, ohne zuvor geprüft zu haben, ob auch eine Protokollver-

---

353 BGH NStZ 1986, 325. *Beispiel:* »Die Verlesung der Niederschrift der Vernehmung des Zeugen X durch das AG Y wird angeordnet. Dem Zeugen ist das Erscheinen in der Hauptverhandlung noch immer nicht zuzumuten. Er wohnt nach wie vor etwa 600 km vom Gerichtsort entfernt. Dem Angeklagten droht selbst im Fall des Schuldspruchs allenfalls eine geringe Geldstrafe. Es ist zu erwarten, dass der Zeuge auch vor dem erkennenden Gericht keine anderen Angaben als diejenigen machen würde, die von ihm bereits vorliegen. Dabei handelt es sich um Umstände, die für die Entscheidung der Sache nur in Randbereichen von Bedeutung sind.«
354 Denn die Voraussetzungen der Verlesung müssen noch in der Hauptverhandlung gegeben sein.
355 Zuständig dafür wird in aller Regel wieder der ersuchte Richter sein.
356 Maßgeblich ist insoweit – wie allgemein in solchem Zusammenhang – der Status, den die betreffende Person zu dem Zeitpunkt einnimmt, in dem ihre Aussage vorgeführt werden soll.
357 Hierzu vorn S. 129.
358 Vergl. KK-Diemer § 255 a Rdnr. 2.
359 Oben S. 130 ff.

III. Hauptverhandlung

lesung zur Wahrheitsfindung genügen würde, und kann sich umgekehrt nach pflichtgemäßem Ermessen trotz Vorhandenseins einer Aufzeichnung auch damit begnügen, lediglich die Protokollverlesung anzuordnen.

Nach § 255a Abs. 2 StPO ist die Vorführung der Aufzeichnung auch (ohne dass die Voraussetzungen der §§ 251 und 253 StPO vorliegen) zulässig, um die *richterliche*[360] Vernehmung eines (nicht notwendigerweise Opfer-)Zeugen unter 16 Jahren zu *ersetzen*, wenn es sich um die dort bezeichneten Straftaten gegen die sexuelle Selbstbestimmung, gegen das Leben oder um eine Misshandlung von Schutzbefohlenen handelt und wenn der Angeklagte und der Verteidiger Gelegenheit zur Mitwirkung hatten, insbesondere zur Ausübung des Fragerechts[361]. Nach § 255a Abs. 2 Satz 2 StPO ist eine spätere ergänzende (unmittelbare oder Video-)Vernehmung des Zeugen zulässig. Eine Wiederholung der ersten Vernehmung soll dadurch nicht ermöglicht werden. Weil die Aufzeichnung der ersten Vernehmung vorliegt, wird das Gericht vergleichsweise sicher bestimmen können, wozu der Zeuge im Wege der Ergänzung jedenfalls nicht mehr zu befragen ist.

In beiden Alternativen wird die Anordnung der Vorführung durch Beschluss des Gerichts getroffen[362].

11. Vernehmung von Sachverständigen

Der *Sachverständige* ist das zweite personale Beweismittel des Strafverfahrens. Seine Sachkunde kann im Verfahren in vielfältiger Weise genutzt werden[363]. In der Hauptverhandlung steht die *Vermittlung von Erfahrungswissen* und die *Anwendung dieses Erfahrungswissens auf den fraglichen Fall* im Vordergrund. Damit schafft oder erweitert der Sachverständige dem Gericht und den übrigen Verfahrensbeteiligten eine sonst oder jedenfalls in gleicher Weise nicht gegebene Erkenntnisquelle. Dies – nicht mehr und nicht weniger – ist seine Aufgabe[364]. Die

---

360 Die Aufzeichnungen polizeilicher oder staatsanwaltschaftlicher Vernehmungen solcher Zeugen sind – wie auch z.B. Aufzeichnungen von Aufdeckungsgesprächen – können natürlich nach wie vor im Wege der Augenscheinseinnahme eingeführt werden, ersetzen aber die Aussage des Zeugen nicht.
361 KK-Diemer § 255a Rdnr. 10 m.w.N.
362 KK-Diemer § 255a Rdnr. 14, str. Eine andere Auffassung geht davon aus, dass eine prozessleitende Anordnung des Vorsitzenden genügt (Kl./Meyer-Goßner § 255a Rdnr. 11). Sie kann für § 255a Abs. 1 StPO nicht nur den Verweis auf § 251 Abs. 4 Satz 1 StPO nicht erklären, sondern scheint auch einen gewissen Wertungswiderspruch hinnehmen zu wollen. Denn durch § 255a StPO werden Beeinträchtigungen des Unmittelbarkeitsgrundsatzes in nicht geringerem Maße ermöglicht als diejenigen, zu denen das Gericht im Rahmen des § 251 StPO nur durch Beschluss greifen kann.
363 Vergl. Kl./Meyer-Goßner Vor § 72 Rdnr. 3 ff.
364 Die Diskussion um die richtige Bezeichnung des Sachverständigen (»Richtergehilfe« oder »Berater des Gerichts«, vergl. Kl./Meyer-Goßner Vor § 72 Rdnr. 8) ist müßig, weil sie nicht weiterführt. Ich würde sie – wenn es denn sein muss – um den weiteren Vorschlag »Vermittler von Sachkunde« bereichern (so wohl auch Kl./Meyer-Goßner a.a.O.), weil darin zum einen die übrigen Beteiligten als mögliche Nutznießer der dargebrachten Sachkunde eingeschlossen sind, zum anderen auch deutlicher wird, dass der Sachverständige zwar sehr

11. Vernehmung von Sachverständigen

Formel von den Sachverständigen, die immer öfter Prozesse entscheiden, sollte das Gericht sich stets zur Abschreckung vor Augen halten[365]. Zwar ist es richtig, dass Befunde und Schlussfolgerungen des Sachverständigen häufig den Ausschlag bei der gerichtlichen Entscheidungsfindung geben. Trotzdem ist es allein das Gericht, das zu entscheiden hat und sich der Verpflichtung zur eigenen Meinung immer bewusst sein muss, um dem Sachverständigen wie allen anderen Beweismitteln die notwendige inhaltliche Distanz entgegenzubringen.

11.1. Anknüpfungs-, Zusatz- und Befundtatsachen

Die *Tatsachenfeststellung* mittels eines Sachverständigen (innerhalb und außerhalb der Hauptverhandlung) setzt ferner Klarheit darüber voraus, von welcher *rechtlicher Qualität* diese Tatsachen sein können.

Ausgangspunkt für die Arbeit eines Sachverständigen sind in aller Regel *Anknüpfungstatsachen*, die er nicht selbst ermittelt, sondern die ihm vom Gericht mitzuteilen sind[366]. Im Vor- und Zwischenverfahren sowie zur Vorbereitung der Hauptverhandlung werden dem Sachverständigen zu diesem Zweck häufig die Verfahrensakten zugänglich gemacht (§ 80 Abs. 1 StPO). Schließlich ist die Hauptverhandlung, in der er ergänzend sein Fragerecht wahrnehmen darf (§ 80 Abs. 2 StPO), für den Sachverständigen Quelle solcher Anknüpfungstatsachen. Auch wenn sich infolgedessen die tatsächliche Ausgangslage, von der der Sachverständige ausgehen soll, oder ernsthafte Alternativen oft so eindeutig sind, dass – zumindest erfahrene – Sachverständige ohne besondere Hinweise darauf abstellen, ist es immer der Vorsitzende, der hier für Klarheit und Eindeutigkeit zu sorgen hat (§ 78 StPO)[367]. Die Anknüpfungstatsachen werden durch die übrige Beweisaufnahme ermittelt und eingeführt. Stützt sich der Sachverständige bei der Gutachtenerstattung auf Umstände, die zwar auch ohne besondere Sachkunde ermittelt werden könnten[368], die aber nicht durch die Beweisaufnahme zutage getreten sind (sog. *Zusatztatsachen*[369]), muss das Gericht sie – falls sie unver-

---

wichtig für die Entscheidungsfindung ist, die Entscheidung selbst indes einzig und allein Gerichtssache ist.

365 Die Gerichte sind wahrscheinlich durch gelegentlich zu große Sachverständigengläubigkeit selbst an diesem Urteil schuld. Denn ungleich häufiger als Sachverständige »entscheiden« im Sinne des o.g. schiefen Bildes noch immer Zeugen unsere Prozesse. Trotzdem ist es noch niemand auf die Idee verfallen, die Schlagzeile: »Zeugen: die heimlichen Richter« zu postulieren.
366 KK-Pelchen Vor § 72 Rdnr. 3, BGH NStZ 1995, 201.
367 *Beispiel:* Ergibt die Beweisaufnahme, dass der Angeklagte innerhalb einer feststehenden Zeit vor der Tat zehn Gläser Bier getrunken hat, ist jedoch für das Gericht vor der abschließenden Beweiswürdigung noch unklar, ob er zugleich mit jedem Bier auch einen Schnaps konsumierte, so muss der Vorsitzende dem Sachverständigen diese beiden Möglichkeiten zur Prüfung der Frage unterbreiten, welche Blutalkoholkonzentration der Angeklagte aufgewiesen haben kann.
368 Kl./Meyer-Goßner § 79 Rdnr. 11.
369 Diese Zusatztatsachen kommen dem Gericht häufiger unter, als es die dogmatischen Schwierigkeiten wünschen lassen. So wird in landläufigen Gutachten zu den medizinischen Voraussetzungen der §§ 20, 21 StGB sehr häufig die Vita, besonders die Krankengeschichte des Angeklagten bis in weite Jugend, von den Sachverständigen aufgegriffen, ohne zuvor Gegenstand der Hauptverhandlung gewesen zu sein. M.E. lässt sie sich in solchen Fällen al-

III. Hauptverhandlung

zichtbar erscheinen – noch einführen[370]. Ihre Erwähnung im Sachverständigengutachten allein genügt nicht. Notfalls muss insofern der Sachverständige als Zeuge gehört werden[371].

Zusatztatsachen weisen ferner gelegentlich Schwierigkeiten auf, wenn der Sachverständige sie aus Angaben von Personen herleitet, die sich später – als Zeugen – auf ein Zeugnisverweigerungsrecht oder – als Angeklagte – auf ihr Schweigerecht berufen. Denn dann stellt sich noch vor der Frage, wie diese Tatsachen eingeführt werden, das Problem, ob sie überhaupt *verwertbar* sind. Unerheblich ist insofern allerdings, ob der Angeklagte oder ein Zeuge, bei dem der Sachverständige eine Exploration angestellt hat, über das ihnen zweifelsfrei zustehende Recht, die Mitwirkung zu verweigern, belehrt wurden[372]. Denn zum einen schreibt die StPO eine solche Belehrung an keiner Stelle ausdrücklich vor. Zum anderen ist anerkannt, dass Angaben, die ein Beschuldigter außerhalb von Vernehmungen macht, verwertbar sind und er darauf nicht hingewiesen werden muss[373]. Das spontane Geständnis[374] des *Angeklagten* gegenüber dem Sachverständigen kann daher durch Zeugenvernehmung des Sachverständigen eingeführt und auch dann *verwertet werden*, wenn der Angeklagte in der Hauptverhandlung keine Angaben zur Sache macht. *Entsprechende Angaben von Zeugen*, die in der Hauptverhandlung das Zeugnis berechtigterweise verweigern, sind unabhängig von Belehrungsfragen aus dem Rechtsgedanken des § 252 StPO *unverwertbar*[375].

Befundtatsachen sind die Tatsachen, die der Sachverständige aufgrund seiner besonderen Sachkunde feststellt. Sie werden unmittelbar durch das Gutachten des Sachverständigen in die Hauptverhandlung eingeführt[376].

11.2. Anwesenheits- und Fragerechte

Der geladene Sachverständige hat das Recht (und erforderlichenfalls auf Anordnung des Vorsitzenden auch die Pflicht), während der *gesamten* Beweisaufnahme an der *Hauptverhandlung* teilzunehmen. Er hat ein *eigenes* unmittelbares[377] *Fragerecht* (§ 80 Abs. 2 StPO).

---

lerdings bedenkenfrei nachträglich dadurch einführen, dass der Angeklagte die Darstellungen auf richterliche Nachfrage bestätigt.
370 Vergl. KMR-Paulus Vorb. § 72 Rdnr. 37 a.E.
371 BGH NStZ 1993, 245; vergl. auch Krause S. 33 Rdnr. 19a, sowie Schlüchter S. 552.
372 Insofern unnötig die Problematisierung bei KMR-Paulus Vorb. § 72 Rdnr. 39 ff.
373 Kl./Meyer-Goßner § 136a Rdnr. 16.
374 Im Gegensatz dazu sind die Ergebnisse einer »Vernehmung« durch den Sachverständigen im strafprozessualen Sinn bedeutungslos und unverwertbar (BGHSt 13.1).
375 So auch im Ergebnis – mit anderer Begründung und weiteren Nachweisen – KMR-Paulus Vorb. § 72 Rdnr. 42.
376 Das gilt auch z.B. für fremde gutachterliche Äußerungen und den fachlichen Inhalt von Krankengeschichten sowie eigene Feststellungen, die der jetzige Sachverständige aus Anlass früherer Begutachtungsaufträge getroffen hat: All dies ist Gegenstand des Sachverständigenbeweises (BGH NStZ 1995, 45).
377 Die unmittelbare Befragung von Zeugen unter 16 Jahren jedoch grundsätzlich dem Vorsitzenden vorbehalten (§ 241a StPO).

11.3. Sachverständigenbelehrung

Die StPO schreibt an keiner Stelle eine (der allgemeinen Zeugenbelehrung nach § 57 StPO vergleichbare) *Belehrung des Sachverständigen* vor. Aus dem allgemeinen Verweis auf die entsprechende Anwendbarkeit der Vorschriften über Zeugen (§ 72 StPO) wird gleichwohl allgemein gefolgert, auch Sachverständige seien zu belehren[378]. Andererseits sei die Belehrung häufig vor Gericht auftretender Sachverständiger überflüssig, weil sie eine inhaltslose Formalität darstelle[379].

Da § 57 StPO keine rechte Entsprechung zur Aufgabe und zur Stellung des Sachverständigen nahe legt und die Eidesfrage sich für den Sachverständigen ohnehin ganz anders als für den Zeugen darstellt (§ 79 StPO), empfiehlt es sich, die *Sachverständigenbelehrung*, wenn man sie denn für erforderlich hält[380], an der Eidesvorschrift für Sachverständige (§ 79 StPO) zu orientieren. Demgemäß sollte der Sachverständige – nach der Präsenzfeststellung, spätestens vor der Gutachtenerstattung – darauf hingewiesen werden, dass er sein Gutachten *unparteiisch und nach bestem Wissen und Gewissen* zu erstatten hat.

11.4. Angaben zur Person

Der Sachverständige hat – entsprechend dem Zeugen (§ 68 Abs. 1 StO) – *Vor- und Zunamen, Alter, Beruf und Wohnort* anzugeben (§ 72 StPO). Wie bei Zeugenvernehmungen empfiehlt sich auch hier die regelmäßige Klarstellung, ob *Verwandtschaft oder Schwägerschaft* zum Angeklagten besteht (§ 68 Abs. 4 StPO)[381]. Denn derartige persönliche Beziehungen zum Angeklagten können den Sachverständigen zum einen zur *Verweigerung des Gutachtens* berechtigen, wenn er als Zeuge in gleicher Situation zeugnisverweigerungsberechtigt wäre (§ 76 Abs. 1 S. 1 StPO); darüber hat ihn der Vorsitzende *ggf. zu belehren*[382]. Zum anderen können sie ihn berechtigen, den Sachverständigeneid (§ 79 StPO) zu verweigern[383].

11.5. Mündliches Gutachten

Das Sachverständigengutachten ist in der Hauptverhandlung *mündlich* zu erstatten. Nur insoweit wird es Gegenstand der Urteilsfindung, selbst wenn ein schriftliches Gutachten vorhanden ist. Vorliegende schriftliche Gutachten können im Übrigen dem Sachverständigen bei der anschließenden Befragung vorgehalten, u.U. (§ 256 StPO) auch im Wege des Urkundenbeweises verlesen werden. Letzte-

---

378 Vergl. KK-Pelchen § 72 Rdnr. 3 m.w.N.
379 KMR-Paulus § 72 Rdnr. 2.
380 M.E. ist sie nicht geboten, weil sich Stellung und Funktion von Sachverständigen und Zeugen nicht entsprechen, daher auch eine entsprechende Anwendung des § 57 StPO nicht zwingend ist. Das belegt die Praxis im Grunde dadurch, dass nicht »entsprechend § 57 StPO« belehrt wird (weil die gesamte § 57 StPO für Sachverständige nicht passt), sondern andere sinnvolle Inhalte gesucht werden, die dem Sachverständigen zur Belehrung zuteil werden sollen, etwa die auch hier empfohlene Anlehnung an die Eidesvorschrift.
381 Auch die übrigen »Generalfragen« des § 68 Abs. 4 StPO können dem Sachverständigen gestellt werden.
382 Kl./Meyer-Goßner § 76 Rdnr. 1.
383 KMR-Paulus § 79 Rdnr. 11 StPO.

III. Hauptverhandlung

res ist nicht ausreichend, wenn mit der Unterbringung des Angeklagten zu rechnen ist (§ 246a StPO).

11.6. Vereidigungsfragen

Der Sachverständige *kann* nach dem Ermessen des Gerichts *vereidigt werden* (§ 79 Abs. 1 S. 1 StPO). Auf *Antrag der Staatsanwaltschaft, des Angeklagten* oder *des Verteidigers* (sowie etwaiger Nebenbeteiligter[384] und des Privatklägers[385], nicht hingegen des Nebenklägers[386]) *muss* er *vereidigt* werden (§ 79 Abs. 1 S. 2 StPO).

Wie beim Zeugeneid entscheidet auch hier der *Vorsitzende* vorab für das Gericht im Rahmen seiner *Sachleitungsbefugnis*[387], gegen seine Anordnung ist die Anrufung des Gerichts gem. § 238 Abs. 2 StPO statthaft.

Wird *kein Vereidigungsantrag gestellt* und will das Gericht den Sachverständigen unvereidigt lassen, so bedarf dies keiner ausdrücklichen Anordnung[388]. Allerdings sollte der Vorsitzende, wenn er selbst keine Vereidigung herbeiführen will, regelmäßig nachfragen, ob ein Vereidigungsantrag gestellt wird[389].

Wird ein *Vereidigungsantrag gestellt* oder will der Vorsitzende unabhängig davon den Sachverständigen vereidigen, so ordnet er die Vereidigung im Rahmen der Sachleitung an. Auch hiergegen ist die Anrufung des Gerichts gem. § 238 Abs. 2 StPO gegeben. Einer Begründung bedarf die Vereidigungsanordnung oder der daraufhin ergehende Gerichtsbeschluss nicht.

In (wahrscheinlich) seltenen Fällen kann ein Vereidigungsverbot gem. § 72 i.V.m. § 60 StPO eingreifen[390].

Soll der Sachverständige *vereidigt werden*, muss er über die Bedeutung des Eides, die Möglichkeit der Wahl zwischen dem Eid mit religiöser oder ohne religiöse Beteuerung sowie über die strafrechtlichen Folgen falscher Angaben *belehrt* werden (§ 57 S. 2 i.V.m. § 72 StPO). Zu belehren ist er ferner über ein etwaiges Eidesverweigerungsrecht (§ 72 i.V.m. § 63 StPO).

Der Eid wird für jeden Sachverständigen gesondert und als Nacheid abgenommen (§ 79 Abs. 2 StPO). Die *Abnahme* entspricht der des Zeugeneides mit

---

384 §§ 433 Abs. 1, 444 Abs. 2 StPO.
385 Arg. e § 385 Abs. 1 S. 1 StPO.
386 Kl./Meyer-Goßner § 79 Rdnr. 2. Die anders lautende Auffassung (z.B. KMR-Paulus § 79 Rdnr. 11) berücksichtigt nicht hinreichend, dass die Rechte des Nebenklägers in § 397 abschließend beschrieben sind.
387 KK-Senge § 79 Rdnr. 3.
388 BGHSt 21, 227; Kl./Meyer-Goßner § 79 Rdnr. 1. Der gegenteiligen Auffassung (KMR-Paulus § 79 Rdnr. 9) ist entgegenzuhalten, dass eine Entscheidung, die allein die gesetzliche Regel bestätigt, überflüssig erscheint. Dass – wie a.a.O. befürchtet – dann ein Richter de facto das Richtige tun kann (nämlich nicht zu vereidigen), ohne sich über die Vorschrift des § 79 Abs. 1 S. 1 StPO im Klaren zu sein, kann demgegenüber weder beunruhigen noch die Notwendigkeit einer ausdrücklichen Nichtvereidigungsentscheidung begründen. Denn ein allgemeiner Grundsatz, wonach der Richter zur Dokumentation seiner Sorgfalt stets und ständig zu beschließen hätte, warum er etwas zu tun unterlässt, das er nicht tun muss, ist nicht bekannt.
389 Insofern zutreffend KMR-Paulus § 79 Rdnr. 9 a.E. Denn das Wissen um die Möglichkeit, einen Vereidigungsantrag zu stellen, kann bei den anwesenden Juristen, aber nicht beim Angeklagten vorausgesetzt werden.
390 KMR-Paulus § 79 Rdnr. 11.

dem Unterschied, dass der Vorsitzende die *Eidesnorm* »Sie schwören, dass Sie das Gutachten unparteiisch und nach bestem Wissen und Gewissen erstattet haben« vorspricht und der Sachverständige eine *Eidesformel* bzw. eine Bekräftigung nach §§ 66c StPO äußert. Anstelle des Eides kann sich der Sachverständige, wenn er für die Erstattung von Gutachten der betreffenden Art allgemein vereidigt ist[391], auf diesen allgemein geleisteten Eid – ausdrücklich[392] – berufen.

Der Eid bezieht sich, wie sich aus der Eidesnorm ergibt, auf das Gutachten (nebst Befundtatsachen), aber weder auf die Personal- noch die Generalfragen (§ 72 i.V.m. § 68 StPO) und auch nicht auf Zusatztatsachen. Letztere sind ohnehin nur in Form ergänzender Vernehmung des Sachverständigen als Zeugen einzuführen[393], was zur Folge hat, dass auch die Frage der Vereidigung insofern nach den Regeln des Zeugeneides zu entscheiden ist[394].

11.7. Befragung – Entlassung

Nach der Erstattung des Gutachtens und der etwaigen ergänzenden Befragung durch den Vorsitzenden und die übrigen Beteiligten (sowie ggf. der Vereidigung) des Sachverständigen sind die Staatsanwaltschaft, der Angeklagte und die übrigen frageberechtigten Beteiligten (also auch Privatkläger, Nebenbeteiligte, allerdings nicht Nebenkläger[395]) *zu hören,* ob sich der Sachverständige entfernen darf (§ 248 StPO)[396]. Erst danach darf er entlassen werden.

Die *Entschädigung* des Sachverständigen richtet sich nach den Vorschriften des ZSEG (§ 84 StPO).

12. Sachverständige Zeugen

Für den sachverständigen Zeugen gelten die Regeln des Zeugenbeweises (§ 85 StPO), er ist also *Zeuge* mit allen Rechten[397] und Pflichten.

Da es sich bei den Tatsachen, zu deren Wahrnehmung besondere Sachkunde erforderlich war, stets um Befundtatsachen handelt[398], deren Feststellung indes auch Aufgabe eines Sachverständigen ist, überschneiden sich hierin diese beiden Beweis-

---

391 Vergl. KMR-Paulus § 79 Rdnr. 16.
392 Kl./Meyer-Goßner § 79 Rdnr. 4.
393 Kl./Meyer-Goßner § 79 Rdnr. 11.
394 Wobei beides u.U. in einem Vereidigungsvorgang zusammengefasst werden kann (KMR-Paulus § 79 Rdnr. 14.
395 Kl./Meyer-Goßner § 248 Rdnr. 3.
396 Ob es sich um eine reine Ordnungsvorschrift (so Kl./Meyer-Goßner § 248 Rdnr. 4 m.w.N.) oder um eine verbindliche Verfahrensvorschrift mit der Gefahr des Revisionsgrundes bei ihrer Nichtbeachtung (so zuletzt OLG Stuttgart NStZ 1994, 600 m.w.N.) handelt, ist hierbei unerheblich. Denn wenn der Vorsitzende die Beteiligten vor der Entlassung nicht gehört hat, wird er sich späteren Anträgen, den Sachverständigen erneut zu hören, kaum mit dem Argument widersetzen können, dazu habe bereits ausreichende Gelegenheit bestanden.
397 Das betrifft auch die Entschädigung nach dem ZSEG, die bei Zeugen gegenüber der Sachverständigenentschädigung bescheiden ausfällt, was oft den Unmut derjenigen auslöst, die – trotz oder gerade wegen ihres Sachverstands – gelegentlich doch »nur« als Zeugen gehört werden.
398 KMR-Paulus § 85 Rdnr. 1.

III. Hauptverhandlung

mittel. Die *Abgrenzung* ist im Einzelfall schwierig, die Kriterien sind umstritten[399]. Wichtig ist zunächst immer die Prüfung, ob es um Wahrnehmungen geht, die *besondere Sachkunde* voraussetzen. Hat z.B. der Arzt bei der polizeilich angeordneten Blutentnahme ein Geständnis des Angeklagten vernommen, liegt auf der Hand, dass hierbei nicht seine ärztliche Sachkunde maßgeblich war, er ist daher (insofern ganz normaler) Zeuge. Im Übrigen hat jedenfalls die *Bestellung* zum Sachverständigen zur Folge, dass alle daraufhin ermittelten *Befundtatsachen* im Wege des Sachverständigenbeweises eingeführt werden können[400]. Sollen darüber hinaus Tatsachen eingeführt werden, um die eine andere Person (mittels besonderer Sachkunde) weiß, ist diese Person immer dann (sachverständiger) *Zeuge*, wenn sie als Auskunftsperson *nicht auswechselbar* ist, weil nur sie die entsprechenden Wahrnehmungen gemacht hat[401]. Wird diese Person allerdings später zum Sachverständigen bestellt und berichtet über solche (selbst wahrgenommenen Umstände) im Rahmen des Gutachtens, so werden sie durch das Gutachten beweiskräftig eingeführt[402]. Immer jedoch sind die *Zusatztatsachen*, die ein Sachverständiger nach seiner Bestellung ermittelt, im Wege seiner Vernehmung als *Zeuge* einzuführen[403].

13. Augenschein

Ein wichtiges, oft in seiner Bedeutung und Beweiskraft unterschätztes Beweismittel ist der richterliche *Augenschein* (§ 86 StPO).

Unter Augenscheinseinnahme ist jede *sinnliche Wahrnehmung* von Tatsachen (durch Sehen, Hören, Fühlen, Riechen oder Schmecken) zu verstehen, soweit sie unmittelbar der Überzeugungsfindung des Gerichts dient[404] und nicht mittels eines der anderen gesetzlichen geregelten Beweismittel (Zeuge, Sachverständiger, Urkunde) eingeführt wird. *Ob* ein Augenscheinsbeweis oder ein Beweis durch Zeugen, Sachverständige oder Urkunden stattfinden muss, richtet sich dabei nach dem *Beweisthema*. Mittels Augenscheins kann z.B. die Existenz oder Beschaffenheit einer Sache (etwa einer Urkunde) oder einer Person[405], die Lage von (Tat-)Örtlichkeiten, der Klang von Geräuschen festgestellt werden.

---

399 Griffig, aber nicht überzeugend und viel zu weitgehend zum Beispiel die Auffassung von Kl./Meyer-Goßner § 85 Rdnr. 3, wonach der Anlass der Wahrnehmung entscheidend sei. Danach ist die Beweisperson immer Sachverständiger, wenn sie die Wahrnehmung im behördlichen Auftrag (der also nicht notwendigerweise ein Gutachtenauftrag sein muss, man denke an den Auftrag der Polizei an einen Arzt, eine Blutprobe zu entnehmen) gemacht hat. Dem steht allerdings entgegen, dass der sachverständige Zeuge wie jeder andere Zeuge und im Gegensatz zum Sachverständigen (KK-Pelchen § 85 Rdnr. 1 a.E.) schlechthin stets unaustauschbar ist: Seine Wahrnehmungen hat nun einmal grundsätzlich nur er gemacht, noch so viel Sachverstand eines anderen kann sie nie ersetzen, sondern allenfalls interpretieren und zur Grundlage eigener Schlussfolgerungen machen.
400 KK-Senge § 85 Rdnr. 1 StPO.
401 *Beispiel:* Der Blut entnehmende Arzt für die Trunkenheitssymptome, die ein Angeklagter bei der Blutentnahme aufgewiesen hat (KMR-Paulus § 85 Rdnr. 2).
402 KMR-Paulus § 85 Rdnr. 1 a.E.
403 Vergl. vorn S. 125 f.
404 KMR-Paulus Vorb. § 72 Rdnr. 50.
405 KMR-Paulus Vorb. § 72 Rdnr. 59.

13. Augenschein

In der Praxis ist die Augenscheinseinnahme (im Gerichtssaal) einfach und geläufig, wenn es sich um vergleichsweise kleine Überführungsstücke handelt. Im Alltagsgeschäft ausgesprochen unbeliebt sind dagegen *Augenscheinseinnahmen außerhalb des Gerichtssaals*, etwa Tatortbesichtigungen, weil sie zeitlich stark belasten. Die Gerichte versuchen daher erfahrungsgemäß, sich entsprechende Eindrücke durch Vernehmung von Angeklagten, Zeugen oder Sachverständigen, ggf. unter gleichzeitiger Erörterung von Skizzen oder Lichtbildern zu verschaffen. Dies ist rechtlich zulässig, weil der Augenscheinsbeweis – anders als der Zeugenbeweis – nicht dem Unmittelbarkeitsgrundsatz unterliegt[406]. Trotzdem sollte sich das Gericht immer darüber im Klaren sein, dass der persönliche unmittelbare Eindruck in der Qualität der Wahrnehmung nie zu überbieten ist[407]. Eine weitere Erfahrung sagt, dass die Einnahme des Augenscheins vor Ort für das Gesamtverständnis eines Sachverhalts oft außerordentlich förderlich ist, sodass dem dadurch verursachten zeitlichen Mehraufwand an anderer Stelle Zeitersparnisse entsprechen[408]. Wird der Augenschein *außerhalb des Sitzungssaals* eingenommen, muss den Verfahrensbeteiligten mit hinreichender Deutlichkeit Datum, Zeit und Ort der Augenscheinseinnahme mitgeteilt werden. Weil sodann vor Ort oft nur eingeschränkte Kommunikationsmöglichkeiten bestehen, empfiehlt es sich, mit der Anordnung der Augenscheinseinnahme zugleich den Termin zur Fortsetzung der Verhandlung wieder im Sitzungssaal festzusetzen und bekanntzugeben. Ferner hat der Vorsitzende zu überwachen, dass die Öffentlichkeit durch entsprechende Aushänge über den jeweiligen Termin und den Verhandlungsort informiert und gewährleistet wird[409].

Ob das Gericht Augenschein *einnimmt*, steht grundsätzlich in seinem *pflichtgemäßen Ermessen* (§ 244 Abs. 5 S. 1 StPO). Nur in den Fällen, in denen zur Vorbereitung der Hauptverhandlung Objekte des Augenscheins herbeigeschafft worden sind, muss die Beweisaufnahme sich darauf auch grundsätzlich erstrecken, es sei denn, die Beteiligten verzichten übereinstimmend (§ 245 Abs. 1 StPO).

Die Einnahme des Augenscheins bedarf der – nicht notwendigerweise ausdrücklichen – *Anordnung* des Vorsitzenden im Rahmen seiner Sachleitungsbefugnis. Seine Durchführung richtet sich nach der Art der jeweils erforderlichen Sinneswahrnehmung. Er wird also in der Regel durch einfaches Hinschauen, Zuhören etc. bewirkt. Das Gericht ist dabei oder anschließend nicht verpflichtet

---

406 Kl./Meyer-Goßner § 86 Rdnr. 3.
407 *Beispiel:* Tatort sei ein Waldstück oder ein Opernhaus. Es mag auf Sichtverhältnisse und Geräuschkulissen, Wahrnehmbarkeit von Bewegung und Lauten ankommen und auf den Inbegriff des Zusammenwirkens dieser Faktoren. Nichts kann dies »augenscheinlicher« werden lassen, als sich einfach mitten hineinzustellen und die eigenen Sinne zu benutzen.
408 *Beispiel:* Die Frage, was ein Ladendetektiv von welcher Stelle aus in Bezug auf einen vermeintlichen Dieb beobachtet haben kann und was nicht und wie sich diese Frage u.U. anders stellt, wenn der Dieb zwei Meter weiter rechts oder links gestanden haben mag, kann durch unmittelbaren Augenschein in wenigen Minuten geklärt werden. Wer sich das Gleiche im Gerichtssaal von Zeugen erläutern lassen will, verbraucht eine Menge Zeit und Nerven und ist hinterher kaum schlauer.
409 Zur Frage der Öffentlichkeit des Verfahrens einer- und des Hausrechts andererseits bei Augenscheinseinnahmen vergl. BGH NStZ 1994, 498, der dem Hausrecht den Vorrang gibt, sowie Lilie, NStZ 1993, 121.

III. Hauptverhandlung

(aber auch grundsätzlich nicht gehindert), das Ergebnis der Augenscheinseinnahme mit den Verfahrensbeteiligten zu erörtern[410].

14. Urkundsbeweis

Der *Urkundsbeweis* (§ 249 StPO) dient der Feststellung des *gedanklichen Inhalts eines Schriftstücks* in der Hauptverhandlung durch *Verlesen* oder durch das vereinfachte Verfahren nach § 249 Abs. 2 StPO[411] im Bereich des Strengbeweises, also im Hinblick auf die schuld- und rechtsfolgenrelevanten Tatsachen[412]. Das Gericht ist jedoch grundsätzlich nicht gehindert, den Inhalt von Schriftstücken auch mithilfe anderer Beweismittel festzustellen, etwa durch Vernehmung von Zeugen zum gleichen Thema. Allerdings liegt es auf der Hand, dass es für den Inhalt eines Schriftstückes *kein günstigeres Beweismittel* geben kann als eben das Schriftstück selbst, vor allem wenn dessen genauer Inhalt entscheidend ist. Je weniger es allerdings auf genaue Wortlaute, Zahlen oder Daten ankommt, umso eher wird sich das Gericht auf sekundäre Beweismittel, etwa Zeugenangaben, verlassen können. Das kann u.U. auch langwierige Verlesungen ersparen helfen, wenn der Zeuge sich an den wesentlichen Inhalt von komplexen und zahlreichen Schriftstücken ausreichend zu erinnern vermag[413]. Dann ist jedoch Grundlage der Urteilsfindung immer das sekundäre Beweismittel, nicht das Schriftstück.

14.1. Grenzen des Urkundsbeweises

Grundsätzlich können alle (dem strafprozessualen Urkundsbegriff unterfallenden) Schriftstücke durch Urkundsbeweis eingeführt werden. Die *wichtigste Einschränkung* folgt aus § 250 StPO[414]. Ausgangspunkt ist der Grundsatz vom Vorrang des Beweises durch Zeugen oder Sachverständige. Soweit dieser Beweis möglich ist, muss er auch erhoben werden, wenn es sich um *Vorgänge* handelt, die die Person *wahrgenommen* hat. Dieses sog. *Unmittelbarkeitsprinzip* bewirkt demgegenüber nicht, dass der Beweis von Tatsachen überhaupt oder vorwiegend nur mit solchen persönlichen Beweismitteln geführt werden dürfte, die zu den festzustellenden Tatsachen in größtmöglicher Nähe stehen[415].

Geht es also um Vorgänge, die eine *Beweisperson wahrgenommen* haben kann, so darf deren Vernehmung in der Hauptverhandlung *grundsätzlich* nicht durch

---

410 Kl./Meyer-Goßner § 86 Rdnr. 17.
411 Im Gegensatz dazu ist der Augenscheinseinnahme das gebotene Beweisverfahren, wenn es auf ihre äußere Beschaffenheit, Schriftvergleich o.Ä. ankommt.
412 Dazu näher vorn S. 58 ff.
413 So ist es zum Beispiel zulässig, anstelle der Verlesung von Bilanzen den sachbearbeitenden Steuerberater zu den wesentlichen Eckdaten als Zeuge zu vernehmen und so die Beweisaufnahme zu straffen.
414 Sie werden ergänzt durch die allgemeinen Beweiserhebungs- und -verwertungsverbote, eingehend dazu mit zahlreichen weiterführenden Nachweisen Kl./Meyer-Goßner Einl. Rdnr. 50 ff., 56a.
415 BGHSt 22, 270. Allerdings ist die Nähe von Beweismittel zu Beweisthema immer ein wesentlicher Faktor der Beweiswürdigung, insbesondere dann, wenn es sich um Indizien handelt.

die Verlesung von *Vernehmungsprotokollen* oder *schriftlichen Erklärungen*, die von *vornherein zu Beweiszwecken* verfasst wurden (Strafanzeigen, schriftliche Erklärungen auf Aufklärungsersuchen der Ermittlungsbehörden o.Ä.)[416], ersetzt werden (§ 250 S. 2 StPO)[417]. Die danach grundsätzlich erforderliche Vernehmung eines Zeugen oder Sachverständigen *kann* in der Hauptverhandlung unter bestimmten weiteren Voraussetzungen gleichwohl ersetzt werden, wenn die Niederschrift einer *früheren Vernehmung vorliegt* (§§ 251 ff. StPO) oder eine Videoaufzeichnung (*Ton-Bild-Aufzeichnung*, § 255a StPO).

Andere schriftliche Erklärungen, die nicht zu Beweiswecken angefertigt wurden (Briefe, Tagebücher o.Ä.), dürfen auch dann *als Urkunden* verlesen werden, wenn zu ihrem Inhalt der Aussteller als Zeuge zur Verfügung stünde[418].

14.2. Strafprozessualer Urkundsbegriff

Der *Urkundsbegriff des Strafverfahrensrechts* deckt sich nicht mit dem des materiellen Strafrechts. Es kommt hier weder auf die Erkennbarkeit eines Urhebers oder Ausstellers noch – soweit es die Funktion als Beweismittel betrifft – auf die Frage der Echtheit an. Ein begrifflicher Unterschied zwischen Urkunde und Schriftstück besteht nicht. Infrage kommen für den Urkundsbeweis Schriftstücke jeder Art, die *verlesbar und geeignet* sind, durch ihren *Gedankeninhalt* Beweis zu erbringen[419].

Auch Abschriften, Durchschläge oder *Kopien* dürfen als Urkunden verlesen und unmittelbar als Beweismittel verwendet werden, wenn die Übereinstimmung mit dem Original (im Zweifel: Strengbeweis[420]) feststeht[421].

Verlesbar sind daher (außer den in § 249 Abs. 1 S. 2 genannten Schriftstücken) z.B. *frühere Straf-* (oder andere[422]) *Urteile, Auszüge aus dem Bundes- oder dem Verkehrszentralregister*[423] oder Schriftstücke mit strafbarem Inhalt, Protokolle über nach §§ 153 ff. StGB strafbare Angaben, Briefe des Angeklagten[424], Eingaben an Behörden, Beschlüsse und Bescheide von Gerichten oder Behörden[425].

---

416 BGH NStZ 1982, 79. Dazu gehören vor allem Strafanzeigen, schriftliche Antworten auf Auskunftsersuchen der Ermittlungsbehörden o.Ä.
417 Erinnert sich z.B. ein Zeuge, der als Polizeibeamter einen Unfall aufgenommen hat, in der Hauptverhandlung auch dann nicht mehr an den Vorgang, wenn ihm ein Aktenvermerk zum Zweck des Vorhalts vorgelesen wird, den er damals selbst angefertigt hat, ist der Inhalt des Vermerks unverwertbar und die Zeugenaussage ohne Beweiswert.
418 BGHSt 6, 211.
419 Kl./Meyer-Goßner § 249 Rdnr. 3.
420 BGH NStZ 1994, 593.
421 KK-Diemer § 249 Rdnr. 12.
422 Kl./Meyer-Goßner § 49 Rdnr. 9.
423 Wobei dann, wenn der Angeklagte die Richtigkeit dieser Auszüge bestreitet oder sonst Zweifel daran aufkommen, die entstehenden Fragen durch Ausweitung der Beweisaufnahme, etwa durch Beiziehung von Vorstrafakten, geklärt werden müssen, wenn sie entscheidungserheblich sind.
424 Auch und gerade, wenn sie ein Geständnis enthalten, BGH NJW 1995, 269.
425 Vergl. Kl./Meyer-Goßner § 249 Rdnr. 13.

III. Hauptverhandlung

14.3. Verlesung

Regelmäßig wird der Inhalt von Urkunden durch ihre *Verlesung* eingeführt (§ 249 Abs. 1 StPO). Einer Anordnung des Vorsitzenden bedarf es nicht, wenn er die Verlesung selbst vornimmt[426]. Es muss nicht die gesamte Urkunde und aus einer Vielzahl von Urkunden auch nicht jede verlesen werden, wenn dies zur Wahrheitsfindung nicht erforderlich erscheint, solange Auszüge oder eine repräsentative Auswahl genügen[427]. Gegen entsprechende Anordnungen des Vorsitzenden ist die Anrufung des Gerichts gem. § 238 Abs. 2 StPO statthaft.

14.4. Selbstleseverfahren

Der Vereinfachung im Bereich des Urkundenbeweises dient das sog. *Selbstleseverfahren* (§ 249 Abs. 2 StPO). Seine Anwendung ist sinnvoll, wo es auf den genauen Wortlaut von umfangreichen Schriften ankommt. Das Selbstleseverfahren durchbricht den Grundsatz der Mündlichkeit der Hauptverhandlung und hat zur Folge, dass auch unmittelbar entscheidende Schriftstücke z.B. der Öffentlichkeit inhaltlich nicht zur Kenntnis gelangen. Denn der Vorsitzende ist gesetzlich nicht gehalten, eine Zusammenfassung des wesentlichen Inhalts zu geben. Andererseits ist er daran auch nicht gehindert, wo es ihm sinnvoll erscheint[428].

Der Vorsitzende ordnet das Selbstleseverfahren im Rahmen seiner Sachleitungsbefugnis nach pflichtgemäßem Ermessen an. *Nur* wenn Staatsanwalt, Verteidiger oder Angeklagter (sowie Privatkläger oder Nebenbeteiligte[429], nicht aber Nebenkläger[430]) der *Anordnung unverzüglich widersprechen* (§ 249 Abs. 2 S. 2 StPO), entscheidet das Gericht[431]. Das hat zur Folge, dass ein nicht unverzüglicher Widerspruch verspätet und damit unerheblich ist, sodass seiner ungeachtet die Inhalte der Schriftstücke im Selbstleseverfahren eingebracht und verwertet werden können. Es besteht daher nicht die Gefahr, dass ein Widerspruchsführer dieses Beweisverfahren zur Unzeit obsolet werden lässt.

Die (Berufs- und Laien-)*Richter* müssen vom Wortlaut der Urkunde Kenntnis nehmen, *müssen* sie also *lesen*. Zwar wird nicht überprüft, ob sie dies wirklich tun. Der Vorsitzende sollte aber dem Richterkollegium in aller Deutlichkeit mitteilen, dass es sich insofern nicht um eine bloße Formalität, sondern um einen wesentlichen Teil der Beweisaufnahme handelt. Nicht zuletzt der Umstand, dass das Protokoll später Feststellungen darüber enthalten muss, dass und wie[432] die Kenntnisnahme erfolgt ist (§ 249 Abs. 2 S. 3 StPO), betont die Bedeutung dieses

---

426 Auf seine Anordnung hin kann allerdings auch ein anderes Gerichtsmitglied oder der Protokollführer die Verlesung vornehmen, Kl./Meyer-Goßner § 249 Rdnr. 15.
427 Kl./Meyer-Goßner § 249 Rdnr. 15.
428 Sinnvoll kann eine solche Zusammenfassung z.B. sein, um die Öffentlichkeit in die Lage zu versetzen, dem Verfahren weiterhin folgen zu können. Weil eine Zusammenfassung immer (nämlich in Gestalt der Selektion) auch eine Interpretation darstellt, besteht hierbei u.U. eine erhöhte Gefahr, sich als Vorsitzender dem Vorwurf der Befangenheit auszusetzen, sodass in diesem Bereich eine gewisse Vorsicht obwalten sollte.
429 §§ 433, 444 StPO.
430 Kl./Meyer-Goßner § 249 Rdnr. 21.
431 Der Gerichtsbeschluss ist seinerseits nicht anfechtbar (§ 305 S. 1 StPO).
432 Kl./Meyer-Goßner § 249 Rdnr. 24.

14. Urkundsbeweis

Vorgangs. In der Regel dürfte es sich anbieten, den Mitrichtern in einer Sitzungspause das Schriftstück, am besten im Original[433], vorzulegen. Läuft die Sitzung über mehrere Verhandlungstage, können die Richter die Lesung zwischen den Sitzungstagen durchführen. Dies zu organisieren, ist grundsätzlich Aufgabe des Vorsitzenden[434].

Die *übrigen Prozessbeteiligten*[435] sind nicht verpflichtet, das Schriftstück zu lesen. Ihnen muss der Vorsitzende dazu *Gelegenheit* geben. Das gilt auch für die Beteiligten, die vor der Hauptverhandlung Akteneinsicht und infolgedessen auch die Möglichkeit hatten, das Schriftstück zu studieren. Denn erst mit der Anordnung der Selbstlesung durch den Vorsitzenden gewinnt dieses Beweisverfahren seine Bedeutung. Den Beteiligten ist die Schrift im Original oder in Abschriften bzw. Kopien, deren Übereinstimmung mit dem Original feststeht, vorzulegen[436]. Ihnen ist angemessene Zeit zu geben, um die mitunter umfangreiche Lektüre zu bewältigen. Die Zeit zwischen zwei Sitzungstagen kann dazu genutzt werden.

14.5. Bericht des Vorsitzenden

Ob neben der Möglichkeit des Selbstleseverfahrens (§ 249 Abs. 2 StPO) als Ersatz der Verlesung auch ein *Bericht des Vorsitzenden* über den Inhalt der Urkunde im Bereich des Strengbeweises zulässig ist, ist sehr umstritten[437]. Die Fragwürdigkeit dieses Instruments[438] folgt im Grunde schon aus seinen Voraussetzungen. Soweit

---

433 Aber auch Abschrift oder Kopie sind zulässig, wenn deren Übereinstimmung mit dem Original feststeht.
434 Im Protokoll wird zu vermerken sein, dass und auf welche Weise Gelegenheit gegeben wurde, die Urkunde zu lesen. Der Vorsitzende sollte daher erforderlichenfalls – z.B. wenn die Selbstlesung zwischen zwei Sitzungstagen stattfinden muss – sorgfältig dokumentieren, dass etwa der Schöffe X das Schriftstück in beglaubigter Kopie zum Lesen mit nach Hause genommen und der Schöffe Y es am Tage Z im Gericht gelesen hat.
435 Das sind insofern: Staatsanwaltschaft, Angeklagter, Verteidiger, Privatkläger, Nebenbeteiligte sowie der Nebenkläger. § 397 StPO schließt ihn insofern nicht aus, weil es sich bei der Möglichkeit um Kenntnisnahme i.S. von § 249 Abs. 2 StPO nicht um ein allgemeines Anhörungs- oder Zustimmungsrecht handelt, das dem Nebenkläger nur in begrenztem Umfang zusteht (Kl./Meyer-Goßner § 397 Rdnr. 11), sondern um einen Teil der Beweisaufnahme, der zwar der Mündlichkeit entzogen wird, in der Gestalt der Selbstlesung aber Grundlage der Entscheidungsfindung und damit notwendige Voraussetzung der Wahrnehmung von Nebenklägerrechten ist.
436 Wer gem. § 147 StPO zur Akteneinsicht berechtigt ist, kann auch auf diesem Weg Kenntnis erlangen.
437 Vergl. Kl./Meyer-Goßner § 249 Rdnr. 26 f.
438 M.E. sollte auf diese Möglichkeit aus unterschiedlichen Gründen verzichtet werden: 1. Die StPO sieht diese Möglichkeit nicht vor. 2. Der Bericht des Vorsitzenden ist weder Urkunde noch Zeugenaussage, mithin kein Beweismittel. Die Grenzen zwischen Erkenntnisquelle und Erkennendem werden im Not verwischt. 3. Der Bericht des Vorsitzenden stellt im weitesten Sinn immer eine Interpretation dar. Da er allseitiges Einverständnis voraussetzt, verbirgt er hinter formalem auch inhaltlichen Konsens. Er kommt in der gewünschten Qualität ohnehin nur in Betracht, wo nicht Wortlaut, sondern wesentlicher Inhalt eines Schriftstücks entscheidend ist. Der wiederum kann dann auch ohne sonderliche Mühe entweder auf dem Wege des § 249 StPO oder durch Vorhalte und darauf folgende Angaben des Angeklagten oder eines Zeugen eingeführt werden.

III. Hauptverhandlung

insbesondere die Rechtsprechung seine Zulässigkeit bejaht[439], wird nämlich *allseitiges Einverständnis* in diese Vorgehensweise vorausgesetzt[440]. Ferner muss es sich um ein *einzelnes*, nicht zu langes Schriftstück handeln, es darf schließlich nicht unmittelbar die dem Angeklagten vorgeworfene Straftat verkörpern[441]. Es liegt auf der Hand, dass der Bericht des Vorsitzenden eine *streng sachliche*, Wertungen vermeidende *Schilderung* darstellen muss.

14.6. Ärzteerklärungen und Gutachten

Unter bestimmten Voraussetzungen dürfen durch *Verlesung*, also im Urkundsbeweis, Erklärungen von Ärzten und öffentlichen Behörden eingeführt werden (§ 256 StPO).

Die Verlesungsmöglichkeit betrifft zum einen *Zeugnisse und Gutachten öffentlicher Behörden*. Hierunter fallen zum Beispiel die Spurengutachten oder die waffentechnischen Gutachten der Landeskriminalämter, die medizinischen Gutachten der öffentlich Institute für Rechtsmedizin oder der Gesundheitsämter sowie Ärzteerklärungen der gerichtsmedizinischen Dienste.

Sonstige *Ärzteerklärungen* dürfen verlesen werden, wenn und soweit das Verfahren Körperverletzungen zum Gegenstand hat, die nicht zu den schweren Verletzungen i.S. der §§ 224 ff. StGB zählen.

Verlesbar sind schließlich *Gutachten* über Auswertungen von *Fahrtenschreibern*, über die Bestimmung von *Blutgruppen* und *Blutalkoholkonzentrationen* sowie die ärztlichen *Berichte* über die *Entnahme* von Blutproben (§ 256 Abs. 1 S. 2 StPO). Leumundszeugnisse dürfen hingegen unter keinen Umständen verlesen werden.

15. Beweisantragsrecht

Das Gericht hat von Amts wegen die Beweisaufnahme auf alle Tatsachen und Beweismittel zu erstrecken, die für die Entscheidung von Bedeutung sind (§ 244 Abs. 2 StPO). Denn die *Ermittlung des wahren Sachverhalts* wird als das zentrale Anliegen des Strafprozesses verstanden. Obwohl die Amtsaufklärungspflicht üblicherweise als beherrschender Grundsatz des Strafverfahrens bezeichnet wird, sind einige Durchbrechungsmöglichkeiten schon im Gesetz angelegt[442], andere werden kurzerhand praktiziert[443]. Die Aufklärungspflicht steht ferner in einem Spannungsfeld zur freien richterlichen Überzeugungsbildung. Das Gericht kann von einer Tatsache überzeugt sein, ohne dass sie Gegenstand der Beweiserhebung war. Angesichts der »Freiheit im Überzeugtseindürfen«[444] erscheint das Gebot, alles zu tun, was zur Erforschung der Wahrheit erforderlich ist, als ein notwendi-

---

439 BGHSt 30, 10.
440 Kl./Meyer-Goßner § 249 Rdnr. 26.
441 Kl./Meyer-Goßner § 249 Rdnr. 27.
442 Beispiel: Einstellungen nach §§ 153 f.
443 Etwa im Bereich der »deals«, vergl. dazu S. 235 ff.
444 Vergl. KK-Herdegen § 244 Rdnr. 26.

ges, aber zugleich schwer nachprüfbares und damit letztlich zweifelhaftes Korrektiv. Daher kommt dem *Beweisantragsrecht* in zweierlei Hinsicht große Bedeutung zu. Zum einen *zwingt* die durch den Beweisantrag vermittelte Information das Gericht, sich seiner bisherigen Vorstellung vom Sachverhalt klar zu werden, u.U. den Blickwinkel anderer Verfahrensbeteiligter einzunehmen und die Wertigkeit seiner (Zwischen-)Ergebnisse zu *überprüfen*. Zum anderen kann ein Beweisantrag nur unter bestimmten, gesetzlich vorgeschriebenen Voraussetzungen zurückgewiesen werden. Daher *besteht* – liegen die Voraussetzungen für eine Zurückweisung nicht vor – ein *Anspruch* auf Erhebung des begehrten Beweises, auch wenn das Gericht – vor dem Hintergrund der bisherigen Beweislage – ihn für unnötig hält, von Amts wegen also nicht erheben würde.

Das Beweisantragsrecht ist daher das klassische Feld aktiver *Verteidigungskunst*. Es ist zugleich – im Rang insofern wohl gefolgt vom Recht der Richterablehnung – Tummelplatz von Verfahrenssaboteuren[445]. Beides führt dazu, dass Gerichte Beweisanträgen mit gemischten Gefühlen entgegensehen. Abgesehen von Fällen des Missbrauchs des Beweisantragsrechts (und mitunter auch dann) ist solche Furcht allerdings oft unangebracht. Zwar wird ein begründeter Beweisantrag in der Regel dazu führen, dass eine erhebliche Verzögerung des Prozesses gegenüber der ursprünglichen Planung eintritt und Unterbrechungen oder gar Aussetzungen nötig werden. Die üblicherweise – besonders bei Amtsgerichten – vollgestopften Terminkalender lassen dann nur wenige Möglichkeiten zur Disposition. Aber die dadurch verursachten Schwierigkeiten betreffen Umstände außerhalb des Verfahrens und sollten nicht überbewertet werden. Denn der Angeklagte kann nichts dafür, dass die Justiz permanent überlastet und daher nur ungern bereit ist, Beweisaufnahmen zu erstrecken. Allerdings kann und wird er (oder der Verteidiger) die Überlastungssituation des Gerichts angesichts der Möglichkeit eines unabweisbaren Beweisantrags gelegentlich nutzen, um die Bereitschaft zur konsensualen Verfahrensbeendigung, vor allem im Hinblick auf Einstellungen nach §§ 153 f. StPO, herbeizuführen. Hier muss das Gericht in jedem Einzelfall entscheiden, ob es solchem Ansinnen nachgeben will und u.U. bereit ist, die Amtsaufklärungspflicht zugunsten der Verfahrensökonomie zu vernachlässigen. Wenn das Gericht allerdings – was der Grundvorstellung des § 244 Abs. 2 StPO entspricht – grundsätzlich bereit ist, Amtsaufklärung zu betreiben, muss ein förmlicher Beweisantrag häufig gar nicht gestellt werden. Denn der Vorsitzende wird sich der sachlich berechtigten Anregung eines Verfahrensbeteiligten, einen bestimmten Beweis noch zu erheben, vernünftigerweise nicht verstellen.

Der *Verteidiger* kann und darf sich allerdings auch bei einem aufklärungswilligen Gericht nie allein auf dessen Tätigkeit verlassen. Er trägt mehr und auf andere Art als die übrigen Verfahrensbeteiligten die *Verantwortung* dafür, dass alle dem Angeklagten günstigen Umstände unter Beweis gestellt werden. Denn er hat über den Angeklagten den besten Zugang zu den fallrelevanten Informationen. Der Verteidiger muss daher sein *Beweisantragsrecht im Zweifel immer* wahrnehmen. Er darf sich weder darauf verlassen, dass andere für die Einführung der ihm wichtig er-

---

445 Dabei kann für die Zweck dieser Darstellung dahinstehen, ob es sich um bewusste Sabotage (etwa so genannter Konfliktverteidiger) oder unbewusste (etwa solcher Verfahrensbeteiligter, die ohne bösen Willen mangels Sachkunde unverantwortlich agieren) handelt.

III. Hauptverhandlung

scheinenden Inhalte sorgen, noch darf er ohne weiteres darauf vertrauen, dass das Gericht die Dinge letztlich schon so würdigen wird, wie es für seinen Mandanten günstig wäre. Er muss zugunsten seines Mandanten für Klarheit sorgen und kann das Gericht durch Stellung von Beweisanträgen zwingen, Positionen aufzudecken, deren Kenntnis für die weitere Verteidigungsstrategie von erheblicher Bedeutung ist. Diesen Vorteil hat er im Übrigen regelmäßig auch dann, wenn ein Beweisantrag abgelehnt wird: Z.B. die Offenkundigkeit oder Erwiesenheit eines Vorgangs oder dass eine Tatsache als wahr unterstellt werden kann (und damit als erheblich eingeschätzt wird) u.a.m. sind *wichtige Informationen* für den Verteidiger.

Der Verteidiger sollte sich daher nie scheuen, sinnvolle Beweisanträge zu stellen, auch auf die Gefahr hin, sich bei Gericht unbeliebt zu machen. Zum einen ist diese Gefahr ohnehin begrenzt, sofern die Beteiligten bereit sind, die Regeln ihrer Kunst nicht nur bei sich selbst, sondern auch bei anderen zu akzeptieren. Zum anderen müsste es ihm auch im Interesse des Mandanten gleichgültig sein. An dieser Stelle allerdings stellt sich dann die Frage, ob und welche *negativen Auswirkungen Beweisantragstellungen* für den Mandanten haben können. Fraglos können sich atmosphärische Spannungen zwischen Verteidiger und Gericht auch für den Angeklagten ungünstig auswirken. Denn es wäre falsch anzunehmen, komplexe Abläufe wie richterliche Überzeugungsbildung oder Strafzumessung fänden ganz unbeeinflusst von den Befindlichkeiten der Beteiligten statt. Der Verteidiger wird daher vernünftigerweise nicht das Gericht dauerhaft verärgern, indem er Beweisfragen thematisiert, die ersichtlich – außer zur Verstimmung des Gerichts – nicht weiterführen. Aber der Schaden, der eintritt, wenn ein wesentlicher Beweisantrag unterbleibt, ist a priori ungleich größer als derjenige, den vielleicht eine Verärgerung des Gerichts verursacht.

Andererseits sollte der Verteidiger besonderen Wert auf seinen fachlichen Ruf bei Gericht legen. Die *Zusammenarbeit mit dem Gericht* wird dadurch zumindest im »technischen« Ablauf (z.B. Akteneinsichts- oder Verlegungsersuchen u.a.m.) günstig beeinflusst. Aber auch in der Sache profitiert er davon ganz erheblich. Denn ein Verteidiger, der bei Gericht in gutem Ansehen steht, wird auch mit seinen sachlichen Vorstellungen stets besser oder zumindest leichter durchdringen als ein Kollege, dem ein fragwürdiger Ruf anhaftet. Im Bereich des Beweisantragsrechts kann ein Verteidiger Gefahr laufen, seine Reputation als ernst zu nehmender Verfahrensbeteiligter zu verspielen. Es ist eben nicht jeder Beweisantrag sinnvoll. Manche sind selbst dann schlicht unsinnig, wenn sie nicht zurückgewiesen werden können[446]. Ein Gespür für die hier zu ziehende Grenze kann sich der Verteidiger nur durch Aufrechterhaltung sachlicher und persönlicher

---

446 *Beispiel:* Der Beweis des Alibis, der Angeklagte habe sich zur Tatzeit nicht am Tatort, sondern in B-Stadt aufgehalten, droht eindeutig zu mißlingen, weil die von der Verteidigung dazu benannten Zeugen nicht ent-, sondern belastend aussagen und noch dazu glaubwürdig wirken. Nun behauptet der Angeklagte, er sei in Wirklichkeit zur Tatzeit nicht in B-Stadt, sondern auf einer Parteiversammlung in Y-Stadt gewesen. Der Verteidiger ist der erste, der diese Geschichte zu hören bekommt. Hält er diese Version für ausgemachten Unsinn, sollte er dies dem Angeklagten unmissverständlich klarmachen und sich u.U. auch weigern, dafür seine Stimme zu geben. Der Hinweis, dass er Wert darauf legt, auch in Zukunft vor Gericht noch ernst genommen zu werden, kann dabei im Verhältnis zum Angeklagten angebracht sein.

Distanz zum Angeklagten erhalten. Er muss selbst Wertungen treffen und muss weder gegenüber dem Gericht noch gegenüber seinem Mandanten so tun, als glaube er Letzterem, was immer er vorbringt. Erscheinen ihm Verteidigungsansätze, die der Angeklagte bietet, unwahrscheinlich, so ist er nicht gehindert, dies ihm und unter Umständen dem Gericht zu verdeutlichen und etwaige Antragstellungen insofern zu erklären[447]. Wer auf diese Weise zu erkennen gibt, dass er die Verteidigung dort engagiert führt, wo es nach seiner Wertung Sinn macht, wird ernst genommen. Das ist ein Vorteil, der sich immer – im Großen wie im Kleinen – zugunsten des Angeklagten auswirkt[448].

15.1. Beweisantrag

Ein zentraler Begriff des Beweisrechts ist der Beweisantrag im Gegensatz zum Beweisermittlungsantrag und zur Beweisanregung.

Im beschleunigten Verfahren (§ 420 StPO), im Strafbefehls- (§ 411 Abs. 2 Satz 2 StPO) und im Bußgeldverfahren (§ 77a Abs. 1 und 2 OWiG) sowie im Privatklageverfahren bestimmt allerdings die Amtsaufklärungspflicht des § 244 Abs. 2 StPO den Umfang der Beweisaufnahme. Die Beteiligen sind auch in diesen Verfahren nicht gehindert, Beweisanträge zu stellen. Das Gericht darf – anders als im sonstigen, sogleich darzustellenden Beweisverfahren der StPO – hier einen Beweisantrag (ohne Blick auf die Ablehnungsgründe des § 244 StPO) zurückweisen mit der Begründung, der Sachverhalt sei bereits genügend geklärt[449].

15.1.1. *Beweisanregung*

Die *Beweisanregung* ist kein zu bescheidender Antrag, sondern eben nur die Anregung zu einer weiteren Ermittlungshandlung. Unterscheidungsmerkmal ist der Umstand, dass der entsprechende Verfahrensbeteiligte gerade keine förmliche Bescheidung verlangt. Ob das Gericht der Anregung folgt, entscheidet es allein nach pflichtgemäßem Ermessen unter dem Gesichtspunkt der Amtsermittlung. Insofern werden in der Regel prozessleitende Anordnungen des Vorsitzenden den

---

447 *Beispiel:* »Nach Rücksprache mit meinem Mandanten erkläre ich für ihn, dass der Versuch eines Alibis i.H. auf B-Stadt nicht aufrechterhalten wird. Der Angeklagte hat mit Bestürzung die für ihn glaubhaften gegenteiligen Bekundungen der dazu gehörten Zeugen vernommen. Das hat ihn veranlasst, noch einmal seinen Aufenthalt zur Tatzeit zu rekonstruieren. Er ist nunmehr zu dem Ergebnis gelangt, er müsse sich am Tatabend auf einer Parteiversammlung der X-Partei in Y-Stadt befunden haben. Zum Beweis dafür, dass dies so war, beantrage ich die Vernehmung der über das örtliche Parteibüro zu ermittelnden Ortsvereinsvorstände, die auf der Versammlung vollzählig zugegen waren, weil ihre Neuwahl anstand.«
448 *Beispiele:* Wer als Verteidiger respektiert wird, dem werden in der Regel persönliche Einschätzungen und Wertungen geglaubt, etwa wenn er um Terminverlegungen bittet, weil sein Mandant gerade höchstgradig erkältet gegenübersitze und ihm auch ohne ärztliches Attest z.Zt. verhandlungsunfähig erscheine. Er wird auch nicht in jedem Fall zur förmlichen Beweisantragstellung gezwungen werden, wenn das Gericht die Erfahrung gemacht hat, dass auch seine Beweisanregungen fundiert zu sein pflegen. Umgekehrt werden seine Anträge und Erklärungen vom Gericht oft besonders sorgfältig geprüft, wenn bekannt ist, dass er sie ernst meint und dass er nicht zu prozessualen Spiegelfechtereien neigt.
449 Vergl. Kl./Meyer-Goßner § 420 Rdnr. 11.

III. Hauptverhandlung

Ausschlag geben. Im Zweifel sollte der Vorsitzende jedoch auch die Beweisanregung zum Anlass nehmen, mit dem Gericht zu beraten, ob ihr gefolgt werden soll. Kommt das Gericht zu dem Schluss, dass die fragliche Ermittlungsmöglichkeit nicht zur Wahrheitsfindung erforderlich ist, so muss auf die Anregung nichts weiter veranlasst werden. Das ist also auch dann der Fall, wenn eine Beweiserhebung angeregt wird, die – wäre sie Gegenstand eines förmlichen Beweisantrags – unter Geltung des § 244 Abs. 3 StPO nicht versagt werden könnte.

15.1.2. Beweisermittlungsantrag

Beweisermittlungsanträge sind Anträge, mit deren Hilfe der Antragsteller sich in der Regel erst in die Lage versetzen will, eine zu beweisende Tatsache zu behaupten oder ein Beweismittel zu benennen und damit einen förmlichen Beweisantrag überhaupt erst stellen zu können[450]. Auch bei einer in die Form einer bestimmten Behauptung gekleideten Vermutung kann es sich daher nicht um einen Beweis-, sondern um einen Beweisermittlungsantrag handeln[451].

Sie setzen im Gegensatz zur Beweisanregung zunächst das *Begehren um förmliche gerichtliche Entscheidung* voraus. Denn wenn die Aufklärung einer bestimmten Beweisfrage ins Ermessen des Gerichts gestellt bleibt, handelt es sich um eine bloße Beweisanregung, die keiner förmlichen Bescheidung bedarf.

Weil Beweisermittlungsanträge keine Beweisanträge sind (denn sie sind nicht hinreichend bestimmt), *unterliegen* sie auch nicht deren Kriterien (§ 244 Abs. 3 ff. StPO)[452]. Ob das Gericht ihnen nachgehen will, entscheidet es daher *allein* im Hinblick auf die *Aufklärungspflicht* (§ 244 Abs. 2 StPO). Es prüft also, ob weitere Aufklärung geboten und möglich ist und deswegen Anlass zu der im Antrag verlangten Erweiterung der Beweisaufnahme besteht[453].

Bejahendenfalls genügt die entsprechende Anordnung des Vorsitzenden. Soll dem Antrag nicht entsprochen werden, so sollte die *Ablehnung durch Gerichtsbeschluss* ergehen[454]. Der ablehnende Beschluss[455] darf sich nicht auf nichtssagen-

---

450 *Beispiel:* Antrag auf Sachverständigengutachten mit unbestimmtem Ausgang.
451 Vergl. BayObLG NJW 1996, 321 zu dem Antrag, eine Busladung Zeugen zu hören, ohne konkret mitzuteilen, was diese Zeugen konkret wahrgenommen haben sollen.
452 Allerdings kann ein Beweisermittlungsantrag mit den Gründen etwa des § 244 Abs. 3 StPO zurückgewiesen werden, wenn – seine Bestimmtheit unterstellt – einer der dortigen Zurückweisungsgründe vorliegt (BGH NStZ 1991, 399).
453 KK-Herdegen § 244 Rdnr. 54.
454 Str., vergl. KK-Herdegen § 244 Rdnr. 55. Die Rechtsprechung lässt wohl überwiegend zunächst eine (ablehnende, aber zu begründende) Anordnung des Vorsitzenden ausreichen. Sie geht aber davon aus, dass ein Beweisermittlungsantrag wegen § 244 Abs. 6 StPO immer durch Gerichtsbeschluss zu entscheiden sei, wenn er »als Beweisantrag« gestellt sei (BGH NStZ 1985, 229). Dieser Schluss scheint einen immanenten Widerspruch aufzuweisen: Eben weil ein Beweisermittlungsantrag kein Beweisantrag ist, kann er nicht als solcher gestellt werden. Soweit gemeint ist, eines Gerichtsbeschlusses bedürfe es, wenn die Beweisermittlung wie ein Beweiserhebung (und im Gegensatz zur Beweisanregung) förmlich beantragt wird, stimme ich dem zu.
455 *Beispiel:* »Der Antrag auf Einholung eines medizinischen Sachverständigengutachtens wird zurückgewiesen. Es handelt sich um einen Beweisermittlungsantrag, weil keine bestimmte Beweistatsache behauptet wird. Es soll geklärt werden, ob überhaupt und ggf. für welche

de Floskeln beschränken[456], sondern muss dem Antragsteller zu erkennen geben, warum das Gericht von einem Beweisermittlungsantrag ausgeht und weshalb es keinen Anlass zu weiterer Beweisaufnahme sieht[457]. Das erfordert regelmäßig auch eine Stellungnahme dazu, ob und inwiefern (in Bezug auf die Thematik des Beweisermittlungsantrags) die bisherige Beweisaufnahme zur Sachverhaltsaufklärung genügt.

15.1.3. Beweisantrag i.e.S.

Ein *Beweisantrag* ist das Verlangen, zum Beweis einer *bestimmten*, die Schuldfrage oder Rechtsfolge betreffende *Tatsache* durch Gebrauch eines *bestimmten* Beweismittels Beweis zu erheben[458].

Der Begriff des Beweisantrags erfordert, dass der Antragsteller das *Beweisthema als feststehend formuliert*[459], die Mitteilung einer (vielleicht durchaus bedenkenswerten) Möglichkeit[460] genügt nicht, sondern deutet auf das Vorliegen eines Beweisermittlungsantrags hin. Nicht erforderlich ist, dass der Antragsteller selbst von der Richtigkeit seiner Behauptung überzeugt ist. Denn nicht seine, sondern die Überzeugung des Gerichts wird am Ende entscheidend sein. Selbst eine augenscheinlich völlig aus der Luft gegriffene Behauptung muss daher grundsätzlich beachtet werden, es sei denn, das Gericht gelangt zu der begründbaren Auffassung, dass der Antragsteller die Unrichtigkeit seiner Aussage kennt[461]. Aber in keinem Fall ist der Antragsteller verpflichtet, den Stand seines Wissens oder seine Informationsquellen zu offenbaren, um seine Behauptung dem Gericht plausibel zu machen[462].

Die Behauptung muss sich auf eine bestimmte *Beweistatsache* beziehen. Dazu gehören in erster Linie konkrete Vorgänge, Dinge, Umstände und Zustände der äußeren Welt, aber auch solche des Seelenlebens sowie das Bestehen oder Nichtbestehen von Erfahrungssätzen, also letztlich *wahrnehmbare und mitteilbare* Fakten[463]. Da auch innere Tatsachen, selbst Werturteile und bloße Schlussfolgerungen, weder grundsätzlich unbeweisbar noch stets beweisunerheblich sind,

---

Dauer die Behandlung der vom Zeugen bekundeten Verletzungen einen stationären Krankenhausaufenthalt erforderlich gemacht haben. Die Beantwortung dieser Frage ist für die Sachaufklärung ohne Bedeutung. Denn der Zeuge hat – bisher glaubwürdig – zugleich bekundet, er sei jedenfalls auf ärztlichen Rat zur Diagnose und Beobachtung für drei Tage eingewiesen worden. Selbst wenn daher die Behandlung der Verletzungen keine Krankenhauseinweisung erfordert hätte, wäre nach jetzigem Sachstand davon auszugehen, dass der Krankenhausaufenthalt medizinisch geboten und ärztlich veranlasst war.«

456 BGHSt 36, 165.
457 BGH NStZ 1985, 229.
458 BGH NStZ 1985, 468.
459 *Beispiel* einer beachtlichen Beweisbehauptung: »Ich beantrage zum Beweis der Tatsache, dass ...«
460 *(Negatives) Beispiel:* »Ich beantrage zur Klärung der Frage, ob ...«
461 BGH NStZ 1989, 334. Mangels beweiserheblicher Behauptung ist der Antrag infolgedessen als unzulässig zurückzuweisen, KK-Herdegen § 244 Rdnr. 44, 67a a.E.
462 Anders BGH StV 1985, 311 und z.B. Kl./Meyer-Goßner § 244 Rdnr. 20. Wie hier und mit zahlreichen weiteren Nachweisen KK-Herdegen § 244 Rdnr. 44.
463 KK-Herdegen § 244 Rdnr. 45.

III. Hauptverhandlung

können sie zur Beweistatsache erhoben werden. Das ist unproblematisch, wenn etwa auf Wertungen oder Schlussfolgerungen von Zeugen abgestellt wird, sofern es auf deren Wertungen ankommt[464]. Bezieht sich der Beweisantrag hingegen auf Wertungen, die das Gericht anstellen soll[465], so ist eine Tatsachenbehauptung darin nur zu erkennen, wenn und soweit mitgeteilt wird, woraus sich die Wertung ableiten lassen soll. Der Antragsteller muss dann also die zu bewertenden Umstände in der Behauptung mitteilen und unter Beweis stellen[466].

Das Gericht muss den Sinn eines *unklaren Beweisantrags* durch Befragung des Antragstellers zu klären versuchen. Es hat auf die Vervollständigung eines lückenhaften oder die Präzisierung eines unbestimmten Antrags hinzuwirken. Bleibt es dabei ohne Erfolg, muss es den Antrag nach Sinn und Zweck der Beweisbehauptung auslegen und dabei das übrige Vorbringen des Antragstellers, Ablauf und Stand der Hauptverhandlung[467] berücksichtigen[468].

Im Antrag muss ein *bestimmtes Beweismittel* bezeichnet werden. *Zeugen* müssen daher *individualisiert* werden, wobei die Angabe des vollständigen Namens und einer ladungsfähigen Anschrift die Herbeischaffung des Zeugen sehr erleichtert. Es genügt allerdings, wenn der Antragsteller Hinweise[469] gibt, die es ermöglichen, Namen und Anschrift zu ermitteln[470]. *Urkunden* sind *einzeln* zu bezeichnen[471], auch wenn sie Inhalt einer Akte sind[472]. *Sachverständige* müssen hingegen weder nach Wissensgebiet noch nach Person bezeichnet werden, weil diese *Auswahl stets dem Gericht* zusteht (§ 73 Abs. 1 StPO). Sinnvollen Vorschlägen des Antragstellers sollte sich das Gericht allerdings nicht verstellen. Richtet sich der

---

464 Oft genug kommt es darauf allerdings nicht an, sodass hierzu zwar eine Behauptung erhoben werden kann, die aber für die Feststellungen unerheblich ist.
465 *(Negatives) Beispiel:* »Zum Beweis, dass die Aussage des Zeugen X unglaubhaft ist, wird die Vernehmung des Zeugen Y beantragt«.
466 *Beispiel:* »Zum Beweis, dass die Aussage des Zeugen X unglaubhaft ist, weil er heute beschworen hat, er sei nicht am Tatort gewesen, wohingegen er dem Zeugen Y am ... in ... mitgeteilt hat, er habe die Tat direkt miterlebt, weil er sich bei ihrer Begehung zwei Meter entfernt aufgehalten habe, wird die Vernehmung des Zeugen Y beantragt«.
467 Nach einer (im Hinblick auf das Mündlichkeitsprinzip) nicht unbestrittenen Auffassung auch unter Berücksichtigung des Akteninhalts (BGH StV 1982, 55).
468 KK-Herdegen § 244 Rdnr. 47.
469 *Beispiel:* »Zum Beweis der Tatsache, dass sich der Angeklagte zu dem in der Anklageschrift bezeichneten Tatzeitpunkt nicht am Tatort, sondern in der Gaststätte Z aufhielt, wird die Vernehmung des Zeugen genannt »Carlo«, Kellner der Gaststätte, zu ermitteln über den Gastwirt, dieser zu ermitteln über das Ordnungsamt, beantragt.« *Negatives Beispiel:* »... wird die Vernehmung der bisher unbekannten Zeugin beantragt, mit der der Angeklagte beim Verlassen der Wirtschaft einen kurzen Wortwechsels betr. Rauchens in der Öffentlichkeit geführt hat.«
470 BGH NStZ 1981, 309.
471 *Beispiel:* »... wird die Verlesung des Entschuldigungsschreibens des Angeklagten an die Zeugin vom 14.2.1995, das dem Gericht soeben vorgelegt wurde, beantragt«.
472 Ausnahme: Wenn durch den gesamten Inhalt einer Urkundensammlung eine bestimmte Tatsache bewiesen werden soll (KK-Herdegen § 244 Rdnr. 48). Ist der Antragsteller nicht bereit oder in der Lage, die Urkunde genau zu bezeichnen, sind aber Anhaltspunkte dafür erkennbar, dass es die fragliche Urkunde in einer Akte tatsächlich gibt, liegt ein Beweisermittlungsantrag vor, dem das Gericht nachgehen kann, wenn es dies im Rahmen der Amtsaufklärung für geboten erachtet.

Antrag auf Augenscheinseinnahme, muss mitgeteilt werden, was das *Objekt des Augenscheins* sein soll[473].

Der Beweisantrag *muss* in der Hauptverhandlung – wie alle Anträge – grundsätzlich *mündlich gestellt werden.* Die Vorlage von Schriftstücken mit dem Bemerken, sie enthielten die gestellten Anträge, genügt nicht, gibt in der Regel aber Anlass für den Vorsitzenden, auf das Mündlichkeitserfordernis hinzuweisen. Die Anträge sind erst gestellt (und daher zuvor formell unbeachtlich), wenn sie mündlich vorgetragen wurden[474]. Insofern gilt im Zweifel der mündlich gestellte Antrag, auch wenn er vom Inhalt eines zugleich überreichten schriftlichen Antrags abweicht. Der Vorsitzende sollte allerdings auf die Beseitigung solcher Unklarheiten hinwirken. Das Vorliegen eines *schriftlichen* Antrags (möglichst in Mehrfertigung für die Verfahrensbeteiligten[475]), der *wörtlich* vom Antragsteller *verlesen* wird, *erleichtert* die Bearbeitung des Antrags durch Gericht und Protokollführer spürbar. Der Vorsitzende kann und wird dem Antragsteller daher erforderlichenfalls aufgeben, Beweisanträge schriftlich zu stellen (§ 257a StPO).

Den Verfahrensbeteiligten kann grundsätzlich nicht vorgeschrieben werden, *wann* sie *Beweisanträge* stellen[476]. Andererseits kann der Vorsitzende es im Wege der Sachleitung unterbinden, wenn ein Beweisantrag zur Unzeit gestellt werden soll, etwa inmitten einer Zeugenvernehmung. Er ist in diesen Fällen berechtigt, den Antragsteller auf den nächstgeeigneten späteren Zeitpunkt zu verweisen. Beweisanträge können *grundsätzlich bis zum Beginn der Urteilsverkündung*, also auch wenn das Gericht zu diesem Zweck den Sitzungssaal bereits betreten hat, gestellt werden[477]. *Danach* muss sich das Gericht nicht mehr mit ihnen befassen, der Vorsitzende kann sich ohne Begründung *weigern*, sie entgegenzunehmen[478], muss dies aber nicht tun[479]. In der Regel erweist es sich für den Verhandlungsverlauf und die Konzentration aller Beteiligten als günstig, wenn Beweisanträge so rechtzeitig gestellt werden, dass die inhaltliche Befassung mit ihnen dem Themenbereich entspricht, der gerade verhandelt wird. Der Vorsitzende sollte daher seinen Einfluss geltend machen und auf die Stellung etwaiger Anträge dann hinwirken, wenn solche inhaltlichen Bezüge bestehen. Ist z.B. ohnehin beabsichtigt, dass sich das Gericht zu einer Zwischenberatung zurückzieht, kann er die Verfahrensbeteiligten bitten, etwaige Anregungen und Anträge jetzt zu präsentieren, damit das Gericht anschließend umfassend beraten kann. Das Gleiche gilt für den Zeitpunkt vor den Schlussvorträgen. Hier liegt ohnehin der klassische Zeitpunkt für Beweisanträge, sodass sich hier regelmäßig die Frage anbietet, ob noch Anträge betreffend die Beweisaufnahme gestellt werden. Begehrt ein Antragsteller eine Unterbrechung der Verhandlung, um in (relativer) Ruhe einen Antrag zu formu-

---

473 *Beispiel:* »... wird beantragt, die Tonbandaufzeichnung der Rundfunksendung des Senders XX vom 31.12.1995 in der Hauptverhandlung abzuspielen und anzuhören«.
474 KK-Herdegen § 244 Rdnr. 49 weist in dem Zusammenhang zu Recht darauf hin, dass die Befolgung des Mündlichkeitsgebots hier nicht nur Selbstzweck ist, sondern der gleichmäßigen Information aller Verfahrensbeteiligter dient.
475 Die kann auch das Gericht herstellen lassen (etwa durch Kopie).
476 Kl./Meyer-Goßner § 246 Rdnr 1.
477 Kl./Meyer-Goßner § 244 Rdnr. 33.
478 BGH NStZ 1986, 182.
479 Kl./Meyer-Goßner § 244 Rdnr. 33.

III. Hauptverhandlung

lieren, so gebietet es die prozessuale Fürsorgepflicht, dies im gebotenen Rahmen zu ermöglichen.

Zur Stellung eines Beweisantrags sind *berechtigt* der Vertreter der *Staatsanwaltschaft,* der *Angeklagte,* der *Verteidiger,* der *Privatkläger* und der *Nebenkläger* im Rahmen seiner Anschlussberechtigung, also soweit es das oder die Nebenklagedelikte betrifft[480]. Sie nehmen ihr Antragsrecht selbständig wahr[481]. Daher kann ein Beweisantrag des Verteidigers z.B. nicht mit der Begründung zurückgewiesen werden, er widerspreche den bisherigen Angaben des Angeklagten[482].

15.2. Verfahrensrechtliche Fragen

Will der Vorsitzende einem Beweisantrag, einem Beweisermittlungsantrag oder einer Beweisanregung *nachkommen,* so kann er die Beweiserhebung nach vorheriger *Anhörung* der Verfahrensbeteiligten[483] kraft seiner Sachleitungsbefugnis (§ 238 Abs. 2 StPO) ohne Begründung *anordnen.* Er kann allerdings – und muss dies tun, wenn er Zweifel hegt[484] – auch das Gericht entscheiden lassen. Macht die Erstreckung der Beweisaufnahme einen neuen Termin erforderlich, bedarf es zur Aussetzung ohnehin eines Gerichtsbeschlusses (§ 228 Abs. 1 S. 1 StPO). Wird die Anordnung der Beweiserhebung gerügt, muss gem. § 238 Abs. 2 StPO das Gericht entscheiden. Weist das Gericht den Antrag ebenfalls zurück, so muss der zurückweisende Beschluss begründet werden.

Soll dem Antrag *nicht nachgekommen* werden, entscheidet – nach Anhörung der übrigen Verfahrensbeteiligten – *stets* das *Gericht durch Beschluss* (§ 244 Abs. 6 StPO). Der ablehnende Beschluss ist *alsbald zu verkünden* und *zu begründen*. Dies ergibt sich zwar nicht aus § 34 StPO[485], weil dieser Beschluss nicht (geson-

---

480 KK-Herdegen § 244 Rdnr. 51.
481 Bei Missbrauch des Antragsrechts durch seinen »exzessiven Gebrauch« soll das Gericht anordnen dürfen, dass der Angeklagte nur noch über seinen Verteidiger Anträge stellen darf (BGH NStZ 1992, 140). Das allerdings bedeutet den Entzug des Antragsrechts für den Angeklagten und zugleich die Zumutung für den Verteidiger, eine Filterfunktion zu übernehmen, die auszuüben er nicht verpflichtet ist. Für den Fall, dass er sich weigert, wird die Fragwürdigkeit solchen Vorgehens offenbar: Dem Angeklagten geht das Beweisantragsrecht de facto vollständig verloren.
482 BGHSt 21, 124.
483 Dies erfordert bereits § 33 Abs. 1 StPO, wenn man ihn auch auf prozessleitende Verfügungen bezieht (so etwa KMR-Paulus § 33 Rdnr. 4 StPO, anders Kl./Meyer-Goßner § 33 Rdnr. 2). Das erscheint – jedenfalls für das Beweisantragsrecht – immer sachgerecht und gelegentlich erhellend: Der Vorsitzende, der einen Beweis erheben will, ist nicht davor gefeit, Fehleinschätzungen zu unterliegen, etwa im Hinblick auf die Erheblichkeit eines neuen Beweisthemas. Daher kann es nie schaden, hier Meinungen anderer Verfahrensbeteiligter einzuholen. Letztlich lassen sich dadurch unter Umständen Rügen, die dann nach § 238 Abs. 2 StPO zu behandeln wären, vermeiden. Schließlich muss sich der Vorsitzende aus Anlass dieser Anhörung nicht auf Erörterungen des bisherigen Beweisergebnisses einlassen (BGH NJW 1989, 2407), er kann es aber – unter Beachtung gehöriger Vorsicht, denn hier gilt es immer besonders, einen Befangenheitsanschein zu vermeiden – tun und erhält dann oft sehr wertvolle Hinweise auf die vorläufigen Wertungen anderer Verfahrensbeteiligter.
484 KK-Herdegen § 244 Rdnr. 57.
485 Entgegen der offenbar überwiegenden Auffassung, vergleiche Kl./Meyer-Goßner § 244 Rdnr. 41a.

dert) anfechtbar ist (§ 305 S. 1 StPO). Aber es ist mindestens ein Gebot der Fairness (Art. 6 Abs. 1 S. 1 EMRK), dem Antragsteller den Standpunkt des Gerichts zu erläutern und ihm die Gelegenheit zu geben, sich damit auseinander zu setzen, insbesondere erforderlichenfalls weitere Beweisanträge zu stellen[486]. Diese Funktion kann der ablehnende Beschluss nur erfüllen, wenn er begründet wird[487]. Daher genügt auch eine nur den Gesetzeswortlaut wiedergebende Begründung[488] nicht. Das Gericht muss vielmehr *konkret* dartun, weshalb es den Antrag nicht für begründet hält[489].

15.3. Bedingte Beweisanträge

Grundsätzlich sind Beweisanträge und Beweisermittlungsanträge alsbald zu bescheiden. Ausnahmen bilden die *bedingten Beweisanträge*. Die Terminologie wird teilweise uneinheitlich gehandhabt und nennt – je nach Standpunkt[490] – unterschiedliche (weitere) Kategorien (*Hilfsbeweisanträge, Eventualbeweisanträge, prozessual bedingte Beweisanträge*), ohne dass es für die Verfahrenspraxis darauf letztlich ankommt. In jedem Fall macht der Antragsteller nämlich sein Verlangen nach Beweiserhebung von einem künftigen, derzeit ungewissen prozessualen Umstand abhängig[491].

Die bedingten Beweisanträge haben erhebliche *verfahrenserleichternde Bedeutung*. Sie geben dem Antragsteller die Möglichkeit, alle Chancen zu nutzen, die in einer Erstreckung der Beweisaufnahme liegen könnten, ohne das Gericht zu zwingen, dies unter allen Umständen zu tun. Gerade Anträge, die ein bestimmtes, nicht zu überschreitendes Strafmaß, eine positive Bewährungsentscheidung o.Ä. zur Bedingung nehmen, sparen allen Beteiligten viel Mühe, falls das Gericht ohnehin nicht zur Überschreitung des genannten Strafmaßes oder zur negativen Bewährungsentscheidung neigen sollte. Erkennt der Vorsitzende die mit einem unbedingten Beweisantrag verfolgten Ziele und hält er es für möglich, dass am Ende dieses Ziel auch ohne weitere Beweisaufnahme zu erreichen ist, so sollte er durchaus nachfragen oder *anregen*, ob ein Beweisantrag nicht unter einer entsprechenden Bedingung gestellt wird. Denn selbst wenn sich seine vorläufige Einschätzung nicht als zutreffend erweisen sollte, ist nichts verloren, der Beweisantrag muss dann noch geprüft und verfolgt werden.

---

486 BGH NStZ 1985, 568.
487 KK-Herdegen § 244 Rdnr. 58.
488 *(Negatives) Beispiel:* »Der Antrag wird zurückgewiesen, weil die Tatsache, die erwiesen werden soll, für die Entscheidung ohne Bedeutung ist.«
489 *Beispiel:* »Der Antrag auf Einholung eines Sachverständigengutachtens zu der Behauptung, der Angeklagte leide seit Jahren an einer chronischen Durchfallerkrankung, wird zurückgewiesen. Die Frage kann dahinstehen. Zu untersuchen ist der Vorwurf einer fahrlässigen Körperverletzung infolge Missachtung des Rotlichtgebots. Hier ist zum einen nicht eindeutig zu erkennen, ob behauptet werden soll, dass der Angeklagte zur Tatzeit unter den Symptomen dieser Erkrankung litt. Zum anderen wäre das ihm zur Last gelegte verkehrswidrige Verhalten selbst dann weder als gerechtfertigt noch als unverschuldet zu werten.«
490 Vergl. KK-Herdegen § 244 Rdnr. 50 ff.; Kl./Meyer-Goßner § 244 Rdnr. 22, 44a jeweils m.w.N.
491 Sodass der Terminus »bedingte Beweisanträge« als Oberbegriff jedenfalls Berechtigung hat.

III. Hauptverhandlung

Der Verteidiger muss stets sicher sein, ob das Gericht einen bedingten Beweisantrag richtig verstanden hat. Denn der Umstand, dass das Gericht auf einen bedingten Beweisantrag nicht reagiert, kann auch darauf beruhen, dass das Gericht den Antrag nicht richtig verstanden oder gewürdigt hat. Der Verteidiger hat bei einem bedingten Beweisantrag daher u.U. keine Chance mehr, auf ein Missverständnis zu reagieren. Da auch nur eingeschränkte Möglichkeiten bestehen, das Gericht zu einer Vorabentscheidung über einen bedingten Beweisantrag zu zwingen, ist dem Verteidiger, wenn er ein Missverständnis für möglich hält und anders nicht ausräumen kann oder will, letztlich doch zu dem sichersten Weg, nämlich dem unbedingten Beweisantrag, zu raten.

Eine Bedingung für einen Beweisantrag kann im *Urteilsinhalt* (Schuld- oder Freispruch, höhere oder geringere Strafe als das vom Antragsteller selbst genannte Maß, Bewährungsaussetzung oder nicht) liegen[492]. Sie kann sich ferner aus *bestimmten Begründungselementen* der anstehenden Entscheidung herleiten (etwa der Frage der Schuld- oder Schuldunfähigkeit, der Annahme eines Regelstrafrahmens oder eines minder schweren Falles o.Ä.)[493]. Schließlich kann er sich auf *bestimmte Prozesslagen* beziehen (z.B. ob ein Zeuge noch gehört wird oder nicht, ob Augenschein eingenommen wird oder nicht)[494].

Als Folge ihrer Abhängigkeit von einer Bedingung sind diese Beweisanträge nur zu *bescheiden*, wenn die *Bedingung eintritt*. Für die prozessual bedingten Beweisanträge liegt hier keine weitere Problematik, weil der Eintritt der Bedingung (des prozessualen Faktums) während der Verhandlung ohne weiteres feststellbar oder absehbar ist.

Wenn es aber z.B. um einen bestimmten *Urteilsausspruch*, dass Strafmaß oder die Bewährungsfrage geht, wird das Gericht erst im Verlauf der abschließenden Urteilsberatung in der Lage sein, den Eintritt der Bedingung festzustellen[495]. Die Stellung eines derart bedingten Antrags (meist als *Hilfsbeweisantrag* bezeichnet)

---

492 *Beispiel:* »Für den Fall, dass das Gericht nicht zu einer Strafaussetzung zu Bewährung gelangt, beantrage ich zum Beweis der Tatsache, dass der Angeklagte sofort nach der Tat unwiderruflich auf seine Fahrerlaubnis verzichtet und den Führerschein zurückgegeben hat, die Vernehmung des Verwaltungsinspektors Y von der Führerscheinstelle Z.«
493 *Beispiel:* »Für den Fall, dass das Gericht nicht von einem minder schweren Fall der sexuellen Nötigung ausgehen will, wird zum Beweis der Tatsache, dass die Zeugin X dem Angeklagten am Tage vor der Tat erklärt hat, die später geschädigte Zeugin Y sei in ihn verliebt und sehne sich nach sexuellen Intimitäten, die Vernehmung der Zeugin X beantragt.«
494 *Beispiel:* »Für den Fall, dass der Zeuge Y vom Gericht zu der Frage vernommen werden wird, ob er den Angeklagten zur Tatzeit in der Nähe des Tatorts gesehen hat, wird die Vernehmung des Zeugen Z zu der Tatsache beantragt, dass sich der Angeklagte zur Tatzeit 500 km entfernt vom Tatort, nämlich mit ihm in der Stadt X, aufgehalten hat.«
495 *Beispiel:* Ob das Gericht die Bewährungsfrage positiv entscheidet, ist Gegenstand der Urteilsberatung. Ergibt sich in der Beratung, dass das Gericht die Bewährung versagen will und hat der Antragsteller für diesen Fall die Erhebung von Beweisen beantragt, die – nach seiner Vorstellung – die Bewährungsentscheidung günstiger als die bisherige Beweisaufnahme beeinflussen könnten, muss sich das Gericht in der Urteilsberatung mit dem Antrag befassen. Es kann dabei zu dem Schluss kommen, dass Zurückweisungsgründe vorliegen, und muss ihn innerhalb des Urteils bescheiden. Kommt es zu dem Schluss, dass der Antrag nicht zurückzuweisen ist, muss die Hauptverhandlung fortgesetzt werden durch Erhebung des beantragten Beweises; vergl. auch BGH NStZ 1995, 144.

bedeutet daher zum einen das Einverständnis, dass erst im Rahmen der Urteilsberatung über den Antrag befunden wird. Er beinhaltet ferner den Verzicht auf eine gesonderte Entscheidung über den Beweisantrag für den Fall, dass die Bedingung nicht eintritt oder der Antrag aus anderen (beweisrechtlichen) Gründen vom Gericht als unbeachtlich gewertet wird. Das Gericht kann, wenn es die Bedingung ernst nehmen soll, über einen bedingten Beweisantrag dieser Art erst in der *Urteilsberatung* befinden. Das gilt auch, wenn der Antragsteller beantragt, über den Antrag »vorab« zu entscheiden[496]. Eine solche *Vorabentscheidung* ist *nicht möglich* und muss daher notfalls ihrerseits durch Beschluss zurückgewiesen werden. Allerdings hat der Antragsteller in solchen Fällen die Möglichkeit, seinen Antrag zu korrigieren und auf die Bedingung zu verzichten, also einen unbedingten Antrag daraus zu machen, dessen alsbaldige Bescheidung erforderlich ist. Das Gericht ist schließlich auch nicht gehindert, die Bedingung zu ignorieren und den (bedingten) Antrag unabhängig davon kurzerhand zu bescheiden[497].

Liegt die Bedingung im Bereich *bestimmter Begründungselemente der Entscheidung*, also z.B. der Frage, ob das Gericht einem Zeugen glaubt, von der Anwendbarkeit des § 21 StGB ausgeht o.Ä. (meist als *Eventualanträge* bezeichnet), so ist auch hier grundsätzlich die Urteilsberatung Voraussetzung für die Feststellung des Eintritts der Bedingung, sodass auch diese Anträge erst im Rahmen der Urteilsverkündung zu bescheiden sind (sofern sie nicht greifen und anstatt der Urteilsverkündung die Fortsetzung der Beweisaufnahme angeordnet wird). Auch hier wird unter Berücksichtigung der neueren Rechtsprechung zum Hilfsbeweisantrag[498] ein Antrag auf »*Vorabentscheidung*« *zurückzuweisen* sein, sofern der Antragsteller die Bedingung aufrechterhält.

15.4. Zurückweisung von Beweisanträgen

Einem (unbedingten) Beweisantrag muss das Gericht nachgehen, wenn die beantragte *Beweiserhebung zulässig* ist (§ 244 Abs. 3 S. 1 StPO) und *kein gesetzlicher Ablehnungsgrund* vorliegt. Ist die Beweiserhebung zulässig, so ist es dem Gericht nicht versagt, den beantragten Beweis zu erheben, auch wenn ein Ablehnungsgrund gegeben wäre. Demgegenüber unterliegt ein Beweisermittlungsantrag – wie auch eine Beweisanregung – allein einer Überprüfung unter dem Gesichtspunkt der Amtsermittlungspflicht.

Eine Einschränkung unterliegt dieser Grundsatz allerdings in den Fällen sog. vereinfachter Beweisaufnahme.

15.4.1. Unzulässige Beweiserhebung

Die Beweiserhebung ist *unzulässig*, wenn z.B. Personen oder Sachen als Beweismittel fungieren sollen, die als Beweismittel nicht in Betracht kommen[499] oder wenn sie sich auf Rechts- oder Wertungsfragen bezieht, die das Gericht selbst zu

---

496 BGH NStZ 1991, 47; BGH NStZ 1995, 98.
497 KK-Herdegen § 244 Rdnr. 50a.
498 BGH NStZ 1991, 47; BGH NStZ 1995, 98; BGH StV 1996, 529.
499 *(Negative) Beispiele:* Antrag auf Vernehmung des Mitangeklagten als Zeuge oder auf Verlesung eines Schriftstücks entgegen § 252 StPO.

III. Hauptverhandlung

entscheiden hat. Sie ist ferner unzulässig, wenn und soweit Beweisverbote eingreifen[500].

Unzulässig[501] ist ferner ein Beweisantrag, der – allein – aus verfahrensfremden oder rechtsmissbräuchlichen Motiven (etwa Verfahrenssabotage, Ideologiepropaganda, Bloßstellung oder Beleidigung anderer oder allein zur Herbeiführung verfahrensbeendender Absprachen[502]) gestellt wird (*Pseudo- oder Scheinbeweisantrag*).

15.4.2. Überflüssige Beweiserhebung

Die Beweiserhebung kann als *überflüssig* abgelehnt werden[503], wenn sie sich auf eine Frage bezieht, deren Antwort *offenkundig* ist (§ 244 Abs. 3 S. 2 1. Alt. StPO). Das setzt Tatsachen und Erfahrungssätze voraus, die entweder allgemein- oder gerichtskundig sind[504] und die vom Gericht in der Hauptverhandlung *als solche zur Sprache gebracht* wurden[505]. Besondere praktische Bedeutung hat der Ablehnungsgrund der Offenkundigkeit nur, soweit das Gericht vom Gegenteil dessen ausgehen will, was der Antragsteller behauptet. Anderenfalls besteht kein Anlass, sich über solche Fragen auseinander zu setzen.

Allgemeinkundig sind Tatsachen und Erfahrungssätze, von denen verständige und erfahrene Menschen regelmäßig ohne weiteres Kenntnis haben oder über die sie sich – ohne über Fachkenntnisse zu verfügen – aus allgemein zugänglichen zuverlässigen Quellen unschwer unterrichten können. Dazu gehören vor allem Naturvorgänge, Daten, geographische Gegebenheiten und geschichtlich erwiesene Tatsachen[506]. *Gerichtskundig* sind Tatsachen und Erfahrungssätze, die das Gericht im Zusammenhang mit seiner amtlichen Tätigkeit zuverlässig in Erfahrung gebracht hat. Hierzu zählt zum Beispiel das Wissen über weitere anhängige Verfahren gegen den Angeklagten und über deren Sachstand.

Bei Kollegialgerichten muss die Tatsache oder der Erfahrungssatz (zunächst) nicht jedem Richter offenkundig sein. Es genügt, dass eines der Gerichtsmitglieder sein Wissen derart vermittelt, dass schließlich die Mehrheit des Gerichts von der Offenkundigkeit ausgeht[507].

---

500 Kl./Meyer-Goßner § 244 Rdnr. 49.
501 Vergl. KK-Herdegen § 244 Rdnr. 67 ff, BGH NStZ 1995, 202.
502 BGH NStZ 1995, 246.
503 *Beispiel:* »Der Antrag wird zurückgewiesen, weil es allgemein bekannt ist, dass bei starkem Regen die Straßen nass werden.« *Weiteres Beispiel:* »Der Antrag wird zurückgewiesen, weil es gerichtsbekannt ist, dass gegen den Angeklagten zahlreiche Strafverfahren anhängig waren, von denen bisher keines zu einer Verurteilung führte.«
504 Beispiele bei Krause, S. 27.
505 Zum Beispiel durch den Hinweis des Gerichts, eine bestimmte Tatsache oder einen bestimmten Erfahrungssatz als offenkundig zu bewerten (BGH NStZ 1995, 246).
506 Kl./Meyer-Goßner § 244 Rdnr. 51. Zu Letzteren gehören z.B. zahlreiche Greueltaten des deutschen Naziregimes, sodass darüber – trotz der immer wieder zu beobachtenden Versuche aus den Reihen interessierter Täter – grundsätzlich kein Beweis erhoben werden muss.
507 Kl./Meyer-Goßner § 244 Rdnr. 53. Wenn dabei allerdings allzu große Überzeugungsarbeit zu leisten ist, spricht dies entweder gegen die Verständigkeit des Kollegiums oder gegen die Annahme der Offenkundigkeit.

15.4.3. Bedeutungslose Tatsachen

Für die Entscheidung ohne Bedeutung (§ 244 Abs. 3 S. 2 StPO) ist eine Tatsache, die keinen Einfluss auf die anstehende Entscheidung hat. Die *Bedeutungslosigkeit (Unerheblichkeit)* kann sowohl auf rechtlichen als auch auf tatsächlichen Gründen beruhen.

Eine Tatsache ist aus *rechtlichen Gründen* bedeutungslos, wenn sie für die rechtliche Würdigung des Falles oder die Bestimmung der Rechtsfolgen ohne *unmittelbaren* Belang ist[508]. Dazu gehören vor allem Tatsachen, die weder als Tatbestandsmerkmale für die anstehende Subsumtion noch für die Strafzumessung Bedeutung haben[509].

Richtet sich ein Beweisantrag dagegen auf den Beweis einer *Indiz- (oder Hilfs-)*Tatsache, also nur auf eine *mittelbar* bedeutsame Tatsache, die erst den Schluss auf die bedeutsame Tatsache ermöglichen soll[510], so kann Bedeutungslosigkeit aus tatsächlichen Gründen der Beweiswürdigung folgen. Bedeutungslosigkeit einer Indiztatsache aus tatsächlichen Gründen liegt zum einen vor, wenn das Gericht überhaupt keinen Zusammenhang mit dem Gegenstand der Entscheidungsfindung sieht. Sie liegt ferner vor, wenn die Tatsache, selbst wenn sie erwiesen wäre – was für diese Prüfung zu unterstellen ist – die Entscheidung nicht beeinflussen könnte, weil sie nur *mögliche*, nicht aber *zwingende* Schlüsse zulässt und das Gericht nachvollziehbar darlegt, aus welchen Gründen es diesen Schluss *nicht* zieht[511].

In den Fällen der Unerheblichkeit muss der Ablehnungsbeschluss sorgfältig *begründet* werden[512] und erkennen lassen, ob die Bedeutung der Beweistatsache aus rechtlichen[513] oder aus tatsächlichen[514] Erwägungen verneint wurde.

---

508 Vergl. KK-Herdegen § 244 Rdnr. 74; Kl./Meyer-Goßner § 244 Rdnr. 55.
509 *Beispiel:* Wenn bewiesen werden soll, dass die vom Angeklagten entwendete Sache nicht dem Zeugen X, sondern dem Zeugen Y gehörte, betrifft dies das Tatbestandsmerkmal der Fremdheit der Sache (§ 242 StGB), ist aber grundsätzlich ohne Bedeutung, denn zur Erfüllung des Tatbestands ist es unerheblich, wessen Sache es ist, wenn sie nur dem Täter fremd ist. *Weiteres Beispiel:* Wenn bewiesen werden soll, dass die entwendete Sache nicht dem vermögenden Zeugen Y gehörte, sondern dem armen Zeugen Z, ist dies nicht für den Tatbestand des § 242 StGB erheblich, kann aber für die Strafzumessung von Bedeutung sein.
510 Kl./Meyer-Goßner § 261 Rdnr. 25.
511 BGH NStZ 1992, 551. *Beispiel:* Wird in das Wissen eines Zeugen gestellt, dass ein Angeklagter in der Regel nicht vor 18 Uhr seinen Arbeitsplatz verlässt, so kann das Gericht dem Bedeutung beimessen für die Frage, ob der Angeklagte zur Tatzeit um 17.30 Uhr am Tatort gewesen sein kann. Der Schluss auf dieses Alibi ist jedenfalls möglich. Andererseits kann das Gericht sich auf den Standpunkt stellen, dass hier gerade eine Ausnahme von der Regel vorliegen könnte und die Angaben des Zeugen, selbst wenn er die Beweisfrage bestätigen würden, daher letztlich dafür, ob der Angeklagte ein Alibi hat oder nicht, keine weiteren Ansätze liefern könnten.
512 BGH NStZ 2000, 267.
513 *Beispiel:* »Der Antrag der Verteidigung auf Vernehmung des Zeugen X zum Beweis der Tatsache, dass der von ihm beobachtete Einbrecher keine Handschuhe trug, wird als unerheblich zurückgewiesen. Gegenstand der Entscheidungsfindung wird sein, ob der Angeklagte eingebrochen ist und gestohlen hat. Ob der Täter bei der Tat Handschuhe trug, ist rechtlich ohne Bedeutung.«

III. Hauptverhandlung

15.4.4. Bereits erwiesene Tatsachen

Ein Beweisantrag kann abgelehnt werden, wenn die behauptete Tatsache aufgrund der bisherigen Beweisaufnahme *bereits bewiesen* ist, das Gericht also von der Richtigkeit der Behauptung ohne weitere Beweisaufnahme überzeugt ist (§ 244 Abs. 3 S. 2 StPO). Nur diese *Überzeugung von der Richtigkeit* der Behauptung berechtigt insofern zur Ablehnung eines Beweisantrags[515]. Dabei muss es sich nicht um eine entscheidungserhebliche Tatsache handeln[516].

Sowohl belastende als auch entlastende Tatsachen können als schon erwiesen festgestellt werden[517]. In jedem Fall ist mit der Feststellung einer bestimmten Beweistatsache als bereits erwiesen eine deutliche Positionsbestimmung des Gerichts verbunden. Denn insofern findet nichts anderes statt als eine *vorweggenommene Beweiswürdigung* und die grundsätzlich verbindliche Mitteilung ihres Ergebnisses im Rahmen noch laufender Verhandlung[518]. Das kann problematisch werden bis hin zum vielleicht unbegründeten, aber stets lästigen Befangenheitsantrag desjenigen, dem an der Nichterweislichkeit der Behauptung gelegen ist. Ferner wird das Gericht bei streitigen Fragen zu erwarten haben, dass der prozessuale Gegner des Beweisantragstellers im Fall der Feststellung der Erwiesenheit nun seinerseits nach Möglichkeiten suchen wird, eine Beweiserhebung für das Gegenteil zu beantragen[519].

Das Gericht ist, wenn es einen Beweisantrag mit der Begründung ablehnt, die Tatsache sei bereits erwiesen, daran zunächst gebunden und darf sich auch im weiteren Verfahren nicht dazu in (auch inneren) Widerspruch setzen. Soll dies doch drohen, bedarf es in der Regel eines Hinweises auf die Meinungsänderung. Dem Antragsteller sollte ggf. ausdrücklich die Gelegenheit gegeben werden, seinen Beweisantrag zu wiederholen.

---

514 *Beispiel:* »Die Anträge der Verteidigung auf Vernehmung des Zeugen X zum Beweis der Tatsache, dass der von ihm beobachtete Einbrecher keine Handschuhe trug, und auf Vernehmung des Zeugen Y dafür, dass bei der Spurensicherung am Tatort keine Fingerspuren des Angeklagten aufgefunden wurden, wird zurückgewiesen. Die Anträge richten sich auf den Beweis von Indizien, die möglicherweise, nicht aber zwingend den Schluss zulassen, dass der Angeklagte nicht am Tatort war. Das Gericht will diesen Schluss nicht ziehen, weil der Täter selbst dann nicht zwangsläufig verwertbare Fingerspuren hinterlassen haben muss, wenn er tatsächlich keine Handschuhe benutzt hat.«
515 Nicht aber die Überzeugung vom Gegenteil der Beweisbehauptung, KK-Herdegen § 244 Rdnr. 76.
516 Kl./Meyer-Goßner § 244 Rdnr. 57.
517 Kl./Meyer-Goßner § 244 Rdnr. 57.
518 *Beispiel:* »Der Antrag, den Zeugen X dazu zu vernehmen, dass der Angeklagte zur Tatzeit nicht am Tatort war, wird zurückgewiesen. Das Gericht ist von der Richtigkeit dieser Behauptung nach der dazu bereits durchgeführten Vernehmung zweier anderer Zeugen, die dies bestätigt haben, überzeugt.«
519 Im o.g. Beispiel ist die Staatsanwaltschaft ggf. nicht gehindert, nun ihrerseits die Vernehmung eines vierten Zeugen zu beantragen zum Beweis der Tatsache, dass sich der Angeklagte zur Tatzeit doch am Tatort befunden hat.

15.4.5. Ungeeignetes Beweismittel

Eine Beweiserhebung kann abgelehnt werden, wenn das Beweismittel, dessen Nutzung beantragt wurde, *völlig ungeeignet* ist (§ 244 Abs. 3 S. 2 StPO).

Völlige Ungeeignetheit liegt vor, wenn das Gericht feststellen kann, dass sich mit dem angebotenen Beweismittel das in Aussicht gestellte Ziel des Beweisantrags *nach sicherer Lebenserwartung nicht erreichen* lässt[520]. Ist es danach zwar unwahrscheinlich, nicht aber ausgeschlossen, dass das begehrte Beweisergebnis erzielt werden kann, so liegt Ungeeignetheit nicht vor. Dabei darf das Gericht keine Rücksicht auf das bisherige Beweisergebnis nehmen[521], denn eine »relative Ungeeignetheit« gibt es nicht.

In Fällen *objektiver Unmöglichkeit* des Beweisgelingens liegt die völlige Ungeeignetheit auf der Hand. So kann der eine Zeuge nicht bekunden, welche Wahrnehmungen der andere gemacht hat[522], ein Sachverständiger kann kein Gutachten erstatten, wenn es keinerlei Anknüpfungstatsachen gibt[523], die Augenscheinseinnahme am Tatort eines Verkehrsunfalls ist sicher ergebnislos, wenn die Straßenführung, Verkehrswege u.a. an dieser Stelle inzwischen vollständig umgebaut und geändert wurden[524].

Darüber hinaus lässt die Rechtsprechung die Annahme der völligen Ungeeignetheit in engen Grenzen auch zu, wo sie letztlich aus einer vorweggenommenen Beweiswürdigung[525] folgt. Das betrifft vornehmlich den Zeugenbeweis. So kön-

---

520 BGH StV 1990, 98.
521 Das bisherige Beweisergebnis ist nicht zu berücksichtigen, auch wenn es verlockend sein mag, *Beispiel:* Haben ein Dutzend Zeugen bekundet, den Angeklagten als Täter wieder erkannt zu haben, so ist der Dreizehnte zum Beweis eines Alibis des Angeklagten immer noch geeignet.
522 *Negatives Beispiel* daher: »Zum Beweis der Tatsache, dass der Zeuge X den Angeklagten am Tatort gesehen hat, wird Vernehmung des Zeugen Y beantragt.« Nicht ungeeignet wäre das Beweismittel aber z.B., wenn im gleichen Zusammenhang die Vernehmung des Zeugen Y dazu beantragt würde, dass der Zeuge X ihm erzählt hat, den Angeklagten am Tatort gesehen zu haben.
523 Aber: Er kann oft argumentativ verwertbare Angaben zur Beweisbehauptung machen, und seien sie negativ im Sinne des Beweisantragstellers; auch dann liegt keine völlige Ungeeignetheit vor, vergl. KK-Herdegen § 244 Rdnr. 79.
524 BGH DAR 1962, 74.
525 Das Schlagwort der vorweggenommenen Beweiswürdigung sollte in seiner Bedeutung nicht überschätzt werden. Es bedeutet nur, dass das Gericht Beweisanträge grundsätzlich nicht mit dem Argument verwerfen darf, die Beweiserhebung verspreche keinen Erfolg oder das Gegenteil der Beweistatsache sei schon erwiesen. Eine völlige Fehlvorstellung wäre es aber, anzunehmen, das Gericht dürfe vor dem Ende der Beweisaufnahme keine Beweiswürdigung vornehmen. Das Gericht kann seiner Amtsermittlungspflicht nur genügen, wenn es erhobene Beweise immer in Beziehung setzt zum Erfordernis, einen Sachverhalt vollständig aufzuklären. Daher ist es gezwungen, fortwährend Beweise zu würdigen, solange noch irgendwelche Beweismittel, seien sie auch durchaus fragwürdig, zur Verfügung stehen könnten (Beispiel: Gesteht der Angeklagte im Sinne der Anklageschrift, muss das Gericht sofort in die Würdigung eintreten, ob das Geständnis als alleinige Grundlage der Sachverhaltsaufklärung ausreicht). Beweiswürdigungen finden daher im Hauptverfahren notwendigerweise immer statt. Wichtig ist, dass es sich hierbei grundsätzlich um vorläufige Einschätzungen handelt, die das Gericht in der Regel nicht offen legen muss. Sie werden vielmehr meist durch verfahrensleitende Anordnungen des Vorsitzenden offenbar (Beispiele: Der Hinweis, dass das Ge-

III. Hauptverhandlung

nen *Zeugen*, die für lange zurückliegende Vorfälle benannt werden, völlig ungeeignet sein. Das ist vorstellbar, wenn es nicht nur unwahrscheinlich, sondern *ausgeschlossen* erscheint, dass der Zeuge entsprechende *Wahrnehmungen* gemacht hat und über eine *zuverlässige Erinnerung* an den Vorfall verfügt[526]. Dabei ist ein strenger Maßstab anzulegen, für den neben der Beweisbehauptung als solcher die Persönlichkeit des Zeugen, die Bedeutung des Vorgangs für ihn selbst und der Zeitablauf von Belang sind[527]. Im *Zweifel*[528] *muss das Gericht den Beweis erheben*, falls nicht ein anderer Ablehnungsgrund vorliegt[529]. Besondere *Beziehungen* eines Zeugen zum Angeklagten oder zur Tat (z.B. Angehörigeneigenschaft, Beteiligung an der Tat oder an Vereitelungs- oder Begünstigungstaten) oder allgemeine Unglaubwürdigkeit eines Zeugen (z.B. Vorstrafe wegen eines Aussagedelikts) *reichen* grundsätzlich *nicht aus*, völlige Ungeeignetheit anzunehmen[530].

Der Zurückweisungsbeschluss muss die Gründe der völligen Ungeeignetheit sorgfältig wiedergeben[531]. Nur dadurch erhält der Antragsteller die Möglichkeit,

---

richt die Beweisaufnahme beenden oder über die präsenten Beweismittel hinaus erstrecken will; die Anordnung, Beweisanregungen nachkommen zu wollen oder nicht).
526 BGH NStZ 1993, 295.
527 *Beispiele:* Der Zeuge einer Gewalttat wird, auch wenn sie lange Zeit zurückliegt, eher eine Erinnerung daran haben als ein polizeilicher Unfallsachbearbeiter an die Auffindesituation verunfallter Fahrzeuge, die er täglich zu bearbeiten hat.
528 Nicht überzeugend ist die Auffassung (z.B. bei Kl./Meyer-Goßner § 244 Rdnr. 60 m.w.N.), es sei grundsätzlich Sache des Antragstellers, Anhaltspunkte dafür darzutun, dass sich ein Zeuge erinnern wird. Denn nicht der Antragsteller muss die Eignung des Beweismittels beweisen, sondern das Gericht seine Ungeeignetheit feststellen. Richtig ist allerdings, dass es sinnvoll ist, dem Gericht solche Anhaltspunkte im Zweifel mitzuteilen, um eine Ablehnung zu vermeiden. Der Vorsitzende sollte daher, wenn Ungeeignetheit in Rede steht, durchaus nachfragen, ob es Anhaltspunkte dafür gibt, dass der Zeuge sich erinnern wird.
529 Wird der Zeuge zu einer Routineangelegenheit benannt, zu der eine konkrete Erinnerung unwahrscheinlich erscheint (Beispiel: Gerichtsvollzieher zu einem lange zurückliegenden, alltäglichen Vollstreckungsauftrag), so zeigt die Erfahrung, dass gelegentlich doch konkrete Erinnerung vorhanden ist. Denn manchmal lagen für den Zeugen besondere Umstände vor, die nicht aktenkundig sind und die Erinnerung – für die Verfahrensbeteiligten überraschend – auslösen können. Eine Ungeeignetheit anzunehmen, wäre hier also kaum möglich. Aber erfahrungsgemäß richten sich entsprechende Beweisanträge oft auf die Gewinnung von Indizien, sodass die Beweistatsache u.U. unerheblich sein kann, im Übrigen kommt hier gelegentlich auch die Wahrunterstellung in Betracht.
530 KK-Herdegen § 244 Rdnr. 77 ff.
531 *Beispiel:* »Der Antrag auf Vernehmung des Zeugen X zum Beweis der Tatsache, dass die Schuhe des Angeklagten bei seiner polizeilichen Festnahme keine augenfälligen Verschmutzungen aufwiesen, wird zurückgewiesen. Der Zeuge ist zum Beweis der behaupteten Tatsache völlig ungeeignet. Die Festnahme liegt vier Jahre zurück und erfolgte bei einer routinemäßigen Verkehrskontrolle wegen Verdachts der Trunkenheit im Verkehr. Nur insoweit war der Zeuge an den Ermittlungen beteiligt. Dass der Angeklagte auch wegen Verdachts eines Einbruchdiebstahls zu verfolgen war und insofern der Zustand seines Schuhwerks von Bedeutung sein konnte, wurde den Ermittlungsbehörden erst einen Tag später bekannt. Der Zeuge X kann das Schuhwerk des Angeklagten nur bei der Festnahme wahrgenommen haben. Es erscheint dem Gericht ausgeschlossen, dass er hieran noch eine zuverlässige Erinnerung hat. Denn für ihn war das Schuhwerk ohne Bedeutung, der Vorfall liegt lange Zeit zurück und unterscheidet sich aus Sicht des Zeugen nicht von zahlreichen anderen gleichartigen Einsätzen, die er vor und nach dem fraglichen Tag durchgeführt hat.«

den Ablehnungsgrund zu überprüfen und den Beweisantrag zu wiederholen, wenn er Umstände dartun kann, die die Annahme der Ungeeignetheit widerlegen[532].

15.4.6. Unerreichbarkeit des Beweismittels

Der Ablehnungsgrund der *Unerreichbarkeit des Beweismittels* (§ 244 Abs. 3 S. 2 StPO) liegt vor, wenn die erforderlichen Bemühungen des Gerichts, das Beweismittel beizubringen, erfolglos geblieben sind und keine begründete Aussicht besteht, es in absehbarer Zeit zu beschaffen. Dabei darf das Gericht entsprechende Bemühungen nur ausnahmsweise als von vornherein aussichtslos unterlassen[533].

Praktische Bedeutung hat der Ablehnungsgrund vornehmlich für den *Zeugenbeweis*. Anträge auf Vernehmung schwer erreichbarer Zeugen bergen die Gefahr erheblicher Störungen[534] des geplanten Verlaufs einer Hauptverhandlung. Denn nahezu immer bringt der Versuch, solche Zeugen zu laden und zu hören, erheblichen Zeitaufwand mit sich. Können die Unterbrechungshöchstfristen (§ 229 StPO) nicht gehalten werden, droht der Abbruch der Hauptverhandlung.

Ist der – hinreichend bestimmte – *Zeuge unbekannten Aufenthalts*, muss das Gericht angemessene Ermittlungsmaßnahmen[535] ergreifen. Ihr Ausmaß ergibt sich aus dem Verhältnis zwischen der Bedeutung der Sache einerseits und der Bedeutung der Zeugenaussage für die Sachaufklärung andererseits unter Berücksichtigung des Gebotes der zügigen Verfahrenserledigung. Dabei müssen Unterbrechungen oder Aussetzungen notfalls in Kauf genommen werden[536]. Der Vorsitzende sollte in der Hauptverhandlung immer nachfragen, ob einer der Verfahrensbeteiligten über aktuelle Anhaltspunkte für entsprechende Ermittlungen verfügt. Die Ermittlungen anzuordnen bzw. durchzuführen ist Aufgabe des Vorsitzenden, der sich erforderlichenfalls (aus Gründen der Eilbedürftigkeit möglichst unmittelbar und nicht unter Einschaltung der Staatsanwaltschaft) zu ihrer Erledigung der Polizei bedienen kann. Erst wenn die entsprechenden Ermittlungen ergebnislos waren, kann ein Beweisantrag wegen Unerreichbarkeit des Zeugen zurückgewiesen werden[537].

---

532 *Beispiel* zu Fußnote 531: Der Antragsteller vermag nun darzutun, dass der Angeklagte damals noch Widerstand gegen den Zeugen X geleistet und den Zeugen durch Fußtritte verletzt haben soll.
533 Kl./Meyer-Goßner § 244 Rdnr. 62.
534 Damit ist noch nicht der Fall des Missbrauchs solcher Anträge angesprochen, der hier allerdings gelegentlich vermutet werden darf. Denn natürlich kann insofern denktheoretisch nahezu alles in das Wissen eines erst noch zu ermittelnden oder schwer erreichbaren und am Ende vielleicht gar nicht existenten Zeugen »hineinbehauptet« werden.
535 *Beispiele*: Anfragen beim Einwohnermeldeamt, dem Ausländeramt, Sozial- und Arbeitsämtern, dem Finanzamt, dem Ausländerzentralregister, Suchvermerke beim Bundeszentralregister und im polizeilichen Fahndungsbuch, polizeiliche Ermittlungen zum letzten Aufenthaltsort, bei Verwandten, Bekannten, Arbeitgebern, Anfragen bei anderen Strafverfolgungsbehörden u.a.m.
536 KK-Herdegen § 244 Rdnr. 81. Geht es um Kernfragen des Verfahrens, muss das Gericht daher alle praktisch verfügbaren Möglichkeiten nutzen, für Randbereiche mögen geringere Bemühungen ausreichen.
537 Wenn der Vorsitzende einen entsprechenden Antrag erwartet, sollte er die erforderlichen Ermittlungen so früh wie möglich veranlassen, weil sich die Ablehnungsgründe dann ggf. zeitgerecht darstellen lassen und keine Verfahrensverzögerung eintritt.

III. Hauptverhandlung

Zeugen im Ausland sind grundsätzlich wie die im Inland erreichbar, und sei es über Ladungszustellungen im Wege der internationalen Rechtshilfe. Der Erfolg solcher Bemühungen ist mitunter gering und führt oft zu erheblichen Verzögerungen. Daher kann das Gericht Anträge, die sich auf die Vernehmung von Zeugen beziehen, deren Ladung im Ausland zu bewirken wäre, nach *pflichtgemäßem Ermessen* zurückweisen (§ 244 Abs. 5 S. 2 StPO), wenn die Erhebung des Beweises kein Gebot der Aufklärungspflicht ist[538].

Aus *Rechtsgründen unerreichbar* ist ein Zeuge, wenn sich die zuständige Behörde trotz entsprechender Bemühungen des Gerichts aus Gründen, die weder offensichtlich fehlerhaft noch willkürlich sind, weigert, Namen und ladungsfähige Anschrift anzugeben[539].

Auch die Ablehnung wegen Unerreichbarkeit des Beweismittels erfolgt durch *Beschluss*, der *konkret* zu begründen ist[540].

15.4.7. Verschleppungsabsicht

Der Ablehnungsgrund der *Prozessverschleppungsabsicht* (§ 244 Abs. 3 S. 3 StPO) hatte in der Praxis infolge der außerordentlich hohen Begründungserfordernisse, die die Rechtsprechung dazu entwickelt hat, fast keine Bedeutung[541]. Zwischenzeitlich waren Stimmen zu hören, die zu einer häufigeren Anwendung dieses Ablehnungsgrundes ermutigt haben[542].

Wegen Prozessverschleppungsabsicht darf ein Beweisantrag abgelehnt werden, wenn die begehrte Beweiserhebung den Abschluss des Verfahrens erheblich hinauszögern kann, nach Überzeugung des Gerichts nichts Sachdienliches zu erbringen vermag, der Antragsteller sich dessen bewusst ist und mit seinem Antrag daher *ausschließlich* eine Verfahrensverzögerung bezweckt[543].

Die Gefahr einer erheblichen Verfahrensverzögerung muss *objektiv* bestehen. Das ist jedenfalls dann der Fall, wenn eine Unterbrechung (§ 229 StPO) oder gar eine Aussetzung (§ 228 StPO) der Hauptverhandlung zu befürchten wäre, wenn dem Antrag nachgegangen würde[544]. Ob sonstige Verzögerungen als erheblich

---

538 BVerfG NJW 1997, 999.
539 KK-Herdegen § 244 Rdnr. 84.
540 *Beispiel:* »Der Antrag auf Vernehmung des Zeugen X wird zurückgewiesen. Der Zeuge ist unerreichbar. Das Gericht hat unverzüglich nach der Beweisantragstellung polizeiliche Ermittlungen an seinem letzten bekannten Wohnsitz, an seiner letzten bekannten Arbeitsstelle, bei seiner geschiedenen Ehefrau und bei seinem offenbar einzigen Kind sowie seinem letzten Verteidiger durchführen lassen. Seit etwa drei Monaten ist der Zeuge an keiner Stelle mehr gesehen worden, Hinweise auf seinen Verbleib konnten außer dem ihm zugeschriebenen Wunsch, endgültig ›auszusteigen‹, nicht gewonnen werden.«
541 KK-Herdegen § 244 Rdnr. 86.
542 Schweckendiek NStZ 1991, 109.
543 BGH NStZ 1992, 551. Unter diesem Blickwinkel sollen auch »Scheinbeweisanträge«, also solche, die völlig aus der Luft gegriffene Behauptungen beweisen sollen, abzulehnen sein (Kl./Meyer-Goßner § 244 Rdnr. 67). Mit KK-Herdegen § 244 Rdnr. 44, 67, 67a liegt es in solchen Fällen allerdings näher, von der Unzulässigkeit des Beweisantrags auszugehen.
544 Kl./Meyer-Goßner § 244 Rdnr. 67.

anzusehen sein können, ist umstritten⁵⁴⁵, wird aber in der Praxis kaum problematisch sein. Denn wenn eine beantragte Beweiserhebung noch in der gleichen Sitzung erfolgen kann, entsteht kaum das Bedürfnis, den Antrag als prozessverschleppend zurückzuweisen.

Das *Gericht* muss zu der *Überzeugung* kommen, dass die Beweiserhebung *nichts* zugunsten des Angeklagten *erbringen wird*. Zu diesem Zweck muss das Gericht eine Würdigung der bisherigen Beweislage anstellen⁵⁴⁶, die negative Erwartung muss für das Gericht sicher sein⁵⁴⁷.

Zugleich muss das Gericht davon überzeugt sein, dass auch der *Antragsteller*⁵⁴⁸ *von der Aussichtslosigkeit* der Beweiserhebung ausgeht. Anzeichen für diese Erwartung können sich aus dem gesamten Prozessverhalten des Antragstellers ergeben⁵⁴⁹, wobei die insofern maßgeblichen Indizien⁵⁵⁰ in einer Gesamtschau zu würdigen sind. Der Ablehnungsbeschluss verlangt gerade bei Annahme der Prozessverschleppungsabsicht großen *argumentativen Aufwand*⁵⁵¹. Soll ein Hilfs- oder Eventualantrag aus Gründen der Prozessverschleppung zurückgewiesen werden, so muss dies – anders als bei solchen bedingten Anträgen im Übrigen – im Rahmen der Hauptverhandlung durch Beschluss (also nicht erst im Urteil) erfolgen⁵⁵².

---

545 KK-Herdegen § 244 Rdnr. 87 verweist für seine Annahme, dass jede Verzögerung maßgeblich sein kann, mit einigem Recht auf § 245 Abs. 2 S. 3 StPO, der sogar bei präsenten Beweismitteln den Ablehnungsgrund der Prozessverschleppung nennt.
546 Einfachstes Beispiel: Die Beweislage ist bislang erdrückend, der jetzt beantragte Alibibeweis vage.
547 Anderenfalls ist der Beweis zu erheben.
548 Ist der Antrag vom Verteidiger gestellt, kommt es daher auf seine Absicht an, BGHSt 21, 121.
549 BGH NStZ 1990, 351.
550 Zum *Beispiel*: Nichtübereinstimmung der Beweisbehauptung mit dem bisherigen Verteidigungsvorbringen, Misslingen früherer Entlastungsbeweise durch Benennung unerreichbarer oder sich als ungeeignet herausstellender Zeugen o.Ä.
551 KK-Herdegen § 244 Rdnr. 86. *Beispiel:* »Der Antrag auf Vernehmung des Zeugen X zum Beweis der Tatsache, dass sich der Angeklagte zur Tatzeit nicht am Tatort, sondern in der Stadt B aufhielt, wird zurückgewiesen. Er dient allein der Prozessverschleppung. Die beantragte Beweiserhebung erscheint aussichtslos. Bisher haben vier Zeugen unabhängig voneinander bekundet, den Angeklagten als Täter am Tatort bei der Tatbegehung erkannt und beobachtet zu haben. Einer von ihnen hat bekundet, den Angeklagten 50 m vom Tatort entfernt festgenommen zu haben. Der Angeklagte hat im Vorfahren erklärt, er leugne die Täterschaft nicht, im Zwischenverfahren um Entschuldigung für sein Fehlverhalten gebeten, das er innig meine, und zu Beginn der Hauptverhandlung schließlich angegeben, er stehe zu allem, was er getan habe, könne sich aber infolge Trunkenheit am Tattag an gar nichts mehr erinnern. Bei dieser Sachlage geht das Gericht davon aus, dass der Angeklagte die Aussichtslosigkeit seines Antrags erkannt und ihn daher nur gestellt hat, um das Verfahren zu verzögern. Eine solche Verzögerung träte auch ein, denn der Zeuge X, dessen ladungsfähige Anschrift zunächst noch zu ermitteln wäre, könnte frühestens im Rahmen eines eigens dazu notwendigen Fortsetzungstermins gehört werden.«
552 BGH NStZ 1986, 372; Kl./Meyer-Goßner § 244 Rdnr. 44a.

III. Hauptverhandlung

15.4.8. Wahrunterstellung

Große praktische Bedeutung für die Behandlung von Beweisanträgen hat die Möglichkeit der *Wahrunterstellung* (§ 244 Abs. 3 a.E. StPO).

Die Praxis bedient sich dieser Möglichkeit gelegentlich vorschnell, wenn es gilt, Umstände, deren Unterstellung niemandem und vor allem dem Angeklagten nicht zu schaden scheint, als gegeben anzunehmen. Denn dabei wird häufig übersehen, dass *nur erhebliche Tatsachen* als wahr unterstellt werden dürfen. Ferner muss erhebliches Verteidigungsvorbringen, dass durch Mittel der Beweisaufnahme nicht zu widerlegen ist, ohnehin nicht bewiesen werden, denn es ist zugunsten des Angeklagten ohne Beweisaufnahme als zutreffend zu behandeln[553]. Dies setzt eine Würdigung der bisherigen Beweisergebnisse durch das Gericht voraus. Dessen Einschätzung wird möglicherweise seitens anderer Verfahrensbeteiligter nicht erkannt oder nicht geteilt. Wenn also eine erhebliche und zugleich entlastende Tatsache unter Beweis gestellt werden soll, die eigentlich gar nicht beweisbedürftig – weil unwiderleglich – ist, zwingt ein entsprechender Antrag das Gericht zu klarer Stellungnahme, eben in Gestalt der Wahrunterstellung[554].

Ihre *Grenzen* findet die Wahrunterstellung in der Amtsermittlungspflicht. Die *Sachaufklärung* hat grundsätzlich Vorrang[555], auch wenn es gelegentlich verlockend erscheint, großzügige Wahrunterstellungen vorzunehmen, um den Verfahrensstoff überschaubar und das Verhandlungsklima günstig zu gestalten.

Für die Wahrunterstellung kommen nur Tatsachen in Betracht, die *zugunsten des Angeklagten* bewiesen werden sollen. Umgekehrt dürfen Tatsachen, aus denen Schlüsse zuungunsten des Angeklagten gezogen werden können, nicht als wahr unterstellt werden[556]. Entschließt sich das Gericht, eine Tatsache als wahr zu unterstellen, muss es diese Tatsache bei der Entscheidungsfindung nicht als lediglich möglich oder wahrscheinlich, sondern als Gegebenheit berücksichtigen[557].

---

553 KK-Herdegen § 244 Rdnr. 91.
554 Allerdings ist der Vorsitzende auch nicht gehindert (erforderlichenfalls nach Zwischenberatung), auf die Meinung des Gerichts hinzuweisen, ein bestimmtes Verteidigungsvorbringen sei zwar nicht bewiesen, aber auch nicht zu widerlegen und daher nicht beweis-(antrags-) bedürftig. Ob dies der Verteidigung genügt, bleibt dem Einzelfall überlassen. Ein die Wahrunterstellung feststellender Beschluss dürfte im Zweifel für die Verteidigung wegen der indiziellen Tragweite (Kongruenzgebot) die größere Sicherheit bieten.
555 KK-Herdegen § 244 Rdnr. 97 weist zu Recht darauf hin, dass die Wahrunterstellung kein Akt jurisdiktioneller Begünstigung sein darf.
556 Kl./Meyer-Goßner § 244 Rdnr. 70. Das bedeutet, dass sich ein Wertungsfehler des Antragstellers (der nur irrig annimmt, sein Antrag richte sich auf eine entlastende Tatsache) nicht zu seinem Nachteil auswirkt.
557 Ist das Gericht dazu nicht mehr bereit, weil sich im weiteren Verlauf der Beweisaufnahme die Bewertungen verändert haben, muss es darauf hinweisen, um Gelegenheit zu erneuter Beweisantragstellung zu geben. Demgegenüber ist es folgenlos, wenn das Gericht eine Tatsache als wahr unterstellt hat in der Annahme, sie sei entscheidungserheblich, obwohl sie es von Anfang an nicht war oder aufgrund neuerer Erkenntnisse nicht mehr ist, solange sie nur als gegeben betrachtet wird.

Soll ein Beweisantrag mit der Begründung der Wahrunterstellung abgelehnt werden, bedarf der Beschluss keiner konkreten Begründung, es genügt insofern die Mitteilung des gesetzlichen Ablehnungsgrunds[558].

15.4.9. Sachkunde des Gerichts

Ein Beweisantrag, der auf Vernehmung eines *Sachverständigen* gerichtet ist, kann unabhängig von den Gründen des § 244 Abs. 3 StPO auch abgelehnt werden, wenn das *Gericht* selbst die *erforderliche Sachkunde* besitzt (§ 244 Abs. 4 S. 1 StPO).

Diese Sachkunde kann beruflich oder privat erworben sein. Bei Kollegialgerichten genügt es, wenn einer der mitwirkenden Richter sein Fachwissen den anderen derart vermittelt, dass diese es sich (im Zweifel: mehrheitlich) zu Eigen machen. Generell sollte sich das Gericht nicht scheuen, eigene Sachkunde auch einzubringen. Das spart Zeit und Geld, falls die Sachkunde ausreicht. Andererseits ist hier sicher nicht der Ort für Selbstüberschätzung. Daher muss das Gericht bei dem geringsten Zweifel an der Tragfähigkeit der eigenen Sachkunde immer einen Sachverständigen bemühen.

Generell ist anzunehmen, dass Gerichte umso sachkundiger auch für eigentlich fachfremde Wissensgebiete sind, je häufiger diese Fachfragen im Verfahrensalltag thematisiert werden. Zu den Routinefragen zumindest der Verkehrsstrafrichter gehört zum Beispiel das Fachwissen um die Berechnung von *Blutalkoholkonzentrationen* und um ihre Auswirkungen auf die Frage der Verkehrstüchtigkeit. Hier ist Sachkunde im gerichtsmedizinischen Bereich gefragt, die regelmäßig im Gerichtsalltag erworben wird und für durchschnittliche Fälle mit der Zeit die Zuziehung eines Sachverständigen entbehrlich macht. Weiteres Beispiel ist die Beurteilung der *Glaubwürdigkeit von Zeugen* oder der Glaubhaftigkeit ihrer Angaben. Insofern befindet sich das Gericht immer zugleich auf seinem eigenen Aufgabengebiet und dem der (Aussage-)Psychologie. In der Regel können solche Anträge unter Hinweis auf die eigene Sachkunde des Gerichts abgelehnt werden. Liegen besondere Umstände vor[559], kann ein Gutachten gleichwohl erforderlich sein[560].

Wird ein Antrag auf Sachverständigenvernehmung wegen eigener Sachkunde des Gerichts zurückgewiesen, soll es genügen, dass der Beschluss den Gesetzeswortlaut des § 244 Abs. 4 S. 1 StPO wiedergibt[561].

---

558 *Beispiel:* »Der Antrag auf Vernehmung des Zeugen X zum Beweis der Tatsache, dass bei dem angeklagten Diebstahl nur Beute im Wert von 50 DM und nicht – wie angeklagt – im Wert von 500 DM entwendet wurde, wird zurückgewiesen. Die Beweisbehauptung, die Beute habe einen Wert von nur 50 DM gehabt, wird als wahr unterstellt.«
559 Oft bei Kindern oder Jugendlichen als Zeugen oder bei psychisch gestörten Zeugen.
560 Man erwarte sich allerdings nicht regelmäßig eine eindeutige Antwort auf die Frage, ob dem Zeugen zu glauben ist oder nicht. Auch hier ist es nur Aufgabe des Sachverständigen, relevante Tatsachen und Erfahrungssätze zu vermitteln. Ob das Gericht dem Zeugen schließlich glaubt oder nicht, bleibt allein der Entscheidungsfindung des Gerichts überlassen.
561 Kl./Meyer-Goßner § 244 Rdnr. 73. Ich halte es demgegenüber zumindest für empfehlenswert mitzuteilen, woraus die besondere Sachkunde des Gerichts folgt. Denn angesichts des Umstands, dass auch die Wissensstandards der Fachleute stets Veränderungen unterliegen,

III. Hauptverhandlung

Wird die Anhörung eines *weiteren Sachverständigen* beantragt, so kann dies mit der Begründung abgelehnt werden, das Gegenteil der behaupteten Tatsache sei bereits nach dem Gutachten des ersten Sachverständigen, u.U. in gemeinsamer Würdigung mit anderen Beweisergebnissen, erwiesen (§ 244 Abs. 4 S. 2 StPO). Das gilt allerdings dann nicht, wenn die Sachkunde des früheren Gutachters zweifelhaft ist, wenn dessen Gutachten von falschen tatsächlichen Voraussetzungen ausgeht oder nicht erklärbare Widersprüche vorliegen oder der neue Sachverständige über überlegene Forschungsmittel verfügt. Der Antrag auf weiteren Sachverständigenbeweis sollte daher Hinweise enthalten, worin der Antragsteller die insofern maßgeblichen Umstände sieht[562]. Im Ablehnungsbeschluss muss das Gericht auf dieses Argument ggf. eingehen.

15.4.10. Unnötiger Augenschein

Ist ein Beweisantrag auf Einnahme des *Augenscheins* gerichtet, so kann das Gericht ihn (abgesehen von Fällen präsenter Augenscheinsobjekte, § 245 Abs. 2 StPO) zurückweisen, wenn es den Augenschein nach *pflichtgemäßem Ermessen* als zur Erforschung der Wahrheit nicht erforderlich erachtet (§ 244 Abs. 5 StPO).

Hier ist also letztlich allein die Amtsaufklärungspflicht maßgeblich. Erfahrungsgemäß ist die Einnahme des Augenscheins allerdings eine ganz hervorragende Erkenntnisquelle, weil sie – trotz notwendiger Subjektivität des Ergebnisses – immerhin unmittelbare Eindrücke vermitteln kann und darin anderen Beweismitteln häufig überlegen ist. Insbesondere Tatortbesichtigungen sind daher oft außerordentlich informativ und bringen ein Maß an Erkenntnis, das den damit verbundenen Aufwand deutlich rechtfertigt. Da der Unmittelbarkeitsgrundsatz für dieses Beweismittel nicht gilt, kann sich das Gericht die benötigten Vorstellungen auch durch Bilder, Skizzen o.Ä. vermitteln lassen[563].

Der die Beweiserhebung ablehnende Beschluss muss *begründet* werden, wobei die Mitteilung des abstrakten gesetzlichen Ablehnungsgrunds ausreicht, es aber

---

kann das Spezialwissen des Gerichts nicht immer überall auf dem letzten Stand sein. Ein ausführlich begründeter Beschluss lässt dem Antragsteller mithin die Möglichkeit, für sich zu überprüfen, ob er sich mit der Sachkunde des Gerichts zufrieden geben will. *Beispiel:* »Der Antrag auf Vernehmung eines messtechnischen Sachverständigen zum Beweis der Tatsache, dass das bei der Geschwindigkeitsmessung benutzte Gerät X bei hoher Luftfeuchtigkeit Fehlmessungen auswirft, wird zurückgewiesen. Das Gericht verfügt selbst über die zur Beurteilung dieser Frage erforderlich Sachkunde, insbesondere weil die gleiche Frage in mehreren vorangegangenen Verfahren innerhalb der vergangenen zwei Jahre sachverständigerseits in der Hauptverhandlung erörtert wurde.«

562 *Beispiel:* »Es wird Vernehmung des Prof. X zum Beweis der Tatsache beantragt, dass die dem Angeklagten entnommene Blutprobe Stoffe enthält, die auf den Genuss von Wodka zwingend schließen lassen. Gegenüber dem bereits gehörten Sachverständigen, der eine Begleitstoffanalyse nach herkömmlicher Methode durchgeführt hat, verfügt Prof. X aufgrund seiner erst unlängst mit dem Frank N. Stein-Preis für Gerichtsmedizin ausgezeichneten Methode über die wissenschaftlich/technischen Mittel, Begleitstoffmengen von einem Hundertstel der bisherigen Grenzwerte nachzuweisen.«

563 Was aber als vermeintlich bequemerer Weg sicherlich keineswegs immer vorzuziehen ist, vergl. dazu auch vorne S. 140 ff.

vorzuziehen ist, den Beteiligten auch insofern die wesentlichen Argumente mitzuteilen[564].

15.5. »Verspäteter« Beweisantrag

Ein Beweisantrag darf grundsätzlich nicht als verspätet zurückgewiesen werden. Wird jedoch ein Zeuge oder Sachverständiger erst so spät benannt oder eine zu beweisende Tatsache so spät vorgebracht, dass einem Prozessbeteiligten die Zeit fehlt, entsprechende Erkundigungen einzuziehen, so kann bis zum Schluss der Beweisaufnahme die *Aussetzung der Hauptverhandlung* beantragt werden (§ 246 Abs. 2 StPO), sofern das Gericht nicht von Amts wegen eine Unterbrechung oder Aussetzung anordnet.

Antragsberechtigt ist der jeweilige »Gegner« des Beweisantragstellers. Unter Gegnern in diesem Sinne werden verstanden Staatsanwaltschaft, Privatkläger und Nebenkläger einer- und Angeklagter, Verteidiger, gesetzliche Vertreter und Nebenbeteiligte andererseits[565].

Das Recht, Aussetzung zu beantragen, entsteht ferner im Hinblick auf Zeugen und Sachverständige, die auf Anordnung des Vorsitzenden oder des Gerichts geladen wurden (§ 246 Abs. 3 StPO). Die rechtzeitige Mitteilung der geladenen personalen Beweismittel nach § 222 Abs. 1 StPO wird allerdings in der Regel zur Folge haben, dass das Gericht dem Aussetzungswunsch nicht nachkommen muss.

Das *Gericht* (nicht allein der Vorsitzende) entscheidet durch nicht gesondert angreifbaren (§ 305 S. 1 StPO) Beschluss (§ 246 Abs. 4 StPO) über die Aussetzung.

16. Hinweise des Gerichts

Im Verlauf einer Hauptverhandlung entwickeln und verändern sich Erkenntnisse und Wertungen aller Verfahrensbeteiligter. Im bestimmten Umfang ist das Gericht gehalten, die übrigen Verfahrensbeteiligten über Veränderungen und Entwicklungen, die sich aus seiner Sicht ergeben, aufzuklären. Das folgt aus der allgemeinen Fürsorge- und Aufklärungspflicht des Gerichts und letztlich aus dem Anspruch auf gerichtliches Gehör[566].

Hinweise des Gerichts, ob rechtlicher oder tatsächlicher Natur, haben immer Signalwirkung. Die Verfahrensbeteiligten neigen zudem dazu, die darin zum Ausdruck gebrachten Erwägungen des Gerichts als endgültig zu betrachten. Oft betreffen sie in Wirklichkeit jedoch Fragen, die letztlich erst in der abschließen-

---

564 *Beispiel:* »Der Antrag auf Besichtigung des Tatorts zum Beweis der Tatsache, dass zwischen der Fundstelle der Leiche und dem Straßenrand kein Sichtkontakt besteht, wird abgelehnt. Die Beweiserhebung ist nicht erforderlich, weil das Gericht mit den bereits in Augenschein genommenen Lichtbildern vom Tatort ausreichende Vorstellungen vom Tatort gewonnen hat, um die Beweisbehauptung zuverlässig bewerten zu können.«
565 Kl./Meyer-Goßner § 303 Rdnr. 3.
566 Kl./Meyer-Goßner § 265 Rdnr. 1 ff.

III. Hauptverhandlung

den Urteilsberatung entschieden werden[567]. Der Vorsitzende kann und sollte sich daher im Zweifel immer sehr vorsichtig äußern und es gegebenenfalls klarstellen, wenn ein Hinweis nur eine mögliche, aber nicht schon feststehende Alternative enthält[568].

Ausschlaggebend für die Notwendigkeit eines Hinweises ist grundsätzlich der *Vergleich* zwischen dem Informationsgehalt der *Anklageschrift* in der zugelassenen Fassung bzw. des Eröffnungsbeschlusses (§ 207 StPO) einerseits und der *aktuellen* bzw. sich andeutenden *Entscheidungslage*. Verfügte der Angeklagte über die wesentlichen Informationen bereits vor der Hauptverhandlung, so sind Hinweise grundsätzlich nicht erforderlich.

Allerdings ist der Vorsitzende nicht gehindert, Hinweise auch dann zu geben, wenn ihn das Gesetz dazu nicht zwingt. Ob er dies tut und in welcher Form, ist von unterschiedlichen Faktoren abhängig, zu denen sein allgemeiner Verhandlungsstil, die konkrete Verhandlungsatmosphäre u.v.a. mehr zählen. Generell ist eine offene Verhandlungsführung immer günstig[569]. Dazu kann ohne weiteres gehören, dass der Vorsitzende, ohne den endgültigen Beratungen vorzugreifen, zum Beispiel Hinweise erteilt auf die bisherigen Ergebnisse der Beweisaufnahme und deren mögliche Folgen für das weitere Verfahren.

Ein Hinweis sollte immer aus sich heraus verständlich sein, sodass die bloße Nennung einer in Betracht kommenden Norm des materiellen Strafrechts grundsätzlich nicht genügt[570]. Soweit ein Hinweis in verkürzter juristischer Fachspra-

---

[567] *Beispiel:* Tritt erst in der Hauptverhandlung der Verdacht zu Tage, dass der Angeklagte auf frischer Tat ertappt zur Beutesicherung Gewalt angewendet hat, so muss ein rechtlicher Hinweis (§§ 252, 249 StGB) erfolgen. Ob der Angeklagte nachher als Dieb oder als Räuber bestraft wird, bleibt weiterhin dem Urteil vorbehalten.

[568] *Beispiel:* »Es wird darauf hingewiesen, dass eine Verurteilung aus dem Gesichtspunkt des räuberischen Diebstahls nach §§ 252, 249 StGB in Betracht kommt, nachdem der Zeuge X soeben geschildert hat, der Angeklagte habe sich der Festnahme dadurch entzogen, dass er nach dem Zeugen schlug, um diesen, der die Tasche mit der Beute bereits erfasst hatte und festhielt, zu veranlassen, die Tasche loszulassen.«

[569] Vorsitzende, die nur dann bereit sind, in der Verhandlung Standpunkte einzunehmen, wenn sie dazu gesetzlich gezwungen sind, erwecken mitunter den Verdacht, hinter Unnahbarkeit Unsicherheit zu verbergen. Das wäre in mehrerlei Hinsicht unnötig. Zum einen ist Unsicherheit keine Schande. Wer als Jurist in entscheidender Position nachdenken muss und nicht von vornherein immer alles vor allen anderen weiß, ist keineswegs verdächtig, sondern willkommen. Daher wirken Unsicherheiten in aller Regel nur dann anrüchig, wenn – wie so häufig – der Versuch misslingt, sie zu verbergen. Demgegenüber hat es keinem Richter geschadet, wenn er rechtzeitig deutlich gemacht hat, eine bestimmte Frage noch prüfen und überdenken zu müssen. Zum anderen bestimmt sich die Qualität einer Hauptverhandlung auch danach, wie viele entscheidungserhebliche Informationen gesammelt werden können, also im kommunikativen Bereich. Wem es dabei gelingt, die übrigen Verfahrensbeteiligten en passant mit Informationen zu versorgen, die sie sich sonst nur qua Beweisantrag oder durch Kombinatorik verschaffen könnten, erleichtert die Konzentration auf die wesentlichen Belange eines Verfahrens.

[570] Das gilt auch (entgegen z.B. Kl./Meyer-Goßner § 265 Rdnr. 31), wenn der Angeklagte einen Verteidiger hat. Auch, gerade und ausnahmslos dem Angeklagten gegenüber sollte sich das Gericht verständlich zu machen suchen.

che formuliert wird – was der juristischen Präzision halber oft nahe liegt[571] – sollte der Vorsitzende sich die Zeit nehmen, in wenigen Sätzen auch dem angeklagten Laien zu verdeutlichen, worum es geht[572].

Die Pflicht des Vorsitzenden, Hinweise zu erteilen, kann von den übrigen Verfahrensbeteiligten zur *Informationsbeschaffung* genutzt werden. Sie können anregen oder beantragen, einen Hinweis in einem bestimmten Sinn zu geben, und erfahren durch die Reaktion des Vorsitzenden ein Negativattest, wenn er den Hinweis nicht erteilt[573]. Vorausgesetzt, der Hinweis wäre verfahrensrechtlich geboten, legt die Nichterteilung die Annahme nahe, dass das Gericht die entsprechende Sicht nicht teilt. Weniger aussagekräftig ist ein erteilter Hinweis. Denn dadurch legt der Vorsitzende das Gericht keineswegs fest. Immerhin aber sollten die Beteiligten sich darauf verlassen können, dass der Vorsitzende keine Hinweise auf Umstände gibt, die er nicht ernsthaft in Betracht zu ziehen gedenkt.

16.1. Förmlicher Hinweis

Soweit sich eine Hinweispflicht *unmittelbar* aus § 265 StPO ableitet, bedarf es eines *besonderen förmlichen Hinweises*. Ihn zu erteilen, ist Aufgabe des Vorsitzenden. Der förmliche rechtliche Hinweis bleibt auch dann erforderlich, wenn der veränderte rechtliche Gesichtspunkt von anderen Verfahrensbeteiligten, insbesondere dem Angeklagten oder dem Verteidiger, bereits erörtert wurde[574]. Der Hinweis erfolgt durch eine ausdrückliche Erklärung, die (für alle Beteiligten[575], vor allem für den Angeklagten und den Verteidiger) hinreichend klarstellt, dass und welche Abweichungen von der zugelassenen Anklageschrift das Gericht ernstlich erwägen will.

16.1.1. Veränderung des rechtlichen Gesichtspunkts

Das Gericht muss auf die *Veränderung des rechtlichen Gesichtspunkts* hinweisen (§ 265 Abs. 1 StPO).

Der Hinweis ist *erforderlich*, wenn anstatt oder neben einem in der Anklageschrift oder dem Eröffnungsbeschluss bezeichneten Strafgesetz die Anwendung eines *anderen Strafgesetzes* in Betracht kommt. Hierzu gehören vor allem die Möglichkeiten der Verurteilung wegen *Versuchs anstatt Vollendung* oder der

---

571 Zum Beispiel, wenn statt der Volltrunkenheit (§ 323a StGB) doch die Bestrafung aus dem im Rausch gegangenen Delikt in Betracht kommt.
572 Zum Beispiel durch die Erläuterung, dass dem Angeklagten möglicherweise nicht zur Last gelegt werden wird, dass er sich vorsätzlich betrunken (und dann einen Straftatbestand verwirklicht) hat, sondern dass er sich vorsätzlich betrunken hat, um einen Straftatbestand zu verwirklichen.
573 Die Weigerung, einen Hinweis zu erteilen, stellt eine sachleitende Verfügung dar, gegen die das Gericht gem. § 238 Abs. 2 StPO angerufen werden kann.
574 BGH NJW 1964, 308.
575 Verfehlt wäre es, als Adressaten ausschließlich Angeklagte und Verteidiger zu verstehen. Zwar bezieht sich § 265 StPO ausdrücklich nur auf Belange der Verteidigung. Aber es sind zweifellos auch z.B. Sitzungsvertreter der Staatsanwaltschaft und Nebenkläger einzuschließen. Denn auch sie können (gerichtliches Gehör!) nur dann Sinnvolles beantragen, wenn ihnen rechtzeitig verdeutlicht wird, welche Entscheidungsmöglichkeiten das Gericht erwägen will.

III. Hauptverhandlung

Verurteilung wegen *fahrlässiger anstatt vorsätzlicher* Begehungsweise und jeweils umgekehrt. Enthält eine in der Anklageschrift herangezogene Strafvorschrift Tatbestandsalternativen, deren Begehungsweise ihrem Wesen nach verschieden sind (Beispiel: gefährliche Körperverletzung, § 224 StGB), so muss (spätestens) in der Hauptverhandlung ein Hinweis ergehen, welche der möglichen Begehungsweisen das Gericht annehmen will[576].

Ein Hinweis ist ferner erforderlich, wenn eine in ihrem Wesen andere Begehungsform der angeklagten Straftat in Betracht kommt, also etwa Verurteilung aus dem Gesichtspunkt des *Unterlassens* (§ 13 StGB) *anstatt des positiven Tuns*, oder z.B. wegen des Mordmerkmals des niedrigen Beweggrundes anstatt wegen Verdeckungsabsicht (§ 211 StGB) oder wenn bei angeklagtem Vollrausch (§ 323a StGB) eine andere Rauschtat in Betracht kommt.

Ein Hinweis muss auch erfolgen, wenn *anstatt Alleintäterschaft* (§ 25 StGB) *Mittäterschaft*[577] *oder Teilnahme (§§ 26, 27 StGB) infrage kommt oder anstatt Anstiftung (§ 26 StGB) Beihilfe (§ 27 StGB)* und jeweils umgekehrt.

Schließlich muss ein Hinweis ergehen, wenn eine gegenüber der Anklage oder dem Eröffnungsbeschluss *abweichende* Beurteilung der *Konkurrenzen* in Betracht kommt.

16.1.2. Strafbarkeitserhöhende Umstände

Das Gericht muss einen Hinweis geben, wenn sich erst in der Verhandlung gesetzlich vorgesehene besondere *Umstände* ergeben, die *Strafbarkeit* erhöhen oder eine Sicherungsmaßregel rechtfertigen (§ 265 Abs. 2 StPO).

Danach ist nur der Hinweis auf *gesetzlich geregelte strafschärfende* Umstände erforderlich, bei den *unbenannten* besonders schweren Fällen also *nicht*[578]. Sind *besonders schwere Fälle durch Regelbeispiele* erläutert, ist der Hinweis jedenfalls dann erforderlich, wenn sich erst in der Hauptverhandlung ergibt, dass die Merkmale des Regelbeispiels vorliegen könnten. Andererseits schadet es in keinem Fall, solche Hinweise zu erteilen, auch wenn sie nicht vorgeschrieben sind[579].

Der Hinweis auf die Möglichkeit der Anordnung einer *Sicherungsmaßregel* ist – unabhängig davon ob sich die Sachlage gegenüber der Anklage ändert oder nicht[580] – immer schon dann erforderlich, wenn weder die Anklageschrift noch der Eröffnungsbeschluss diese Möglichkeit erwähnt haben oder wenn eine andere als die dort bezeichnete Maßregel in Betracht kommt[581].

Auf *Nebenstrafen und Nebenfolgen* muss gem. § 265 StPO grundsätzlich (wie für die Hauptstrafen schließlich auch) *nicht hingewiesen* werden, falls nicht die

---

576 BGH StV 1997, 237.
577 BGH NStZ 1994, 46.
578 Kl./Meyer-Goßner § 265 Rdnr. 18 f.
579 Klarheit und Eindeutigkeit sind dem Zweifel immer vorzuziehen. Ein bei enger Sicht des § 265 StPO überflüssiger Hinweis schadet im Übrigen nicht. Die Voraussetzungen des § 265 Abs. 3 StPO knüpfen nicht an die Erteilung eines Hinweises, sondern an die Veränderung der Sachlage an.
580 Kl./Meyer-Goßner § 265 Rdnr. 20.
581 BGHSt 29, 274.

Möglichkeit ihrer Verhängung aus Umständen folgt, die erst der in Verhandlung zutage treten[582]. Es sollte auch hier aus Fairnessgründen eher großzügig mit Hinweisen operiert werden, um Unklarheiten vorzubeugen.

16.2. Veränderung der Tatsachengrundlage

Auch wenn sich gegenüber der (zugelassenen) Anklageschrift oder dem Eröffnungsbeschluss nicht der rechtliche Gesichtspunkt, sondern die *tatsächliche Urteilsgrundlage ändert,* darf der Angeklagte darüber nicht im Unklaren gelassen werden. Das folgt zwar nicht unmittelbar aus § 265 StPO, ist aber bei unterschiedlicher Herleitung im Ergebnis letztlich unstreitig[583]. Die *Veränderung der entscheidungserheblichen Tatsachen* und ihre Einbeziehung in die Urteilsfindung muss für den Angeklagten[584] so deutlich erkennbar sein, dass er sich dazu äußern und seine Verteidigung darauf einstellen kann[585].

Hierzu gehören etwa *Veränderungen* der angeklagten *Tatzeit* gegenüber der nunmehr infrage kommenden[586], wesentliche *Erweiterungen des Tatzeitraums* oder wenn statt des einen Zeugen ein anderer als Opfer der Tat infrage kommt.

Solche *Veränderungen der Entscheidungsgrundlage* bedürfen – wenn nicht zugleich damit auch eine Änderung des rechtlichen Gesichtspunkts einhergeht[587] – *keines* besonderen förmlichen Hinweises[588]. Es soll genügen, dass der Angeklagte und der Verteidiger hinreichend unterrichtet werden, also dem Verlauf der Hauptverhandlung entnehmen können, dass das Gericht veränderte tatsächliche Umstände zugrunde legen will[589]. Da sich eine solche Unterrichtung im Zweifel jedoch nur schwer wird nachvollziehen lassen[590] und auch in der konkreten Verhandlungssituation nicht immer klar wird, ob alle Beteiligten die inhaltlichen Veränderungen in ihrer Bedeutung erkennen[591], ist es stets *zu empfehlen*, auch insofern *ausdrückliche Hinweise* zu erteilen und protokollieren zu lassen.

---

582 Kl./Meyer-Goßner § 265 Rdnr. 24 StPO. *Beispiel:* Stellt sich erst in der Hauptverhandlung heraus, dass der Angeklagte, dem Trunkenheitsfahrt in Tateinheit mit Fahren ohne Fahrerlaubnis vorgeworfen wird, tatsächlich eine Fahrerlaubnis hat, muss auf den infolgedessen drohenden Entzug der Fahrerlaubnis hingewiesen werden.
583 Vergl. KK-Engelhardt § 265 Rdnr. 24.
584 Und auch für die übrigen Verfahrensbeteiligten, dies gebietet – wenn nicht schon der Grundsatz des fair trial – zumindest das Gebot gerichtlichen Gehörs.
585 BGH NStZ 1994, 46.
586 BGH NStZ 1994, 502.
587 *Beispiel:* Stellt sich heraus, dass durch die angeklagte einfache Körperverletzung (§ 223 StGB) nicht der Zeuge X, sondern der Zeuge Y geschädigt wurde, ist zunächst nur die Tatsachengrundlage verändert. Stellt sich jedoch zugleich heraus, dass der Zeuge Y lebensbedrohlich traktiert wurde, kommt Verurteilung wegen gefährlicher Körperverletzung (§ 224 StGB) in Betracht, was einen förmlichen Hinweis erfordert.
588 Kl./Meyer-Goßner § 265 Rdnr. 23 m.w.N.
589 BGH NStZ 1994, 46.
590 Ob das Protokoll dazu etwas hergeben wird, ist in der Verhandlung nicht ohne weiteres vorhersehbar. Genügen dann auch die schriftlichen Urteilsgründe nicht zur Klarstellung, entstehen – vermeidbare – revisionsrechtliche Probleme.
591 Vergl. BGH StV 1997, 237.

III. Hauptverhandlung

16.3. Aussetzung nach Veränderungen

Unter bestimmten Voraussetzungen berechtigt eine veränderte Sach- oder Rechtslage den Angeklagten, die *Aussetzung der Hauptverhandlung* zu verlangen (§ 265 Abs. 3 StPO).

Voraussetzung ist, dass eine Veränderung der Sachlage durch *neue Tatsachen* eingetreten ist, über die der Angeklagte nicht durch die Anklageschrift, den Eröffnungsbeschluss oder den Inhalt einer früheren Verhandlung (in dieser Sache) unterrichtet worden ist[592]. Diese neuen tatsächlichen Umstände müssen die Anwendung eines nach der abstrakten *Strafdrohung schwereren Gesetzes* zulassen, die *Strafbarkeit erhöhen* oder die Anordnung einer *Sicherungsmaßregel ermöglichen*. Ferner muss der Angeklagte sie *bestreiten und behaupten*[593]*, infolgedessen auf die Verteidigung nicht genügend vorbereitet* zu sein.

Auf die Möglichkeit, unter diesen Umständen Aussetzung zu verlangen, muss der Vorsitzende grundsätzlich[594] nicht hinweisen.

Das Gericht entscheidet durch *Beschluss*, der keiner besonderen Begründung bedarf, über die *Aussetzung* (§ 228 Abs. 1 S. 1 StPO)[595]. Gegen den ablehnenden Beschluss ist kein gesondertes Rechtsmittel statthaft (§ 305 S. 1 StPO), gegen den Aussetzungsbeschluss kann einfache Beschwerde geführt werden (§ 304 StPO). Anstatt der Aussetzung kann das Gericht auch eine *Unterbrechung und Fortsetzung* innerhalb der gesetzlichen Fristen (§ 229 StPO) anordnen.

16.4. Aussetzung aus sonstigen Gründen

Schließlich kann das Gericht auch in anderen Fällen von Amts wegen oder auf Antrag die Hauptverhandlung aussetzen (oder unterbrechen[596]), wenn dies wegen der veränderten Lage zur genügenden Vorbereitung der *Anklage oder* der *Verteidigung* angemessen erscheint (§ 265 Abs. 4 StPO). Sowohl Veränderungen der Sach- als auch der Verfahrenslage kommen in Betracht[597]. Maßgeblich sind das Gebot des fairen Verfahrens (Art. 6 Ans. 1 S. 1 EMRK), die allgemeine Fürsorgepflicht und das Gebot gerichtlichen Gehörs.

Die Aussetzung nach § 265 Abs. 4 StPO wird praktisch zum einen dann relevant, wenn der Angeklagte sein Recht, Aussetzung nach § 265 Abs. 3 StPO zu

---

592 Kl./Meyer-Goßner § 265 Rdnr. 36.
593 Allein die Behauptung genügt, das Gericht prüft nicht ihre Richtigkeit (Kl./Meyer-Goßner § 265 Rdnr. 37).
594 KMR-Paulus § 265 Rdnr. 52 nimmt zwar bei offensichtlichem Fürsorgebedürfnis eine Hinweispflicht an. Ich halte das aber für überflüssig. Wenn der Angeklagte überfordert und der Fürsorge bedürftig ist, muss m.E. das Gericht ohnehin von Amts wegen über eine Aussetzung entscheiden (§ 265 Abs. 4 StPO).
595 Wird ausgesetzt, so bedarf es (u.a. entgegen Kl./Meyer-Goßner § 265 Rdnr. 37) keiner Entscheidung über die Dauer der Aussetzung: Aussetzung bedeutet Abbruch der Hauptverhandlung mit der Folge, dass eine vollständig neue Hauptverhandlung zu anderer Zeit stattfinden muss. Bis dahin wird schon aus praktischen Gründen immer mehr Zeit vergehen als die Spanne, innerhalb derer eine Unterbrechung (§ 229 StPO) möglich wäre, denn sonst bedürfte es der Aussetzung gar nicht.
596 Kl./Meyer-Goßner § 265 Rdnr. 45.
597 Kl./Meyer-Goßner § 265 Rdnr. 45.

verlangen, nicht kennt oder nicht wahrnimmt[598]. Zum anderen hat sie große praktische Bedeutung, wenn es um das Recht des Angeklagten geht, sich eines *Verteidigers zu bedienen* (§ 137 Abs. 1 StPO). So können unerwartetes Fernbleiben des Verteidigers, Niederlegung des Mandats zur Unzeit, kurzfristige Zurückweisung eines Antrags auf Beiordnung eines Verteidigers u.a. eine Aussetzung von Amts wegen erfordern[599].

Auch hier entscheidet das Gericht durch *Beschluss*, der keiner besonderen Begründung und auch nicht der Anordnung bedarf, wie lange ausgesetzt wird[600]. Es kann anstatt der *Aussetzung* auch eine *Unterbrechung* nach § 229 StPO und die Fortsetzung innerhalb der dort genannten Fristen anordnen. Gegen die Anordnung der Aussetzung ist die einfache Beschwerde (§ 304 StPO) statthaft, gegen die Zurückweisung des Aussetzungsbegehrens ist kein Rechtsmittel gegeben (§ 305 S. 1 StPO).

17. Nachtragsanklage

Die Erhebung einer *Nachtragsanklage* (§ 266 StPO) dient der beschleunigten und konzentrierten Strafverfolgung desjenigen, der bereits wegen einer anderen Straftat angeklagt ist. Sie ist nur sinnvoll, wo die Zustimmung des Angeklagten und die Bereitschaft des Gerichts vorliegen, die Nachtragsanklage einzubeziehen. Beides sollte daher geklärt werden, bevor der Staatsanwalt sich insofern unnötige Arbeit macht.

Die Nachtragsanklage ist nur möglich, wo es sich um eine gegenüber der bereits vorliegenden Anklage rechtlich selbstständige Tat handelt, die (noch) nicht vom Streitgegenstand des anhängigen Verfahrens erfasst wird. Denn anderenfalls folgt die Möglichkeit der Strafverfolgung bereits unmittelbar aus § 264 StPO, erforderlichenfalls nach ergänzendem Hinweis gem. § 265 StPO.

Das verhandelnde Gericht muss für die neue Anklage *sachlich zuständig* sein[601]. Läge bei isolierter Betrachtung die Zuständigkeit eines Gerichts ›niederer‹ Ordnung vor, steht dies der Zuständigkeit nicht entgegen (§ 269 StPO). Wäre ein Gericht höherer Ordnung zuständig, ist die Nachtragsanklage unzulässig.

Die Nachtragsanklage kann bis zum *Beginn der Urteilsverkündung* erhoben werden[602]. Nach allgemeiner Auffassung muss der Staatsanwalt die Nachtragsanklage *mündlich erheben*[603]. Sie wird in das Protokoll aufgenommen (§ 266 Abs. 2

---

598 Der Verzicht des Angeklagten, Aussetzung zu verlangen, ist unerheblich, wenn das Gebot des fairen Verfahrens eine Aussetzung fordert: Auf ein faires Verfahren kann nicht verzichtet werden.
599 Kl./Meyer-Goßner § 265 Rdnr. 43 f.
600 Vergl. oben S. 174 Fußn. 595.
601 Die örtliche Zuständigkeit folgt hier immer aus § 13 StPO.
602 KK-Engelhardt § 266 Rdnr. 4 m.w.N.
603 Vergl. Kl./Meyer-Goßner § 266 Rdnr. 5. Das Gesetz scheint dem zu widersprechen (§ 266 Abs. 2 S. 1 StPO) und auch (»kann«) eine schriftliche Nachtragsanklage zuzulassen. Auch hier ist ein Streit eher akademisch. Denn wie alle Prozesshandlungen in der Hauptverhandlung unterliegt eben auch die Erhebung der Nachtragsanklage dem Mündlichkeitsprinzip.

III. Hauptverhandlung

S. 3 StPO). Für alle Beteiligten günstig ist es, wenn der Staatsanwalt die Nachtragsanklage zuvor schriftlich ausarbeitet, sie sodann verliest und die schriftliche Ausarbeitung alsdann dem Gericht, wo möglich zugleich Angeklagtem und Verteidiger, überreicht. Nicht nur der Protokollführer[604], sondern auch das Gericht und die übrigen Beteiligten werden auf diese Weise klar informiert und der neue Streitgegenstand ist von vornherein unmissverständlich fixiert. Die Nachtragsanklage muss inhaltlich ohnehin den Erfordernissen einer gewöhnlichen Anklageschrift (§ 200 Abs. 1 S. 1 StPO) entsprechen.

Der *Angeklagte* (nicht der Verteidiger oder ein sonstiger Beteiligter) muss der Einbeziehung *zustimmen* (§ 266 Abs. 1 StPO). Ob er dies tut, liegt in seinem Belieben. Der Vorsitzende darf, wenn er die Einbeziehung für sachgerecht hält, dies ohne weiteres dem Angeklagten erläutern, etwa unter Hinweis darauf, dass dann alle Verfahren zugleich zu erledigen seien, was außer der Vermeidung von Kosten sowie unnötiger nervlicher und zeitlicher Belastungen zur Folge hätte, dass zugleich auch eine für die Zukunft verbindliche Gesamtstrafe gebildet werden könnte.

Für die neue Tat muss *hinreichender Tatverdacht* bestehen. Wo dies nicht der Fall zu sein scheint, empfiehlt es sich allerdings für den Vorsitzenden, dem Staatsanwalt von vornherein von der Erhebung der Nachtragsanklage abzuraten.

Das *Gericht* (nicht allein der Vorsitzende) entscheidet über die Einbeziehung durch *Beschluss* (§ 266 Abs. 1 StPO). Zuvor sind die Prozessbeteiligten, besonders der Angeklagte, dessen Zustimmung ja ohnehin unverzichtbar ist (§ 266 Abs. 1 StPO), dazu zu hören (§ 33 Abs. 1 StPO). Der Einbeziehungsbeschluss und der die Einziehung ablehnende Beschluss bedürfen keiner Begründung, weil sie nicht anfechtbar sind (§ 34 StPO). Infolge der Einbeziehung wird die neue Anklage rechtshängig. Der Vorsitzende hat den Angeklagten nach der Einbeziehung auf das Recht hinzuweisen, die *Unterbrechung* (§ 229 StPO) der Hauptverhandlung zu verlangen (§ 266 Abs. 3 S. 2 StPO). Unter Umständen kann der Vorsitzende (allein) auch von Amts wegen die Unterbrechung anordnen[605]. Nach der Einbeziehung und ggf. einer Unterbrechung ist der Angeklagte gem. § 243 Abs. 4 S. 2 StPO zu der neuen Anklage zu vernehmen, es schließt sich erforderlichenfalls die Beweisaufnahme nach allgemeinen Regeln an.

18. Ablehnung von Verfahrensbeteiligten

Ablehnungsanträge gegen Mitglieder des Gerichts oder andere Beteiligte während einer Hauptverhandlung belasten das Verfahren in mehrerlei Hinsicht. Weil sie nicht häufig gestellt werden, haben Vorsitzende oft keine besonderen Erfahrungen mit der formellen und inhaltlichen Behandlung solcher Anträge. Sie kosten meist viel Verhandlungszeit und es entsteht die Gefahr, dass die eigentlichen

---

Dem Staatsanwalt wird daher, will er die Nachtragsanklage verhandelt wissen, nichts anderes übrig bleiben, als sie (zumindest auch) mündlich vorzutragen.
604 Der sich erfahrungsgemäß mitunter schwer tut, längere und komplexe Erklärungen richtig niederzuschreiben.
605 Rechtsbehelf dagegen: Anrufung des Gerichts nach § 238 Abs. 2 StPO.

Verfahrensinhalte unter der sich einstellenden Zeitknappheit leiden. Schließlich sind Ablehnungsanträge immer geeignet, den Betroffenen (tatsächlich oder nur nach dessen Empfinden) persönlich zu attackieren und eine emotionsgeladene Verhandlungsatmosphäre zu provozieren, die nur schwer wieder auf ein ausgeglichenes, sachdienliches Niveau zurückgeführt werden kann.

Erfahrungsgemäß haben Richterablehnungen allerdings *nur selten Erfolg*. Dies ist auch den Verteidigern bekannt. Ich vermute deswegen, dass der ablehnende Verteidiger oft nicht ernsthaft mit der Entpflichtung des Richters rechnet, sondern einen *verfahrenstaktischen Zweck* verfolgt. Das kann z.B. darin liegen, das Gericht zu verunsichern, den geordneten Prozessverlauf zu stören, den Vorsitzenden aus dem Konzept zu bringen und Fehler zu provozieren, die später revisionsrechtliche Bedeutung haben. Andererseits können sich ein ersichtlich vor solchem Hintergrund gestellter Ablehnungsantrag und erst recht eine exzessive Ablehnungspraxis für den Angeklagten – insbesondere im Hinblick auf Laienrichter – negativ auswirken und dann kontraproduktiv sein. Denn ein Ablehnungsantrag enthält immer auch ein *persönliches Misstrauensvotum* gegen den betroffenen Richter. Kein Richter, der auf sich hält, mag als befangen verdächtigt werden oder auch nur gern hören, dass dies zu besorgen sei. Von Ausnahmen abgesehen richtet sich daher jeder Befangenheitsantrag mehr oder weniger schmerzhaft gegen das Selbstverständnis des Richters und greift ihn in seiner beruflichen Ehre auch sehr persönlich an. Dem wird der betroffene Richter und oft auch (Solidarisierungseffekt!) der gesamte Spruchkörper nicht immer vollkommen distanziert gegenüberstehen. Obwohl sich jeder Richter dieser Zusammenhänge bewusst werden und ihnen entgegenwirken muss, stellt sich oft Verärgerung ein, die zum Nachteil des Angeklagten gereichen kann. Vor diesem Hintergrund sollte ein Ablehnungsantrag nie leichtfertig gestellt werden. Dem Verteidiger ist für den Zweifelsfall anzuraten, den Unterschied zwischen der Annahme der Befangenheit und deren Besorgnis in seine Antragsbegründung einzubeziehen, um die ggf. eintretenden negativen Folgen für seinen Mandanten zu minimieren[606].

Die zuletzt genannten Gründe können einen Verteidiger – vielleicht mehr als auf Richterseite allgemein angenommen wird – sogar bewegen, von einem Ablehnungsantrag abzusehen, der Erfolg hätte. Solche Fälle finden sich genau in der Zone, die zwischen zu besorgender Befangenheit und gegebener Befangenheit liegt. Meint der Verteidiger, der Richter sei letztlich nicht voreingenommen, ob-

---

606 *Beispiel:* »Im Namen des Angeklagten lehne ich den Schöffen X wegen Besorgnis der Befangenheit ab. Der Schöffe X war bis vor zwei Jahren Arbeitgeber des Angeklagten. Dann sprach der Schöffe X dem Angeklagten wegen des vermeintlichen Verdachts von Diebstählen eine fristlose Kündigung aus. Dagegen wandte sich der Angeklagte. Im Kündigungsschutzprozess vor dem ArbG X wurde ein Vergleich geschlossen, wonach unter Beendigung des Arbeitsverhältnisses der Angeklagte vom Schöffen X eine Abfindung von 17.000 DM zu erhalten hatte, die dieser erklärtermaßen vor 10 Monaten »zähneknirschend« bezahlt hat. Der Angeklagte befürchtet, ohne ihm damit persönlich irgendwelche unredlichen Motive unterstellen zu wollen, der Schöffe X könnte sich jetzt in Ausübung seines Amtes zumindest unbewusst von dem Ärger leiten lassen, den er im Zeitpunkt der genannten Zahlung empfunden haben mag. Zur Glaubhaftmachung beziehe ich mich auf Folgendes ...«

III. Hauptverhandlung

wohl die Besorgnis zu begründen wäre[607], entsteht ein Dilemma. Der Befangenheitsantrag wäre zwar erfolgreich, aber (wenn nicht auf Zeitgewinn zu spekulieren ist) ohne unmittelbaren Nutzen für den Mandanten. Hingegen wäre der betreffende Richter möglicherweise für die Zukunft verärgert. Ich empfehle hier, jedenfalls dann den Befangenheitsantrag zu stellen, wenn der Verteidiger nicht sicher sein kann, dass tatsächliche Befangenheit ausscheidet. Denn sonst übernähme er gegenüber dem Angeklagten letztlich die Verantwortung dafür, dass der Vorsitzende unvoreingenommen ist. Das zu tun, ist aber weder gesetzliche Aufgabe noch sonst im Mandatsverhältnis zu begründende Verpflichtung des Verteidigers.

Wichtig für die Behandlung von Ablehnungsgesuchen, die während der Hauptverhandlung gegen einen Richter gestellt werden, ist die *Ermächtigung zur Verfahrensfortsetzung* nach § 29 Abs. 2 StPO[608]. Das Gericht muss also nach Anbringung eines Ablehnungsantrags nicht etwa – wie seitens vieler Verfahrensbeteiligter oft vermutet wird – praktisch alles liegen und stehen lassen, um sich nunmehr ausschließlich mit der Ablehnung zu befassen.

18.1. Richterablehnung

Häufigstes Ziel von *Ablehnungsanträgen* sind Mitglieder des erkennenden Gerichts, ihnen voran der Vorsitzende.

Auch in der Hauptverhandlung ist jedoch von Amts wegen zu beachten, ob ein *Ausschließungsgrund* (§§ 22, 23 StPO) vorliegt. Für die Hauptverhandlung kann dies vor allem hinsichtlich der Schöffen Bedeutung erlangen, die in aller Regel erst nach Aufruf der Sache zur Kenntnis nehmen, um welchen Angeklagten und um welche Tat es geht. Dass es sich z.B. bei dem Angeklagten um einen Angehörigen handelt (§ 22 Nr. 2 StPO) oder der Schöffe selbst Verletzter der Straftat ist (§ 22 Nr. 1 StPO), kann durchaus erst dann zutage treten.

Dass *Richter* in gleicher Sache *als Zeugen* oder Sachverständige *vernommen wurden*, führt ebenfalls zum gesetzlichen Ausschluss (§ 22 Nr. 5 StPO). Davon zu unterscheiden ist die bloße Möglichkeit, dass es noch zu einer Vernehmung kommen wird[609], sie führt nicht zum Ausschluss.

Weil der *Ausschluss immer kraft Gesetzes* wirkt, bedarf es insofern weder eines Antrags eines Verfahrensbeteiligten noch einer Entscheidung des Gerichts[610]. Die Verfahrensbeteiligten können jedoch jederzeit anregen, die Frage des Ausschlus-

---

607 *Beispiel:* Der Vorsitzende brüstet sich in Justizkreisen lautstark, fortwährend und auch kurz vor einer entsprechenden Hauptverhandlung damit, dass unter seinem Vorsitz kein Einbrecher mit weniger als einem Jahr Freiheitsstrafe davonkomme. Der Verteidiger, der dies mit anhört, ist überrascht, denn er weiß aus Erfahrung in zurückliegenden Sachen, dass der Vorsitzende auch zu weit maßvolleren Reaktionen bereit ist. Er meint daher, dass der Richter seinem Mandanten gegenüber tatsächlich nicht voreingenommen ist und möchte in dessen Interesse die Hauptverhandlung durchführen.
608 Dazu näher unten S. 183.
609 Zum Beispiel, wenn ein beteiligter Richter als Zeuge in der Anklageschrift benannt ist oder in einem Beweisantrag benannt wird.
610 Kl./Meyer-Goßner § 22 Rdnr. 2.

18. Ablehnung von Verfahrensbeteiligten

ses zu klären (§ 24 Abs. 1 StPO). Dann hat das Gericht mit (deklaratorischem) Beschluss zu entscheiden.

18.1.1. Ablehnungsgesuch – Zeitpunkt

Das *Ablehnungsrecht* gegen (Berufs-) Richter, Schöffen und Urkundsbeamte (§ 31 StPO) steht der *Staatsanwaltschaft,* dem *Angeklagten,* gesetzlichen Vertretern und Erziehungsberechtigten nach § 67 JGG, dem *Nebenkläger* (§ 397 Abs. 1 S. 2 StPO) sowie Verfalls- und Einziehungbeteiligten (§§ 431, 442 Abs. 2 StPO) zu (§ 24 Abs. 3 S. 1 StPO). Der *Verteidiger* hat *kein* eigenes Ablehnungsrecht, im Zweifel – aber auch nur dann[611] – ist anzunehmen, dass er ein Ablehnungsgesuch im Namen des Angeklagten stellt[612].

Das Ablehnungsgesuch ist bei dem erkennenden Gericht anzubringen (§ 26 Abs. 1 StPO). In der Hauptverhandlung kann es *mündlich oder schriftlich* gestellt werden[613]. Der Vorsitzende kann Schriftform verlangen (§ 257a StPO).

Das Ablehnungsgesuch ist als *unzulässig* zu verwerfen, wenn es *verspätet* ist (§ 26a Abs. 1 Nr. 1 StPO). In der Hauptverhandlung besteht das Erfordernis, ein Ablehnungsgesuch *unverzüglich* geltend zu machen.

Schon *nach Beginn* der Vernehmung des Angeklagten über seine persönlichen Verhältnisse nach § 243 Abs. 2 S. 2 StPO (also i.S. *Feststellung der Identität*) ist das Ablehnungsrecht für alle vorher eingetretenen und dem Ablehnenden bekannten Ablehnungsgründe *unzulässig* (§ 25 Abs. 1 StPO). In der Praxis ist dieser Punkt, vor allem wenn nur ein Angeklagter vorhanden ist, oft überraschend schnell überschritten. Denn bei dieser gesetzlichen Regelung muss das Ablehnungsgesuch noch vor dem Zeitpunkt angebracht werden, in dem die Identität des (ersten) Angeklagten festgestellt ist. Infolgedessen muss sich der Ablehnende für die Stellung seines Antrags rechtzeitig Gehör verschaffen. Empfehlenswert ist es daher, bereits bei der Präsenzfeststellung den Antrag zu stellen und sich keinesfalls auf einen späteren Zeitpunkt verweisen zu lassen.

Zu einem *späteren* Zeitpunkt kann die Ablehnung nur erklärt werden, wenn sie sich auf später eingetretene oder dem Ablehnungsberechtigten später bekannt gewordene Umstände bezieht (§ 25 Abs. 2 StPO). Dann aber muss das Ablehnungsgesuch unverzüglich geltend gemacht werden, gegebenenfalls bereits nach einer Unterbrechung[614] oder auch zwischen zwei Fortsetzungstagen[615]. Allerdings muss dem Antragsteller eine gewisse Zeit zum Überlegen und ggf. zur Rücksprache mit seinem Rechtsbeistand gegeben werden[616]. Wird zu diesem

---

611 Zweifel können bestehen, wenn der Verteidiger nicht angibt, wer das Ablehnungsgesuch anbringt (*Beispiel*: »Es wird der Richter X wegen Besorgnis der Befangenheit abgelehnt.«). Dagegen *positives Beispiel*: »Ich erkläre für meinen Mandanten, dass der Richter X wegen Besorgnis der Befangenheit abgelehnt wird.«
612 KK-Pfeiffer § 24 Rdnr. 11.
613 Kl./Meyer-Goßner § 26 Rdnr. 2. Der Grundsatz der Mündlichkeit steht dem nicht entgegen, weil das Ablehnungsverfahren ohnehin ein Zwischenverfahren sui generis ist, das auch dem Öffentlichkeitsprinzip nicht unterliegt (BGH NStZ 1982, 188).
614 BGH NStZ 1996, 47.
615 BGH NStZ 1993, 141.
616 Vergl. BGH NStZ 1992, 290.

III. Hauptverhandlung

Zweck eine Verhandlungspause gewährt, muss das Ablehnungsgesuch unmittelbar danach gestellt werden[617].

Nicht mehr zulässig ist ein Ablehnungsgesuch nach dem letzten Wort des Angeklagten (§ 25 Abs. 2 a.E. StPO).

Ist das Ablehnungsgesuch *verspätet* erhoben, wird es durch *Beschluss*[618] *des Gerichts, dem der abgelehnte Richter angehört, unter seiner Mitwirkung* (im Fall des Einzelrichters also von ihm alleine) *verworfen*. Eine dienstliche Erklärung gem. § 26 Abs. 3 StPO entfällt[619]. Der Beschluss, gegen den grundsätzlich die sofortige Beschwerde gegeben ist (§ 28 Abs. 2 StPO), muss begründet werden (§ 34 StPO).

18.1.2. Ablehnungsgründe

Zugleich mit dem Ablehnungsgesuch sind *alle Ablehnungsgründe* vorzubringen (§ 25 Abs. 1 S. 2 StPO). Die Ablehnung muss daher nicht nur frühestmöglich, sondern inhaltlich konzentriert vorgebracht werden. Schon vorher eingetretene und bekannte Umstände können nach diesem Zeitpunkt nicht nachgeschoben werden.

Das Ablehnungsgesuch muss den abgelehnten *Richter eindeutig bezeichnen*. Es müssen Tatsachen konkret – also nicht durch Verweis auf Aktenteile o.Ä. – angegeben werden, auf die das Gesuch gestützt wird (*Ablehnungsgründe*). Wird das Ablehnungsgesuch nicht bereits vor der Vernehmung des Angeklagten zur Person (§ 243 Abs. 2 S. 2 StPO) angebracht, sind außerdem die Tatsachen anzuführen, aus denen sich die Rechtzeitigkeit des Antrags ergibt[620].

Werden *keine Ablehnungsgründe* genannt, entscheidet wiederum das erkennende Gericht unter Beteiligung des betroffenen Richters durch zu begründenden *Verwerfungsbeschluss* (§ 26a Abs. 1 S. 2 StPO)[621]. Eine dienstliche Erklärung nach § 26 Abs. 3 StPO entfällt[622].

---

617 BGH NStZ 1992, 509.
618 *Beispiel*: »Das Ablehnungsgesuch des Angeklagten wird verworfen. Es ist verspätet und damit unzulässig. Der Angeklagte stützt sich auf den Umstand, dass gegen den vormaligen Mitangeschuldigten das Hauptverfahren nicht eröffnet wurde. Mit dieser Begründung hätte er ein Ablehnungsgesuch nur vor Beginn seiner Vernehmung zur Person rechtzeitig anbringen können, nicht aber unmittelbar nach der Vernehmung dieses vormaligen Mitangeschuldigten als Zeugen. Denn dass das Hauptverfahren gegen den vormaligen Mitangeschuldigten nicht eröffnet wurde, weiß der Angeklagte, seit ihm der entsprechende Beschluss mit der Ladung zur Hauptverhandlung zur Kenntnis gegeben wurde.«
619 BVerfGE 11, 1.
620 *Beispiel*: »Im Namen des Angeklagten lehne ich den Beisitzer Richter Y wegen Besorgnis der Befangenheit ab. Der Angeklagte hat erst jetzt durch einen Anruf des Zeugen X erfahren, dass der abgelehnte Richter nach Schluss der Verhandlung gestern auf dem Gerichtsflur geäußert hat, diesem Angeklagten müsse › bei Gelegenheit mal so richtig auf die Backe gehauen‹ werden«.
621 *Beispiel*: »Der Ablehnungsantrag des Nebenklägers wird verworfen. Er ist unzulässig, weil der Nebenkläger zwar mitteilt, dass der Vorsitzende nach seinem Empfinden befangen sei, jedoch keine Gründe angibt, aus denen die Befangenheit folgen soll.«
622 BVerfGE 11, 1.

18.1.3. Glaubhaftmachung

Die zur Begründung des Gesuchs – und erforderlichenfalls zur Frage seiner Rechtzeitigkeit – vorgebrachten Tatsachen sind *zugleich glaubhaft zu machen* (§ 26 Abs. 2 StPO).

Mittel der Glaubhaftmachung sind zum einen schriftliche *Erklärungen* von Zeugen, deren Beweiswert zwar nicht durch Vereidigung (§ 26 Abs. 2 S. 2 StPO), aber durch Versicherung der Richtigkeit *an Eides statt* unterstützt werden kann[623]. Die bloße Benennung eines Zeugen reicht grundsätzlich nicht zur Glaubhaftmachung aus[624]. Zum anderen kann die Glaubhaftmachung erfolgen durch *Erklärung des Verteidigers*, deren Richtigkeit er *anwaltlich versichert*[625]. Schließlich darf sich der Ablehnende auch auf das Zeugnis des *abgelehnten Richters* selbst stützen (§ 26 Abs. 2 S. 3 StPO)[626], muss dies dann aber ausdrücklich erklären. Der Richter muss sich dann im Rahmen seiner dienstlichen Erklärung (§ 26 Abs. 3 StPO) auch mit der in sein Wissen gestellten Tatsache befassen.

Wenn sich die als Ablehnungsgrund mitgeteilten Tatsachen aus den Akten ergeben oder sonst gerichtskundig sind, kann auf ihre *Glaubhaftmachung verzichtet werden*. Das Gleiche gilt für die Frage der Rechtzeitigkeit des Gesuchs, wenn die Voraussetzungen § 25 Abs. 2 StPO eindeutig vorliegen[627].

Unterbleibt die erforderliche Angabe von Mitteln der Glaubhaftmachung, entscheidet wiederum das erkennende Gericht unter Beteiligung des betroffenen Richters – ohne vorherige dienstliche Erklärung gem. § 26 Abs. 3 StPO[628] – durch zu begründenden *Verwerfungsbeschluss* (§ 26a Abs. 1 S. 2 StPO)[629].

18.1.4. Unzulässigkeit

Unzulässig ist ein Ablehnungsgesuch auch, wenn es nur in *Verschleppungsabsicht* oder nur zur Verfolgung *verfahrensfremder Zweck* angebracht wird (§ 26 Abs. 1 Nr. 3 StPO).

---

623 Kl./Meyer-Goßner § 26 Rdnr. 10. *Fortsetzung des Beispiels* Fußn. 620: »Zur Glaubhaftmachung überreiche ich eine entsprechende Erklärung des Zeugen X, deren Richtigkeit der Zeuge X an Eides statt versichert hat, nebst eben dieser eidesstattlichen Versicherung.«
624 Kl./Meyer-Goßner § 26 Rdnr. 11.
625 *Fortsetzung des Beispiels* Fußn. 623: »Zur weiteren Glaubhaftmachung versichere ich selbst anwaltlich, dass der Zeuge X mich gestern um 19 Uhr in meiner Kanzlei aufgesucht und mir die zitierte Äußerung des Richters X mitgeteilt hat.«
626 *Weitere Fortsetzung*: »Zur abschließenden Glaubhaftmachung beziehe ich mich im Übrigen auf die vom abgelehnten Richter einzuholende dienstliche Erklärung, in der er seine Äußerung wird bestätigen müssen.«
627 Kl./Meyer-Goßner § 26 Rdnr. 6.
628 BVerfGE 11, 1.
629 *Beispiel*: »Der Ablehnungsantrag der Staatsanwaltschaft wird verworfen. Er ist unzulässig. Die Staatsanwaltschaft trägt zur Begründung vor, in der Verhandlungspause erfahren zu haben, der Schöffe X habe mehrfach geäußert, unter seiner Mitwirkung werde niemand zu einer vollstreckbaren Freiheitsstrafe verurteilt werden. Es fehlen indes Mittel der Glaubhaftmachung. Die Staatsanwaltschaft hat weder zu dem Inhalt eines Gesprächs in der Verhandlungspause noch zu den angeblichen Äußerungen des Schöffen irgendwelche Beweise mitgeteilt.«

III. Hauptverhandlung

Der darin verkörperte *Missbrauch des Ablehnungsrechts* führt nur dann zur Unzulässigkeit, wenn der Antragsteller *ausschließlich* andere Zweck verfolgt als das Ausscheiden des betroffenen Richters. Die Gerichte tun sich schwer in der Annahme solcher Ausschließlichkeit. Denn immerhin lässt sich bei weiter Sicht auch dem unsachgerechtesten Antrag noch immer der Sinn entnehmen, irgendwie – wenn auch am Rande – gehe es letztlich auch um die Ablehnung des Richters. Trotzdem sollte die damit gegebenen Verwerfungsmöglichkeit (die in der Praxis wohl nur bei ganz besonderen Verteidigungsstrategien[630] oder psychopathologischen Befindlichkeiten der Antragsteller[631] zu Bedeutung gelangt[632]) nicht von vornherein verworfen werden, wenn das Gericht davon ausgeht, dass ihre Voraussetzungen vorliegen.

Der Verwerfungsbeschluss muss in diesem Fall *einstimmig* – unter Mitwirkung des betroffenen Richters – gefällt werden (§ 26a Abs. 2 S. 2 StPO). Einer dienstlichen Erklärung nach § 26 Abs. 3 StPO bedarf es nicht[633]. Der Beschluss ist eingehend zu begründen[634].

Als *unzulässig* ist schließlich auch ein Ablehnungsgesuch zu behandeln, das sich in der *Wiederholung* eines früheren erfolglosen Ablehnungsgesuchs erschöpft[635].

Damit ist praktisch die *Identität der Gesuche* gemeint. Nur dann liegt eine Wiederholung vor, die zur Folge hat, dass das zweite Gesuch ins Leere gehen muss. Denn das erste – sein intellektueller Zwilling – ist für die Hauptverhandlung abschlägig beschieden. Er kann nur mittels sofortiger Beschwerde und – wenn er einen erkennenden Richter betraf – nur zusammen mit dem Urteil angefochten werden (§ 28 Abs. 2 StPO). Er ist damit für diese Instanz prozessual verbraucht[636].

Einigkeit besteht, dass ein in dieser Weise *wiederholter Antrag unzulässig* ist[637]. Welcher gesetzliche Verwerfungsgrund anzunehmen ist, ist hingegen unklar. Die Verwerfungsgründe des § 26a StGB passen so recht alle nicht. Am nahe

---

630 Eben die der Verschleppung, der Verfahrenssabotage o.Ä.
631 Querulanten und Spinner machen auch vor Gerichtssälen (in keiner Funktion) Halt. Das Gericht darf es zur Kenntnis nehmen und sein eigenes Verhalten darauf einrichten, wenn es eine solche Person vor sich hat.
632 Zur Verfolgung sachfremder Ziele in Verbindung mit Schmähkritik: BGH bei Kusch, NStZ 1997, 331.
633 BVerfGE 11, 1.
634 *Beispiel:* »Der Ablehnungsantrag des Angeklagten wird verworfen. Er dient nur verfahrensfremden Zwecken. Es geht dem Angeklagten nicht darum, ob der Vorsitzende am Verfahren weiterhin teilnimmt oder nicht. Er will vielmehr allein absurde Thesen zur Diskussion stellen und erwartet, dass sich das Gericht, weil er sie in ein Ablehnungsgesuch kleidet, damit inhaltlich auseinander setzt. So soll es zum Beispiel einen Grund der Befangenheit darstellen, dass der Vorsitzende keine Bereitschaft erkennen ließ, die Amtstracht als Zeichen staatlicher Repressionsstrukturen abzulegen, die Fremdheit einer Sache nach den Thesen Lenins zu bewerten oder durch ein Sachverständigengutachten klären zu lassen, ob und unter welchen Umständen die Bezeichnung ›Bullenschwein‹ weniger ehrverletzend sei als der Ausdruck ›linker Chaot‹.«
635 Kl./Meyer-Goßner § 26a Rdnr. 4.
636 Kl./Meyer-Goßner § 26a Rdnr. 4.
637 Kl./Meyer-Goßner § 26a Rdnr. 3.

18. Ablehnung von Verfahrensbeteiligten

liegendsten erscheint die Zuordnung zu § 26a Abs. 1 Nr. 1 StPO[638]. Denn die Wiederholung des (identischen) Gesuchs ist gegenüber dem vorangegangenen zwangsläufig verspätet.

Keine bloße Wiederholung stellen Gesuche dar, die sich auf neue Gründe stützen, neue Tatsachen anführen oder die neue Mittel der Glaubhaftmachung enthalten.

18.1.5. Verwerfung des Gesuchs, Zurückstellung

Ist das *Ablehnungsgesuch* nach den soeben dargestellten Grundsätzen zu *verwerfen*, entscheidet das erkennende Gericht unter Mitwirkung des betroffenen Richters. Eine dienstliche Erklärung des Richters nach § 26 Abs. 3 StPO entfällt bei unzulässigen Ablehnungsersuchen[639].

Der Vorsitzende kann nach Anbringung des Ablehnungsgesuchs noch diejenigen Handlungen vornehmen, die *keinen Aufschub* dulden, also unaufschiebbar sind (§ 29 Abs. 1 StPO). Ergibt eine vorläufige Wertung allerdings, dass das Gesuch unzulässig ist, werden sich diese Handlungen in einer kurzen Unterbrechung der Hauptverhandlung zur entsprechenden Beschlussfassung erschöpfen können. Würde als Folge einer auch nur kurzen Unterbrechung eine Verzögerung über die Zeit hinaus eintreten, die Beratung und Verkündung des Verwerfungsbeschlusses erfordern[640], kann der Vorsitzende die *Entscheidung vorläufig zurückstellen* (§ 29 Abs. 2 StPO). Das kann gelegentlich der Fall sein, wenn z.B. Zeugen oder Sachverständige infolge der Unterbrechung nicht mehr zeitgerecht vernommen werden könnten und zu einem anderen Termin erneut geladen werden müssten. Insgesamt entstehen damit in Fällen der Unzulässigkeit in der Regel nur geringere Verfahrensverzögerungen.

Hält das erkennende Gericht das Ablehnungsgesuch für *zulässig*, sind erhebliche Verzögerungen der Hauptverhandlung schon wegen des nun durchzuführenden Ablehnungsverfahrens unvermeidbar. Auch hier hat der Vorsitzende zunächst noch die *unaufschiebbaren* Amtshandlungen vorzunehmen (§ 29 Abs. 1 StPO). Die Entscheidung über das Ablehnungsgesuch kann *zurückgestellt* werden, wenn eine Unterbrechung der Hauptverhandlung erforderlich wäre und dadurch eine Verzögerung einträte. Da eine – erhebliche – Unterbrechung der Hauptverhandlung bei einem zulässigen Ablehnungsgesuch zwangsläufig immer eintritt, ist die *Fortsetzung der Hauptverhandlung* in der Praxis zunächst meist *möglich*[641]. Der Vorsitzende – der die Zurückstellung im Rahmen seiner Sachlei-

---

638 So auch LR-Wendisch § 26a Rdnr. 11. Anders (§ 26a Abs. 1 Nr. 2) Kl./Meyer-Goßner § 26a Rdnr. 4 m.w.N.
639 BVerfGE 11, 1.
640 Das Gesetz kann in § 29 Abs. 2 StPO mit einer Verzögerung, die durch eine Unterbrechung eintreten könnte, nicht diejenigen meinen, die die Beratung und Verkündung eines Verwerfungsbeschlusses erfordern. Denn auch der Verwerfungsbeschluss muss ja gefasst werden, das bedarf immer gewisser Zeit zur Überlegung und zur Verkündung und kann regelmäßig nur mit einer kurzen Unterbrechung, die dann zwangsläufig auch das Verfahren verzögert, einhergehen.
641 Ausgeschlossen wäre ein Weiterverhandeln wohl nur, wenn über die Ablehnung im Rahmen einer ohnehin geplanten oder aus anderen Gründen erforderlichen Unterbrechung oder

III. Hauptverhandlung

tungsbefugnis anordnen kann – muss allerdings bedenken, dass über die Ablehnung spätestens vor den Schlussvorträgen befunden werden muss (§ 29 Abs. 2 2. Hs. StPO). Eine Hauptverhandlung, die nur für einen Verhandlungstag geplant war, wird daher immer unterbrochen werden müssen. Ferner wird dann, wenn die Ablehnung begründet erscheint, ein Verfahrensabbruch erfolgen und eine neue Hauptverhandlung erforderlich werden, falls bisher kein Ergänzungsrichter (§ 192 GVG) teilgenommen hat. Dies wird häufig den Ausschlag geben, frühzeitig eine Entscheidung über das Ablehnungsgesuch herbeizuführen, wenn es nicht von vornherein aussichtslos erscheint.

18.1.6. Zuständiges Gericht

Auch wenn das Ablehnungsgesuch nicht als unzulässig verworfen wird, entscheidet darüber das erkennende Gericht, jedoch *ohne Mitwirkung des betroffenen Richters* (§ 27 Abs. 1 StPO) und ohne Schöffen.

Bei den *Amtsgerichten* entscheidet ein anderer Richter des Amtsgerichts (§ 27 Abs. 3 S. 2 StPO)[642] oder – bei Einmann-Amtsgerichten – der nach § 22 Abs. 1 GVG bestellte Vertreter, wenn das Ablehnungsgesuch den *Vorsitzenden* oder den zweiten Berufsrichter im erweiterten Schöffengericht (§ 29 Abs. 2 GVG) betrifft. Hält der abgelehnte Richter das Ablehnungsgesuch für zulässig und *begründet*, so kann er Letzteres durch dienstliche Erklärung kundtun. In diesem Fall bedarf es *keiner weiteren Entscheidung* (§ 27 Abs. 2 S. 2 StPO). Hat er Zweifel an der Begründetheit, sollte er die Entscheidung des für die Ablehnung zuständigen Richters herbeiführen[643]. Betrifft das Gesuch einen *Schöffen* des Amtsgerichts, so entscheidet der *Vorsitzende* (§ 31 Nr. 2 StPO).

Betrifft das Ablehnungsgesuch ein (berufs-)richterliches Mitglied einer Strafkammer bei dem *Landgericht*, so wird der betroffene Richter für das Ablehnungsverfahren durch einen *anderen Richter* oder den geschäftsverteilungsmäßigen Vertreter ersetzt. Im Übrigen wird ohne die Schöffen entschieden (§ 27 Abs. 2 StPO). Richtet sich das Ablehnungsgesuch gegen einen *Schöffen* beim Landgericht, so entscheidet der *Vorsitzende der kleinen Strafkammer* alleine, bei der *großen Strafkammer* (auch als Schwurgericht) entscheiden *die Berufsrichter* (§ 31 Abs. 2 StPO).

Aussetzung entschieden werden könnte (Kl./Meyer-Goßner § 29 Rdnr. 10). Das allerdings macht dem Gericht keine Probleme, denn es wollte oder musste ja ohnehin unterbrechen. Erforderlich ist dann nur, alsbald auch über die Ablehnung zu entscheiden.

642 Dessen Zuständigkeit ergibt sich aus dem Geschäftsverteilungsplan.

643 Der betroffene Amtsrichter sollte nicht vorschnell nach § 27 Abs. 2 S. 2 StPO verfahren, auch wenn er damit für sich selbst und den Antragsteller einen bequemen Weg wählen würde. Denn immerhin ist der erkennende Richter als gesetzlicher Richter verpflichtet, seine Verfahren zu Ende zu bringen. Diese Verpflichtung besteht immer auch gegenüber den übrigen Verfahrensbeteiligten, die kein Ablehnungsgesuch gestellt haben. Es muss gewährleistet sein, dass der an sich zuständige Richter nicht ohne triftigen Grund von der Mitwirkung ausgeschlossen wird (BVerfGE 31, 145, 165).

18.1.7. Dienstliche Erklärung

Der betroffene Richter hat zu dem Ablehnungsgesuch (wenn es nicht als unzulässig zu verwerfen ist) eine *dienstliche Erklärung* abzugeben (§ 26 Abs. 3 StPO). Die dienstliche Erklärung kann in einer Verhandlungspause angefertigt werden oder in einer aus Anlass des Ablehnungsgesuchs angeordneten Unterbrechung der Hauptverhandlung. Die dienstliche Erklärung muss *schriftlich* abgegeben werden[644]. Inwieweit der Richter sich erklärt, stellt das Gesetz mangels weitergehender Regelungen grundsätzlich in sein *pflichtgemäßes Ermessen*. Eine Erklärung, er halte sich für befangen oder nicht, wird für ausreichend gehalten. Sind die Ablehnungsgründe allerdings vernünftig und substanziiert dargetan, dürfte es mindestens ein nobile officium sein, sich in gleicher Weise eingehend zu äußern. Bezieht sich der Antragsteller zur Glaubhaftmachung auf das Zeugnis des betroffenen Richters (§ 26 Abs. 2 S. 3 StPO), muss der Richter sich in seiner dienstlichen Erklärung dazu äußern, weil sonst die gesetzlich vorgesehene Form der Glaubhaftmachung ins Leere ginge.

18.1.8. Gerichtliches Gehör

Auch im Ablehnungsverfahren gilt der Grundsatz des *rechtlichen Gehörs*. Die (übrigen) Verfahrensbeteiligten sind daher grundsätzlich nicht nur zum *Ablehnungsgesuch* zu hören. Angeklagter, Verteidiger, Staatsanwalt und Nebenkläger sowie Nebenbeteiligte müssen vielmehr auch Gelegenheit erhalten, von der *dienstlichen Erklärung* (§ 26 Abs. 3 StPO) Kenntnis zu nehmen und sich dazu zu äußern[645]. Denn ob und weshalb ein Richter aus dem Verfahren ausscheidet, berührt auch deren Recht auf den gesetzlichen Richter[646].

Weil das Ablehnungsverfahren kein Teil der Hauptverhandlung ist und insbesondere *weder öffentlich noch mündlich* geführt werden muss, entscheidet das nach §§ 27, 31 StPO zuständige Gericht nach pflichtgemäßem Ermessen über die konkrete Ausgestaltung des Verfahrens. Das Ablehnungsgesuch und die dienstliche Erklärung des betroffenen Richters können zu diesem Zweck beispielsweise in Kopie den Beteiligten zur Kenntnis und ihnen zugleich Gelegenheit gegeben werden, sich dazu binnen bestimmter Frist schriftlich oder mündlich zu äußern.

18.1.9. Begründetheitsprüfung

Das zur Entscheidung über einen nicht als unzulässig verworfenen Ablehnungsantrag berufene Gericht ist in seiner Entscheidung frei. Es kann daher seinerseits zu der Auffassung gelangen, dass das Gesuch unzulässig ist und muss es dann – in der Besetzung der §§ 27, 31 StPO – verwerfen. Anderenfalls tritt es in die *Begründetheitsprüfung* ein.

Die zur Begründung des Ablehnungsgesuchs und erforderlichenfalls die zur Rechtzeitigkeit des Gesuchs (§ 25 Abs. 2 StPO) genannten Tatsachen müssen so-

---

644 Kl./Meyer-Goßner § 26 Rdnr. 14.
645 Insofern zu eng z.B. Kl./Meyer-Goßner § 26 Rdnr. 14, der nur Kenntnis- und Stellungnahme des Antragstellers verlangt.
646 BGH NStZ 1983, 354.

III. Hauptverhandlung

weit bewiesen sein, dass das Gericht sie für *wahrscheinlich* hält und in der Lage ist, ohne verzögernde weitere Ermittlungen zu entscheiden[647]. Eine Beweisaufnahme – über die im Gesuch enthaltene Glaubhaftmachung und die Aktenlage hinaus – findet nicht statt. Ein Hinweis darauf, dass das Gericht die vorliegenden Mittel der Glaubhaftmachung nicht für ausreichend hält, ist nicht erforderlich. Gelingt die Glaubhaftmachung nicht, ist das Gesuch unbegründet.

Wegen *Besorgnis der Befangenheit* findet eine Ablehnung statt, wenn ein Grund vorliegt, der geeignet ist, Misstrauen gegen die Unparteilichkeit des Richters zu rechtfertigen (§ 24 Abs. 2 StPO). Dies ist grundsätzlich vom *Standpunkt des Ablehnenden* aus zu beurteilen. Dass der Richter tatsächlich nicht befangen ist oder sich nicht befangen fühlt, ist daher ohne Bedeutung[648].

Misstrauen in die Unparteilichkeit des Richters ist gerechtfertigt, wenn der Ablehnende bei verständiger Würdigung des ihm bekannten Sachverhalts Grund zu der Annahme hat, dass der abgelehnte Richter ihm gegenüber eine innere Haltung einnimmt, die seine Unparteilichkeit und Unvoreingenommenheit stört[649]. Dies wiederum richtet sich nicht nach dem möglicherweise (und sehr wahrscheinlich) einseitigen subjektiven Vorstellungen des konkreten Angeklagten, sondern dem *Standpunkt eines vernünftigen Angeklagten* und den Vorstellungen, die sich ein geistig gesunder und vernünftiger Prozessbeteiligter bei ruhiger Prüfung der Sachlage machen kann[650]. Der Antragsteller muss deswegen vernünftige Gründe für sein Ablehnungsersuchen vorbringen, die einem unbeteiligten Dritten einleuchten[651]. Diese Definitionen zeigen bereits, dass sich eine sichere Abgrenzung theoretisch kaum durchführen lässt. Die Entscheidung über die Besorgnis der Befangenheit muss sich daher sehr am Einzelfall orientieren. Es lassen sich allerdings einige häufig wiederkehrende Fallgruppen feststellen.

Ablehnungsgesuche stützen sich oft auf *Vortätigkeiten des Richters* im *anhängigen Verfahren.* Das Verfahren nach der StPO verlangt von Richtern, insbesondere von Vorsitzenden, stets auch inhaltliche Befassung mit der Sache. Die Ergebnisse dieser Bewertungen werden für die Verfahrensbeteiligten unmittelbar deutlich[652]. Soweit der Richter infolge solcher Vortätigkeiten nicht gesetzlich ausgeschlossen ist (§§ 22 Nr. 4, 23 StPO), ist er daher durch vorangegangene Befassung mit der Sache *grundsätzlich nicht* als *befangen* zu betrachten. Das soll für die Mitwirkung an Zwischenentscheidungen und für die darin geäußerten Rechtsmeinungen in der Regel auch dann gelten, wenn in ihnen die Überzeugung von der Schuld des Angeklagten zum Ausdruck gekommen ist[653]. Letzteres halte ich für nicht unbedenklich, denn auch der Vernünftigste wird Befangenheit be-

---

647 BGHSt 21, 334.
648 Kl./Meyer-Goßner § 24 Rdnr. 6 f.
649 BVerfGE 32, 288.
650 BGHSt 1, 34.
651 KK-Pfeiffer § 24 Rdnr. 3.
652 *Zum Beispiel:* Entscheidung über ergänzende Ermittlungen im Zwischenverfahren (§ 202 StPO), über die Wahrscheinlichkeit einer Verurteilung in Gestalt des Eröffnungsbeschlusses (§§ 199, 203 StPO), über die Schwere der Tat im Rahmen der Prüfung von Pflichtverteidigerbeiordnungen (§ 140 Abs. 2 StPO), über die herbeizuschaffenden Beweismittel bei der Vorbereitung der Hauptverhandlung (§§ 214 ff. StPO) u.v.a. mehr.
653 Kl./Meyer-Goßner § 24 Rdnr. 14 m.w.N.

18. Ablehnung von Verfahrensbeteiligten

sorgen dürfen, wenn ein Richter vor Abschluss des Verfahrens zum Ausdruck bringt, das Ergebnis streitiger Fragen[654] stehe für ihn schon fest. Immer wird jedoch im Bereich von Tatfragen eine eindeutige Festlegung des Richters kritisch sein[655].

Die *persönlichen Verhältnisse* des Richters berechtigen nur dann zur Ablehnung, wenn zwischen ihnen und der zu verhandelnden Sache ein innerer Zusammenhang besteht. Religion, Weltanschauung, Geschlecht, Familienstand u.a.m. sind daher in der Regel keine Gründe, Befangenheit zu besorgen[656].

Dienstliche Beziehungen des Richters zum Angeklagten begründen die Besorgnis der Befangenheit nur dann, wenn es sich um ein enges, auf persönliche Beziehungen ausstrahlendes Verhältnis handelt. Das gleiche gilt für die Beziehung zu beteiligten Staats- oder Rechtsanwälten[657].

Persönliche Beziehungen des Richters zu Beschuldigten, Verletzten oder Zeugen können die Besorgnis der Befangenheit begründen, wenn sie entsprechend eng bzw. intensiv sind. Das gilt für Angehörigenverhältnisse, aber auch für Freundschaften wie für Feindschaften[658]. Dabei kann der *Ablehnende* aus seinem *eigenen Verhalten* regelmäßig *keinen Ablehnungsgrund* herleiten[659]. Strafanzeigen und Dienstaufsichtsbeschwerden gegen den Richter begründen daher in der Regel ebenso wenig die Besorgnis der Befangenheit wie umgekehrt der Umstand, dass der Richter auf Beleidigungen oder andere Straftaten seitens des Antragstellers mit Strafanzeige reagiert hat[660]. Anderenfalls könnte grundsätzlich über diesen Weg jeder nach Belieben Richter aus dem Verfahren entfernen lassen[661].

Das *Verhalten* des Richters *vor und während der Hauptverhandlung* kann vielfältigen Anlass bieten anzunehmen, dass er nicht unvoreingenommen an die Sache herangeht oder gar von Schuld oder Unschuld des Angeklagten vor dem Schluss des Verfahrens schon endgültig überzeugt ist. Der Richter, insbesondere

---

654 Dies z.B. im Gegensatz zu den Verfahren, in denen der Angeklagte geständig ist und die Schuldfrage sich auch ihm selbst nicht mehr stellt: Wer hier vom Richter verlangt, so zu tun, als habe er die Schuld des Angeklagten nicht – wie dieser selbst – erkannt, verlangt Possenspielerei im Amt.
655 Solche Festlegungen lassen sich übrigens schon sprachlich leicht vermeiden. Wer sich in richterlicher Funktion bemüht, Verdachtslagen, Anklagebehauptungen o.Ä. als solche, also als Vorläufiges, als noch nicht Feststehendes, zu formulieren, verbirgt nicht etwa heuchlerisch wirkliche Absichten, sondern fördert m.E. durch sprachliche Präzision immer wieder auch seine innere Haltung i.S. des Gebots der Unvoreingenommenheit.
656 Kl./Meyer-Goßner § 24 Rdnr. 9.
657 Kl./Meyer-Goßner § 24 Rdnr. 10.
658 Kl./Meyer-Goßner § 24 Rdnr. 11.
659 KK-Pfeiffer § 24 Rdnr. 5.
660 BGH NStZ 1992, 290, der allerdings darauf hinweist, dass es Richtern zuzumuten sei, die Durchsetzung ihrer persönlichen Strafverfolgungsinteressen zurückzustellen. Kritisch dazu auch Krehl, NStZ 1992, 598.
661 Allerdings würde es zu weit führen, aus diesem zutreffenden Ansatz folgern zu wollen, ein Richter müsse sich unbegrenzt beleidigen und beschimpfen lassen und dürfe dies wegen des Gebots der Unvoreingenommenheit noch nicht einmal übel nehmen, weil er ja sonst befangen sein könnte. Ich vermag mir durchaus Situationen vorzustellen, in denen ein Richter beim besten Willen nicht mehr in der Lage ist, einem Verfahrensbeteiligten neutral gegenüberzutreten. Wie darauf anders als durch Entpflichtung zu reagieren wäre, ist mir nicht klar.

III. Hauptverhandlung

der Vorsitzende, findet sich hier oft in einem Zwiespalt. Einerseits kann es die zügige und auf das Wesentliche konzentrierte Hauptverhandlung außerordentlich fördern, wenn das Gericht vorläufige Meinungen und Wertungen zu erkennen gibt. Denn damit versetzt es die übrigen Verfahrensbeteiligten in die günstige Lage, sich ihrerseits einrichten zu können. Sie können auf überflüssige Prozeduren verzichten und sich umso intensiver mit den Fragen befassen, auf die es ihnen angesichts der erkennbar gewordenen gerichtlichen Position noch ankommt[662]. Eine in diesem Sinne offene Verhandlungsführung erscheint daher grundsätzlich vorzugswürdig[663]. Sie ist andererseits in höherem Maße ablehnungsgefährdet. Denn das offene Wort in laufender Verhandlung kann jederzeit ein Ablehnungsgesuch provozieren[664]. Wer dies vermeiden will, muss sich gerade bei offener Verfahrensweise bewusst um die Klarstellung bemühen, dass die vom Gericht eingenommenen Standpunkte vorläufigen Charakter haben[665]. Die Erfahrungen zeigen, dass dies von den Verfahrensbeteiligten ganz überwiegend verstanden und gebilligt, also nicht zum Anlass für Ablehnungsgesuche genommen wird.

Die *Verhandlungsführung* kann vor diesem Hintergrund nur dann Misstrauen in die Unvoreingenommenheit des Richters begründen, wenn sie grob rechtsfehlerhaft, unangemessen oder unsachlich ist und daraus vernünftigerweise Zweifel an der Unparteilichkeit entstehen. Rüder Umgang mit Personen oder Anträgen, der dem gebotenen richterlichen Umgangsstil[666] widerspricht oder gar ehrverletzend ist, kann daher z.B. zur Begründetheit der Ablehnung führen. Nicht zu be-

---

[662] Im Bereich des Beweis(antrags)rechts wird dies regelmäßig deutlich. Wenn das Gericht rechtzeitig zu erkennen gibt, welche Umstände es als unerheblich, unwiderlegbar oder noch fraglich oder beweisbedürftig ansieht, kann es häufig genug allen Beteiligten unsinnige Antragstellungen ersparen.

[663] Demgegenüber ist das völlig zurückgenommene, jede Teilnahme am Verhandlungsgeschehen scheinbar ignorierende Gericht nicht nur akommunikativ, sondern auch in Gefahr, in maskenhafte Starrheit zu verfallen und damit letztlich unmenschlich zu wirken.

[664] *(Negatives) Beispiel:* »Ich habe jetzt die drei von der Staatsanwaltschaft benannten Zeugen gehört. Sie haben eindeutige Angaben gemacht. Ich kann mir nicht vorstellen, dass die drei von der Verteidigung benannten Zeugen etwas anderes zutage bringen werden. Müssen die Zeugen wirklich gehört werden?«

[665] *(Negatives) Beispiel:* »Angeklagter, nachdem ich jetzt die Geschädigte als Zeugin gehört habe, glaube ich von Ihrer Geschichte kein Wort mehr. Wollen Sie wirklich bei Ihrer Version bleiben?« *Positive Variante:* »Herr X, Sie haben jetzt selbst gehört, dass die Zeugin Y den Vorfall ganz anders geschildert hat. Damit steht jedenfalls fest, dass einer von Ihnen beiden hier bewusst die Unwahrheit sagt. Sind Sie sicher, dass Ihre Version wirklich zutrifft oder ist daran etwas richtigzustellen?«

[666] Dies ist nicht der Ort, den standesgemäßen Richterumgangston zu diskutieren. Jeder mag sich benehmen, so gut er es versteht. Immer muss sich der Richter aber bewusst sein, dass er qua Stellung im Verfahren, fachlicher Ausbildung, rhetorischer Übung und Entscheidungsmacht vielen Verfahrensbeteiligten und insbesondere vielen Angeklagten überlegen ist. Wer sich dessen bewusst ist, kann Ironie, Sarkasmus, Zynismus und sonstige sprachlichen Waffen sparsam verwenden und sich dafür erforderlichenfalls ein Gegenüber suchen, das dem gewachsen ist. Es ist auch kein Zeichen richterlicher Stärke, in der Hauptverhandlung den Eindruck zu erwecken, dass man sowieso schon fast alles wisse und der Rest nicht wichtig sein könne.

anstanden ist es demgegenüber z.B., wenn der Vorsitzende sachlich[667], aber auch nachdrücklich auf Widersprüche hinweist, Vorhaltungen macht, Nachfragen stellt und Erläuterungen erbittet, wenn ihm Sachdarlegungen nicht verständlich sind u.Ä. mehr[668]. Das gilt auch im insofern gelegentlich problematischen Umgang mit Zeugen. Hat der Vorsitzende den Eindruck, dass ein Zeuge die Unwahrheit sagt, so ist er verpflichtet, zur Erforschung der Wahrheit und aus Fürsorgegesichtspunkten gegenüber dem Zeugen auf wahrheitsgemäßen Angaben zu bestehen. Sagt er dem Zeugen unverblümt, dass er ihm nicht glaubt, kann dies schon zur Besorgnis der Befangenheit bei demjenigen genügen, der sich gerade auf diesen Zeugen beziehen will[669]. Auch hier ist es daher zu empfehlen, den Zeugen sachlich auf den Grund der Zweifel hinzuweisen[670]. Auch erneute und eindringliche Belehrungen über die Wahrheitspflicht und die strafrechtlichen Folgen einer Falschaussage sind unter diesen Umständen unbedenklich. Schließlich kann es bei gebotener Betonung der Vorläufigkeit unbedenklich sein, wenn der Vorsitzende auf den nach bisherigem Sachstand zu erwartenden Verfahrensausgang hinweist.

Dass Humor auch im Strafverfahren seinen Platz haben kann, steht außer Zweifel, obschon wahrscheinlich die Anwesenden selten an der gleichen Stelle zu lachen haben[671]. Die Gefahr einer Ablehnung kann daraus immer erwachsen. Ein gerichtliches Bedürfnis, sich als besonders witzig darzustellen, sollte sicherheitshalber immer durch einen Blick auf den Empfängerhorizont kontrolliert werden. Dass es z.B. ein Betroffener nachvollziehen kann, warum seine Sitzung auf den 11.11. um 11.11 Uhr anberaumt wird[672], kann kaum angenommen werden. Ob er die Sache als die peinliche Albernheit abtun kann, die sie bestenfalls ist, weiß man nicht. Wer aber erst einmal zu grübeln beginnt, ob sich hinter der platten Symbolik nicht eine Missachtung seiner Person (als ein Narr) oder der anstehenden Sa-

---

667 *(Negatives) Beispiel:* »Das, was Sie heute sagen, können Sie getrost vergessen!« *Positive Variante:* »Jetzt stellen Sie die Sache aber anders dar als bisher. Sie haben in Ihrer Vernehmung durch die Polizei ausgesagt, dass ... Ich sehe insofern einen Widerspruch zu den Angaben von heute. Teilen Sie diese Auffassung oder wollen Sie hierzu sonst ein Erklärung abgeben?«
668 KK-Pfeiffer § 24 Rdnr. 8.
669 Dies ist nicht eine nur theoretische Frage. Jeder Praktiker macht hin und wieder die Erfahrung, einer zunächst als unglaubhaft eingeschätzten Aussage im weiteren Verlauf einer Beweisaufnahme dann doch noch Glauben schenken zu müssen. Das ist nur zu begrüßen, denn die Bereitschaft, Vorurteile als widerleglich zu behandeln, zeichnet gute Richter aus. Den Beteiligten aber ein Vorurteil als endgültig darzustellen, begründet die Besorgnis der Befangenheit zu Recht.
670 *Beispiel:* »Ich möchte Sie nicht im Unklaren darüber lassen, dass wir bereits zwei Zeugen gehört haben, die den Angeklagten am Tatort gesehen haben wollen. Sie geben ihm hingegen ein Alibi. Das Gericht wird später würdigen müssen, ob Sie oder andere Zeugen die Unwahrheit gesagt haben. Ich bitte Sie daher, noch einmal gut zu überlegen, ob Ihre Aussage bis jetzt wirklich Ihrer Erinnerung entspricht und weise bei dieser Gelegenheit auch nochmals auf die schwer wiegenden strafrechtlichen Folgen einer etwaigen Falschaussage hin.«
671 Beispiel: Der Vorsitzende begegnet den zwei vorgeführten Schwarzafrikanern auf dem Gerichtsflur mit den Worten: »Na, wir sind wohl nicht von hier!« Was der dabeistehende Dolmetscher in diesem (nicht erfundenen) Fall übrigens geistesgegenwärtig zu übersetzen unterlassen hat.
672 So zu einem familienrechtlichen Fall OLG München NJW 2000, 748.

III. Hauptverhandlung

che (als eine Narretei) verbirgt, wird wohl vernünftige Zweifel an der sachlichen Unvoreingenommenheit des Gerichts hegen dürfen.

18.1.10. Entscheidung des Gerichts

Über das Ablehnungsgesuch entscheidet das dazu berufene Gericht (§ 27 StPO) durch *Beschluss* nach Anhörung der Beteiligten. Es wird zwar erst zuständig, wenn das erkennende Gericht unter Mitwirkung des betroffenen Richters die Zulässigkeit bejaht, das Ablehnungsgesuch also nicht als unzulässig verworfen hat. Gleichwohl ist es in seiner Entscheidung frei. Es kann das Ablehnungsgesuch daher als unzulässig verwerfen, als unbegründet zurückweisen oder es für begründet erklären.

Wird das Gesuch für *begründet* erklärt, genügt diese Feststellung. Einer Begründung bedarf der Beschluss nicht, weil er nicht anfechtbar ist (§§ 28 Abs. 1, 34 StPO)[673]. Dem Gericht ist es aber unbenommen und für den Fall, dass andere Beteiligte dem Ablehnungsgesuch entgegengetreten sind, zu empfehlen, seine wesentlichen Gründe mitzuteilen. Dies könnte ferner auch gegenüber dem entpflichteten Kollegen geboten sein.

Wird das Ablehnungsgesuch als unzulässig verworfen oder als unbegründet zurückgewiesen, muss der Beschluss begründet werden. Zwar ist er, wenn er einen erkennenden Richter betrifft, nur zusammen mit dem Urteil mittels sofortiger Beschwerde anfechtbar (§ 28 Abs. 2 StPO). Aber das genügt, um die Begründungspflicht auszulösen[674].

Der Beschluss ist dem *Richter* und den übrigen *Beteiligten bekannt zu geben*. Dies kann im Rahmen der Hauptverhandlung erfolgen, falls diese nicht bereits ausgesetzt wurde, und zwar auch bei Begründetheit der Ablehnung durch den *abgelehnten Richter* selbst[675]. Wird der Beschluss nicht mündlich bekannt gegeben, so wird er – wenn er sich gegen einen erkennenden Richter richtet – formlos schriftlich mitgeteilt[676].

Das *erfolglose* Ablehnungsgesuch hat keine unmittelbare Wirkung für das weitere Verfahren. Das *erfolgreiche* Ablehnungsgesuch hat zur Folge, dass der Richter ex nunc vom Verfahren ausgeschlossen ist[677].

18.2. Selbstanzeige

Eine *Selbstanzeige des Richters* (§ 30 StPO) wird in der Hauptverhandlung nur selten stattfinden. In der Regel wissen die Berufsrichter bei Vorbereitung eines Termins um die Umstände, die die Besorgnis der Befangenheit begründen könnten, sodass das Ablehnungsverfahren schon vor Beginn der Hauptverhandlung

---

673 *Beispiel* daher nur: »Das Ablehnungsgesuch wird für begründet erklärt.«
674 Kl./Meyer-Goßner § 28 Rdnr. 8.
675 Kl./Meyer-Goßner § 27 Rdnr. 10.
676 Einer förmlichen Zustellung als fristauslösendes Moment bedarf es wegen § 28 Abs. 2 S. 2 StPO nicht.
677 KK-Pfeiffer § 27 Rdnr. 8.

18. Ablehnung von Verfahrensbeteiligten

durchgeführt werden kann. Gelegentlich, besonders bei Schöffen, werden solche Umstände allerdings erst nach Aufruf der Sache erkennbar[678].

Für die Selbstanzeige ist es ohne Bedeutung, ob der Richter sich für befangen hält. Seine *Dienstpflicht* besteht insofern allein in der *Mitteilung von Tatsachen*, die einen Ausschließungsgrund nach §§ 22, 23 StPO oder einen Befangenheitsgrund nach § 24 StPO enthalten können. Diese Pflicht besteht auch dann, wenn die Tatsachen anderen Verfahrensbeteiligten bereits bekannt sind. Ob er Tatsachen in dieser Weise wertet, bestimmt er selbst nach eigenem Ermessen[679].

Die Selbstanzeige erfolgt *durch dienstliche Erklärung*. Ergibt sich daraus, dass der anzeigende Richter ausgeschlossen ist (§§ 22, 23 StPO), bedarf es keiner ausdrücklichen Entscheidung. Denn die Ausschlussgründe sind von Amts wegen zu beachten und wirken ohne weiteres. Ist die Besorgnis der Befangenheit zu prüfen, so ist – wie auch auf ein Ablehnungsgesuch hin – das nach § 27 StPO zu bestimmende Gericht zuständig[680].

Das Gericht entscheidet nach *Anhörung der Beteiligten*, weil auch hier der gesetzliche Richter betroffen ist, es sich also nicht um einen internen gerichtlichen Vorgang handelt[681]. Der Inhalt der Selbstanzeige muss den Beteiligten daher zur Kenntnis gegeben werden. Sie erhalten Gelegenheit zur Stellungnahme. Das Verfahren ist kein Teil der Hauptverhandlung, kann daher insbesondere schriftlich oder mündlich außerhalb des Verhandlungssaals abgewickelt werden.

Das Gericht entscheidet durch *Beschluss*. Der Beschluss ist entsprechend § 28 StPO nicht anfechtbar, wenn er den Richter entpflichtet. Er muss daher nicht, kann und sollte aber begründet[682] werden, wenn einer der Beteiligten in seiner Stellungnahme erkennen ließ, dass er eine Entpflichtung nicht für geboten hielt. Wird der Richter nicht entpflichtet, so muss der Beschluss begründet werden und unterliegt der sofortigen Beschwerde zusammen mit dem Rechtsmittel gegen das Urteil (§ 28 Abs. 2 StPO analog)[683].

---

678 *Beispiel:* Der Schöffe stellt fest, dass als Angeklagter ein guter Freund erschienen ist; der Richter erkennt in der Verteidigerin seine seit Jahren geschiedene Ehefrau wieder, die jetzt einen anderen Namen trägt, o.Ä.
679 Kl./Meyer-Goßner § 30 Rdnr. 2.
680 § 27 Abs. 3 S. 2 StPO findet m.E. keine entsprechende Anwendung. Anderenfalls würde aus der Selbstanzeige des § 30 StPO eine Selbstablehnung, die das Gesetz nach allgemeiner und zutreffender Auffassung (z.B. Kl./Meyer-Goßner § 30 Rdnr. 1) nicht intendiert.
681 KMR-Paulus § 30 Rdnr. 6 m.w.N. Die gegenteilige Auffassung (Kl./Meyer-Goßner § 30 Rdnr. 5) begegnet daher grundlegenden Bedenken. Sie kann auch nicht überzeugend erklären, warum auf ein Ablehnungsgesuch Gehör gewährt, auf eine Selbstanzeige jedoch ohne Anhörung der Beteiligten entschieden werden soll, obwohl es um die gleichen Entscheidungsinhalte und -folgen geht.
682 *Beispiel:* »Schöffe X wird auf seine Selbstanzeige von der weiteren Mitwirkung am Verfahren entpflichtet, weil die Besorgnis der Befangenheit besteht. Denn er ist möglicherweise in einem Fall selbst Geschädigter der dem Angeklagten vorgeworfenen Serieneinbruchdiebstähle.«
683 Anders z.B. Kl./Meyer-Goßner § 30 Rdnr. 8 m.w.N., allerdings vor dem Hintergrund der m.E. unrichtigen Annahme, es handele sich bei dem Verfahren nach Selbstanzeige um einen innergerichtlichen Akt.

III. Hauptverhandlung

Steht kein Ergänzungsrichter (§ 192 GVG) zur Verfügung, ist die Hauptverhandlung mit der Entpflichtung des Richters zunächst gescheitert und muss neu anberaumt werden.

18.3. »Ablehnung« von Staatsanwälten

Sitzungsvertreter der Staatsanwaltschaft können *nicht* entsprechend §§ 22 ff. StPO *abgelehnt* werden. Das Gericht und die übrigen Verfahrensbeteiligten haben kein Recht auf Ausschluss oder Ablehnung eines Sitzungsstaatsanwalts[684].

Gleichwohl steht es außer Frage, dass auch Staatsanwälte Anlass zur Besorgnis der Befangenheit geben könne. Die Gründe dafür können im völlig unverfänglichen Bereich liegen (etwa Angehörigeneigenschaft zu einem anderen Verfahrensbeteiligten), aber auch Fehlleistungen entspringen (etwa völlig einseitigen Ermittlungen zulasten des Angeklagten und Übergehung deutlicher entlastender Ermittlungsansätze). Die Sitzungsteilnahme eines Staatsanwalts kann aus solchen Gründen fragwürdig werden. Denn ein rechtsstaatliches Strafverfahren nach dem Modell der StPO setzt einen grundsätzlich unparteiischen Staatsanwalt voraus[685].

Das Gericht und die Prozessbeteiligten können daher bei dem Dienstvorgesetzten des betroffenen Staatsanwalts auf dessen *Ablösung hinwirken*. Der Vorsitzende sollte sich in einem solchen Fall mit dem Leiter der Staatsanwaltschaft in Verbindung setzen. Sind die Gründe, die die Bedenken hervorgerufen haben, nachvollziehbar und von entsprechendem Gewicht, wird eine Ablösung vernünftigerweise nicht versagt werden. Denn auch Behördenleiter der Staatsanwaltschaften haben grundsätzlich kein Interesse, rechtsstaatlich bedenkliche Prozesssituationen herbeizuführen oder wissentlich zu dulden. Wenn keine Ablösung stattfindet, muss die Verhandlung mit dem betreffenden Staatsanwalt fortgesetzt werden. Stellt ein Beteiligter gleichwohl in der Hauptverhandlung einen Antrag auf Ausschluss oder Ablehnung des Sitzungsvertreters der Staatsanwaltschaft, ist dieser Antrag zurückzuweisen.

In komplizierten und aufwendigen Verfahren nehmen oft diejenigen Staatsanwälte die Sitzungen wahr, die auch das Ermittlungsverfahren geführt haben. Sie bringen eine enorme Fallkenntnis mit, die möglicherweise die der anderen Beteiligten übersteigt[686], was aus Sicht des Gerichts häufig begrüßt und von Verteidi-

---

[684] Kl./Meyer-Goßner Vor § 22 Rdnr. 3 mit zahlreichen weiteren Nachweisen zu der stark umstrittenen, von der Rechtsprechung insofern einhellig wie hier beantworteten Frage.

[685] Dabei kann es schlechterdings nicht bestritten werden, dass die Staatsanwälte trotz (und wegen) der gesetzlichen Vorgaben nie idealtypisch objektiv sein können. Sie sollen es auch gar nicht sein. Denn sie haben spezifische Funktionen wahrzunehmen, die sie zwangsläufig »befangen« machen. Sie sind zum Beispiel die Vertreter des öffentlichen Interesses an Strafverfolgung, sie sind die Ermittlungsführer, sie sind Rechtsmittelgegner des Angeklagten u.v.a.m. Das alles ist aber selbstverständlich und die Angeklagten akzeptieren nahezu ausnahmslos die deswegen gelegentlich auch im prozessualen Auftreten der Staatsanwälte erkennbar werdende Rolle.

[686] Denn der sachbearbeitende Staatsanwalt kennt nicht nur die Akten sehr genau, sondern verfügt oft noch über zusätzliche Informationen, die weder aktenkundig sind noch grundsätzlich verfahrenserheblich sind. Solche Informationen können für die Staatsanwaltschaft große Bedeutung gewinnen, wenn sich in der Hauptverhandlung überraschende Wendungen

gern gelegentlich gefürchtet wird. Denn bei einem weniger gut vorinformierten Staatsanwalt und einem Gericht, dessen Überlegungen wesentlich stärker auf Inhalten der Hauptverhandlung als auf Akteninhalten basieren (dürfen), kann ein Verteidiger Vorstellungen durchsetzen, denen der sachbearbeitende Staatsanwalt wegen seiner Detailkenntnisse von vornherein widersprechen würde. Daher stellen Verteidiger gelegentlich den Antrag, den *sachbearbeitenden Staatsanwalt*, wenn er zugleich Sitzungsvertreter ist, *als Zeugen* zu hören. Solche Anträge sind, wenn sie handwerklich einigermaßen ordentlich gestellt werden, nach § 244 StPO kaum abzulehnen[687]. Wird der sachbearbeitende Staatsanwalt daraufhin als Zeuge vernommen, muss ein *anderer Staatsanwalt* – zunächst für die Zeit der Vernehmung – die Rolle des Sitzungsvertreters übernehmen. Ist die *Vernehmung beendet*, stellt sich die Frage, ob der sachbearbeitende Staatsanwalt jetzt wieder die Sitzungsverantwortung übernehmen darf. Dies wird grundsätzlich verneint. Betraf seine Aussage allerdings lediglich technische Details des Ermittlungsverfahrens oder einen abtrennbaren Ausschnitt des Verhandlungsgegenstands, zu dem – soweit es ihn betrifft – der Staatsanwalt im Schlussvortrag keine Stellung nehmen muss[688], so soll eine Fortführung der Sitzungsvertretung möglich sein[689].

18.4. Ablehnung von Sachverständigen

Aus den gleichen Gründen, die zur Ablehnung eines Richters berechtigen, kann auch ein *Sachverständiger* abgelehnt werden (§ 74 StPO).

Ablehnungsberechtigt sind Staatsanwaltschaft, Angeklagter und Privatkläger (§ 74 Abs. 2 S. 1 StPO) sowie Nebenkläger (§ 397 Abs. 1 S. 3 StPO), Verfalls- und Einziehungsbeteiligte, gesetzliche Vertreter und Erziehungsberechtigte (§ 69 JGG)[690]. Der *Verteidiger* ist *nicht* in eigenem, sondern nur im Namen des Angeklagten ablehnungsberechtigt[691], im Zweifel – aber nur dann[692] – ist anzunehmen, dass er ein Ablehnungsgesuch im Namen des Angeklagten stellt[693].

Der Ablehnungsantrag unterliegt nicht den strengen Zulässigkeitsvoraussetzungen der Richterablehnung. Er kann noch nach Erstattung des Gutachtens gestellt werden (§ 83 Abs. 2 StPO). Wird er bis zum Beginn der Urteilsverkündung gestellt, muss sich das Gericht damit befassen, später muss es nicht mehr auf ihn eingehen.

---

abzeichnen. Überdies ist ein Sachbearbeiter als Sitzungsvertreter natürlich eher in der Lage, Zusammenhänge herzustellen, Widersprüche zum Akteninhalt zu erkennen u.a.m.
687 Zu der Problematik insgesamt Schneider NStZ 1994, 457.
688 Sonst müsste er seine eigene Glaubwürdigkeit und die Glaubhaftigkeit der eigenen Aussage würdigen, was schlechterdings nicht möglich ist.
689 BGHSt 21, 85.
690 Kl./Meyer-Goßner § 74 Rdnr. 9.
691 Kl./Meyer-Goßner § 74 Rdnr. 9.
692 Zweifel können bestehen, wenn der Verteidiger nicht angibt, wer das Ablehnungsgesuch anbringt (*Beispiel:* »Es wird der Sachverständige X wegen Besorgnis der Befangenheit abgelehnt.«). Dagegen *positives Beispiel:* »Ich erkläre für meinen Mandanten, dass der Sachverständige X wegen Besorgnis der Befangenheit abgelehnt wird.«
693 So zur Richterablehnung KK-Pfeiffer § 24 Rdnr. 11.

III. Hauptverhandlung

Der Antrag muss die *Tatsachen*, auf die die Ablehnung gestützt wird, *angeben* und *glaubhaft* machen. Dabei kann er sich auch auf das Zeugnis des Abgelehnten beziehen[694].

Das Gesetz sieht (mit Ausnahme des § 87 Abs. 2 StPO) keinen gesetzlichen Ausschluss eines Sachverständigen vor. Die in § 22 Nr. 1-4 StPO genannten Gründe führen jedoch zwingend zur Ablehnung des Sachverständigen[695]. *Ablehnungsgründe* liegen ferner vor, wenn vom *Standpunkt des Ablehnenden* aus verständlicherweise *Misstrauen gegen die Unparteilichkeit* des Sachverständigen gerechtfertigt erscheint[696]. Das ist bei einer Mitwirkung im Vorverfahren (im Auftrag von Polizei oder Staatsanwaltschaft) nicht ohne weiteres der Fall[697]. Problematisch kann aus Sicht des jeweiligen Verfahrensgegners jedoch ein zuvor ergangener Privatgutachtenauftrag erscheinen[698]. Handelt es sich allerdings um einen für das Fach allgemein vereidigten Sachverständigen, dürften grundsätzlich auch Privatgutachten ungeeignet sein, Misstrauen zu erwecken. Ablehnungsgrund ist nur Besorgnis der Befangenheit, *nicht* dagegen Besorgnis *mangelnder fachlicher Eignung* oder Qualifikation[699].

Das erkennende Gericht (nicht nur der Vorsitzende) entscheidet über den Ablehnungsantrag durch Beschluss nach Anhörung (§ 33 StPO) der Prozessbeteiligten. Die vorherige Anhörung des Sachverständigen dürfte regelmäßig sachdienlich sein. Die entsprechende Erklärung des Sachverständigen ist den Beteiligten zur Kenntnis zu bringen, damit Gelegenheit zur Stellungnahme besteht. Der Beschluss des erkennenden Gerichts ist nach § 305 S. 1 StPO nicht anfechtbar. Er muss begründet werden, damit die Prozessbeteiligten ihr weiteres Verhalten darauf einrichten können[700].

Wird der Sachverständige abgelehnt, so darf er *nicht weiter als Sachverständiger* vernommen werden. Seine bisherigen Ausführungen sind insoweit unverwertbar[701]. Er darf aber im weiteren Verfahrensverlauf als *Zeuge* gehört werden sowohl zu Zusatztatsachen wie zu Zufallsbeobachtungen als auch als *sachverständiger Zeuge* zu Befundtatsachen, die er – noch in Funktion des Sachverständigen – bei Vorbereitung des Gutachtens ermittelt hat[702]. Das Gericht hat einen anderen Sachverständigen zu bestellen. Die Tatsachen, die der vormalige Sachver-

---

694 *Beispiel:* »Ich lehne im Auftrag des Angeklagten den Sachverständigen X ab. Der Sachverständige lässt Befangenheit besorgen. Er hat gegenüber dem Nebenklägervertreter in einer Sitzungspause erklärt: › Den § 21 kriegt bei mir sowieso keiner‹ . Zur Glaubhaftmachung berufe ich mich auf das Zeugnis des Sachverständigen X und lege zugleich eine eidesstattliche Versicherung des Nebenklägervertreters gleichen Inhalts vor.«
695 BGHSt 18, 214.
696 BGHSt 8, 144.
697 Kl./Meyer-Goßner § 74 Rdnr. 5.
698 BGHSt 20, 245.
699 Sie führen vielmehr zu der Prüfung, ob ein weiterer – besser geeigneter – Sachverständiger angehört werden muss (Kl./Meyer-Goßner § 74 Rdnr. 1).
700 BGH MDR 1978, 459.
701 Kl./Meyer-Goßner § 74 Rdnr. 19.
702 Kl./Meyer-Goßner § 74 Rdnr. 19 m.w.N.

ständige nun als Zeuge zu bekunden vermag, können dem neuen Sachverständigen zur Anknüpfung dienen[703].

18.5. Störungen im Verteidigungsverhältnis

Gelegentlich kommt es in der Hauptverhandlung zu Differenzen zwischen Angeklagtem und Verteidiger. Zwar kann weder der Angeklagte den Verteidiger im verfahrensrechtlichen Sinne ablehnen noch umgekehrt der Verteidiger den Angeklagten. Gleichwohl können solche Konfliktsituationen erhebliche Auswirkungen auf die Hauptverhandlung haben.

Das Mandat des Wahlverteidigers ist ein Geschäftsbesorgungsvertrag mit dem Angeklagten (§ 675 BGB) und kann daher grundsätzlich von jeder Seite fristlos gekündigt werden. Der Angeklagte kündigt durch »*Entziehung des Mandats*«, der Verteidiger durch »*Niederlegung des Mandats*«.

Entzieht der *Angeklagte* dem *Wahlverteidiger* während der Hauptverhandlung das Mandat, wird die Hauptverhandlung fortgeführt werden können, wenn nicht ein Fall notwendiger Verteidigung (§ 140 StPO) vorliegt. Ist hier kein weiterer Wahl- (oder Pflicht-)Verteidiger vorhanden, kommt die Beiordnung des früheren Wahlverteidigers als Pflichtverteidiger grundsätzlich in Betracht, was allerdings dessen Bereitschaft voraussetzt und bei einem gestörten Vertrauensverhältnis zum Angeklagten (bzw. umgekehrt) kaum möglich ist und jedenfalls sorgfältiger Prüfung bedarf[704]. Sonst muss *bei notwendiger Verteidigung* die Hauptverhandlung zumindest unterbrochen, vielleicht sogar ausgesetzt werden, um dem Angeklagten einen Pflichtverteidiger beizuordnen. Gelingt dies innerhalb der Unterbrechungsfrist (§ 229 StPO), so muss mit dem neuen Verteidiger allerdings nicht die bisherige Verhandlung wiederholt werden[705], es kann vielmehr an das zuvor Verhandelte angeknüpft werden. Ob dies allerdings aus Fairnessgründen immer sachgerecht wäre, ist zweifelhaft[706].

Legt der *Wahlverteidiger* das Mandat in der Hauptverhandlung mit der Folge nieder, dass der Angeklagte ohne Verteidiger verbleibt, so kann das zwar als Mandatsniederlegung zur Unzeit standesrechtliche Bedenken wecken, ändert aber verfahrensrechtlich nichts. Auch im Fall *nicht notwendiger Verteidigung* wird das Gericht dann gleichwohl eine Unterbrechung oder Aussetzung anordnen, wenn nicht gewährleistet erscheint, dass der Angeklagte dieser überraschen-

---

703 Das wird unumgänglich sein, wenn der vormalige Sachverständige unwiederholbare Wahrnehmungen gemacht hatte. Im übrigen besticht der verfahrensökonomische Aspekt. Andererseits kann sich natürlich die Besorgnis der Befangenheit perpetuieren, wenn das Gericht nunmehr auf zeugenschaftlichem Weg Inhalte einzubringen sucht, die aus dem Wissen und dem Sachverstand des Abgelehnten stammen. Die Stellung abermaliger Ablehnungsanträge, möglicherweise jetzt auch gegen das Gericht, liegt dann nahe. Im Einzelfall kann es daher sinnvoll sein, den neuen Sachverständigen selbst die ihm nötig erscheinenden Vorinformationen erarbeiten zu lassen.
704 Vergl. BGH StV 2000, 235.
705 Arg. e § 145 Abs. 1 StPO.
706 Eine sinnvolle Verteidigung setzt nun einmal den Inbegriff der gesamten Hauptverhandlung ebenso voraus wie die sinnvolle Wahrnehmung ihrer Rechte durch (denselben) Vertreter der Staatsanwaltschaft.

III. Hauptverhandlung

den Situation gewachsen ist[707]. Selbst im Fall *notwendiger Verteidigung* kann der Wahlverteidiger das Mandat in der Hauptverhandlung niederlegen. Das geschieht häufig in der Absicht, daraufhin zum Pflichtverteidiger bestellt zu werden. Dagegen sprechen grundsätzlich auch keine Bedenken. Ist der *Wahlverteidiger* allerdings zur Führung der Verteidigung *nicht mehr bereit*, muss der Vorsitzende daraufhin versuchen, dem Angeklagten sofort einen anderen Verteidiger beizuordnen (§ 145 Abs. 1 StPO)[708]. Das wird in der Praxis nur sehr selten gelingen, zumal auch der neue Verteidiger Unterbrechung oder Aussetzung verlangen kann (§ 145 Abs. 3 StPO) und wird, um die Verteidigung vernünftig vorzubereiten. Wird infolgedessen eine *Aussetzung* erforderlich, hat das Gericht dem alten Verteidiger in der Regel die dadurch entstandenen *Kosten* aufzuerlegen (§ 145 Abs. 4 StPO)[709]. Das setzt allerdings voraus, dass der alte Verteidiger von der Notwendigkeit der Verteidigung wusste[710]. Daher wird der Vorsitzende den Wahlverteidiger, der bei notwendiger Verteidigung während der Hauptverhandlung das Mandat niederlegen will, notfalls ausdrücklich über die prozessual und kostenrechtlich negativen Folgen *belehren*.

Demgegenüber kann *weder* der *Angeklagte noch* der gerichtlich *bestellte Verteidiger* eine Beiordnung von sich aus beenden. Nur eine Zurücknahme (§ 143 StPO) oder ein *Widerruf der Bestellung* durch das Gericht ist möglich. Vor allem seitens der Angeklagten, seltener von Verteidigerseite wird gelegentlich die Beendigung der Bestellung begehrt. Als Grund wird in der Hauptverhandlung oft angeführt, dass ein *Vertrauensverhältnis* nicht bestehe oder *gestört* sei. Wer dies vorbringt, muss substanziiert darlegen, aus welchen Tatsachen eine *ernsthafte Störung* des Vertrauensverhältnisses folgen soll[711]. Ob sie wirklich vorliegt, ist vom Standpunkt eines *vernünftigen und verständigen Angeklagten* aus zu beurteilen[712]. Pauschale Vorwürfe oder gar Beleidigungen gegenüber dem Verteidiger genügen nicht, grobe Pflichtverletzungen können hingegen Anlass zum Widerruf der Bestellung sein[713]. Über den Widerruf der Bestellung entscheidet nicht das Gericht, sondern der *Vorsitzende* allein (§§ 141 Abs. 4, 143 StPO). Der *Beschluss*

---

707 Etwa wenn klar ist, dass er sich hinsichtlich der Aufarbeitung von Daten und Fakten auf den Verteidiger verlassen und selbst auf seine Verteidigung nicht vorbereitet hat.
708 Es sei denn, es steht noch ein anderer Wahl- oder ein schon zuvor bestellter Pflichtverteidiger zur Verfügung.
709 Die Entscheidung ergeht durch Beschluss. Es handelt sich um eine Kostengrundentscheidung. *Beispiel:* »Dem Verteidiger RA X werden die durch die Aussetzung verursachten Kosten auferlegt, weil er in Kenntnis des Umstandes, dass es sich infolge des angeklagten Verbrechens um einen Fall notwendiger Verteidigung handelt, das Mandat niedergelegt und die Sitzung verlassen hat mit der ihn nicht entschuldigenden Begründung, er habe keine Lust mehr, sich das alles noch länger anzuhören.« Sie sollte routinemäßig auch dann erlassen werden, wenn unklar ist, ob tatsächlich (Mehr-)Kosten entstehen. (Dies klärt das Betragsverfahren.)
710 Kl./Meyer-Goßner § 145 Rdnr. 20. Das Wissen ist zu unterstellen, wenn die Voraussetzungen des § 140 Abs. 1 StPO der Anklageschrift oder dem Eröffnungsbeschluss zu entnehmen sind.
711 Kl./Meyer-Goßner § 143 Rdnr. 5.
712 Kl./Meyer-Goßner § 143 Rdnr. 5.
713 Kl./Meyer-Goßner § 143 Rdnr. 4.

über den Widerruf ist durch den Angeklagten[714] mit einfacher Beschwerde[715] anfechtbar und muss daher begründet werden (§ 34 StPO). Wird die Bestellung widerrufen, muss der Vorsitzende einen neuen Pflichtverteidiger bestellen, was regelmäßig zur Unterbrechung oder Aussetzung der Hauptverhandlung (§ 228 StPO) führen wird.

19. Verfahrenseinstellungen

Die Staatsanwaltschaft ist, soweit dies gesetzlich nicht anders bestimmt ist, verpflichtet, wegen aller verfolgbaren Straftaten einzuschreiten (§ 152 Abs. 1 StPO). Sie hat von Amts wegen den Sachverhalt zu erforschen (§ 160 StPO). Ihre Ermittlungspflicht endet nicht mit Erhebung der Anklage[716]. Das Gericht ist seinerseits weder an die Beweiswürdigung noch an rechtliche Beurteilungen der Staatsanwaltschaft oder ihre Anträge gebunden (§ 206 StPO). Es unterliegt der Pflicht zur Amtsaufklärung (§ 244 Abs. 2 StPO) und muss die in der Anklage bezeichnete prozessuale Tat unter jedem rechtlichen Gesichtspunkt prüfen. Das klassische Ergebnis einer Hauptverhandlung ist daher ein Freispruch oder ein Schuldspruch.

Einstellungen des Verfahrens im Rahmen der Hauptverhandlung sollten daher eigentlich Ausnahmecharakter haben[717]. Andererseits ist festzustellen, dass unterschiedlichste Gründe die Verfahrensbeteiligten immer wieder nach Möglichkeiten suchen lassen, ein Strafverfahren ohne Urteil zu beenden oder zumindest Teile des Streitstoffes auf andere Weise zu erledigen. Solche Gründe liegen nur zum Teil im Rahmen der gesetzlichen Vorgaben. So werden in der Praxis keinesfalls nur Bagatellvorwürfe nach § 153 StPO eingestellt. Es wäre auch unredlich zu behaupten, nach § 153a StPO würden tatsächlich nur Fälle behandelt, in denen die Schwere der Schuld der Einstellung nicht entgegensteht. Dass man nach § 154 StPO nur unwesentliche Nebenstrafen oder nach § 154a StPO nur unbeträchtliche Tatteile oder Gesetzesverletzungen wegfallen ließe, ist Theorie. Tatsächlich werden nach §§ 153, 153a, § 154 und § 154a StPO schwer wiegende Tat- und Schuldvorwürfe behandelt und damit zum Abschluss gebracht.

Die genannten Normen sind sämtlich auf Konsens (zumindest mit der Staatsanwaltschaft) angelegt. Sie setzen daher voraus, dass die Beteiligten sich über

---

714 Nach weiterer Auffassung auch durch den Pflichtverteidiger selbst (KK-Laufhütte § 143 Rdnr. 6).
715 Str., zum Streitstand und m.w.N. Kl./Meyer-Goßner § 141 Rdnr. 10.
716 Kl./Meyer-Goßner § 162 Rdnr. 16.
717 Das wird bestätigt durch die Analyse von Verfahren, die in der Hauptverhandlung eingestellt wurden. Sie ergibt häufig, dass die Situation, die der Einstellung zugrunde lag, schon viel früher gegeben war, oft schon vor Anklageerhebung. Oft also wird aus diesem Blickwinkel viel zu spät eingestellt. Dass die »Einstellungslage« nicht sofort, sondern erst viel später nutzbar gemacht wird, verursacht zusätzliche Arbeit. Ich halte diese Arbeit gleichwohl nicht für im Grundsatz unnütz. Denn ein Verfahren muss nicht nur die faktischen Voraussetzungen einer Einstellung aufweisen, sondern es muss außerdem im Wortsinne »einstellungsreif« sein. Und dies hängt maßgeblich nicht nur von den Umständen des Einzelfalls, sondern auch und besonders von den beteiligten Personen ab.

III. Hauptverhandlung

Möglichkeiten der Verfahrenserledigung austauschen und einig werden. Sie sind daher auch im nicht fragwürdigen Anwendungsbereich immer Grundlage von Vereinbarungen. Ob und inwieweit sich ein Gericht dann bereit findet, über die gesetzlichen Anwendungsbereiche hinaus solche Einstellungsmöglichkeiten zuzulassen, muss es selbst verantworten. Es ist aufgrund seiner verfahrensbeherrschenden Stellung in der besten Lage, Missbrauch zu verhindern[718].

Die vergleichsweise große Bereitschaft der Strafjustiz, ihrer Überlastung durch möglichst viele und möglichst unaufwendige Verfahrenserledigungen zu begegnen, kann der *Verteidiger* zugunsten seines Mandanten nutzen. Beiden kann es gleichgültig sein, ob Gericht und Staatsanwaltschaft die gesetzlichen Anwendungsbereiche der Opportunitätsregeln beachten wollen oder nicht, wenn verteidigungstaktisch eine Einstellung des Verfahrens nach §§ 153 ff. StPO erstrebenswert und erreichbar erscheint. Daher lässt es sich oft durchaus hören, wenn ein Verteidiger z.B. weniger zu den Voraussetzungen des § 153a Abs. 2 StPO als zu der Frage argumentiert, ob es nicht für allen Beteiligten vorteilhaft wäre, sich irgendwie zu einigen. Die im Zivilprozess altbekannten Argumente von der Schwierigkeit der streitentscheidenden Fragen, von der Unvorhersehbarkeit des Ergebnisses einer umfangreichen Beweisaufnahme, von den Belastungen aller mit den Mühen des noch zu erwartenden Procederes, demgegenüber aber die Befriedungswirkung eines jetzt und gleich möglichen, niemandem Unrecht tuenden Ergebnisses zu sehen sei, treten hier unvermutet im Strafverfahren zutage und entwickeln z.T. beträchtliche Attraktivität.

Unter diesen Umständen sollte sich der Verteidiger selbst bei eigenen Zweifeln *nicht scheuen,* eine Einstellung des Verfahrens anzuregen. Je ungewisser es ihm allerdings erscheint, damit durchzudringen, umso wichtiger sind *Vorbereitung und argumentative Darstellung dieses* Vorschlags. Besonders eine Einstellung gegen eine Auflage nach § 153a Abs. 2 StPO sollte zuallererst mit dem Angeklagten abgesprochen sein. Diese Absprache sollte möglichst umfassend sein und als *definitives Angebot* im Termin formuliert werden können[719]. Denn wenn der Staatsanwaltschaft und dem Gericht nicht nur vage Ideen, sondern ganz konkrete Regelungsmöglichkeiten vorgestellt werden, wird es ihnen erstens erschwert, diese leichthin abzutun. Zweitens werden sie dann möglicherweise in eine Diskussion

---

718 Dabei darf nicht verkannt werden, dass keineswegs immer Inkompetenz und Faulheit zum inflationären Umgang mit den Einstellungsmöglichkeiten geführt haben. Gerichte und Staatsanwaltschaften können dem gesetzlichen Auftrag mit leeren Kassen, schwindendem Personal und steigenden Geschäftszahlen immer weniger entsprechen. Da sollte sich niemand besonders wundern, wenn Möglichkeiten, sich ein wenig Luft zu verschaffen, auch dort gesucht werden, wo der Gesetzgeber daran nicht gedacht hat.
719 *(Negatives) Beispiel:* »Herr Vorsitzender, können wir das Verfahren nicht irgendwie ohne Urteil beenden?« *Positives Beispiel:* »Nachdem wir jetzt einige Zeugen gehört haben, weist die Verteidigung schon jetzt vorsorglich darauf hin, dass sie sich veranlasst sehen wird, weitere Entlastungsbeweisanträge stellen zu müssen. Der Angeklagte wird auch nicht von seiner Vorstellung abrücken, dass er, wenn das Gericht entscheiden wird, freigesprochen werden muss. Er ist, um das Verfahren zu einem raschen Abschluss zu bringen, der derzeit in jedermanns Interesse sein sollte, trotzdem bereit, einer Verfahrenseinstellung gegen eine Auflage zuzustimmen. Er wäre bereit, binnen kürzester Frist einen Betrag von 5.000 an eine gemeinnützige Organisation zu zahlen. Ich meine, dass auf diese Weise auch dem Strafverfolgungsinteresse Genüge getan wäre, weil ...«

über die Bedingungen der Einstellung eintreten, ohne sie zuvor – obschon das vielleicht durchaus noch geboten wäre – grundsätzlich infrage zu stellen.

19.1. Einstellung wegen Geringfügigkeit – § 153 StPO

Eine *Einstellung wegen Geringfügigkeit* (§ 153 StPO) ist *nur* möglich, wenn das Verfahren ein *Vergehen* (§ 12 Abs. 2 StGB) zum Gegenstand hat. Ist ein Verbrechen angeklagt[720], ergibt aber die bisher durchgeführte Verhandlung, dass nur noch eine Verurteilung unter dem Gesichtspunkt eines Vergehens in Betracht kommt[721], kann eine Einstellung nach § 153 StPO ebenfalls stattfinden. Aus Gründen der Klarheit sollte der Vorsitzende dann jedoch bereits den entsprechenden rechtlichen Hinweis erteilt haben. Ist es nach der Beweislage noch offen, ob aus dem Gesichtspunkt des Verbrechens oder des Vergehens vorgegangen werden müsste, ist § 153 StPO nicht anwendbar.

19.1.1. (Hypothetisch) geringe Schuld

Die Schuld des Angeklagten muss weder feststehen noch in ihrem Umfang aufgeklärt werden. Es genügt vielmehr eine *hypothetische Beurteilung* der Schuld[722]. Es muss also mit einer *gewissen* – vielleicht auch nur geringen – *Wahrscheinlichkeit* von der *Schuld* des Angeklagten auszugehen sein und diese müsste – läge sie denn vor – ihrerseits *gering* sein. Der Sachverhalt muss, wenn § 153 StPO angewendet werden soll, nicht weiter aufgeklärt werden, als es zu dieser hypothetischen Beurteilung erforderlich ist[723]. Ist jedoch bereits klar, dass im Fall eines Urteils nur ein Freispruch in Betracht kommt, sollte sich das Gericht nicht zu einer Einstellung hergeben. Denn es wäre intellektuell unredlich und rechtlich fragwürdig, ein Verfahren einzustellen, wenn bereits feststeht, dass es anderenfalls zum Freispruch führen würde. Dem Juristen mag der Unterschied zwischen folgenloser Verfahrenseinstellung wegen hypothetisch geringer Schuld und Freispruch mangels Schuldnachweises gering erscheinen. In der Wirkung auf Außenstehende ist – wenn überhaupt – nur der Freispruch geeignet, den Makel der Strafklage zu beseitigen.

Die wahrscheinliche *Schuld* des Angeklagten müsste *gering* sein. Die Schuld wäre gering, wenn sie eine Strafe zur Folge hätte, die im untersten Bereich des in Betracht kommenden Strafrahmens läge. Ob dies so zu sehen wäre, entscheidet sich immer nach den Umständen des Einzelfalls anhand der gleichen Kriterien,

---

720 Oder ist ein rechtlicher Hinweis auf das mögliche Vorliegen eines Verbrechens erteilt worden.
721 Praktisch nicht seltenes Beispiel: Das angeklagte versuchte Tötungsdelikt stellt sich »nur« als gefährliche Körperverletzung heraus.
722 BVerfG NJW 1990, 2741.
723 Daher kann § 153 StPO ohne weiteres auch angewendet werden, wenn für den Angeklagten günstigere Möglichkeiten, vor allem der Freispruch, nicht ausgeschlossen sind. Die Interessen des Angeklagten, nicht gegen seinen Willen eine Einstellung zu erfahren, wo er einen Freispruch für geboten hält, sind ausreichend dadurch gewahrt, dass ohne seine Zustimmung keine Einstellung nach § 153 StPO durchführbar ist. Das »Recht auf Freispruch« wird daher nicht eingeschränkt. Dass allerdings in der Praxis eine sichere Einstellung einer unsicheren Aussicht auf einen Freispruch vorgezogen wird, liegt auf der Hand.

III. Hauptverhandlung

die insofern auch für die Strafzumessung erheblich sind (§ 46 Abs. 2 StGB). Die Tat müsste sich daher insgesamt als unbedeutend, als *Bagatelle* im Vergleich mit der allgemeinen Delinquenz darstellen. Kommt das Gericht nicht zu einer solchen »Geringschätzung«, scheidet § 153 StPO aus.

19.1.2. Kein öffentliches Interesse

Auch die Einstellung des Verfahrens nach § 153 StPO in der Hauptverhandlung setzt voraus, dass *kein öffentliches Interesse* an der Strafverfolgung besteht. Ob öffentliches Interesse an der Strafverfolgung besteht, hat daher auch das Gericht zu prüfen[724] und seinen Überlegungen zugrunde zu legen.

19.1.3. Von Amts wegen

Das Gericht hat im Verlauf des Verfahrens *von Amts wegen* zu prüfen, ob sich die Möglichkeit einer Verfahrenseinstellung abzeichnet. Daneben ist es den Verfahrensbeteiligten unbenommen, ihrerseits eine Verfahrenseinstellung anzuregen. Dagegen bedarf es weder eines förmlichen Antrags noch ist das Gericht verpflichtet, auf einen entsprechenden Antrag durch Beschluss zu entscheiden[725].

19.1.4. Zustimmungserklärungen

Die Verfahrenseinstellung in der Hauptverhandlung nach § 153 StPO setzt die *Zustimmung* der *Staatsanwaltschaft und* des *Angeklagten* voraus. Demgegenüber ist weder die Zustimmung des Verteidigers noch etwa die des Nebenklägers[726] erforderlich. Sie sind allerdings nicht nur aus formellen (§ 33 Abs. 1 StPO), sondern auch aus inhaltlichen Gründen zuvor zu hören. Gerade seitens des Opfers können ganz wesentliche Argumente für[727] oder gegen[728] die erwogene Einstellung angebracht werden.

Die Zustimmung wird durch *bedingungsfeindliche Erklärung* ausgedrückt. Erklärt einer der Zustimmungsberechtigten, nur unter der Voraussetzung zuzustimmen, dass eine bestimmte Kosten- oder Auslagenentscheidung ergeht, so ist dies daher keine wirksame Zustimmung[729]. In der Anregung, das Verfahren nach § 153 StPO einzustellen, liegt in der Regel zugleich die Zustimmung zu dieser Verfahrensweise.

Regt ein Verfahrensbeteiligter eine Einstellung nach § 153 StPO an, empfiehlt es sich meist[730], die *Verfahrensbeteiligten dazu anzuhören* und sodann darüber zu beraten. Das hat den Vorteil, dass nicht nur die Argumente der Zustimmungsbe-

---

724 Es kann die Beantwortung der Frage daher nicht allein der Staatsanwaltschaft überlassen.
725 Kl./Meyer-Goßner § 153 Rdnr. 23.
726 Kl./Meyer-Goßner § 153 Rdnr. 26.
727 Nicht selten erklären sich Opfer mit einer Einstellung auf vernünftiger Basis einverstanden.
728 Die Opferinteressen sind wohl nie die allein ausschlaggebenden Umstände. Sie können aber wichtige Argumente liefern für die Abwägung, ob tatsächlich auf eine Strafverfolgung verzichtet werden kann.
729 Kl./Meyer-Goßner § 153 Rdnr. 27.
730 Das gilt auch dann, wenn der Vorsitzende selbst nicht einstellen möchte. Denn über die Einstellung befindet nicht er allein, sondern das Gericht.

rechtigten berücksichtigt werden können, sondern etwa auch die Sicht des Nebenklägers[731].

In der Hauptverhandlung ist es Aufgabe des Gerichts und hier zuvörderst des *Vorsitzenden*, eine Einstellung zu erörtern, wenn sie ihm möglich erscheint. Dabei wird der Vorsitzende den Zeitpunkt und die Umstände, unter denen er die *Initiative* zur Erörterung der Einstellung des Verfahrens ergreift, nach dem *größtmöglichen Erfolg* auswählen. Denn die Sachautorität des Gerichts wird nicht unbedingt gestärkt, wenn es Vorschläge macht, die andere Verfahrensbeteiligte schlicht als indiskutabel verwerfen. Der Vorsitzende eines Kollegialgerichts wird sich daher in der Regel entweder versichern, ob das Gericht insgesamt mit einer Einstellung einverstanden wäre. Sofern dies nicht in einer kurzen Beratung am Sitzungstisch möglich ist, mag die Sitzung zu einer Zwischenberatung unterbrochen werden. Oder er macht den Verfahrensbeteiligten (und seinen Mitrichtern zugleich) ausdrücklich klar, dass sein Einstellungsvorschlag noch der Beratung des Gerichts bedarf. Damit erhält er dem Gericht die Freiheit, sich als Letzter festzulegen.

Die Initiative zur Verfahrenseinstellung muss unter Umständen *argumentativ unterstützt* werden. Der Vorsitzende kann nicht davon ausgehen, dass die Zustimmungsberechtigten ohne weiteres seiner Auffassung sind. Er kann und muss daher an dieser Stelle ein *Rechtsgespräch* zulassen, das durchaus sehr konkrete Inhalte haben kann. Denn wenn schon darüber gesprochen wird, dass und ob die Schuld und das öffentliche Interesse an der Strafverfolgung gering erscheinen (würden), muss der Vorsitzende seine Einschätzung zwangsläufig preisgeben und zumindest ansatzweise begründen, wenn ihre Richtigkeit bezweifelt wird[732]. Ob und inwieweit er allerdings für seine Einschätzung wirbt, bleibt dem Einzelfall überlassen. Auch hier ist – wie meist im Strafprozess – eine offene Verhandlungsweise von Vorteil. Der Vorsitzende sollte sich daher nicht scheuen, seine Meinung zu äußern. Er muss gleichwohl nicht befürchten, seine eigene Ablehnung zu betreiben, wenn er hinreichend verdeutlicht, dass seine Beurteilung eine vorläufige ist[733]. Andererseits ist er in diesem Zusammenhang nicht gehalten oder gar verpflichtet[734], konkrete Rechtsfolgen für den Fall des schuldsprechenden Urteils vorherzusagen[735].

---

731 Die andere Möglichkeit (das Gericht berät erst und verhandelt vor dem Hintergrund seiner Beurteilung weiter) erscheint gerade aus diesem Grund weniger günstig.
732 Anderenfalls würde eine Verhandlung über die Einstellung des Verfahrens etwa wie folgt und ein wenig holzschnittartig anmuten lauten können: Vorsitzender: »Wird einer Einstellung nach § 153 StPO zugestimmt?« Angeklagter: »Ja«. Staatsanwalt: »Nein«. Vorsitzender: »Die Beweisaufnahme wird fortgesetzt...« Das wäre aber keine Verhandlung, sondern ein formalisierter Prozess, bei dem weder Inhalte noch Argumente von Bedeutung wären. Der StPO ist bei aller Anfälligkeit dieser Vorwurf nicht zu machen.
733 *Beispiel:* »Das Gericht erwägt eine Einstellung des Verfahrens wegen Geringfügigkeit. Nach vorläufiger Betrachtung der bisherigen Beweisaufnahme erscheint das Verschulden des Angeklagten gering, weil (...). Wird einer solchen Einstellung seitens des Angeklagten und der Staatsanwaltschaft zugestimmt?«
734 Und wohl nur in wenigen Fällen auch in der Lage.
735 Aber: Dass ein Urteil am Ende nur auf Schuldspruch lauten kann, ist in vielen Fällen dieser Art auch während der Beweisaufnahme schon sehr deutlich. Hier kann es daher durchaus zuträglich sein, dies dem Angeklagten zu vermitteln. Denn auch wer sich selbst sehr sicher

III. Hauptverhandlung

19.1.5. Entscheidung des Gerichts

Die *Einstellung* nach § 153 StPO betrifft im Hinblick auf einen Angeklagten[736] stets das *gesamte Verfahren*. Eine Teileinstellung ist nicht möglich[737]. Es handelt sich um eine verfahrensbeendende Entscheidung, die einer Kosten- und Auslagenentscheidung bedarf (§ 464 StPO).

Die *Kostenentscheidung* ergeht *stets zulasten der Staatskasse* (§ 467 Abs. 1 StPO), die *Auslagenentscheidung regelmäßig* (§ 467 Abs. 4 StPO). Dies ist unmittelbare Folge der Unschuldsvermutung. Sollte es eine Gewohnheit der Gerichte geben, einen Angeklagten wenigstens die eigenen Auslagen tragen zu lassen, wenn das Verfahren schon niedergeschlagen wird, so wäre sie mit dieser Begründung rechtswidrig. Das Ermessen, das § 467 Abs. 4 StPO dem Gericht einräumt, ist bei einer Einstellung nach § 153 StPO besonders sorgfältig auszuüben, weil hier eine Einstellung auf hypothetischer Grundlage erfolgt, ohne dass eine prozessordnungsgemäße Feststellung bezüglich Tat und Schuld getroffen worden sein muss. Das Gericht hat sich also als Ausgangslage vor Augen zu führen, dass der Angeklagte *grundsätzlich* von seinen notwendigen *Auslagen freizustellen* sein wird. Sodann ist zu prüfen, weshalb eine *Ausnahme* in Betracht kommen könnte. Sie ist völlig zweifelsfrei möglich, wenn die bisherige Beweisaufnahme die Schuld des Angeklagten bereits ergeben hat. Sie soll aber auch möglich sein, wenn ein entsprechend starker Tatverdacht nachvollziehbar besteht, der – im Hinblick und als Folge der Einstellung – nicht mehr näher belegt oder widerlegt werden wird[738]. Vor diesem Hintergrund wäre es im Übrigen bedenklich, die Einstel-

---

ist, nicht verurteilt zu werden, nimmt – wenn ihm die Unerreichbarkeit des Zieles aufgezeigt wird – vielleicht die Gelegenheit doch wahr, um eine Verurteilung herumzukommen. Dass in solchen Fällen ein Ablehnungsantrag – mag er auch nicht begründet sein – provoziert werden kann, steht außer Frage.

[736] Richtet sich das Verfahren gegen mehrere Angeklagten, kann (»vertikal«) natürlich zugunsten eines oder mehrerer von ihnen nach § 153 verfahren werden. Für die Betreffenden ist das mit Beschlussfassung beendet, sie scheiden als Angeklagte aus, kommen aber möglicherweise sodann als Zeugen in Betracht.

[737] Soll gegen einen Angeklagten ein abtrennbarer Teil des Verfahrens nach § 153 StPO behandelt werden, muss zuvor eine Verfahrenstrennung beschlossen werden. Ich bezweifle allerdings, ob dafür Bedarf besteht. Läuft das Verfahren im Übrigen auf eine Verurteilung hinaus, kann meist nach § 154 Abs. 2 StPO verfahren werden. Läuft das Verfahren im Übrigen auf einen Freispruch hinaus, kann es in der Regel insgesamt nach § 153 StPO eingestellt werden. Bei der Auslagenentscheidung (§ 467 Abs. 4 StPO) mag dann das Übergewicht entlastender Momente zugunsten des Angeklagten wirken.

[738] Str., aber wie hier i.E. BVerfGE NStZ 1990, 598. Soweit dort eine m.E. unausweichliche Kollision mit der Unschuldsvermutung dadurch vermieden werden soll, dass die Auslagenentscheidung zwar von Verdachtsgraden, nicht aber von wahrscheinlicher Schuld sprechen dürfe, scheint dies zum einen eine sprachliche Spiegelfechterei zu sein, die zum anderen – wie immer man zu dem Streit steht – kaum praktische Bedeutung hat. Denn weder die Entscheidung über die Einstellung noch die Kosten- oder Auslagenentscheidung ist anfechtbar (§ 464 Abs. 3 S. 1 StPO), sie bedürfen daher grundsätzlich gar nicht der Mitteilung von Gründen (§ 34 StPO).

lungsentscheidung von der Bereitschaft des Angeklagten abhängig zu machen, die eigenen notwendigen Auslagen selbst zu tragen[739].

Wird das Verfahren nach § 153 StPO eingestellt, trägt auch ggf. der *Nebenkläger* seine eigenen Auslagen selbst. Nur ausnahmsweise dürfen dem Angeklagten die notwendigen Auslagen des Nebenklägers auferlegt werden (§ 472 Abs. 2 S. 1 StPO). Dies ist etwa dann der Fall, wenn (in der Hauptverhandlung bereits) festgestellte Tatsachen belegen, dass der Angeklagte verständlichen Anlass zur Nebenklage gegeben hat[740].

Das Gericht entscheidet durch *Beschluss,* nicht durch Urteil[741]. Der Beschluss ist grundsätzlich nicht anfechtbar, weder im Hinblick auf die Einstellung noch wegen der Kosten- und Auslagenentscheidung. Es genügt daher, den Beschluss in seinem Entscheidungsgehalt zu verkünden, einer Begründung bedarf es nicht (§§ 464 Abs. 3, 34 StPO)[742].

19.2. Einstellung gegen Auflagen – § 153a StPO

Die *Einstellung* des Verfahrens gegen *Erfüllung von Auflagen* (§ 153a StPO) ist eine Möglichkeit, ein Verfahren ohne Schuldspruch, ohne Strafe und doch mit gewissen Sanktionen zu beenden. Es liegt auf der Hand, dass es hier letztlich um das Aushandeln von Verfahrensergebnissen geht. Denn anders funktioniert die Norm nicht[743]. Um so größeren Wert muss das Gericht deshalb allerdings auf die Einhaltung der tatbestandsmäßigen Grenzen dieser Norm legen.

Auch die Einstellung gegen Auflagen ist nur möglich, wenn das Verfahren ein *Vergehen* (§ 12 Abs. 2 StGB) zum Gegenstand hat. Ist ein Verbrechen angeklagt[744], ergibt aber die bisher durchgeführte Verhandlung, dass nur noch eine Verurteilung unter dem Gesichtspunkt eines Vergehens in Betracht kommt[745], kann eine Einstellung nach § 153a StPO ebenfalls stattfinden. Aus Gründen der Klarheit sollte der Vorsitzende zuvor jedoch einen entsprechenden Hinweis er-

---

739 Im übrigen hat eine solche Bereitschaftserklärung nicht zur Folge, dass die Staatskasse unbedingt freigestellt werden müsste. Eine anders lautende Auffassung (OLG Frankfurt Rpfl 1973, 143) scheint zu verkennen, dass das nach § 467 Abs. 4 StPO auszuübende Ermessen durch eine solche Erklärung des Angeklagten zwar beeinflusst, aber nicht gebunden werden kann.
740 BVerfG StV 1988, 31.
741 Davon zu unterscheiden ist das Einstellungsurteil, dass auszusprechen ist, wenn innerhalb der Hauptverhandlung ein Verfahrenshindernis festgestellt wird (§§ 206a, 260 Abs. 3 StPO).
742 *Beispiel:* »Das Verfahren wird wegen Geringfügigkeit eingestellt. Die Kosten des Verfahrens trägt die Staatskasse. Es wird davon abgesehen, der Staatskasse auch die notwendigen Auslagen des Angeklagten aufzuerlegen.«
743 Ob man solchen Handel begrüßt oder nicht, mag zu unterschiedlich wertenden Beschreibungen führen (»Beschleunigung und Entlastung«, »Entkriminalisierung«, aber auch: »Freikauf«, »Kuhhandel«), die letztlich alle auch ihre Berechtigung haben mögen. De lege lata aber gibt es diese Norm, und wer ihr kritisch gegenübersteht, hat in der Anwendung auf den Einzelfall ausreichend Gelegenheit, der Verlockung zweifelhafter Deals zu widerstehen.
744 Oder ist ein rechtlicher Hinweis auf das mögliche Vorliegen eines Verbrechens erteilt worden.
745 Praktisch nicht seltenes Beispiel: Das angeklagte versuchte Tötungsdelikt stellt sich »nur« als gefährliche Körperverletzung heraus.

III. Hauptverhandlung

teilt haben. Ist es nach der Beweislage noch offen, ob aus dem Gesichtspunkt des Verbrechens oder des Vergehens vorgegangen werden müsste, ist § 153a StPO nicht anwendbar.

19.2.1. Zweistufiges Verfahren

Die Einstellung nach § 153a Abs. 2 StPO erfolgt in *zwei Schritten*. Zuerst beschließt das Gericht eine *vorläufige Einstellung* in der Hauptverhandlung. Die endgültige Einstellung erfolgt in der Regel erst später.

19.2.2. Schwere der Schuld

Die vorläufige Einstellung nach § 153a StPO setzt voraus, dass die *Schwere der Schuld* einer (endgültigen) Einstellung *nicht entgegensteht*. Mit dieser Formulierung wird deutlich, dass die Anwendbarkeit des § 153a StPO (anders als die des § 153 StPO) nicht auf die Fälle der Bagatellkriminalität beschränkt ist. Im Allgemeinen wird angenommen, dass bis zu einem Bereich »mittlerer« Schuld eingestellt werden darf[746]. Wo dieser Bereich endet, ist noch weniger zu definieren als sein Beginn. Wer die mittlere Schuld am jeweiligen Regelstrafrahmen festmachen will, wird schnell feststellen, dass eine Vielzahl der angeklagten Fälle von daher durchaus auch einer Einstellung zugeführt werden könnten[747].

19.2.3. Öffentliches Interesse

Das *öffentliche Interesse* an der Strafverfolgung muss durch die Erfüllung von Auflagen[748] *zu beseitigen* sein. Dabei ist die Aufzählung in § 153a Abs. 1 S. 1 StPO abschließend. Die dort genannten Auflagen können miteinander kombiniert werden.

Als Möglichkeit, den inzwischen in § 153a Abs. 1 Nr. 5 StPO gesondert geregelten Ausgleich zwischen Täter und Opfer zu unterstützen, hat die Auflage der *Schadenswiedergutmachung* (§ 153a Abs. 1 S. 1 Nr. 1 StPO) eine große praktische Bedeutung. Sie kann dem Rechtsfrieden zwischen den Beteiligten enorm dienen. Ist er auf diese Weise wiederherzustellen, wird das öffentliche Interesse an der Strafverfolgung vergleichsweise leicht zu beseitigen sein. Unter Umständen vermeidet eine solche Auflage auch zivilrechtliche Streitigkeiten oder hilft, sie zu be-

---

746 Kl./Meyer-Goßner § 153a Rdnr. 7.
747 Bei einer Orientierung am Regelstrafrahmen, der bei zahlreichen praktisch relevanten Tatbeständen von Geld- bis zu fünfjähriger Freiheitsstrafe reicht (z.B. bei Körperverletzung, Diebstahl, Betrug, §§ 223, 242, 263 StGB), würde eine vorsichtige arithmetische Betrachtung immerhin eine Einstellung noch für Taten rechtfertigen, die an sich zwischen zwei und drei Jahren Freiheitsstrafe wert wären. Solche Strafen verhängen die Gerichte allerdings nur in ihnen schwer wiegend erscheinenden Fällen, in denen sie dann allerdings weit entfernt von dem Gedanken sein dürften, das Verfahren könne vielleicht auch eingestellt werden.
748 In der Terminologie des materiellen Strafrechts (vergl. §§ 56b und 56c StGB) handelt es sich bei der »Auflage«, Unterhalt zu leisten (§ 153a Abs. 1 Nr. 4 StPO), um eine Weisung (§ 56c Abs. 2 Nr. 5 StGB).

enden[749]. Nicht zu verkennen ist auch, dass sich mancher Täter unter dem Eindruck der strafrechtlichen Hauptverhandlung eher zu vernünftiger Schadensersatzleistung bereit finden wird als in einem Zivilprozess, wo die Dispositionsmaxime herrscht, im Zweifel alles bestritten wird und der Geschädigte regelmäßig das volle Prozessrisiko trägt. Die Auflage der Schadenswiedergutmachung kann damit vor allem im Bereich der Vermögensschäden gute Dienste leisten. Das Gericht muss sich allerdings auch vor Augen halten, dass es mit der Schadenswiedergutmachungsauflage immer auch dem Verhältnis zwischen Täter und Opfer eine neue Dimension gibt[750]. Es ist nicht zwangsläufig, dass ein Opfer überhaupt noch irgendetwas mit dem Täter zu tun haben will und sei es auch Wiedergutmachung in Geld[751]. Das Gericht wird daher im Zweifel gut daran tun, auch das Opfer zu befragen, wie es zu einer Schadenswiedergutmachungsauflage stünde.

Die Auflage der Schadenswiedergutmachung setzt einen Vermögensschaden oder einen immateriellen Schaden voraus. Er ist nach zivilrechtlichen Überlegungen zu bestimmen und kann der Höhe nach geschätzt werden. Die Auflage darf die Schadensersatzpflicht nicht übersteigen, muss aber nicht den gesamten Schaden umfassen[752]. Soweit eine Zahlung in Raten gewährt wird, sollten die Fälligkeiten klar geregelt werden[753].

Die Auflage einer *Zahlung an die Staatskasse* oder an eine *gemeinnützige Einrichtung* kommt vor allem in Betracht, wo ein persönlich Geschädigter nicht gegeben ist oder bewusst darauf verzichtet wird, ihn zu begünstigen[754], wo öffentliche Kassen geschädigt wurden oder wo durch das Verfahren erhebliche Kosten für die Staatskasse entstanden sind[755]. Auch hier müssen Raten und Fälligkeiten unmissverständlich geregelt werden. Das Gericht bestimmt den Leistungsempfänger[756]. Als günstig kann es sich erweisen, Einrichtungen zu bedenken, deren Arbeit Beziehungen zum Fall aufweist, also etwa Drogenhilfevereine im Bereich

---

749 Eine Wiedergutmachungsauflage kann zum Beispiel eine umfassende Schadensersatz- und Schmerzensgeldabgeltung enthalten, wird sie erfüllt, kann der Zivilprozess übereinstimmend für in der Hauptsache erledigt erklärt und auf die Kostenfrage reduziert werden (§ 91a ZPO).
750 Das Opfer wird in ein Verfahren einbezogen, das der Vermeidung einer Bestrafung des Täters dient und muss dabei mittun.
751 Besonders Opfer von Beleidigungen und Sexualstraftaten empfinden es gelegentlich als blanke Zumutung, Gelder vom Angeklagten annehmen zu sollen.
752 Das bedeutet, dass etwa bei großen Sachschäden eine vergleichsweise nur geringe (Teil-)Wiedergutmachung durch den wenig leistungsfähigen Angeklagten durchaus genügen kann. Hier käme dann unter Umständen aber noch eine zusätzliche Arbeitsauflage (§ 153a Abs. 1 S. 1 Nr. 3 StPO) in Betracht, wenn der Angeklagte sonst übermäßig günstig gestellt bliebe.
753 Wo dies nicht geschieht, sollte dem Angeklagten verdeutlicht werden, dass es seine Sache ist, bis zum Fristablauf zu zahlen, sofort, in Raten oder am Ende der Frist.
754 Etwa bei Opfern, die ihre Distanz zum Täter auch nicht dadurch schmälern lassen wollen, dass sie von ihm Zahlungen annehmen.
755 Die unmittelbare Übernahme solcher Kosten kann wiederum nicht zum Gegenstand einer Auflage gemacht werden.
756 Dabei sollte es sich m.E. von selbst verstehen, dass das Gericht auch mittelbar nicht den Eindruck erweckt, private Interessen eines Justizangehörigen finanziell zu unterstützen, mag z.B. der Tennisverein, dessen Vorsitzender ein beteiligter Richter ist, auch noch so bedürftig und in Erfüllung gemeinnütziger Zweck vorbildlich sein.

III. Hauptverhandlung

der Betäubungsmittelstraftaten, an Naturschutzorganisationen bei Umweltdelikten oder Einrichtungen zur Unterstützung von Jugendlichen oder Rehabilitierung von Straffälligen[757].

Die *Auflage gemeinnütziger Leistungen* wird meist in Gestalt von kostenloser Arbeit zugunsten von Kranken-, Alten- und Pflegeheimen und vergleichbaren karitativen Einrichtungen verwirklicht. Das Gericht muss beschließen, wie viele Stunden innerhalb welcher Frist zu leisten sind. Innerhalb dieses Rahmens ist es zulässig, den Einsatzort und die genaueren Usancen Gerichts- oder in anderer Sache bestellten Bewährungshelfern zu überlassen.

Die *Auflage der Unterhaltszahlung* (§ 153a Abs. 1 Nr. 4 StPO) wird naheliegenderweise nur in Fällen der Unterhaltspflichtverletzung genutzt, dort aber hat sie große Bedeutung. Bei allen Beteiligten überwiegt offenbar die Überlegung, dass es zur Vermeidung einer Bestrafung des Täters ausreichend sein kann, für die zukünftige Einhaltung der Zahlungspflichten Vorsorge zu tragen. Dass diese Tätergruppe damit oft vergleichsweise gut davonkommt, ist hinzunehmen. Zwar hat die strafrechtliche Unterhaltssicherung angesichts des Umstands, dass auch ohne ihre Erfüllung hier kein Kind mehr zugrunde gehen wird, einen Teil ihrer traditionellen Bedeutung verloren. Aber die Rechtsordnung privilegiert die Unterhaltszahlungen vielfältig auch in anderer Hinsicht und es erscheint nachvollziehbar, dass das Strafverfolgungsinteresse wegfallen kann, wenn der Täter sich zukünftig rechtstreu verhält. In diesen Fällen hat das Gericht festzusetzen, in welcher Höhe, für welche Dauer, zu welchen Fälligkeiten und an wen[758] der Unterhalt gezahlt werden muss. Die zivilrechtlichen Ansprüche des Unterhaltsgläubigers dürfen dabei nicht über-, durchaus aber unterschritten werden.

Dem Täter kann neuerdings auch – neben dem Schadensersatz – auferlegt werden, sich ernsthaft um einen Ausgleich mit dem Verletzten (»*Täter-Opfer-Ausgleich*«) zu bemühen, seine »Tat wieder gut zu machen« oder dies zu erstreben (§ 153a Abs. 1 Nr. 5 StPO). Ob diese Alternativen gegenüber dem Ersatz materiellen und immateriellen Schadens (im Zweifel in Geld) nach § 153a Abs. 1 Nr. 1 StPO praktische Relevanz haben werden, muss sich noch zeigen. Jedenfalls wird die gerichtliche Praxis an die Ernsthaftigkeit des Bemühens um Ausgleich und des Strebens nach Wiedergutmachung hohe Anforderungen stellen. Denn zwar nicht alle, aber eine beträchtliche Zahl von Angeklagten ist ohne weiteres bereit, vor Gericht ein hohes Interesse an Ausgleich – mit wem auch immer – zu zeigen, wenn dies hilft, einer sonst drohenden Verurteilung zu entgehen. Bei solchen Angeklagten wäre es keineswegs i.S. der Opfer, wenn unter nicht ernsthaft

---

[757] Übertreibungen bei der Herstellung solcher Sachbezüge sind allerdings zu vermeiden. Mancher Trägerverein eines Frauenhauses hat z.B. schon die Annahme von Zahlungen eines Sexualstraftatverdächtigen zurückgewiesen.

[758] Hier ist Genauigkeit besonders wichtig. Säumige Unterhaltsschuldner neigen erfahrungsgemäß zu Missverständnissen, wenn es ans Bezahlen gehen soll. Die geringste Unklarheit wird gerne zur unüberwindlichen Schwierigkeit erhoben. Da kann schon eine falsche Bankleitzahl genügen, um dem Schuldner den Vorwand zu liefern, trotz angeblicher Zahlungsbereitschaft sein Geld einfach nicht losgeworden zu sein. Der Zahlungsempfänger kann aber gelegentlich auch gutwilligen Schuldnern Schwierigkeiten bereiten, zumal dann, wenn Unterhaltsansprüche von einem Elternteil auf öffentliche Kassen (Jugendamt, Sozialamt) übergegangen sind.

19. Verfahrenseinstellungen

Erfolg versprechende Auflagen letztlich nur eine Verfahrensverzögerung und damit ein Hinausschieben der strafrechtlichen Ahndung stattfände. Zusagen und Versprechungen des Angeklagten sollten daher in solchen Fällen sorgfältig auf ihre Tragfähigkeit geprüft werden. Wenn festgestellt werden kann, dass der Angeklagte sich schon außergerichtlich um einen Ausgleich mit dem Verletzten – insbesondere tätig – bemüht hat, spricht dies natürlich sehr viel mehr für eine Verfahrenseinstellung, als wenn sich der Angeklagte erst angesichts drohender Richtermienen zu entsprechenden Überlegungen bereit findet.

Ein Täter-Opfer-Ausgleich kommt auch in Betracht, wenn das Tatopfer eine juristische Person ist[759].

Im Bereich der Strafzumessung (§ 46a StGB) wird für eine Strafmilderung wegen Täter-Opfer-Ausgleichs mehr verlangt als bloße Schadenswiedergutmachung (nämlich: ein kommunikativer Prozess zwischen Täter und Opfer, in dem der Täter die Übernahme von Verantwortung gegenüber dem Opfer zum Ausdruck bringt und eine Leistung des Täters, die über bloße Kompensation hinausgeht)[760]. Es ist zu vermuten, dass angesichts dieser vergleichsweise hohen Anforderungen die (vorläufige) Einstellung aus Gründen des Täter-Opfer-Ausgleichs nach § 153a Abs. 1 S. 2 Nr. 5 StPO nur wenig praktische Relevanz haben wird und die Gerichte auf die griffigeren, einfacher zu vereinbarenden und besser zu überwachenden Einstellungsmöglichkeiten nach § 153a Abs. 1 S. 2 Nr. 1-4 StPO rekurrieren werden.

Schließlich kann auch die Teilnahme an einem Aufbauseminar für Inhaber von Fahrerlaubnissen auf Probe (§ 2b StVG) und von Alkoholverkehrsstraftätern (§ 4 Abs. 8 Satz 4 StVG) zur Auflage gemacht werden (§ 153a Abs. 1 Nr. 6 StPO).

19.2.4. Fristsetzung

Die Erfüllung der *Auflagen* muss in *höchstens sechs Monaten* stattfinden, die *Unterhaltsleistungen* können für die *Dauer eines Jahres* überwacht werden (§ 153a Abs. 1 S. 2 StPO). Innerhalb dieser Grenzen bestimmt das Gericht die Fristen. Verzichtet das Gericht darauf, gilt im Zweifel die gesetzliche Höchstfrist.

19.2.5. Erfolgsaussichten

Bei der Erörterung einer Einstellung nach § 153a StPO muss das Gericht sich, mitunter aber auch den übrigen Beteiligten vor Augen führen, dass dieses Vorgehen nur dann sinnvoll ist, wenn die Auflagen auch erfüllt werden. Es hat keinen Zweck[761], eine Hauptverhandlung wegen vorläufiger Einstellung abzubrechen, wenn einigermaßen sicher ist, dass die Auflagen doch nicht erfüllt werden. Denn – und auch daran sollte das Gericht erforderlichenfalls erinnern – allein Erfüllung oder Nichterfüllung der Auflage wird später das Kriterium zur endgültigen Einstellung oder zur Fortsetzung des Verfahrens sein. Ob der Angeklagte schuldhaft, böswillig, von Anfang an oder in Verkettung unvorhersehbarer widriger Um-

---

759 Z.B. ein eingetragener Vereine BGH NJW 2000, 205.
760 BGH NJW 2000, 205.
761 Vielleicht aber für den Angeklagten, wenn er auf Verfahrensverzögerungen setzt.

III. Hauptverhandlung

stände gehindert wurde, eine Auflage zu erfüllen, ist ohne Belang[762]. Allenfalls eine rechtzeitige Mitteilung von Umständen, die der Auflagenerfüllung entgegenstehen, kann in Gestalt nachträglicher Auflagenänderung (§ 153a Abs. 1 S. 3 StPO) das Scheitern dieser Verfahrensweise später noch verhindern. Wenn von vornherein unwahrscheinlich ist, dass die vorläufige Einstellung zum Erfolg führen wird, sollte das Gericht erwägen, darauf zu verzichten, und die Hauptverhandlung fortsetzen.

19.2.6. Zustimmungserklärungen

Die Einstellung bedarf der *Zustimmung* des Vertreters der *Staatsanwaltschaft* und des *Angeklagten*. Die Zustimmung des Verteidigers und des Nebenklägers (oder weiterer Beteiligter) ist nicht erforderlich. Sie sind allerdings nicht nur aus formellen (§ 33 Abs. 1 StPO), sondern auch aus inhaltlichen Gründen zuvor zu hören. Denn gerade seitens des Opfers können ganz wesentliche Argumente für[763] oder gegen[764] die erwogene Einstellung angebracht werden.

Anhörung und Zustimmungserklärung müssen sich auf einen *konkreten Vorschlag* beziehen, der die Auflagen und die Modalitäten ihrer Erfüllung enthält. Das Gericht wird daher mit den Beteiligten genau erörtern, mit welchem Inhalt und mit welchem Ziel die vorläufige Einstellung erfolgen soll. Die Konsequenzen eines Scheiterns sind dem Angeklagten zu erläutern.

19.2.7. Entscheidung des Gerichts

Haben Staatsanwalt und Angeklagter zugestimmt, entscheidet das Gericht durch *Beschluss* (§ 153a Abs. 2 S. 2 StPO). Der Beschluss muss nicht begründet werden, denn er ist nicht anfechtbar (§ 153a Abs. 2 S. 4, 34 StPO). Er muss die Auflagen, Fristen und Fälligkeiten so konkret beschreiben, dass ihre Erfüllung oder Nichterfüllung eindeutig feststellbar ist[765]. Der Beschluss beendet das Verfahren nicht endgültig, sondern führt nur zur vorläufigen Einstellung. Er enthält daher *keine Kosten-* oder *Auslagenentscheidung*.

---

762 Kl./Meyer-Goßner § 153a Rdnr. 25.
763 Nicht selten erklären sich Opfer mit einer Einstellung auf vernünftiger Basis einverstanden.
764 Die Opferinteressen sind wohl nie die allein ausschlaggebenden Umstände. Sie können aber wichtige Argumente liefern für die Abwägung, ob tatsächlich auf eine Strafverfolgung verzichtet werden kann.
765 *Beispiele:* »Das Verfahren wird vorläufig eingestellt. Dem Angeklagten wird auferlegt, binnen drei Monaten 3.000 DM in Monatsraten zu je 1.000 DM, fällig bis zum 5. jeden Monats, beginnend am ... an die Staatskasse zu zahlen.« *Oder:* »... Dem Angeklagten wird auferlegt, binnen zwei Monaten den der Zeugin X entstandenen Schaden in Höhe von 1.500 DM zu ersetzen und sodann in 600 DM in drei gleichen Raten, fällig am Monatsersten, an den Verein X, Bankverbindung ... zu zahlen.« *Oder:* »Der Angeklagte wird angewiesen, für die Dauer von einem Jahr den monatlichen Unterhalt für das Kind X in Höhe von derzeit 256 DM zu Händen des Jugendamts in ..., Bankverbindung ... zu zahlen.«

19.2.8. Wirkung

Die *vorläufige Einstellung* führt verfahrensrechtlich zu einem Schwebezustand[766], ein endgültiges Verfahrenshindernis ist – nämlich in Gestalt der Auflagenerfüllung – absehbar. Es soll also, wenn es nach dem Gericht geht, nicht mehr zur Bestrafung kommen. Das wird in aller Regel zur Folge haben, dass einschneidende Zwangsmaßnahmen wie etwa die Vollstreckung eines Haftbefehls in dieser Sache, die vorläufige Entziehung der Fahrerlaubnis o.Ä. wegen Unverhältnismäßigkeit aufzuheben sein werden.

Vorläufige wie endgültige Einstellung erfassen das *gesamte Verfahren*, soweit es den gleichen Angeklagten betrifft. Soll nur wegen eines (abtrennbaren) Teils des Verfahrens nach § 153a StPO eingestellt werden, muss das Verfahren insoweit abgetrennt werden.

19.2.9. Weiterer Gang des Verfahrens

Nachdem das Verfahren vorläufig eingestellt wurde, ist die *Hauptverhandlung* – sofern nicht Mitangeklagte verblieben sind – zu *schließen*. Außerhalb der Hauptverhandlung hat das Gericht in der Folgezeit die Erfüllung der Auflagen zu überwachen, ggf. an ihre Einhaltung rechtzeitig zu erinnern oder nachträgliche Änderungen des Beschlusses (§ 153a Abs. 1 S. 2, 3, Abs. 2 S. 2 StPO) vorzunehmen. Mit der Erfüllung der Auflagen tritt von Gesetzes wegen ein Verfahrenshindernis ein. Der Beschluss über die *endgültige Einstellung*[767] ist insofern nur *deklaratorisch*. Es muss allerdings eine Kostenentscheidung zulasten der Staatskasse (§§ 464 Abs. 1, 467 Abs. 1 StPO) gefällt werden. Der Angeklagte hat seine eigenen *notwendigen Auslagen* immer *selbst* zu tragen (§ 467 Abs. 5 StPO). Die *notwendigen Auslagen des Nebenklägers* werden grundsätzlich dem *Angeklagten* auferlegt (§ 472 Abs. 1, 2 S. 2 StPO). Das gilt nur dann nicht, wenn besondere Billigkeitserwägungen dagegen sprechen[768]. Der Beschluss über die endgültige Einstellung ist nicht anfechtbar, auch nicht hinsichtlich der Kosten- und Auslagenentscheidung (§ 464 Abs. 3 S. 1 2. Hs. StPO).

19.3. Einstellung bei Mehrfachtätern – § 154 StPO

Unter bestimmten Voraussetzungen können Staatsanwaltschaft und Gericht die Strafverfolgung gegen einen *Mehrfachtäter* im anhängigen Verfahren beschränken oder von ihr absehen (§ 154 Abs. 2 StPO).

---

766 Kl./Meyer-Goßner § 153a Rdnr. 44.
767 *Beispiel:* »Das Verfahren wird endgültig eingestellt. Die Kosten des Verfahrens trägt die Staatskasse. Der Angeklagte hat seine eigenen und die notwendigen Auslagen des Nebenklägers zu tragen.«
768 Kl./Meyer-Goßner § 472 Rdnr. 13. Das könnte zum Beispiel der Fall sein, wenn sich in der Hauptverhandlung herausstellt, dass nur noch ein Tatverdacht im Hinblick auf ein nicht nebenklagefähiges Delikt verblieben ist.

III. Hauptverhandlung

19.3.1. Anwendungs- und Regelungsbereich

Das ist zum einen der Fall, wenn der Angeklagte *wegen einer anderen Tat* rechtskräftig verurteilt ist. Zum anderen kommt die Einstellung im Hinblick auf eine Strafe in Betracht, die der Angeklagte in einem anderen Verfahren erst noch zu erwarten hat. Schließlich kann auch auf die Verfolgung abtrennbarer (aber nicht abgetrennter) Taten (Tatmehrheit im materiellrechtlichen Sinn) des anhängigen Verfahrens gem. § 154 Abs. 2 StPO verzichtet werden.

Grundsätzlich muss die bereits verhängte oder noch ausstehende Strafe so viel Gewicht haben, dass diejenige, die jetzt zur Disposition steht, daneben *nicht erheblich* ins Gewicht fällt. Trotz des Verzichts auf die Strafverfolgung nach § 154 StPO darf also *weder die Verteidigung der Rechtsordnung* leiden *noch* von der *erforderlichen Einwirkung auf den Täter* abgesehen werden. Jenseits dieser Grenzen stellt das Gesetz die Strafverfolgung – abgesehen von der praktisch nicht sehr bedeutenden Ausnahme in § 154 Abs. 1 Nr. 2 StPO – nicht zur Disposition. Gleichwohl sehen auch im Bereich des § 154 Abs. 2 StPO manche Verfahrensbeteiligten Möglichkeiten, extra legem Verfahrensbeendigungen herbeizuführen[769]. In welchem Verhältnis der Verzicht zum Maß der verhängten oder zu erwartenden Strafe stehen muss, ist *Einzelfallfrage*. Eine Quantifizierung nach Bruchteilen oder Prozenten ist nicht möglich. Beträchtlich ins Gewicht fällt aber in aller Regel die Tat, die voraussichtlich eine Maßregel der Besserung oder Sicherung nach sich ziehen wird[770]. Beträchtlich ins Gewicht fallen wird auch die zu erwartende Verbrechensstrafe gegenüber einem Bagatelldelikt, so wie generell die Freiheitsstrafe gegenüber der Geldstrafe. Bei der Beurteilung ist die Gesamtstrafenfähigkeit (§§ 53 Abs. 1, 55 StGB) zu beachten. Gesamtstrafenbildung führt von Gesetzes wegen (§ 54 Abs. 1 S. 1 StGB) immer zu einer gegenüber der Addition günstigeren Strafe. Nur so weit der Wegfall der auszuscheidenden Tat sich auf die Gesamtstrafe auswirken würde, ist er von Bedeutung im Rahmen des § 154 StPO[771].

---

769 Die Versuchung lockt mitunter ganz erheblich. Wenn zum Beispiel gegen einen Steuerstraftäter in stundenlanger Beweisaufnahme der komplizierte Beweis einer Goldschieberei über mehrere Staatsgrenzen und unter Beteiligung ausländischer Zeugen geführt werden soll, sind Gerichte manchmal ganz glücklich, dass eine Vorverurteilung wegen eines Straßenverkehrsdelikts von 20-30 Tagessätzen auszumachen ist. Zwar würde die Steuerstraftat ein mehrfaches an Strafe »bringen«, aber eben nur durch unerwünscht hohen – und von den Gerichten zurzeit nicht mehr selbstverständlich zu leistenden – Aufwand.

770 *Beispiel:* Wer schon zu 120 Tagessätzen wegen Betruges (§ 263 StGB) verurteilt ist, wird regelmäßig auch wegen der Trunkenheitsfahrt (§ 316 StGB) verurteilt werden müssen, weil sich (nur) daran die spezialpräventiv meist unverzichtbare Entziehung der Fahrerlaubnis (§ 69 StGB) anschließen kann.

771 *Beispiel:* Zu hören ist gelegentlich von einer Faustformel für die Bemessung von Gesamtstrafen. Diese Formel ist dogmatisch kaum zu begründen, praktisch aber ungemein wertvoll. Danach soll zu der höchsten verhängten Einzelstrafe die Hälfte der übrigen Einzelstrafen hinzugezählt werden. Sind also 6 Monate und 3 Monate verhängt worden, könnte die Gesamtfreiheitsstrafe auf 7 Monaten und 2 Wochen festgesetzt werden. Würde nun eine weitere Strafe von 30 Tagessätzen zu erwarten sein, so würde sie in die Gesamtstrafe nur mit zwei Wochen einfließen. Die Beträchtlichkeitsprüfung hat also den Unterschied zwischen 7 Monaten und 2 Wochen einerseits und acht Monaten andererseits zum Gegenstand.

19. Verfahrenseinstellungen

Die Anwendung des § 154 Abs. 2 StPO kann im Rahmen solcher Betrachtungen durchaus *großzügig* erfolgen. § 154 StPO ermöglicht erhebliche Beschränkungen in Großverfahren und erleichtert in jedem Fall die Konzentration auf den Kernbereich des Verfahrens. Seit Wegfall der Rechtsfigur des Fortsetzungszusammenhangs hat § 154 StPO noch an praktischer Bedeutung gewonnen.

Darüber hinaus kann auch dann nach § 154 Abs. 2 StPO eingestellt werden, wenn die Rechtsfolgen zwar erheblich wären, es aber unangemessen lange dauern würde, bis ein entsprechendes Urteil zu erwarten wäre (§ 154 Abs. 1 Nr. 2 StPO)[772].

Im verbleibenden Verfahren können Umstände der Taten, die nach § 154 Abs. 2 StPO eingestellt wurden, grundsätzlich zur Strafzumessung herangezogen werden, wenn sie prozessordnungsgemäß festgestellt sind und der Angeklagte auf die beabsichtigte Berücksichtigung hingewiesen wurde[773]. Dieser Hinweis kann zweckmäßigerweise mit dem Einstellungsbeschluss verbunden werden[774]. Sie können ferner zu Zwecken der Beweiswürdigung herangezogen werden, wenn der Angeklagte zuvor auf die Möglichkeit dieser Verwertung hingewiesen wurde[775].

19.3.2. Antrag der Staatsanwaltschaft

In der Hauptverhandlung entscheidet das Gericht über die Einstellung nach § 154 StPO durch *Beschluss*. Es entscheidet nicht von Amts wegen, sondern *nur auf Antrag des Vertreters der Staatsanwaltschaft* (§ 154 Abs. 2 StPO). Nur er ist antragsberechtigt. Stellen andere Beteiligte, etwa der Angeklagte, der Verteidiger oder der Nebenkläger einen entsprechenden Antrag, wird dieser als Anregung an die Staatsanwaltschaft zu werten sein. In der Praxis kann der Vorsitzende allerdings deutlichen Einfluss auf die Frage nehmen, ob der Sitzungsvertreter der Staatsanwaltschaft einen Einstellungsantrag stellt. Denn er ist häufig über Vorstrafen, weitere (gerichts-)anhängige Verfahren und sonstige Daten aus Verfahrens- und Beiakten besser informiert als der Sitzungsvertreter der Staatsanwaltschaft, sofern der sich nur mittels einer meist nicht sehr inhaltsstarken Handakte vorbereitet hat.

Der Zustimmung weiterer Verfahrensbeteiligter bedarf es nicht, es kann also durchaus auch gegen den Willen etwa von Verteidiger, Angeklagtem oder Nebenkläger nach § 154 Abs. 2 StPO verfahren werden. Eine *Anhörung der Beteiligten*, insbesondere ggf. des Nebenklägers, dürfte gleichwohl angebracht sein.

---

772 Eingehend zu dieser praktisch nicht übermäßig bedeutenden Regelung Kl./Meyer-Goßner § 154 Rdnr. 9.
773 BGH StV 1995, 520; Schlüchter S. 403.
774 Vergl. Beispiel in Fußnote 777.
775 BGH StV 1996, 585. Die »Rückausnahme« (kein Hinweis erforderlich, wenn ein Vertrauenstatbestand aus anderen Gründen nicht erzeugt wurde) ist immer risikobehaftet. Im Zweifel sollte der Hinweise stets ergehen.

III. Hauptverhandlung

19.3.3. Entscheidung des Gerichts

Das Gericht (nicht allein der Vorsitzende) entscheidet durch *Beschluss*. Der Beschluss muss *nicht begründet* werden, weil er mit Rechtsmitteln nicht anfechtbar ist (§ 34 StPO)[776].

Der Beschluss muss aber genau *erkennen lassen*, worauf sich die Einstellung bezieht, *wegen welcher* bereits verhängten oder noch zu erwartenden Tat das Verfahren also eingestellt wird[777]. Das ist von Bedeutung, wenn nicht wegen einer bereits (rechtskräftig) verhängten, sondern wegen einer erst noch zu erwartenden Strafe eingestellt wird. Während es sich im ersten Fall um eine endgültige Einstellung handelt (die Bezugsstrafe steht fest), ist die Einstellung im zweiten Fall immer nur vorläufig. Wird die Erwartung an die andere Strafe nicht erfüllt, kann eine Wiederaufnahme stattfinden (§ 154 Abs. 3 ff. StPO). Daher muss Klarheit bestehen, welche weitere Entwicklung die Bezugsverfahren nehmen.

Wenn das Verfahren wegen einer *bereits verhängten* Strafe nach § 154 StPO eingestellt wird, handelt es sich (entgegen dem Wortlaut des § 154 Abs. 2 StPO) der Sache nach um eine *endgültige Einstellung*. Dass sie unter dem Vorbehalt der Wiederaufnahme (§ 154 Abs. 3 ff. StPO) steht, ändert daran nichts[778]. Daraus folgt, dass der Einstellungsbeschluss in diesem Fall eine *Kosten- und Auslagenentscheidung* aufweisen muss (§ 464 Abs. 1 StPO). Die *Kosten des Verfahrens* trägt immer die *Staatskasse* (§ 467 Abs. 1 StPO). *Auch die notwendigen Auslagen* des *Angeklagten* sind ihr grundsätzlich aufzuerlegen (§ 467 Abs. 1 StPO), wenn nicht billiges Ermessen des Gerichts dafür spricht, sie dem Angeklagten selbst zu belassen (§ 467 Abs. 4 StPO). Das ist zum Beispiel der Fall, wenn aufgrund der Beweisaufnahme bereits ein deutlicher Verdacht für die Tatschuld des Angeklagten erarbeitet wurde. Die *notwendigen Auslagen* eines etwaigen *Nebenklägers* trägt dieser grundsätzlich selbst. Nur aus besonderen Gründen der Billigkeit dürfen sie dem Angeklagten überbürdet werden (§ 472 Abs. 2 StPO). Unterbleibt eine Kosten- und Auslagenentscheidung, so ist die Beschwerde zwar wegen der Unanfechtbarkeit der Hauptsacheentscheidung (§ 464 Abs. 3 S. 1 StPO) nicht

---

776 BGHSt 10, 88.
777 *Beispiel:* »Das Verfahren wird gem. § 154 Abs. 2 StPO eingestellt, weil die hier zu erwartende Strafe neben der, die gegen den Angeklagten durch Urteil des AG X vom ... nicht entscheidend ins Gewicht fällt ...« *Weiteres Beispiel:* »Das Verfahren wird betr. den Anklagepunkt Ziff. 3 gem. § 154 Abs. 2 StPO vorläufig eingestellt, weil die dafür möglich erscheinende Strafe gegenüber der aus den verbliebenen Anklagepunkten nicht beträchtlich ins Gewicht fällt. Der Angeklagte wird darauf hingewiesen, dass das Gericht seine geständige Schilderung der den Anklagepunkt Ziff. 3 betreffenden Geschehnisse als zutreffend erachtet und möglicherweise strafschärfend werten wird.« *Weiteres Beispiel:* »Das Verfahren wird vorläufig eingestellt, weil die hier möglich erscheinende Strafe gegenüber der, die der Angeklagte aus dem neuen Anklageverfahren ... zu erwarten hat, nicht beträchtlich ins Gewicht fällt.«
778 Denn dieser Vorhalt betrifft den Bestand der anderen, rechtskräftigen Entscheidung. Wenn und nur wenn in ihre Rechtskraft eingegriffen wird, kann das Auswirkungen auch für das nach § 154 StPO eingestellte Verfahren haben. Bis dahin aber kann sich jedermann auf ihre Rechtskraft und damit auch auf den Bestand der Einstellung verlassen. Endgültigeres als die Wirkungen der Rechtskraft hat das Verfahrensrecht grundsätzlich nicht zu bieten.

zulässig, es gilt dann aber, dass mangels anders lautender Rechtsgrundlage jeder die Kosten selbst trägt, die bei ihm entstanden sind.

Wird das Verfahren im Hinblick auf einer erst noch *zu erwartende* andere Strafe eingestellt, so ist keinesfalls von vornherein klar, ob diese Erwartung auch erfüllt werden wird[779]. Es handelt sich also i.S. des Gesetzes tatsächlich um eine *vorläufige Einstellung*. Hier stellt sich die Frage nach der *Kosten- und Auslagenentscheidung* als nicht sofort, sondern erst, wenn die noch offen stehende Entscheidung getroffen ist[780]. Denn erst dann können Staatsanwaltschaft und Gericht beurteilen, ob ihre Einschätzungen zutrafen, also in anderer Sache wirklich so erhebliche Strafen verhängt wurden, dass der Verzicht auf Strafverfolgung hier gerechtfertigt war[781]. Das Gericht hat also im Fall der wirklich nur vorläufigen Einstellung nach § 154 Abs. 2 StPO *keine Veranlassung*, über Nebenentscheidungen nachzudenken. Erst wenn die erwartete Strafe tatsächlich verhängt ist, entsteht Anlass zu Kosten- und Auslagenerwägungen. Das ist, wenn die in Bezug genommene Strafewartung sich in einem anderen Verfahren realisiert, stets außerhalb der Hauptverhandlung der Fall[782]. Sieht das Gericht von der Strafverfolgung bestimmter Taten im Hinblick auf die Strafe ab, die der Angeklagte im anhängigen Verfahren aus verbleibenden Anklagepunkten zu erwarten hat, so endet das Verfahren mit der üblichen Kostenentscheidung gem. §§ 465, 467 StPO.

19.4. Beschränkung der Strafverfolgung – § 154a StPO

Schließlich kann die Strafverfolgung auch hinsichtlich *einzelner abtrennbarer Tatteile* oder *einzelner Gesetzesverletzungen* eingeschränkt werden (§ 154a StPO).

---

779 Die anders lautende Auffassung (vergl. Kl./Meyer-Goßner § 154 Rdnr. 17 m.w.N.) ist m.E. weder mit dem Gesetz noch der Verfahrenswirklichkeit zu vereinbaren. Denn es kann schlechterdings jede Erwartung an die anderwärts zu verhängende Strafe enttäuscht werden (man denke nur an die Möglichkeit des Freispruchs). Nur für den Fall, dass die Erwartungen erfüllt werden, kann das Verfahren als beendet angesehen werden.

780 Unzutreffend daher z.B. Kl./Meyer-Goßner, soweit der Zusammenhang der dortigen Kommentierung (§ 154 Rdnr. 17 ff.) den Schluss nahe legt, mit der vorläufigen Einstellung müsse sogleich auch eine Kosten- und Auslagenentscheidung ergehen.

781 In der Praxis erfüllen sich solche Erwartungen durchaus nicht ausnahmslos. Gelegentlich führt das andere Verfahren nicht weiter, endet mit Freispruch, wird seinerseits eingestellt oder mit einer so geringen Strafe beendet, dass das vorläufig eingestellte eben doch nicht unerheblich ins Gewicht fiele, wenn es – was jetzt zu prüfen ist – fortgesetzt würde.

782 Dass es insofern keiner endgültigen Einstellungsentscheidung bedürfte (Kl./Meyer-Goßner § 154 Rdnr. 17), weil das Verfahrenshindernis von Amts wegen zu beachten sei, ist ebenso richtig oder falsch wie die Auffassung, bei der endgültigen Einstellung nach § 153a Abs. 2 StPO einen solchen Beschluss zu verlangen (statt vieler Kl./Meyer-Goßner § 153a Rdnr. 53 StPO). Denn in beiden Fällen kann der Tenor des Beschlusses in der »Hauptsache« nur deklaratorische Wirkung haben.

III. Hauptverhandlung

19.4.1. Anwendungs- und Regelungsbereich

Abtrennbare Teile einer Tat sind, nachdem in der Rechtsprechung eine Abkehr von der Figur der fortgesetzten Handlung eingetreten ist, *Teile einer Dauerstraftat oder einer Bewertungseinheit.*

Einzelne Gesetzesverletzungen sind vor allem solche, die in *Tateinheit* mit anderen Normverstößen gegeben sind (oder gegeben wären[783]), die weiterverfolgt werden sollen.

In beiden Fällen kann die Einschränkung der Strafverfolgung nach § 154a StPO zur erheblichen Vereinfachung und Beschleunigung des Strafverfahrens dienen. Sie wird daher – wie die Einstellungsmöglichkeit nach § 154 StPO – von der Praxis gern genutzt.

Voraussetzung der Einstellung nach § 154a Abs. 1 Nr. 1 StPO ist, dass der abgetrennte Tatteil oder die ausgeschiedene Gesetzesverletzung im Hinblick auf die aus den verbleibenden Gesichtspunkten zu erwartende Strafe *nicht beträchtlich ins Gewicht fallen würde.* Daher kommt es z.B. bei auszuscheidenden Gesetzesverletzungen nicht auf den abstrakten Strafrahmen, sondern auf *die konkreten Bewertungen* im Einzelfall an. Unter diesen Umständen erlaubt § 154a StPO dem Gericht vor allem, tatsächlich oder rechtlich schwierige oder aufwendige Frage zu vermeiden und sich auf das Wesentliche des Verfahrens zu konzentrieren.

Darüber hinaus kann auch dann nach § 154a StPO eingestellt werden, wenn die zu erwartenden Rechtsfolgen beträchtlich wären, es aber *unangemessen lange* dauern würde, bis ein entsprechendes Urteil vorläge (§§ 154a Abs. 1 S. 2 i.V.m. 154 Abs. 1 Nr. 2 StPO)[784].

19.4.2. Antrag der Staatsanwaltschaft

Das Gericht darf *nur auf Antrag der Staatsanwaltschaft* nach § 154a StPO vorgehen. Es darf – wie die anderen Verfahrensbeteiligten – einen solchen Antrag bei der Staatsanwaltschaft anregen und sollte dies tun, wenn dadurch die Arbeit konzentriert und gestrafft und uninteressante Nebenschauplätze vermieden werden könnten. Stellt der Sitzungsvertreter der Staatsanwaltschaft den Antrag, so muss er genau zu erkennen geben, welchen Tatteil oder welchen Gesetzesverstoß er meint. Das Gericht entscheidet nach Anhörung der Beteiligten, ggf. vor allem des Nebenklägers. Denn soweit ein Gesichtspunkt ausgeschieden werden soll, der die Nebenklage betrifft, bedarf die Einstellung nach § 154a Abs. 2 StPO der *Zustimmung des Nebenklägers* (arg. e § 397 Abs. 2 StPO)[785].

19.4.3. Entscheidung des Gerichts

Das Gericht (nicht allein der Vorsitzende) entscheidet durch *Beschluss.* Der Beschluss muss nicht begründet werden, weil er mit Rechtsmitteln nicht anfechtbar

---

783 Sie müssen nicht feststehen, auch die nur mögliche Gesetzesverletzung kann nach § 154a StPO ausgeschieden werden.
784 Eingehend zu dieser praktisch nicht übermäßig bedeutenden Regelung Kl./Meyer-Goßner § 154a Rdnr. 15 f.
785 Kl./Meyer-Goßner § 397 Rdnr. 13 StPO.

ist (§ 34 StPO)⁷⁸⁶. Der Beschluss muss die Reichweite der Verfahrensbeschränkung konkret dartun.

Der Beschluss nach § 154a Abs. 2 StPO ist zwar endgültig, im Gegensatz zu der Einstellung nach § 154 StPO erledigt er einen prozessualen Tatvorwurf jedoch nicht vollständig. Er bedarf daher grundsätzlich *keiner Kosten- oder Auslagenentscheidung*⁷⁸⁷.

Das Gericht kann nach § 154a Abs. 3 Satz 1 StPO in jeder Lage des Verfahrens die ausgeschiedenen Teile wieder einbeziehen. Hierzu bedarf es eines Gerichtsbeschlusses, der die Wirkungen des zuvor ergangenen Beschränkungsbeschlusses aufhebt⁷⁸⁸. Beantragt die Staatsanwaltschaft die Wiedereinbeziehung, so muss das Gericht dem entsprechen (§ 154a Abs. 3 Satz 2 StPO). Falls dies infolge der Wiedereinbeziehung geboten erscheint, hat das Gericht von Amts wegen oder auf Antrag die Hauptverhandlung auszusetzen (§ 265 Abs. 4 StPO i.V.m. § 154a Abs. 3 Satz 3 StPO).

20. Unterbrechung, Aussetzung, Abtrennung

Eine Hauptverhandlung findet selten ohne *Unterbrechung* statt, mitunter wird die *Aussetzung* unvermeidbar.

Bei aufwendigeren Verfahren bestimmt der Vorsitzende schon bei Terminsanberaumung die Fortsetzungstermine und muss die entsprechenden Verfügungen (zugleich oder zumindest noch rechtzeitig) treffen, damit auch die Fortsetzungstermine ordnungsgemäß vorbereitet sind⁷⁸⁹. Häufig stellt sich aber erst im Termin heraus, dass die Sache nicht gleich zu Ende gebracht werden kann.

20.1. Unterbrechung der Hauptverhandlung

Für die Anordnung *kürzerer Unterbrechungen* ist allein der *Vorsitzende* zuständig.

Darunter fallen die *Pausen* und *Unterbrechungen im Verlaufe des Verhandlungstages,* aber auch Unterbrechungen für Tage *bis zur Höchstgrenze von 10 Tagen* (§ 228 Abs. 1 S. 2 StPO). Unter welchen Umständen der Vorsitzende im Rahmen eines Sitzungstages Pausen und Unterbrechungen anordnet, liegt in seinem *pflichtgemäßen Ermessen*. Er hat der Fürsorgepflicht für die Verfahrensbeteiligten und den Grundsatz des fairen Verfahrens zu beachten. Stundenlange pausenlose Verhandlungen sind auch für geübte und routinierte Verfahrensbeteiligte problematisch, selbst wenn sie dies vielleicht nur ungern zugeben. Die An-

---

786 *Beispiel:* »Soweit eine Unterhaltspflichtverletzung schon ab 1985 in Betracht kommt, wird die Strafverfolgung auf die Zeit ab 1990 beschränkt.« *Weiteres Beispiel:* »Soweit es den Vorwurf des Verstoßes gegen das Pflichtversicherungsgesetz betrifft, wird die Strafverfolgung auf die verbleibenden angeklagten Verstöße (Fahren ohne Fahrerlaubnis, unbefugter Gebrauch eines Kraftfahrzeugs) beschränkt.«
787 Kl./Meyer-Goßner § 464 Rdnr. 7; über die Kosten und Auslagen wird vielmehr mit der verfahrensbeendenden Hauptsacheentscheidung befunden.
788 BGH NStZ 1996, 241.
789 Dazu gehört insbesondere die rechtzeitige Veranlassung für die Ladung von Zeugen und die Beschaffung der notwendigen Beweismittel für die Fortsetzungstermine.

III. Hauptverhandlung

geklagten haben jedenfalls ein gewisses Recht auf wache und wohlkonditionierte Richter und Staatsanwälte. Schon aus diesem Grund sollte der Vorsitzende von *Zeit zu Zeit Pausen* anordnen, auch wenn keiner der Beteiligten danach verlangt, oder einen Konsens mit den Beteiligten herstellen, wann eine Pause gemacht werden soll, ob weiter verhandelt werden kann, welche Arbeitspensen für den Verhandlungstag noch anstehen u.s.w. In der Regel bieten diese kurzen Pausen eine gute Gelegenheit für das Gericht, Zwischenberatungen anzustellen, sich abzeichnende Weichenstellungen zu erörtern u.v.m.

In besonderer Pflicht gegenüber den Verfahrensbeteiligten sieht sich der Vorsitzende immer dann, wenn Verfahrensverzögerungen entstehen, die den *geplanten zeitlichen Rahmen zu sprengen* drohen. Sind unter solchen Umständen weitere Sitzungen für den gleichen Tag anberaumt, muss der Vorsitzende entscheiden, ob er die dafür geladenen Beteiligten möglicherweise auf unabsehbare Zeit warten lässt oder die sich verzögernde Sitzung unterbricht, um wenigstens die anderen zeitgerecht durchzuführen. In der Regel dürfte es sachgerechter sein, die sich verzögernde Hauptverhandlung *zu unterbrechen* und damit denjenigen Beteiligten die Ungelegenheiten eines Fortsetzungstermins zuzumuten, deren Verfahren den Verzug verursacht hat. Stellt sich heraus, dass eine Sitzung wider Erwarten innerhalb der üblichen Arbeitszeiten des Gerichts nicht beendet werden kann, so muss der Vorsitzende bedenken, dass nicht alle Beteiligten – so wie die Richter – die Freiheit eigener Zeiteinteilung haben. Protokollführer und Wachtmeister sind auf feste Dienststunden eingerichtet, Verteidiger bestellen sich für die späteren Nachmittags- und Abendstunden gern Mandanten in die Büros u.w.m. Gerät eine Sitzung derart in Zeitnot, widerstreitet möglicherweise das Bedürfnis, die Sache zu Ende zu bringen, mit den Anforderungen der Sorgfalt gerade in der entscheidenden Phase, nämlich gegen Ende der Sitzung und während der abschließenden Beratung[790]. Der Vorsitzende sollte, wenn sich eine solche »Nachtsitzung« abzeichnet, rechtzeitig die Verständigung mit den Beteiligten suchen. Sie werden im Zweifel dankbar sein, nach rechtzeitiger Unterbrechung an einem anderen Tag fortzusetzen und in relativer Ruhe weiterverhandeln zu können.

20.2. Fristen, Fortsetzungstermin, Anordnung(en) des Vorsitzenden

Eine Hauptverhandlung darf grundsätzlich bis zu 10 Tagen unterbrochen werden (§ 229 Abs. 1 StPO). In dieser Hinsicht ist es gleichgültig, wie lange sie zuvor gedauert hat. *Wiederholte Unterbrechungen* sind zulässig. Der Vorsitzende kann daher durch nacheinander angeordnete Unterbrechungen von jeweils höchstens 10 Tagen ein Verfahren über längere Zeiträume fortführen.

Dabei ist der Vorsitzende keineswegs gehindert, taktische Erwägungen anzustellen. Erkennt er, dass ein unverzichtbarer Zeuge innerhalb der nächsten 14 Tage nicht zur Verfügung stehen wird, reichen die 10 Tage Unterbrechungsfrist nach § 229 Abs. 1 StPO nicht aus. Gleichwohl muss der Prozess nicht zwangsläufig scheitern. Denn möglicherweise ergibt sich Anlass für einen ersten Fortset-

---

[790] Eine Urteilsberatung, in der die Hälfte der Richter ständig nach der Uhr schielt, um zu beobachten, ob sie noch rechtzeitig zum Abendessen zu Hause sein kann, wird nur selten Vorstellungen von sorgfältiger und ausgewogener Sichtung, Prüfung und Beratung entsprechen.

20. Unterbrechung, Aussetzung, Abtrennung

zungstermin am 11. Tage, sodass daraufhin erneut unterbrochen und im zweiten Fortsetzungstermin der Zeuge gehört werden kann[791]. Dieses Vorgehen empfiehlt sich umso mehr, je mehr Arbeit bereits in die bisherige Beweisaufnahme investiert wurde oder wenn es bestimmten Verfahrensbeteiligten nicht zuzumuten wäre, das Verfahren zu einem anderen Zeitpunkt zu wiederholen. Letzteres kann vor allem bei Zeugen, die ja in der Regel schon vor der Hauptverhandlung teilweise mehrfach zur gleichen Sache Vernehmungen über sich ergehen lassen mussten, der Fall sein[792]. Andererseits kollidiert solches Vorgehen mit dem Gebot der Konzentration der Hauptverhandlung[793]. Dieses Gebot ist keineswegs theoretischer Selbstzweck. Zwar mögen Spruchkörper in Großverfahren nach der Geschäftsverteilung darauf eingerichtet sein, sich über längere Zeiträume mit der gleichen Sache zu befassen. Der durchschnittliche Verfahrensalltag lässt dies nicht zu. Denn während in der fraglichen Sache ein Fortsetzungstermin dem anderen folgt, müssen weitere Verfahren betreut und verhandelt werden. Merkfähigkeit für Details, der Blick für die Gesamtzusammenhänge u.v.m. leiden bei solchen Hängepartien. Der Vorsitzende wird daher auch im eigenen Interesse bemüht sein, Fortsetzungen zu vermeiden, wo immer dies sachgerecht erscheint. Gelegentlich kann im Zweifel die Aussetzung und Neuterminierung unter der Maßgabe der jetzigen Erfahrungen sachdienlicher sein. Dann nämlich kann wieder konzentriert und unter Geltung ordentlicher zeitlicher Dispositionen in Ruhe verhandelt werden[794].

Hat die Hauptverhandlung an mindestens zehn Tagen stattgefunden, kommen die weiteren Unterbrechungsmöglichkeiten des § 229 Abs. 2 StPO in Betracht, die es in Großverfahren ermöglichen sollen, die physischen und psychischen Belastungen der Beteiligten in Grenzen zu halten.

Die Hauptverhandlung ist spätestens am Tag nach Ablauf der Unterbrechungsfrist fortzusetzen (§ 229 Abs. 4 S. 1 StPO), im Fall des § 229 Abs. 1 StPO also am 11. Tage nach dem letzten Sitzungstag. Fällt der Tag nach Fristablauf auf einen Samstag, Sonntag oder allgemeinen Feiertag[795], so kann am darauf folgenden Werktag fortgesetzt werden (§ 229 Abs. 4 S. 2 StPO).

Im Fortsetzungstermin muss zur *Sache verhandelt*[796] oder das Urteil verkündet werden (§ 268 Abs. 3 S. 2 StPO). Zur fristwahrenden Fortsetzung geeignet ist ein Termin nur dann, wenn das Verfahren in dem Termin sachlich gefördert

---

791 Zu diesem Zweck muss der Vorsitzende natürlich auch wissen, worüber – zur Sache – im ersten Fortsetzungstermin verhandelt werden soll. Häufig bietet es sich an, in diesen Terminen sonstige Beweise zu erheben, die zu diesem Zweck zurückgestellt werden dürfen, etwa zu den persönlichen und wirtschaftlichen Verhältnissen eines Angeklagten.
792 Besonders deutlich wird diese Problematik bei Opferzeugen, die es mitunter weder intellektuell verstehen noch emotional verarbeiten können, wenn sie den gleichen Sachverhalt den gleichen Zuhörern mehrfach darlegen sollen.
793 Nachweise dazu bei Kl./Meyer-Goßner § 229 Rdnr. 1.
794 Ich meine, dass insofern auch der Beschleunigungsgrundsatz (Art. 6 Abs. 1 S. 1 EMRK) nachrangig ist. Ein besseres Urteil innerhalb längerer Frist ist immer noch dem schlechten innerhalb kurzer Frist vorzuziehen.
795 Allgemeine Feiertage sind die nach Bundes- oder Landesrecht staatlich anerkannten gesetzlichen Feiertage.
796 Kl./Meyer-Goßner § 229 Rdnr. 11.

III. Hauptverhandlung

wird[797]. Die Erörterung von Verfahrensfragen kann genügen[798], die Erörterung von Vorstrafen und wirtschaftlichen Verhältnissen bietet sich, wenn sonst keine Beweise mehr zu erheben sind, u.U. an.

Die Unterbrechung nach § 229 Abs. 1 StPO (höchstens 10 Tage) bedarf nicht der Zustimmung anderer Verfahrensbeteiligter oder einer Entscheidung des Gerichts. Sie wird vom *Vorsitzenden angeordnet* (§ 228 Abs. 1 S. 2 StPO). Die übrigen Unterbrechungen (§ 229 Abs. 2 StPO) ordnet das Gericht durch Beschluss an (§ 228 Abs. 1 S. 1 StPO).

Die Anordnung des Fortsetzungstermins stellt die Verfahrensbeteiligten häufig vor große zeitliche Probleme. Es ist purer Zufall, wenn die notwendigen Beteiligten alle zu dem neuen Termin, der dem Vorsitzenden vorschwebt und den übrigen Gerichtsmitgliedern zusagt[799], auch verfügbar sind. Der Vorsitzende sollte daher den *Termin mit den Beteiligten abstimmen*. Allerdings geht der Fortsetzungstermin auch wichtigen beruflichen oder privaten Verpflichtungen der Beteiligten vor, die Beteiligten haben sich also einzurichten. Welche Belastungen oder Nachteile sie dabei hinnehmen müssen, entscheidet der Vorsitzende im Einzelfall nach *pflichtgemäßem Ermessen*. Rücksichtnahme auf die Belange der Beteiligten ist dabei allerdings in jedem Fall angesagt. Andererseits muss der Vorsitzende auch den bisherigen Verhandlungsaufwand und die Mühe berücksichtigen, die vergebens aufgewandt worden wäre, wenn eine Fortsetzung nicht zustande käme. Schließlich kann für seine Entscheidung auch maßgeblich sein, mit welcher Wahrscheinlichkeit die Hauptverhandlung im Fortsetzungstermin tatsächlich fortgeführt werden kann. Erscheint dies ohnehin sehr ungewiss, könnte es unbillig sein, einen Beteiligten gleichwohl in einen sehr ungelegenen Fortsetzungstermin zu zwingen.

Der Vorsitzende ordnet die Fortsetzung an und teilt zugleich den Fortsetzungstermin, Ort, Zeit und Sitzungssaal mit[800].

Eine *schriftliche Bekanntmachung* an die Beteiligten ist nicht erforderlich. *Besondere Ladungen* an die anwesenden Beteiligten sind nicht nötig. Auch die Ladungsfrist (§ 217 StPO) gilt nicht für die Vorbereitung von Fortsetzungsterminen, die spontan angeordnet werden. Der Vorsitzende hat daher insbesondere dem Angeklagten zu erläutern, dass und wann der Fortsetzungstermin stattfindet und dass er außer diesem mündlichen *Hinweis keine weitere Ladung* erhalten wird. Ferner ist der Angeklagte darauf hinzuweisen, dass im Fall seines *unentschuldigten Fernbleibens* im Fortsetzungstermin zum einen die Zwangsmaßnahmen des § 230 Abs. 2 StPO in Betracht kommen, zum anderen aber die Hauptverhandlung auch *in seiner Abwesenheit* zu Ende geführt werden kann, wenn er bereits zur Sache vernommen wurde (§ 231 Abs. 2 StPO).

---

[797] Eine »Scheinverhandlung« mit dem Ziel, § 229 StPO zu umgehen, genügt nicht, BGH NJW 1996, 3019.
[798] Kl./Meyer-Goßner § 229 Rdnr. 11.
[799] Vor allem für Schöffen ist es oft nicht einfach, ihre beruflichen und privaten Verpflichtungen kurzerhand so umzuorganisieren, dass ein Fortsetzungstermin problemlos möglich ist.
[800] *Beispiel:* »Die Hauptverhandlung wird unterbrochen. Sie wird fortgesetzt am ... um ... Uhr im Saal ... des Amtsgerichts X.«

20. Unterbrechung, Aussetzung, Abtrennung

Weil das Gericht die Haft- und Unterbringungsvoraussetzungen, solange die Freiheitsbeschränkung vollzogen wird, immer von Amts wegen zu prüfen hat (§ 120 Abs. 1 StPO), muss das Gericht in solchen Fällen prüfen, ob die *Haft oder die Unterbringung* trotz der Unterbrechung bis zum Fortsetzungstermin fortdauern soll. Wenn das nicht der Fall ist, sind der Unterbringungsbefehl (§ 126a StPO) und der Haftbefehl (§§ 112 ff. StPO) aufzuheben bzw. (nur der Haftbefehl) außer Vollzug zu setzen. Neigt das Gericht zur Freilassung des Angeklagten[801], muss es zuvor die Beteiligten, vor allem die Staatsanwaltschaft und ggf. die Nebenklage anhören (§ 33 Abs. 1 StPO) und entscheidet dann durch Beschluss. Der Beschluss ist mit einfacher Beschwerde (§ 304 StPO) anfechtbar und muss daher begründet werden[802]. Will das Gericht die Freiheitsbeschränkung fortdauern lassen, bedarf es keines ausdrücklichen Beschlusses, sofern nicht ein anderer Verfahrensbeteiligter einen Antrag auf Freilassung des Angeklagten gestellt hat. Bleibt der Angeklagte in amtlichem Gewahrsam, muss der Vorsitzende außerdem sicherstellen, dass er zum Fortsetzungstermin rechtzeitig aus der Justizvollzugsanstalt überstellt wird.

Müssen zum Fortsetzungstermin *Zeugen, Sachverständige oder sonstige Beweismittel* beschafft werden, muss der *Vorsitzende* unverzüglich die *notwendigen Anordnungen* treffen. Zeugen können u.U. innerhalb der Unterbrechung schriftlich geladen werden[803]. Wie auch bei Sachverständigen bieten sich allerdings fernmündliche Ladungen durch den Vorsitzenden an. Denn dann erfährt er aus erster Quelle, ob das Gericht mit dem Betreffenden zum Fortsetzungstermin rechnen kann oder nicht. Sachliche Beweismittel (Überführungsstücke, Urkunden, Akten) kann der Vorsitzende selbst herbeischaffen lassen (§ 221 StPO)[804], er kann damit allerdings auch die Staatsanwaltschaft beauftragen (§ 214 Abs. 4 S. 1 StPO). Ausschlaggebend sind Gesichtspunkte der Zweckmäßigkeit.

20.3. Aussetzung der Hauptverhandlung

Unter einer *Aussetzung* ist der *Abbruch der Hauptverhandlung* zu verstehen. Neben gesetzlich geregelten Gründen, die zu einer Aussetzung zwingen kön-

---

801 Was angesichts der nicht absehbaren Verfahrensdauer (§ 121 StPO) nur ausnahmsweise der Fall sein dürfte.
802 *Beispiel:* »I. Die Hauptverhandlung wird unterbrochen und fortgesetzt am ... II. Der Haftbefehl des AG X-Stadt vom ... wird aus Gründen der Verhältnismäßigkeit aufgehoben. Die Hauptverhandlung muss unterbrochen und soll erst in 10 Tagen fortgesetzt werden, weil der einzige Tatzeuge zum Termin unentschuldigt ausgeblieben ist. Der Angeklagte, der die ihm vorgeworfene Tat bestreitet, sitzt bereits seit 4 Monaten und 3 Wochen in Untersuchungshaft. Es ist keineswegs gewiss, ob der Zeuge zum Fortsetzungstermin vorgeführt werden kann. Die Verzögerungen dürfen nicht zum Nachteil des Angeklagten gereichen, der nach Lage der Akten für den Fall des Schuldspruchs ohnehin nur eine kurze Freiheitsstrafe oder eine Geldstrafe zu erwarten hat.«
803 Sind sie im Gerichtssaal anwesend, genügt selbstverständlich auch bei ihnen die mündliche Mitteilung des Fortsetzungstermins unter Hinweis auf die gesetzlichen Folgen etwaigen unentschuldigten Ausbleibens (§ 51 StPO).
804 Indem er sich seiner gerichtlichen Mitarbeiter (Geschäftsstelle, Wachtmeisterei) oder Dritter (Polizei, sonstige Behörden) bedient, denen er auf schnellstem Wege entsprechende Aufträge erteilt.

III. Hauptverhandlung

nen[805], sind es vor allem praktische Anlässe, die zu einem solchen Scheitern der Hauptverhandlung führen[806] können. Wegen des Beschleunigungsgebots und aus Gründen der gerichtlichen Arbeitsbelastung wird die Aussetzung zu Recht als Ultima Ratio verstanden. Daher wird der Vorsitzende im Allgemeinen versuchen, mit der einmal begonnenen Hauptverhandlung auch die bis dahin geleistete Arbeit mittels Unterbrechung und Fortsetzungstermin zu retten[807].

Das *Gericht* hat über die Aussetzung auf Antrag oder von Amts wegen zu entscheiden. Es entscheidet – wenn es aussetzt – durch *Beschluss* (§ 228 Abs. 1 S. 1 StPO), der grundsätzlich nicht anfechtbar ist (§ 305 StPO) und daher auch nicht begründet werden muss (§ 34 StPO).

Weil das Gericht die Haft- und Unterbringungsvoraussetzungen, solange die Freiheitsbeschränkung vollzogen wird, immer von Amts wegen zu prüfen hat (§ 120 Abs. 1 StPO), muss das Gericht in solchen Fällen prüfen, ob die *Haft oder die Unterbringung* trotz der Aussetzung fortdauern soll. Wenn das nicht der Fall ist, sind der Unterbringungsbefehl (§ 126a StPO) und der Haftbefehl (§§ 112 ff. StPO) aufzuheben bzw. (nur der Haftbefehl) außer Vollzug zu setzen. Neigt das Gericht zur Freilassung des Angeklagten[808], muss es zuvor die Beteiligten, vor allem die Staatsanwaltschaft und ggf. die Nebenklage anhören (§ 33 Abs. 1 StPO) und entscheidet dann durch Beschluss. Der Beschluss ist mit einfacher Beschwerde (§ 304 StPO) anfechtbar und muss daher begründet werden[809]. Will das Gericht die Freiheitsbeschränkung fortdauern lassen, bedarf es keines ausdrücklichen Beschlusses, sofern nicht ein anderer Verfahrensbeteiligter einen Antrag auf Freilassung des Angeklagten gestellt hat. Bleibt der Angeklagte in *amtlichem Ge-*

---

805 § 138 c Abs. 4 StPO: im Verfahren betr. einen Verteidigerausschluss; § 145 Abs. 3 StPO: Antrag des neuen Verteidigers; § 217 Abs. 2 StPO: Nichteinhaltung der Ladungsfrist; § 265 Abs. 3 StPO: bei veränderter Sach- oder Rechtslage. In dem Zusammenhang auch zu erwähnen: die Aussetzung, weil dem Angeklagten entgegen § 201 Abs. 1 StPO die Anklageschrift nicht mitgeteilt wurde (BGH MDR 78, 111).
806 Unklare Sachlage, die weitere umfangreiche Ermittlungen erfordert, Fürsorge gegenüber einem Angeklagten, dessen Wahlverteidiger überraschend nicht erscheint, Nichterscheinen wesentlicher Verfahrensbeteiligter, ohne dass deren Verbleib ad hoc zu klären ist, etc.
807 Auch hierbei entsteht gelegentlich das Bedürfnis, eine konsensuale Verfahrensbeendigung herbeizuführen. Denn verfahrensökonomische Erwägungen lassen sich angesichts erheblicher Belastungen der Tatsacheninstanzen, vor allem der Amtsgerichte, allemal hören. Ob und wie weit ein Gericht bereit ist, dem dadurch entstehenden Druck nachzugeben oder ihn seinerseits auf andere Verfahrensbeteiligte zu richten, um deren »Vergleichsbereitschaft« zu fördern, lässt sich nicht allgemein erörtern. Jedenfalls führen gerade solche Situationen oft genug zu einem Ergebnis extra legem.
808 Was angesichts der nicht absehbaren Verfahrensdauer nur ausnahmsweise (§ 121 StPO) der Fall sein dürfte.
809 *Beispiel:* »I. Die Hauptverhandlung wird ausgesetzt. Neuer Termin wird von Amts wegen bestimmt. II. Der Haftbefehl des AG X-Stadt vom ... wird aus Gründen der Verhältnismäßigkeit aufgehoben. Die Hauptverhandlung musste ausgesetzt werden, weil der einzige Tatzeuge zum Termin weder erschienen ist noch ordnungsgemäß geladen werden konnte, weil sein Aufenthalt in Südostasien, wo er sich aus geschäftlichen Gründen für mindestens 6 Monate aufhalten soll, derzeit unbekannt ist und – soweit überhaupt möglich – erst noch unter erheblichem Personal- und Zeiteinsatz ermittelt werden muss. Demgegenüber sitzt der Angeklagte bereits seit 5 Monaten in Untersuchungshaft ein. Ihre Fortdauer würde dem Übermaßverbot widersprechen.«

wahrsam, muss der Vorsitzende außerdem sicherstellen, dass er zum *neuen Termin* rechtzeitig aus der Justizvollzugsanstalt *überstellt* wird.

Kann der Vorsitzende schon absehen, wann die erneute Hauptverhandlung stattfinden kann, sollte er die Möglichkeit nutzen, mit den Anwesenden[810] den neuen *Termin zu vereinbaren*. Dies schließt spätere abermalige Verzögerungen aus, die dadurch entstehen könnten, dass nicht abzuweisende Verlegungsanträge als Folge von Terminskollisionen gestellt werden. Gelingt dies, so kann der *Vorsitzende* den neuen *Termin* bereits *festsetzen*. Anwesende Zeugen, Sachverständige oder Dolmetscher, die auch in der neuen Hauptverhandlung benötigt werden, kann er zum neuen Termin mündlich laden[811]. Gegenüber der Staatsanwaltschaft bedarf es zwar keiner ausdrücklichen Terminsnachricht, weil ihr Sitzungsvertreter den neuen Termin zu vermerken und das Erforderliche zu veranlassen hat. Zur Sicherheit empfiehlt es sich gelegentlich aber doch, ihr noch eine gesonderte Terminsnachricht zukommen zu lassen. *Angeklagter und Verteidiger, Nebenkläger und Nebenklägervertreter sowie Nebenbeteiligte und ihre Vertreter* sind zum neuen Termin dagegen *förmlich zu laden*[812].

20.4. Abtrennung

Grundsätzlich hat das Gericht die *gesamte(n)* in der Anklage bezeichnete(n) Tat(en) in der Hauptverhandlung zu bearbeiten (§ 264 Abs. 1 StPO). Sind mehrere Taten im strafprozessualen Sinn angeklagt, kann eine Verfahrensbeendigung mitunter nicht zeitgleich erfolgen. Ist ein Teil der angeklagten Taten entscheidungsreif, kann es sachgerecht erscheinen, darüber bereits eine Entscheidung zu fällen. Das verstößt zwar gegen das Konzentrationsgebot. Andererseits macht es aber wenig Sinn, wenn andere Teile, deren Entscheidungsreife nicht absehbar ist und die infolgedessen zur Aussetzung zwängen, die Entscheidung derjenigen blockieren würden, die abschlussreif sind[813].

---

810 Die Besetzung des Gerichts ist allerdings für den neuen Termin (im Gegensatz zum Fortsetzungstermin) nicht notwendig identisch. Vor allem die Schöffen werden nur zufällig die gleichen sein (nämlich dann, wenn sie auch dem neuen Termin zugelost sind).
811 Zeugen und Sachverständige unter Hinweis auf die Folgen unentschuldigten Fernbleibens (§§ 51, 77 StPO).
812 So weit vertreten wird, dass es der erneuten Einhaltung der Ladungsfrist in diesem Fall nicht mehr bedürfe (BGHSt 24, 143, 145, wie hier Kl./Meyer-Goßner § 217 Rdnr. 4 m.w.N.), finde ich im Gesetz dafür keine Stütze. Allerdings ist zuzugeben, dass ein sachliches Bedürfnis zur Einhaltung dieser Frist hier wohl nicht zu sehen ist.
813 *Beispiel:* Der Angeklagte ist wegen Diebstahls angeklagt und geständig. In der gleichen Anklage wird ihm unerlaubter Handel mit Betäubungsmitteln zur Last gelegt, den er bestreitet und für dessen Nachweis einziges Beweismittel ein nicht erschienener Zeuge ist, von dem in der Hauptverhandlung nicht zu klären ist, ob er ordnungsgemäß geladen war, wo er sich zurzeit aufhält, ob er überhaupt noch erreichbar ist u.a.m. Hier kann es sich anbieten, das Verfahren betr. den BtMG-Verstoß zur Durchführung weiterer Ermittlungen abzutrennen und wegen des Diebstahls ein Urteil zu fällen.

III. Hauptverhandlung

Das Gleiche gilt, wenn mehrere Personen angeklagt sind, von denen aber nicht alle in der Hauptverhandlung erscheinen[814]. Hier können zwar gewichtige sachliche Gründe dafür sprechen, gegen den einen Angeklagten nicht ohne den anderen zu verhandeln[815]. Der erschienene Angeklagte kann aber beanspruchen, grundsätzlich nicht unter dem Fehlverhalten des ausgebliebenen leiden zu müssen. Ihm steht auch insofern der Beschleunigungsgrundsatz (Art. 6 Abs. 1 S. 1 EMRK) zur Seite.

Das Gericht wird in solchen Fällen prüfen, ob die *Abtrennung bezüglich eines Verfahrensteils oder eines Angeklagten* in Betracht kommt. Dabei ist die prozessuale Zweckmäßigkeit entscheidend. Nicht zulässig ist es demgegenüber, wenn die Abtrennung lediglich dazu dienen sollte, anstelle eines Mitangeklagten nunmehr einen Zeugen mit – möglicherweise – höherem Beweiswert zu gewinnen[816].

Die Abtrennung (und die Verbindung) zusammenhängender Verfahren ist gesetzlich im Wesentlichen nur für die Fälle geregelt, in denen für die einzelnen Verfahren unterschiedliche Gerichte zuständig wären (§§ 2, 4 StPO). Daraus folgt, dass bei gleicher Zuständigkeit ebenfalls Verbindung und Abtrennung möglich sind.

Das Gericht entscheidet über die Abtrennung nach Anhörung der Beteiligten durch *Beschluss*. Der Beschluss ist gem. § 305 StPO nicht anfechtbar, muss also nicht begründet werden (§ 34 StPO). Die Abtrennung hat zur Folge, dass über den abgetrennten Anklageteil oder mit dem abgetrennten Angeklagten später gesondert zu verhandeln sein wird.

21. Anordnung der Untersuchungshaft

Ergeben sich erst im *Verlaufe der Hauptverhandlung* entsprechende Anhaltspunkte, kann auch dann noch ein *Untersuchungshaftbefehl* ergehen. Meist wird die Maßnahme auf das Vorliegen von Fluchtgefahr gestützt[817].

Hat sich der Angeklagte bisher dem Verfahren ohne weiteres gestellt, so kann ein für ihn absehbar werdender Schuldspruch oder ein Strafmaß, mit dessen Härte er nicht gerechnet hat, Fluchtanreiz bieten. Hierin kann indes nur der Ausgangspunkt der Erwägungen liegen. Hinzu kommt immer die Überlegung, ob der Anreiz zur Flucht auch unter Berücksichtigung aller sonstigen – also auch flucht-

---

814 Gelegentlich erfolgt auch eine (vertikale) Abtrennung, damit ein Angeklagter zu einem Verfahrensteil, der ihn nicht selbst, sondern nur den Mitangeklagten betrifft, als Zeuge gehört werden kann, vergl. Kl./Meyer-Goßner § 2 Rdnr. 9 StPO.
815 Zum Beispiel dann, wenn zu erwarten ist, dass jeder den anderen als alleinigen Übeltäter bezichtigen wird und nur der gleichzeitige Eindruck von beiden weiterführende Erkenntnisse verspricht.
816 Vergl. BGH NStZ 2000, 211.
817 Im übrigen ist aber im Verlauf einer Hauptverhandlung, besonders wenn sie sich über mehrere Tage erstreckt, auch das Entstehen oder die Entdeckung von Verdunklungsgefahr (§ 112 Abs. 2 Nr. 3 StPO) möglich, wenn etwa die konkrete Absicht des Angeklagten bekannt wird, erst noch zu hörende Zeugen auf unredliche Weise zu beeinflussen.

hemmender – Umstände so erheblich ist, dass die Annahme gerechtfertigt ist, der Angeklagte werde fliehen[818].

Für die Anordnung der Untersuchungshaft in der Hauptverhandlung ist das *Gericht* (nicht allein der Vorsitzende) zuständig (§ 125 Abs. 2 StPO). Der Vorsitzende besitzt eine Eilkompetenz, die – da das Gericht während der Hauptverhandlung grundsätzlich vollständig ist – wohl nur bei Fehlbesetzung des Gerichts oder in außerordentlich eiligen Fällen zwischen mehreren Sitzungstagen eingreifen wird.

Ob die Schöffengerichte und die Strafkammern unter Beteiligung der Schöffen zu entscheiden haben, wird seit einigen Jahren kontrovers diskutiert, nachdem der Bundesgerichtshof festgestellt hatte, dass die Oberlandesgerichte in erster Instanz in der für die Hauptverhandlung zuständige (vollständigen) Besetzung zu entscheiden haben[819]. Das Bundesverfassungsgericht hat die Auffassung, die Schöffen müssten nicht beteiligt werden, von Verfassungs wegen nicht beanstandet[820]. Da die Schöffen Tatfragen ebenso gut wie die Berufsrichter beurteilen können und das Gericht (nicht eine Fraktion davon) seine (in Haftfragen insbesondere tatsächlichen) Bewertungen einzubringen und prozessual umzusetzen hat[821], spricht gleichwohl vieles dafür, die Schöffen zu beteiligen. Praktische Schwierigkeiten stehen dem jedenfalls nicht entgegen. Während der Hauptverhandlung stehen die Schöffen zu jedweder Beratung und Beschlussfassung bereit. Wenn ein Haftbefehlsantrag vor Schluss der letzten Sitzungseinheit – also noch in der Verhandlung – gestellt wird, ist es selbstverständliche Aufgabe des gesamten Gerichts, diesen Antrag abzuarbeiten. Wird ein Antrag während einer längeren Unterbrechung gestellt oder erwägt das Gericht den Erlass eines Haftbefehls von Amts wegen, müssen ohnehin vor der Beschlussfassung noch Anhörungen stattfinden, sodass auch dann mit den Schöffen entschieden werden kann. Duldet die Sache demgegenüber keinen Aufschub, so ist wieder die Eilkompetenz des Vorsitzenden (§ 125 Abs. 2 Satz 2 StPO) gegeben.

Das Gericht entscheidet auf *Antrag oder von Amts wegen*. Hat die Staatsanwaltschaft einen Haftbefehlsantrag in der Sitzung gestellt, zum Beispiel im Rahmen des Schlussvortrags, besteht für den Angeklagten und den Verteidiger selbstverständlich Gelegenheit zur *Stellungnahme* (§ 33 Abs. 1 StPO).

Erwägt das Gericht von sich aus den Erlass eines Untersuchungshaftbefehls, muss es grundsätzlich ebenfalls zuvor dem *Angeklagten* wie den übrigen Beteiligten *rechtliches Gehör* gewähren (§ 33 Abs. 1 StPO). Die Notwendigkeit einer überraschenden Haftanordnung kann es allerdings rechtfertigen, von einer vorherigen Anhörung abzusehen (§ 33 Abs. 4 StPO). Das wird der Fall sein, wenn die Haftanordnung dringlich und der Gefahr, dass der Angeklagte z.B. bereits zwischen Anhörung und Erlass die Flucht ergreift, nicht anders zu begegnen ist, zum Beispiel in unterbrochener Sitzung zwischen den Verhandlungstagen.

---

818 Vergl. Kl./Meyer-Goßner § 112 Rdnr. 24.
819 BGl ISt 43, 91.
820 BVerfG NJW 1998, 2962.
821 *Beispiel:* Die Berufsrichter entscheiden mit einer Mehrheit von 1 zu 2 für die Annahme dringenden Tatverdachts, die Schöffen halten den Angeklagten aber für unschuldig.

III. Hauptverhandlung

Soll *während einer Sitzung* über die Anordnung von Untersuchungshaft entschieden werden und befürchtet der Vorsitzende, dass der Angeklagte nach der Anhörung während der Beratung flieht, kann er geeignete *Maßnahmen* treffen, um dies – mit Hilfe der Justizwachtmeister – zu verhindern, etwa indem er ihn in Gewahrsam nehmen lässt (§ 231 Abs. 1 S. 2 StPO).

Der *Beschluss* über die Anordnung der Untersuchungshaft (= *Haftbefehl*) muss den formalen und inhaltlichen Anforderungen der §§ 112 ff. StPO entsprechen. Er muss unterschrieben[822] und gegenständlich als gesonderter Beschluss außerhalb des Protokolls gefertigt werden, weil er dem Angeklagten nicht nur bekannt gegeben, sondern auch in Abschrift ausgehändigt werden muss (§ 114a StPO)[823]. Ausfertigungen des Haftbefehls werden ferner für die Aufnahme in die Untersuchungshaftanstalt benötigt. Denn dort kann der Vollzug nur entsprechend dem Zweck der Untersuchungshaft gestaltet werden (§ 119 Abs. 3 StPO), wenn die Haftanordnung vorliegt. Dass vor diesem Hintergrund eine Beschlussfassung zum Hauptverhandlungsprotokoll nicht genügt, liegt auf der Hand[824].

Der Haftbefehl ist dem Angeklagten in der Hauptverhandlung durch Verkündung (§ 35 Abs. 1 StPO) *bekannt zu geben*. Zu diesem Zweck verliest der Vorsitzende den Beschluss vollständig oder im Tenor, wobei Letzteres die zusammenfassende Mitteilung der wesentlichen Gründe gebietet. Der Angeklagte enthält eine *Abschrift* des Haftbefehls. Ihm stehen die *Rechtsbehelfe* der Beschwerde (§ 304 StPO) und der Haftprüfung (§ 117 Abs. 1 und 1 StPO) zu, ein Anspruch auf mündliche Haftprüfung besteht nicht (§ 118 Abs. 4 StPO). Ferner kann er unter den Voraussetzungen des § 117 Abs. 4 StPO die Beiordnung eines Verteidigers verlangen. Über seine Rechte ist der Angeklagte zu *belehren*[825].

Der Vorsitzende hat den Angeklagten außerdem zu *befragen*, wer von der Verhaftung *benachrichtigt* werden soll (§ 114b Abs. 1 StPO)[826]. Handelt es sich um einen ausländischen Angeklagten, stellt sich die Frage, ob die Vertretung seines Landes auf seinen Wunsch, u.U. (nach den jeweiligen bilateralen oder multilateralen Vereinbarungen) auch gegen seinen Wunsch benachrichtigt werden muss (Nr. 135 RiVASt).

Wird der Haftbefehl während einer länger dauernden Unterbrechung der Hauptverhandlung erlassen, so kommt dessen Vollstreckung während der nächsten Sitzung nach den oben geschilderten Maßgaben oder seine sofortige Vollstreckung in Betracht. Für den zuletzt genannten Fall überlässt der Vorsitzende in der Regel die erforderliche Zahl von Haftbefehlsausfertigungen der Polizei mit

---

822 Vom Gericht (nicht allein vom Vorsitzenden), gegebenenfalls einschließlich der Schöffen.
823 Zwar wird § 114a Abs. 2 StPO z.T. eher als Sollvorschrift verstanden (vergl. Kl./Meyer-Goßner § 114a Rdnr. 5). In der hier geschilderten Situation ist es dem Gericht aber immer möglich, der Vorschrift nachzukommen, sodass sie insofern auch verpflichtend wirkt.
824 Vergl. OLG Celle StV 1998, 583.
825 *Beispiel:* »Sie können gegen den Haftbefehl Beschwerde einlegen oder – solange die Haft vollzogen wird – anstelle der Beschwerde die gerichtliche Prüfung verlangen, ob der Haftbefehl aufzuheben oder außer Vollzug zu setzen ist. Beschwerde oder Haftprüfungsantrag müssen Sie gegenüber dem Gericht schriftlich oder zu Protokoll der Geschäftsstelle erklären. Wird die Untersuchungshaft in einem anderen Bezirk vollzogen, können Sie die Erklärung auch zu Protokoll des dort zuständigen Amtsgerichts abgeben.«
826 Dazu näher Kl./Meyer-Goßner § 114b Rdnr. 4.

dem Auftrag, den Haftbefehl zu vollstrecken. Nach der Festnahme ist der Haftbefehl dem Angeklagten zu verkünden. Von dem Verkündungstermin ist ggf. der Verteidiger zu benachrichtigen. Über die oben genannten Rechtsbehelfe ist der Angeklagte auch in diesem Fall zu belehren.

Die für den Vollzug der Untersuchungshaft erforderlichen Maßnahmen ordnet der Vorsitzende an (§ 119 Abs. 6 StPO). Er hat daher für die Aufnahme des Angeklagten in die zuständige Untersuchungshaftanstalt und die weiteren Regelungen Sorge zu tragen.

22. Störungen der Hauptverhandlung

Eine Hauptverhandlung kann vielfältige *Störungen* erfahren. Je nach Sichtweise des Betrachters können Umstände jedweder Art als störend empfunden werden. Das gilt sowohl für Äußerlichkeiten als auch für inhaltliche Fragen.

Vor allem der *Missbrauch prozessualer Rechte* ist der Moment, in dem rechtlich grundsätzlich gebilligtes Verhalten zum Anlass von Missbilligung wird – allerdings immer nur auf Seiten dessen, der sich oder seine Sache dadurch negativ betroffen sieht. Obwohl auch hier letztlich Störungen der Hauptverhandlung gegeben sind, kann das Gericht darauf immer nur im Rahmen des Prozessrechts selbst und damit indirekt reagieren, nicht jedoch unmittelbar mit repressiven Mitteln der Sitzungspolizei und des Hausrechts.

Daneben geben *Äußerlichkeiten* vielfältiger Art Anlass, über Maßnahmen gegen Störer zu befinden. Das beginnt mit der Frage, ob an der Bekleidung des Angeklagten oder des Zeugen oder ihrem Sprachgebrauch Anstoß zu nehmen ist bis hin zu schwer wiegenden, einen ordnungsgemäßen Prozessverlauf *gefährdenden Umständen*, etwa Alkoholisierung des Angeklagten, Pöbeleien aus dem Zuhörerraum, Störungen durch Sprechchöre etc.

Generell verlangt das Gesetz an keiner Stelle, dass Vorsitzende und Gerichte unerbittliche Hüter von Anstand, Sitte und Moral sind. Einen bestimmten Kodex für das gebotene Verhalten vor Gericht gibt es außerhalb des Prozessrechts weder für die Personen vor noch diejenigen hinter dem Richtertisch. Insofern muss sich grundsätzlich jeder selbst die Maßstäbe schaffen, nach denen er sich zu verhalten gedenkt. Dass die Angehörigen des Gerichts dabei mit möglichst gutem Beispiel vorangehen sollten, ist selbstverständlich, wird aber nicht immer hinreichend beachtet. Zugleich kann es oft genug der Vorsitzenden maßgeblich bestimmen, in welcher Atmosphäre und unter welchen begleitenden Umständen er die Verhandlung stattfinden lässt. Dabei wird er sich nie von höchst subjektiven Vorstellungen lösen können, er muss sich ihrer indes bewusst werden. So wird ein Richter, der selbst ständig irgendeinen Fremdkörper im Munde führt, den üblichen Kaugummistreit[827] anders beurteilen als ein Kollege, der Kaugummikauen für den Inbegriff der Missachtung des Gegenübers hält. Wem Symbole gleichgültig sind, der wird eher Verständnis aufbringen für den Verteidiger ohne Robe als

---

[827] Darf ein Angeklagter/Zeuge/Verteidiger/Staatsanwalt in der Sitzung einen Kaugummi kauen,
a) wenn er mündliche Ausführungen macht?
b) überhaupt? Darf der Gerichtsreporter einen Lolly lutschen?

III. Hauptverhandlung

derjenige, der eine nicht vorhandene Robe mit Nacktheit gleichsetzt. Wer Erfahrungen mit Jugendlichen und jungen Erwachsenen hat, wird an einer neongrünen Haartracht weniger Anstoß nehmen als der, der solche Personen außerhalb des Gerichtssaals nie gesehen hat. Wer Penner und Obdachlose vorwiegend als anstößig begreift, wird besonderen Anstoß nehmen, wenn sie vor Gericht nicht sauber und ordentlich, sondern übel riechend und alkoholisiert erscheinen. Ob dies aber Fälle sind, in denen die Hauptverhandlung infolge eines Angriffs auf die Würde des Gerichts gestört wird, steht damit längst nicht fest. Dies unterliegt vielmehr Wertungen, die der Vorsitzende nicht allein für sich, sondern zugleich für die Justiz, die er insofern verkörpert, anzustellen hat. Sowenig es richtig sein muss, jeden Jugendlichen zum Ablegen seiner gerade modischen Baseballkappe zu zwingen, so wenig muss es richtig sein, solchen Kopfschmuck zu akzeptieren. Soweit es sich um Fragen eher des Geschmacks als der Funktion der Hauptverhandlung handelt, dürfte sich dabei eine gewisse Zurückhaltung des Gerichts empfehlen. Erfahrungsgemäß entspringen derartige »Störungen« ohnehin selten bösem Willen oder dem Wunsch nach Provokation des Gerichts. Gelegentlich erhalten sie mehr als die ihnen zukommende Bedeutung erst dadurch, dass das Gericht sich mit aller Wucht der sitzungspolizeilichen Maßnahmen ihrer anzunehmen gezwungen fühlt.

22.1. Versagung des Zutritts

Bereits der *Zutritt* zu einer öffentlichen Verhandlung kann einzelnen Personen versagt werden, wenn sie in einer der Würde des Gerichts nicht entsprechenden Weise erscheinen (§ 175 GVG).

Die Anordnung nach § 175 GVG richtet sich gegen Personen, die an der Verhandlung nicht beteiligt sind, also an *Zuhörer*[828]. Ihre *Erscheinung* richtet sich – jedenfalls objektiv – dann gegen die Würde des Gerichts, wenn das Mindestmaß an Respekt, das dem Gericht und den Verfahrensbeteiligten gebührt und die dem Ernst einer Gerichtsverhandlung angemessene Form durch Erscheinung und Auftreten grob missachtet werden[829]. Ob dies der Fall ist, entscheidet immer die konkrete Situation. Wichtig für den Vorsitzenden ist das Gespür, ob in ungewöhnlichen oder gar exzentrischen Äußerlichkeiten tatsächlich ein Angriff auf die Würde des Gerichts liegt. Das entscheidet häufig die Willensrichtung des Betroffenen. Wer in abgewetzter Arbeitskluft, in lässiger Freizeitkleidung, mit zerpiercten Gesichtsteilen, schmucküberhäuft oder mit deutlich sichtbaren religiösen Symbolen erscheint, mag sich dabei mancherlei denken, eine Respektlosigkeit gegenüber dem Gericht ist gerade mit solchen äußeren Attributen selten verbunden. Darüber hinaus kann es in einer freiheitlichen Gesellschaftsordnung nicht schaden, wenn sich die Öffentlichkeit einer Hauptverhandlung nicht nur aus konformen oder gar uniformen Personen zusammensetzt.

Kritischer sind die Fälle, in denen Zuhörer mit ihrem Erscheinungsbild nicht nur Inhalte verknüpfen, sondern diese auch aktiv in den Prozess einbringen wol-

---

828 Für die Beteiligten gelten die §§ 176 ff. GVG.
829 KK-Diemer § 176 GVG Rdnr. 3.

len, etwa durch Maskerade, durch aufgenähte Spruchbänder etc. Hier liegt ein Angriff auf die Würde des Gerichts grundsätzlich näher.

Ferner sollen auch *absehbare zukünftige Störungen* des Verlaufs der Hauptverhandlung das Ansehen des Gerichts beeinträchtigen können[830]. Zur Versagung des Zutritts nach § 175 GVG dürfte dies aber nur führen, wenn die Erwartung einer solchen Störung bereits der äußeren Erscheinung der Betroffenen anzumerken ist[831].

Schließlich kann auch ohne weitere Voraussetzungen *unerwachsenen*, d.h. *Personen*, die noch nicht 18 Jahre alt sind und die erkennbar nicht die für eine Teilnahme an einer Gerichtsverhandlung nötige geistige Reife besitzen[832], der Zutritt verwehrt werden[833].

Die Versagung des Zutritts *ordnet* der *Vorsitzende* (§ 176 GVG) an. Gegen diese Anordnung ist eine Anrufung des Gerichts nicht möglich, weil es sich um eine Maßnahme der Sitzungspolizei handelt[834]. Solche Maßnahmen sind grundsätzlich auch nicht mit der Beschwerde anfechtbar[835]. Damit ist die Versagung des Zutritts einzelner Personen nach § 175 GVG *grundsätzlich unanfechtbar*[836].

22.2. Ordnung in der Sitzung

Die Aufrechterhaltung der *Ordnung in der Sitzung* obliegt grundsätzlich dem Vorsitzenden (§ 176 GVG). Er ist dafür im Sitzungssaal, den vorgelagerten Räumen, betreffend alle Anwesenden und sowohl während der Sitzung, während kürzerer Sitzungsunterbrechungen als auch in der Zeitspanne, in der sich die Beteiligten vor der Sitzung einfinden und danach entfernen, zuständig. Demgegenüber kann das Hausrecht dort eingreifen, wo die sitzungspolizeilichen Zuständigkeiten nicht berührt werden.

Als Ordnung in der Sitzung wird der Zustand beschrieben, der dem Gericht und den Verfahrensbeteiligten eine *störungsfreie Ausübung* ihrer Funktionen ermöglicht, die Aufmerksamkeit der übrigen Anwesenden nicht beeinträchtigt und den gebührlichen Ablauf der Verhandlung sichert[837]. Der Vorsitzende hat Beeinträchtigungen dieses Zustands unabhängig davon zu begegnen, ob die Störungen bewusst oder absichtlich erfolgen oder nicht. Er handelt dabei von Amts wegen, wobei er Anregungen der Beteiligten aufgreifen kann, aber nicht aufgreifen muss.

---

830 Kl./Meyer-Goßner § 175 GVG Rdnr. 3.
831 Das würde ich z.B. bejahen, wenn ein Zuhörer Presslufthupen, Transparente o.Ä. mit in den Sitzungsraum nehmen möchte.
832 KK-Diemer § 175 GVG Rdnr. 1.
833 Auch hierbei sollte der Vorsitzende durchaus eine gewisse Zurückhaltung üben. Solange sich die mangelnde Reife des Zuhörers im Nichtverstehen der Vorgänge erschöpft und nicht nach außen als störend manifestiert (etwa durch Unruhe, Kommentierungen des Geschehens, unpassende Unmutsäußerungen o.Ä.), schadet dieser Mangel weder der Würde des Gerichts noch der Durchführung des Verfahrens.
834 KK-Diemer § 175 GVG Rdnr. 1.
835 Kl./Meyer-Goßner § 176 GVG Rdnr. 16.
836 Erfolgt eine Zutrittsversagung allerdings zu Unrecht, kann unter Umständen die Öffentlichkeit des Verfahrens verletzt und damit ein absoluter Revisionsgrund (§ 338 Nr. 6 StPO) gegeben sein.
837 Kl./Meyer-Goßner § 176 GVG Rdnr. 4 m.w.N.

III. Hauptverhandlung

Zur Abwehr von Störungen ist der Vorsitzende berechtigt, *Ermahnungen* und *Rügen* zu erteilen, ungebührliches oder störendes Verhalten *zu untersagen*, zur *Ruhe zu rufen*, Zuhörer des Saales zu *verweisen* u.a.m. Es steht ihm frei, mit der Anordnung von Zwangsmaßnahmen (§ 177 GVG) oder der Verhängung von Ordnungsmitteln (§ 178 GVG) zu drohen. Im Allgemeinen dürfte sich auch hier Fingerspitzengefühl und persönliche, aus Sachkompetenz abgeleitete Autorität als wirksamer erweisen als formelhaftes Vorgehen unter Hinweis auf drakonische Folgen fortdauernder Störungen. Drohungen mit Zwangsmaßnahmen und Ordnungsmitteln sind ohnehin nur sinnvoll, wo auch die Bereitschaft und die rechtliche Möglichkeit besteht, sie notfalls anzuordnen. Mitunter erweist es sich als sachgerecht, Situationen durch andere prozessleitende Maßnahmen zu entschärfen. Führt persönliche Erregung eines Beteiligten zum Beispiel zu unangemessenem und störendem Verhalten, mag es ausreichen, dem Betreffenden durch eine kurze Verhandlungsunterbrechung Gelegenheit zu geben, sich wieder zu fassen. Andererseits haben Flexibilität und ein gewisses Maß an Nachgiebigkeit auch Grenzen. Erkennt der Vorsitzende, dass mit gutwilligen Ermahnungen, Rügen und unbewehrten Anordnungen keine Störungsfreiheit herzustellen ist, sollte er – soweit rechtlich möglich – rasch und nachdrücklich Zwangsmaßnahmen und Ordnungsmittel ergreifen, um unmissverständlich zu verdeutlichen, dass er die Ordnung der Sitzung durchzusetzen bereit ist.

Die sitzungspolizeilichen *Befugnisse nach § 176 GVG* berechtigen den Vorsitzenden *gegenüber allen Beteiligten*, selbst wenn gegen sie weder Zwangsmaßnahmen noch Ordnungsmittel nach §§ 177 f. GVG zulässig wären, also *auch gegenüber Verteidigern*[838], *Sitzungsstaatsanwälten, Urkundsbeamten und den übrigen (Berufs- oder Laien-)Richtern.*

Im Rahmen des § 176 GVG entscheidet *allein der Vorsitzende*. Seine sitzungspolizeilichen Maßnahmen sind weder durch Anrufung des Gerichts noch durch Beschwerde anfechtbar[839].

22.3. Entfernung des Störers, Ordnungshaft

Hat der Vorsitzende zur Aufrechterhaltung der Ordnung in der Sitzung eine Anordnung getroffen, wird dieser *Anordnung indes nicht Folge* geleistet, so ist darüber zu entscheiden, ob die störende Person aus dem *Sitzungszimmer entfernt* und *Ordnungshaft* gegen sie verhängt wird (§ 177 GVG).

---

838 Zum offenbar unendlich zu führenden Robenstreit vergl. Katholnigg § 176 GVG Rdnr. 8 mit zahlreichen weiteren Nachweisen. Wenn – aber nur dann, und hierin liegt das Problem – der nicht in Amtstracht gewandete Verteidiger durch eben diese Unterlassung den nötigen Respekt vor dem Gericht vermissen lässt oder den Sitzungsverlauf stört, mag es gerechtfertigt sein, ihn auszuschließen. Man müsste allerdings im vergleichbaren Fall wohl auch bereit sein, einen Sitzungsstaatsanwalt in die – z.B. vergessene, in der Reinigung befindliche oder sonst nicht verfügbare – Robe zu verweisen.
839 Kl./Meyer-Goßner § 176 GVG Rdnr. 16, möglicherweise aber mit der Revision, wenn der Vorsitzende Maßnahmen ergreift, die unverzichtbare Verfahrensgarantien betreffen, etwa das Recht auf ungehinderte Verteidigung, den Aufklärungsgrundsatz oder die Öffentlichkeit des Verfahrens.

22. Störungen der Hauptverhandlung

Diese Möglichkeit besteht gegenüber dem *Angeklagten*, dem Nebenkläger, dem Privatkläger, den Nebenbeteiligten, *Sachverständigen, Zeugen und Zuhörern*. Sie kommt hingegen – wegen der enumerativen Aufzählung im Gesetz – *grundsätzlich*[840] *nie gegenüber Verteidigern*, Beisitzern oder Schöffen, den Sitzungsvertretern der Staatsanwaltschaft oder Rechtsanwälten als Vertretern oder Beiständen von Neben- oder Privatklägern oder Nebenbeteiligten in Betracht. Der Vorsitzende ist daher in solchen Fällen darauf angewiesen, an den Ver- oder Anstand der Betreffenden zu appellieren, möglicherweise die Sitzung zur Abkühlung erregter Gemüter zu unterbrechen, u.U. auch mit einer Anzeige an die anwaltliche Standesvertretung bzw. mit einer Dienstaufsichtsbeschwerde zu drohen, um sie zu einer Änderung ihres Verhaltens zu bewegen.

Die Entfernung aus dem Sitzungssaal oder die Verhängung von Ordnungshaft setzen voraus, dass zuvor eine entsprechende Anordnung des Vorsitzenden *(Abmahnung)* ergangen ist, dass der Betreffende sie *verstanden* (wenn auch nicht gebilligt) und ihr *nicht Folge geleistet* hat. Unter Umständen sollte die Abmahnung auch – unter Hinweis auf die sonst drohenden Folgen – wiederholt werden[841].

Der Vorsitzende muss dem Betreffenden *Gehör* geben. Davon darf er allerdings absehen, wenn die Störung und die Nichtbefolgung der vorangegangenen sitzungspolizeilichen Anordnung völlig außer Frage stehen und die Anhörung nur zu weiteren Störungen Gelegenheit gäbe[842]. Eine Anhörung der übrigen Beteiligten kann sinnvoll sein, ist aber nicht zwingend erforderlich.

Gegenüber *Zuhörern* (als an der Verhandlung i.S. des Gesetzes nicht beteiligten Personen[843]) kann der *Vorsitzende* die Maßnahmen des § 177 GVG allein anordnen.

Gegenüber dem *Angeklagten*, dem Nebenkläger, dem Privatkläger und den Nebenbeteiligten, *Sachverständigen und Zeugen* ist ein Gerichtsbeschluss erforderlich. Nur in Fällen äußerster Dringlichkeit (wenn also die Situation zu eskalieren droht), kann zunächst der Vorsitzende entscheiden[844], muss dann aber die Entscheidung des Gerichts alsbald in Gestalt eines Beschlusses herbeiführen[845].

Gegenüber der Anordnung des Vorsitzenden bzw. dem Beschluss des Gerichts nach § 177 GVG ist kein Rechtsmittel gegeben[846], der Beschluss muss daher (§ 34 StPO) auch nicht begründet werden. Er muss aber die *angeordnete Maßnahme*

---

840 Die Rechtsprechung lässt in »Extremfällen« Ausnahmen zu (BGH NJW 1977, 437). Angesichts des Gesetzeswortlauts und der Bedeutung des Rechts des Angeklagten auf uneingeschränkte Verteidigung habe ich allerdings Zweifel an der Richtigkeit dieser Auffassung, selbst wenn es im Einzelfall ausgesprochen reizvoll wäre, sich ihrer zu bedienen.
841 Außerdem empfiehl es sich, im Benehmen mit dem Protokollführer sicherzustellen, dass die Störung(en) und die Abmahnung(en) sogleich im Sitzungsprotokoll gewahrt werden.
842 OLG Düsseldorf NStZ 1988, 238.
843 Kl./Meyer-Goßner § 177 GVG Rdnr. 2.
844 Kl./Meyer-Goßner § 177 GVG Rdnr. 11.
845 BGH NStZ 1988, 85.
846 Kl./Meyer-Goßner § 177 GVG Rdnr. 15, allerdings können dadurch u.U. Revisionsgründe geschaffen werden.

III. Hauptverhandlung

(*Entfernung oder Ordnungshaft nebst Dauer des Festhaltens*) genau bezeichnen und den davon Betroffenen unzweifelhaft kennzeichnen[847].

Mit der *Entfernung* aus dem Sitzungssaal ist die Ursache der Störung (hoffentlich) eliminiert. Die zusätzlich mögliche *Ordnungshaft* kann zur Sicherung vor weiteren Störungen dienen, aber auch Sanktionscharakter haben. Die Ordnungshaft darf allerdings *nie länger als vierundzwanzig Stunden* dauern. Sie ist an dem Sicherungszweck zu bemessen und muss in der gerichtlichen Anordnung bestimmt werden[848].

Wird ein Verfahrensbeteiligter (immer durch Beschluss des Gerichts) einer Maßnahme nach § 177 StPO unterworfen, so stellt sich die Frage, ob in seiner Abwesenheit weiterverhandelt werden kann[849].

Wird der *Angeklagte* nach § 177 GVG aus dem Sitzungsraum *entfernt*, kann nach § 231b StPO in seiner *Abwesenheit* verhandelt werden. Wichtigste Voraussetzung ist, dass er Gelegenheit hatte oder noch erhalten wird, sich zur Sache zu äußern und dass *schwer wiegende weitere* Störungen zu besorgen sind. Ein gesonderter Beschluss nach § 231b StPO ist neben der Entscheidung nach § 177 GVG nicht erforderlich[850]. Sobald keine weiteren Störungen zu befürchten sind[851], muss der Angeklagte *wieder zugelassen* werden. Wird der Angeklagte wieder vorgelassen, muss ihn der Vorsitzende über den wesentlichen Inhalt der inzwischen durchgeführten Verhandlung *unterrichten* (§§ 231b Abs. 2, 231a Abs. 2 StPO)[852]. Notfalls kann nach der Entfernung die gesamte weitere Hauptverhandlung einschließlich der Urteilsverkündung in Abwesenheit des Angeklagten erfolgen[853].

Die Entfernung von *Zeugen und Sachverständigen* wird, sofern ihre sachliche Mitwirkung nicht ohnehin bereits beendet ist, nur wenig praktischen Nutzen bringen. Der störende Sachverständige ist zwar als Beweismittel ersetzbar. Eine Entpflichtung wird aber in aller Regel erhebliche Verfahrensverzögerungen mit sich bringen. Die Entfernung eines störenden Zeugen wird – außer der Beruhigung notfalls durch Ordnungshaft – das Gericht hingegen selten der Notwendigkeit entheben, den Zeugen vollständig anzuhören, bevor er entlassen wird.

---

847 Dazu kann der Störer nach seinen Personalien befragt, aber auch nach Äußerlichkeiten beschrieben werden, um keine Zeitverzögerungen bei der Sicherstellung oder Wiederherstellung der Ordnung in der Sitzung hinzunehmen. Die Feststellung der Personalien kann in diesen Fällen alsbald nachgeholt werden.
848 *Beispiel:* »Der Zeuge X ist aus dem Saal zu entfernen. Er ist zur Ordnungshaft abzuführen und für vier Stunden festzuhalten.«
849 Für störende Zuhörer ist dies unproblematisch, selbst wenn infolge einer Räumung des gesamten Zuhörerraums alle vorhandenen Zuhörer den Saal verlassen müssen. Dann muss nur sichergestellt sein, dass andere Zuhörer den Saal noch betreten können und damit die Öffentlichkeit gewahrt ist.
850 BGH NStZ 1993, 198, zur Klarstellung ist er aber u.U. zweckmäßig.
851 Dazu kann auch eine glaubhafte Versicherung des Angeklagten gehören, in Zukunft auf Störungen zu verzichten.
852 Den wesentlichen Inhalt bestimmt der Vorsitzende nach pflichtgemäßem Ermessen selbst. Er muss dem Angeklagten alles mitteilen, was zu dessen sachgerechter Verteidigung erforderlich ist Vergl. Kl./Meyer-Goßner § 247 Rdnr. 16.
853 Zumindest zur Ergreifung des letzten Wortes und zur Urteilsverkündung sollte der Versuch gemacht werden, die Anwesenheit des Angeklagten wieder zu gestatten.

22.4. Ungebühr, Ordnungsmittel

Gegen Personen, die sich in der Verhandlung einer *Ungebühr* schuldig machen, können schließlich die *Ordnungsmittel* des § 178 GVG festgesetzt werden.

Der Begriff der Ungebühr ist unbestimmt und umstritten[854]. Er unterliegt dem Wandel der allgemeinen Auffassungen darüber, was sich vor Gericht »gebührt« oder nicht[855]. Er ist ferner in hohem Maß von der jeweiligen Prozesssituation abhängig. Erregte und emotional angespannte Situationen können durchaus scharfe oder heftige Reaktionen hervorrufen, die vielleicht sogar unangemessen erscheinen, aber die Würde des Gerichts nicht zwangsläufig berühren. Ferner bestimmt vielfach auch das Vorgehen des Gerichts selbst, wo die Grenzen des gebührlichen Verhaltens liegen. Wer sich z.B. als Vorsitzender flegelhaft benimmt, wird nicht ernsthaft erwarten dürfen, dass ihn die Würde des Gerichts vor Respektlosigkeiten der Beteiligten schützt. Ein feststehender Kodex des gebührenden Verhaltens vor Gericht kann daher nicht angegeben werden[856].

Ungebühr vor Gericht steht folglich auch nicht ohne weiteres den nach §§ 175 f. GVG zu behandelnden Störungen der Hauptverhandlung gleich. Was die Hauptverhandlung stört, muss nicht Ungebühr sein[857] und umgekehrt[858]. Sinnvoll erscheint es daher, mit § 178 GVG nicht eine kaum zu definierende abstrakte Würde des Gerichts zu schützen, sondern praktische und verfahrensfördernde Zweck zu verfolgen[859]. Aus dieser Sicht wird § 178 GVG in der Regel[860] zur zusätzlichen *Ahndung von Verfahrensstörungen* eingesetzt werden, die nach §§ 175, 176 GVG sitzungspolizeilich behoben werden müssen.

Im Rahmen der Ordnungsmittel des § 178 GVG geht es nicht mehr um die Behebung von Störungen, sondern um *strafähnliche Sanktionen*. § 178 GVG setzt daher schuldhaftes, das heißt hier *vorsätzliches Verhalten* voraus[861]. Personen vor Gericht verhalten sich gelegentlich ungebührlich, weil sie es grundsätzlich[862] oder in der besonderen Situation[863] nicht anders verstehen. Der Vorsitzende wird da-

---

854 Vergl. mit zahlreichen Beispielen Katholnigg § 178 GVG Rdnr. 3.
855 KK-Diemer § 178 GVG Rdnr. 2.
856 Vergl. die zahlreichen Nachweise bei Kl./Meyer-Goßner § 178 GVG Rdnr. 3.
857 *Beispiel:* Kinderlärm im Zuschauerraum; ein Verteidiger, der während seines Schlussvortrags permanent im Sitzungssaal herumläuft, weil ihn dies rhetorisch fördert.
858 *Beispiel:* Der Zuhörer mit dem T-Shirt-Aufdruck »Tod dem Gericht«.
859 KK-Diemer § 178 GVG Rdnr. 2.
860 Damit will ich eindeutige Angriffe auf die Würde des Gerichts (die allerdings nicht zwangsläufig gleichbedeutend ist mit der Würde seiner Angehörigen) nicht aus dem Anwendungsbereich ausschließen.
861 Kl./Meyer-Goßner § 178 GVG Rdnr. 4 f. m.w.N., str. Die Frage der Schuldform hat allerdings kaum praktische Bedeutung. Denn in der Regel wird der Vorsitzende ungebührliches Verhalten abmahnen, bevor er Gericht Ordnungsmittel ergreift. Bleibt die Abmahnung ohne den gewünschten Erfolg, wird für den Wiederholungsfall Vorsatz anzunehmen sein.
862 Wer als jugendlicher Zeuge nicht die Erfahrungen hat, dass menschliche Kommunikation auch ohne gleichzeitigen Einsatz eines Discman möglich ist, denkt sich auch vor Gericht nichts Böses, wenn er mit Kopfhörern und Lieblingsmusik ausgerüstet erscheint.
863 Wenn schon Juristen sich schwer tun zu sagen, was nun das vor Gericht gebührende Verhalten ist, kann dies bei gerichtsunerfahrenen Personen oft erst recht nicht als bekannt vorausgesetzt werden. Wer zum Beispiel nicht weiß, dass man sich zur Verkündung des Urteil-

III. Hauptverhandlung

her – abgesehen von eindeutig absichtlichem Fehlverhalten – *zunächst* auch hier den Betroffenen *abmahnen*, wodurch sich die Situation häufig klärt, vor allem dann, wenn er auf die Möglichkeiten der Ordnungsmittelfestsetzung und deren sofortige Vollstreckbarkeit hinweist[864].

Die Möglichkeit der Anordnung von Ordnungsmitteln besteht gegenüber dem *Angeklagten*, dem Nebenkläger, dem Privatkläger, den Nebenbeteiligten, *Sachverständigen, Zeugen und Zuhörern*. Sie kommt hingegen – wegen der enumerativen Aufzählung im Gesetz – *grundsätzlich*[865] *nie gegenüber Verteidigern*, Beisitzern oder Schöffen, den Sitzungsvertretern der Staatsanwaltschaft oder Rechtsanwälten als Vertretern oder Beiständen von Neben- oder Privatklägern oder Nebenbeteiligten in Betracht.

Ob das Gericht Ordnungsmittel festsetzt, steht in seinem *pflichtgemäßen Ermessen*. Andere Verfahrensbeteiligte können die Verhängung von Ordnungsmitteln anregen. Die Person, die im Verdacht der Ungebühr steht, ist vor der Entscheidung über die Anordnung der Maßnahme *anzuhören*. Die Anhörung ist entbehrlich, wenn die Ungebühr objektiv und subjektiv feststeht und die Anhörung nur zu weiteren Ausfällen Gelegenheit gäbe[866]. Die Anhörung der übrigen Verfahrensbeteiligten ist nicht zwingend erforderlich, in der Regel aber sachdienlich.

Gegenüber *Zuhörern* (als an der Verhandlung i.S. des Gesetzes nicht beteiligten Personen[867]) kann der *Vorsitzende* die Ordnungsmittel des § 178 GVG allein anordnen.

Gegenüber dem *Angeklagten*, dem Nebenkläger, dem Privatkläger und den Nebenbeteiligten, *Sachverständigen und Zeugen* ist ein Gerichtsbeschluss erforderlich. Nur in Fällen äußerster Dringlichkeit (wenn also die Situation zu eskalieren droht), kann zunächst der Vorsitzende entscheiden[868], muss dann aber die Entscheidung des Gerichts alsbald in Gestalt eines Beschlusses herbeiführen[869].

Als Ordnungsmittel wird *Ordnungsgeld* (zwischen 5 und 1.000 DM, Art. 6 Abs. 1 EGStGB) *oder Ordnungshaft* (zwischen einem Tag und sechs Wochen, Art. 6 Abs. 2 EGStGB) verhängt (§ 178 Abs. 1 S. 1 GVG). Die Ordnungsmittel können nach dem Gesetzeswortlaut alternativ verhängt werden. Ordnungshaft ist hier also auch – anders als z.B. gegenüber ausbleibenden Zeugen nach § 51 StPO – selbstständiges Ordnungsmittel und nicht nur Ersatz bei Uneinbringlichkeit eines

---

    stenors zu erheben hat, wird sitzen bleiben. Hierin wird Ungebühr nur dann zu erkennen sein, wenn ein entsprechender Hinweis auf die Gepflogenheiten unbeachtet bleibt.
864 Weil Ordnungshaft nach § 178 GVG unmittelbar und bis zu 6 Wochen Dauer verhängt werden kann, wird hier ein entsprechend deutlicher Hinweis oft Früchte tragen.
865 Die Rechtsprechung lässt in »Extremfällen« Ausnahmen zu (BGH NJW 1977, 437). Angesichts des Gesetzeswortlauts und der Bedeutung des Rechts des Angeklagten auf uneingeschränkte Verteidigung habe ich allerdings Zweifel an der Richtigkeit dieser Auffassung, selbst wenn es im Einzelfall ausgesprochen reizvoll wäre, sich ihrer zu bedienen.
866 OLG Düsseldorf NStZ 1988, 238.
867 Kl./Meyer-Goßner § 177 GVG Rdnr. 2.
868 Kl./Meyer-Goßner § 177 GVG Rdnr. 11.
869 BGH NStZ 1988, 85.

22. Störungen der Hauptverhandlung

Ordnungsgeldes. Wird Ordnungsgeld verhängt, ist festzusetzen, in welchem Maße Ordnungshaft an seine Stelle tritt, wenn es nicht beigetrieben werden kann[870].

Der *Beschluss* nach § 178 GVG muss *begründet* werden[871]. Er ist mit Beschwerde innerhalb einer Woche anfechtbar (§ 181 Abs. 1 GVG). Der Sache nach handelt es sich um eine *sofortige Beschwerde*, sodass eine Abhilfe durch das erkennende Gericht nur unter engen Voraussetzungen (§ 311 Abs. 3 S. 2 StPO) möglich ist. Die Beschwerde hat für die Anordnung von Ordnungsmitteln in der Hauptverhandlung[872] *keine aufschiebende Wirkung* (§ 181 Abs. 2 StPO). Sie ist bei dem erkennenden Gericht einzulegen (§ 306 Abs. 1 StPO). Über die Beschwerde entscheidet das *Oberlandesgericht* (§ 181 Abs. 3 GVG). Der Vorsitzende hat daher den Beschluss nach § 178 GVG zu *verkünden und Rechtsmittelbelehrung* zu erteilen (§ 35a StPO). Ergeht der Beschluss gegen einen Abwesenden, etwa weil der Störer aufgrund einer Maßnahme nach § 178 GVG inzwischen aus der Sitzung entfernt wurde, muss ihm der Beschluss mit Rechtsmittelbelehrung zugestellt werden (§ 35 StPO).

22.5. Vollstreckung

Die *Vollstreckung* der *gerichtlichen Anordnungen und Beschlüsse* nach §§ 175 ff. GVG hat der *Vorsitzende* unmittelbar selbst zu veranlassen. Er kann sie daher nicht – wie sonst – der Staatsanwaltschaft überlassen (§ 36 Abs. 3 S. 2 StPO). Die gerichtliche Vollstreckung ist grundsätzlich dem Rechtspfleger des Gerichts überlassen (§ 31 Abs. 3 RpflG). Weil die Wirkung von Zwangs- und Ordnungsmitteln auch in ihrer raschen Vollstreckbarkeit zu sehen ist[873], sollte der Vorsitzende dafür Sorge tragen, dass auch tatsächlich rasch, bestenfalls sofort, vollstreckt wird. In der Sitzungssituation kann er zu diesem Zweck die Vollstreckung von Zwangsmaßnahmen und Ordnungsmitteln auch sofort selbst einleiten und mithilfe der Gerichtswachtmeister vollstrecken lassen.

22.6. Straftaten in der Sitzung

Werden in der Sitzung *Straftaten* begangen, so hat dies nicht notwendigerweise für die Ordnung in der Sitzung Bedeutung. Denn nicht immer müssen Straftaten zu unmittelbaren Störungen führen, man denke zum Beispiel an Falschaussagen, falsche Verdächtigungen, Betrugsversuche u.a.m. Gleichwohl verlangt das Gesetz vom Gericht in allen Fällen, die Straftat *festzustellen* und das darüber aufgenommene *Protokoll* der zuständigen Behörde mitzuteilen (§ 183 GVG).

---

870 *Beispiel:* »Gegen den Zuhörer X wird wegen Ungebühr ein Ordnungsgeld von 300 DM, ersatzweise für 100 DM je ein Tag Ordnungshaft, festgesetzt. Gründe: ...«
871 *Beispiel:* »... Gründe: Der Zuhörer X hat sich der Ungebühr vor Gericht nach § 178 Abs. 1 GVG schuldig gemacht. Er hat sich bei Wiedereintritt des Gerichts zur Urteilsverkündung auf mehrfache Aufforderung des Vorsitzenden nicht erhoben, sondern sich schließlich auf den Fußboden gelegt.«
872 Anders bei Anordnungen außerhalb der Hauptverhandlung nach § 180 GVG.
873 Gegen Entscheidungen nach §§ 175, 176 und 177 GVG ist kein Rechtsbehelf gegeben, die Beschwerde gegen die Entscheidung nach § 178 hat keine aufschiebende Wirkung.

III. Hauptverhandlung

Diese Vorschrift hat im Rahmen der Sitzung wenig praktische Bedeutung, soweit es sich um Straftaten handelt, die nicht zugleich gegen Belange der Sitzungspolizei verstoßen. Im strafgerichtlichen Sitzungssaal werden vor allem *Aussagedelikte*[874] begangen, von denen das Gericht im Verlaufe der Beweisaufnahme zunächst ohnehin nur einen vorläufigen Eindruck gewinnt. Nur selten ist eine Aussage bereits in dem Moment als falsch zu qualifizieren, in dem sie gemacht wird. Selbst wenn das Gericht bereits relativ genaue Vorstellungen vom (mangelnden) Wahrheitsgehalt einer Aussage hat, sprechen oft gewichtige Gründe dafür, mit dieser Auffassung unter Umständen nicht sofort nach außen zu treten[875]. Das Gesetz zwingt daher auch nicht dazu, bei Verdacht eines Aussagedelikts tätig zu werden. Allerdings sollte der Vorsitzende, wo es später auf die exakte Feststellung eines Vorgangs oder den genauen Wortlaut einer möglichen Falschaussage ankommen kann, die wörtliche Protokollierung nach § 273 Abs. 3 S. 1 StPO[876] anordnen. Denn erfahrungsgemäß verlaufen Folgeverfahren oft im Sande, wenn in solchen Bereichen später allein das Erinnerungsvermögen der Beteiligten ausschlaggebend wäre. Im Übrigen genügt es, wenn das Gericht zu gegebener Zeit der Strafverfolgungsbehörde entsprechende Mitteilung macht.

An zweiter Stelle der in Sitzungen begangenen Straftaten stehen *Beleidigungsdelikte* (§§ 185 ff. StGB). Bei der Frage, ob überhaupt eine Ehrverletzung gegeben ist oder, wenn dies der Fall ist, Wahrnehmung berechtigter Interessen vorliegt, ist eine gewisse Zurückhaltung geboten. Sinnvoller als sich auf die Protokollierung fragwürdiger Ehrverletzungen zurückzuziehen, dürfte es erscheinen, durch sachgemäße Verhandlungsleitung den durchaus auch engagierten Austausch der Argumente in sachlichen Bereichen zu halten und über Rügen und Abmahnungen für Ordnung in der Sitzung zu sorgen. Allerdings muss sich auch in der Sitzung des Strafgerichts niemand beleidigen lassen. Wenn dies gleichwohl geschieht, dürfte auch hier Wortprotokoll nach § 273 Abs. 3 S. 1 StPO das gebotene Mittel sein, wenn der Täter ein Verfahrensbeteiligter ist. Ist der Täter ein Zuschauer, empfiehlt es sich, ihn zur Feststellung der Personalien vorläufig festzunehmen (§ 183 S. 2 GVG)[877]. Dazu kann sich der Vorsitzende der Gerichtswachtmeister bedienen. Der Vorfall ist im Sitzungsprotokoll so genau wie möglich zu vermerken. Nach Fertigstellung des Protokolls kann dann die Mitteilung nach § 183 GVG erfolgen.

Schließlich ist das Gericht verpflichtet, *andere Straftaten*, insbesondere Gewalttaten und Taten mit Nötigungscharakter, nach § 183 GVG im Protokoll zu vermerken und der zuständigen Behörde mitzuteilen. Hierbei handelt es sich dann meist um schwerwiegende Eingriffe auch in die Ordnung der Sitzung, die ohnehin zu Unterbrechungen führen und die daneben auch genügend Anlass für die amtsseitige Einleitung eines neuen Ermittlungsverfahrens geben.

---

874 Vornehmlich im Zusammenhang mit versuchter Strafvereitelung.
875 § 24 Abs. 2 StPO.
876 Siehe dazu auch vorn S. 59.
877 Ferner kann selbstverständlich eine Maßnahme nach §§ 177, 178 GVG erwogen werden.

23. Verfahrensabsprachen

Während im letzten Jahrzehnt *Möglichkeiten und Grenzen von »Verständigung«* im Strafverfahren Gegenstand teilweise heftiger und kontroverser Erörterungen waren[878], ist es in den letzten Jahren in der Fachwelt insofern etwas stiller geworden. Es wäre jedoch eine Fehlvorstellung anzunehmen, in deutschen Strafverfahren würden angesichts der erhobenen Bedenken einverständliche Verfahrensergebnisse nur im Rahmen der gesetzlichen Vorschriften herbeigeführt. Im Gegenteil muss vermutet werden, dass Vereinbarungen, Absprachen und Deals einen keinesfalls zu vernachlässigenden Raum einnehmen und dass dabei die Grenzen des Zulässigen immer wieder missachtet werden. Allerdings nimmt daran kaum jemand mehr öffentlich Anstoß. Die Verfahren werden einverständlich beendet, etwaige Bedenklichkeiten heilt die eintretende Rechtskraft, versüßt mit dem meist zutreffenden Gefühl der Beteiligten, wieder ein schwieriges Verfahren mit anderenfalls ungewisser Dauer und noch ungewisserem Ausgang elegant gemeistert zu haben.

23.1. Befunde

Die Lage der Justiz im Allgemeinen und der ordentlichen Gerichtsbarkeit im Besonderen ist streckenweise beklagenswert. Eine notorische *Überlastung* wird von der Gesellschaft, die den Zustand der Justiz qua Administrative selbst zu verantworten hat, nicht zum Anlass genommen, für Besserung zu sorgen. Tritt keine grundlegende Änderung ein, muss das überlastete System irgendwann zusammenbrechen. Bis dahin wird es zu stets anwachsenden Rückständen kommen oder zu qualitativ nicht akzeptablen Ergebnissen. In einem Zwischenstadium, in dem wir uns heute bereits befinden, treten Mischformen auf.

Richter neigen im Allgemeinen – entgegen überkommenen Vorurteilen – dazu, anfallende Arbeit zu erledigen. Fällt mehr Arbeit an, wollen sie auch die Mehrarbeit bewältigen. Sie fühlen sich den Verfahrensbeteiligten verpflichtet und würden es als persönliches Versagen begreifen, wenn sie ihre stets *wachsenden Arbeitspensen* nicht quantitativ erledigen würden. Die richterliche Unabhängigkeit zum Beispiel dazu zu nutzen, nur die Arbeit zu leisten, die mit gutem Gewissen gegenüber den Ergebnissen oder der eigenen Gesundheit geleistet werden kann, liegt der überwiegenden Zahl der Richter fern. Den Gedanken aufzugreifen fiele umso schwerer, als es sich in einem Kollegium kaum ohne massive Ansehensverluste bewerkstelligen lässt, selbst »nur« hundertprozentige Quantitäten zu leisten, während alle anderen die Überlast (irgendwie) erledigen und letztlich befürchten müssten, bei der nächsten Geschäftsverteilung diejenige Arbeit noch selbst zugewiesen zu bekommen, die der andere nicht leisten will. Richter nehmen daher – mit Murren vielleicht, aber im Ergebnis verlässlich – Mehrarbeiten grundsätzlich an. Solche – für die Justizverwaltungen außerordentlich praktische – Arbeitsweisen führen zwangsläufig zu qualitativen Einbußen. Kein Richter kann bei Überbelastung dauerhaft und durchgängig gute Arbeit leisten.

---

878 Vergl. die Nachweise bei KMR-Paulus Vor § 199 Rdnr. 2.

III. Hauptverhandlung

In dieser Situation kommen gesetzliche Vorschriften, die die Arbeit erleichtern[879], stets gelegen. Sie halten allerdings mit der Entwicklung der Arbeitsbelastung nicht Schritt. Hinzu kommt die allgemeine Tendenz, dass sich Lebensumstände und -verhältnisse zunehmend komplizierter gestalten, mithin auch die justizielle Aufarbeitung höheren Anforderungen genügen muss. Bestimmte Strafrechtsbereiche explodieren insofern geradezu, etwa das internationale Wirtschafts- und das Umweltstrafrecht.

Es ist daher weniger ein Zeichen persönlicher Schwächen als ein Symptom des bedenklichen Zustands der überlasteten Strafjustiz, wenn Strafgerichte zunehmend den Verlockungen konsensualer Verfahrensbeendigungen erliegen. Denn dem *Reiz des kurzen Prozesses* kann kaum ein Vorsitzender widerstehen, wenn die Alternative langwierig und nervenaufreibend wäre und das Gericht überdies auf unabsehbare Zeit für andere Verfahren blockieren würde. Aber selbst wo die Alternative so extrem gar nicht wäre, findet sich rasch Bereitschaft zum Konsens. Auch der durchschnittliche Strafrichterfall, für den es relativ gleichgültig wäre, ob er an einem Verhandlungstag beendet werden kann oder zur Vernehmung eines weiteren Zeugen eines Fortsetzungstermins bedarf, steht im Kontext eines dicht gedrängten Terminkalenders des Gerichts. Auch hier wird es zunehmend verlockender, ein konsensuales Ergebnis herbeizuführen anstatt in die Fortsetzung zu gehen, die mit anderen Terminen kollidiert, deren Ausgang ungewiss ist, die einen freien Sitzungssaal erfordert und zu dessen Durchführung nachgeordnete Mitarbeiter zur Verfügung stehen müssen. Es lässt sich mithin quer durch die Verfahren Anlass finden, über konsensuale Verfahrensbeendigungen nachzudenken. Darüber sind erfahrene Strafverteidiger hinreichend informiert und sie verstehen es immer mehr, diese inneren Nöte der Gerichte zugunsten ihrer Mandanten zu nutzen.

In dieser Situation entscheiden sich Gerichte für *Verfahrensweisen oder -ergebnisse*, die mit den allgemeinen Vorstellungen von einem rechtsstaatlichen und gerechten Verfahren nach der StPO mitunter *kaum zu vereinbaren* sind. Dies wird besonders im Bereich der Strafmaßes und der Bewährungsfrage deutlich. Es ist z.B. außerordentlich schwer vorstellbar, nach welcher Norm ein Wirtschaftsschwerverbrecher, der öffentliche und private Hände um Millionen geschädigt hat, eine Bewährungsstrafe erhalten soll, wenn sonst nichts weiter für ihn spricht als die Tatsache, dass er sich dem Strafverfahren nach einigen diskreten Weichenstellungen nicht weiterhin entzogen hat. Es ist auch wenig vorstellbar, nach welcher Norm ein mehrfacher Bewährungsversager in zweiter Instanz von Strafvollstreckung verschont bleibt, wenn nichts weiter für ihn spricht als der Umstand, dass der Verteidiger mit zahlreichen Alibizeugen gedroht hat für den Fall, dass die erstinstanzlich versagte Strafaussetzung bestätigt würde.

Dass hier über den ohnehin schon erschreckenden Befund *bewusst falscher Rechtsanwendung* hinaus auch ein *allgemeines Gerechtigkeitsproblem* vorliegt, ist unabweisbar. Schon immer steht die Strafjustiz im Geruch, sie hänge nur die kleinen, lasse aber die großen Straftäter laufen. Wer sich zu gesetzwidrigen Verfah-

---

879 Sehr begrüßt wurde insofern zum Beispiel die Einführung des Strafbefehlsverfahrens nach Eröffnung des Hauptverfahrens (§ 408a StPO), das tatsächlich für die Praxis einige Entlastung gebracht hat.

rensbeendigungen bereit findet, muss auch dies bedenken[880]. Der kleine Straftäter hat der Justiz im Durchschnittsfall wenig entgegenzusetzen. Er mag sich sträuben, sein Verfahren birgt aber nur geringe Schwierigkeiten. Die Justiz ist noch am ehesten bereit und in der Lage, an ihm die Regeln der Kunst zu beachten. Er ist im Allgemeinen noch nicht einmal in der Lage, ein finanzielles Angebot zu machen, mit dem er sich letztlich »freikaufen« oder zumindest den strafrechtlichen Schaden minimieren kann. Demgegenüber ist der Straftäter, dessen Verfahren Schwierigkeiten in der Beweisführung oder eine lange Verfahrensdauer erwarten lässt, in der überaus günstigen Lage, eben dies der Justiz argumentativ entgegenzuhalten mit der unverhohlenen Anfrage, was es ihm denn bringen werde, wenn er der Justiz ein wenig hilft, das Verfahren zu beenden. In vergleichbar komfortabler Situation ist der finanziell gut gestellte Straftäter, der mit der Brieftasche winken und großzügige Schadenswiedergutmachungen oder Bereitschaft zur Erfüllung erheblicher Geldauflagen anbieten kann.

Die Gründe, die Gerichte immer häufiger zu Absprachen bewegen, sind nach alledem zwar gut nachvollziehbar. Sie können aber nichts daran ändern, dass der Konsens als unmittelbar oder mittelbar verfahrensbeendender Umstand *gesetzliche Grenzen* hat. Wer sie überschreiten will, muss sich bewusst und bereit sein, sich gesetzwidrig zu verhalten. Denn die Bedrängnisse der Justiz können zwar zu einem Justiznotstand führen. Der ist aber kein Rechtfertigungs- oder Entschuldigungsgrund für bewusst willkürliche Entscheidungen unter Missachtung der Rechtslage.

23.2. Terminologie, gesetzlich vorgesehener Konsens

Terminologisch werden in diesem Zusammenhang Begriffe wie *Absprachen, Vereinbarungen, Verständigung, Deal oder Vergleich* verwendet[881], aber weitgehend nicht klar voneinander abgegrenzt[882]. Entscheidend ist auch nicht der Begriff, sondern der Gegenstand und der Regelungsinhalt solcher Verständigungen.

Die Strafprozessordnung ist im Bereich des Hauptverfahrens grundsätzlich darauf zugeschnitten, »streitige« Verfahrensbeendigungen in Gestalt von *Urteilen* zu ermöglichen. Dadurch zwingt sie niemanden, ein Strafverfahren kontrovers zu führen. Wo *Übereinstimmung* herrscht, kann sie ebenso zum Ausdruck gebracht werden wie die *Streitpunkte* dort, wo Dissens besteht. An der *Erörterung* solcher Umstände darf[883] sich das *Gericht* grundsätzlich *beteiligen*. Denn sie vereinfacht das Procedere insgesamt und ermöglicht es allen Beteiligten, sich auf das Wesentliche zu konzentrieren, ohne dass der Konsens zur unverzichtbaren Voraussetzung der verfahrensbeendenden Entscheidung mutiert.

---

880 Neben – immerhin – dem strafrechtlichen Aspekt der Rechtsbeugung (§ 336 StGB).
881 Vergl. KMR-Paulus Vor § 199 Rdnr. 21 ff., Kl./Meyer-Goßner Einl. Rdnr. 119 ff.
882 Das ist auch nicht nötig, denn nicht wie man es nennt, ist die Frage, sondern was man betreibt. Dies entscheidet sich in der praktischen Verfahrenssituation, nicht am Begriff.
883 Das Gericht muss sich freilich nicht zu solchen Erörterungen bereit finden. Das liegt insbesondere dort nahe, wo die Gefahr besteht, durch die Eröffnung vorläufiger Wertungen die Besorgnis der Befangenheit zu erwecken oder vorschnell Positionen einzunehmen, die sich später als nicht tragfähig erweisen könnten.

III. Hauptverhandlung

Soweit das Gesetz Beendigungen des Verfahrens in der Hauptverhandlung *ohne Urteil* vorsieht, *setzt es Konsens* zumindest zwischen Gericht und Staatsanwaltschaft (§§ 154, 154a, 408a StPO) oder auch seitens des Angeklagten (§§ 153, 153a StPO) *voraus*. Diese Erledigungsformen verlangen zwangsläufig, dass sich die Beteiligten zuvor mit deren Voraussetzungen oder Bedingungen befasst und sich darüber verständigt haben.

Das Gesetz sieht ferner *Verständigungen* zwischen den Verfahrensbeteiligten in einigen *Verfahrensfragen* ausdrücklich vor oder setzt sie voraus (z B. §§ 60 Nr. 5, 251 Abs. 2, 266 Abs. 3 StPO). Ferner können zahlreiche weitere Fragen der praktischen Verfahrensgestaltung im Einzelfall sinnvoll nur nach Erörterung mit den Verfahrensbeteiligten geklärt werden[884].

23.3. Grenzen legaler Absprachen

Der Umstand, dass ein prozessordnungsgemäßes Verfahren damit in vielfältiger Hinsicht Erörterungen, Absprachen, Vereinbarungen, Konsensfeststellungen u.ä. erlaubt und zum Teil erfordert, erschwert in gewisser Weise die *Abgrenzung vom legalen zum unzulässigen Bereich*. Er erleichtert gesetzwidrige Verfahrensweisen, weil fragwürdige Inhalte hinter gesetzmäßigen Formen verborgen bleiben[885]. Einen gewissen Schutz bietet auch die Entscheidungsfreiheit des Richters, der das Gesetz nach der eigenen inneren Überzeugung richtig anzuwenden hat und dem a priori niemand den Willen abspricht, nach dieser Überzeugung zu handeln.

23.3.1. Zwingendes Recht

Verständigungen, die sich auf Details des Verfahrens und die praktische Durchführung der Verhandlung beziehen, sind gang und gäbe. Im Allgemeinen fördern sie einen formal reibungslosen Ablauf der Verhandlung. Der Konsens der Beteiligten kann aber weder *Verstöße* gegen *zwingende Verfahrensvorschriften* noch gegen sonstige gesetzliche Verbote rechtfertigen[886]. Der Vorsitzende muss daher auf die Einhaltung zwingender Verfahrensvorschriften auch dann achten, wenn alle Beteiligten damit einverstanden sind, anders zu verfahren. Die Anfälligkeit,

---

884 Zum Beispiel Erörterungen über die Erstreckung der Beweisaufnahme im Vorfeld förmlicher Beweisantragstellungen, zeitliche Dispositionen bei längerer Verhandlungsdauer u.v.a.m.
885 *Beispiele:* Ist eine Straftat mittleren Gehalts angeklagt und wird das Verfahren im Hinblick auf eine rechtskräftig verhängte Bagatellstrafe eingestellt, so ist formell gegen Herleitung und Beschluss nach § 154 Abs. 2 StPO nichts einzuwenden. Wird der angeklagte, aber bestrittene Handel mit 10 g Heroin im Hinblick auf den festgestellten Besitz von 1 g Haschisch nach § 154a Abs. 2 StPO eingestellt, ist dagegen formell nichts zu erinnern. Wird der angeklagte Steuerkriminelle zu 50 Tagessätzen verurteilt, weil sich ein Minimalbetrag an Steuerverkürzung seinem Geständnis entnehmen lässt und der um ein Vielfaches überschießende Teil eine langwierige Beweisaufnahme erfordert hätte, ist das Urteil formell in Ordnung. In allen Fällen ergehen jedoch eindeutig inhaltliche Fehlentscheidungen.
886 Vergl. KMR-Paulus Vor § 199 Rdnr. 24f. Auch revisionsrechtlich wird ein Rügeverlust bei unverzichtbaren Verfahrensvorschriften selbst bei »Arglist« des Beschwerdeführers überwiegend – m.E. zu Recht – nicht anerkannt (vergl. Kl./Meyer-Goßner § 337 Rdnr. 47).

im allseitigen Einverständnis Verfahrensfehler zu begehen, sollte dabei nicht unterschätzt werden[887].

23.3.2. Einbeziehung der Beteiligten

Es versteht sich, dass eine Absprache nicht zulässig sein kann, an der wesentliche Verfahrensbeteiligte nicht beteiligt sind, etwa die Staatsanwaltschaft [888] oder die Nebenklage[889]. Die Rechtsprechung stellt wohl nicht ohne weiteres darauf ab, dass alle Beteiligten mit der in Aussicht genommenen Absprache inhaltlich einverstanden sind, verlangen aber, dass alle Verfahrensbeteiligten jedenfalls die Gelegenheit hatten, sich hierzu zu äußern.

23.3.3. Öffentlichkeitsgrundsatz

Jede Form der Verständigung im Strafverfahren unterliegt zwangsläufig den formalen Anforderungen des Verfahrensabschnitts, in dem sie stattfindet. Für die Hauptverhandlung bedeutet dies zwangsläufig, dass die *Erörterungen mündlich* und – soweit öffentlich verhandelt wird – *öffentlich* stattfinden müssen[890]. Anderenfalls würde gerade der – vielleicht sogar einzige – entscheidungserhebliche Teil der Verhandlung der öffentlichen Kontrolle entzogen.

Das Gebot der *Öffentlichkeit* für *Verständigungen* in der Hauptverhandlung schließt nicht aus, dass einzelne Verfahrensbeteiligte außerhalb der Hauptverhandlung solche Verständigungsmöglichkeiten sondieren und vorbereiten. Ob zum Beispiel Bereitschaft besteht, nach § 153a Abs. 2 StPO zu verfahren, unter welchen Bedingungen die Staatsanwaltschaft zuzustimmen bereit wäre und ob der Angeklagte in der Lage wäre, die Auflagen zu erfüllen, mag zunächst diskret erörtert werden. Sinnvoll ist es aus Sicht des Vorsitzenden dabei in der Regel, Verteidiger, Nebenklage und Staatsanwaltschaft zugleich zu beteiligen[891]. Am Ende müssen sich die Beteiligten in der öffentlichen Hauptverhandlung zu der beabsichtigten Verfahrenserledigung bekennen, sie darlegen und damit der *öffentlichen Kontrolle*

---

887 Solche Fälle sind in der Praxis zwar nicht die Regel, kommen aber durchaus vor. So ist die Verlesung nicht richterlicher Vernehmungsniederschriften (§ 251 Abs. 2 S. 1 StPO) auch dann unzulässig, wenn der nicht verteidigte Angeklagte dies ausdrücklich wünscht. Besteht ein Beweisverwertungsverbot, weil Beweismittel aus einer rechtswidrigen Durchsuchung stammen, dürfen diese Beweismittel auch nicht im Konsens mit allen Beteiligten verwendet werden. Ist die Anklage mangels Bestimmtheit nicht wirksam erhoben, so besteht ein Verfahrenshindernis auch dann, wenn der Angeklagte darum bittet, die Sache doch gleichwohl hier und jetzt zu erledigen. Stellt das Gericht fest, dass ein Fall notwendiger Verteidigung vorliegt, so muss es einen Verteidiger bestellen, auch wenn der Angeklagte dies ausdrücklich ablehnt. Kann das Gericht nicht innerhalb der Frist des § 229 Abs. 1 StPO die Hauptverhandlung fortsetzen, so muss es mit ihr zu einem späteren Zeitpunkt von neuem beginnen, auch wenn alle Beteiligten zu einer Fortsetzung erst am 12. Tag bereit sind.
888 BGHSt 42, 46.
889 Vergl. Landau/Eschelbach NJW 1999, 325.
890 Umstritten, wie hier Kl./Meyer-Goßner Einl. Rdnr. 119b a.E. m.w.N. sowie Schellenberg, DRiZ 1996, 280.
891 Anderenfalls kann die Besorgnis der Befangenheit entstehen.

III. Hauptverhandlung

zugänglich machen. Nichts anderes gilt für jede andere Art der Verständigung, mag sie außerhalb der Sitzung vorbereitet werden oder nicht.

Diese Sicht führt dazu, dass insbesondere gesetzwidrige Deals über den Inhalt der ausstehenden Urteile nicht unbedingt verhindert, aber doch erheblich erschwert werden. Wenn sich das Gericht gezwungen sieht, den Inhalt diskreter Verhandlungen öffentlich zu machen, wenn er für das Verfahren erhebliche Folgen haben soll, wird es ihm schwer fallen, gesetzliche Grenzen zu überschreiten. Macht der Verteidiger in einer Verhandlungspause zum Beispiel deutlich, dass er weitere Entlastungsbeweisanträge stellen wird, wenn eine Geld- oder Freiheitsstrafe von mehr als 90 Tagessätzen oder 3 Monaten bei der Sache herauskomme und sagt ihm der Strafrichter zu, dies werde nicht der Fall sein, so mag dies anschließend öffentlich erörtert werden. Wer sich in dieser Situation vor Öffentlichkeit scheut, hat etwas zu verbergen. Dann nämlich wäre zu vermuten, dass nicht eine vorläufige und redliche Einschätzung der möglichen Rechtsfolgen stattgefunden hat und mitgeteilt wurde[892], sondern jenseits aller Strafzumessungsgründe ein Strafrabatt gegen prozessuales Wohlverhalten getauscht wurde. Die wäre Willkür und strafbare Rechtsbeugung. Das Gebot der Öffentlichkeit *schützt* daher *auch das Gericht* vor fragwürdigen Zugeständnissen.

23.3.4. Kompetenzerfordernis

Vereinbarungen kann nur der zulässigerweise treffen, der sie einhalten kann, also für die Regelung entsprechender Fragen jedenfalls *zuständig* ist. Der Vorsitzende eines Kollegialgerichts kann daher für alle Fragen, die zu entscheiden das Gericht berufen ist, zunächst nur seine eigene Auffassung beitragen, muss sich dessen bewusst sein und dies erforderlichenfalls den Beteiligten deutlich machen. Daher empfiehlt es sich zum Beispiel dringend, die Vorschläge anderer Verfahrensbeteiligter im Kollegium zu beraten und in der Sitzung – öffentlich – bekannt zu geben, welcher Meinung das Gericht ist. Dadurch ist überdies von vornherein ausgeschlossen, dass ein Beteiligter von dem vermeintlichen Gesinnungswechsel des Gerichts überrascht wird. Ausgesprochen misslich ist die Situation, wenn der Vorsitzende erst in der Schlussberatung feststellt, dass das Kollegium die von ihm vorschnell zugestandenen Sichtweisen und Wertungen nicht teilt. Da andere Verfahrensbeteiligte ihr prozessuales Verhalten darauf eingerichtet haben, wird ihm jetzt nichts anderes mehr übrig bleiben, als erneut in die Beweisaufnahme einzutreten und die Sachlage klarzustellen.

23.3.5. Vertrauensgrundsatz/fair trial

Vereinbarungen unterliegen als Teil des Strafverfahrens dem Gebot des »fair trial« (Art. 6 Abs. 1 EMRK). Es gilt daher der *Vertrauensgrundsatz*, wonach das Gericht einmal gegebene Zusagen auch einhalten soll. Eine unmittelbare Verpflichtung besteht indes nicht. Denn das Gericht kann inhaltliche Zusagen, zum

---

892 Wogegen ja im Übrigen auch Staatsanwaltschaft und Nebenkläger noch Einwände vorzubringen haben könnten mit der Folge, dass der Vorsitzende seine Einschätzung revidieren müsste.

Beispiel betreffend die in Betracht kommenden Rechtsfolgen, ohnehin nur im Rahmen des Gesetzes und der allgemeinen Verfahrensgrundsätze abgeben. Stellt sich nach einer entsprechenden Zusage ein Wertungswandel ein, darf das Gericht sich nicht über die jetzt maßgeblichen Erkenntnisse hinwegsetzen. Vergleichsweise unproblematisch lassen sich solche Meinungsänderungen handhaben, wo infolge der gerichtlichen Zusage noch keine unwiederbringlichen Positionen anderer Beteiligter in Verlust geraten sind. Hier genügt ein entsprechender Hinweis – in öffentlicher Sitzung –, dass die Zusage des Gerichts nicht aufrechterhalten wird, um den Beteiligten die Wahrnehmung ihrer Rechte zu ermöglichen. Ausgesprochen kritisch sind hingegen Fälle zu beurteilen, in denen bereits »Gegenleistungen« erbracht wurden. Das Problem entsteht beispielsweise, wenn durch die Zusage des Gerichts, es komme nach Lage der Ermittlungen ein bestimmter Strafrahmen in Betracht, ein Geständnis des Angeklagten erreicht wurde und das Gericht nun meint, der genannte Strafrahmen könne jetzt doch nicht eingehalten werden. Hier stellt sich die Frage der Verwertbarkeit des Geständnisses (§ 136a StPO). Würde sie verneint, müsste die Beweisaufnahme unter Verzicht auf das Geständnis vollständig durchgeführt werden. Die Rechtsprechung geht indes von der grundsätzlichen Verwertbarkeit des Geständnisses aus[893]. Darin liegt ein Risiko, über dessen Bedeutung der Verteidiger seinen Mandanten unbedingt informieren muss. Tatsächlich erscheint die Gefahr, dass sich die Justiz nicht an Absprachen hält, allerdings eher gering.

Das Gericht muss ferner darauf bedacht sein, die Verfahrensbeteiligten über den Sachstand zu einer Verfahrensabsprache ausreichend zu informieren. Daher darf die Staatsanwaltschaft nicht im Unklaren gelassen werden vom Ergebnis einer gerichtlichen Zwischenberatung, wenn es der Verteidigung mitgeteilt wird[894].

Dass das Gericht sich für das Inaussichtstellen einer bestimmten Strafe keinen Rechtsmittelverzicht des Angeklagten versprechen lassen darf, wurde immer wieder betont[895]. Es ist zu vermuten, dass die hierzu höchstrichterlich entschiedenen Fälle solche sind, in denen die Absprachen insofern nicht richtig funktioniert haben, als sich einer der Beteiligten nicht (mehr) daran halten wollte. Es wäre aber naiv zu leugnen, dass die Frage der Rechtskraft Teil einer Verfahrensabsprache sein kann. Genau darum geht es doch z.B., wenn der staatliche Strafanspruch ein wenig verkürzt werden soll. Das Gericht ist sich in entsprechenden Fällen sehr wohl darüber bewusst, dass die in Aussicht genommene Entscheidung nicht »rechtsmittelfest« zu begründen wäre. In Wirklichkeit wird es in diesen Fällen also weniger darum gehen, dass es verfahrenswidrig ist, wenn das Gericht sich den Rechtsmittelverzicht in Aussicht stellen lässt, sondern eher darum, ob das Gericht sich Verfahrensergebnisse gegen Rechtskraft hat »abkaufen« lassen (wollen).

23.3.6. *Gebot der Amtsaufklärung*

Unzulässig sind Vereinbarungen, als deren Folge das Gebot der *Amtsaufklärung* (§ 244 Abs. 2 StPO) missachtet wird. Das Gericht darf sich daher nicht mit einem

---

893 BGH NStZ 1992, 139.
894 BGH NJW 1991, 519.
895 Vergl. BGH NJW 1998, 86.

III. Hauptverhandlung

Geständnis des Angeklagten begnügen, das gegen die Zusage einer Strafmilderung erfolgt ist, wenn die Sache durch das Geständnis gerade nicht ausreichend geklärt ist. Dass ein in ungünstiger Verteidigungsposition befindlicher (unschuldiger) Angeklagter eine Schadensbegrenzung mittels Geständnisses der Ungewissheit darüber vorzieht, was im Fall des Schuldspruchs sonst geschehen könnte, ist in der Praxis nicht selten. Umgekehrt sieht sich auch das Gericht gelegentlich in der Versuchung, bei unsicherer Beweislage den Angeklagten mit der durchaus ernst gemeinten Zusage, wenn er alles zugebe, werde die Strafe noch glimpflich ausfallen, zu einem Geständnis zu bewegen.

23.3.7. Prinzip der gerechten Strafe

Schließlich muss das Gericht das *materielle Schuldprinzip* verwirklichen[896]. Es darf also *nicht darauf verzichten*, einen Straftäter im Rahmen der geltenden Gesetze zu verfolgen, abzuurteilen und einer *gerechten Strafe* zuzuführen[897]. Daraus folgt unmittelbar, dass Zugeständnisse im Strafmaß und in Nebenfolgen, aber auch in der Bewährungsfrage nur im Rahmen der Tat- und Schuldangemessenheit gemacht werden dürfen. Mittelbar folgt aus der Beachtung des materiellen Schuldprinzips ferner, dass auch die Ermessensausübung bei verfahrensbeendenden Entscheidungen nach §§ 153 ff. StPO nur in diesem Rahmen stattfinden kann. Nur innerhalb dessen ist eine Verständigung über den Ausgang des Strafverfahrens zulässig. Wird dieser Rahmen verlassen, handelt es sich um einen rechtswidrigen Vergleich, der nur vorgeblich rechtsstaatlichen Erwartungen genügt.

Diese Erwägungen treffen den Deal allerdings im Kernbereich seiner praktischen Reize. Denn der staatliche Strafanspruch ist und bleibt grundsätzlich unverzichtbar und kann nicht zum Handelsobjekt eines strafrechtlichen Vergleichs werden. Daher haben Staatsanwaltschaft und Gericht eigentlich nichts Rechtes zu bieten. Denn für Angeklagte und Verteidiger werden verfahrensbeendende Absprachen erst dort wirklich interessant, wo ein Ergebnis außerhalb, sprich unterhalb dessen erreichbar erscheint, was dem materiellen Schuldprinzip entspräche. Nur wo der Angeklagte Hoffnung haben kann, mithilfe von Staatsanwaltschaft und Gericht *unterhalb der gerechten Strafe davonzukommen,* lohnen sich prozessförderliche Zugeständnisse wirklich. Genau dies darf ein Gericht jedoch weder anbieten noch zusagen noch vereinbaren. Wenn es aber nur um prozessuales Nachtatverhalten, Aufklärungshilfe, Reue oder Einsicht im biederen Rahmen der allgemeinen Strafzumessungserwägungen gehen kann, wird der Vorteil weit weniger erheblich ausfallen. Damit ist die Attraktivität des Deals (des strafrechtlichen Vergleichs, der Verständigung über Verfahrensergebnisse) unter rechtlichen Gesichtspunkten *stark eingeschränkt*. Er kann unter diesem Blickwinkel auch nicht das Mittel der Wahl gegen die notorische Überlastung der Justiz sein[898].

---

896 BVerfG NStZ 1987, 419.
897 BVerfG NStZ 1987, 419.
898 Anders statt vieler Kl./Meyer-Goßner Einl. Rdnr. 119e. Denn nur der außerordentliche Vorteil, der im Unterschreiten der an sich gerechten Strafe liegt, bewirkt die Verlockung. Wer daher meint, der Überlastung der Strafgerichte könne durch eine Stärkung konsensualer Verfahrensbeendigungen begegnet werden, muss bereit sein, über grundlegende Ver-

24. Schluss der Beweisaufnahme

Soweit er wirklich reizvoll ist, ist er unzulässig, wo er zulässig ist, ist er nicht übermäßig reizvoll.

24. Schluss der Beweisaufnahme

Wenn keine Beweise mehr erhoben werden sollen, schließt der Vorsitzende die Beweisaufnahme. Der *Schluss der Beweisaufnahme* ist eine Verfahrenstatsache und bedarf keiner ausdrücklichen Anordnung des Vorsitzenden. Allerdings muss unmissverständlich deutlich sein, dass nach Auffassung des Vorsitzenden nunmehr die Schlussvorträge gehalten werden können. Empfehlenswert ist zu diesem Zweck die Anfrage des Vorsitzenden, ob die Beweisaufnahme beendet werden kann, ob noch Anträge gestellt werden oder das Bedürfnis zu weiteren Erörterungen oder Stellungnahmen vor den Schlussvorträgen besteht.

24.1. Ausschöpfung der Beweismittel

Der Vorsitzende muss sich zuvor versichert haben, ob *alle vom Gericht geladenen und auch erschienenen* Zeugen und Sachverständige gehört wurden und ob die Beweisaufnahme sich auf die sonstigen nach § 214 Abs. 4 StPO herbeigeschafften Beweismittel erstreckt hat. Ist das nicht der Fall[899], muss entweder – mit Ausnahme der Nebenklage[900] – allseitig verzichtet oder der Beweis noch erhoben werden.

Unproblematisch ist das Fernbleiben eines Zeugen oder Sachverständigen aus Sicht des Gerichts, wenn es seine Aussage ohnehin für entbehrlich hält. Dann nämlich hat es – abgesehen von der Frage der Verhängung von Ordnungsmitteln nach §§ 51, 77 StPO – im Hinblick auf diese Person nichts weiter zu veranlassen. Beharrt ein anderer Verfahrensbeteiligter darauf, die nicht erschienene Person zu hören, ist er auf die Möglichkeit zu verweisen, einen entsprechenden Beweisantrag zu stellen.

24.2. »Verspätete« Beweisanträge

Das Gesetz kennt (eingeschränkt durch § 77 Abs. 2 Nr. 2 OWiG für das gerichtliche Bußgeldverfahren[901]) keine Präklusion von Beweisanträgen. Allerdings kann die *verspätete Stellung von Beweisanträgen* unter den Voraussetzungen des § 246 StPO den Gegner des Antragstellers[902] bis zum Schluss der Beweisaufnahme be-

---

änderungen (z.B. betr. das Legalitätsprinzip, den Amtsaufklärungsgrundsatz und das materielle Schuldprinzip) nachzudenken.
899 Im Gerichtsalltag werden nicht ganz selten wartende Zeugen schlicht vergessen, wenn die Beweisaufnahme eine Wendung nimmt, in deren Folge die von ihnen zu erwartenden Angaben uninteressant werden.
900 Kl./Meyer-Goßner § 245 Rdnr. 9.
901 Siehe dazu unten Seite 305.
902 Angeklagter, Verteidiger, gesetzliche Vertreter und Nebenbeteiligte auf der einen, Staatsanwaltschaft auf der anderen Seite, Nebenkläger werden nicht als antragsberechtigt erachtet (Kl./Meyer-Goßner § 246 Rdnr. 4).

III. Hauptverhandlung

rechtigen, die *Aussetzung* der Hauptverhandlung zu verlangen (§ 246 Abs. 2 StPO). Im Hinblick auf die gerichtlicherseits geladenen Beweispersonen steht dieses Recht jedem betroffenen Verfahrensbeteiligten zu (§ 246 Abs. 3 StPO). Insbesondere gegenüber nicht anwaltlich beratenen Angeklagten kann es die Fürsorgepflicht erfordern, auf das Antragsrecht hinzuweisen.

Das *Gericht* (nicht allein der Vorsitzende) entscheidet nach pflichtgemäßem Ermessen durch *Beschluss* (§ 246 Abs. 4 StPO). Der Beschluss ist nicht mit Beschwerde anfechtbar (§ 305 S. 1 StPO), kann jedoch unter Umständen mit der Revision beanstandet werden, sollte daher also eine Begründung enthalten[903].

24.3. Weitere Beweisanträge

Am Ende der Beweisaufnahme ist dann auch der klassische Zeitpunkt für die *Stellung weiterer Beweisanträge* gekommen. Darüber hat das Gericht nach den allgemeinen Regeln (§ 244 StPO) zu entscheiden. Dabei sieht sich das Gericht gelegentlich mit Beweisanträgen konfrontiert, die in die gleiche Richtung weisen, in der das Gericht voraussichtlich ohnehin seine Entscheidung finden wird[904]. Dann bietet es sich meist an, dem Antragsteller vorzuschlagen, seinen Antrag als *Eventualantrag* zu formulieren. Er geht insofern für sein Verfahrensziel kein Risiko ein[905] und das Gericht erspart, wenn es in der Schlussberatung zu dem erwarteten Ergebnis kommt, sich und allen anderen Beteiligten Mühe und Zeit.

24.4. Präsente oder gestellte Beweispersonen

Gegen Ende der Beweisaufnahme stellt sich oft auch die Frage nach der Vernehmung von *Beweispersonen*, die von der *Staatsanwaltschaft* (§ 214 Abs. 3 StPO) oder von *anderen Beteiligten* (§ 220 StPO direkt oder in entsprechender Anwendung[906]) *vorgeladen* wurden (§ 220 Abs. 1 und 2 StPO) und *erschienen* sind. Deren Vernehmung ist ohne weiteres möglich, wenn der Vorsitzende sie von Amts wegen für geboten erachtet. Anderenfalls bedarf es eines *förmlichen Beweisantrags* (§ 245 Abs. 2 S. 2 StPO).

Der Beweisantrag ist *zurückzuweisen*, wenn die Beweiserhebung *unzulässig* ist (§ 245 Abs. 2 S. 2 StPO). Er kann zurückgewiesen werden, wenn die *Beweistatsache* (nicht aber ihr Gegenteil, anders in § 244 Abs. 3 S. 2 StPO[907]) schon *erwiesen* oder *offenkundig* ist, wenn das *Beweismittel völlig ungeeignet* oder der Antrag zum Zweck der *Prozessverschleppung* gestellt ist (§ 245 Abs. 2 S. 3 StPO). Inso-

---

[903] *Beispiel:* »Der Antrag auf Aussetzung wird zurückgewiesen. Der Angeklagte hatte ausreichende Zeit, Erkundigungen über den Zeugen X anzustellen. Mit der Terminsladung, die er vor 6 Wochen erhalten hat, war dem Angeklagten nicht nur die Tatsache mitgeteilt worden, dass der Zeuge X geladen werden sollte, sondern auch vollständiger Name und Anschrift des Zeugen.«

[904] *Beispiel:* Das Gericht neigt zum Freispruch mangels erweislicher Täterschaft. Der Verteidiger will kein Risiko eingehen und beantragt die Vernehmung weiterer Zeugen, die dem Angeklagten ein Alibi für die Tatzeit geben sollen. Hierüber gerichtlicherseits entscheiden zu müssen, ist müßig, wenn der Angeklagte ohnedies freigesprochen werden soll.

[905] Vergl. aber vorn S. 155 f.

[906] Vergl. Kl./Meyer-Goßner § 220 Rdnr. 2.

[907] Kl./Meyer-Goßner § 245 Rdnr. 24.

24. Schluss der Beweisaufnahme

fern unterscheiden sich die Zurückweisungsgründe nicht von denen des allgemeinen Beweisantragsrechts.

Der Beweisantrag darf ferner *zurückgewiesen* werden *mangels Sachzusammenhangs* zwischen Beweistatsache und Gegenstand der Urteilsfindung (§ 245 Abs. 2 S. 3 StPO). Der Begriff des Sachzusammenhangs ist enger als der Begriff der Bedeutungslosigkeit nach § 244 Abs. 3 S. 2 StPO, weil jeder Sachzusammenhang zur Erhebung des Beweises genügt, auch wenn dieser Zusammenhang aus rechtlichen oder tatsächlichen Gründen letztlich unerheblich für die Urteilsfindung ist.

Im Rahmen des § 245 Abs. 2 StPO darf der Beweisantrag *nicht* mittels einer *Wahrunterstellung* zurückgewiesen werden. Der Antrag auf Anhörung eines (vorgeladenen und erschienenen) Sachverständigen darf *nicht* wegen *eigener Sachkunde* des Gerichts zurückgewiesen werden; die Möglichkeit der Beweisantizipation des § 244 Abs. 4 S 2 StPO besteht nicht, wenn der weitere Sachverständige im Rahmen des § 245 Abs. 2 S. 1 StPO geladen und erschienen ist[908].

Vor allem dem Verteidiger ist zu empfehlen, nach Ende der Vernehmung einer von der Verteidigung präsentierten Beweisperson zu beantragen, dass diese Person auf Kosten der Staatskasse zu entschädigen sei (§ 222 Abs. 3 StPO). Das Gericht folgt diesem Antrag nur, wenn es die Vernehmung als sachdienlich erachtet hat. Das erlaubt u.U. Schlüsse auf die inhaltlichen Vorstellungen des Gerichts.

Sind Aussagepersonen auf Verlangen eines Beteiligten erschienen, ohne geladen zu sein (sog. *gestellte Zeugen* oder Sachverständige), so kann der Vorsitzende auch deren Vernehmung ohne weiteres anordnen, wenn die Beweiserhebung zulässig ist. Im Übrigen bedarf es wiederum eines *förmlichen Antrags*, der nach § 244 Abs. 3 StPO (nicht also nach § 245 Abs. 2 StPO) zu behandeln ist.

24.5. Letzte Anträge

Der Schluss der Beweisaufnahme ist nicht gleichbedeutend mit dem letztmöglichen Zeitpunkt, *Anträge* zu stellen. Allerdings darf und sollte der Vorsitzende darauf dringen, dass Anträge (mit Ausnahme der Hilfsbeweis- und selbstverständlich der Schlussanträge) möglichst vor Ende der Beweisaufnahme gestellt werden. Denn der Schluss der Beweisaufnahme wirkt stark strukturierend. Er stellt eine Zäsur dar, die zugleich den Auftakt zu Schlussvorträgen und unmittelbarer Urteilsfindung bildet und es nicht zuletzt dem Vorsitzenden nunmehr erlaubt, seine Konzentration etwas weniger auf Verfahrensfragen und Sachleitungsbelange und stattdessen intensiver auf die eigentliche Urteilsfindung und deren unmittelbare Vorbereitung zu richten.

Gleichwohl ist es bis zum *Beginn der Urteilsverkündung* zulässig, Anträge zu stellen[909]. Unterstellt, dem Antragsteller geht es um Sachfragen und nicht um die Störung des Verfahrens, ist gegen solche Nachzügler letztlich nichts zu erinnern. Genau wie Gerichte gelegentlich in den Schlussberatungen zu der Überzeugung gelangen, ein Wiedereintritt in die Beweisaufnahme sei erforderlich, muss auch den anderen Beteiligten zugebilligt werden, letzte Anträge notfalls noch nachzu-

---

908 Kl./Meyer-Goßner § 245 Rdnr. 22.
909 Kl./Meyer-Goßner § 244 Rdnr. 33.

III. Hauptverhandlung

schieben. Nach Beginn der Urteilsverkündung bis zum Schluss der mündlichen Begründung steht es dann allerdings im Ermessen des Vorsitzenden, ob er Anträge noch entgegennimmt[910].

Werden nach Schluss der Beweisaufnahme, aber noch vor dem Beginn der Urteilsverkündung (in der Praxis meist im Rahmen der Schlussvorträge) noch (unbedingte) Beweisanträge gestellt, muss dass Gericht *wieder in die Beweisaufnahme eintreten*. Der Antrag ist – nach Anhörung der Beteiligten – nach § 244 StPO zu bescheiden. Soll der beantragte Beweis erhoben werden, nimmt das Verfahren den daraus folgenden Fortgang. Wird der Antrag zurückgewiesen, ist der entsprechende Beschluss zu verkünden und es tritt erneut der Schluss der Beweisaufnahme ein. Schlussvorträge und letztes Wort des Angeklagten finden wie gewöhnlich statt. Wurde bereits ein Schlussvortrag gehalten, bevor der Wiedereintritt in die Beweisaufnahme erfolgte, darf der abermalig Vortragende auf seine vorherigen Ausführungen Bezug nehmen.

24.6. Vorbereitung der Schlussvorträge

Mit dem Schluss der Beweisaufnahme tritt das Verfahren in das Stadium der Schlussvorträge über. Im gerichtlichen Massenbetrieb wird es an dieser Stelle selten für notwendig erachtet, den Beteiligten durch eine *Sitzungsunterbrechung* Gelegenheit zu geben, sich auf die Schlussvorträge vorzubereiten. Mitunter wird es wohl auch als Zeichen der Professionalität gewertet, wenn sich ein Beteiligter zutraut, ohne weiteres Bedenken zu plädieren. In wirklichen Routinefällen ist dies für erfahrene Beteiligte sicher auch ohne Qualitätsverlust möglich. Im Übrigen erweist es sich aber als der Sache förderlich, wenn die Beteiligten die Gelegenheit erhalten und auch wahrnehmen, sich wenigstens kurz auf die Schlussvorträge vorzubereiten. Bittet ein Verfahrensbeteiligter um eine Unterbrechung zu diesem Zweck, muss sie ihm gewährt werden.

In umfangreicheren Verfahren wird der Vorsitzende ohnehin Fortsetzungstermine für die Schlussvorträge (und die Urteilsverkündung) einplanen. Anlass zu Unterbrechung und Fortsetzung innerhalb der Frist des § 229 Abs. 1 StPO besteht darüber hinaus z.B. auch, wenn das Gericht mit der Sitzung stark in Verzug geraten ist und die allgemeine Leistungs- und Konzentrationsfähigkeit nicht mehr in einem Maß vorhanden ist, das der Bedeutung der Schlussvorträge entspricht.

25. Schlussvorträge, letztes Wort, Wiedereintritt

Im Rahmen der *Schlussvorträge* (§ 258 StPO) können die Beteiligten unmittelbar vor der Urteilsberatung zum Ergebnis der Beweisaufnahme umfassend Stellung nehmen.

Im strafgerichtlichen Durchschnittsfall sind die Schlussvorträge (allseits) nicht immer von großer Qualität, stehen dabei allerdings der mündlichen Urteilsbegründung durch den Vorsitzenden in nichts nach. An sich begrüßenswerte Routi-

---

[910] M.E. dürfte die Amtsaufklärungspflicht in diesem späten Stadium nur noch ausnahmsweise eine Antragsentgegennahme gebieten.

ne führt in diesem Bereich oft zu eingefahrenen Argumentationsmustern, die nur noch geringfügig individualisiert werden. Die Vortragenden unterliegen dabei offenbar der Vorstellung, der Schlussvortrag sei ein Ritual, dessen inhaltliche Bedeutung sich letztlich in den konkreten Antragstellungen zum Schuldspruch und zu den Rechtsfolgen erschöpfe, weil für das Gericht ja ohnehin zumindest die Schuldfrage längst beantwortet sei. Besonderer intellektueller oder rhetorischer Aufwand lohne daher nicht oder nur aus anderen Gründen, etwa um den Angeklagten, den Nebenkläger oder die Öffentlichkeit zu beeindrucken. Diese Sichtweise wäre unzutreffend. Die Einflussmöglichkeit, die der Schlussvortrag auch für den alltäglichen Fall bietet, ist keineswegs zu unterschätzen. Zwar unterliegt das Gericht vergleichbaren Routinen wie die anderen Beteiligten auch. Es ist aber in jedem Einzelfall auf die bestmögliche Erkenntnis angewiesen. Das betrifft bei umstrittenem Sachverhalt natürlich auch bis zuletzt die Schuldfrage. Hier ist ein überzeugender Schlussvortrag die letzte und zugleich wichtigste Möglichkeit, die eigene Auffassung durchzusetzen. Erfahrungsgemäß sind Gerichte in diesem Bereich ausgesprochen empfänglich für sorgfältige Argumentationen und halten sich in der eigenen inneren Bewertung oft auch bewusst zurück, bis die Schlussvorträge gehalten sind. Aber auch zur Strafzumessungsseite lohnt sich die Mühe eines sorgfältigen Schlussvortrags. Hier ist nie von vornherein völlig klar, wie das Ergebnis lauten wird. Wer also seine Auffassung durchsetzen will, kann hier selbst in sog. Routinefällen mit einem guten Schlussvortrag Erfolge erzielen.

25.1. Berechtigte

Zum Schlussvortrag sind berechtigt der oder die (§ 227 StPO) Sitzungsvertreter der *Staatsanwaltschaft*, der *Nebenkläger* (§ 397 Abs. 1 S. 3 StPO) und der *Privatkläger* (§ 385 Abs. 1 S. 1 StPO) oder ihre anwaltlichen Vertreter, der *Angeklagte* und der oder die (§ 227 StPO) *Verteidiger* (arg. e § 258 Abs. 3 StPO).

Im Rahmen ihrer Beteiligung ist auch den anwesenden *Nebenbeteiligten* (§§ 433 Abs. 1, 442 Abs. 1, Abs. 2 S. 1, 444 S. 2 StPO) bzw. ihren Vertretern (§ 434 StPO) sowie den *Erziehungsberechtigten* und *gesetzlichen Vertretern* jugendlicher Angeklagter (§§ 67, 104 Abs. 1 Nr. 9 JGG) das Wort zu erteilen.

25.2. Gelegenheit und Reihenfolge

Der Vorsitzende gibt *von Amts wegen Gelegenheit* zum Schlussvortrag. Eines Antrags bedarf es in keinem Fall[911]. Die Reihenfolge der Schlussvorträge ist im Gesetz nur soweit geregelt, als erst der Staatsanwalt und sodann der Angeklagte das Wort erhalten sollen (§ 258 Abs. 1 StPO). Diese Regelung ist nicht zwingend und erfasst überdies den Fall nicht, dass noch andere Schlussvorträge gehalten werden müssen (Verteidiger, Nebenkläger).

§ 258 Abs. 1 StPO enthält den Grundgedanken, dass zuerst der Staatsanwalt und zuletzt der Angeklagte sprechen soll, was durch dessen unumstößliches

---

[911] Kl./Meyer-Goßner § 258 Rdnr. 5, 7. Die Auffassung, der Verteidiger müsse das Wort zum Schlussvortrag besonders beantragen (vergl. KMR-Müller § 258 Rdnr. 7), ist im Gesetz nicht belegbar.

III. Hauptverhandlung

Recht auf das letzte Wort (§ 258 Abs. 3 StPO) untermauert wird. Angesichts dieser Eckpunkte erscheint in der Regel folgende *Reihenfolge der Schlussvorträge* zweckmäßig:
1. Staatsanwaltschaft
2. ggf. Nebenkläger (vertreter)
3. ggf. Nebenbeteiligte (oder -vertreter)
4. Verteidiger
5. ggf. Erziehungsberechtigte oder gesetzliche Vertreter
6. Angeklagter.

Treten mehrere Staatsanwälte oder mehrere Verteidiger für den gleichen Angeklagten auf, bestimmen sie die Reihenfolge ihrer Schlussvorträge untereinander.

Sind mehrere Angeklagte nebst Verteidigern vorhanden, so sprechen zunächst alle Verteidiger und erst dann die Angeklagten[912]. Die Reihenfolge der Verteidiger- und Angeklagtenschlussvorträge kann in diesem Fall der Vorsitzende festlegen, wobei eine Absprache mit den Betroffenen sinnvoll ist.

25.3. Pflicht des Staatsanwalts

Zum Schlussvortrag *verpflichtet* ist allein der *Staatsanwalt*. Weigert er sich trotz des Hinweises darauf, dass er innerdienstlich und strafprozessual zum Schlussvortrag verpflichtet ist[913], muss der Vorsitzende zunächst – in einer Unterbrechung der Hauptverhandlung – Rücksprache den Dienstvorgesetzten des Sitzungsstaatsanwalts nehmen[914]. Erst wenn es ihm auch auf diesem Weg nicht gelingt, den Sitzungsstaatsanwalt zu einem Schlussvortrag bewegen oder ihn notfalls ablösen zu lassen, kann er das Verfahren auch ohne Schlussvortrag der Staatsanwaltschaft fortsetzen[915].

---

912 Das Prinzip des letzten Worts, das sich ja auch auf Verteidigervorträge beziehen soll, lässt sich nur auf diese Weise weitgehend durchhalten. Dies ist besonders in Fällen wechselseitiger Schuldzuweisungen von Bedeutung.
913 Etwa weil er meint, einen Schlussvortrag nicht halten zu können, weil noch Beweise erhoben werden müssten und sein diesbezüglicher Beweisantrag zuvor zu Unrecht abgewiesen worden sei.
914 BGH NStZ 1992, 98.
915 Diese Lösung endet letztlich in dem vom BGH (a.a.O. Fußnote 853) als vertretbar erachteten Risiko, notfalls mit der Revision aufgehoben zu werden. Ich halte dies für eine eher akademische Betrachtung, die dem Tatrichter wenig Trost bieten kann. Angesichts des Umstands, dass (auch) die höchstrichterliche Rechtsprechung zwar den Schlussvortrag des Staatsanwalts als verfahrensnotwendig erachtet, andererseits aber keine Mindestanforderungen an den notwendigen Inhalt eines Schlussvortrags stellt, wäre das Verfahrenserfordernis des Schlussvortrags praktisch erfüllt, wenn der Staatsanwalt unter dem Stichwort »Schlussvortrag« irgend etwas von sich gibt, mag es noch so sinnvoll oder aber auch völlig unangebracht sein. Letztlich führt die Auffassung des BGH zu einer stark formalisierten Betrachtung. In Kenntnis dessen dürfte es dann allerdings möglich sein, dass der Vorsitzende den unwilligen Sitzungsstaatsanwalt wenigstens dazu überredet, wenn schon nicht den Schlussvortrag im herkömmlichen Sinne, dann eben seine derzeitige Auffassung zur drohenden Verfahrensbeendigung als Schlussvortrag zu äußern. Auf diese Weise wäre allen Bedenken genüge getan.

25. Schlussvorträge, letztes Wort, Wiedereintritt

Verzichten die *übrigen Berechtigten* auf einen Schlussvortrag *oder verweigern* sie ihn, hindert dies den unmittelbaren Verfahrensfortgang nicht. Das gilt auch für Verteidiger, selbst bei notwendiger Verteidigung[916].

25.4. Äußere und inhaltliche Gestaltung

Die Schlussvorträge werden als Teil der mündlichen Verhandlung *mündlich* gehalten. Besondere Formvorschriften bestehen nicht. Ob sich der Vortragende zum Schlussvortrag erhebt oder nicht, bleibt ihm überlassen.

Den *Inhalt des Schlussvortrags* bestimmt der Vortragende selbst. Der Vortrag darf sich grundsätzlich nur auf Tatsachen und Beweisergebnisse beziehen, die Gegenstand der Beweisaufnahme waren[917]. Allerdings ist dem Vorsitzenden insofern eine gewisse Großzügigkeit zu empfehlen. Denn dass letztlich einzige Mittel, auf den – aus seiner Sicht – unzulässigen Inhalt des Schlussvortrags einzuwirken, besteht für den Vorsitzenden nach Ermahnungen in der Entziehung des Wortes kraft Sachleitungsbefugnis. Will er diesen Weg gehen, eröffnet der Vorsitzende meist ein nicht enden wollendes Geplänkel, ohne dass dies irgendeine Erkenntnisqualität hätte. Letztlich mag jeder so plädieren, wie er die Beweisaufnahme verstanden hat. Das Gericht muss am Ende ohnehin aufgrund seiner eigenen Erkenntnisse entscheiden. Andererseits darf die hier empfohlene Großzügigkeit nicht zu weit gehen. Wenn ein Schlussvortrag sich z.B. nicht nur ausnahmsweise und colorandi causa, sondern im Kern des Verfahrensgegenstands auf bislang völlig unerörterte Umstände bezieht und sie als erheblich kennzeichnet, sollte der Vorsitzende – auch aus Fürsorgegesichtspunkten[918] – darauf hinweisen und bitten, dies abzustellen.

25.4.1. Zum Inhalt staatsanwaltlicher Schlussvorträge

Die wünschenswerten *Inhalte staatsanwaltlicher Schlussvorträge* sind in Nr. 138, 139 RiStBV wiedergegeben[919]. Aus Sicht des Vorsitzenden wesentlich sind neben den inhaltlichen Ausführungen besonders die *konkreten Anträge zum Schuldspruch* und zu den *Rechtsfolgen*. Denn sie stellen Vorgaben dar, an der sich die übrigen Beteiligten und letztlich auch das Gericht jedenfalls orientieren werden, auch wenn sie ihnen anschließend nicht folgen. Der Vorsitzende sollte daher die

---

916 BGH NStZ 1981, 295. Auch im Fall notwendiger Verteidigung ist der Verteidiger – strafprozessual – nicht zum Schlussvortrag verpflichtet. Standesrechtlich und im Mandatsverhältnis wird aber in der Regel eine Pflichtwidrigkeit vorliegen, sodass es sich durchaus empfehlen kann, den Verteidiger auf die Zweifelhaftigkeit seines Verhaltens hinzuweisen und dies auch – bleibt er bei der Weigerung – im Protokoll vermerken zu lassen.
917 Kl./Meyer-Goßner § 258 Rdnr. 13 m.w.N.
918 Nicht völlig auszuschließen sind in solchen Fällen mitunter schlichte Missverständnisse. Der Vortragende, der über ein Detail der Beweisaufnahme ersichtlich zu irren scheint, darf und sollte durch einen Hinweis die Möglichkeit erhalten, seinen Standpunkt zu überdenken. Wer zum Beispiel in komplizierteren Fällen, in denen es entscheidend auf Daten ankommt, offenkundig das ausschlaggebende Datum fortwährend verwechselt, wird im Zweifel dankbar für einen entsprechenden Hinweis sein.
919 Tatsächliche und rechtliche Würdigung des Gesamtergebnisses der Hauptverhandlung, eingehende Strafzumessung, Erörterung sonstiger Rechtsfolgen, Strafaussetzungsfragen u.v.a.m.

III. Hauptverhandlung

Anträge der Staatsanwaltschaft auf Vollständigkeit prüfen und eine gewisse Plausibilitätskontrolle anstellen[920]. Gelingt es ihm erforderlichenfalls durch Rückfragen, offenkundige Irrtümer des Staatsanwalts auszuschließen und Auslassungen zu vermeiden, erleichtert dies das weitere Verfahren für alle Beteiligten[921].

Inwieweit sich die übrigen Beteiligten im Schlussvortrag äußern, steht in deren Belieben. Sie sind insbesondere nicht gehalten, konkrete Anträge zu stellen oder das Beweisergebnis objektiv zu würdigen.

25.4.2. Zum Schlussvortrag des Verteidigers

Der *Verteidiger* sollte seinen Schlussvortrag mit ganz besonderer Sorgfalt konzipieren. Er sollte *klare Zielvorstellungen* haben und sie auch rhetorisch konsequent verfolgen. Ein Schlussvortrag des Verteidigers, der nur als Reaktion auf die Ausführungen der Staatsanwaltschaft strukturiert und formuliert wird, ist meist inhaltlich schwach, mitunter sogar ausgesprochen gefährlich. Der Verteidiger kann zum einen nicht sicher sein, dass der Staatsanwalt alle für das Gericht maßgeblichen Umstände benannt hat. Er muss ferner abschätzen, ob das Gericht die Wertungen des Staatsanwalts teilen wird. Hier können Fehler fatale Folgen haben. Das geschieht bemerkenswert häufig in Fällen, in denen die Staatsanwaltschaft bei vermeintlich unklarer Beweislage Freispruch aus tatsächlichen Gründen beantragt. Viele Verteidiger lehnen sich dann entspannt zurück und verzichten auf weitere Entlastungsbeweisanträge. Das führt zu äußerst bitterem Erwachen, wenn das Gericht wider Erwarten auf Schuldspruch erkennt. Misslich ist es auch, wenn dem Staatsanwalt in seinen Darlegungen Fehler oder Fehlwertungen zugunsten des Angeklagten unterlaufen, die der Verteidiger bemerkt. Deckt er die Fehler auf, läuft er Gefahr, das Gericht dadurch erst aufzuklären. Deckt er die Fehler nicht auf, erkennt sie aber das Gericht, fehlt weiterführende Argumentation der Verteidigung zu diesem Punkt. Im Zweifel sollte der Verteidiger in dieser Situation nicht mit der Unaufmerksamkeit des Gerichts rechnen, weil er sonst das Geschick seines Mandanten ohne Not aus der Hand gäbe und den Fehlleistungen des Gerichts überantworten würde.

Trotz der erforderlichen Eigenständigkeit der Argumentation ist es selbstverständlich geboten, dass der Verteidiger auch unmittelbar auf die Erwägungen des staatsanwaltschaftlichen Schlussvortrags eingeht. Dabei muss der Verteidiger in der Wahl der sprachlichen Mittel nicht übervorsichtig sein, soweit er sich Verunglimpfungen enthält. Eine gewisser Sinn für Verhältnismäßigkeit ist jedoch vor-

---

920 *Beispiel:* Der Staatsanwalt geht von einem Vergehen der Urkundenfälschung aus, beantragt aber eine Gesamtstrafe aus zwei Einzelstrafen für das Herstellen und den Gebrauch der falschen Urkunde. *Oder:* Der Staatsanwalt beantragt, den in Untersuchungshaft einsitzenden Angeklagten freizusprechen, äußert sich aber weder zur Frage der Haftfortdauer noch der Haftentschädigung. *Oder:* Der Staatsanwalt beantragt eine Gesamtstrafe, äußert sich aber nicht zu Einzelstrafen oder umgekehrt.

921 Der vollständige und für sich gesehen plausible Antrag des Staatsanwalts enthebt alle anderen Beteiligten sonst eintretender Spekulationen darüber, was die Staatsanwaltschaft wohl gemeint habe. Ferner gelangt das Gericht im Wege etwaiger Ergänzungen und Richtigstellungen auch zu den notwendigen inhaltlichen Informationen über den Standpunkt der Staatsanwaltschaft.

teilhaft. Denn die Auseinandersetzung mit dem Staatsanwalt kann auf das Gericht schnell negativ wirken und damit letztlich auch für den Angeklagten Nachteile mit sich bringen[922].

Hält der Verteidiger einen *Freispruch für erzielbar*, muss er dies nachdrücklich verfolgen. Die Möglichkeit eines Schuldspruchs darf er dabei jedoch nicht ignorieren. Denn sonst bleiben die Erwägungen des Staatsanwalts zur Strafe und zur Bewährungsfrage ohne Gegenpart. Der Verteidiger muss dann von Standpunkten aus argumentieren, die einander ausschließen. Dadurch gerät er in Gefahr, mit seinem Freispruchsantrag nicht ernst genommen zu werden. Dieser Gefahr kann er durch geschickten Aufbau des Schlussvortrags begegnen. Mit allen den Aspekten des staatsanwaltlichen Schlussvortrags, die nach seiner Auffassung nicht zum Tragen kommen werden, sollte er sich vorab befassen. Danach sollte er sein eigentliches Anliegen eingehend vortragen. Er vermeidet dadurch, sich selbst in Widersprüche zu verwickeln und bewirkt, dass das Gericht als letzten Inhalt seines Vortrags denjenigen mit in die Beratung nimmt, dem er die größte Bedeutung beimißt[923].

25.5. Missbrauch

Missbrauch des Rechts zum Schlussvortrag kann vorliegen bei ständigen Wiederholungen, nicht abzustellender Weitschweifigkeit oder Erörterung abwegiger Umstände und bei Herabsetzung anderer Beteiligter, des Gerichts oder Dritter[924].

Der Vorsitzende kann dem im Rahmen seiner *Sachleitungsbefugnis* (§ 238 Abs. 1 StPO) entgegentreten. Auch hier empfiehlt sich eine gewisse Zurückhaltung. Dem Schlussvortrag als abschließende Würdigung des Ergebnisses einer Hauptverhandlung tut eine gewisse Freiheit der Rede gut. Hier geht es um die Durchsetzung bedeutender Interessen. Dafür darf und soll rhetorisch gefochten werden. Wo dies geschieht (und geschehen soll), bleibt es gelegentlich nicht aus, dass ein Beteiligter mit Emphase, Temperament und Emotion auftritt und nicht immer den Geschmack des Vorsitzenden trifft. Wo es noch um die Sache geht, sollte der Vorsitzende großzügig sein und den Wert der freien Rede vor Gericht durch eigene Zurückhaltung stärken. Er wird selbst im Rahmen seiner mündlichen Urteilsbegründung ausreichend Gelegenheit haben, Dinge zurecht zu rücken oder zu kommentieren, die er so, wie sie ein anderer Beteiligter vorgebracht hat, nicht stehen lassen will.

In der Regel genügen daher, wenn es wirklich erforderlich ist, *Ermahnungen und notfalls die Drohung* mit der Möglichkeit, das Wort zu entziehen, um den

---

922 So ist es zum Beispiel unsinnig, bei jedem vermeintlichen Ermittlungsfehler von einem Justizskandal unerhörten Ausmaßes zu sprechen.
923 *Beispiel:* »Hohes Gericht, eigentlich wollte ich Sie und mich nicht länger aufhalten und sofort begründen, warum der Angeklagte freizusprechen sein wird. Einige Bemerkungen des Vertreters der Staatsanwaltschaft bedürfen allerdings sofortiger Erwiderung, auch wenn sie für die Entscheidung des Falles ohne Bedeutung sein werden. Ich meine seine Darlegungen zum Strafmaß. Hier hat der Staatsanwalt übersehen, dass ... Auch seine Ausführungen zur Strafaussetzung der von ihm verlangten Strafe sind in keinem Fall überzeugend, weil ... Auf all das kommt es aber nicht an. Mein Mandant wird freizusprechen sein ...«
924 Kl./Meyer-Goßner § 258 Rdnr. 16 m.w.N.

III. Hauptverhandlung

Schlussvortrag in den Grenzen des Zulässigen zu halten. Wo allerdings die Freiheit des Schlussvortrags in nicht erträglicher Weise ausgenutzt wird, vor allem bei Verunglimpfungen anderer, ist dem Vortragenden – nach Fruchtlosigkeit von Abmahnungen – als *letztes Mittel das Wort zu entziehen*[925]. Gegen die entsprechende Anordnung des Vorsitzenden (§ 238 Abs. 1 StPO) ist die Anrufung des Gerichts (§ 238 Abs. 2 StPO) gegeben.

25.6. Dolmetschertätigkeit während der Schlussvorträge

Das Gesetz scheint es in § 259 StPO zuzulassen, dass dem der deutschen Sprache nicht mächtigen Angeklagten aus den Schlussvorträgen des Staatsanwalts, des Nebenklägers und Verteidigers nur die Anträge, nicht aber die übrigen Ausführungen übersetzt werden. Angesichts von §§ 185, 186 GVG und Art. 6 EMRK ist § 259 StPO eine überraschende Erscheinung. Unabhängig davon, ob man ihm dogmatisch heute überhaupt noch Wirkung beimessen darf[926], verbietet sich jedenfalls in aller Regel seine Anwendung. Ein Angeklagter hat das Recht, nicht nur zu wissen, welche Anträge der Staatsanwalt gestellt hat, sondern auch deren Begründung zu erfahren. Nur dann kann er sich nämlich argumentativ dagegen wenden. Es verstieße also im Einzelfall wohl meist gegen das Gebot gerichtlichen Gehörs und wäre zugleich eine unzulässige Beschränkung der Verteidigung, wollte man dem Angeklagten die Ausführungen insbesondere des Staatsanwalts vorenthalten. Für die Darlegungen des Nebenklägers und des Verteidigers[927] kann grundsätzlich nichts anderes gelten.

Der Vorsitzende sollte daher von § 259 StPO keinen Gebrauch machen und dem Angeklagten – wie die übrige Verhandlung – auch die *Schlussvorträge vollständig übersetzen* lassen.

25.7. Erwiderungsrecht

Das Recht der *Erwiderung* (§ 258 Abs. 2 StPO) steht dem Staatsanwalt, dem Nebenkläger (-vertreter) und dem Privatkläger zu[928]. Der Angeklagte und der Verteidiger[929] dürfen daraufhin ihrerseits erwidern. Mehrfache Erwiderungen kann der Vorsitzende kraft Sachleitungsbefugnis zulassen, er muss es aber nicht. *Zum Schluss* muss er immer dem Verteidiger und nach ihm dem *Angeklagten das (letzte) Wort* erteilen[930].

---

925 Kl./Meyer-Goßner § 258 Rdnr. 16.
926 Ich bin (entgegen etwa Kl./Meyer-Goßner § 259 Rdnr. 1) nicht überzeugt, dass hier eine Einschränkung zulässig ist. Mögen §§ 185, 186 GVG aus historischen Gründen als eingeschränkt betrachtet werden (StPO und GVG sind Reichskodifikationen von 1877), so folgt m.E. inzwischen aus Art. 6 Abs. 1 S. 1, Abs. 3 Buchst. a) und e) EMRK und dem allgemeinen Grundsatz des fairen Verfahrens, dass für § 259 StPO auch dogmatisch kein Raum mehr sein dürfte.
927 Der Angeklagte ist auch seinem Verteidiger gegenüber zu eigenständiger Verteidigung berechtigt, muss also keineswegs die Argumente des Verteidigers teilen.
928 Kl./Meyer-Goßner § 258 Rdnr. 18.
929 Und – soweit betroffen – die Nebenbeteiligten (§§ 433 Abs. 1, 442 Abs. 1, Abs. 2 S. 1, 444 S. 2 StPO), die in der Hauptverhandlung die Befugnisse eines Angeklagten haben.
930 BGH NJW 1976, 1951.

25.8. Ergänzende Befragung des Angeklagten

Kommen (angesichts einer möglichen positiven Bewährungsentscheidung oder einer Verwarnung mit Strafvorbehalt) *Auflagen und Weisungen* (§§ 56b, 56c, 59a Abs. 2 StGB) in Betracht, so *befragt* der Vorsitzende in geeigneten Fällen den Angeklagten, ob er sich zu Leistungen erbietet, die der Genugtuung für das begangene Unrecht dienen oder ob er Zusagen für seine künftige Lebensführung macht (§ 265a S. 1 StPO). Denn dann wird unter Umständen im Bewährungsbeschluss von einer Auflage oder Weisung entsprechenden Inhalts vorläufig abzusehen sein (§§ 56b Abs. 3, 56c Abs. 4, 59a Abs. 2 S. 2. Hs. StGB).

Kommt die Weisung in Betracht, sich einer Heilbehandlung oder einer Entziehungskur zu unterziehen oder in einem geeigneten Heim oder einer geeigneten Anstalt Aufenthalt zu nehmen, so ist auch hierzu der Angeklagte zu befragen (§ 265a S. 2 StPO). Denn eine solche Weisung ist nur mit seiner Einwilligung zulässig (§ 56c Abs. 3 StPO).

Ob sich eine entsprechende Fragestellung anbietet, entscheidet der Vorsitzende. Er kann sich zur Klärung, ob eine solche Verfahrensweise überhaupt in Betracht kommt, zuvor mit dem Gericht ins Benehmen setzen, muss dies aber nicht tun[931].

Der *Zeitpunkt der Fragestellung* ist nicht gesetzlich geregelt. Soweit es noch nicht zuvor geschehen ist, sollte der Vorsitzende die Frage vor der Erteilung des letzten Wortes an den Angeklagten richten, der sie dann bei dieser Gelegenheit beantworten mag[932]. Erkennt das Gericht erst in der Urteilsberatung die Erheblichkeit dieses Gesichtspunkts, muss es erneut in die Hauptverhandlung eintreten und die Befragung vor der abschließenden Urteilsberatung und -verkündung nachholen[933].

25.9. Letztes Wort

Dem *Angeklagten* gebührt am Ende das *letzte Wort* (§ 258 Abs. 2 2. Hs. StPO), auch wenn er vorher schon einen Schlussvortrag (§ 258 Abs. 1 StPO) gehalten hat.

Das letzte Wort steht außerdem in Verfahren gegen jugendliche Angeklagte den Erziehungsberechtigten und den gesetzlichen Vertretern zu (§§ 67, 104 Abs. 1 Nr. 9 JGG)[934] sowie im Rahmen ihrer Beteiligung den Nebenbeteiligten (§§ 433 Abs. 1, 442 Abs. 1, Abs. 2 S. 1, 444 S. 2 StPO).

---

931 Die anders lautende Auffassung (Kl./Meyer-Goßner § 265a Rdnr. 8 m.w.N.) übersieht, dass der Vorsitzende ohne weiteres derartige Fragen ausdrücklich für den Fall formulieren kann, dass das Gericht über Auflagen oder Weisungen zu beraten haben wird.
932 Staatsanwaltschaft, Nebenkläger oder Privatkläger könnten, wenn sie es für erforderlich halten, im Rahmen einer Erwiderung (§ 258 Abs. 2 StPO) zu der Erklärung Stellung nehmen.
933 Mit dem Wiedereintritt entsteht dann die Notwendigkeit erneuter Schlussvorträge (Kl./Meyer-Goßner § 258 Rdnr. 27 ff.) und des abermals letzten Wortes des Angeklagten, wobei eine Bezugnahme auf die vorangegangenen Ausführungen und Anträge hier in der Regel ausreichen wird.
934 In dem Zusammenhang zu Protokollierungsfehlern: BGH StV 1999, 656.

III. Hauptverhandlung

Der Vorsitzende hat den Angeklagten auf das Recht des letzten Wortes hinzuweisen (§ 258 Abs. 3 StPO), wenn der es nicht schon von sich aus wahrnimmt[935]. Dabei muss dem Angeklagten klar zur Kenntnis gegeben werden, dass er sich als letzter Verfahrensbeteiligter abschließend zur Sache äußern kann[936].

Den *Inhalt des letzten Wortes* bestimmt der Angeklagte grundsätzlich selbst. Ihm muss zugestanden werden, sich nicht nur über Tatsachen und Beweisergebnisse zu äußern, die Gegenstand der Beweisaufnahme waren. Er mag an dieser Stelle Überlegungen für bemerkenswert halten, die nicht im unmittelbaren Sachzusammenhang mit der Urteilsfindung stehen und die er dem Gericht trotzdem mit auf den Weg in die Schlussberatung geben möchte. Der Vorsitzende sollte daher das letzte Wort mehr noch als die Schlussvorträge mit Zurückhaltung und Geduld hinnehmen, auch wenn die Zeit drängt und er nicht erwartet, noch irgendetwas wichtiges zu erfahren.

Nicht hinnehmen muss er allerdings, dass der Angeklagte die ihm im Schlusswort zustehende Redefreiheit missbraucht. Ein derartiger *Missbrauch* kann vorliegen bei ständigen Wiederholungen, nicht abzustellender Weitschweifigkeit oder Erörterung abwegiger Umstände und bei Herabsetzung anderer Beteiligter, des Gerichts oder Dritter[937]. Der Vorsitzende kann dem im Rahmen seiner Sachleitungsbefugnis (§ 238 Abs. 1 StPO) entgegentreten. In der Regel genügen, falls wirklich erforderlich, *Ermahnungen und notfalls die Drohung* mit der Möglichkeit, das Schlusswort zu entziehen. Wo allerdings die Freiheit des Schlussworts in nicht erträglicher Weise ausgenutzt wird, vor allem bei Verunglimpfungen anderer, ist dem Angeklagten – nach Fruchtlosigkeit von Abmahnungen – als *letztes Mittel das Wort zu entziehen*[938]. Gegen die entsprechende Anordnung des Vorsitzenden (§ 238 Abs. 1 StPO) ist die Anrufung des Gerichts (§ 238 Abs. 2 StPO) gegeben.

25.10. Wiedereintritt

Aus unterschiedlichsten Gründen kann sich das Gericht zum *Wiedereintritt in die Verhandlung* gezwungen sehen[939].

Grundsätzlich ist *jede Handlung*, in der der Wille des Gerichts zum *Weiterverhandeln* zum Ausdruck kommt, ein Wiedereintritt[940]. Es ist daher faktisches

---

935 BGHSt 22, 278.
936 BGHSt 18, 84. Eine ausdrückliche Befragung mit dem Wortlaut des § 258 Abs. 3 StPO ist nicht erforderlich.
937 Kl./Meyer-Goßner § 258 Rdnr. 26 m.w.N.
938 Kl./Meyer-Goßner § 258 Rdnr. 16.
939 *Beispiel:* Das Gericht stellt in der Urteilsberatung fest, dass es noch nicht über eine ausreichende Tatsachengrundlage verfügt, weil es noch nicht alle notwendigen Beweise erhoben hat (z.B. wenn es sich gezwungen sieht, einem Hilfsbeweisantrag nachzukommen). *Oder:* Es treten Änderungen in der tatsächlichen oder rechtlichen Bewertung ein, die noch eines bisher unterbliebenen Hinweises nach § 265 StPO bedürfen.
940 Kl./Meyer-Goßner § 258 Rdnr. 28. Kein Wiedereintritt findet aber zum Beispiel statt, wenn der Vorsitzende nach Beginn der Urteilsverkündung einen Beweisantrag (nur) entgegennimmt (BGH NStZ 1986, 182).

26. Urteilsberatung

Handeln ausreichend, eines besonderen Beschlusses bedarf der Wiedereintritt nicht.

Der Wiedereintritt hat zur Folge, dass unabhängig von Umfang und Bedeutung der weiteren Verhandlung *nochmals Gelegenheit* zu den *Schlussvorträgen* zu geben und dem Angeklagten *erneut das letzte Wort* zu gewähren ist[941]. Wenn die weitere Verhandlung ohne sachlichen Gehalt war oder nur einfachste Fragen betraf, etwa weil nur Förmlichkeiten ohne inhaltliche Bedeutung nachgeholt wurden[942], würden sich die Schlussvorträge in Wiederholungen erschöpfen. Die Beteiligten werden sich daher auf ihren vorangegangenen Schlussvortrag und die darin gestellten Anträge beziehen. Der Vorsitzende sollte dies erforderlichenfalls zur Abkürzung anregen. Außerdem *muss* er den Angeklagten wieder darauf *hinweisen*, dass er erneut das *letzte Wort* ergreifen kann.

Nach den Schlussvorträgen und der Gewährung des letzten Wortes muss das Gericht *erneut* in die *Urteilsberatung* eintreten. Dazu bedarf es aber nicht in jedem Fall einer Unterbrechung der Sitzung. War die weitere Verhandlung ohne sachlichen Gehalt oder betraf sie nur einfachste Fragen, kann ausnahmsweise eine kurze Verständigung unter den Mitgliedern des Gerichts des Inhalts genügen, dass es bei dem bisherigen Beratungsergebnis verbleiben soll, wobei zumindest zur Vermeidung revisionsrechtlicher Probleme diese Kurzberatung allen Verfahrensbeteiligten erkennbar sein sollte[943]. Im Allgemeinen wird sich das Gericht jedoch noch einmal zur Beratung zurückziehen[944].

26. Urteilsberatung

Die Hauptverhandlung schließt mit der auf die *Beratung* folgende Verkündung des Urteils (§ 260 Abs. 1 StPO).

Die Urteilsberatung findet im strafgerichtlichen Massengeschäft meist unmittelbar nach dem letzten Wort des Angeklagten statt, die Verkündung des Urteils folgt alsbald. Beides ist nicht zwingend vorgeschrieben. In umfangreicheren Verfahren plant der Vorsitzende ohnehin auch für die Urteilsberatung entsprechenden Zeitbedarf ein und unterbricht zu diesem Zweck die Hauptverhandlung bis zu einem Verkündungstermin. Dieser Verkündungstermin muss spätestens am 11. Tag nach dem letzten Sitzungstag stattfinden (§ 268 Abs. 3 S. 2 StPO). In der Zwischenzeit berät das Gericht.

---

941 BGH NStZ 1993, 95.
942 *Beispiel:* Nachträgliche Vereidigung eines Zeugen, der nicht mehr dem Eidesverbot (§ 60 Nr. 2 StPO) unterliegt, weil er nach Auffassung des Gerichts nicht mehr verdächtig erscheint. *Oder:* Rechtlicher Hinweis nach § 265 StPO, der eine Rechtslage verdeutlicht, die zwar vom Eröffnungsbeschluss abweicht, von den Beteiligten aber ohnehin schon zugrunde gelegt wurde.
943 BGH NStZ 1992, 552; BGH NStZ 1992, 601.
944 Vergl. BGH NStZ-RR 1998, 142 m.w.N. Einen »Anspruch« darauf, dass die erneute Beratung äußerlich erkennbar werde, vermag ich allerdings nicht zu erkennen: Die Beteiligten können beanspruchen, dass ihre Sache beraten wird. Der Eindruck, dass das Gericht berate – während es in Wirklichkeit irgendetwas anderes tut – hilft ihnen nicht weiter.

III. Hauptverhandlung

Die Notwendigkeit der *Urteilsberatung* gilt für *Kollegialgerichte wie Einzelrichter* gleichermaßen. Der Zeitdruck des Sitzungsalltags und Bequemlichkeit führen vermehrt dazu, dass Straf-(Einzel-)richter nach dem letzten Wort des Angeklagten im Sitzungssaal bleiben, die Sitzung auch nicht förmlich unterbrechen, statt dessen ohne wesentliche Überlegungszeit den Tenor niederlegen und sogleich zur Verkündung schreiten. Diese Methode ist rechtlich kaum angreifbar[945], im Allgemeinen eminent praktisch und doch nicht zu empfehlen. Zum einen verleitet eine Routine, die es als Zeichen von Professionalität letztlich verlangt[946], sofort nach dem letzten Wort des Angeklagten den Tenor zu formulieren, zu Flüchtigkeiten. Sie vermindert das Quantum Ruhe und Besonnenheit, das auch im Massengeschäft nicht verloren gehen darf. Den Fall unbeobachtet von den Verfahrensbeteiligten noch einmal wenigstens kurz durchdenken zu dürfen, sollte sich kein Richter nehmen lassen. Zum anderen entsteht bei den Verfahrensbeteiligten sonst der Eindruck, noch bevor der Angeklagte sein letztes Wort zu Ende gesprochen hatte, habe für den Richter ohnehin schon alles festgestanden[947]. Dass dies nicht dem Leitbild unseres Verfahrensrechts entspricht, liegt auf der Hand. Auch Straf-(Einzel-)richter sollten daher grundsätzlich die Urteilsberatung außerhalb der zu diesem Zweck unterbrochenen Sitzung durchführen.

26.1. Geheime Beratung

Die *Urteilsberatung* ist *geheim* (§ 43 DRiG, § 193 GVG). Der Vorsitzende sollte erforderlichenfalls auf Beisitzer und Schöffen einwirken, das Beratungsgeheimnis auch in jedem Einzelfall zu bewahren. Gerade im Stadium der Urteilsberatung sind Indiskretionen darüber hinaus oft sehr ärgerlich. Sie können menschlich problematische Folgen haben[948] und unter Umständen scheinbar Ergebnisse

---

945 Vergl. Kl./Meyer-Goßner § 260 Rdnr. 2.
946 Die Belastung der Gerichte führt mehr und mehr zur Herausbildung und Förderung von Richterpersönlichkeiten (oder zumindest sie prägende Arbeitsweisen), die dadurch gekennzeichnet sein müssen, alles sofort und ohne Nachdenken zu begreifen, zu verstehen und zu wissen – vor allen anderen Beteiligten und möglichst schon vor Beginn der Hauptverhandlung. Wer demgegenüber darauf Wert legt, durch Abwägung und Überlegung in jedem Einzelfall und wirklich erst am Schluss der Verhandlung zu einem Ergebnis zu kommen, läuft vielleicht Gefahr, zu Unrecht als weniger leistungsfähig eingeschätzt zu werden.
947 Besonders schlimm wirken in dem Zusammenhang Fälle, in denen der Strafrichter schon während der Schlussvorträge oder während des letzten Worts des Angeklagten etwas schriftlich niederlegt, was sich sodann als der Tenor des Urteils herausstellt. Wer sich als Richter so verhält, darf sich nicht beklagen, wenn der Justiz gelegentlich vorgeworfen wird, sie gebe Farcen zum Besten. Im übrigen ist solches Verhalten ein Ablehnungsgrund (§ 24 Abs. 2 StPO) und schließlich eine grobe persönliche Ungehörigkeit den Beteiligten gegenüber, die erst noch zu Wort kommen werden.
948 *Beispiel:* Der Schöffe äußert in einer Beratungspause gegenüber einem Justizwachtmeister, es sehe schlecht aus und bezieht dies – unausgesprochen – auf den Verurteilungsantrag der Staatsanwaltschaft. Dies hört der Angeklagte mit, der fest davon ausgeht, freigesprochen zu werden. Er reagiert mit Bestürzung und Verzweiflung, weil er die Bemerkung auf seine Verteidigungsposition bezieht.

vorwegnehmen, über die noch nicht beraten wurde und schließlich auch zu Ablehnungsanträgen (§ 24 Abs. 2 StPO) führen[949].

Zur *Anwesenheit berechtigt* sind die zur Entscheidung berufenen Richter (Berufsrichter und Schöffen, § 193 Abs. 1 GVG), die Ergänzungsrichter (§ 192 GVG) erst dann, wenn der Vertretungsfall eingetreten ist.

Soweit der Vorsitzende dies gestattet, dürfen außerdem die am Gericht tätigen Referendare und wissenschaftlichen Hilfskräfte an der Beratung teilnehmen (§ 193 Abs. 1 GVG). Schließlich darf der Vorsitzende auch ausländischen Juristen unter den Voraussetzungen des § 193 Abs. 2 GVG die Anwesenheit in der Beratung gestatten.

26.2. Ununterbrochene Anwesenheit

Die erkennenden Richter müssen grundsätzlich *ununterbrochen anwesend* sein, anders lässt sich der gesetzlich vorgeschriebene Beratungshergang (§§ 194 ff. GVG) nicht bewirken. Allerdings ist es nicht unzulässig, wenn einzelne Richter (meist der sog. Berichterstatter) die Beratung durch Sichtung und Ordnung des Verhandlungsstoffes vorbereiten, um sie dem Kollegium zu strukturieren und zu erleichtern[950]. Beraten wird auch dann immer in *Anwesenheit des gesamten Kollegiums*.

26.3. Beratungsleitung

Der *Vorsitzende leitet* die Beratung (§ 194 Abs. 1 StPO). Das beginnt mit der – keinerlei Form oder Fristbestimmung unterliegenden – Einberufung des Kollegiums, falls nicht die Beratung ohnehin unmittelbar nach dem Schlusswort des Angeklagten stattfinden soll. Wo die Beratung stattfindet, ist nicht vorgeschrieben. Der innenarchitektonische Charme spezieller Beratungszimmer wirkt nicht auf jeden Richter intellektuell anregend. Allerdings hat der Charakter eines Konklaves auch den Vorteil, ungestört und allein auf die Sache konzentriert beraten zu können.

26.3.1. Durchführung, Reihenfolge

In welcher *Weise* und in welcher *Reihenfolge* beraten wird, bestimmt grundsätzlich der *Vorsitzende*.

---

949 *Beispiel:* Der Beisitzer verlässt das Beratungszimmer, um ein intensives Zwiegespräch mit dem Staatsanwalt aufzunehmen und daraufhin wieder im Beratungszimmer zu verschwinden. Der Angeklagte dürfte daraufhin wohl besorgen, dass es um das anstehende Urteil gegangen ist und soeben etwas verhandelt wurde, wovon er keine Kenntnis haben soll.

950 Kl./Meyer-Goßner § 193 GVG Rdnr. 1. Das Ergebnis solcher Vorüberlegungen wirkt im Allgemeinen schon deshalb überzeugend, weil es plausibel dargelegt werden kann. Der Gefahr, entsprechende Vorgaben unkritisch zu übernehmen, muss der Vorsitzende in solchen Fällen mit besonderer Aufmerksamkeit begegnen. Anderenfalls kann ein geschickter Berichterstatter – wie ebenso natürlich der sachkundige Vorsitzende selbst – eine Beratung derart dominieren, dass sie diese Bezeichnung kaum noch verdient.

III. Hauptverhandlung

Die fachlichen und persönlichen *Qualitäten des Vorsitzenden* spielen in der Beratung eine wahrhaft entscheidende Rolle. Da es die Essenz des Kollegialgerichts ist, dass mehrere Berufs- und Laienrichter zu einer Entscheidung gelangen müssen, sind hier Persönlichkeiten fehl am Platz, die von vornherein alles besser zu wissen glauben als die anderen. Die Beisitzer und Schöffen sind nicht dazu ausersehen, zu allem mit dem Kopf zu nicken und einem großen Vorsitzenden nach dem Munde zu reden. Seine fachlichen Qualifikationen müssen zwar in jeder Beratung verfügbar gemacht werden. Sie ersetzen aber nicht die gerichtliche Meinungsbildung. Letztere wird zu kurz kommen, je autoritärer der Vorsitzende die Beratung führt. Das gilt vor allem im Hinblick auf die beteiligten Laienrichter. Der Vorsitzenden, der schon unmittelbar nach Betreten des Beratungszimmers z.B. feststellt, für heute sei ja wieder einmal alles klar, für diese Nummer seien jetzt »zwei Jahre ohne« fällig, kann sie vollständig überrollen. Wer etwaige zögernde Nachfragen dann noch mit der Bemerkung abzutun versteht, er sei schließlich seit 15 Jahren im Geschäft, ihm mache keiner mehr etwas vor, der hat das Kollegialgericht de facto abgeschafft.

Es versteht sich von selbst, dass derjenige, der über besondere Fähigkeiten verfügt, sie auch in die Beratung einbringen muss. Aber auch die übrigen Richter, besonders die Laienrichter, haben ihre *spezifische Funktion*. Letztere verkörpern bekanntlich und nicht zu Unrecht den gesunden Menschenverstand. Gerade er kann einem Strafgericht in vielem entscheidend weiterhelfen. Viele grundlegenden Entscheidungssituationen sind letztlich nicht mehr mit juristischem Werkzeug zu lösen. Wenn das Gericht beispielsweise wissen will, ob eine Aussage tragfähig ist, ob ein Zeuge glaubwürdig ist, ob der Angeklagte der Täter oder der Nebenkläger ein Lügner ist, helfen am Ende nicht juristische Regeln, sondern praktische Vernunft, Lebenserfahrung und Augenmaß.

Der Vorsitzende sollte sich und dem Gericht diese *Erkenntnisquellen* nach Kräften zunutze machen. Sie hindern den Juristen nicht, sein Fachwissen zu verwerten, sondern unterstützen ihn in seiner Aufgabe, ein gerechtes und richtiges Urteil herbeizuführen. In der konkreten Beratungssituation müssen die Schöffen daher immer dort in besonderer Weise aktiv an der Meinungsbildung beteiligte werden, wo es nicht um juristisch-fachliche Fragen geht. Dabei sollte ihnen der Vorsitzende durchaus auch zu verstehen geben, dass sie in mancher Hinsicht besser geeignet sind, Bewertungen zu treffen als er selbst oder andere Berufsrichter[951]. Andererseits werden Schöffen, die in ihrer Funktion auf diese Weise ernst genommen werden, dann auch den juristischen Sachverstand zu akzeptieren bereit sein, wo er zum Zuge kommen muss[952].

---

951 *Beispiel:* Ob die Verhängung einer kurzen Freiheitsstrafe zur Verteidigung der Rechtsordnung unerlässlich ist (§ 47 StGB), hängt damit zusammen, wie die Allgemeinheit auf die Verhängung einer Geldstrafe reagieren würde. Dazu kann ein Schöffe in der Regel viel sagen.

952 *Beispiel:* Die Bedeutung des Merkmals der Stoffgleichheit im Betrugstatbestand (§ 263 StGB) ist immer dann, wenn es darauf ankommt, Laien nur sehr schwer zu verdeutlichen, falls es sich um wirtschaftlich denkende Menschen handelt, für die es im Vordergrund steht, dass das Verhalten des Angeklagten jedenfalls schändlich war.

26. Urteilsberatung

Der Vorsitzende muss die Mitglieder des Gerichts andererseits auch zu *intellektueller Redlichkeit* anhalten. So neigen Laienrichter oft zu einer ausgesprochen pragmatischen Verknüpfung zwischen Schuldspruch und Rechtsfolgen. Es kann durchaus vorkommen, dass Schöffen bereit sind, dem Belastungszeugen dann, aber nur dann zu glauben, wenn am Ende eine Bewährungsstrafe für den Angeklagten herauskommt. Anderenfalls müsse er freigesprochen werden. Auch die Verknüpfung eines bestimmten Strafmaßes mit der Schuldfrage (»für 60 Tagessätze war er's, für die vom Staatsanwalt geforderten 6 Monate nicht«) ist nicht selten. Schließlich kommt es auch vor, dass Laienrichter sehr stark auf das Ergebnis abstellen und ihnen alles andere eher gleichgültig ist (»ob ein oder zwei Jahre Haft: Hauptsache Bewährung«). Hier hat der Vorsitzende seine *Leitungsfunktion wahrzunehmen* und seine Mitrichter zu sachgerechter Mitarbeit zu bewegen. Notfalls wird er sie über die Abstimmungsreihenfolge zur Schuldfrage und zu den Rechtsfolgen zwingen können, zu den wesentlichen Fragen in der gebotenen Reihenfolge Stellung zu nehmen. Denn diese Abstimmungen dürfen nicht verweigert werden (§ 195 GVG).

Erfahrungsgemäß bieten sich in der *Zusammenarbeit mit den Laienrichtern* in der Urteilsberatung zwei Problemschwerpunkt. Der Erste folgt aus dem *Grundsatz der freien Beweiswürdigung* (§ 261 StPO). Ob ein Richter vom Vorliegen oder Nichtvorliegen eines bestimmten Umstands überzeugt ist, wird im Allgemeinen danach entschieden, ob er ein nach der Lebenserfahrung ausreichendes Maß an Sicherheit gewonnen hat, demgegenüber vernünftige Zweifel nicht mehr aufkommen[953]. Wann dies der Fall ist, richtet sich nach der persönlichen Gewissheit des Richter. Damit wird klar, dass formelhafte Herleitungen hier nicht viel weiter helfen, sie sind hochgradig zirkelschlussverdächtig[954]. Ungünstigerweise stellt sich die Frage der Beweiswürdigung immer nur in den nicht eindeutigen Fällen. Dort kann das Gericht indes sehr schnell den Boden unter den Füßen verlieren, wenn es dem Vorsitzenden in der Beratung nicht gelingt, die Überlegungsstränge sorgfältig mit dem Kollegium zu beleuchten und vorschnellen »Gewissheiten« vorzubeugen. Unbedingt empfehlenswert ist für schwierige Beweisfragen zunächst die Sichtung und Darlegung aller Argumente, die pro oder kontra deuten sowie derjenigen Umstände, die in ihrer Beweisbedeutung ambivalent sind. Indizienketten müssen Glied für Glied beraten werden. Hat es der Vorsitzende mit einem Kollegium zu tun, das in allem sofort einig zu sein scheint, sollte er die Tragfähigkeit der Beratungsergebnisse durchaus z.B. dadurch erproben, dass er dezidiert den entgegengesetzten Part einnimmt, um die nötige Diskussion herbeizuführen[955]. Am Ende aber bleibt jeder Richter allein mit seiner persönlichen Überzeugung, muss dazu stehen und sie in der Beratung vertreten[956]. Es nützt

---

953 BGH NStZ 1988, 236.
954 Wer sich persönlich wirklich sicher ist, hält etwaige Zweifel für nur noch theoretisch und damit für unvernünftig, wer sich aber nicht sicher ist, wird jeden Zweifel für eminent vernünftig halten.
955 Erweist sich die bisherige Sicht des Gerichts als unerschütterlich, ist dies beruhigend. Anderenfalls muss das Gericht sein Auffassung revidieren.
956 Zur Feststellung, wie sehr ein Richter von bestimmten Umständen überzeugt ist oder nicht, helfen mitunter simple Gedankenspiele, etwa die Vorstellung, man müsse im höchstpersönlichen Gespräch dem Angeklagten ins Gesicht sagen, dass er der Täter sei und dies tragfähig

III. Hauptverhandlung

daher in der gerichtlichen Beratung auch nichts, wenn ein Mitglied des Gerichts das andere zu einem bestimmten Standpunkt überreden will. Der Vorsitzende sollte daher auch der Versuchung widerstehen, jenseits der gewechselten Sachargumente Einfluss auf seine Mitrichter zu nehmen[957] und zügig zur Abstimmung schreiten. Dort mag geklärt werden, welche Überzeugung – also welche Wahrheit – die des Gerichts ist.

Das zweite Problemfeld ist das der *konkreten Strafzumessung*. Die konkrete Strafe ergibt sich nicht aus den Regeln des materiellen Rechts. Warum der betreffende Täter 8 Monate Freiheitsstrafe erleiden soll und nicht 7 oder 10 Monate, kann niemand rational erklären. Ob dies Folge der Spielraumtheorie[958] oder der Theorie des sozialen Gestaltungsakts ist[959], kann dabei dahinstehen. Nur wer begründen könnte, dass es lediglich eine einzige angemessene Strafe für die konkrete Tat gibt, könnte den Richtern aus dem Dilemma helfen. Aber ungünstigerweise erleben sie an jedem Sitzungstag immer wieder, dass gerade dies unmöglich ist, weil im Kernbereich der Strafzumessung – wenn alle Zumessungsgesichtspunkte berücksichtigt sind – nur noch und abermals allein die richterliche Überzeugung von der tat- und schuldangemessenen Strafe den Ausschlag gibt[960]. Dies muss der Vorsitzende insbesondere den Schöffen verdeutlichen, die häufig nach zu vergleichenden, gängigen Tarifen fragen[961]. Allenfalls der Hinweis auf das Spektrum, das der Blick auf ihm bekannte vergleichbare Fälle eröffnet, kann dabei Hilfestellung sein. Im Übrigen muss der Vorsitzende den Mitrichtern verdeutlichen, dass gerade die Notwendigkeit einer Festlegung die Bedeutung richterlicher Tätigkeit ausmacht und sie notfalls zur Abstimmung bringen, wenn sonst keine Lösung erreichbar erscheint.

Maßgeblich sind für die Leitung der Beratung die Grundsätze der Logik und die Besonderheiten des Einzelfalls[962]. In der Regel dürfte – ohne dass zwangsläu-

---

und verstandesmäßig einsichtig begründen. Wer dazu nicht in der Lage wäre, hegt wahrscheinlich noch Zweifel und muss diesen Zweifeln in der Beratung nachgehen, etwa indem er sie im Kollegium vorbringt.

957 Unter Praktikern ist in dem Zusammenhang der Austausch von Schöffen als Ultima Ratio zur Vermeidung unerwünschter Ergebnisse bekannt. Er funktioniert so, dass der Vorsitzende angesichts des sich abzeichnenden, ihm unerwünschten Ergebnisses irgendeinen Vorwand findet, um die Hauptverhandlung auszusetzen. In der neuen Hauptverhandlung werden dann andere Schöffen mitwirken, was jedenfalls die Chance zu einem anderen Ergebnis eröffnet. Dass dies nichts weiter ist als ein übler Trick, der den Angeklagten – abgesehen von zahlreichen weiteren Bedenken – dem gesetzlichen Richter entzieht, ist offenkundig.
958 BGHSt 29, 320.
959 Tröndle § 46 Rdnr. 12.
960 Daher ist die Theorie der Punktstrafe in der Tat mit BGHSt 27, 3, abzulehnen: Sie handelt mit Fiktionen.
961 Der Wert solcher ungeschriebener Tarife soll hier im Übrigen nicht gemindert werden. Es spricht vieles dafür, das durchschnittliche Delikt der Massendelinquenz nach einheitlichen, vertypten Vorstellungen zu ahnden.
962 *Beispiel:* Ist der Sachverhalt völlig eindeutig geklärt, etwa weil einige Erkenntnisquelle das glaubhafte Geständnis des Angeklagten ist, wird eine detaillierte Sachverhaltsfeststellung in der Beratung nur noch selten erforderlich sein. An ihre Stelle darf die kurze Verständigung treten, von eben dem Sachverhalt ausgehen zu wollen, den der Angeklagte eingeräumt hat.

26. Urteilsberatung

fig immer alle Punkte ausdrücklich erörtert werden müssten – folgende *Reihenfolge* sinnvoll sein:
1. Verfahrenshindernisse
2. Sachverhaltsfeststellung
3. Subsumtion
4. Strafrahmenbestimmung und Strafart
5. Strafzumessung
6. Bewährungsfrage
7. Maßregeln
8. Nebenentscheidungen
9. Bewährungsbeschluss.

26.3.2. Schuldfrage

Die *Schuldfrage* (§ 263 Abs. 1 StPO) muss das Gericht *im Ganzen* beantworten. Am Schluss dieses Teils der Beratung muss das Gericht daher – durch Konsens oder Abstimmung – insgesamt entscheiden, ob der Angeklagte Täter oder Teilnehmer einer ihm im Rahmen des verfahrensrechtlichen Streitgegenstands zur Last gelegten tatbestandsmäßigen, rechtswidrigen und schuldhaften Handlung (oder Unterlassung) ist[963]. Die Notwendigkeit dieses zusammenfassenden Beurteilung (»*Totalabstimmung*«) verbietet nicht, dass das Gericht für Details und Zwischenschritte (etwa im Bereich der Beweiswürdigung) ebenfalls Abstimmungen durchführt. Das kann sich sogar als günstig erweisen, um die Diskussion zu straffen und zu konzentrieren. Denn in aller Regel wird ein Richter, der in einem für den Schuldspruch vorentscheidenden Zwischenschritt negativ votiert, auch bei der entscheidenden Abstimmung dann konsequent sein und sich wiederum negativ äußern[964]. Gebunden ist er an seine Meinung, die er zu Zwischenüberlegungen geäußert hat, jedoch nicht.

26.3.3. Rechtsfolgenfragen

Die Beratung zum *Rechtsfolgenausspruch* bezieht sich auf alle Sanktionen, die im Strafverfahren festgesetzt werden können (Strafen, Nebenstrafen, Sicherungsmaßregeln, Geldbußen nach dem OWiG, Erziehungsmaßnahmen und Zuchtmittel nach dem JGG)[965]. Im Gegensatz zur Schuldfrage findet hier über die möglichen Rechtsfolgen keine Entscheidung im Ganzen statt (arg. e § 196 Abs. 3 GVG), es wird vielmehr *schrittweise* vorgegangen. Das bedeutet nicht, dass der Vorsitzende über jeden Schritt einzeln abstimmen lassen muss. Entbehrlich ist in der Beratung jede Abstimmung, wo Konsens herrscht.

Zu einer dem Angeklagten nachteiligen Entscheidung über die *Schuldfrage* und zum *Rechtsfolgenausspruch* muss im Gericht – wenn seine Mitglieder nicht übereinstimmen – eine Mehrheit von *zwei Dritteln* der Stimmen gegeben sein (§ 263

---

963 KK-Engelhardt § 263 Rdnr. 3.
964 *Beispiel:* Der Richter glaubt dem einzigen Belastungszeugen nicht. Damit wird er voraussichtlich auch die Schuldfrage insgesamt negativ beurteilen.
965 Kl./Meyer-Goßner § 263 Rdnr. 8.

III. Hauptverhandlung

Abs. 1 StPO). Werden im Rechtsfolgenbereich mehrere Meinungen vertreten, so gilt die Regelung des § 196 Abs. 3 GVG, wonach insbesondere im Bereich der Straffrage letztlich die für den Angeklagten günstigere Meinung durchgreift. Die Stimmen der Berufs- und Laienrichter haben gleichen Wert.

Zu *allen übrigen Fragen* entscheidet das Gericht mit der *einfachen Stimmenmehrheit* (§ 196 Abs. 1 GVG). Hierzu gehören Verfahrensfragen, Verjährung (§ 263 Abs. 3 StPO), Kosten- und Entschädigungsfragen, Fragen der Bewährungsausgestaltung und der Haftfortdauer u.a.m. Besteht hier Stimmengleichheit, gibt die Stimme des Vorsitzenden den Ausschlag (§ 196 Abs. 4 GVG).

26.3.4. Abstimmung

Während die Leitung der Beratung grundsätzlich dem Vorsitzenden obliegt, der damit letztlich auch die Reihenfolge der Beiträge und Stellungnahmen bestimmt, ist die Reihenfolge der Stimmabgabe bei Abstimmungen gesetzlich geregelt (§ 197 GVG). Muss also über streitige Fragen abgestimmt werden, so gibt – falls vorhanden – der Berichterstatter als erster seine Stimme ab, danach (ggf.) die Schöffen nach dem Lebensalter, dann die Berufsrichter nach dem Dienstalter (jeweils der Jüngere vor dem Älteren) und schließlich der Vorsitzende.

26.4. Niederlegung des Tenors

Der Vorsitzende wird zu Beginn der Urteilsverkündung die Urteilsformel (Tenor) verlesen müssen (§ 268 Abs. 2 S. 1 StPO). Die *Urteilsformel* muss daher *schriftlich* festgehalten werden. Der Vorsitzende muss selbstverständlich dafür sorgen, dass sie inhaltlich mit dem Ergebnis der Beratung übereinstimmt und vollständig ist. Flüchtigkeitsfehler in diesem Bereich – wie sie vor allem in den Nebenentscheidungen vorkommen[966] – sind folgenreich und grundsätzlich nur infolge befristeten Rechtsmittels[967] zu korrigieren. Stellt der Vorsitzende bei der Verlesung fest, dass sich ein Fehler oder eine Auslassung eingestellt hat, darf er die schriftliche Urteilsformel verbessern oder ergänzen, solange die Urteilsverkündung nicht insgesamt beendet ist[968] und muss sie sodann richtig gestellt verlesen und begründen. Nach der *Beendigung der Urteilsverkündung* ist eine *Korrektur der Urteilsformel* – mit Ausnahme von offensichtlichen Schreibversehen und offensichtlichen Unrichtigkeiten[969] – *nicht mehr zulässig*.

26.5. Niederlegung weiterer Entscheidungen

Nach der Verkündung des Urteils muss, wenn eine Strafaussetzung zur Bewährung oder andere Nebenentscheidungen außerhalb des Urteils erforderlich sind,

---

[966] Wohl Spitzenreiter: Die Kostenentscheidung oder die Auslagenentscheidung betr. den Nebenkläger wird nicht notiert und auch nicht verkündet, was keiner rechtzeitig bemerkt, weil sich alle nur für den Schuldspruch und seine Begründung interessieren.

[967] Berufung oder Revision gegen das Urteil insgesamt oder sofortige Beschwerde nach § 463 Abs. 3 StPO) betr. die Kostenentscheidung.

[968] BGHSt 25, 333.

[969] vergl. Kl./Meyer-Goßner § 268 Rdnr. 10.

ein gesonderter Beschluss verkündet werden. Auch diesen Beschluss sollte der Vorsitzende am Schluss der Beratung schriftlich niederlegen, um nach der Urteilsbegründung insofern keine Fehler zu begehen. Er kann den Beschluss allerdings grundsätzlich[970] auch zu Protokoll verkünden. Protokollierungsfehler sind im Bereich dieser oft umfangreichen Beschlüsse dann allerdings häufig zu beklagen.

27. Urteilsverkündung

Die Urteilsverkündung erfolgt unmittelbar nach der Unterbrechung der Sitzung zur Urteilsberatung (§ 263 Abs. 1 StPO) oder in einem Verkündungstermin spätestens am elften Tag nach Schluss der Verhandlung (§ 268 Abs. 3 StPO) statt.

Das Urteil ergeht im *Namen des Volkes* (§ 268 Abs. 1 StGB). Daraus wird abgeleitet, dass dies auch zu Beginn der Urteilsverkündung jeweils mitgeteilt werden soll (»Im Namen des Volkes ergeht folgendes Urteil ...«)[971].

Die Verkündung des Urteils ist Aufgabe des *Vorsitzenden*. Nur ausnahmsweise kommt – ganz oder teilweise – eine Übertragung auf ein anderes berufsrichterliches Mitglied des Gerichts in Betracht[972].

Die *Urteilsverkündung* erfolgt *grundsätzlich öffentlich* (§ 173 Abs. 1 GVG, Ausnahme: § 48 Abs. 1 JGG). Das Gericht kann nur für die Verkündung der Urteilsgründe ganz oder teilweise die Öffentlichkeit zum Schutz der Privatsphäre (§ 171b GVG) oder wegen Gefährdungen i.S. von § 172 GVG ausschließen. Auch dann muss die *Urteilsformel* jedoch *immer öffentlich* verkündet werden.

27.1. Verlesung des Tenors

Die Urteilsverkündung setzt sich aus der *Verlesung der Urteilsformel* und anschließender (§ 268 Abs. 1 S. 3 StPO) Eröffnung der wesentlichen Entscheidungsgründe zusammen (§ 268 Abs. 1). Die Liste der angewendeten Vorschriften (§ 260 Abs. 5 StPO) gehört nicht zur Urteilsformel, sie wird daher bei der mündlichen Urteilsverkündung weder verlesen noch mitgeteilt.

Bei der Verlesung der Urteilsformel *erheben* sich traditionsgemäß alle Anwesenden von ihren Sitzen[973]. Wer sich nicht sofort erhebt, beabsichtigt gleichwohl noch nicht unbedingt, dem Gericht Missachtung entgegenzubringen. In der Regel ist Unkenntnis der Gepflogenheiten oder Unsicherheit Grund für solches Fehlverhalten. Meist bewirkt der Hinweis des Vorsitzenden, dass es bei Gericht üb-

---

970 Zu den Besonderheiten eines Haftbefehls vergl. S. 224.
971 Kl./Meyer-Goßner § 268 Rdnr. 1. Der darin liegende Symbolwert ist nachzuvollziehen (vergl. KK-Engelhardt § 268 Rdnr. 1), obwohl sich fragen lässt, ob mit formelhaften und kaum reflektierter Beteuerung der demokratischen Legitimation auch die notwendigen Inhalte zwangsläufig einhergehen. Immerhin mag die ausdrückliche Abgrenzung zu anderen kirchlichen oder weltlichen Autoritäten auch durch geschichtliche Betrachtungen zu rechtfertigen sein.
972 Etwa bei erheblicher stimmlicher Indisposition des Vorsitzenden, Kl./Meyer-Goßner § 268 Rdnr. 3.
973 Vergl. Nr. 124 Abs. 2 RiStBV.

III. Hauptverhandlung

lich sei, sich zu diesem Zeitpunkt zu erheben, bereits die Abhilfe. Nur in besonders hartnäckigen Fällen kann und wird der Vorsitzende gegen denjenigen, der durchaus sitzen bleiben will, ein Ordnungsmittel wegen Ungebühr nach § 178 GVG verhängen.

Es versteht sich von selbst, dass der Vorsitzende während der Verlesung der Urteilsformel laut und deutlich zu sprechen hat. Ein Herunterrasseln wird den Bedürfnissen der anderen Verfahrensbeteiligten nicht gerecht[974].

27.2. Mitteilung der Urteilsgründe

Anschließend hat der Vorsitzende die *Urteilsgründe* zu eröffnen.

Das kann geschehen durch Verlesung der *schriftlichen Urteilsgründe* (§ 268 Abs. 1 S. 2 StPO). Diese liegen allerdings – wenn überhaupt – nur dann schon zur Verkündung schriftlich vor, wenn das Gericht einen Verkündungstermin (§ 268 Rdnr. 3 StPO) anberaumt und die bis dahin vergangene Zeit genutzt hat, die Urteilsgründe schriftlich auszuarbeiten. Dazu ist es gesetzlich (»tunlichst«) gehalten, aber nicht zwingend verpflichtet (§ 268 Abs. 4 StPO).

Anderenfalls eröffnet der Vorsitzende die Urteilsgründe durch Mitteilung ihres *wesentlichen Inhalts*.

Dieser Teil der Hauptverhandlung stellt an den Vorsitzenden erhebliche Anforderungen. Zwar ist die Begründung des Urteils weder Voraussetzung der Wirksamkeit des Urteils noch handelt es sich revisionsrechtlich um einen wesentlichen Teil der Hauptverhandlung[975]. Trotzdem ist sie von großer Bedeutung. Strafrichterliche Entscheidungen müssen – wie alle anderen richterlichen Entscheidungen – nachvollziehbar sein. Diesem Ziel dient die mündliche Urteilsbegründung. Der Angeklagte muss die Möglichkeit haben, unmittelbar zu erfahren, warum er schuldig gesprochen und in der festgesetzten Weise bestraft wurde, selbst wenn ihn dies vielleicht im Einzelfall nicht sonderlich interessiert, weil es ihm nur auf das Ergebnis ankommt[976]. Die wesentlichen Umstände der Überzeugungsbildung und der Strafzumessung sind ferner für *alle Rechtsmittelberechtigten* von Bedeutung. Denn ihre Überlegungen, ob ein Rechtsmittel ergriffen werden soll, knüpfen an die mündlichen Urteilsgründe an. Sind sie gut dargelegt, wird sich ein vom Tenor nicht Überzeugter u.U. gleichwohl davon abhalten lassen, ein Rechtsmittel einzulegen. So sollen z.B. die Staatsanwälte Rechtsmittel nur einlegen, wenn dies wesentliche Belange der Allgemeinheit oder der am Verfahren beteiligten Personen gebieten und wenn das Rechtsmittel aussichtsreich ist (Nr. 147 Abs. 1 RiStBV). Das kann ein Staatsanwalt nur beurteilen, wenn ihm die

---

[974] Es ist ja nicht der Angeklagte allein, der beanspruchen darf, in verständlicher Form zu erfahren, wie Schuldspruch und Rechtsfolgen lauten. Der Sitzungsvertreter der Staatsanwaltschaft hat das Verfahrensergebnis möglichst genau und vollständig in der Sitzungshandakte zu vermerken. Dem Verteidiger darf schließlich insofern noch weniger entgehen als dem Angeklagten.

[975] Kl./Meyer-Goßner § 268 Rdnr. 6.

[976] Die groteske Kürzestbegründung: »Der Angeklagte weiß, dass er's war und er weiß, dass er die Strafe verdient hat« greift nicht ganz zu Unrecht die Haltung der Angeklagten auf, die die Beweisaufnahme eher als Spiel begreifen und die – wenn sie denn zur Kenntnis nehmen müssen, verloren zu haben – an den dafür maßgeblichen Details nicht interessiert sind.

tragenden Gründe in der Hauptverhandlung mitgeteilt werden[977]. Ein Angeklagter kann anhand der mündlichen Urteilsbegründung unmittelbar feststellen, ob das Gericht von einem der Wirklichkeit entsprechenden Sachverhalt ausging. Ist das der Fall, wird er weniger häufig zu einem Rechtsmittel neigen, als wenn die Feststellungen des Gerichts ganz oder in wesentlichen Belangen nicht die von ihm erinnerte Wirklichkeit wiedergeben. Ein Verteidiger kann einen Eindruck gewinnen, ob das Gericht sich mit den wesentlichen Fragen befasst hat und ob seine Antworten zumindest so plausibel sind, dass dem Angeklagten nicht sinnvollerweise zur Rechtsmitteleinlegung geraten werden kann. Für Nebenkläger und -beteiligte gilt Vergleichbares.

Adressaten der mündlichen Urteilsbegründung sind aber nicht nur die Beteiligten, sondern die Zuhörer, also die *Öffentlichkeit*, mitunter repräsentiert durch Medienvertreter. Denn die Kontrolle, die das Prinzip der Öffentlichkeit ermöglicht, wäre unvollständig, wenn nicht auch die für das Gericht maßgeblichen Gründe öffentlich bekannt würden. Die Meinung der Öffentlichkeit über Gerichtsverfahren und deren Ausgang muss auf zutreffenden Grundlagen beruhen[978]. Und es gibt keine geeignetere Möglichkeit zur Schaffung dieser Grundlagen als die mündliche Begründung des strafrechtlichen Urteils.

Diesen Anforderungen kann der Vorsitzende nur genügen, wenn er sie als solche erkennt und ernst nimmt. Der Inhalt der mündlichen Urteilsgründe muss sich daran orientieren. Denn hier kommt es auf das Wesentliche an (§ 263 Abs. 2 StPO) und nicht etwa darauf, eine vollständige Urteilsbegründung abzugeben. Wenn zum Beispiel ein simpler Sachverhalt zum ersten Mal in Gestalt der Verlesung der Anklageschrift, ein zweites Mal per detailliertem Geständnis des Angeklagten und zum dritten Mal durch eine präzise Zeugenaussage derart zutage getreten ist, dass nun wirklich jeder weiß, was geschah und zugleich nichts mehr zweifelhaft geblieben ist, so interessiert sich niemand, der die Hauptverhandlung erlebt hat, dafür, das Ganze noch einmal aus richterlichem Mund zu hören. Der Vorsitzende darf sich daher in solchen Fällen auf das offenkundige Ergebnis der Beweisaufnahme beziehen und seine Energien auf die Entscheidungsbereiche konzentrieren, die ihrer bedürfen[979]. Andererseits dürfen die Beteiligten erwarten zu erfahren, dass und wie sich das Gericht mit ihren wesentlichen Argumenten

---

977 *Beispiel:* Folgt der Freispruch aus einer zweifelhaften Rechtsauffassung, wird er eher Rechtsmittel einlegen, als wenn eine abweichende Bewertung einer komplizierten Beweiskette vorgenommen wurde. *Oder:* Ist das Gericht zu einer gegenüber dem Antrag des Staatsanwalts sehr milden Strafe gelangt, wird der Staatsanwalt das eher akzeptieren, wenn sich herausstellt, dass das Gericht anders als er, aber letztlich vertretbar, von einem minder schweren Fall ausging.

978 Dabei spielt es aus dieser Sicht nicht die mindeste Rolle, ob die oft so gescholtenen Medien(vertreter) bereit und in der Lage sind, Begründungszusammenhänge zu verstehen und wiederzugeben. Denn weder Böswilligkeit noch Unfähigkeit einzelner Medienvertreter wären eine Rechtfertigung dafür, grundsätzlich auf die Möglichkeit zu verzichten, sich verständlich zu machen.

979 *Beispiel:* »Der Angeklagte hat einen Ladendiebstahl begangen, wie er es selbst geschildert und jeder der Anwesenden es gehört hat. Den Hergang im Einzelnen wiederzugeben, kann ich mir zugunsten der letztlich allein wesentlichen Frage ersparen, warum der Angeklagte zu der verhängten Strafe verurteilt wurde. Dem lagen folgende Erwägungen des Gerichts zugrunde: ...«

III. Hauptverhandlung

auseinander gesetzt hat, selbst wenn es ihnen nicht gefolgt ist. Hält der Angeklagte etwa alle Belastungszeugen für ausgemachte Lügner, so genügt es nicht, wenn der Vorsitzende lapidar mitteilt, das Gericht sei ihren Angaben gefolgt. Er muss vielmehr erklären, warum das Gericht glaubt, dass sie wahrheitsgemäß ausgesagt haben u.s.w.

Ferner hat der Vorsitzende im Rahmen der mündlichen Urteilsbegründung die Gelegenheit, Standpunkte zu Themen zu formulieren, die nicht unmittelbar mit den tragende Entscheidungsgründen zu tun haben, aber gleichwohl wesentlich sind, weil sie zum Beispiel fortwährend von einem der Beteiligten diskutiert wurden[980].

Schließlich kann der Vorsitzende die mündliche Urteilsbegründung auch nutzen, um das Verfahren oder einzelne Aspekte oder Ereignisse zu kommentieren oder in einen größeren Zusammenhang stellen. So kann er unerträgliches Verhalten von Verfahrensbeteiligten durchaus an dieser Stelle auch als solches kennzeichnen[981]. Unterstellungen und Verdrehungen in Schlussvorträgen kann er als solche bezeichnen. Verfahrensmängel, die eingetreten sind und kritikwürdig sind, kann er aufgreifen und aus gerichtlicher Sicht erklären[982]. Das Gleiche gilt für den sozialen Kontext, in dem ein Strafverfahren stattfindet[983].

Mit den Möglichkeiten, die die mündliche Urteilsbegründung dem Vorsitzenden für Themen auch jenseits des unmittelbaren Begründungszusammenhangs gibt, empfiehlt sich allerdings ein sehr bewusster und im Zweifel zurückhaltender Umgang. Die mündliche Urteilsbegründung darf weder zur Generalabrechnung mit missliebigen Verfahrensbeteiligten noch zur Beschimpfung von Straftätern oder zur Verkündigung persönlicher Auffassungen über Staat und Gesellschaft missbraucht werden. Denn im Vordergrund stehen die vom Verfahren betroffenen Personen und der Verfahrensgegenstand. Der Vorsitzende hat am Schluss zuvörderst das Urteil, nicht sich selbst darzustellen.

Die mündliche Urteilsbegründung kann sich im Allgemeinen am Standardaufbau schriftlicher Urteilsbegründungen orientieren[984]. Dies bietet sich als *Grund-*

---

[980] *Beispiel:* Der Angeklagte begehrt wiederholt Verfahrenseinstellung, weil es ungerecht sei, ihn als Kleinen hängen zu wollen, während er beweisen könne, dass viel Größere laufen gelassen würden. *Oder:* Der Verteidiger polemisiert gegen den Sitzungsvertreter der Staatsanwaltschaft, weil der einer Verfahrenseinstellung nicht zugestimmt hat. *Oder:* Der Nebenkläger beharrt auf einer Verurteilung zu Schadensersatz, obwohl er bis zum Beginn der Schlussvorträge keinen Antrag auf Entschädigung (§ 404 Abs. 1 S. 1 StPO) gestellt hat.

[981] Wer sich vor Gericht gerade noch prozessordnungsgemäß benimmt, muss gleichwohl keine gutes Beispiel sein. Die Offenheit des Wortes, die der Vorsitzende im Verlaufe einer Verhandlung und besonders im Rahmen der Schlussvorträge zu gewährleisten hat, kommt in der Urteilsbegründung durchaus auch einmal ihm selbst zugute.

[982] *Beispiel:* Dauer des Verfahrens von der Tat bis zum soeben gefällten Urteil oder Dauer der Untersuchungshaft.

[983] *Beispiel:* Straftaten, die von oder gegen gesellschaftliche Randgruppen oder Exponenten besonderer Kreise begangen werden.

[984] Eine geläufige (grobe und unverbindliche) Reihenfolge dürfte sein:
1) persönliche Verhältnisse des Angeklagten
2) festgestellte äußere Tatsachen
3) festgestellte innere Tatsachen
4) Beweiswürdigung

struktur zur Gedächtnisstütze vor allem dort an, wo der Vorsitzende sich auf die Urteilsbegründung nicht mehr gesondert vorbereiten kann. Kürzungen und Auslassungen sollte er in den Bereichen vornehmen, in denen er davon ausgeht, dass alle Beteiligten bereits hinreichend informiert sind. Der Vorsitzende darf sich dabei durchaus auf die Ausführungen anderer Verfahrensbeteiligter, vor allem in den Schlussvorträgen, beziehen. Denn wenn hierin bereits Wesentliches zutreffend erörtert und auch von anderen Beteiligten als zutreffend bezeichnet wurde, kann und muss dem nicht immer noch etwas gerichtlicherseits hinzugefügt werden[985]. Zu den in der Verhandlung streitigen Themen sollte das Urteil mündlich immer begründet werden. Das Gleiche gilt für Aspekte, Schlussfolgerungen oder Ergebnisse, deren Vorliegen oder deren Bedeutung die Beteiligten erkennbar überrascht. Bei Beweiswürdigungsfragen empfiehlt es sich, ggf. deutlich zu machen, ob Zeugenangaben nur in ihrer Wahrhaftigkeit bezweifelt wurden oder ob nach Ansicht des Gerichts von einer strafbaren Falschaussage auszugehen ist. Denn dies entscheidet häufig mittelbar die Frage, ob die Staatsanwaltschaft gegen Zeugen, denen das Gericht nicht gefolgt ist, Ermittlungsverfahren einleitet oder nicht.

Stellt der Vorsitzende während der mündlichen Begründung des Urteils fest, dass sich in Bezug auf die Urteilsformel ein *Fehler* oder eine Auslassung eingestellt hat, darf er erforderlichenfalls die *Verkündung unterbrechen* und sich mit dem Gericht erneut zur Beratung zurückziehen, wenn sich seine Bedenken auf einen Umstand beziehen, der nicht Gegenstand der Beratung war[986]. Ändert die erneute Beratung nichts am Ergebnis, wird die Urteilsverkündung fortgesetzt. Wird die Korrektur der Urteilsformel erforderlich, so darf er sie verbessern oder ergänzen, solange die Urteilsverkündung nicht insgesamt beendet ist[987]. Die Urteilsformel muss sodann richtig gestellt verlesen und begründet werden. Muss das Gericht aufgrund der zutage getretenen Umstände wieder in die Verhandlung eintreten, wird das Verfahren in dieses Stadium zurückgeführt und findet seinen sich daraus ergebenden weiteren Verlauf[988]. Nach der Beendigung der Urteilsverkündung ist eine Korrektur der Urteilsformel – mit Ausnahme von offensichtlichen Schreibversehen und offensichtlichen Unrichtigkeiten[989] – nicht mehr zulässig.

---

5) Subsumtion
6) Rechtsfolgen.

985 Der Vorsitzende mag dann kurzerhand erklären, dass z.B. den sorgfältigen und ausführlichen Erörterungen des Staatsanwalts nichts hinzuzufügen ist.
986 *Beispiel:* Erst während der mündlichen Urteilsbegründung fällt ihm ein, dass ein wesentlicher Entlastungszeuge nicht gehört worden ist, obwohl das Gericht in der Beratung davon ausging, alle Beweismittel erschöpft zu haben. Oder: Erst während der mündlichen Urteilsberatung erinnert er sich, dass er den Angeklagten, von dessen strafrechtlicher Unvorbelastetheit alle bisher ausgingen, aus einem offenen Bewährungsvorgang kennt. *Oder:* Der Vorsitzende bemerkt, dass das Gericht weder zur Kostenfrage noch zu den Auslagen des Nebenklägers beraten und entschieden hat.
987 BGHSt 25, 333.
988 Vergl. vorn S. 254.
989 Vergl. Kl./Meyer-Goßner § 268 Rdnr. 10.

III. Hauptverhandlung

27.3. Schluss der Begründung

Die Urteilsbegründung ist mit dem letzten Wort des Vorsitzenden zu den Urteilsgründen[990] abgeschlossen. Danach ist weder zugunsten noch zuungunsten des Angeklagten eine sachliche Korrektur der Urteilsformel möglich[991].

28. Weitere Entscheidungen

Zugleich mit dem Urteil sind häufig *weitere Entscheidungen* zu treffen, die nicht Inhalt des Urteils werden. Hierzu zählen vor allem die *Bewährungsbeschlüsse* (§ 268a Abs. 1 StPO) und die *Entscheidungen über* die Fortdauer (oder auch die Anordnung) von *Untersuchungshaft* (§ 268b StPO)[992].
Der Vorsitzende hat diese Beschlüsse zu verkünden. Die Verkündung solcher Beschlüsse ist nicht Teil der Urteilsverkündung[993]. Es empfiehlt sich in der Regel, sie erst nach der Beendigung der Urteilsbegründung bekanntzugeben, weil sie nicht im unmittelbaren Begründungszusammenhang mit den Inhalten der Urteilsformel stehen (müssen).

28.1. Bewährungsbeschlüsse

Bewährungsbeschlüsse sind erforderlich bei *Strafaussetzung* (§ 56 StGB) und nach *Verwarnung mit Strafvorbehalt* (§ 59 StGB), sie können ferner notwendig werden bei Führungsaufsicht (§ 68a StGB) und Unterbringung (§ 67b StGB). Ihr Inhalt folgt aus den Besonderheiten des Einzelfalls und den gesetzlich möglichen Anordnungen. Sprachlich sollte der Bewährungsbeschluss zutreffend zwischen Auflagen (§ 56b StGB) und Weisungen (§ 56c StGB) unterscheiden. Der Beschlusstenor sollte eindeutig zum Ausdruck bringen, welches konkrete Verhalten vom Angeklagten zukünftig verlangt wird. Nur so lassen sich später Missverständnisse vermeiden. Einer schriftlichen Begründung bedarf der Bewährungsbeschluss nicht[994]. Mündlich kann es durchaus geboten sein, auch zum Inhalt des Bewährungsbeschlusses einige Gründe mitzuteilen. Die Auflagen und Weisungen

---

990 Die anschließende Verkündung von Beschlüssen und die Rechtsmittelbelehrung ist also nicht mehr Teil der Urteilsverkündung.
991 Kl./Meyer-Goßner § 268 Rdnr. 9 f.
992 Dagegen ist zum Beispiel eine Entscheidung über die Entschädigungspflicht nach dem StrEG Bestandteil des Urteils (§ 8 Abs. 1 S. 1 StrEG).
993 BGHSt 25, 333.
994 Kl./Meyer-Goßner § 268a Rdnr. 7, str. Der anders lautenden Auffassung (z.B. KMR-Müller § 268a Rdnr. 5) ist immerhin zugute zu halten, dass der Bewährungsbeschluss mit einfacher Beschwerde (§ 305a Abs. 1 StPO) anfechtbar ist und daher eigentlich begründet werden müsste (§ 34 StPO). Andererseits ist die Beschwerde nur sinnvoll, wo nicht zugleich gegen das Urteil Rechtsmittel eingelegt wurde. Denn das Rechtsmittelgericht trifft ohnehin eine eigene Bewährungsentscheidung und einen eigenen Bewährungsbeschluss. Wo die Hauptsacheentscheidung rechtskräftig wird und die Beschwerde gegen den Bewährungsbeschluss durchgeführt werden soll, mag es daher genügen, im Nichtabhilfeverfahren den Beschluss nachträglich zu rechtfertigen (§ 306 Abs. 2 StPO; Kl./Meyer-Goßner § 268a Rdnr. 11 StPO).

eines Bewährungsbeschlusses stehen oft in deutlichem Zusammenhang zur festgestellten Straftat und der verhängten Strafe. Darauf kann und sollte hingewiesen werden, vor allem dann, wenn angesichts einer eher glimpflichen Strafe der Genugtuungseffekt für begangenes Unrecht nur durch Anordnung einer Auflage (§ 56b StGB) insgesamt gewahrt erscheint[995]. Eine Begründung kann ferner geboten sein, wenn der Bewährungsbeschluss einen von den Anträgen und Vorstellungen der Beteiligten erheblich abweichenden Inhalt hat.

28.2. Haftentscheidung

Mit dem Urteil, aber als selbstständige Entscheidung, hat das Gericht von Amts wegen über die *Fortdauer von Untersuchungshaft* oder einstweiliger Unterbringung zu entscheiden (§ 268b StPO), sofern diese bis dahin vollzogen wurden[996].

Wird der Angeklagte *freigesprochen* oder seine endgültige Unterbringung nicht angeordnet, muss das Gericht den *Haftbefehl* (§ 120 Abs. 1 S. 2 StPO) oder die vorläufige Unterbringung (§ 126a Abs. 3 S. 1 StPO) ohnehin *aufheben*.

Wird der Angeklagte *verurteilt*, so ergibt sich aus dem Tenor, ob der dringende *Tatverdacht*, der der Anordnung der Untersuchungshaft bzw. der vorläufigen Unterbringung zugrunde lag, zum *Schuldspruch* erstarkt ist. Wenn das nicht der Fall ist, wird allein die veränderte Sachlage, die festgestellte Tat, Ausgangspunkt für die Haftfortdauerentscheidung[997].

Für die Frage der Fortdauer des Haftgrund- bzw. Unterbringungsgrunds bietet das Ergebnis der Hauptverhandlung meist *neue Ansätze*. Der viel genutzte Haftgrund der Fluchtgefahr (§ 112 Abs. 2 Nr. 2 StPO) relativiert sich nach durchgeführter Hauptverhandlung meist deutlich, sei es, weil die verhängte Strafe vernünftigerweise keinen Fluchtanreiz bietet oder weil die erwartetet Freiheitsstrafe zur Bewährung ausgesetzt wurde oder weil die Fortdauer der Haft angesichts der verhängten Strafe unverhältnismäßig wäre u.a.m. Der Haftgrund der Verdunklungsgefahr (§ 112 Abs. 2 Nr. 3 StPO) entfällt zwar nicht zwangsläufig mit dem erstinstanzlichen Verfahrensabschluss. Meist werden aber nach vollständig durchgeführter Beweisaufnahme die Beweise so gesichert sein, dass der Angeklagte die Wahrheitsermittlung kaum noch erschweren kann. Andererseits kann

---

[995] Das ist praktisch sehr oft der Fall. Auf gerichtserfahrene Täter, die ihre Taten und deren Folgen weniger unter moralischen denn unter praktischen Gesichtspunkten werten, macht ein Strafurteil, das eine positive Bewährungsentscheidung enthält, kaum besonderen Eindruck, wenn sonst nichts weiter geschieht. Sie verlassen den Gerichtssaal als freie Männer und müssen allein für die Zukunft entscheiden, ob Straftaten innerhalb der Bewährungszeit riskiert werden sollen oder nicht. Wenigstens der Denkzettel einer Auflage nach § 56b StGB ist, um solche Personen überhaupt unterhalb der Grenze der Strafvollstreckung zu beeindrucken, im Allgemeinen dringend geboten.

[996] So auch Kl./Meyer-Goßner § 268b Rdnr. 2 a.

[997] *Beispiel*: Ging der Haftbefehl vom dringenden Verdacht einer räuberischen Erpressung (§§ 253, 249 Abs. 1 StGB) aus, wird der Angeklagte aber nur wegen Nötigung verurteilt, weil er einen Anspruch auf das verlangte Geld hatte, ist für die Haftfrage allein diese Straftat relevant.

III. Hauptverhandlung

das Gericht aber auch zu dem Ergebnis kommen, nicht der ursprüngliche, aber ein anderer Haftgrund liege jetzt vor[998].

Über die Fortdauer entscheidet das *Gericht* (in vollständiger Besetzung, nicht allein der Vorsitzende) durch Beschluss (§ 268b S. 2 StPO). Der *Beschluss* muss begründet werden (§ 34 StPO), weil er – auch als Entscheidung des erkennenden Gerichts – mit Beschwerde anfechtbar ist (§§ 304, 305 StPO). Diese Entscheidung ist nicht gleichbedeutend mit der »Aufrechterhaltung des Haftbefehls«[999], sondern muss eben die *Fortdauer* des Freiheitsentzugs zum Ausdruck bringen[1000]. Liegt eine gegenüber dem ursprünglichen Haft- oder Unterbringungsbefehl *veränderte Sachlage* vor, so muss das Gericht diesem Umstand in der Fortdauerentscheidung Rechnung tragen[1001].

Kommt das Gericht zu der Annahme, dass ein Haftgrund oder ein Grund zur vorläufigen Unterbringung nicht mehr vorliegt, hebt es den Haftbefehl durch Beschluss auf[1002].

Das Gericht kann im Rahmen der Fortdauerentscheidung allerdings auch zur *Außervollzugsetzung* des Haftbefehls[1003] gelangen. In diesem Fall hat es einen Beschluss über die Außervollzugsetzung des Haftbefehls zu fassen und zu verkünden. Die Anordnungen, die das Gericht zu diesem Zweck erteilen kann, sind die gleichen wie im Ermittlungs- oder Zwischenverfahren (§§ 116, 116a StGB)[1004]. Der Vorsitzende muss den Angeklagten über Inhalt und Bedeutung

---

998 *Beispiel:* Angesichts gesicherter Beweise fällt Verdunklungsgefahr weg, in Anbetracht der hohen Strafe wird indes Fluchtgefahr bejaht.
999 Mindestens ungenau daher insofern KK-Engelhardt § 268b Rdnr. 4.
1000 *Beispiel:* »Die Fortdauer der Untersuchungshaft wird angeordnet. Der dringende Tatverdacht folgt aus dem heute gefällten Schuldspruch. Es besteht angesichts der verhängten hohen Freiheitsstrafe einer- und der persönlichen und sozialen Bindungslosigkeit des Angeklagten andererseits für ihn erheblicher Anreiz, sich dem Verfahren durch Flucht zu entziehen.«
1001 *Beispiel:* »Die Fortdauer der Untersuchungshaft wird angeordnet. Der Angeklagte ist zwar nach dem heute gefällten Urteil nicht mehr der angeklagten schweren Körperverletzung verdächtig. Er wurde aber stattdessen wegen vorsätzlichen Vollrauschs zu einer empfindlichen Freiheitsstrafe verurteilt. Es ist angesichts des Umstands, dass er schon einmal aus der Untersuchungshaftanstalt ausgebrochen ist, zu erwarten, dass er sofort in seine Heimat in Übersee fliehen würde, um sich dem Verfahren zu entziehen, wenn er dazu vor Rechtskraft des Urteils Gelegenheit erhielte.«
1002 *Beispiel:* »Der Haftbefehl vom ... wird aufgehoben. Als Haftgrund wurde bisher Fluchtgefahr angenommen. Fluchtgefahr besteht nicht mehr, nachdem der Angeklagte – so wie von der Staatsanwaltschaft beantragt – zu einer Freiheitsstrafe verurteilt wurde, deren Dauer die bisher erlittene Untersuchungshaft nur unwesentlich übersteigt und deren Vollstreckung zur Bewährung ausgesetzt wurde.«
1003 Eine Außervollzugsetzung einer einstweiligen Unterbringung nach § 126a StPO erscheint demgegenüber weniger aus dogmatischen als aus praktischen Gründen problematisch (vergl. dazu Kl./Meyer-Goßner § 126a Rdnr. 10). Weil der Schutz der Allgemeinheit in § 126a StPO im Vordergrund steht, also der Gefahr für die öffentliche Sicherheit Voraussetzung des Freiheitsentzugs ist, fällt es im Allgemeinen schwer, sich entspr. §§ 116, 116a StPO Anordnungen vorzustellen, die der Gefahr wirksam begegnen können.
1004 *Beispiel:* »Der Haftbefehl vom ... wird außer Vollzug gesetzt. Der Angeklagte wird angewiesen, sich wöchentlich einmal, und zwar jeweils montags, auf der für seinen Wohnsitz zuständigen Polizeistation in ... zu melden.«

der Auflagen belehren und ihm klarmachen, dass deren Nichterfüllung die Invollzugsetzung des Haftbefehls zur Folge haben kann.

28.3. Untersuchungshaft und Rechtskraft des Urteils

Kommt der Angeklagte nach der Hauptverhandlung auf *freien Fuß*, so kann er das Gericht alsbald verlassen. In der Regel wird er die Justizvollzugsanstalt, in der er bisher einsaß, noch einmal aufsuchen, um sich seine dort verwahrte Habe aushändigen zu lassen.

Kommt der Angeklagte nicht auf freien Fuß, so ist er nach Sitzungsschluss in die zuständige Justizvollzugsanstalt zurückzuführen.

Ein *Untersuchungshaftbefehl* nach §§ 112 ff. StPO wird *mit Rechtskraft des Urteils* (im Gegensatz zur vorläufigen Unterbringung nach § 126a StPO, vergl. § 126a Abs. 3 S. 1 StPO) gegenstandslos[1005]. Verzichten alle Beteiligten nach Verkündung eines Urteils, das auf Haftstrafe lautet, und nach Bekanntmachung der Haftfortdauer auf Rechtsmittel, kann der Untersuchungshaftbefehl folglich nicht mehr Grundlage weiterer Freiheitsentziehung gegenüber dem Verurteilten sein. Das hat die mitunter überraschende Folge, dass der Angeklagte jetzt eigentlich den Gerichtssaal als freier Mann verlassen könnte. Denn erst mit Einleitung der Strafvollstreckung, üblicherweise zu einem deutlich nach Urteilsverkündung und Rechtskraft liegenden Zeitpunkt, dürfte er zur Haftverbüßung herangezogen werden. Soweit demgegenüber vertreten wird, die Untersuchungshaft könne ohne weiteres in die durch Urteil verhängte Strafhaft übergehen[1006], erscheint dies zumindest für die Situation unmittelbar nach allseitigem Rechtsmittelverzicht wenig überzeugend: Noch bevor die Untersuchungshaft »übergehen« kann, ist sie beendet.

Zur Lösung dieses Dilemmas ist grundsätzlich nicht das Gericht berufen. Es ist nicht Aufgabe des erkennenden Gerichts, der Staatsanwaltschaft die günstigsten Voraussetzungen zur Strafvollstreckung zu liefern. Wenn das auf Strafhaft lautende Urteil sofort rechtskräftig und der Haftbefehl infolgedessen noch im Gerichtssaal gegenstandslos wird, muss sich grundsätzlich die Staatsanwaltschaft als Vollstreckungsbehörde (§ 451 StPO) dieser Situation stellen. Es ist auch nicht in jedem Fall ein besonderes[1007] praktisches Bedürfnis zu erkennen, die Vollstreckungshaft unmittelbar an die Untersuchungshaft anzuschließen. Zwar wird z.B., wer wegen Fluchtgefahr in Untersuchungshaft einsaß, vernünftigerweise sofort in Vollstreckungshaft zu bringen sein. Demgegenüber entfällt mit Rechtskraft des Urteils der Haftgrund der Verdunklungsgefahr sofort, ohne dass das zwangsläufig das Bedürfnis entsteht, den Angeklagten unmittelbar in Strafhaft zu nehmen.

Will der Sitzungsstaatsanwalt vermeiden, dass ein Angeklagter trotz verhängter Haftstrafe und angeordneter Fortdauer der Untersuchungshaft auf freien Fuß gelangt, genügt es allerdings völlig, wenn er von einem Rechtsmittelverzicht auch dann absieht, wenn das Urteil ihm akzeptabel erscheint. Innerhalb der Rechts-

---

1005 BVerfG NJW 1959, 131.
1006 Kl./Meyer-Goßner § 120 Rdnr. 8.
1007 Günstig ist es immerhin hinsichtlich des Verwaltungsaufwands, den Verurteilten, den man sowieso gerade in Gewahrsam hat, auch gleich dort zu belassen.

III. Hauptverhandlung

mittelfrist von einer Woche mag er sodann die Vollstreckung einleiten und den Übergang von Untersuchungs- in Strafhaft auf regulärem Wege bewirken[1008].

28.4. Haftbefehl nach § 230 Abs. 2 StPO

Im Gegensatz zu dem Untersuchungshaftbefehl nach §§ 112 ff. StPO dient ein *Haftbefehl nach § 230 Abs. 2 StPO* nur der Sicherung der Verfahrensdurchführung. Mit Beendigung der Hauptverhandlung ist er gegenstandslos. Das Gericht muss daher einen solchen Haftbefehl am Schluss der Sitzung nicht aufheben. Gleichwohl empfiehlt sich u.U. die ausdrückliche Feststellung des Vorsitzenden, dass der Haftbefehl nach § 230 Abs. 2 StPO gegenstandslos geworden ist[1009]. Ergeht ein Gerichtsbeschluss, so ist er insoweit nur deklaratorisch.

28.5. Vorläufige Entziehung der Fahrerlaubnis

Schließlich hat die Hauptverhandlung mitunter auch die *vorläufige Entziehung der Fahrerlaubnis* (§ 111a StPO) zur Folge. Auch sie wird durch gesonderten Beschluss des Gerichts angeordnet und ist zu begründen (§ 34 StPO). Die Begründung kann allerdings wegen des im gleichen Zusammenhang verkündeten Urteils knapp ausfallen. Es ist zulässig, auf das verkündete Urteil Bezug zu nehmen[1010].

29. Rechtsmittelbelehrungen

Der Vorsitzende hat über die zulässigen *Rechtsmittel zu belehren* (§ 35a StPO), sofern ein befristetes Rechtsmittel in Betracht kommt.

Die Rechtsmittelbelehrung wendet sich grundsätzlich an alle *rechtsmittelberechtigten Beteiligten*[1011], hat ihre wesentliche Bedeutung indes in Bezug auf den Angeklagten im Fall einer Verurteilung.

Zur Rechtsmitteleinlegung berechtigt sind die *Staatsanwaltschaft*, der *Angeklagte* (sowie sein gesetzlicher Vertreter, § 298 StPO), der *Verteidiger*[1012], der *Nebenkläger* (im Rahmen des § 401 StPO), der *Privatkläger* und *Nebenbeteiligte* im Rahmen ihrer Beteiligung (§§ 433 Abs. 1, 442, 444 Abs. 2 StPO). Nicht rechtsmittelberechtigt sind andere Verfahrensbeteiligte, Beistände oder Antragsteller im Adhäsionsverfahren.

1008 Wer als Sitzungsstaatsanwalt so vorgeht, ist hier folglich auch nicht auf die – zu Recht umstrittene – These angewiesen, mit Rechtskraft des Urteils gehe die Untersuchungshaft ohne weiteres in Strafhaft über, vergl. dazu Kl./Meyer-Goßner § 120 Rdnr. 15 m.w.N.
1009 Diese gerichtliche Erklärung dient insbesondere dem Vorführungspersonal, u.U. auch der Haftanstalt, in der der Haftbefehl bis dahin vollstreckt wurde, zur Klarstellung.
1010 *Beispiel:* »Dem Angeklagten wird die Fahrerlaubnis vorläufig entzogen. Er wurde in dieser Sache soeben wegen unerlaubten Entfernens vom Unfallort schuldig gesprochen. Zugleich stellte das Gericht seine charakterliche Ungeeignetheit zum Führen von Kraftfahrzeugen im öffentlichen Straßenverkehr fest und entzog ihm die Fahrerlaubnis.«
1011 Eine Belehrung der Staatsanwaltschaft wird allgemein zumindest als überflüssig betrachtet.
1012 Allerdings der Verteidiger nicht gegen den ausdrücklichen Willen des Angeklagten (§ 297 StPO).

29. Rechtsmittelbelehrungen

Die Belehrung muss *klar, unmissverständlich und vollständig* sein[1013]. Angesichts der Vielfalt an Belehrungen, die einem Betroffenen mithin zuteil werden sollen, ist dies im Rahmen einer Hauptverhandlung nur mündlich schon deswegen nicht sinnvoll zu leisten, weil sich der Angesprochene im Zweifel von der langen Rede kaum etwas wird merken können. Der Vorsitzende darf und sollte daher wegen der Einzelheiten auf ein *Merkblatt* entsprechenden Inhalts verweisen[1014], das dann allerdings auch regelmäßig – wenn der Betroffene darauf nicht verzichtet – ausgehändigt werden muss[1015]. Eine ausschließlich schriftliche Belehrung genügt im Rahmen der Hauptverhandlung nicht[1016].

Ein *Verzicht* auf Rechtsmittelbelehrung wird allerdings als *zulässig* erachtet[1017]. Dies sollte indes nicht dazu führen, dass der Vorsitzende auf einen solchen Verzicht hinwirkt. Sinnvoll kann es im Einzelfall sein, die mündliche Belehrung umso kürzer zu fassen, umso deutlicher der Betreffende an der Belehrung oder an Einzelheiten nicht interessiert ist. Stimmen Verteidiger oder Beistände zu, ihre Mandanten ihrerseits eingehend über Einzelheiten der gegebenen Rechtsmittel zu informieren, kann darin ein Verzicht auf weitergehende Belehrung durch den Vorsitzenden gesehen werden.

Die Berechtigten sind über die *jeweils infrage kommenden Rechtsmittel* zu belehren. Sprachunkundigen Ausländern ist unbedingt mitzuteilen, dass die Rechtsmittel *in deutscher Sprache* eingelegt werden müssen. *Frist und Form der Einlegung* sollten auch mündlich mitgeteilt werden. Die Erläuterung der konkreten Bedeutung des oder der möglichen Rechtsmittel und des Verfahrensinhalts und -gangs kann dem schriftlichen Merkblatt vorbehalten werden. Dem nicht auf freiem Fuß befindlichen Angeklagten muss[1018] auch die Möglichkeit der Rechtsmitteleinlegung nach § 299 StPO mitgeteilt werden.

29.1. Berufung und/oder Revision

Berufung und Revision sind gegeben gegen *Urteile des Amtsgerichts* im Strafverfahren (§§ 313, 335 StPO). Dass außerhalb der Voraussetzungen des § 313 Abs. 1 StPO eine Berufung nur zulässig ist, wenn sie angenommen wird, hat für die Rechtsmittelbelehrung keine Bedeutung. Denn über die Annahme der – anderenfalls unzulässigen – Berufung entscheidet das Landgericht von Amts wegen, ohne dass es besonderer Veranlassungen des Berufungsführers bedarf. Die Belehrung muss sich hier auf die Mitteilung der *Möglichkeit öffentlicher Ladung* und darauf folgender Verwerfung der Berufung erstrecken (§ 35a S. 2 i.V.m. §§ 40 Abs. 3 und 329, 330 StPO). Ferner ist die Kosten- und Auslagenentscheidung

---

1013 Kl./Meyer-Goßner § 35a Rdnr. 7.
1014 Zu den Anforderungen an eine Rechtsmittelbelehrung unter Verwendung eines Merkblatts vergl. BVerfG NJW 1996, 1811.
1015 Vergl. Nr. 142 Abs. 1 S. 2 RiStBV.
1016 Arg. e § 35 Abs. 1 S. 1 StPO, vergl. Kl./Meyer-Goßner § 35a Rdnr. 7.
1017 BGH NStZ 1984, 329.
1018 BGHSt 8, 105.

III. Hauptverhandlung

(ebenfalls innerhalb einer Woche, § 311 Abs. 2 StPO) mit *sofortiger Beschwerde* anfechtbar (§ 464 Abs. 3 S. 1 StPO)[1019], auch darüber muss belehrt werden.

Gegen Urteile im *Abwesenheitsverfahren* (§ 232 StPO) und gegen Urteile, mit denen ein Einspruch gegen einen Strafbefehl verworfen wird, steht dem Angeklagten ferner der Rechtsbehelf der *Wiedereinsetzung* zur Seite (§§ 235, 329 Abs. 3 i.V.m. § 412 S. 1 StPO). Darüber wird er allerdings erst mit Zustellung des schriftlichen Urteils belehrt werden können.

29.2. Revision

Gegen erst- und zweitinstanzliche *landgerichtliche*[1020] sowie *erstinstanzliche oberlandesgerichtliche Urteile* ist die *Revision* gegeben (§ 333 StPO)[1021]. Daneben ist gegen die Kosten- und Auslagenentscheidung des Landgerichts (nicht des Oberlandesgerichts, § 304 Abs. 4 S. 2 StPO) die *sofortige Beschwerde* statthaft (§ 464 Abs. 3 S. 1 StPO)[1022].

29.3. Rechtsbeschwerde

Gegen Urteile im *gerichtlichen Bußgeldverfahren* ist unter den Voraussetzungen des §79 OWiG die *Rechtsbeschwerde* oder anderenfalls der *Antrag auf Zulassung der Rechtsbeschwerde* gegeben. Der Vorsitzende sollte auch hier konkret und korrekt belehren und bezeichnen, welches der Rechtsmittel gegeben ist[1023]. Fer-

---

1019 *Beispiel:* »Sie können gegen das soeben verkündete Urteil Berufung oder Revision einlegen. Dies müssen Sie – ab heute gerechnet – innerhalb einer Woche (in deutscher Sprache) schriftlich oder zu Protokoll der Geschäftsstelle dieses Gerichts erklären. (Der Angeklagte kann die Erklärungen ferner zu Protokoll der Geschäftsstelle des Amtsgerichts geben, in dessen Bezirk er auf behördliche Anordnung verwahrt wird.) Sollte der Angeklagte nicht mehr unter der Anschrift zu einer Berufungshauptverhandlung geladen werden können, die er zuletzt angegeben hat, ist das Berufungsgericht berechtigt, ihn öffentlich zu laden und die Berufung zu verwerfen, wenn er der Ladung nicht Folge leisten würde. Einzelheiten entnehmen Sie bitte dem Merkblatt, dass Ihnen der Protokollführer sogleich aushändigen wird.«
1020 Ausnahme: Im jugendgerichtlichen Verfahren kann nach zulässiger Berufung keine (weitere) Revision eingelegt werden, § 55 Abs. 2 JGG, vergl. Ostendorf JGG § 55 Rdnr. 32 ff..
1021 *Beispiel:* »Sie können das Urteil mit Revision anfechten. Die Revision kann nur darauf gestützt werden, dass das Urteil auf einer Gesetzesverletzung beruhe, nicht aber darauf, dass der vom Gericht festgestellte Sachverhalt nicht der Wirklichkeit entspreche. Sie können die Revision innerhalb einer Woche (in deutscher Sprache) schriftlich oder zu Protokoll der Geschäftsstelle dieses Gerichts erklären oder der Angeklagte – wenn er auf behördliche Anordnung in einem anderen Bezirk verwahrt wird, auch zu Protokoll der Geschäftsstelle des dort zuständigen Amtsgerichts. Einzelheiten entnehmen Sie bitte dem Merkblatt, das Ihnen der Protokollführer sogleich aushändigen wird.«
1022 *Beispiel:* »Gegen die Kosten- und Auslagenentscheidung ist die sofortige Beschwerde gegeben, die innerhalb einer Woche – von heute gerechnet – schriftlich oder zu Protokoll der Geschäftsstelle dieses Gerichts erklärt werden kann.«
1023 *Beispiel:* »Gegen das gerade verkündete Urteil können Sie binnen einer Woche (in deutscher Sprache) schriftlich oder zu Protokoll der Geschäftsstelle dieses Gerichts einlegen. Näheres entnehmen Sie bitte dem Merkblatt, dass Ihnen der Protokollführer sogleich aushändigen wird.« *Oder:* »Gegen dieses Urteil können Sie (in deutscher Sprache) schriftlich oder zu Protokoll den Antrag auf Zulassung der Rechtsbeschwerde bei diesem Gericht

ner ist hier die Anfechtung der Kosten- und Auslagenentscheidung durch *sofortige Beschwerde* (§ 464 Abs. 3 S. 1 StPO) statthaft.

29.4. Sofortige Beschwerde

Sofortige Beschwerde ist ferner gegeben gegen die *Entscheidung über die Entschädigung* für Strafverfolgungsmaßnahmen (§ 8 Abs. 3 StrEG). Auch insofern sollte, falls die Entscheidung nicht ausschließlich die Staatsanwaltschaft »belastet«, eine Rechtsmittelbelehrung erteilt werden, um nicht bei Fristversäumung insoweit die Möglichkeit der Wiedereinsetzung in den vorigen Stand (§ 35a, 44 S. 2 StPO) zu eröffnen[1024].

30. Weitere Belehrungen

Über die Rechtsmittelbelehrung hinaus muss der Vorsitzende ggf. *weitere Belehrungen* erteilen.

Dabei ist es dem Vorsitzenden überlassen, in welcher Reihenfolge er belehrt. Gelegentlich wird empfohlen, erst etwa über die Bedeutung eines Fahrverbots (§ 44 StGB) oder einer vorläufigen Entziehung der Fahrerlaubnis (§ 111a StPO), sodann über die Belange der Bewährung (§ 268a Abs. 3 StPO) und erst zum Schluss über die Rechtsmittel zu belehren[1025].

Wurde als Ergebnis der Hauptverhandlung die *Fahrerlaubnis vorläufig entzogen* (§ 111a StPO), ist der Angeklagte darüber zu belehren, dass er sich durch die Missachtung dieser Anordnung strafbar macht (§ 21 Abs. 1 Nr. 1 StVG).

Wurde in dem Urteil ein *Fahrverbot* angeordnet, so belehrt der Vorsitzende den Angeklagten über den Beginn der Frist (§§ 268c, 44 Abs. 4 S. 1 StGB)[1026].

Die Belehrung über die *Bedeutung der Aussetzung der Strafe* (oder der verhängten Maßregel), der Verwarnung mit Strafvorbehalt oder der Führungsaufsicht (§ 268a Abs. 3 StPO) hat ebenfalls mündlich zu erfolgen. Zusätzlich kann die Aushändigung eines Merkblatts im Einzelfall sinnvoll sein, bei einem nicht verteidigten Angeklagten dürfte sie geboten sein[1027]. Immer muss dem Angeklagten aber die Bedeutung der Maßnahme unmissverständlich und eindeutig erläutert werden. Der Vorsitzende muss dem Angeklagten die Gelegenheit geben,

---

stellen. Der Angeklagte kann die Erklärungen ferner zu Protokoll der Geschäftsstelle des Amtsgerichts geben, in dessen Bezirk er auf behördliche Anordnung verwahrt werden.«

1024 *Beispiel:* »Gegen die Entscheidung über die Entschädigungspflicht ist die sofortige Beschwerde gegeben, die innerhalb einer Woche – von heute gerechnet – schriftlich oder zu Protokoll der Geschäftsstelle dieses Gerichts erklärt werden kann.«

1025 Vergl. Kl./Meyer-Goßner § 268c Rdnr. 4.

1026 *Beispiel:* »Das gegen Sie verhängte Fahrverbot von zwei Monaten Dauer wird mit Rechtskraft des Urteils wirksam. Ihr Führerschein wird für die Dauer des Fahrverbots amtlich verwahrt werden. Die Verbotsfrist wird allerdings auch nach Eintritt der Rechtskraft erst von dem Tage an gerechnet werden, an dem der Führerschein im amtlichen Gewahrsam ist. Es ist daher empfehlenswert, den Führerschein unmittelbar nach Eintritt der Rechtskraft bei dem Gericht oder der Staatsanwaltschaft abzugeben.«

1027 BVerfG NJW 1996, 1811.

III. Hauptverhandlung

in aller Klarheit zu begreifen, welches Verhalten von ihm zukünftig erwartet wird. Denn nur dann wird das Gericht dem Angeklagten in der Folgezeit eine negative Entwicklung vorwerfen können. Das erfordert eine individuell auf den Einzelfall zugeschnittene Belehrung, die die konkreten Anforderungen des zuvor verkündeten Bewährungsbeschlusses noch einmal aufgreift.

Neben den allgemeinen Erwartungen[1028] muss der Vorsitzende etwaige Auflagen[1029] und Weisungen[1030] – bei Führungsaufsicht einschließlich des Hinweises auf etwaige Strafbarkeit nach § 145a StGB (§ 268a Abs. 3 S. 2 StPO)[1031] – sowie die Bedeutung der Unterstellung unter einen Bewährungshelfer[1032] erläutern und auf die Folgen von Zuwiderhandlungen hinweisen.

31. Schluss der Verhandlung, Rechtsmittelverzicht und -einlegung

Nach der Verkündung des Urteils und der ergänzenden Beschlüsse sowie der Erteilung der notwendigen Belehrungen endet die Hauptverhandlung.

Die Frage eines *sofortigen Rechtsmittelverzichts* seitens der Beteiligten ist für das Gericht von gewisser Bedeutung. Denn es stellt sich die Frage, ob das Urteil alsbald und vor allem abgekürzt (§ 267 StPO) schriftlich abgesetzt werden kann oder ob zumindest die Wochenfrist zur Einlegung von Rechtsmitteln abgewartet werden muss, bevor feststeht, ob ein vollständiges schriftliches Urteil erforderlich ist. Es liegt auf der Hand, dass ein rechtskräftiges Urteil, das rasch und abgekürzt

---

1028 *Beispiel:* »Das Gericht erwartet von Ihnen, wie von jedem anderen auch, dass Sie sich für die nächsten drei Jahre straffrei führen. Tun Sie dies nicht, kann dies zum Widerruf der Strafaussetzung und damit dazu führen, dass Sie die Freiheitsstrafe verbüßen müssen. Sie wissen selbst sehr genau, dass dies für Ihre Familie und für Ihren Arbeitsplatz äußerst negative Folgen hätte. Lassen Sie es im eigenen Interesse nicht dazu kommen. ...«
1029 *Beispiel:* »... Ihnen wurde weiterhin auferlegt, 1.000 DM in Monatsraten zu 200 DM ab Rechtskraft des Urteils an den Verein zur Förderung der Altenpflege zu bezahlen. Kommen Sie dieser Auflage bitte pünktlich und regelmäßig nach. Das Gericht wird Ihr Zahlungsverhalten überprüfen. Wenn es grobe oder beharrliche Verstöße feststellen würde, könnte auch dies zum Bewährungswiderruf führen. ...«
1030 *Beispiel:* »... Sie wurden schließlich angewiesen, innerhalb der Bewährungszeit nicht mit dem Mittäter XY zu verkehren, ihn weder zu besuchen noch ihn zu empfangen oder sich mit ihm gemeinsam in der Gaststätte Z aufzuhalten. Sollten Sie sich daran nicht halten, wird das Gericht überprüfen, ob von Ihnen die Gefahr weiterer Straftaten droht und ggf. die Strafaussetzung widerrufen. ...«
1031 *Beispiel:* »... Ferner stellt ein Verstoß gegen die soeben erläuterte Weisung eine Straftat dar, die auf Antrag der Führungsaufsichtsstelle unter Umständen erneute Strafverfolgung gegen Sie nach sich zöge, als Bewährungsversagen bewertet werden und den Widerruf nach sich ziehen könnte. ...«
1032 *Beispiel:* » ... Die Tätigkeit des Ihnen beigeordneten Bewährungshelfers ist zugleich Aufsicht und Leitung. Er wird Ihnen bei auftretenden Fragen oder Problemen im Rahmen seiner vielfältigen Möglichkeiten helfend und beratend zur Seite stehen. Er wird aber auch überwachen, ob Sie die Auflagen und Weisungen des Gerichts und eigene Anerbieten und Zusagen einhalten und erfüllen. Er wird dem Gericht über den Verlauf der Bewährung berichten. Sollten Sie sich der Aufsicht und Leitung des Bewährungshelfers beharrlich entziehen, sodass das Gericht neuerliche Straftaten befürchten müsste, so kann auch das zum Bewährungswiderruf führen.«

31. Schluss der Verhandlung, Rechtsmittelverzicht und -einlegung

verfasst werden kann, ungleich weniger Arbeitsaufwand verursacht als ein vollständiges. Dabei macht es aber für den Fall, dass das Urteil rechtskräftig wird, keinen wesentlichen Unterschied, ob dies sofort oder binnen einer Woche feststeht. Auch nach deren Ablauf wird die Arbeitserleichterungen in Gestalt der abgekürzten Urteilsgründe eintreten. Das gelegentlich zu beobachtende Bestreben, möglichst immer einen sofortigen Rechtsmittelverzicht herbeizuführen, ist aus dieser Sicht sachlich nicht geboten. Es wirkt ferner meist fragwürdig, wenn das Gericht glaubt, sein soeben verkündetes Urteil entsprechend »verkaufen« zu müssen. Das kann geradezu lächerlich wirken, wenn zum Beispiel Entscheidungen getroffen wurden, die den Vorstellungen des Angeklagten völlig zuwider laufen und wenn vernünftigerweise gar nicht zu erwarten ist, dass er das Urteil akzeptieren wird. Rechtsmittelberechtigte können sich ferner unter Druck gesetzt fühlen, einen Spruch gegen die eigene innere Überzeugung anzunehmen. Bereuen sie das später, werden sie sich vom Gericht »überfahren« fühlen und es ist weder für die Akzeptanz der Justiz noch für den Rechtsfrieden im Einzelfall etwas gewonnen. Viel sinnvoller erscheint es, den Beteiligten die Ruhe zu lassen, die sie benötigen, um sich über die Frage der Rechtsmitteleinlegung klar zu werden. Die Verfahrensbeteiligten sollen daher nicht veranlasst werden, unmittelbar nach der Urteilsverkündung zu erklären, ob sie das Urteil annehmen oder nicht[1033].

Soll auf Rechtsmittel *verzichtet* werden, so bedarf dies einer *ausdrücklichen, eindeutigen und vorbehaltlosen* Erklärung[1034]. Sie ist im Protokoll zu beurkunden und sollte nach der Wahrung im Protokoll noch einmal vorgelesen und von den Erklärenden genehmigt werden[1035].

Andererseits besteht bei Beteiligten manchmal auch das Bedürfnis, sofort – noch in der Hauptverhandlung – *Rechtsmittel* einzulegen.

Zwar müssen Rechtsmittel *grundsätzlich schriftlich oder zu Protokoll* (des Urkundsbeamten) *der Geschäftsstelle* eingelegt werden. Da aber einem richterlichen Protokoll gegenüber dem des Urkundsbeamten eher ein größeres denn ein geringes Gewicht beigemessen wird, soll es die Protokollierung durch die Geschäftsstelle ersetzen können, sodass eine Rechtsmittelerklärung *zu Protokoll der Hauptverhandlung* als zulässig erachtet wird[1036].

Ein Anspruch, das Rechtsmittel zum Schluss der Hauptverhandlung zu Protokoll zu erklären, besteht allerdings nicht[1037]. Der Vorsitzende kann den Rechtsmittelberechtigten auf die gesetzlich vorgesehenen Möglichkeiten (Schriftform oder Erklärung zu Protokoll der Geschäftsstelle) verweisen. Das mag sinnvoll sein, wo sich abzeichnet, dass der dadurch entstehende Zeitverzug nochmaliges Überdenken ermöglicht und ein Rechtsmittel letztlich doch vermieden werden kann. Es ist indes weder Aufgabe des Gerichts, Rechtsmittelverzichte herbeizu-

---

1033 Vergl. für den Angeklagten auch Nr. 142 Abs. 2 RiStBV.
1034 Kl./Meyer-Goßner § 302 Rdnr. 20.
1035 Vergl. Nr. 143 Abs. 1 RiStBV.
1036 BGHSt 31, 109. Die Begründung überzeugt freilich nicht vollständig. Auch in der Hauptverhandlung wird kein richterliches Protokoll erstellt, sondern das eines Urkundsbeamten der Geschäftsstelle. Allerdings unterzeichnet hier auch der Vorsitzende (§ 271 Abs. 1 StPO).
1037 BGH MDR 1983, 950.

III. Hauptverhandlung

führen noch ist es dazu berufen, jenseits der inhaltlichen Ansprüche an die eigene Tätigkeit Rechtsmittel zu verhindern. Wenn sonst keine Gründe entgegenstehen, dürfte es daher billigem Ermessen des Vorsitzenden entsprechen, Rechtsmittelerklärungen am Schluss der Hauptverhandlung entgegenzunehmen[1038].

Es gehört zu den allgemeinen Regeln des sozialen Umgangs, die Verfahrensbeteiligten nach Schluss der Sitzung zu *verabschieden*. Schließlich muss sich der Vorsitzende (besonders bei umfangreichen Sachen) bewusst sein, dass unter Umständen auch nach Sitzungsschluss noch Regelungsbedarf eintreten kann[1039]. Er sollte daher nach Möglichkeit nicht unmittelbar nach Sitzungsschluss das Gericht verlassen, sondern für etwaige Anordnungen und Veranlassungen noch zur Verfügung stehen.

1038 Anders aber Nr. 142 Abs. 2 S. 2 RiStBV und zum Beispiel Kl./Meyer-Goßner Einl. Rdnr. 137. Letzterer stützt sich darauf, dass es in der Regel der Würde des Gerichts widerspreche, solche Rechtsmittel entgegenzunehmen. Ich teile diese Befürchtung nicht. Die Würde eines Gerichts leidet nicht ohne weiteres darunter, dass ein Beteiligter seiner Auffassung, die Entscheidung sei unrichtig, sofort Ausdruck verleiht und das Gericht dies förmlich zur Kenntnis nehmen muss. Anderenfalls wäre zu vermuten, dass die Würde des Gerichts im Allgemeinen mit einem Anspruch auf Unfehlbarkeit einher ginge. Im umgekehrten Sinne halte ich es eher für einen Ausdruck von Souveränität, wenn das Gericht denjenigen, der sofort sein Unverständnis durch Rechtsmitteleinlegung dartun will, nicht erst in bürokratischer Manier auf Schriftform oder weitere Behördengänge verweist. Anders stellt sich die Sachlage freilich dar, wenn die Rechtsmittelerklärung zu Diskussionen über das soeben verkündete Urteil, Polemik u.Ä. genutzt wird. In solchen Fällen empfiehlt es sich stets, die Hauptverhandlung zu schließen und dem Rechtsmittelberechtigten mitzuteilen, er möge sein Rechtsmittel auf eben dem Wege vorbringen, der ihm im Rahmen der Rechtsmittelbelehrung soeben mitgeteilt wurde.

1039 *Beispiel:* Verspätete Zeugen erscheinen doch noch, die Rückführung des Angeklagten in die Justizvollzugsanstalt wirft praktische oder rechtliche Schwierigkeiten auf, gefährdete Verfahrensbeteiligte müssen risikofrei aus dem Gerichtsgebäude geleitet werden, Medienanfragen müssen beantwortet werden u.a.m.

Dritter Teil: Sonderformen

Die im ersten und zweiten Teil dieses Buches geschilderten Zusammenhänge sind in ihrer Mehrzahl für alle Arten strafrechtlicher Hauptverhandlungen unmittelbar oder entsprechend gültig. Für die im Folgenden geschilderten Sonderformen gelten teilweise abweichende Regeln, die zuvor nur jeweils isoliert erwähnt werden konnten. Eine zusammenfassende Darstellung erscheint sinnvoll, darf sich aber weitgehend auf die Unterschiede zum gewöhnlichen Strafverfahren, insbesondere natürlich betreffend die Hauptverhandlung, beschränken.

I. Verfahren nach dem Jugendgerichtsgesetz

1. Vorüberlegungen und Vorbereitungen

Vor der Terminsvorbereitung wird der Vorsitzende erwägen, ob eine Einstellung des Verfahrens nach § 47 JGG (»*Diversion*«) in Betracht kommt[1]. Ferner dürfen jugendgerichtliche Verfahren auch gem. §§ 153, 154, 154a StPO eingestellt werden, nach § 153a Abs. 2 StPO nur im Ausnahmefall[2].

Die *Jugendgerichtshilfe* hat (u.a.[3]) das Recht auf Anwesenheit in der Hauptverhandlung (§ 50 Abs. 3 Satz 1, 48 Abs. 2 JGG) und auf Äußerung (§ 50 Abs. 3 Satz 2 JGG), ihr ist daher in Vorbereitung auf den Termin eine Terminsnachricht zu erteilen. Die *Erziehungsberechtigten* und die *gesetzlichen Vertreter* eines (im Zeitpunkt der Hauptverhandlung) jugendlichen Angeklagten haben das Recht, in der Hauptverhandlung gehört zu werden, Fragen und Anträge zu stellen (§ 67 JGG), sie sind zum Hauptverhandlungstermin zu laden (§ 50 Abs. 2 JGG).

Der Vorsitzende (nicht das Gericht) bestellt dem Angeklagten einen *Pflichtverteidiger*, wenn auch einem Erwachsenen ein Verteidiger zu bestellen wäre (§ 68 Nr. 1 JGG). Insoweit besteht praktisch kein Unterschied zum Erwachsenenstrafrecht. Allerdings dürften Zweifel an der Notwendigkeit einer Pflichtverteidigerbestellung hier ausnahmslos dazu führen, dass zugunsten des Angeklagten eine Bestellung erfolgt. Die Straferwartung wird als Kriterium i.S. von § 140 Abs. 2 StPO gemeinhin im Bereich von mehr als 6 Monaten Jugendstrafe angesiedelt[4]. Neben den in § 68 Nr. 2 und 3 JGG genannten Gründen ist im Übrigen ein Pflichtverteidiger unverzüglich dann beizuordnen, wenn der Angeklagte das 18. Lebensjahr noch nicht vollendet hat und gegen ihn Untersuchungshaft oder einstweilige Unterbringung vollstreckt wird (§ 68 Nr. 4 JGG). Allgemein dürfte es gerade im jugendgerichtlichen Verfahren den Interessen des Gerichts nicht zuwiderlaufen, wenn der Angeklagte über einen Verteidiger verfügt. Letztendlich kann das Gericht auf diese Weise gewisse Formen der Fürsorge, die besonders gegenüber jugendlichen Angeklagten geboten sein können, dem Verteidiger überlassen[5] und mehr formale Distanz wahren[6], was der gerichtlichen Sacharbeit dienlich sein kann.

---

1   Dazu im Einzelnen Ostendorf JGG Grdl. zu §§ 45 u. 47.
2   Ostendorf JGG § 47 Rdnr. 7 m.w.N.
3   Näher Ostendorf Jugendstrafverfahren S. 14.
4   Vergl. Ostendorf JGG § 68 Rdnr. 10.
5   So muss der – ordentlich – verteidigte Angeklagte nicht mehr über den allgemeinen Verfahrensablauf orientiert werden, bedarf keiner längeren Einweisungen in die Kunst, Fragen und Anträge zu stellen u.v.m.

Wenn kein Fall einer notwendigen Verteidigung vorliegt, hat das Gericht zu prüfen, ob einem jugendlichen (nicht: heranwachsenden) Angeklagten ein *Beistand* nach § 69 JGG zu bestellen ist. Auch er hat den Angeklagten verfahrensrechtlich zu unterstützen (vergl. § 69 Abs. 3 JGG), wobei die persönliche Betreuung des Angeklagten in der Regel im Vordergrund stehen wird.

Die Anordnung von *Untersuchungshaft* unterliegt gemäß § 72 JGG stärker noch als die Untersuchungshaft gegen Erwachsene der Subsidiarität und der Verhältnismäßigkeit.

Gegen einen Jugendlichen darf weder im beschleunigten Verfahren des Erwachsenenstrafrechts noch im Strafbefehlsverfahren entschieden werden (§ 79 JGG); im Bußgeldverfahren gelten die Vorschriften des JGG entsprechend, soweit das OWiG nichts anderes bestimmt.

Sehr beschleunigt und damit in besonderer Weise wirksam gegenüber jungen Straftätern kann im *vereinfachten Jugendverfahren* nach §§ 76 ff. JGG vorgegangen werden, sofern es sich um eine Jugendrichtersache handelt und die Staatsanwaltschaft dies beantragt. Will der Jugendrichter so verfahren, dann darf er »zur Vereinfachung, Beschleunigung und jugendgemäßen Gestaltung« von Verfahrensvorschriften abweichen, »soweit dadurch die Erforschung der Wahrheit nicht beeinträchtigt wird« (§ 78 Abs. 3 JGG). Eines Eröffnungsbeschlusses bedarf es nicht, der Einhaltung einer Ladungsfrist ebenfalls nicht, wenngleich – abgesehen von einem Angeklagten, der aus amtlichem Gewahrsam vorgeführt wird – eine kurze Ladungsfrist sinnvoll sein dürfte[7]. Die – sinnvollerweise rechtzeitige – Benachrichtigung der Erziehungsberechtigten und der Jugendgerichtshilfe sollte in jedem Fall erfolgen. Grundsätzlich bin ich der Auffassung, dass im Übrigen der Verzicht auf sonst gültige Verfahrensregeln zurückhaltend ausgeübt werden sollte. Denn viele der allgemein gültigen Verfahrensregeln haben ihre sachliche Berechtigung, sie sind oft Ausdruck von Verfahrensgarantien und keinesfalls ist es geboten, einen Jugendlichen insoweit vorschnell schlechter zu stellen als es ein Erwachsener in vergleichbarer Lage wäre. Die Stärken des vereinfachten Jugendverfahrens dürften neben der Möglichkeit der Verfahrensbeschleunigung da zu suchen sein, wo auf ein erstarrt wirkendes, floskelhaftes und formelles Procedere verzichtet werden kann, ohne Verfahrensrechte zu beeinträchtigen. Das beginnt bei der Auswahl eines geeigneten Verhandlungsraumes über den Verzicht auf das Anlegen der Roben bis zu einem durchgehend vernünftigen und verständlichen Sprachgebrauch.

2. Jugendgerichtliche Hauptverhandlung

Handelt es sich ausschließlich um (zur Tatzeit) *jugendliche* Angeklagte, ist die Hauptverhandlung *nicht öffentlich* (§ 48 Abs. 1 JGG). Sind auch *Heranwachsen-*

---

6 Distanz kann – verstanden als das Gegenteil von Anbiederung, nicht verstanden als Abwesenheit von Umgangsformen und inhaltlichem Engagement – gerade im Generationen übergreifenden Diskurs ausgesprochen hilfreich wirken. Wer demgegenüber als Amtsträger dem jugendlichen Delinquenten gegenüber so auftritt, als sei es purer Zufall, dass man nicht der gleichen Clique angehört, gerät schnell in die Gefahr des Akzeptanzverlusts.
7 Vergl. Ostendorf JGG § 78 Rdnr. 14 ff.

I. Verfahren nach dem Jugendgerichtsgesetz

de oder Erwachsene angeklagt, so ist die Verhandlung *öffentlich* (§ 48 Abs. 3 Satz 1 JGG). Im Interesse der Erziehung der jugendlichen Angeklagten kann die *Öffentlichkeit ausgeschlossen* werden[8], wobei übermäßige Großzügigkeit zum Nachteil der Öffentlichkeit eigentlich nur dann[9] empfohlen werden könnte, wenn der Öffentlichkeitsgrundsatz disponibel wäre. Da er das nicht ist, muss öffentlich verhandelt werden, wenn das Erziehungsinteresse zum Öffentlichkeitsausschluss nicht hinreicht[10].

Ohne den Angeklagten kann eine Hauptverhandlung nach § 50 Abs. 1 JGG nur stattfinden, wenn dies im Allgemeinen Verfahren zulässig wäre[11], ferner besondere Gründe dafür vorliegen und der Staatsanwalt zustimmt. Nach § 51 JGG soll der Vorsitzende den *jugendlichen* Angeklagten (nicht den heranwachsenden) für die Dauer solcher Erörterungen, aus denen Nachteile für die Erziehung folgen können, von der Verhandlung *ausschließen*. Schon wegen des grundsätzlichen Anwesenheitsrechts des Angeklagten muss diese Vorschrift restriktiv angewendet werden. Es ist ferner davon auszugehen, dass das ohnehin bestehende Akzeptanzproblem jugendlicher Delinquenten durch ein Verfahren in ihrer – erzwungenen – Abwesenheit nicht verringert werden kann. Deswegen sollte der Ausschluss nach § 51 Abs. 1 JGG nicht nur generell zurückhaltend, sondern auch stets situationsangepasst ausgeübt werden, indem der Vorsitzende jeweils genau abwägt, von welchen Verfahrensteilen erzieherische Nachteile[12] für den Angeklagten ausgehen könnten und nur hierfür einen Ausschluss des Angeklagten anordnet.

Ebenfalls als Ausnahmevorschrift ist § 51 Abs. 2 JGG zu verstehen, wonach der Ausschluss der Angehörigen, Erziehungsberechtigten und gesetzlichen Vertreter möglich ist.

Der nach § 69 JGG bestellte *Beistand* hat in der Hauptverhandlung die Rechte eines Verteidigers (§ 69 Abs. 3 JGG).

Die *Beweisaufnahme* im jugendgerichtlichen Verfahren unterliegt den *allgemeinen Regeln* mit Ausnahme des vereinfachten Jugendverfahrens.

Im *vereinfachten Jugendverfahren* wird es (wegen der Möglichkeit des Abweichens von allgemeinen Verfahrensregeln, § 78 Abs. 3 Satz 1 und 2 JGG) für zulässig gehalten, die Beweisaufnahme und den Umgang mit Beweisanträgen nach dem Ermessen des Gerichts und nicht nach den herkömmlichen Beweisantragsregeln zu handhaben[13]. Die Berechtigung, so vorzugehen, lässt sich aus § 78 Abs. 3 JGG wohl ableiten. Wichtig ist in jedem Fall, dass das Gericht in Ausübung der Verfahrensvereinfachungen die Verpflichtung zur Ermittlung der Wahrheit nicht aus dem Blick verliert[14]. Die Staatsanwaltschaft – die das verein-

---

8   Nach den ansonsten allgemeinen Regeln, vergl. oben S. 101 f.
9   Anders Ostendorf JGG § 48 Rdnr. 18.
10 Die allgemeinen Vorschriften über den Ausschluss der Öffentlichkeit gelten daneben auch im jugendgerichtlichen Verfahren.
11 Siehe oben S. 10 ff.
12 Zeugenaussagen und Angaben von Sachverständigen dürften im Einzelfall eher nachteilsträchtig sein als die Schlussvorträge von Staatsanwaltschaft und Verteidiger.
13 Vergl. Ostendorf JGG § 78 Rdnr. 14 ff. (kritisch, mit zahlreichen weiteren Nachweisen).
14 Beispiel: Mitunter begegnen uns Menschen, die in uns die Vorstellung erwecken, sie hätten schon längst mal einen Denkzettel verdient. Wenn uns ein solcher Zeitgenosse dann auf der

2. Jugendgerichtliche Hauptverhandlung

fachte Jugendverfahren nach § 78 Abs. 1 JGG beantragt – ist nicht verpflichtet, an der Hauptverhandlung im vereinfachten Jugendverfahren teilzunehmen (§ 78 Abs. 2 JGG).

In welcher Weise der Vorsitzende und nach ihm die übrigen Verfahrensbeteiligten *kommunikativen Zugang* zu einem jugendlichen oder heranwachsenden Angeklagten finden, ist sowohl persönlichkeits- als auch situationsbedingt. Generell dürfte es sich verbieten, diesen Zugang auf dem Weg von Anbiedereien oder jugendtümelnder Rhetorik zu suchen[15]. Im Allgemeinen wird der Vorsitzende mit Freundlichkeit und Offenheit in der Bandbreite seines eigenen Temperaments und Sprachgebrauchs die größte Glaubwürdigkeit erreichen.

Der Angeklagte seinerseits wird in der Regel von der Situation im Sitzungssaal und der eigenen Rolle überfordert sein, auch wenn er dies nicht zugibt. Infolgedessen ist ein breites Spektrum von Verhaltensweise zu beobachten, beginnend mit nahezu autistischer Zurückhaltung über Verstocktheit bis hin zu provokanter Frechheit[16]. Es gehört zu den Aufgaben des Gerichts, sich auf solche unterschiedlichen Verhaltensmuster bestmöglich einzustellen. Im Einzelfall kann der Versuch, eine vernünftige Gesprächsebene mit dem Angeklagten herzustellen, allerdings auch geduldigen und zugewandten Jugendrichtern misslingen[17]. Hier besteht unter Umständen die Möglichkeit, mithilfe anderer Verfahrensbeteiligter, etwa eines Wahlverteidigers oder des Mitarbeiters der Jugendgerichtshilfe, der den Angeklagten schon vor der Hauptverhandlung kennen gelernt hat, doch noch ein Stück weiterzukommen[18].

Zeugen werden in Verfahren vor dem *Jugendrichter* nur *vereidigt*, wenn der Richter dies wegen der *ausschlaggebenden Bedeutung* der Aussage oder zur Herbeiführung einer *wahrheitsgemäßen Aussage* für notwendig erachtet. Wenn (auch) Heranwachsende oder Erwachsene vor dem Jugendrichter angeklagt sind, im Verfahren vor dem Jugendschöffengericht, der Jugendkammer und in der Berufungsinstanz werden die Zeugen nach allgemeinen Regeln vereidigt[19].

Erziehungsberechtigte und *gesetzliche Vertreter* des (zum Zeitpunkt der Hauptverhandlung) jugendlichen Angeklagten haben neben dem Recht zur Anwesenheit

---

Anklagebank gegenübersitzt, vielleicht noch etwas aufsässig oder renitent ist, könnte sich schon der Gedanke einschleichen, dass dieser Angeklagte – selbst wenn er unschuldig wäre – eine Strafe auf jeden Fall verdient hätte. Hier muss sich das Gericht ausnahmslos auf die Ebene der Sachentscheidung bewähren und sich hüten, über formale Erleichterungen inhaltlich Unrecht zu tun.

15 Die uncoole Idee, toughe Kids mittels totaler Verwendung XXL-mäßiger Sprüche anzuclicken, wird ultrakrass scheitern.
16 Dieses Spektrum bietet sich im Übrigen auch im Erwachsenenstrafrecht, wobei dort allerdings auf die Jugend a priori keine Rücksicht genommen werden muss.
17 Was im Übrigen nicht ohne weiteres vorwerfbar wäre. Gerade ein – m.E. unbedingt zu bevorzugender – offener Verhandlungsstil offenbart unter Umständen eben auch seine Grenzen. Es schadet dann gar nichts, wenn ein Richter dies auch kundtut.
18 Beispiel: »Frau Verteidigerin, ich habe jetzt mehrfach versucht, Ihren Mandanten zu bewegen, meine Fragen zu beantworten, anstatt mit Gegenfragen zu reagieren. Wenn Sie eine Möglichkeit sähen, hier in der Sache weiterzukommen, wäre das ausgesprochen sachdienlich. Ich unterbreche gerne kurz die Verhandlung, um Ihnen Gelegenheit zu geben, mit Ihrem Mandanten insoweit unter vier Augen sprechen zu können.«
19 Siehe oben S. 120 ff.

I. Verfahren nach dem Jugendgerichtsgesetz

in der Hauptverhandlung auch das Recht, dort Fragen und Anträge zu stellen, und zwar dann, wenn auch dem Angeklagten dieses Recht zusteht (§ 67 JGG). Besonders hervorzuheben sind insoweit das Fragerecht und das Recht zur Abgabe von Erklärungen nach § 257 StPO, das Recht auf einen Schlussvortrag sowie das letzte Wort[20].

Der Vertreter der *Jugendgerichtshilfe* (§ 38 JGG) ist berechtigt, an der Hauptverhandlung teilzunehmen. Das Gericht sollte darauf durchaus dringen (vergl. § 38 Abs. 3 Satz JGG) und sich nicht ohne Not auf schriftliche Jugendgerichtshilfeberichte verlassen. Denn der Inbegriff der Hauptverhandlung wirft nicht selten Fragen auf und bringt Aspekte zu Tage, auf die ein – Tage oder Wochen zuvor gefertigter – Bericht keine Antworten gibt. Dem Vertreter der Jugendgerichtshilfe ist in der Hauptverhandlung auf Verlangen das Wort zu erteilen (§ 50 Abs. 3 Satz 2 JGG). Für das Gericht ist in der Hauptverhandlung von vordringlichem Interesse, zu erfahren, welche Maßnahmen aus Sicht der Jugendgerichtshilfe vorgeschlagen werden (§ 38 Abs. 2 Satz 2 JGG). Hierbei muss – da ein Schuldspruch noch nicht ergangen ist – abgesehen von ganz eindeutigen Sachverhalten (etwa: zweifelsfrei aufgrund Geständnisses des Angeklagten) oft von einem hypothetischen Sachverhalt ausgegangen werden. Es ist erforderlichenfalls Aufgabe des Vorsitzenden, dem Vertreter der Jugendgerichtshilfe dies zu verdeutlichen[21].

---

20 BGHSt 21, 288. Ob das letzte Wort den Erziehungsberechtigten vor oder nach dem Angeklagten zu gewähren ist, steht im Ermessen des Vorsitzenden, KK-Engelhardt § 258 Rdnr. 20.
21 Beispiel: Hält die Jugendgerichtshilfe den Angeklagten für nicht überführt oder ist ihr ganz unklar, wovon sie eigentlich ausgehen soll, so ist ihr aufzugeben, von welchem Sachverhalt oder von welchen Sachverhaltsvarianten sie zum Zweck ihres Sanktionsvorschlags auszugehen hat. Der Vorsitzende muss hier vorsichtig formulieren und den Umstand, dass es sich um eine Hypothese handelt, deutlich herausstellen, um nicht die Gefahr eines Ablehnungsgesuchs – mag es auch unbegründet sein – zu provozieren.

II. Beschleunigtes Verfahren

1. Vorüberlegungen und Vorbereitungen

Das *beschleunigte Verfahren* nach §§ 417 ff. StPO ist gegen Jugendliche und Heranwachsende nicht statthaft und unterscheidet sich im Übrigen vom normalen strafgerichtlichen Verfahren vor allem dadurch, dass

1) mit der so genannten *Hauptverhandlungshaft* ein besonderes Instrument zur Sicherung der Verfahrensdurchführung zur Verfügung steht;
2) es einer *Anklageschrift nicht bedarf* und die Anklage daher mündlich erhoben werden kann (§ 418 Abs. 3 StPO);
3) ein *Eröffnungsbeschluss nicht ergeht* (§ 418 Abs. 1 StPO);
4) die Ladung des Beschuldigten nur erfolgt, wenn er sich nicht freiwillig zur Hauptverhandlung stellt oder wenn er nicht dem Gericht zur Hauptverhandlung vorgeführt wird (§ 418 Abs. 2 Satz 1 StPO) und die *Ladungsfrist 24 Stunden* beträgt (§ 418 Abs. 2 Satz 3 StPO);
5) das *Beweisantragsrecht* im Verfahren vor dem Strafrichter *eingeschränkt* ist (§ 420 Abs. 4 StPO);
6) die Vernehmungen von Zeugen, Sachverständigen und Mitbeschuldigten durch *Verlesung von Niederschriften* früherer Aussagen sowie durch Urkundsverlesungen ersetzt werden darf (§ 420 Abs. 1 StPO);
7) *Behördenerklärungen* u.Ä. ohne Rücksicht auf die engeren Voraussetzungen des § 256 StPO verlesen werden dürfen und dass schließlich
8) die *Hauptverhandlung sofort* oder *in kurzer Frist* durchgeführt werden muss (§ 418 Abs. 1 StPO.

Die Voraussetzung der Durchführung einer Hauptverhandlung *sofort oder in kurzer Frist* (§ 418 Abs. 1 StPO) erfordert *Abstimmungsaufwand* zwischen Staatsanwaltschaft und Gericht. Denn wenn der nach dem Geschäftsverteilungsplan zuständige Spruchkörper nicht in der Lage ist, sofort oder in kurzer Frist zu verhandeln, hat die Antragstellung der Staatsanwaltschaft keinen Sinn. Mancherorts wird versucht, durch Einrichtung einander entsprechender staatsanwaltschaftlicher und gerichtlicher Dezernate für beschleunigte Verfahren die erforderliche Zusammenarbeit zu erleichtern. Ansonsten wird dem zuständigen Staatsanwalt kaum etwas anderes übrig bleiben, als jeweils im Einzelfall mit dem zuständigen Vorsitzenden Kontakt aufzunehmen und zu klären, ob die Durchführung eines beschleunigten Verfahrens überhaupt *terminlich in Betracht* kommt. Die Notwendigkeit, solche Abstimmungsarbeit zu leisten, wurde inzwischen dadurch verstärkt, dass Tenden-

II. Beschleunigtes Verfahren

zen bestehen, die Frist zur Durchführung der Hauptverhandlung im beschleunigten Verfahren auf zwei bis höchstens vier Wochen zu beschränken[1]. Hält das Gericht unter diesem Blickwinkel nicht ohnehin Terminszeit frei, wird sich die Durchführung eines beschleunigten Verfahrens nur bei Auftreten außerplanmäßiger Lücken im Terminskalender oder der Bereitschaft des Strafrichters[2] zu Sitzungstätigkeit an außerordentlichen Sitzungstagen gewährleisten lassen.

Wichtig ist im Übrigen die Klärung, ob das Gericht die *Eignung der Sache* zur Verhandlung im beschleunigten Verfahren übereinstimmend mit der Staatsanwaltschaft bejaht. Soweit hier keine Standards[3] bestehen, denen der konkrete Einzelfall unterfällt, sollte auch hier ein vorbereitendes Gespräch zwischen dem ermittelnden Staatsanwalt und dem zuständigen Vorsitzenden gesucht werden. Dabei können dann auch erste Klärungen stattfinden, ob und welche Beweismittel erforderlich erscheinen, wer sie – ganz konkret, denn die Zeit drängt – zum Termin herbeischafft, ob Verteidiger zu beteiligen sind, ob Dolmetscher oder Vorstrafakten benötigt werden u.a.m.

Wenn eine *Freiheitsstrafe* von mindestens *sechs Monaten* zu erwarten ist (gleichgültig ob mit oder ohne Strafaussetzung zur Bewährung), muss dem Beschuldigten zur Durchführung des beschleunigten Verfahrens ein *Pflichtverteidiger* beigeordnet werden (§ 418 Abs. 4 StPO). Es spricht einiges dafür, dass die allgemeinen Regeln über die Beiordnung eines Pflichtverteidigers (§§ 140 ff. StPO) im Rahmen des beschleunigten Verfahrens zumindest ergänzend heranzuziehen sind, soweit die Besonderheiten dieser Verfahrensform dem nicht entgegenstehen[4]. Da z.B. die Bestellung des Pflichtverteidigers das Verfahren insbesondere *nicht maßgeblich verzögern* darf, liegt es auf der Hand, dass das Gericht den Beschuldigten zwar im Hinblick auf die Auswahl des Verteidigers anhört, ihm aber keine langen Äußerungsfristen zubilligen kann. Schlägt der Beschuldigte einen Verteidiger vor, muss der Vorsitzende unverzüglich klären, ob der Verteidiger bereit und zu dem in Aussicht genommen Termin in der Lage ist, den Beschuldigten zu verteidigen.

In der Regel fixiert der Staatsanwalt entweder als *Antrag* nach § 417 StPO oder als – wenn auch nicht notwendige – *Anklageschrift* nach § 418 Abs. 1 StPO den Gegenstand des beschleunigten Verfahrens. Diese Schriftstücke sind dem Beschuldigten und ggf. dem Verteidiger in Mehrfertigung zu überreichen (wird der Beschuldigte geladen, dann spätestens mit der Ladung, § 418 Abs. 2 Satz 2 StPO).

2. Hauptverhandlungshaft

Die *Hauptverhandlungshaft* wird im Ermittlungsverfahren (allerdings nicht bei Jugendlichen, § 79 JGG) angeordnet, um die Durchführung einer Hauptverhandlung *im beschleunigten Verfahren* zu sichern (§ 127b Abs. 1 Nr. 2 StPO).

---

1 Vergl. OLG Stuttgart StV 1998, 585 ff.; Kl./Meyer-Goßner § 418 Rdnr. 5 ff.
2 Das Schöffengericht kann an außerplanmäßigen Sitzungstagen (mit Ausnahme von Fortsetzungsterminen) nur verhandeln, wenn auch zu solchen Sitzungstagen Schöffen zugelost worden sind – was bei außerplanmäßigen Sitzungstagen kaum der Fall ist.
3 Etwa: Alle geständigen Ladendiebe oder alle des illegalen Aufenthalts beschuldigten Ausländer.
4 Zweifelnd, aber im Ergebnis wohl wie hier Kl./Meyer-Goßner § 418 Rdnr. 14.

2. Hauptverhandlungshaft

Über den Erlass dieser Haftanordnung soll der für die Durchführung des beschleunigten Verfahrens zuständige Richter entscheiden (§ 127b Abs. 3 StPO)[5]. Für ihn stellt die Anordnung von Hauptverhandlungshaft also eine maßgebliche Weichenstellung für die Durchführung des sich anschließenden beschleunigten Verfahrens dar.

Bei der Frage nach der Anordnung von Hauptverhandlungshaft müssen Staatsanwaltschaft und Gericht in besonderer Weise zusammenarbeiten[6]. Zum einen muss *Übereinstimmung* bestehen, dass sich die Sache zur Behandlung im beschleunigten Verfahren *eignet*, zum anderen muss klar sein, dass eine *Hauptverhandlung binnen Wochenfrist* stattfinden kann. Nur dann macht es Sinn, dass die Staatsanwaltschaft entsprechende Anträge stellt, anderenfalls werden sie zurückgewiesen. Ohne die Anträge der Staatsanwaltschaft wiederum kann weder Hauptverhandlungshaft[7] noch ein Vorgehen im beschleunigten Verfahren[8] angeordnet werden. Das Gebot des Handelns liegt dabei eindeutig bei der Staatsanwaltschaft, die als Erste von einer Festnahme informiert wird und die über die anschließenden strafprozessualen Maßnahmen zu befinden bzw. sie zu beantragen hat. Es ist ihre Aufgabe, eine erste Bewertung vorzunehmen und mit dem Gericht abzuklären, ob die Möglichkeit besteht, nach ihren Vorstellungen zu verfahren. In der Praxis ist demgegenüber auch zu beobachten, dass die ermittelnden Polizeibeamten unter Umgehung der Staatsanwaltschaft selbst bei Gericht vorstellig werden. Dies ist mit den strafprozessualen Kompetenzverteilungen unvereinbar. Weder die Staatsanwaltschaft noch das Gericht sollten ein solches Vorgehen dulden. Für das Gericht sind nur die Anträge der Staatsanwaltschaft maßgeblich[9].

Voraussetzung für die Anordnung von Hauptverhandlungshaft ist, obwohl der Gesetzestext dies eher nebensächlich erwähnt, in jedem Fall das *Vorliegen dringenden Tatverdachts* (vergl. § 127b Abs. 2 Satz 1 StPO).

Ferner muss eine *unverzügliche Entscheidung* im *beschleunigten Verfahren* wahrscheinlich sein (§ 127b Abs. 1 Nr. 1 StPO). Damit ist allerdings nicht der Fall gemeint, dass die Hauptverhandlung sofort (§ 418 Abs. 1 StPO) stattfindet, denn dann bedarf es keiner Haftanordnung. Aus § 127b Abs. 2 StPO folgt, dass

---

[5] Diese gesetzliche Zuständigkeitsbestimmung ist für das Gericht trotz ihrer Formulierung grundsätzlich verbindlich – was als Ausnahme gelten soll, ist unklar (vergl. KMR-Wankel § 127 b Rdnr. 11). Ein Verstoß hat indes nicht zur Folge, dass die Haftanordnung unwirksam wird.
[6] Vergl. KK-Boujong § 127b Rdnr. 10.
[7] § 127b Abs. 2 StPO verweist auf § 128 Abs. 2 Satz StPO, der einen Antrag der Staatsanwaltschaft voraussetzt.
[8] Vergl. §§ 417, 419 Abs. 3 StPO.
[9] Dass solchen Verselbstständigungstendenzen von Polizeibeamten deutliche Grenzen gesetzt werden müssen, scheint mir unabweisbar. Ebenso gewiss ist es notwendig, sich der inhaltlichen Mitwirkung der mit dem Fall be- und vertrauten Polizeibeamten zu versichern. Denn angesichts der Wochenfrist, die einzuhalten ist (§ 127b Abs. 2 Satz 2 StPO), kann die anstehende Hauptverhandlung oft nur durch engagierte Mitarbeit dieser Beamten organisiert werden. Letztlich werden sie es nämlich sein, die z.B. noch erforderliche Nachermittlungen unverzüglich durchführen müssen, die mit den benötigten Zeugen in Kontakt treten, die die sachliche Beweismittel herbeischaffen sollen u.v.m. Es ist daher hilfreich, bei klarer Beachtung der prozessualen Kompetenzen den Beamten die gebotene Wertschätzung für ihre Ermittlungsarbeit nicht vorzuenthalten.

II. Beschleunigtes Verfahren

eine Entscheidung im beschleunigten Verfahren *binnen einer Woche* nach der Festnahme zu erwarten sein muss. Ist dies nicht der Fall (etwa weil Nachermittlungen notwendig werden, die zu viel Zeit in Anspruch nehmen, weil die Terminslage des Gerichts eine Hauptverhandlung innerhalb der Frist nicht zulässt, weil die Sache im Hinblick auf die voraussichtlich erforderlich werdende Beweisaufnahme oder weil wegen der zu erwartenden Rechtsfolgen die Durchführung eines beschleunigten Verfahrens ungeeignet erscheint (§ 419 StPO), darf eine Haftanordnung nach § 127b StPO nicht ergehen[10]. Erweist sich die ursprüngliche Erwartung, innerhalb einer Woche die Hauptverhandlung durchführen zu können, als unzutreffend, ist der Haftbefehl (sofort) aufzuheben[11] und der Beschuldigte zu entlassen, falls er nicht zugleich wegen einer anderen Angelegenheit einsitzt (»Überhaft«) und falls jetzt kein Haftbefehl nach §§ 112 ff. StPO – unter den dort geregelten strengeren Voraussetzungen – ergeht.

Weitere Voraussetzung für die Anordnung der Hauptverhandlungshaft ist die Befürchtung, dass der Beschuldigte der Hauptverhandlung sonst *fernbleiben* würde (§ 127 Abs. 1 Nr. 2 StPO). Diese Befürchtung bezieht sich also nur auf die Frage des Fernbleibens in der Hauptverhandlung. Fluchtgefahr i.S. des allgemeinen Haftrechts wird nicht vorausgesetzt. Bei reisenden Tatverdächtigen oder solchen, die bereits in der Vergangenheit nicht zu Hauptverhandlungen erschienen sind, wird diese Befürchtung zu begründen sein.

Auch hier ist der allgemeine Grundsatz der *Verhältnismäßigkeit* zu wahren. Da die Hauptverhandlungshaft höchstens eine Woche dauern darf, kommt ihre Anordnung sicher nicht in Betracht, wenn die zu erwartende Strafe demgegenüber noch geringfügiger wäre[12].

Eine *Außervollzugsetzung* (§ 116 StPO) ist grundsätzlich möglich, wenn durch sonstige Maßnahmen (§§ 123 f. StPO) das Erscheinen des Beschuldigten in der binnen Wochenfrist stattfindenden Hauptverhandlung gesichert werden kann[13]. Erscheint der Beschuldigte in einem solchen Fall dann wider Erwarten nicht, wird die Wochenfrist abgelaufen sein, bevor es gelingt, des Beschuldigten aufgrund des wieder in Vollzug gesetzten Haftbefehls habhaft zu werden. Danach wird sich die Frage stellen, ob nunmehr ein Haftbefehl nach §§ 112 ff. StPO gerechtfertigt ist. In der Regel dürfte es vertretbar sein, im Interesse der Sicherung des (beschleunigten) Verfahrens von einer Außervollzugsetzung abzusehen.

Die Hauptverhandlungshaft darf, wie auch aus § 127 b Abs. 2 Satz 2 StPO folgt, *höchstens eine Woche* ab dem Tage der Festnahme andauern. Dies gilt auch dann, wenn die Hauptverhandlung innerhalb der Frist begonnen hat, dann aber unterbrochen oder ausgesetzt wird. Nach Ablauf der Frist ist der Beschuldigte zu entlassen[14].

Der Beschluss über die Haftanordnung (»*Haftbefehl*«) muss den aus § 114 Abs. 1 Nr. 1. und 2. StPO zu entnehmenden Inhalt aufweisen, ferner die Tatsa-

---

10 Der Staatsanwaltschaft ist es in solchen Fällen natürlich unbenommen, zu prüfen, ob ein »normaler« Untersuchungshaftbefehl nach §§ 112 ff. StPO beantragt wird, wobei § 113 Abs. 2 StPO dessen Erlass auch bei weniger schwer wiegenden Taten ermöglicht.
11 Pfeiffer § 127b Rdnr. 7 a.E.
12 Etwa: Weniger als 7 Tagessätze Geldstrafe.
13 KK-Boujong § 127b Rdnr. 19.
14 Ausnahme wieder: Überhaft oder Erlass eines Haftbefehls nach §§ 112 ff. StPO.

chen mitteilen, aus denen sich die Befürchtung ergibt, dass der Beschuldigte zur Hauptverhandlung nicht erscheinen werde und schließlich die Befristung von höchstens einer Woche ab dem Tage der Festnahme (§ 127b Abs. 2 Satz 2 StPO). Nach Fristablauf oder vorzeitiger Entlassung des Beschuldigten bedarf es keiner Aufhebung des Hauptverhandlungshaftbefehls, wohl aber, wenn die Hauptverhandlungshaft vor Ablauf der im Haftbefehl genannten Frist aufgehoben wird.

Die Anordnung von Hauptverhandlungshaft ist nach alledem mit nicht unbeträchtlichem Aufwand verbunden. Das Gericht wird daher aus arbeitsökonomischen Gründen auch prüfen, ob die Durchführung einer *sofortigen* Hauptverhandlung im beschleunigten Verfahren letztlich nicht geringeren Aufwand erfordert als der Weg über § 127b StPO. In vielen Fällen wird es dann *sinnvoller* erscheinen, unter Verzicht auf die Hauptverhandlungshaft sogleich eine Hauptverhandlung durchzuführen.

Die Anordnung der Hauptverhandlungshaft ist mit den üblichen Rechtsbehelfen des Untersuchungshaftrechts anfechtbar, also mit Haftprüfungsantrag (§ 117 StPO) und mit Haftbeschwerde. Allerdings wird angesichts der Wochenfrist hier kaum eine Entscheidung zu treffen sein, bevor ohnehin die Hauptverhandlung stattgefunden hat oder der Beschuldigte nicht mehr nach § 127b StPO festgehalten werden kann.

3. Hauptverhandlung im beschleunigten Verfahren

Die Hauptverhandlung im beschleunigten Verfahren unterliegt überwiegend den allgemeinen Regeln. Eine wesentlichen Besonderheit ist allerdings *die vereinfachte Beweisaufnahme* (§ 420 StPO).

Nach § 420 Abs. 1 StPO können die Vernehmungen von Zeugen, Sachverständigen oder Mitbeschuldigten durch die *Verlesung von Niederschriften* über eine frühere Vernehmung sowie von Urkunden, die eine von ihnen stammende schriftliche Äußerung enthalten, ersetzt werden. Die Verlesungsmöglichkeiten, die sonst nur nach § 251 StPO bestehen, sind also dadurch erweitert, dass es insoweit nur auf die Zustimmung von Angeklagtem, Staatsanwalt und ggf. Verteidiger ankommt (§ 420 Abs. 3 StPO). Allerdings sind auch hier etwaige *Zeugnisverweigerungsrechte* zu beachten. Steht einem Zeugen ein Zeugnisverweigerungsrecht zu, so muss das Gericht vor der Verlesung einer nicht richterlichen Aussage diese Zeugen klären, ob der Zeuge (zum Zeitpunkt der Verlesung) mit der Verlesung einverstanden ist. Für die Niederschriften richterlicher Vernehmungen gilt dies nicht[15].

Nach § 420 Abs. 2 StPO können *Erklärungen von Behörden* und sonstigen Stellen über ihre dienstlichen Wahrnehmungen, Untersuchungen und Erkenntnisse sowie über diejenigen ihrer Angehörigen auch dann verlesen werden, wenn die (allgemeinen) Voraussetzungen des § 256 StPO nicht gegeben sind. Allerdings besteht auch hierfür das Zustimmungserfordernis des § 420 Abs. 3 StPO.

In beiden Fällen (§ 420 Abs. 1 und 2 StPO) handelt es sich lediglich um Einschränkungen der Unmittelbarkeit der Beweisaufnahme, die die *Aufklärungspflicht*

---

15 Kl./Meyer-Goßner § 420 Rdnr. 5.

II. Beschleunigtes Verfahren

des Gerichts nicht einschränken. Das bedeutet, dass das Gericht nicht allein auf die Zustimmungserklärungen nach § 420 Abs. 3 StPO abstellen darf, sondern erforderlichenfalls gleichwohl eine unmittelbare Beweisaufnahme, etwa durch Vernehmung des einzigen Belastungszeugen bei streitigem Tathergang, durchführen muss.

Im beschleunigten Verfahren vor dem *Strafrichter* bestimmt dieser *den Umfang der Beweisaufnahme* – bei Beachtung der Amtsaufklärungspflicht, § 244 Abs. 2 StPO – allein (§ 420 Abs. 4 StPO). Beweisanträge – die hier wie sonst auch zulässig sind – können danach ohne die Einschränkungen des § 244 Abs. 3 bis 5 StPO abgelehnt werden. Damit ist eine Antragszurückweisung möglich mit der Begründung, der Sachverhalt sei bereits *ausreichend geklärt* und die Erhebung des Beweises damit zur Erforschung der Wahrheit *nicht erforderlich*[16]. Der Zurückweisungsbeschluss soll sich in der Erklärung erschöpfen dürfen, die Beweiserhebung sei zur Erforschung der Wahrheit nicht erforderlich[17]. Im Einzelfall – die Urteilsgründe müssen dies später ohnehin belegen – mag dies ausreichend sein können. Zumindest aus Gründen der Fairness scheint es aber in vielen Fällen geboten, etwas genauer darzulegen, warum die Beweiserhebung aus Sicht des Gerichts nicht erforderlich ist. Anderenfalls werden dem Angeklagten und dem Verteidiger Reaktionsmöglichkeiten genommen und sie werden sich in vielen Fällen bewogen sehen, Rechtsmittel gegen das Urteil einzulegen, um zu erfahren, weshalb im Einzelnen ihre Anträge negativ beschieden wurden. Dadurch ist wiederum auch aus Gerichtssicht nichts gewonnen – ein ordentlich begründeter Ablehnungsbeschluss macht allemal weniger Arbeit als die Absetzung eines vollständigen Urteils.

Das Gericht hat in jeder Lage des Verfahrens zu beachten, ob die Grenzen der im beschleunigten Verfahren zulässigen *Sanktionen* (§ 419 Abs. 1 StPO: Geldstrafe, bis zu einem Jahr Freiheitsstrafe, Maßregel der Besserung und Sicherung, Entziehung der Fahrerlaubnis) eingehalten werden können. Ergibt sich in der Hauptverhandlung, dass dies voraussichtlich nicht der Fall sein wird, so ist noch in der Hauptverhandlung die Entscheidung im beschleunigten Verfahren durch Gerichtsbeschluss (der nicht anfechtbar ist, daher auch nicht näher begründet werden muss[18]) abzulehnen (§ 419 Abs. 2 StPO). Das Gericht hat dann – nach Gewährung gerichtlichen Gehörs – über die Eröffnung des Hauptverfahrens zu entscheiden. Das weitere Verfahren richtet sich nach § 419 Abs. 3 StPO[19] und – nach Eröffnung des Hauptverfahrens – nach den allgemeinen Regeln.

---

16 Kl./Meyer-Goßner § 420 Rdnr. 10.
17 Strittig, vergl. Kl./Meyer-Goßner § 420 Rdnr. 11 m.w.N.
18 Auch hier – wie so oft – ist es für die Verfahrensbeteiligten natürlich ergiebiger, genauere Gründe zu erfahren. Soweit reine Strafzumessungserwägungen des Einzelfalles für das Gericht maßgeblich sein sollten, die Sache für strafwürdiger zu halten als bisher angenommen, könnte eine eingehende Erläuterung die Gefahr einer – wenn auch unbegründeten – Ablehnung auslösen. Oft werden es aber vergleichsweise objektivierbare Umstände sein, die eine schärferer Bestrafung außerhalb der Möglichkeiten des beschleunigten Verfahrens nahe legen, etwa die inzwischen bekannten Vorstrafen oder der Umstand, dass sich das Vorliegen eines Qualifiktionstatbestands abzeichnet o.Ä. Dies kann ohne Bedenken in der Beschlussbegründung mitgeteilt werden, *Beispiel*: »Die Einscheidung im beschleunigten Verfahren wird abgelehnt, nachdem sich aufgrund der Aussage des Zeugen XY der hinreichende Verdacht des Vorliegens einer räuberischen Erpressung nach §§ 255, 249 StGB ergeben hat.«
19 Dazu näher Kl./Meyer-Goßner § 419 Rdnr. 9.

III. Strafbefehlsverfahren

1. Vorüberlegungen

Strafbefehle werden sowohl aufgrund des (eigentlichen) Strafbefehlsverfahrens nach §§ 407 f. StPO erlassen als auch in einer vom Angeklagten *versäumten Hauptverhandlung* nach § 408a StPO[1]. Legt der Angeklagte den binnen zwei Wochen zulässigen Einspruch ein (§ 410 StPO), wird Termin zur Hauptverhandlung anberaumt (§ 411 Abs. 1 Satz 2 StPO). Der Angeklagte ist zu dem Termin zu laden unter Beachtung der Besonderheiten der Strafbefehlsverfahrens und – in der Regel – unter Anordnung seines persönlichen Erscheinens[2].

Wurde dem Angeklagten ein *Verteidiger* beigeordnet, um eine Freiheitsstrafe verhängen zu können (§ 408b StPO)[3], so stellt sich die Frage, ob diese Beiordnung auch für die anschließende Hauptverhandlung gilt. Dies wird wohl überwiegend verneint[4]. Wenn das Gericht hierzu anderer Auffassung ist, muss natürlich auch der Verteidiger zum Termin geladen (und an der Hauptverhandlung beteiligt) werden.

2. Hauptverhandlung im Strafbefehlsverfahren

Der Angeklagte kann sich in der Hauptverhandlung durch einen mit *schriftlicher Vertretungsvollmacht versehenen Verteidiger* vertreten lassen (§ 411 Abs. 2 Satz 1 StPO). Eine Prozessvollmacht genügt ebenso wenig wie die Bestellung zum Pflichtverteidiger. Der mit schriftlicher Vertretungsvollmacht versehene Verteidiger muss ferner bereit sein, den Angeklagten zu vertreten, also an dessen Stelle alle zum Verfahren gehörenden Erklärungen abzugeben und entgegenzunehmen. Er kann allerdings in dieser Position – wie der Angeklagte auch – Angaben zur Sache verweigern. Tritt ein vertretungsbereiter Verteidiger mit schriftlicher Vertretungvollmacht im Termin auf, so kann trotz Fernbleibens des Angeklagten der *Einspruch* – auch wenn das persönliche Erscheinen des Angeklagten angeordnet war – *nicht verworfen* werden. War das persönliche Erscheinen des Angeklagten angeordnet, so muss das Gericht allerdings nicht mit dem Verteidiger als Vertreter des Angeklagten verhandeln, sondern kann das Erscheinen des Angeklagten zu einem neuen Termin entsprechend § 329 Abs. 4 StPO erzwingen[5].

---

1 Zusammenfassend und instruktiv: Ranft, JuS 2000, 633 ff.
2 Siehe vorn S. 11.
3 Vergl. vorn S. 71.
4 Zum Streitstand Lutz, NStZ 1998, 395.
5 Kl./Meyer-Goßner § 412 Rdnr. 5.

III. Strafbefehlsverfahren

Erscheint der ordnungsgemäß geladene *Angeklagte* nach angemessener Wartefrist *ohne genügende Entschuldigung nicht* und tritt auch kein Verteidiger als Vertreter nach § 411 Abs. 2 Satz 1 StPO für ihn auf, so ist der Einspruch durch Urteil zu *verwerfen* (§§ 412 Satz 1, 329 Abs. 1 Satz 1 StPO).

Wird die Hauptverhandlung durchgeführt, so *verliest* der Sitzungsstaatsanwalt an Stelle des Anklagesatzes die sich aus dem Strafbefehl ergebende *Anschuldigung*.

Gem. § 411 Abs. 2 Satz 2 StPO gelten auch im Strafbefehlsverfahren die Regeln über die *vereinfachte Beweisaufnahme* (§ 420 StPO) wie im beschleunigten Verfahren[6] (erweiterte Verlesbarkeit der Niederschriften früherer Aussagen und von Behördenerklärungen, Umfang der Beweisaufnahme).

Das *Verschlechterungsverbot* gilt im Strafbefehlsverfahren *nicht*, es können daher aufgrund durchgeführter Hauptverhandlung weit schwer wiegendere Sanktionen verhängt werden, als sie zunächst im Strafbefehl angeordnet waren. Auf Veränderungen der Sach- oder Rechtslage ist nach § 265 StPO hinzuweisen. Beruht die abzusehende Verschlechterung nicht auf solchen Veränderungen, sondern allein auf Bewertungsfragen, soll das Gericht demgegenüber nicht zu einem Hinweis verpflichtet sein[7]. Ich halte es demgegenüber zumindest für ein Gebot der Fairness, auf eine in Aussicht genommene Verschlechterung hinzuweisen. Denn dadurch wird dem Angeklagten die Möglichkeit gegeben, unter dem Blickwinkel einer konkret drohenden Verschlimmerung eine *Einspruchsrücknahme* (§ 411 Abs. 3 Satz 1 StPO) zu überdenken. Die Einspruchsrücknahme bedarf nach Beginn der Hauptverhandlung (Aufruf der Sache) der *Zustimmung der Staatsanwaltschaft* (§ 411 Abs. 3 S. 2, 303 S. 2 StPO) und ist bis zur Urteilsverkündung im ersten Rechtszug möglich (§ 411 Abs. 3 S. 1 StPO). Wenn das Gericht nicht wünscht, dass der Einspruch zurückgenommen wird (z.B. weil der Angeklagte im Strafbefehl viel zu gut weggekommen zu sein scheint und er nun der gerechteren Strafe zugeführt werden soll), wird es möglicherweise den Staatsanwalt dazu bewegen[8], der Einspruchszurücknahme nicht zuzustimmen. In der Regel ist dem Gericht eine Einspruchsrücknahme aus arbeitsökonomischen Gründen sehr willkommen und der Vorsitzende wird – sofern sachlich geboten – gerade die sich abzeichnende Verschlechterung in den Regel nutzen, um den Angeklagten zu einer Rücknahme zu bewegen.

---

6   Siehe soeben S. 289 f.
7   Göhler § 71 Rdnr. 50 a.
8   Aber vorsichtig, sonst kann hier ausnahmsweise wirklich mal ein Ablehnungsantrag drohen. *Beispiel*: »Ich stelle fest, dass die Einspruchsrücknahme nach Beginn der Hauptverhandlung erklärt worden ist, weswegen die Zustimmung der Staatsanwaltschaft erforderlich ist. Die Staatsanwalt wird bei ihrer Entscheidung möglicherweise zu berücksichtigen haben, dass die ärztlichen Atteste über den erlittenen Unfallschaden des Zeugen XY Schädigungen beschreiben, die bisher im Verfahren nicht bekannt waren ...«

IV. Privatklageverfahren

1. Vorüberlegungen

Das *Privatklageverfahren* (§§ 374 ff. StPO) unterscheidet sich im Stadium der Hauptverhandlung[1] maßgeblich durch die *Beteiligung des Privatklägers*, der hier grundsätzlich eine Rechtsstellung einnimmt, die der der Staatsanwaltschaft im Allgemeinen Strafverfahren entspricht (§ 385 Abs. 1 S. 1 StPO). Zur Unparteilichkeit ist der Privatkläger allerdings nicht verpflichtet, wohl aber – worauf das Gericht ihn bei den meist mit besondere Verbissenheit geführten Streitigkeiten im Zweifelsfalle sehr deutlich hinzuweisen hat – zur Wahrheit[2].

Der Privatkläger kann in der Hauptverhandlung im *Beistand eines Rechtsanwalts* erscheinen oder sich von diesem vertreten lassen (378 Satz 1 StPO). Leider meinen viele Privatkläger – oft vor dem Hintergrund von negativ empfundenen Erfahrungen mit Anwälten und Justiz – ihr Strafverfolgungsanliegen sei in keinen Händen so gut aufgehoben wie in den eigenen. Trotzdem sollte der Vorsitzende jede Möglichkeit wahrnehmen, die sich bietet, um den Privatkläger zur Einschaltung eines Rechtsanwalts zu bewegen. Es ist trotz aller vermeintlich gegenteiliger Beispiele nicht zu leugnen, dass gerichtsförmiges Verhandeln von Fachleuten betrieben werden sollte[3], falls Interesse daran besteht, mit vertretbarem Aufwand ein vernünftiges Ergebnis herbeizuführen. In geeignet erscheinenden Fällen sollte der Vorsitzende daher erwägen, den Privatkläger anzuschreiben, ihn

---

[1] Die beträchtlichen Unterschiede, die das Privatklageverfahren bis zur Hauptverhandlung gegenüber dem Allgemeinen Strafverfahren aufweist, sind inzwischen fast nur noch in der Kommentarliteratur erläutert, auf die ich insoweit verweisen darf. Vielleicht ist auch dies ein Indiz für die schwindende Bedeutung dieser Verfahrensform, die aus Sicht der Gerichte wohl überwiegend als eine nur lästige und nicht sinnvolle Übung empfunden wird.

[2] Kl./Meyer-Goßner § 385 Rdnr. 1.

[3] Auch wenn Laien dies nicht gern hören wollen: Bei aller berechtigten Wertschätzung für den gesunden Menschenverstand hat dieser gleichwohl keine Chance, wenn es nicht gelingt, ihn in rechtsbeständiger Weise einzubringen. Und dies ist eben ein schwieriges Geschäft, auf das professionelle Rechtsberater jahrelang studieren müssen, um es halbwegs anständig zu beherrschen. Wer – um ein plastischeres Beispiel zu benutzen – Zahnweh hat und zu recht davon ausgeht, dass der Zahn gezogen werden muss, könnte ja auch durchaus hingehen und sich den Zahn selbst herausdrehen. Die Prozedur ist, wie viele von uns wissen, eigentlich nicht besonders schwierig und im Normalfall mit dem Geschick desjenigen, der Möbel vom Baumarkt selbst aufbauen kann, durchaus zu erledigen. Wer dies vernünftigerweise gleichwohl nicht übernimmt, der sollte auch in Rechtsangelegenheiten lieber zu früh als zu spät fachlichen Beistand in Anspruch nehmen.

IV. Privatklageverfahren

auf die Möglichkeit des § 378 StPO hinweisen und ihm empfehlen, die Beiziehung eines Rechtsanwalts zu prüfen[4].

Auch der *Angeklagte* kann sich eines *Beistands* bedienen (§ 387 Abs. 1 StPO). Aus den im Hinblick auf den Privatkläger genannten Gründen sowie aus dem Gesichtspunkt der Waffengleichheit[5] empfiehlt es sich, auch an den Angeklagten (s. § 387 Abs. 1 StPO) – wenn er noch nicht verteidigt ist – in entsprechender Weise vorbereitend heranzutreten.

Zum Hauptverhandlungstermin ist der *Privatkläger* (und ggf. sein anwaltlicher Beistand) zu *laden*. Zwischen Ladungszustellung und Tag der Hauptverhandlung muss eine Frist von einer Woche liegen (§ 385 Abs. 2 StPO).

Das Gericht ist befugt, das *persönliche Erscheinen* sowohl des Angeklagten als auch des Privatklägers anzuordnen (§ 387 Abs. 3 StPO). Da es aus Sicht des Gerichts meist keinen Sinn macht, ein »Geisterverfahren« mit den jeweiligen anwaltlichen Beiständen zu betreiben, die im Zweifel zum Sachverhalt nicht ideal informiert sind, empfiehlt sich diese Anordnung (betr. beide Seiten) regelmäßig. Im Fall unentschuldigten Fernbleibens kann dann (trotz Vorhandenseins eines vertretungsberechtigten und -bereiten Rechtsanwalts) der Angeklagte polizeilich vorgeführt werden bzw. die Privatklage als zurückgenommen betrachtet werden (§ 391 Abs. 2 StPO).

Der Privatkläger und der Angeklagte (und ggf. die anwaltlichen Beistände) sind zur *unmittelbaren Ladung von Zeugen und Sachverständigen* berechtigt (§ 386 Abs. 2 StPO). In diesem Fall erhält das Gericht die *Mitteilung* über die von ihnen geladenen Zeugen und Sachverständigen (§ 222 Abs. 1 Satz 2, Abs. 2 StPO).

2. Hauptverhandlung im Privatklageverfahren

Erscheint der Privatkläger in der Hauptverhandlung trotz ordnungsgemäßer Ladung *nicht* und ist er auch nicht durch einen mit schriftlicher Vollmacht versehenen Verteidiger vertreten (§ 378 StPO), so gilt die Privatklage als *zurückgenommen* (§ 391 Abs. 2 StPO). Wenn das persönliche Erscheinen des Angeklagten (§ 236 StPO) angeordnet war, gilt dies trotz der Anwesenheit des Verteidigers (§ 391 Abs. 2 StPO). Wegen § 391 Abs. 4 StPO (Wiedereinsetzung) empfiehlt es

---

4 *Beispiel* eines solchen Schreibens an den Privatkläger: »Ich werde in diesem Verfahren demnächst einen Termin zur Hauptverhandlung anberaumen. Als Privatkläger können Sie im Beistand eines Rechtsanwalts erscheinen oder sich durch einen mit schriftlicher Vollmacht versehenen Rechtsanwalt vertreten lassen. Der Beistand eines Rechtsanwalts kann für die zweckentsprechende Verfolgung der Interessen der Privatklage förderlich sein, weil ein Rechtsanwalt mit den nicht allgemein bekannten Verfahrensvorschriften vertraut ist, die im Privatklageverfahren gelten und zur Rechtsverfolgung beachtet werden müssen. Bedenken Sie dabei bitte auch, dass Sie als Privatkläger eine Rolle in dem Verfahren einzunehmen haben, die der der Staatsanwaltschaft im normalen Strafverfahren entspricht. Gegebenenfalls sollten Sie mir den von Ihnen gewählten Rechtsanwalt bis zum ... benennen. Erhalte ich bis dahin keine Nachricht, gehe ich davon aus, dass Sie sich keines anwaltlichen Beistands bedienen wollen.«

5 Womit zugleich Befangenheitsfragen zu begegnen ist!

sich, die (fiktive) Zurücknahme durch Gerichtsbeschluss (deklaratorisch) festzustellen[6].

Der *Privatkläger* ist an der Hauptverhandlung grundsätzlich so zu beteiligen, *wie sonst der Vertreter der Staatsanwaltschaft* beteiligt wird. Erscheint er im Beistand eines Rechtsanwalts, wird er diesem die Verhandlungsführung in der Regel überlassen.

Der Vorsitzende verliest den *Eröffnungsbeschluss* (§ 384 Abs. 2 StPO), der wegen § 383 Abs. 2 Satz 2 StPO inhaltlich einer Anklageschrift nach § 200 Abs. 1 Satz 1 StPO entspricht.

Den *Umfang der Beweisaufnahme* bestimmt das Gericht unbeschadet des § 244 Abs. 2 StPO, also *allein* unter dem Blickwinkel des auch im Privatklageverfahrens geltenden *Amtsaufklärungsgrundsatzes*. Wie im beschleunigten Verfahren ist das Gericht also auch im Privatklageverfahren nicht an die Ablehnungsgründe des § 244 Abs. 3-5 StPO gebunden und kann einen Beweisantrag unter Hinweis darauf, dass die Beweiserhebung zur Erforschung der Wahrheit nicht erforderlich ist, zurückweisen. Dieses weite Ermessen des Gerichts gilt auch im Hinblick auf Zeugen und Sachverständige, die der Privatkläger oder der Angeklagte (bzw. deren anwaltliche Beistände) zur Hauptverhandlung geladen haben (§ 386 Abs. 2 StPO). Diese Personen muss das Gericht, selbst wenn sie erschienen sind, nur hören, wenn es das im Hinblick auf die (weitere) Aufklärung des Sachverhalts für geboten erachtet[7].

Die *Vereidigung* von Zeugen wird nach § 62 StPO im Privatklageverfahren *nur* vorgenommen, wenn das Gericht dies wegen der *ausschlaggebenden Bedeutung* der Aussage oder zur Herbeiführung einer *wahrheitsgemäßen Aussage* für geboten hält.

§ 265 StPO (*rechtliche Hinweise*) findet grundsätzlich Anwendung. Im Hinblick auf den ohnehin begrenzten Anwendungsbereich des Privatklageverfahrens (§ 374 StPO) und wegen der Verpflichtung des Gerichts, vor Überschreitung dieses Bereichs das Verfahren durch Urteil einzustellen und der Staatsanwaltschaft vorzulegen (§ 389 StPO), ist ein Aussetzungsrecht nach § 265 Abs. 3 StPO gesetzlich ausgeschlossen (§ 384 Abs. 4 StPO).

Der Angeklagte hat – auch in der Hauptverhandlung bis zur Beendigung des letzten Wortes noch – das Recht auf *Widerklage* (§ 388 StPO), das aber in der Praxis wohl allenfalls äußerst selten wahrgenommen wird[8].

Die *Rücknahme* der Privatklage ist jederzeit möglich, nach Beginn der Vernehmung des Angeklagten zur Sache in der erstinstanzlichen Hauptverhandlung allerdings nur noch *mit Zustimmung des Angeklagten* (§ 391 Abs. 1 StPO).

---

[6] Beispiel bei nicht anwaltlich vertretenem Privatkläger: »Nach unentschuldigtem Fernbleiben des zur Hauptverhandlung ordnungsgemäß geladenen Privatklägers gilt die Privatklage als zurückgenommen (§ 391 Abs. 2 StPO)«; für den anwaltlich vertretenen Privatkläger: »Nach unentschuldigtem Fernbleiben des zur Hauptverhandlung unter Hinweis auf die Anordnung des persönlichen Erscheinens ordnungsgemäß geladenen Privatklägers gilt die Privatklage als zurückgenommen (§ 391 Abs. 2 StPO)«.
[7] Kl./Meyer-Goßner § 386 Rdnr. 14.
[8] Näher dazu Burhoff S. 464 Rdnr. 707 f.

IV. Privatklageverfahren

Die *Einstellung* des Privatklageverfahrens wegen Geringfügigkeit richtet sich nach § 383 Abs. 2 StPO, sodass hieran keine Einstellung gegen Auflagen geknüpft werden kann.

Oft besteht ein erhebliches Bedürfnis, Privatkläger und Angeklagten miteinander zu *vergleichen*. Ein solcher Vergleich ist inhaltlich eher dem Zivilrecht zu entlehnen. Um strafverfahrensrechtlich einen Sinn zu machen, muss er dazu führen, dass die Privatklage *zurückgenommen* und der Rücknahme *zugestimmt* wird. Dabei sollte das Gericht unbedingt darauf achten, dass – was immer die Parteien im Vergleichsvertrag für die Zukunft für Leistungs- oder Verhaltenspflichten - begründen – die das Privatklageverfahren beendenden Prozesserklärungen sofort abgegeben werden, damit jedenfalls dieses Verfahren abgeschlossen werden kann[9].

---

9 Ungünstig daher: »Der Angeklagte verpflichtet sich, dem Privatkläger bis zum ... 1.500 DM als Schmerzensgeld z.H. seines Bevollmächtigten zu bezahlen. Der Privatkläger verpflichtet sich, nach fristgerechter Zahlung die Privatklage zurückzunehmen.« Günstiger z.B.: »Der Privatkläger nimmt die Privatklage zurück. Der Angeklagte stimmt der Rücknahme zu. Der Angeklagte verpflichtet sich, bis zum ... 2.000 DM an den Privatkläger zu zahlen, wobei 1.500 DM als Schmerzensgeld für die erlittenen Ehrkränkungen und 500 DM als pauschaler Ersatz aller Kosten und Auslagen gelten, die dem Privatkläger durch das Privatklageverfahren entstanden sind.«

V. Gerichtliches Bußgeldverfahren

1. Vorüberlegungen und Vorbereitungen

Das gerichtliche Verfahren nach dem OWiG ist von erheblicher praktischer Bedeutung, weil das mittels Geldbuße sanktionierte Nebenstrafrecht – im Vergleich zum Kriminalstrafrecht ohnehin – einen kaum mehr zu überschauenden Umfang einnimmt. Die Tendenz ist weiter steigend, möglicherweise weil die Beachtung von Gesetzen – jedenfalls nach einer offenbar im Gesetzgebungsverfahren vorherrschenden Meinung – anders als unter Bußgelddrohung kaum mehr zu erwarten ist.

Die Verwaltungsbehörde und anschließend die Staatsanwaltschaft haben im Zwischenverfahren nach § 69 OWiG vor Weitergabe an das Gericht eine Überprüfung der Sache in eigener Zuständigkeit vorzunehmen. In der Praxis ist demgegenüber nicht selten festzustellen, dass die Verwaltungsbehörden nach Erlass eines Bußgeldbescheids ihre Aufgabe für abgeschlossen halten und die Staatsanwaltschaft die Akten nur noch durchreicht. Darin liegt eine mit dem Gesetz unvereinbare Schlechterfüllung der Aufklärungspflicht, sofern die Sache nicht vor dem Erlass des Bußgeldbescheids wirklich sorgfältig ausermittelt und bearbeitet war. Letzteres ist im Bereich von Ordnungswidrigkeiten außerhalb des Straßenverkehrsrechts allerdings viel zu selten der Fall. Es muss vermutet werden, dass insbesondere den als Bußgeldbehörden tätig werdenden Fachverwaltungen sachlich und personell schlicht die Mittel fehlen, Ordnungswidrigkeiten mit der gebührenden Sorgfalt zu bearbeiten. Hinzu kommt die – auch bei der Justiz leider noch – weit verbreitete Fehleinschätzung, Bußgeldsachen ließen sich mit minderem juristischem Aufwand erledigen. Wer sich vor Augen führt, dass das im Wesentlichen auf Ordnungswidrigkeitstatbeständen aufbauende Nebenstrafrecht in dem Standardwerk von Erbs/Kohlhaas inzwischen mehr als 4 übervolle Bände und mehr als 12.000 Druckseiten mit sicher nicht zu weitschweifigen Kommentierungen ausfüllt, der kommt schnell zu der Erkenntnis, dass es sinnvoll wäre, dieses weite Feld schon auf der Ebene der Verwaltungsbehörden kompetent und sorgfältig bearbeiten zu lassen.

Die Gerichte sind inzwischen ausdrücklich befugt, *Ermittlungsmängel* nicht nur festzustellen, sondern auch unmittelbar darauf zu reagieren. Mit Zustimmung der Staatsanwaltschaft kann die Sache bei offensichtlich *ungenügender Aufklärung* an die Verwaltungsbehörde *zurückgegeben* werden (§ 69 Abs. 5 S. 1 OWiG). Das Gericht teilt die Gründe mit, sodass die Verwaltungsbehörde zielge-

V. Gerichtliches Bußgeldverfahren

richtete weitere Ermittlungen anstellen kann[1]. Ist auch danach der zumindest hinreichende Verdacht einer Ordnungswidrigkeit nicht zu begründen, kann das Gericht die Sache durch *Beschluss* an die Verwaltungsbehörde zurückgeben (§ 69 Abs. 5 S. 2 OWiG). Der Beschluss ist unanfechtbar (§ 69 Abs. 5 S. 3 OWiG), sollte aber gleichwohl eine kurze Begründung enthalten, um der Verwaltungsbehörde die tragenden Gründe mitzuteilen[2]. Der Betroffenen und sein Verteidiger erhalten von den Verfügungen und Beschlüssen nach § 69 Abs. 5 OWiG Kenntnis. Empfehlenswert ist es, ihnen vor der Zurückgabe zur Durchführung weitere Ermittlungen Gelegenheit zur Stellungnahme zu geben, damit die notwendigen Nachermittlungen auch aus Verteidigungssicht optimiert werden können.

Ferner kann das Gericht (etwa wenn die Staatsanwaltschaft dem Verfahren nach § 69 Abs. 5 OWiG nicht zustimmt) auch *Aufklärungsanordnungen* nach § 71 Abs. 2 OWiG treffen. In Betracht kommt insbesondere die *Einholung behördlicher Erklärungen* (§ 71 Abs. 2 Nr. 2 OWiG). Auch von dieser Möglichkeit sollte das Gericht durchaus umfassend Gebrauch machen, wenn es der Auffassung ist, dass die Verwaltungsbehörde in erheblichem Umfang gegen ihre Aufklärungspflicht verstoßen hat[3] und zu erwarten ist, dass weitere Aufklärung zu erreichen ist. Es empfiehlt sich, diese Anordnung in Beschlussform zu kleiden und möglichst genau zu erläutern[4]. Das erhöht erfahrungsgemäß gleichermaßen die Akzeptanz der Anordnung wie die Brauchbarkeit der Ergebnisse.

Im Übrigen ist das Gericht auch zur *Anordnung einzelner Beweiserhebungen* befugt (§ 71 Abs. 2 Nr. 1 OWiG). Hierzu zählt in der Hauptsache die Anordnung ergänzender Zeugenvernehmungen. Die Vernehmungen werden regelmäßig der Polizei überlassen[5]. Für das Gericht dürfte nur selten Anlass bestehen, solche

---

1 *Beispiel*: »Die Sache wird mit Zustimmung der Staatsanwaltschaft an die Verwaltungsbehörde zurückgegeben, weil der Sachverhalt nicht genügend ermittelt ist (§ 69 Abs. 5 S. 1 OWiG). Es ist die Einlassung des Betroffenen zu prüfen, er sei aufgrund einer Ausnahmegenehmigung des Bürgermeisters berechtigt gewesen, sein Tanzlokal am 1.5.2000 bis 3 Uhr morgens geöffnet zu halten.«
2 *Beispiel*: »Die Sache wird endgültig an die Verwaltungsbehörde zurückgegeben (§ 69 Abs. 5 S. 2 OWiG). Es besteht kein hinreichender Verdacht einer Ordnungswidrigkeit, nachdem die Vernehmung des Bürgermeisters ergeben hat, dass er schon seit Jahren dem Betroffenen regelmäßig beim Osterspaziergang mündlich die Erlaubnis zu erteilen pflegt, den Tanz in den Mai bis 3 Uhr morgens veranstalten zu dürfen.«
3 Ein solcher Verstoß kann auch vorliegen, wenn Beweismittel völlig ungeordnet vorgelegt werden. So genügt eine Verwaltungsbehörde ihrer Pflicht, Verstöße gegen die Handwerksordnung zu verfolgen, nicht, wenn sie drei große Kisten voller ungeordneter Geschäftspapiere vorlegt und im Bußgeldbescheid behauptet, daraus ergebe sich, dass der Betroffenen in einem bestimmten Zeitraum 12.345 DM abzuschöpfenden Rohgewinn erzielt habe.
4 *Beispiel*: »Die Verwaltungsbehörde wird aufgefordert (§ 71 Abs. 2 Nr. 2 OWiG), im Einzelnen darzulegen, wie sich anhand der bei den Akten befindlichen Unterlagen einen Rohgewinn von 12.345 DM ergibt. Dabei sind die maßgeblichen Umsätze zeitlich und sachlich geordnet zu erfassen und im Einzelnen durch Verweis auf die sichergestellten Unterlagen zu belegen. Bei Aktenrückgabe bitte ich zu vermerken, welcher Mitarbeiter insoweit in einer etwaigen Hauptverhandlung ergänzende Auskünfte geben kann«.
5 *Beispiel*: »Die polizeiliche Vernehmung des Zeugen XY wird nach § 71 Abs. 1 Nr. 1 OWiG zur besseren Aufklärung des Sachverhalts angeordnet. Der Zeuge soll insbesondere dazu befragt werden, ob er den Betroffenen oder wen sonst mit der Renovierung beauftragt hat,

1. Vorüberlegungen und Vorbereitungen

Beweiserhebungen selbst durchzuführen. Dass das Gericht sie nicht der Staatsanwaltschaft überbürden sollte, wenn es sie nicht selbst erledigen will, versteht sich[6].

Ein Aufklärungsdefizit kann schließlich auch dadurch verringert werden, dass der Betroffene eine Stellungnahme abgibt. Eine *Äußerung des Betroffenen* kann zudem den Streitstoff konzentrieren, indem sie den Umfang erforderlichen Beweisaufnahme bestimmen hilft. Das Gericht kann dem Betroffenen in diesem Sinne unter Fristsetzung Gelegenheit zur Äußerung geben (§ 71 Abs. 2 Satz 2 OWiG). Unter Umständen bietet es sich an, diese Gelegenheit zu geben, bevor das Gericht ein Aufklärungsanordnung nach § 71 Abs. 1 Nr. 1 oder 2 OWiG trifft, denn möglicherweise erübrigt sich diese dann oder sie kann unter Berücksichtigung der Äußerung des Betroffenen formuliert und damit effizienter werden. Das Anschreiben an den Betroffenen sollte so konkret wie möglich sein, aber jeden Anschein unsachlicher Voreingenommenheit vermeiden[7]. Es bestehen auch keine grundsätzlichen Bedenken, dem Betroffenen bei dieser Gelegenheit nahe zu legen, eine *Einspruchsrücknahme* zu überdenken[8]. Soweit es sachlich geboten ist, kann dabei schließlich auch ein *Hinweis* auf eine drohende *Verschlechterung* stattfinden[9]. Dass das Anschreiben des Gerichts ggf. auch dem Verteidiger zugeleitet werden muss, ist selbstverständlich.

Schließlich sollte der Vorsitzende auch rechtzeitig Erwägungen anstellen, ob ein *Hinweis nach § 265 StPO*, 46 Abs. 1 OWiG erforderlich werden könnte. Für den Fall, dass der Betroffene von dem Erscheinen in der Hauptverhandlung entpflichtet werden würde und keinen Verteidiger hat, müsste die Hauptverhandlung – wenn ein erforderlicher Hinweis zuvor noch nicht ergangen ist – ausge-

---

wer die Arbeiten wann durchgeführt hat, welche Zahlungen vereinbart waren und an wen wann welche Zahlungen geleistet worden sind«.

6   Zu den Anordnungen nach § 71 Abs. 2 OWiG im Einzelnen Göhler, § 71 Rdnr. 23a ff.
7   *Beispiel* in einer Geschwindigkeitsübertretungssache: »Dem Gericht liegt auf Ihren Einspruch hin die Akte inzwischen vor. Sie haben Ihren Einspruch bisher nicht begründet. Aus Sicht des Gerichts stellt sich zur besseren Vorbereitung der anstehenden Hauptverhandlung die Frage, ob Sie die Richtigkeit des erhobenen Vorwurfs ganz oder teilweise bestreiten oder sich nur gegen die verhängten Rechtsfolgen wenden. Sie haben, ohne allerdings hierzu verpflichtet zu sein, Gelegenheit, sich hierzu binnen zwei Wochen schriftlich zu äußern. Zu Ihrer Information weise ich noch darauf hin, dass von dem Fahrer des Tatfahrzeugs ein Lichtbild existiert, dass nach den Ermittlungen der Polizei Sie zeigt.«
8   Fortsetzung des letzten *Beispiels*: »Nach vorläufiger Bewertung der Aktenlage spricht vieles dafür, dass der Bußgeldbescheid zu Recht ergangen ist. Es würde sich daher möglicherweise auch empfehlen, eine Einspruchsrücknahme zu überdenken. Denn wenn der Vorwurf nach Durchführung des gerichtlichen Verfahrens als berechtigt erweisen würde, hätte Sie auch die dadurch verursachten Kosten zu tragen.«
9   Weitere Fortsetzung des letzten *Beispiels*: »Schließlich wird darauf hingewiesen, dass Sie nach Auskunft des Verkehrszentralregisters im vergangenen Jahr wegen einer vergleichbaren Ordnungswidrigkeit zu einer Geldbuße verurteilt worden sind. Für den Fall des Schuldspruchs müssten Sie damit rechnen, dass es nicht bei der im Bußgeldbescheid festgesetzten Geldbuße bleibt, sondern eine deutlich höhere Geldbuße verhängt werden muss.«

V. Gerichtliches Bußgeldverfahren

setzt werden, um dem Betroffenen Gelegenheit zu Stellungnahme zu geben (vergl. § 73 Abs. 1 Satz 3 OWiG)[10].

Für den Fall eines *Abwesenheitsverfahrens* muss der Vorsitzende auch beachten, dass Beweismittel, die dem Betroffenen nicht bekannt sind, nicht zu seinen Ungunsten verwendet werden dürfen[11]. Um insoweit nicht die Aussetzung der Hauptverhandlung erforderlich werden zu lassen, sollte der Vorsitzende also sehr genau darauf achten, dass die Ladung des Betroffenen alle heranzuziehenden Beweismittel genau aufführt.

Der *Betroffene* (mit den Hinweisen nach § 74 Abs. 3 OWiG und unter Angabe der Beweismittel, die in der Hauptverhandlung herangezogen werden sollen) und ggf. sein *Verteidiger* sind zur Hauptverhandlung zu *laden*. Der Betroffene ist zur *Anwesenheit* in der Hauptverhandlung *verpflichtet* (§ 73 Abs. 1 StPO), der Anordnung seines persönlichen Erscheinens ist daher überflüssig.

Besonders in Straßenverkehrssachen ist der Betroffene zwar regelmäßig entschieden dagegen, eine Geldbuße zu bezahlen oder sich sogar Punkte im Verkehrszentralregister eintragen zu lassen. Seine Neigung, sich dem gerichtlichen Verfahren auch persönlich zu stellen, ist aber oft unverhältnismäßig gering. Den preisgünstigen Spaß, bei überschaubarem Risiko ein ganzes Gericht z.B. für eine Geldbuße von 40 DM arbeiten zu lassen, will sich mancher gerne machen. Wenn er aber eigene kostbare Zeit investieren soll, hört das Vergnügen rasch auf. Eine große Zahl der bei Gericht eingehenden Anträge auf *Entpflichtung vom persönlichen Erscheinen* wird auf solche oder vergleichbare Zusammenhänge zurückführbar sein, was die Bereitschaft der Gerichte, diesen Gesuchen positiv gegenüberzutreten, nicht steigert. Andererseits muss durchaus auch bedacht werden, dass – um wieder bei dem Beispiel des Straßenverkehrs zu bleiben – es aus Gründen der Verhältnismäßigkeit unter Umständen wirklich schwer nachvollziehbar wäre, einen (vermeintlichen) Verkehrssünder wegen eines geringfügigen Vorfalls quer durch Deutschland zu beordern.

Es ist allerdings gar nicht zu leugnen, dass die Entpflichtung vom persönlichen Erscheinen für die *gerichtliche Arbeit* deutliche prozedurale *Nachteile* hat. Zum einen kann nach *erfolgter Entpflichtung* bei Nichterscheinen des Betroffenen der Einspruch *nicht verworfen* werden (§ 74 Abs. 2 OWiG). Zum anderen ist ein *Abwesenheitsverfahren*, zumal wenn weder ein vertretungsberechtigter Verteidiger (§ 73 Abs. 3 OWiG) auftritt noch die Staatsanwaltschaft an der Hauptverhandlung teilnimmt, von äußerst geringem Gewinn. Niemand hat Interesse an dem Verfahren, die Beweisaufnahme verdient diese Bezeichnung kaum und wird regelmäßig bestenfalls den Aktenstand betätigen und am Ende der einsamen Mühe wird der Richter ein vollständiges Urteil absetzen müssen[12]. Wer Mindestvor-

---

10 Wenn dies in der Vorbereitung übersehen wurde, kann im Einzelfall immerhin noch geprüft werden, ob der betreffende Verfahrensteil durch eine Beschränkung des Prozessstoffes nach § 47 OWiG ausgeschieden werden kann.
11 Göhler § 76 Rdnr. 17.
12 Zu den engen Voraussetzungen, unter denen er von Urteilsgründen absehen darf, vergl. § 77b Abs. 1 S. 3 OWiG. Eine Verzichtserklärung des Betroffenen wird in der Regel nicht eingehen. Die Entpflichtung vom persönlichen Erscheinen von einer solchen Verzichtserklärung abhängig zu machen, wäre unzulässig.

1. Vorüberlegungen und Vorbereitungen

stellungen vom Wert der eigenen Arbeit hat, gerät hier als Richter an seine Grenzen. Zu ändern ist daran allerdings nichts. Das Gesetz stellt die Frage, unter welchen Bedingungen die Entpflichtung vom persönlichen Erscheinen ausgesprochen werden kann, *nicht* in das *Ermessen des Gerichts*.

Das Gericht ist vielmehr unter den Voraussetzungen des § 73 Abs. 2 OWiG *verpflichtet*, den Betroffenen vom persönlichen Erscheinen zu entpflichten. Das ist der Fall, wenn er sich entweder zur Sache zuvor bereits geäußert hat oder wenn er erklärt, er werde sich zur Sache nicht äußern, vorausgesetzt allerdings in beiden Fällen, dass seine Anwesenheit zur Aufklärung wesentlicher Gesichtspunkte des Sachverhalts nicht erforderlich ist. Eine zuvor getätigte *Äußerung* des Betroffenen muss allerdings in der Hauptverhandlung nach den Maßgaben des § 74 Abs. 1 Satz 1 OWiG zu *verwerten* sein (also als Niederschrift über eine frühere Vernehmung des Betroffenen oder als eine schriftliche oder protokollierte Äußerung). Wann die Anwesenheit des Betroffenen in der Hauptverhandlung *erforderlich* ist, kann kaum generell beschrieben werden. Klar ist, dass die Identifizierungsfrage die Anwesenheit des Betroffenen erfordert[13]. Eindeutig scheint mir ferner, dass von einem Betroffenen, der nicht aussagebereit ist, auch in der Hauptverhandlung grundsätzlich keine weiterführenden aktiven Beiträge zur Sachverhaltsaufklärung zu erwarten sind[14]. Denkbar ist (Einzelfallfrage), dass sich z.B. Zeugen angesichts des Betroffenen besser erinnern. Wenn dies (aufgrund konkreter Umstände[15]) zu erwarten ist, kann die Erforderlichkeit (auch bei einem zum Schweigen entschlossenen Angeklagten) durchaus bejaht werden. Dass das persönliche Erscheinen eines grundsätzlich aussagebereiten Betroffenen in weit höherem Ausmaß erforderlich sein kann, liegt auf der Hand. Insofern entspricht es letztlich der *Aufklärungspflicht des Gerichts*, den Betroffenen in der Hauptverhandlung zu Umständen hören zu wollen, die sich möglicherweise noch ändern werden oder aus anderen Gründen noch nicht ausreichend erörtert erscheinen (etwa: wirtschaftliche Verhältnisse bei Geldbußenbemessung außerhalb der Vorgaben strenger Bußgeldkataloge).

Dass die Anordnung einer *kommissarischen Vernehmung* im Bußgeldverfahren nicht mehr zulässig ist, scheint sich durchzusetzen[16].

---

13 BGHSt 30, 172.
14 Die Überlegung, das Gericht wolle dem zum Schweigen entschlossenen Betroffenen in der Hauptverhandlung mit zu erwartenden neuen Erkenntnissen konfrontieren und ihm so die Möglichkeit geben, seine Entscheidung zu überdenken, kann heute kaum mehr überzeugen: es geht nicht darum, dem anwesenheitsunwilligen Betroffenen Möglichkeiten zur Äußerung zu geben (die hat er, er muss nur zur Hauptverhandlung kommen), sondern ex ante zu beurteilen, ob es der Anwesenheit des Betroffenen in der kommenden Hauptverhandlung bedarf. Selbst wenn hinreichend erwartet werden dürfte, er werde sein Schweigen brechen und dann zur Sachverhaltsaufklärung beitragen, wäre die Erforderlichkeit seines Erscheinens ohne weiteres noch immer nicht begründet.
15 *Beispiel*: Der Betroffene soll bei der polizeilichen Unfallaufnahme eingeräumt haben, zu schnell gefahren zu sein, will aber vor Ort schon mehrfach darauf hingewiesen haben, er sei wegen eines versehentlich nicht ausgeschalteten Bügeleisens so schnell gefahren. Hier kann durchaus erwogen werden, ob sich ein Polizeibeamter besser an diesen Einzelfall erinnert, wenn er den Betroffenen vor Augen hat.
16 BGHSt 44, 961, a.A. Göhler § 73 Rdnr. 10 m.w.N.

V. Gerichtliches Bußgeldverfahren

Auch der vom Erscheinen entbundene Betroffene ist zum Hauptverhandlungstermin zu laden, denn sein *Anwesenheitsrecht* wird von der Entpflichtung nicht berührt.

Die *Staatsanwaltschaft* ist zur Mitwirkung an der Hauptverhandlung *nicht verpflichtet* und hat – von Ausnahmen abgesehen – schon aus Gründen der Arbeitsbelastung kein Interesse daran[17]. Demgegenüber kann das Gericht sehr wohl *Interesse an der Mitwirkung eines Sitzungsstaatsanwalts* haben. Dieses Interesse folgt meist aus Umfang oder Bedeutung der Sache. Denn das Fehlen eines Sitzungsstaatsanwalts bewirkt, dass die klassischen Rollenverteilung des Strafprozesses insofern aufgehoben wird. In sehr streitigen oder komplexen Verfahren kann es für einen Vorsitzenden außerordentlich schwierig sein, beidem gerecht zu werden. Überdies ist die Mitwirkung von Staatsanwälten idealtypischerweise stets ein Vorteil, weil das Vorhandensein von Fachkompetenz immer nützt.

Die *Verwaltungsbehörde* ist nach Maßgabe des § 76 OWiG am gerichtlichen Bußgeldverfahren zu *beteiligen*. Das Interesse der Verwaltungsbehörden, an einer Hauptverhandlung teilzunehmen, ist uneinheitlich. Das Gericht ist demgegenüber außerhalb von gerichtsbekannten Standardmaterien wie etwa dem Verkehrsordnungswidrigkeitenrecht beinahe regelmäßig auf den *besonderen Fachverstand* der Verwaltungsbehörden angewiesen. Wenn dieser Fachverstand nicht schon ausreichend nachvollziehbar und gerichtsverwertbar durch die Akten dokumentiert wird, ist es geboten, die Verwaltungsbehörde mit der Terminmitteilung zugleich um die *Teilnahme* eines *(sachkundigen!*[18]*) Vertreters* zu bitten.

Das gerichtliche Verfahren nach zulässigem Einspruch[19] führt regelmäßig zu einer *Hauptverhandlung*, es sei denn, das Gericht entscheidet durch Beschluss (§ 72 OWiG) oder stellt das Verfahren ein (§ 47 Abs. 2 OWiG).

Das *Beschlussverfahren* hat sich als nur eingeschränkt entlastend erwiesen. Vielen Praktikern erscheint eine konzentriert und straff geführte Hauptverhandlung mit der Aussicht, nur ein abgekürztes Urteil schreiben zu müssen, weniger aufwendig als die Entscheidung im Beschlussverfahren.

Die *Einstellung des Bußgeldverfahrens* aus Opportunitätsgründen ist § 47 Abs. 2 OWiG speziell geregelt, die Vorschriften der §§ 153 ff. StGB finden insoweit keine Anwendung. Es ist daher z.B. nicht zulässig, ein Bußgeldverfahren gegen Auflage einzustellen[20]. Die *Staatsanwaltschaft* muss *grundsätzlich zustimmen*. Ihrer Zustimmung bedarf es *nicht*, wenn im Bußgeldbescheid eine Geldbuße

---

17 Sie ist aber in jedem Fall zur Teilnahme berechtigt, sodass Terminsnachrichten grundsätzlich erfolgen müssen, es sei denn, es wurde im Einzelfall oder generell verzichtet.
18 Die Verwaltungsbehörden sind sich gelegentlich nicht darüber im Klaren, dass die Entsendung einer Person, die lediglich als eine Art Prozessbeobachter dienen kann, nicht genügt.
19 Bei Unzulässigkeit: Verwerfung durch Beschluss, § 70 OWiG.
20 Das befriedigt nicht immer. Man denke an die zahlreichen Ordnungswidrigkeiten des Bau- und Umweltrechts. Hier wäre allen Beteiligten oft gedient, wenn dem ordnungswidrigen Zustand nachhaltig abgeholfen würde, was mit beträchtlichen Kosten für den Betroffenen einhergehen kann, sodass dieser dann schon ausreichend »gestraft« wäre. Die Praxis behilft sich in solchen Fällen mitunter – im Einverständnis der Beteiligten – dadurch, dass zunächst kein Hauptverhandlungstermin anberaumt wird. Der Betroffene hat Gelegenheit, den ordnungsgemäßen Zustand herzustellen (wozu er ja ohnehin verpflichtet ist). Ist dies geschehen, wird das Verfahren nach § 47 Abs. 2 OWiG eingestellt.

1. Vorüberlegungen und Vorbereitungen

bis zu 200 DM verhängt worden ist und die Staatsanwaltschaft (in der Regel bei Übersendung der Akten an das Gericht, § 69 Abs. 4 OWiG) erklärt hat, sie nehme an der Hauptverhandlung nicht teil (§ 47 Abs. 2 S. 2 OWiG). Die *Zustimmung des Betroffenen* ist nicht vorgeschrieben. Bedenken, das Verfahren ohne seine Zustimmung einzustellen, können vor allem dann entstehen, wenn er zugleich mit den Verfahrenskosten belastet werden soll. Denn der *Einstellungsbeschluss*[21] ist – auch hinsichtlich der *Kosten- und Auslagenentscheidung*, zu der der Betroffene jedenfalls zu hören ist – *nicht anfechtbar* (§ 47 Abs. 2 S. 3 OWiG). Die *Verfahrenskosten* trägt in diesem Fall die *Staatskasse*. Das Gericht kann nach billigem Ermessen davon absehen, auch die notwendigen Auslagen des Betroffenen der Staatskasse aufzuerlegen (§ 467 Abs. 4 StPO). Daraus folgt zum einen, dass *regelmäßig* der Staatskasse auch die *notwendigen Auslagen* des Betroffenen aufzuerlegen sind. Billigerweise aber sind sie dem Betroffenen *nicht* zu ersetzen, wenn die Ordnungswidrigkeit erwiesen ist oder die Bewertung der Verdachtslage diesen Schluss rechtfertigt[22]. Ist es fraglich, ob der Beschuldigte eine Ordnungswidrigkeit begangen hat oder ist keine hohe Verdachtslage gegeben, muss die Auslagenentscheidung zum Nachteil der Staatskasse lauten. Schließlich kann und wird in der Regel die *Bereitschaft des Betroffenen*, die eigenen Auslagen selbst zu tragen, im Rahmen der Billigkeitserwägungen dazu führen, dass ihm kein Auslagenersatz zugesprochen wird[23]. Das Gericht ist nicht gehindert, diese Basis (Verfahrenseinstellung bei Verzicht des Betroffenen auf den Ersatz der notwendigen Auslagen) zur konsensualen Beendigung des Verfahrens in den Raum zu stellen. Dabei muss der Vorsitzende jeden Anschein einer Nötigung vermeiden.

Das Gericht ist im Bußgeldverfahren an die Beurteilung der Tat als Ordnungswidrigkeit *nicht gebunden* (§ 81 Abs. 1 S. 1 OWiG). In vielen Bereichen des Nebenstrafrechts (etwa im Waffenrecht, im Lebensmittelrecht oder im Ausländerrecht) stimmt die Grenze zwischen strafbarem und bloß ordnungswidrigem Verhalten mit der Grenze zwischen Vorsatz und Fahrlässigkeit überein. Nicht selten wird diese Grenze im Bußgeldverfahren erreicht oder überschritten. Erkennt das Gericht bereits nach Akteneingang die *Möglichkeit* der Verurteilung wegen einer *Straftat*, so ergeht von Amts wegen oder auf Antrag der Staatsanwaltschaft (§ 81 Abs. 2 S. 1 OWiG) ein *rechtlicher Hinweis* und der Betroffene erhält Gelegenheit zur Stellungnahme (§ 81 Abs. 1 S. 2 OWiG). *Mit dem Hinweis* befindet sich das Verfahren im *Stadium des Strafverfahrens*, der Betroffene wird zum Angeklagten (§ 81 Abs. 2 OWiG) und im weiteren Verlaufe des Verfahrens gilt nicht mehr das OWiG (§ 81 Abs. 3 S. 1 OWiG), sondern die StPO oder das JGG.

Für das gerichtliche Bußgeldverfahren gegen *Jugendliche* und *Heranwachsende* gelten die Vorschriften des JGG sinngemäß, soweit das OWiG nichts anderes bestimmt. Das gilt – was im Alltagsbetrieb leicht übersehen werden kann – auch für die Jugendgerichtsverfassung, sodass für Bußgeldverfahren gegen Jugendliche und

---

21 *Beispiel:* »Das Verfahren wird eingestellt, weil eine Ahndung nicht geboten erscheint (§ 47 Abs. 2 OWiG). Die Kosten des Verfahrens und die notwendigen Auslagen des Betroffenen fallen der Staatskasse zur Last«.
22 Ausführlich mit zahlreichen Nachweisen Göhler § 47 Rdnr. 44 ff.
23 Göhler § 47 Rdnr. 51.

V. Gerichtliches Bußgeldverfahren

Heranwachsende die *Jugendrichter* zuständig sind (§ 107 JGG). Die Erziehungsberechtigten und gesetzlichen Vertreter sind zu beteiligen (§ 67 JGG). Von der Heranziehung der Jugendgerichtshilfe kann abgesehen werden, wenn deren Mitwirkung für die sachgerechte Durchführung des Verfahrens entbehrlich ist (§ 46 Abs. 6 StPO). Das Gericht kann bei jugendlichen (nicht: heranwachsenden) Betroffenen den Antrag auf Entpflichtung vom persönlichen Erscheinen in entsprechender Anwendung des § 50 Abs. 1 JGG auch unter Hinweis auf erzieherische Gründe zurückweisen[24].

2. Hauptverhandlung im Bußgeldverfahren

Hatte das Gericht den Betroffenen nicht von der Pflicht zum Erscheinen entbunden, so ist der *Einspruch* durch Urteil zu *verwerfen* (§ 74 Abs. 2 OWiG), wenn der Betroffene ordnungsgemäß geladen war und sein Fernbleiben nicht genügend entschuldigt ist[25]. Aus der Formulierung des Gesetzes kann abgeleitet werden, dass nach Beginn der Hauptverhandlung eine Entpflichtung nicht mehr in Betracht kommt (§ 74 Abs. 2 OWiG: »Bleibt« der Betroffe aus, obwohl er nicht entbunden »war«)[26]. Das Erscheinen eines Verteidigers hindert die Verwerfung (anders als im Strafbefehlsverfahren) auch dann nicht, wenn der Verteidiger mit einer schriftlichen Vertretungsvollmacht ausgestattet ist (§ 73 Abs. 3 OWiG, arg. e contrario).

Hatte das Gericht den Betroffenen von der Verpflichtung zum Erscheinen entbunden (§ 73 Abs. 2 OWiG), findet das *Abwesenheitsverfahren* nach § 74 Abs. 1 OWiG statt. Der Betroffene kann sich in diesem Fall durch einen Verteidiger vertreten lassen, wenn dieser mit einer *schriftlichen Vertretungsvollmacht* versehen ist (§ 73 Abs. 3 OWiG), ansonsten hat der Verteidiger hier – wie sonst – die Stellung eines Beistands. Der mit Vertretungsvollmacht versehene (vertretungsbereite) Verteidiger kann für den Betroffenen alle zum Verfahren gehörenden Erklärungen abgeben und entgegennehmen[27].

Im Abwesenheitsverfahren werden die *früheren Vernehmungen* des Betroffenen und seine schriftlichen oder protokollierten *Erklärungen*[28] durch Mitteilung ihres wesentlichen Inhalts oder durch Verlesung in die Hauptverhandlung eingeführt (§ 74 Abs. 1 Satz 2 OWiG). Angaben, die ein mit Vertretungsvollmacht versehener (nicht nur verteidigungsbevollmächtigter) Verteidiger für den Betroffenen *schriftlich* vorgetragen hat, können ebenfalls auf diese Weise eingeführt wer-

---

24 Göhler § 71 Rdnr. 62.
25 Dazu vorn S 69.
26 Göhler § 73 Rdnr. 3. Das für die gegenteilige Auffassung von Burhoff, Seite 254 Rdnr. 362 herangezogene Argument, schließlich habe das Gericht ja auch kurzfristig Entschuldigungsgründe zu bescheiden, überzeugt mich demgegenüber schon deswegen nicht, weil Entschuldigungsgründe im Gegensatz zur Frage des Absehens vom persönlichen Erscheinen nichts mit den Inhalten des zu verhandelnden Falls zu tun haben.
27 Vergl. BGHSt 9, 356.
28 Nicht auf diese Weise einzuführen sind also z.B. Angaben von Polizeibeamten, die nur ihrerseits wiedergeben, was der Betroffene (angeblich) erklärt haben soll.

2. Hauptverhandlung im Bußgeldverfahren

den, wenn auch der Verteidiger nicht erscheint[29]. Beweismittel dürfen im Übrigen (zuungunsten) des Betroffenen im Abwesenheitsverfahren nur insoweit verwendet werden, als der Betroffene wusste, dass das Gericht sich ihrer bedienen würde, er also insbesondere in der Ladung darauf *hingewiesen* worden war[30]. Diese Beschränkung gilt nicht, wenn der abwesende Betroffene durch einen Verteidiger i.S. von § 73 Abs. 3 OWiG (schriftliche Vertretungsvollmacht) vertreten wird.

Den *Umfang der Beweisaufnahme* bestimmt das Gericht nach pflichtgemäßem Ermessen bei Beachtung der *Amtsaufklärungspflicht* und unter Berücksichtigung der *Bedeutung der Sache* (§ 77 Abs. 1 OWiG). Das Gericht muss einem Beweisantrag auch dann nicht zwangsläufig nachgekommen, wenn ein Zurückweisungsgrund i. S. von § 244 Abs. 3 StPO nicht vorliegt. Vielmehr ist zum einen mit § 77 Abs. 2 Nr. 1 OWiG die Möglichkeit ausdrücklich vorgesehen, einen Beweisantrag mit der Begründung zurückzuweisen, dass eine Beweiserhebung zur *Erforschung der Wahrheit nicht erforderlich* ist. Das ist der Fall, wenn der Sachverhalt – nach pflichtgemäßem Ermessen des Gerichts – bereits verlässlich geklärt ist und die Erhebung des beantragten Beweises – wieder aus Sicht des Gerichts und unter Beachtung der *Amtsaufklärungspflicht*[31] – keine weitere Aufklärung erwarten lässt. Zum anderen kann ein Beweisantrag auch als *verspätet* zurückgewiesen werden (§ 77 Abs. 2 Rdnr. 2 OWiG), wenn es dem Betroffenen *möglich und zumutbar* gewesen wäre, sich diesbezüglich früher zu äußern *und* nunmehr die Hauptverhandlung *ausgesetzt* (nicht lediglich nur unterbrochen, § 229 StPO) werden müsste, um den Beweis zu erheben. Die Aufklärungspflicht wird aber durch etwaige Verspätung nicht suspendiert, sodass eine erforderliche weitere Aufklärung an der Verspätung nicht scheitern kann. Die praktische Bedeutung der Verspätungsregel ist mithin sehr gering einzuschätzen. Denn der entsprechende Antrag kann – wenn die Notwendigkeit der Beweiserhebung nicht aus der Amtsaufklärungspflicht folgt – auch nach § 77 Abs. 2 Nr. 1 OWiG zurückgewiesen werden mit dem weiteren Vorteil, dass hier die Kurzbegründung des § 77 Abs. 3 OWiG genügt, wonach die Beweiserhebung zur Erforschung der Wahrheit nicht erforderlich ist.

Im gerichtlichen Bußgeldverfahren ist eine *vereinfachte Beweisaufnahme* zulässig (§ 77a OWiG). Nach § 77a Abs. 1 OWiG können die Vernehmungen von Zeugen, Sachverständigen oder Mitbeschuldigten durch die *Verlesung von Niederschriften* über eine frühere Vernehmung sowie von Urkunden, die eine von ihnen stammende schriftliche Äußerung enthalten, ersetzt werden. Die Verlesungsmöglichkeiten, die sonst nur nach § 251 StPO bestehen, werden dadurch erweitert, dass es insoweit nur auf die Zustimmung von Betroffenem, Staatsanwalt und ggf. Verteidiger ankommt (§ 77a Abs. 4 OWiG) und auch das nur, soweit sie an der Hauptverhandlung teilnehmen. Auch hier sind etwaige *Zeugnisverweigerungsrechte* zu beachten. Steht einem Zeugen ein Zeugnisverweigerungsrecht zu, so muss das Gericht vor der Verlesung einer nicht richterlichen Aussage diese Zeugen klären, ob der Zeuge (zum Zeitpunkt der Verlesung) mit der Verle-

---

29 OLG Frankfurt NZV 1993, 281, zust. Göhler NStZ 1994, 74
30 Göhler § 76 Rdnr. 17 m.w.N.
31 Zahlreiche Beispiele bei Göhler § 77 Rdnr. 11 ff.

V. Gerichtliches Bußgeldverfahren

sung einverstanden ist. Für die Niederschriften richterlicher Vernehmungen gilt dies nicht[32].

Nach § 77a Abs. 2 OWiG können *Erklärungen von Behörden* und sonstigen Stellen über ihre dienstlichen Wahrnehmungen, Untersuchungen und Erkenntnisse sowie über diejenigen ihrer Angehörigen auch dann verlesen werden, wenn die (allgemeinen) Voraussetzungen des § 256 StPO nicht gegeben sind. Allerdings besteht auch hierfür das Zustimmungserfordernis des § 77a Abs. 4 OWiG.

Schließlich kann das Gericht eine behördliche Erklärung auch *fernmündlich* einholen und deren wesentlichen Inhalt in der Hauptverhandlung bekannt geben (§ 77a Abs. 3 OWiG). Diese Vorschrift ist durchaus praxisgerecht, um in der Verhandlung überraschend entstandene Fragen, insbesondere an die Fachverwaltung, in deren Verantwortlichkeitsgebiet der zu beurteilende Sachverhalt fällt, rasch und mit vertretbarem Zeitaufwand zu klären. Es dürfte sich empfehlen, zumindest Staatsanwalt und Verteidiger (soweit vorhanden, sonst durchaus auch dem Betroffenen) *Gelegenheit* zu geben, dieses Gespräch *mitzuhören*[33].

In den genannten Fällen (§ 77a Abs. 1-3 OWiG) handelt es sich um Einschränkungen der Unmittelbarkeit der Beweisaufnahme, die die *Aufklärungspflicht* des Gerichts nicht einschränken. Das bedeutet, dass das Gericht nicht allein auf die Zustimmungserklärungen nach § 77a Abs. 4 OWiG abstellen darf, sondern erforderlichenfalls gleichwohl eine unmittelbare Beweisaufnahme, etwa durch Vernehmung des einzigen Belastungszeugen bei streitigem Unfallhergang, durchführen muss.

Als *weitere Vereinfachung* der Beweisaufnahme kommt anstelle der Verlesung von Schriftstücken jedweder Art die *Mitteilung ihres wesentlichen Inhalts* durch den Vorsitzenden in Betracht, soweit es nicht auf den Wortlaut des Schriftstücks ankommt (§ 78 Abs. S. 1 OWiG). Darüber reicht sogar die Feststellung der möglichen Kenntnisnahme vom Wortlaut durch den Betroffenen, ggf. den Verteidiger und – falls vorhanden – den Sitzungsvertreter der Staatsanwaltschaft aus (§ 78 Abs. 1 S. 2 OWiG). Das Zustimmungserfordernis folgt dabei den Regeln über die Verlesung von Schriftstücken (§ 78 Abs. 1 S. 3 OWiG)[34].

Im Bußgeldverfahren werden nach der Gesetzeslage Zeugen nur *vereidigt*, wenn das Gericht dies wegen der *ausschlaggebenden Bedeutung* der Sache oder zur Herbeiführung einer *wahren Aussage* für notwendig erachtet (§ 48 OWiG). Soweit daraus augenscheinlich folgt, dass eine Aussage von ausschlaggebender Bedeutung stets zu vereidigen ist, sieht die Praxis dies anders und geht davon aus, dass eine Vereidigung trotz der ausschlaggebenden Bedeutung als nicht notwendig unterbleiben kann[35]. Die Vereidigung oder die Nichtvereidigung müssen nicht begründet werden[36].

---

32 Göhler § 77a Rdnr. 2a.
33 Das Telefon im Dienstzimmer sollte inzwischen über einen Lautsprecher zum Mithören verfügen. Zu Beginn des Gesprächs dem Gesprächspartner mitteilen, dass und von wem seine Äußerungen mitgehört werden!
34 Vergl. Göhler § 78 Rdnr. 1 c.
35 Göhler § 48 Rdnr. 4 m.w.N.
36 Göhler § 48 Rdnr. 10.

2. Hauptverhandlung im Bußgeldverfahren

Der Vertreter der *Verwaltungsbehörde* hat in der Hauptverhandlung das Recht zu Anwesenheit und zur Äußerung (§ 76 Abs. 1 Satz 4 OWiG). Ihm ist auf Verlangen das Wort zu erteilen, wünscht er es nicht, so braucht es ihm auch nicht gegeben zu werden. Ein Antrags- oder Fragerecht steht ihm grundsätzlich[37] nicht zu[38]. Es bestehen aber keine Bedenken, wenn der Vorsitzende ihm unmittelbare Fragen gestattet. Im Übrigen wird der Vertreter der Verwaltungsbehörde anregen, dass der Vorsitzende die entsprechenden Fragen stellt.

Der Vertreter der Verwaltungsbehörde *vertritt* verfahrensrechtlich lediglich seine *Behörde*. Er ist daher grundsätzlich weder Zeuge noch Sachverständiger. Seine Stellungnahmen (§ 76 Abs. 1 Satz 1 OWiG) sind *keine Beweismittel*, sondern fachliche Meinungsäußerungen. Soweit er dabei beweisbedürftige Tatsachen zur Sprache bringt, muss das Gericht versuchen, diese auf andere Weise – etwa durch Befragung des Betroffenen oder von Zeugen – zu klären. Allerdings *kann* der Vertreter der Verwaltungsbehörde durchaus auch als *Zeuge*[39] *oder Sachverständiger* gehört werden. Als Vertreter der Verwaltungsbehörde ist er zur ständigen Anwesenheit berechtigt. Als Zeuge hat er aber grundsätzlich den Sitzungssaal zu verlassen, bis seine Vernehmung beendet ist (§ 243 Abs. 2 S. 1 StPO). Ist absehbar, dass der Vertreter der Verwaltungsbehörde als Zeuge gehört werden soll, empfiehlt es sich schon aus Gründen des Beweiswerts der zu erwartenden Aussage, ihn zu bitten, zunächst draußen zu warten. Vielleicht ergibt sich auch die Möglichkeit, kurz zu unterbrechen und das Erscheinen einer telefonisch informierten anderen Person als Vertreter der Verwaltungsbehörde zu bewirken. Ferner kann den Belangen der Verwaltungsbehörde auch dadurch Rechnung getragen werde, dass der Vorsitzende den Vertreter der Verwaltungsbehörde als Zeugen ganz zu Beginn der Beweisaufnahme vernimmt.

Die *Einstellung des Verfahrens* nach § 47 Abs. 2 OWiG kann auch in der Hauptverhandlung stattfinden. Die nach § 47 Abs. 2 S. 2 OWiG vorgeschriebene Zustimmung der Staatsanwaltschaft ist nicht erforderlich, wenn sie an der Hauptverhandlung nicht teilnimmt.

Erkennt das Gericht erst in der Hauptverhandlung, dass eine Verurteilung unter dem *Gesichtspunkt einer Straftat* in Betracht kommt, so muss auch hier ein *rechtlicher Hinweis* ergehen (§ 81 Abs. 1 OWiG). Die Hauptverhandlung ist zu unterbrechen (oder auszusetzen, wenn eine Unterbrechung nicht möglich ist), entweder von Amts wegen oder auf Antrag des Betroffenen, der über sein Antragsrecht zu belehren ist (§ 81 Abs. 2 S. 2-4 OWiG). Eine *Unterbrechung* von Amts wegen ist immer schon dann erforderlich, wenn (bisher, nun ist dies nach StPO zu beurteilen!) kein *Vertreter der Staatsanwaltschaft* zugegen ist. Im Fortsetzungstermin kann die *bisherige Beweisaufnahme* (mit Ausnahme von Beweisaufnahmen nach §§ 77a, 78 OWiG) *verwertet* werden (§ 81 Abs. 3 OWiG), wenn sie in *Anwesenheit* des Betroffenen stattgefunden hatte.

Auf die *Mitwirkung eines Protokollführers* kann durch unanfechtbaren Beschluss *verzichtet* werden (§ 78 Abs. 5 OWiG), der Vorsitzende muss das Proto-

---

37 Ausnahme z.B.: Vertreter der Finanzbehörde in Steuer-Bußgeldsachen, § 407 Abs. 1 Satz 5, § 410 Abs. 1 Nr. 11 AO.
38 Göhler § 76 Rdnr. 17 f.
39 Hier darf die Aussagegenehmigung nicht vergessen werden!

V. Gerichtliches Bußgeldverfahren

koll dann selbst erstellen. Da der Vorsitzende in aller Regel bereits durch die Verhandlung stark in Anspruch genommen wird, sollte er es sich gut überlegen, ob er diese weitere Belastung wirklich auf sich nehmen will.

Im Bußgeldverfahren gegen *Jugendliche und Heranwachsende* gelten die gleichen Vorschriften über die Öffentlichkeit der Hauptverhandlung wie im Jugendstrafverfahren (gegen Jugendliche nicht öffentlich, gegen Heranwachsende grundsätzlich öffentlich[40]). Die Verfahrensvereinfachungen der §§ 75-78 JGG gelten im Bußgeldverfahren gegen Jugendliche und Heranwachsende mit *Ausnahme des § 78 Abs. 3 JGG* bei Jugendlichen (§ 78 Abs. 3 OWiG) nicht, weil sie aufgrund der (fast identischen) Vereinfachungsvorschriften des OWiG überflüssig sind[41]. Trotz seiner Geltung dürfte § 78 Abs. 3 JGG im Bußgeldverfahren gegen Jugendliche nur einen schmalen Anwendungsbereich haben. Die Regeln der Beweisaufnahme und des Beweisverfahrens sind im Bußgeldverfahren ohnehin gegenüber dem allgemeinen Strafverfahrensrecht stark reduziert. Eine eigenständige Bedeutung wird § 78 Abs. 3 JGG daher im Bußgeldverfahren wohl nur betreffend die Möglichkeit von Verfahrensbeschleunigungen und wegen äußerer Förmlichkeiten des Verfahrens haben.

Gegen das Urteil in Bußgeldsachen ist die *Rechtsbeschwerde* bzw. der *Antrag auf Zulassung der Rechtsbeschwerde* gegeben, über die das Gericht nicht nur mündlich informieren, sondern auch ein Merkblatt bereithalten sollte.

---

40 Siehe vorn S. 281 f.
41 Göhler § 71 Rdnr. 67.

Stichwortregister

Abbruch der Hauptverhandlung 219
Ablehnung 176
    Ablehnungsrecht 179
    Antrag 179, 180, 181
    Begründetheit 185
    dienstliche Erklärung 185
    Glaubhaftmachung 181
    Missbrauch prozessualer Rechte 182
    Richter 178
    Sachverständige 193
    Selbstanzeige 190
    Staatsanwälte 192
    unaufschiebbare Amtshandlungen 183
    verfahrensfremde Zwecke 181
    Verschleppungsabsicht 181
    Verwerfung 180
    wiederholter Antrag 182
    Zeitpunkt 179
    Zurückstellung 183
Ablösung des Sitzungsstaatsanwalts 192
Abmahnung 229, 232, 252
Abschlussreife 221
Absehen von Vereidigung 122
Absprachen 235, 237
    Amtsaufklärungspflicht 241
    Grenzen 238
    Kompetenz 240
    materielles Schuldprinzip 242
    Öffentlichkeit 239
    Vertrauensgrundsatz 240
Abtrennung 215, 221
Abwesenheitsverfahren 11, 40, 69, 97, 274
Adhäsionskläger 27
allgemeinkundige Tatsachen 158
amtsärztlicher Dienst 69
Amtsaufklärung 56, 146
Amtsverschwiegenheit 24, 112
Angehörige 107
Anklagesatz
    Verlesung 87
Anklageschrift 88, 178

Anknüpfungstatsachen 135
Anordnung der Schriftform 46
Anordnung des persönlichen Erscheinens 11
Anwesenheitspflicht 68
    beschleunigtes Verfahren 70
    Bußgeldverfahren 10, 70
    Entpflichtung 10, 70
    Strafbefehlsverfahren 70
Ärzteerklärungen 146
ärztliches Attest 43, 69, 78
Aufbauseminar 207
Aufklärungspflicht 56, 117, 150, 197, 241
Augenschein 140, 168
Ausbleiben
    Angeklagter 10, 41, 68, 69, 70
    Dolmetscher 81
    Nebenkläger 82
    Sachverständiger 80
    Staatsanwalt 80
    Zeugen 76
Aushang 64
Auskunftsverweigerungsrecht 78, 114
    Glaubhaftmachung 115
Ausländerzentralregister 37
Aussagefreiheit 55, 88, 94, 97
Aussagegenehmigung 22, 24, 112
Aussageverhalten
    Verteidigungsstrategie 90
Ausschluss
    Öffentlichkeit 101, 119
    Richter 178
Aussetzung 26, 47, 68, 75, 174, 184, 215, 219

Bankgeheimnis 111
Beanstandung 48
    sachleitende Verfügung 47
bedeutungslose Tatsachen 159
bedingungsfeindliche Erklärung 200
Befragungen 48
    ergänzende Befragung 253

Stichwortregister

Fragerecht 49
Reihenfolge 49
Befundtatsachen 136, 139, 140
Beistand 27, 84, 104
Belehrung
  Angeklagter 88, 99
  Auskunftsverweigerungsrecht 115
  qualifizierte Belehrung 90
  Sachverständiger 137
  Zeugen 104
  Zeugnisverweigerungsrecht 108, 111
bereits erwiesene Tatsachen 160
Bericht 94, 113
Bericht des Vorsitzenden 145
Berufung 273
beschleunigtes Verfahren 2, 11, 17, 70, 285
  Antrag 286
  Eignung 286
  Hauptverhandlungshaft 286
  Pflichtverteidiger 286
Beschleunigungsgrundsatz 2, 12, 39, 222
Besetzungseinwand 93
Besorgnis der Befangenheit 186
Beugehaft 117, 124
Bewährung 275
  vorbereitende Maßnahmen 36
Bewährungsbeschlüsse 268
Bewährungshefte 31
Bewährungshelfer 27, 276
Beweisanträge 146, 149
  Ablehnung 47
  bedeutungslose Tatsachen 159
  bedingte Beweisanträge 155
  bereits erwiesene Tatsachen 160
  Beweisanregung 149
  Beweisantrag 151
  Beweisermittlungsantrag 150
  Beweistatsache 151
  Beweisthema 151
  Hilfsbeweisantrag 244
  Pseudo- oder Scheinbeweisantrag 158
  Sachkunde des Gerichts 167
  überflüssige Beweiserhebung 158
  unerreichbares Beweismittel 163
  ungeeignetes Beweismittel 161
  unnötiger Augenschein 168
  unzulässige Beweiserhebung 157
  Verschleppungsabsicht 164
  verspätete Beweisanträge 169, 243
  vor der Hauptverhandlung 43

Vorabentscheidung 157
vorbereitende Beweisanträge 36
Wahrunterstellung 166
weitere Beweisanträge 244
Zeitpunkt 153
Zurückweisung 157
Beweisaufnahme
  allgemeine Grundsätze 55
  Ausschöpfung der Beweismittel 243
  doppelrelevante Tatsachen 58
  Freibeweis 58
  letzte Anträge 245
  präsente Beweismittel 244
  Schluss 243
  Strengbeweis 58
  Umfang 58, 98, 149
  Wiedereintritt 246
Beweisermittlungsantrag 150
Beweismittel
  Beschaffung 29
Beweissicherung 39
Beweisverbote 158
Beweisverwertungsverbote 53
Blutalkoholgutachten 146
Blutentnahmeberichte 146
Blutgruppengutachten 146
Bundeszentralregister 30, 39
Bundeszentralregisterauszug 143
Bußgeldbescheid
  Einspruch 88, 302
  Einspruchsrücknahme 299
Bußgeldverfahren 27, 297
  Anordnung einzelner Beweiserhebungen 298
  Anordnung weiterer Aufklärung 298
  Anwesenheitspflicht 41
  Aufklärungspflicht 305
  Äußerung des Betroffenen 299
  Beschlussverfahren 302
  Einstellung 302, 307
  Entpflichtung vom persönlichen Erscheinen 301
  Ermittlungsmängel 297
  gegen Jugendliche und Heranwachsende 303
  gerichtliche Hinweise 299
  kein Verschlechterungsverbot 299
  persönliches Erscheinen 300
  Rückgabe an die Verwaltungsbehörde 297
  Übergang ins Strafverfahren 303, 307

Stichwortregister

Dauerstraftat 214
Deal 237
Dienstaufsichtsbeschwerde 229
dienstliche Erklärung 185, 191
Dienstort 105
Diversion 280
Dolmetscher 6, 61, 81, 252
   Auswahl 21
   Beiziehung 20
   Eid 82
   Erforderlichkeit 58
Doppelrelevante Tatsachen 58

Ehegatte 84
Eidesformel 124
Eidesgleiche Bekräftigung 124
Eidesnorm 124
Eidesunfähigkeit 121
Eidesunmündigkeit 121
Eidesverbot 121
Eidesverweigerung 124
Eidesverweigerungsrecht 122
Einführung früherer Angaben 98
Einlaßregelung 31
Einstellungen
   § 153 StPO 199
   § 153a StPO 203
   § 154 StPO 209
   § 154a StPO 213
   Auflagenänderung 208
   Auflagenerfüllung 208
   Auslagenentscheidung 202, 209, 212
   Beschränkung der Strafverfolgung 213
   Beseitigung des öffentlichen Interesses 204
   endgültige Einstellung 204, 209
   Fristsetzung 207
   gegen Auflagen 203
   Geringfügigkeit 199
   hypothetisch geringe Schuld 199
   Kostenentscheidung 202, 209, 212
   mangelndes öffentliches Interesse 200
   Mehrfachtäter 209
   Zustimmung 200
Einstweilige Unterbringung 2
Einwand der Unzuständigkeit 93
Einzeltransport 29
Einziehungsbeteiligte 8, 26, 41, 82, 84, 88
Eltern 108

Entfernung
   Angeklagter 118, 230
   Störer 228
Entpflichtung 39, 41, 70
Entschuldigung 78
Entschuldigungsgründe 69
Entziehung des Mandats 195
Erfahrungswissen 134
Ergänzungsschöffen 66
Erklärung des Verteidigers zur Sache 97
Erklärungen zur Beweisaufnahme 54
Ermahnungen 228
Eröffnung des Hauptverfahrens 2
Erziehungsberechtigte 20, 280
Erzwingungshaft 117
Eventualanträge 155, 244

Fahndungsmaßnahmen 38, 39, 72
Fahrtenschreiber 146
Fahrverbot 275
Förmlicher Hinweis 171
Fortdauerentscheidung 269
Fortsetzungsfrist 216
   wiederholte Unterbrechungen 216
Fortsetzungstermin 14, 216
   Bekanntmachung und Ladungen 218
Fotografieren 63
Fragerecht 49, 96, 113, 132
   Ausübung 49
   Entzug 51
   Missbrauch 51
   Mitangeklagte 49
   sachfremde Fragen 51
   ungeeignete Fragen 50
   unzulässige Fragen 50
   Zurückweisung von Fragen 51
Freibeweis 58, 111
Führungsaufsicht 268, 276

gemeinnützige Leistungen 206
Gerichtliche Überzeugungsbildung 57
Gerichtsbeschluss 46
Gerichtsbesetzung 67
Gerichtshilfe 3
gerichtskundige Tatsachen 158
Gerichtssprache 61
Gesamtstrafe 30
gesetzlicher Vertreter 84, 280
Geständnis 55, 92, 99
Glaubhaftmachung 40
Glaubwürdigkeitsgutachten 167

311

Stichwortregister

Grundsatz der persönlichen
   Vernehmung 57
Gutachten 146
Gutachtenverweigerungsrecht 137

Haftbefehl 38, 47, 70, 269
   § 230 StPO 18, 72, 272
   Aufhebung 3
   Außervollzugsetzung 3, 270
Haftfortdauer 219, 220, 269
Haftfortdauerentscheidung 268
Hauptverhandlung
   Aufruf der Sache 67
   äußere Gestaltung 60
   Gang der Hauptverhandlung 67
   Medienberichterstattung 64
   Öffentlichkeit 64, 65
   Sicherheitsvorkehrungen 64
   Vorbereitung 1
   Zugang 64
Hauptverhandlung im beschleunigten
   Verfahren 289
   vereinfachte Beweisaufnahme 289
Hauptverhandlung im Bußgeld-
   verfahren 304
   Abwesenheitsverfahren 304
   gegen Jugendliche und
      Heranwachsende 308
   Protokoll 307
   Staatsanwaltschaft 302
   telefonische Auskunft 306
   Umfang der Beweisaufnahme 305
   Vereidigung 306
   vereinfachte Beweisaufnahme 305
   Verteidiger 304
   Verwaltungsbehörde 302, 307
   Verwerfungsurteil 304
Hauptverhandlung im
   Privatklageverfahren 294
   Beweisaufnahme 295
   Vereidigung 295
   Vergleich 296
Hauptverhandlung im
   Strafbefehlsverfahren 291
   vereinfachte Beweisaufnahme 292
Hauptverhandlungshaft 285, 286
   dringender Tatverdacht 287
   Entscheidung im beschleunigten
      Verfahren 287
   Haftanordnung 288
   Haftgrund 288
   Höchstdauer 288

   Verhandlung binnen einer
      Woche 288
Hauptverhandlungsprotokoll 59
Hausrecht 31, 63, 227
Hilfsbeweisanträge 155
Hilfsschöffen 65, 66
Hinweise des Gerichts 169

Identitätsfeststellung 85, 104
Inbegriff der Hauptverhandlung 57
informatorische Befragung 100

jugendgerichtliche Haupt-
   verhandlung 281
   Abwesenheit des Angeklagten 282
   Anwesenheitsrechte 283
   Beweisaufnahme 282
   Öffentlichkeit 282
   Zeugen 283
Jugendgerichtliches Verfahren 280
Jugendgerichtshilfe 3, 27, 280
juristische Personen 26, 41

Kinder 108
Kommissarische Augenscheinein-
   nahme 13
Kommissarische Vernehmung 10, 13,
   39, 40
Konzentrationsgebot 221
Kostenentscheidung 41, 78, 116
Kreuzverhör 54

Ladungen 17
   Angeklagter 10, 17, 18, 38, 68, 273
   Betroffener 18
   Einziehungsbeteiligte 26
   Erziehungsberechtigte 24
   Erziehungsberechtigte und
      gesetzliche Vertreter 20
   gesetzliche Vertreter 24
   jugendlicher Angeklagter 19
   Kinder als Zeugen 24
   Ladung über den Verteidiger 18
   Nebenkläger 25
   öffentliche Zustellung 19
   Rücklauf und Kontrolle 37
   Sachverständiger 22
   Unterrichtung über Beweis-
      mittel 18, 20
   Unterrichtung über
      Gerichtsbesetzung 18, 20
   Verteidiger 20

Stichwortregister

Verzicht auf Förmlichkeiten und
  Fristen 19
zeitversetzte Ladungen 14
Zeugen 22
Letztes Wort 253

Mandatsniederlegung 42
Medienberichterstattung 62
Mehrfachverteidigung 76
Missbrauch prozessualer Rechte 147,
  198, 251, 254
Misstrauen in die Unparteilichkeit 186

Nachtragsanklage 175
Nebenklage 4, 25
  Anschluss 4
  Beistand des Nebenklägers 4
  Prozesskostenhilfe 4
Nebenkläger 41, 82, 122, 240
  als Zeuge 26
  Anwesenheitsrecht 84
  Beistand 26
Niederlegung des Mandats 195
notwendige Verteidigung 5, 42
  Ausbleiben des Verteidigers 75
  ausländische Angeklagte 6
  beschleunigtes Verfahren 6
  Dolmetscher 6
  Pflichtverteidiger neben
    Wahlverteidiger 7
  Strafbefehl nach § 408a StPO 11

offenkundige Tatsachen 158
Öffentliche Zustellung 19, 38
Öffentlichkeit 239
  Ausschluss 101, 119
Opferschutzrechte 8
  Informations- und Beteiligungs-
    rechte 8
  Vernehmungsbeistand 8
Ordnung in der Sitzung 227
Ordnungsgeld 79, 80, 117
  Schöffen 65
Ordnungsgeldbeschluss 23
Ordnungshaft 79, 117, 228, 230
Ordnungsmittel 41, 47, 77, 231

Persönlichkeitsrechte 101
Pflichtverteidiger 5, 42, 76, 195
  Jugendliche und Heran-
    wachsende 280
polizeiliche Protokolle 99

polizeiliche Vorführung 23
Postabholanfrage 38
präsente Beweismittel 244
  Entschädigung 245
Präsenzfeststellung 67
Privatgeheimnisse 120
Privatklage
  Rücknahme 295
  Widerklage 295
Privatkläger
  Beistand 293
Privatklageverfahren 293
Protokoll 96, 99, 233
Protokollführer 59, 66
Protokollverlesung 47
Punktesache 67

Rechtsbeschwerde 274
Rechtsmittelbelehrungen 272
  Berufung 273
  Bußgeldverfahren 274
  Entschädigungsentscheidung 275
  Merkblatt 273
  Revision 274
  sofortige Beschwerde 274
  Verzicht 273
  weitere Belehrungen 275
Rechtsmitteleinlegung 276
Rechtsmittelverzicht 276
Revision 273
Richterablehnung
  Zeitpunkt 86
richterliche Vernehmung 99
Rügen 228

Sacheinlassung des Angeklagten 55
Sachkunde des Gerichts 167
sachleitende Anordnungen 46
Sachverständiger 22, 41, 80, 134
  Ablehnung 193
  Aussagegenehmigung 22
  Auswahl 22
  Entschädigung 139
  mündliches Gutachten 137
  Vereidigung 138
sachverständiger Zeuge 24, 139
Sammeltransport 29
Säumnis
  Entschuldigungsgründe 69
Schadenswiedergutmachung 204, 205
Schluss der Verhandlung 276

313

Stichwortregister

Schlussvorträge 246
   Dolmetscher 252
   Entziehung des Worts 252
   Erwiderungsrecht 252
   Gestaltung und Inhalt 249
   Missbrauch 251
   Reihenfolge 247
   Staatsanwalt 248, 249
   Verteidiger 250
Schöffen 14, 28, 65, 110
   Vereidigung 66
schriftliche Erklärungen 143
schriftliche Mitteilungen 110
Schutz von Kindern und Jugendlichen 118
Schweigegebot 102, 120
Schweigen des Anklagten 92, 98
Schwippschwager 108
Selbstanzeige 190
Selbstleseverfahren 54, 144
   im Bußgeldverfahren 306
Sicherheitsvorkehrungen 31
sitzungspolizeiliche Befugnisse 228
Sitzungsvorbereitung
   Staatsanwalt 32
   Verteidiger 34
sofortige Beschwerde 275
Spontanäußerungen 110
Spurengutachten 146

Steckbrief 39
Störungen
   Hauptverhandlung 225, 231
   Missbrauch prozessualer Rechte 225
   zukünftige Störungen 227
   Störungen im Verteidigungs-
     verhältnis 195
Strafaussetzung 268
strafbarkeitserhöhende Umstände 172
Strafbefehl
   § 408a StPO 11, 19, 38, 71, 74
   Einspruch 11, 70, 88, 274
Strafbefehlsverfahren 17, 291
   Anordnung des persönlichen Erscheinens 11
   Einspruchsrücknahme 292
   kein Verschlechterungsverbot 292
Straftaten in der Sitzung 233
Strafzumessung 92
Strengbeweis 58
Suchvermerk 39

Täter-Opfer-Ausgleich 15, 93, 206
Tatsachen
   Haupttatsachen 56
   Indizien und Hilfstatsachen 56
Terminsabsprachen 14
Terminsbestimmung 17
Terminskollisionen 40
Terminsnachrichten 27
   Adhäsionskläger 27
   Beistand des Verletzten 27
   Bewährungshelfer 27
   Ehegatte 27
   gesetzlicher Vertreter 27
   Jugendgerichtshilfe 27
   Vernehmungsbeistand 27
   Verwaltungsbehörden 27
Ton-, Bild- und Filmaufnahmen 62
Totalabstimmung 261

überflüssige Beweiserhebung 158
überlegene Forschungsmittel 168
Übersetzung 19
unerreichbares Beweismittel 163
Unerreichbarkeit
   Angeklagter 38
Ungebühr 231
Ungeeignetes Beweismittel 161
Unmittelbarkeitsprinzip 142
Unterbrechung 215
Unterbringung 268
Unterhaltsleistungen 206, 207
Unterrichtung 119, 230
   Mitteilung der Beweismittel 27
   Mitteilung der Gerichtsbesetzung 27
Untersuchungsgegenstand 106
Untersuchungshaft 2, 12, 220, 223, 268, 269, 271, 272
   Anordnung 2
   Anordnung während der Hauptverhandlung 222
   Entlassung 3
   Fortdauer 2
   Fortdauerentscheidung 3
   Haftbefehl 224
   Jugendliche und Heranwachsende 281
   Rechtskraft des Urteils 271
unzulässige Beweiserhebung 157
Urkundsbeamter 59
Urkundsbegriff 143
Urkundsbeweis 142

Urteilsberatung 255
  Abstimmung 262
  Anwesenheit 257
  Beratungsleitung 257
  Durchführung 257
  Geheime Beratung 256
  Rechtsfolgen 261
Urteilsformel
  Berichtigung 267
  Niederlegung 262
  Verlesung 263
Urteilsverkündung 153, 263
  Urteilsformel 263
  Urteilsgründe 264

Veränderung der Tatsachengrundlage 173
Veränderung des rechtlichen
  Gesichtspunkts 171
Verbotene Vernehmungsmethoden 53
Vereidigung 120
  Eidesformel 124
  Eidesnorm 124
  Eidesverweigerung 124
  religiöse Beteuerung 124
  Sachverständiger 138
  Verzicht 122
  Zeugen 124
vereinfachtes Jugendverfahren 281
Verfahrensabsprachen 235
Verfahrensarten 10
Verfahrenseinstellungen 197
  vor der Hauptverhandlung 15
Verfallsbeteiligte 26, 41, 88
Vergleich 237
Verhandlungsleitung 46
Verhinderungen 40
Verhör 95, 113
Verkehrszentralregisterauszug 143
Verkündungstermin 263
Verlegung 39
Verlesung
  richterliche Protokolle 131
  Zeugenangaben 130
Verletzter 27
Vernehmung
  Angeklagter zu Person 85
  Angeklagter zur Sache 90
  Bericht und Verhör 113
  Gegenstand 94
  Richter 110
  Sachverständiger 134
  sachverständiger Zeuge 139

Schweigen des Angeklagten 98
schweigender Angeklagter 92
Unterrichtung 106
Zeugen 103
Zeugen zur Person 104
Zeugnisverweigerungsrecht 107
Vernehmungsbeistand 8, 27, 104
Versagung des Zutritts 226
Verschleppungsabsicht 164
Verschubung 29
Verschwägerte 108
Verständigung 235
Verteidiger
  Ausbleiben 74
  Beiziehung eines Dolmetschers 6
  notwendige Verteidigung 5
  Pflichtverteidiger neben
    Wahlverteidiger 7
  Störungen im Verteidigungs-
    verhältnis 195
Vertretungsvollmacht 11, 70, 291
Zwangsverteidigung 7
Verteidigungsstrategie 90, 96, 97, 148,
  177, 198
Vertreter juristischer Personen 82, 88
Verwaltungsbehörden 27, 31, 82
Verwandte 108
Verwarnung mit Strafvorbehalt 268
Verwertung früherer Angaben 98
Verwertungsverbot 30, 90, 110
  § 252 StPO 109
Videoaufzeichnungen 133
Videovernehmung 9, 47
Videovernehmungen 106, 126
  Aufzeichnung 129
Vollstreckung
  Zwangs- und Ordnungsmittel 233
Vorbefassung 186
Vorbelastungen 30
Vorführungsanordnung 47, 71, 73, 79
  Angeklagter 29
Vorhalte 47, 52, 94, 99, 114, 130
  aus Urkunden 53
  Unzulässigkeit 53
  Unzulässigkeit 52
Vorläufige Einstellung 38, 204
Vorläufige Entziehung der
  Fahrerlaubnis 272, 275
Vorstrafakten 30
Vorstrafen 30, 94, 211, 218
Vorweggenommene Beweis-
  würdigung 160

315

Stichwortregister

Wahrunterstellung 166
Wartefrist 68
weiterer Sachverständiger 168
Wiedereinsetzung 274
Wiedereintritt 254
Wohnsitzüberprüfung 37
Wohnungsdurchsuchung 72
wörtliche Protokollierung 59
Wortprotokoll 59
Würde des Gerichts 226

Zahlungsauflagen 205
Zeitbedarf 13
Zeugen 22
    Ausbleiben 76
    Auskunftsverweigerungsrecht 114
    Aussagegenehmigung 24
    Aussageverweigerung 116
    Beistand 104
    Belehrung 83
    Entlassung 124
    Entschädigung 125
    gestellte Zeugen 244
    im Ausland 164

jugendliche Zeugen 25
kommissarische Vernehmung 132
mittelbarer Zeuge 57
Ordnungsmittel 77
Unerreichbarkeit 132
Vereidigung 120, 283
vom Hörensagen 57
Vorführung 79
Zeugenvernehmung 103
Zeugnisverweigerungsrecht 24, 31, 78, 107, 112, 118, 136
    Berufsgeheimnisträger 111
    Berufshelfer 112
    Entpflichtung 111
    Minderjährige 25, 109
    übergeordnete Gesichtspunkte 112
    Verwertungsverbot 108
Zuhörer 226
Zusatztatsachen 135, 140
Zutritt 226
Zwangsmaßnahmen 10, 47, 228
Zwangsmittel 41, 67, 71
Zwischenverfahren 43, 165, 186